KB236768

국어교육과
생활 · 문화 · 철학

박삼서

국학자료원

국립중앙도서관 출판시도서목록(CIP)

국어교육과 생활·문화·철학 / 박삼서 저. -- 서울 : 국학자료원,
2003
  p. ;   cm

ISBN 89-541-0113-5 93710 : ₩37000

710.7-KDC4
495.707-DDC21   CIP2003001070

'국어교육'의 본질을 찾아서

I

지금도 어렸을 때 꿈을 키워 주고, 마음에 양식(良識)을 채워 준 고향의 아담한 초가집이 가끔 생각난다. 이엉과 용마루가 조화를 이룬 지붕의 인자함이 눈에 선하다. 눈감으면 그 공간에서 얼굴을 마주했던 분들의 모습이 떠오른다. 이는 문명이 발달하고 생활수준이 높아지면서 인간관계가 삭막해지고, 살아가는 방식이 복잡해진 데서 오는 향수(鄕愁)라고 생각된다.

시골집의 규모는 그리 크지 않지만 본채, 사랑채, 헛간채로 되어 있었다. 본채는 안방(아랫방) 윗방, 부엌 등 삼 칸 집의 구조다. 나중에 반자를 하고 벽지를 발랐지만, 천장에는 대들보와 칙칙한 서까래가 그대로 드러나 있고, 벽은 흙도배를 하여 흙이 옷에 묻어나기도 했다.

안방 아랫목에는 시렁(시렁가래)과 횃대가 있었다. 시렁에는 대오리로 만든 바구니, 고리짝, 반짇고리를 비롯하여 쓰임새가 많은 여러 물건과 어떤 때에는 이불을 얹어 놓기도 했다. 할아버지 갓과 아버지 중절모도 여기에 보관했다. 바구니나 고리짝에는 귀중한 옷을 넣어 간직하기도 했다. 반짇고리에는 인두, 바늘 쌈, 골무, 가위, 자, 실, 고무줄, 헝겊 등이 항상 담겨 있었다. 시렁 밑으로는 메주가 매달려 독특한 냄새를 발하며 익어간다. 철사로 만든 횃대에는 옷이 무질서하게 걸려 만물상(萬物相)을 이룬다. 윗목 한 쪽에는 오래된 궤(櫃)가 커다란 자물쇠를 매단 채 위엄을 나타낸다.

그 속에는 상평통보(常平通寶) 꾸러미와 족보, 못쓰는 채권, 꿀단지 등이 소중하게 간직되어 있어 항상 궤를 여는 순간을 포착하려고 하였다. 벼루, 먹, 붓, 한지(韓紙), 지방(紙榜)을 쓸 때 참고가 되는 내용을 적은 첩(帖)도 여기에 보관하기도 했다. 전기의 혜택을 일찍 보기는 했지만 한동안 호롱과 등잔대도 있었다.

안방과 윗방 사이에는 조그마한 문이 나 있어 왕래를 편리하게 했다. 윗방에는 오래된 재봉틀과 고풍스런 농이 제 자리를 지켰다. 재봉틀 서랍에는 헝겊, 북, 실패, 기름통이 늘 준비되어 있다. 초등학교 1학년부터의 성적표와 상장은 농 깊숙한 곳에다 간직했다. 농 위에는 참빗, 얼레빗, 머리 핀, 분통, 거울 등 화장 용구가 담겨진 바구니가 올려 있다. 더욱이, 아담한 책상은 책을 읽을 수 있는 분위기를 만들어 주었다. 마루로 통하는 안방과 윗방의 문지방은 턱이 꽤 높았다. 문설주와 문짝 사이에는 공간이 많아, 겨울 바람에 문풍지 우는 소리가 지금도 귀에 멤 돈다. 창호지를 바른 문 가운데에는 손바닥만한 크기의 투명한 유리가 부착되어, 밖에 누가 오는지를 이를 통하여 확인할 수가 있다.

부엌에는 땔나무를 쟁이는 공간과 살강이 있다. 남은 음식과 반찬을 간수하는 살강에는 왕기, 놋대접, 바리 등 각가지 그릇과 소반, 숟가락, 젓가락, 주걱, 도마, 칼 등이 질서 있게 놓인다. 살강 밑에는 몽당비, 여러 개의 부지깽이, 풀무, 부삽, 부집게, 아궁이에서 재를 긁어내는 고무래 등 부엌에서 사용하는 잡다한 물건이 자리한다. 방 쪽 벽과 접해서는 밥솥을 가운데로 하여 좌우에 국솥, 가마솥이 방고래, 온돌과 통하는 아궁이를 앞세우고 의연한 자태를 자랑한다. 모내기나 잔치를 치를 때에는 가마솥에 밥을 하기도 했다. 국솥은 올려놓기도 떼어놓기도 쉬운 양은으로 나중에 바뀌었다.

부뚜막에는 함지박이 솥에 기대여 엎어져 놓이고, 옆벽에는 냄비, 주전자, 조리, 석쇠, 무나 감자를 채로 치는 판이 걸려 있다. 뒷문 쪽에 외로이 놓인 물동이는 여름이면 시원한 물을 제공한다. 바로 옆에는 물동이를 일때 머리 위에 얹는, 왕골 잎으로 만든 똬리가 있다. 박으로 만든 바가지로 물을 떠 마시면 물맛이 더욱 좋다. 마당 쪽 부엌문 앞에는 구정물통이 놓여 있고, 키, [얼금이](어레미), 체, 소쿠리, 채반 등이 순서를 지키며 걸려 있다. [됀이](뒤란)로 통하는 뒷문 밖 바로 앞에는 소금 독이 있다.

안방, 윗방 문 앞쪽으로는 닦아서 반질반질 윤이 나는 마루가 있다. 부엌과 연결되는 마루 끝에는 서까래와 잇닿아 벽장이 자리하고, 망치, 장도리, 톱, 줄, 펜치, 끌, 송곳, 못, 먹줄 등과 다리미는 여기에 보관한다. 반대편 마루 끝 선반에는 고장난 라디오가 버려져 있고, 옆으로 깻묵이 종이에 싸여 있어 가끔 쪼개 먹기도 했다. 마루 한 구석에는 다듬잇돌과 다듬잇방망이(홍두깨)가 예술적 자태를 뽐낸다. 처마 가까이 서까래 사이에는 제비가 보금자리를 마련했다. 안방 뒷문 밖으로도 두꺼운 통나무 판자로 된 좁은 마루가 길게 놓여있어 여름철 피서로는 이곳이 안성맞춤이었다. 바로 곁에는 고욤과 감을 저장한 독이 있었고, 추운 겨울에 바가지에다 이것을 꺼내다 먹는 맛이란 이루 견줄 데가 없다.

본채 굴뚝이 있는 곳에도 네모지거나 둥그런 멍석, 그리고 바구니, 멱둥구미, 멱서리 등을 놓는 공간이 마련되고, 그 옆으로 어미 닭이 달걀을 품어 병아리를 깨게 하는 닭 둥지가 공중에 매달려 있다. 둥지 밑에는 막 깨어난 병아리를 일시 넣어 기르는 둥우리가 쓰일 때를 기다린다. 싸릿대로 만든 이 둥우리는 솔개나 매의 공격에서 병아리를 보호해 준다. 방고래의 재를 끌어내는 작은 고무래인 고랫당그래도 여기에 매달려 있다. 마루와 마당 사이에는 [뜰팡](대뜰)이 있어 장마 비에는 일부가 패이곤 했다. 일상에서 늘 싣는 신은 이곳에 나란히 놓이지만, 장이나 잔칫집에 가는 등 원행(遠行)할 때 신는 신은 마루 밑에 따로 보관했다.

사랑채에는 저녁에 마을 손님이 머물다가는 사랑방, 자고 갈 수 있는 여분의 중간 방, 그리고 타작한 벼를 저장하는 [둑집], 일부 세간과 곡식 등을 넣어 두는 [도장](광)이 있었다. 사랑방에는 고구마, 감 등을 저장하는 통가리가 배부른 모양으로 구석에 자리잡기도 한다. 아주 어렸을 때에는 베틀, 실을 잣는 물레, 목화씨를 빼는 기구인 씨아도 사랑방에 보관했다. 돗자리 밑에는 호박씨가 늘 손길을 기다리고 있다.

사랑방 문 앞에는 쇠죽을 끓이는 가마솥이 걸려 있고, 바로 옆으로는 나무를 저장하는 공간과 여물을 간수하는 여물 집이 있다. 등겨, 왕겨 가마니도 가까운 곳에 위치한다. 둑집 문은 두꺼운 판자를 같은 크기로 잘라 만들었고, 한자로 숫자를 써서 끼우는 순서를 정해 놓았다. 여름이 가까워 둑집이 비워지면 문도 끼우지 않고 감자 등 먹을 것과 다른 잡동사니 물건을 일시 들여놓기도 한다. 항상 묵직한 자물통이 문에 걸려 있는 도장은 살림살이의 보고(寶庫)이다. 쌀, 보리, 밀가루, 조, 수수, 기장, 콩, 팥 등 곡식의 종류마다 독이 따로 있다. 가끔 몰래 독에서 쌀을 꺼내 호주머니에 넣고 꿀을 베러 가기도 했다. 한쪽 구석에는 국수 판과 밀대가 늘 함께 자리를 지킨다. 도장 문 앞에는 칼과 낫을 갈 때 쓰는 숫돌과 조그마한 물통이 있다. 사랑채 벽에는 시래기가 두름을 지어 걸리기도 한다.

헛간채에는 소를 기르는 [쇠막](외양간), 나무를 저장하는 헛간, 그리고 뒷간이 있다. 쇠막에는 집안 일을 마다하지 않고 봉사하는 누런 황소가 학교에서 돌아오면 딸랑이를 흔들며 반갑게 맞아준다. [쇠물](쇠죽) 바가지와 양동이로 [구쇠통](구유)에다 쇠죽을 퍼주고는 머리를 꼭 쓰다듬어 주었다. 쇠막 천장에도 제초기 등 일부 농기구가 쓰일 철을 기다리며 얹혀져 있다. 헛간에는 땔나무는 물론 콩대, 수숫대 등 땔 수 있는 곡식 줄기를 쟁여 놓는다. 멍에, 쟁기, 써레, 길마와 도리깨, [홀태](벼홅이), 고무래, 갈고리, 가래 그리고 쇠스랑, 괭이, 낫, 도끼, 호미, 흙손과 모를 심을 때 사용하는 못줄 등도 여기에 걸어 놓거나 보관한다. 가는 새끼줄을 엮어서 만든 꼴 망태기, [도랭이](도롱이), 고리버들로 결어서 만든 다래끼도 이들과 어울리기도 한다. 가을 한철 사용하는 탈곡기도 한 자리를 차지한다.

뒷간에는 재를 모아 놓는 곳이 있고, 봄에 이를 [뒤풀이]와 함께 거름으로 이용한다. 장군, 지게, 삼태기, 삽, 그리고 지게에 얹어서 짐을 싣는 데 사용하는 [바지게](발채)는 여기에 보관한다. 헛간 채와 방앗간 지붕 위에서 흰 박꽃이 피었다가 이내 조롱박이 달리면 흥부가 되어 농촌의 정취를 만끽했다.

마당 한 구석에는 적당한 공간을 확보하여 닭 집과 개집, 돼지 막과 토끼 막이 자리 잡고 있다. 땅 거미가 지면 닭은 제 집을 어김없이 찾아들고, 새벽에 홰를 치며 우는 시간이 시계보다도 더 정확하다. 시간이 흐름에 따라 짚가리는 낮아지고 두엄더미는 높아진다. 봄이면 담 밑으로 우엉과 토란이 무성하게 자란다. 이 때쯤이면 마당 모퉁이에서 못자리에 뿌려질 볍씨도 얼마 동안 커다란 옹기 독에 담겨진다. 중간이 장대로 받쳐진, 마당을 가로지른 빨랫줄에는 하얀 빨래가 웃음 지으며 손짓하듯 널려 있다. 댑싸리, 싸릿대, 잔 대나무로 만든 마당비가 언제나 헛간채 벽에 기대어 있다. 참새는 철을 구분하지 않고 이곳을 찾아와 노래부르며 먹을 것을 찾는다.

본채 뒤 [됀이]에는 큼직한 돌로 쌓아 만든 장독대가 있다. 가장 큰 간장 독은 중앙 뒤쪽에서 위용을 자랑하고, 그 주위로 고추장독, 된장독이 거리를 두고 크기를 견주며 서 있다. 시루도 뒤엎어져 놓여 있다. 한 모퉁이에는 [확돌](돌확)이 있어, 고추나 마늘, 생강을 갈아 열무김치를 담거나, 찹쌀을 떡메로 쳐서 인절미를 만들 때 이를 이용한다. 봄철에는 장독대 뒷면 담장 돌 사이에로 돈 나물과 [정구지](부추)가 돋아난다.

장독대 옆 공간에는 묵을 만들기 위해 도토리의 떫은맛을 우러나게 하는 통이 가끔 자리한다. 그리고 겨우내 무를 묻어두는 구덩이가 있다. 입구 마개를 열고 무를 꺼내는 방법이 다양하다. 또 그 옆으로 나팔꽃, 채송화, 맨드라미, 분꽃, 꽈리, 코스모스 꽃 등이 철 따라 피어 동심을 설레게 했다. 수세미 덩굴이 지붕에 걸려 한 움큼 정취를 발휘한다.

마당 한 구석에 서 있는 장구 모양의 절구통과 절구공이는 급하게 찧어 만들 음식이 있으면 자주 이용한다. 비를 피할 수 있는 곳곳에는 벌통을 마련하여 토종벌을 기르고, 겨울에 단 한 번 꿀을 땄다. 이날 저녁은 꿀을 포식하는 잔칫날이 된다. 마당 정남향 오른쪽으로, 뒤에 판자로 만든 대문으로 바뀌었지만, 가시나무나 싸릿대로 만들어진 사립짝 문이 고샅으로 언제나 활짝 열러 있었다. 사립문을 열고 닫을 때 나는 딸랑이 소리는 어르신네의 경해(驚駭)와 함께 지금도 귓가를 멤 돈다. 대보름, 단오, 칠석, 동짓날 등에는 대문 밖으로 황토 흙이 두 줄로 듬성듬성 놓인다.

집 주위는 돌과 흙으로 모양을 낸 담이 용마름을 하고 빙 둘러 있다. 그 위를 늦가을까지 호박 줄기와 잎이 무성하게 덮고, 사이사이에서 애호박, 늙은 호박이 자태를 자랑한다. 담 주위로는 앵두나무, 복숭아나무, 감나무, 고욤나무, 살구나무, 추자(호도)나무, 대추나무, 밤나무, 포도나무, 어떤 때에는 사과나무가 우거진 가지를 자랑하며 열매의 색깔로 계절을 대변한다. 가느다란 가지로 봄철에 피리를 만들기도 하고, 잎은 말려 두었다가 명절과 제사에 사용할 [적](부침개)을 만드는 가죽나무도 있다. 가죽나무 잎을 이용한 장떡은 계절을 대표하는 별미의 반찬이 된다. 팽이채로 그 껍질을 주로 사용하는 닥나무, 열매의 냄새가 향긋하고 약재로도 쓰이는 탱자나무, 잎을 누에 먹이로 사용하는 뽕나무도 담벽을 보호하며 제 역할을 한다. 담 너머 텃밭에서는 상추, 고추, 가지, 토마토, 마늘, 그리고 그 주변으로 익모초와 아주까리가 철 맞추어 자란다.

집 바로 옆에는 디딜 방앗간이 있었다. 시옷자 모양의 통나무가 [방앗고](방앗공이), 방아확과 함께 디딜방아의 역할 자랑하며 누워 있다. 방앗고는 따로 분리하여 집 안에 두었다가 방아 찧기를 원하는 사람이 있을 때만 내어주기도 했다. 바로 옆 개울 건너에는 연자방아도 있었다. 소임을 잃은 지가 오래 된 연자방아는 둥그런 돌 두 개의 연자매만이 중압감을 건네며 옛적의 풍경을 상기시켜 주었다. 이웃집 맷돌은 풍부한 농촌 인심을 대변했다.

Ⅱ

본채를 중심으로 한 집채의 배치가 하나의 조화로운 우주 공간을 연상하게 한다. 생활도구를 너무 실용적이고 과학적으로 자리잡게 하여 좁은 공간을 쓸모 있는 공간으로 전환시켰다. 자연과 조화를 이루며 주위 환경의 이용을 극대화하였다. 어느 것 하나도 생활에 쓸모가 없는 물건이 없다. 필요한 곳에 필요한 물건이 있어 항상 쓰임을 기다린다.

옛날을 회상하며 이 글을 쓰면서도 사전을 몇 번이나 들춰 보지 않으면 안 되었다. 그 동안 대처생활에 익숙해지면서 옛날 시골내기 생활에서 익힌 언어를 많이 잊어버린 것이다. 이처럼 집이라는 좁은 공간에서 사용하는 언어도 세월의 흐름에 따라 잊혀지는 생활의 변화, 국어문화의 변화를 실감할 수 있게 한다. 조금 역설적이지마는, 집이라는 좁은 공간에 살았던 경험에서도 국어교육의 본질이 무엇인가를 찾아보는 가능성을 엿보게 하는 것이다.

국어교육은 일면 일상생활에서 의사 소통을 자유롭고 원활하게 하도록 교육하는 데 있다. 이 때의 의사 소통이란 단순히 뜻을 전달하고 교호(交互)하는 데에 그치지 않고, 의미 있는 생활을 유지하는 원동력을 말한다. 그러므로 국어교육은 인간 사이에서 이루어지는 생활 그 자체를 교육하는 것이라고 하겠다.

집의 구조, 그 안에서 사용하는 물건의 명칭, 농기구의 이름 하나하나 생활과 그대로 연결되며, 할아버지와 손자, 시어머니와 며느리의 관계가 이들로 하여금 가까워진다. 가족 일원은 인위적인 관계로 삶을 꾸려 나가기보다는 각각의 공간과 자리에서 제 구실을 하고, 뜻을 전달하며 자연스런 관계 속에서 살아간다. 국어교육은 이러한 의사소통이라는 생활 자체를 의도적으로 가르치는 것이다.

국어교육은 국어문화를 향유하고 창조하는 데 있다. 그런데 국어문화는 국어를 사용하는 생활 자체에서 형성되고, 향유하고자 노력하는 데에서 창조된다. 그러므로 국어문화는 인간의 의지를 국어로 피력하려는 생활에서 자연스럽게 실체가 마련되기도 하며, 이것이 문적(文籍)에 그대로 녹아들어 기록으로 남기도 한다.

농경시대 집의 구조와 그 배경에서 살다 보면 체질도 그 문화에 익숙해진다. 그 때엔 모자라고 부족한 것이 한두 가지가 아니었지만, 마당에서 천진난만하게 뛰놀던 재미가 지금의 그것과는 비교할 수가 없다. 조금 생활에 여유가 생겼지만, 호롱불 밑에서 할아버지께서 들려주신 삼국지에 나오는 군웅(群雄)들의 신나는 활약상, 할머니께서 줄줄 암송해 주신 숙영낭자전(淑英娘子傳)의 깨소금 같은 재미를 지금은 느껴 보기가 힘들다. 이러한 국어문화의 역동적인 양태를 국어교육에서는 모두다 취급한다.

국어교육은 ’인간이 왜 살아야 하는가’ 하는 존재의 문제를 다룬다. 인간은 의사를 소통하고 문화를 향수(享受)하는 것에만 만족하지 못하고, 어느 순간에서나 자기 존재를 확인하지 않으면 불안하다. 사랑하고 미워한다는 언어행위도 삶의 가치를 고양하는 것이고, 이를 시간과 공간을 극복해 보고자 하는 욕망으로 발전시켜, 자연스럽게 문학적 언어로 정착되는데, 이것도 동궤(同軌)의 목적에서 이루어지는 언어 활동인 것이다. 즉, 일상생활의 언어행위는 본질적으로 존재를 확인하는 수단이며, 이러한 언어적 가치를 고양하기 위하여 체계적인 교육이 필요하다.

비록, 초가집이지만 그 속에서 ‘어머니’ 하고 소리내어 부를 때 안정감이 솟구친다. 서로가 눈을 마주치면서 일정 부분의 역할을 다할 때 산다는 것에 만족할 수 있다. 초가집이라는 물리적 공간보다 마음이라는 심리적 공간 속에서 언어는 삶을 창조한다. 그러므로 국어교육은 인간의 문제, 삶의 문제, 즉 존재의 문제를 다루어야 한다. 언어는 그 자체가 인간이고 존재의 수단이며 교육이기 때문이다.

이젠, ‘국어교육이 무엇인가’란 물음에 겉으로 보이는 것으로만 그 개

넘을 규정해서는 안 된다. 동물과 식물이 마시는 공기가 미리 구분되어 있는 것도 아니고, 마실 물과 씻을 물도 미리 정해져 있는 것도 아니다. 마찬가지로 국어교육의 목적과 범위도 같은 맥락에서 생각해야 한다. 앞으로는, 언어를 통하여 의사를 전달하며 존재를 확인하려는 인간을 가르치는 것 그 자체가 국어교육이라고 범주화할 필요가 있다. 국어교육의 영역을 넓히기 위해 보이지 않는 국어교육의 본질 부분을 연구하여 찾아야 한다.

Ⅲ

세상을 살아가다 보면 모든 일을 운명으로 돌리고 싶은 때가 있다. 인간만사가 처음 의도하는 대로 이루어지는 것이 그리 많지 않기 때문에 이런 생각을 하게 되는지 모른다. 그래서 국어교육을 남다르게 애정을 가지고 생각해 볼 수 있다는 현실도 운명으로 돌리고 싶다.

그 동안 교육자로서 목적의식을 가지고 교육에 몰입하여 국어를 가르치고, 국어과 교육과정을 개정하고, 교과서를 편찬하는 일에서 즐거움을 찾았다. 그러다 보니 '국어교육이 무엇인가'를 어렴풋이나마 알게 되는 행운을 얻었다. 그리하여 시간이 있을 때마다 촘촘히 쓴 글을 모아 한 권의 책으로 엮게 된 것이다. 앞으로, 수택(手澤)을 받아 미흡한 내용을 보완해 가면서 국어교육에 일조가 되었으면 하는 바람이다.

이 책은 어떤 면에서 국어교육의 본질을 찾아보려는 노력의 산물이라고 해도 과언이 아니다. 교육과정과 교과서를 개정하고 편찬하는 과정에서 이에 대한 관심은 필연적이었다. 그 결과로 국어교육을 기능적 측면, 문화적 측면, 아니면 사고력과 창의력 향상이라는 어느 한 측면을 강조하기보다는 언어와 인간, 그리고 생활과 존재라는 큰 틀 속에서 국어교육의 본질을 찾아보는 것이 유용하다는 잠정적 결론에 다다른 것이다. 즉, 국어교육의 본질도 관계 속에서 존재한다는 시각으로 접근하는 것이 필요하다고 강조하고 싶다.

옛날을 회상하며 지금도 시골집을 가끔 찾는다. 집의 모양과 위치도 변하고 사는 방식도 달라졌다. 단지, 둥글게 다듬은 두 개의 연자매가 마당한 모퉁이로 옮겨져, 풍상을 이기고 옛날의 모습을 간직한 채 덩그러니 놓여 있어 감회를 더해줄 뿐이다. 이 돌덩이를 주시하다 보면 국어교육의 본질을 찾을 것 같은 기분이 든다. 앞으로, 연자매를 주시하면서 이 책의 내용도 보완해 볼 가 한다.

세상은 혼자서만 살아가는 것이 아님을 요즘처럼 절실히 느껴본 적이 없다. 이 책은 혼자의 힘으로만 우연히 만들어진 것이 아니다. 국어교육에 대한 학문적 소양을 키워주신 이상익 교수님을 비롯한 모교 은사님, 흔쾌히 발행을 허락해 주신 정찬용 사장님께 감사 드린다. 서울대학교, 고려대학교, 한국교원대학교, 한국교육과정평가원 교과서 편찬진에게도 고마움을 느낀다. 그리고 열심히 살아가는 방법이 무엇인가를 가르쳐 준 가장 가까운 사람과 찬효, 찬우, 찬주에게도…

2003년 7월,
구미동 서재(書齋)에서

제1부 국어교육의 미래

제2부 국어교육과 생활

제3부 문학교육의 구조

제4부 문학교육과 교재

제6부 문학교육과 철학

부 록

제**1**부

국어교육의 미래

제1장

국어교육의 영역 구분과 교과서

Ⅰ. 서 언

인간이 언어를 사용한다는 것은 다른 동물과 구별되는 핵심적 요소다. 인간은 이것을 도구로 하여 사상과 감정을 전달하고, 고도의 문화 생활을 영위하기도 한다. 이렇게 인간은 언어를 인간답게 하는 매체로 활용하여, 존재의 의의를 추구하고 이를 확인하려고 한다.

이러한 언어를 국가라는 개념과 결부하여 '국어'라 이름할 수 있고, 국어를 통하여 민족의 이념이나 가치관을 구현하고, 민족 특유의 수준 높은 문화를 창도한다. 국어는 민족의 역사와 공존하며, 때문에 민족의 흥망성쇠도 국어의 그것과 對蹠的이 될 수 없다. 그러므로 국어교육은 계획적, 의도적, 목적적, 체계적으로 실천되어야 하며, 그 교육의 영향과 결과는 개인의 원활한 생활 영위뿐만 아니라 국가 발전과 민족 번영이라는 거시적 영역까지로 확대된다.[1]

그런데 인간은 태어나면서부터 탁월한 식견과 능력을 지니는 것은 아니다. 교육이라는 수단으로 바람직한 방향과 목적을 설정하고 切磋琢磨하는 과정을 거칠 때, 영장의 위치를 고수하고, 참된 삶의 모습을 영위할 수

---

1) 엄밀하게 따지면 '언어'와 '국어'는 그 개념 층위를 구별하여 사용해야 한다. 그러나 본 글에서는 교육의 대상과 기능이 같은 것으로 인정하여 문맥에 관계없이 혼용하고 있음을 밝힌다.

있다. 그리하여 지금까지 인간이 지니고 있는 잠재 능력과 가능성을 계발하고, 우주라는 공간에 존재해 있다는 사실에 의미를 부여하는 교육적 노력이 계획적으로 부단히 시도되었다고 하겠다.

이제 21세기 지식·정보 사회를 맞아 바람직한 국어교육의 방향을 새로운 시각으로 조명해 볼 필요가 절실하다고 하겠다. 국어교육의 본질과 이념을 현 시점에서 다시 음미해 보고, 교육적 비전과 방법을 새롭게 정립하는 것이 요청된다. 그런데 국어교육의 본질을 가장 명확하게 대변하는 것의 하나가 국어교육 영역을 어떻게 구분하는 가이다.[2] 그리고 이러한 영역 구분은 교과서 개발을 어떻게 하는 것이 바람직한가의 방향 설정과도 연결된다. 그러나 지금까지 영역 구분에 대하여는 분분하게 이론을 주장하고 있지만, 이와 관련한 교과서 개발에 대한 이론적·학문적 穿鑿은 전무한 실정이라고 하겠다.[3]

따라서 본 글에서는 국어교육[4]의 본질과 직접적으로 연결되어 있는 영역 구분의 문제를 생각해 보고, 이러한 영역 구분은 교과서 개발과 어떤 관계를 유지하는 것이 좋으며, 앞으로 어떻게 교과서 개발 체제를 구축해야 하는가를 조감해 보고자 한다.

---

2) 교육과정의 내용은 그것을 상위에서 통제하는 여러 가지 교육관이나 교육과정 철학에 따라서 달라질 수 있는데, 대표적으로 내용의 범위(scope)와 내용의 계열(sequence) 등 교육과정 명시적 체제 개념으로 나타낸 것이 내용 체계라 한다.(박인기)(서울대학교, 국어교육연구소편『국어교육학사전』대교출판, 1999)

3) 필자는 '교재 개발학 개론, 교재 일반론, 교재 개발 절차론, 교재·교육과정론, 교재 구성론, 교재 기술론, 교재 활용론, 교재 분석론, 교재 평가론' 등의 연구 분야를 포괄하는 '교재 개발학'이란 용어 사용을 주장한 바 있는데, 교육 내용 체계와 교과서 개발 체제의 관계 연구는 이들 연구 분야의 기초가 될 수 있다.

4) '국어교육'(자국어에 대한 모든 형태의 교육), '국어과 교육'(국어과 교육과정에 의거하여 학교의 교육 계획에 따라 교사와 학생 사이에서 의도적, 체계적으로 이루어지는 교육)은 엄밀하게 의미역에서 차이가 있다. 그러나 본 글에서는 논지의 흐름에 혼란을 주지 않은 한 두 용어를 혼용하여 사용했음을 밝힘.

II. 국어교육 영역 구분의 전제

1. 국어교육 영역 구분과 정체성 확보

‘교육과정’이란 말은 관점에 따라 개념 규정을 달리할 수 있지만 ‘교육의 내용’이라는 점에서는 동일한 의미역을 지닌다. 그런데 교육의 내용이란 의미역에 대해서도 이것이라고 확연하게 一弊하지 못하고 학자에 따라 달리 해석하기도 한다. 그러나 이를 교육의 목표나 목적, 내용 체계[5]를 어떻게 설정하고 구조화하는가와 직결시키고 있다는 점에서는 공통적이다. 교육과정의 내용은 ‘내용 체계’에 의하여 구체적으로 구현된다는 데에는 궤를 같이 한다.

지식의 생산과 활용이 개인과 국가 발전의 원동력이 되는 21세기 지식·정보 사회는 국가 차원에서 국어교육의 본질과 실체를 규명하고, 이를 교육현장에서 실질적으로 구현할 수 있도록 거시적 지표와 방향 설정이 필요한 시기라고 생각한다. 그러므로 국어교육 영역 구분은 교육의 본질과 정체가 무엇인가를 확연히 하고, 이를 교육적으로 구체화하는 데 기여하는 체제를 갖춰야 한다. 현 시점에서 사회의 변화와 발전에 능동적으로 대처하고, 국어교육의 독자성을 확보하기 위하여 교육 영역 체제를 학문적 배경을 바탕으로 합리적으로 재정립하는 것이 요구된다.

국어교육의 목표를 어떻게 설정할 것인가 하는 문제는 국어교육의 정체성 확보와도 유관하다. 국어교육에는 고유의 교육목표가 있음은 주지의 사실이다. 이러한 목표는 여타의 교과에서는 성취할 수 없는 독특한 교육적 성과를 발휘한다. 그러므로 국어교육의 목표 설정은 국어교육 고유의 영역을 확보한다는 차원에서, 기본적으로 민족 교육의 중추를 담당한다는

---

5) ‘국어교육 영역’, ‘내용 체계’, ‘영역 구분’, ‘내용 영역’ 등의 용어도 엄밀하게 의미역을 구분하여 설정하는 것이 바람직하나 본 글에서는 혼용하여 사용함.

책무를 가지고 설정되어야 한다. 또한, 가치 있는 인간으로의 변화를 요구하는 국어교육의 이념과 유관하여 정립되어야 함은 물론이다.

그런데 이러한 목표 설정도 내용 체계의 구조화 방법과 직결되는 사항이다. 국어교육의 목표는 국어교육의 내용 체계를 어떻게 가시화할 것인가와 직결된다는 말이다. 즉, 내용 체계의 합리적 구조화는 국어교육의 본질과 정체를 밝히는 관건이다. 그렇지만 국어교육의 궁극적 목표가 무엇인가에 대하여는 그 동안 많은 학자들에 의해서 학문적 논의의 대상으로 삼았으나 '이것이다'라고 明澄하게 단언할 단계에는 아직 이르지 못한 느낌이다. 현 시점에서는 국어교육의 내용 체계에 대한 확연한 구도를 마련하지 못했다고 할 수 있다.

2. 국어교육 영역 구분의 기저

'국어교육의 본질'이란 말에서 '본질'이란 의미는 매우 다양한 계층적 구조를 지닌다. 이는 교육과정 구성 체제에서 '성격', '목표', '내용 체계(영역 구분)'와도 관련이 있는 것으로, '교육'이란 어휘와의 相關性에서 미묘한 뉘앙스의 차이를 던져 주기도 한다. 그러므로 국어교육의 본질 규명은 그 내용 설정과 마찬가지로 그리 용이한 것이 아님은 분명하다.

국어교육은 보는 시각과 관점에 따라 여러 측면에서 그 내용과 범위를 달리 규정할 수 있다. 그러나 어휘적인 결합의 측면에서 '국어 + 교육'으로 분리할 수 있는데, 국어와 교육의 관계가 어떻게 성립하느냐에 따라 국어교육이라는 덩어리의 의미는 달라진다. 이들의 의미 작용 관계를 다음과 같이 도식해 볼 수 있다.[6]

---

6) '문학교육'의 개념을 설명하는 방식으로 이러한 도식을 이용하기도 하였고(본서, pp.288~292), 민족의 정체성 교육을 설명하는 데에도 이러한 도식은 유용하다고 하겠다.

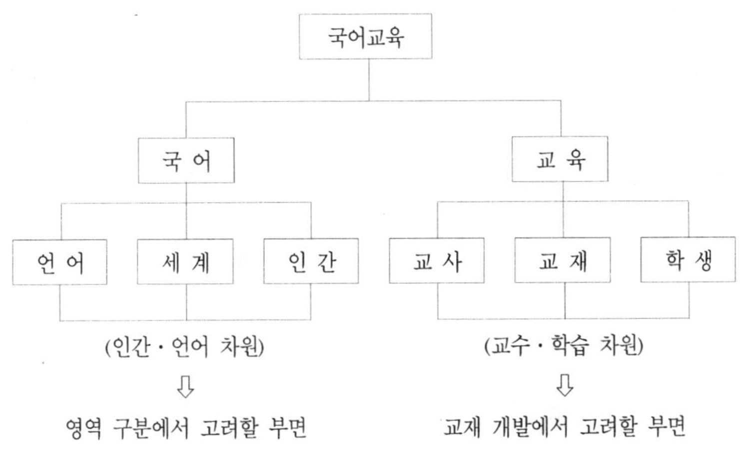

국어교육에서 메커니즘적 구성 요소가 무엇인지를 보여주는 그림이다. '국어 + 교육'이란 결국 이들 구성 요소들의 '역동적 결합'을 의미하고, 여기에서의 역동적 결합이란 교육적 효과를 극대화하면서 구성 요소간 상호 작용의 효율성을 고려한 유기적 통합을 뜻한다. 즉, 국어교육은 이들의 상호 관계를 염두에 두고, 소기의 교육 목적을 달성하기 위해 동태적 모습으로 통합, 전환시키는 과정을 말한다. 도식에 나타난 이러한 역동적 상황은 국어교육이 언어를 통한 인간교육이고, 더 나아가 교수 · 학습과 교재 활용이 교육에서 중요한 위치를 점하고 있다는 사실을 시사한다.

그러므로 국어교육의 내용 체계는 인간교육과 언어교육의 차원에서 구조화를 모색하는 것이 이상적이다. 국어교육의 본질은 '국어와 교육의 실체가 무엇인가', '인간과 언어가 어떤 관계를 유지하며 상호 작용을 하는가' 등에 초점을 맞출 때 규명이 가능하다고 하겠다. '국어는 무엇인가'란 질문에 대한 해답은 '언어는 무엇인가'란 논의에서 얻을 수 있다. 이는 국어교육의 개념은 시각을 달리하는 수많은 주장이 있기는 하지만 인간교육과 언어교육의 상관에 접근하여 파악하는 것이 용이하다는 말과 상통한다고 하겠다.

일반적으로 국어교육학의 탐구 대상의 내용으로 인간 요인, 언어 요인, 활동 요인, 교육 요인을 든다.[7] 이들 요인을 고려하여 국어교육의 영역 설정은 다음과 같은 확대된 관점에서 시도되는 것이 좋다고 본다.

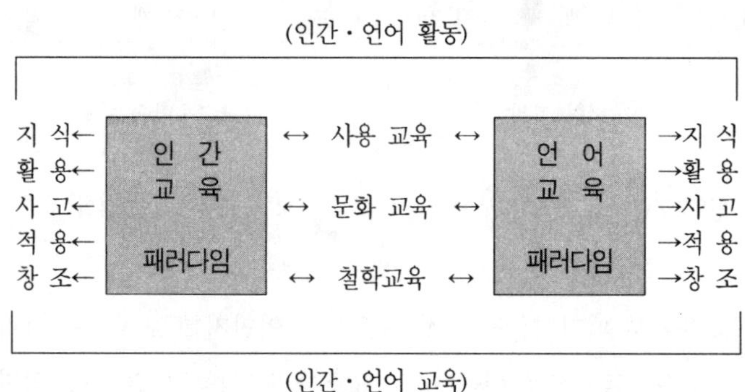

문학교육이 사용교육, 문화교육, 철학교육으로 확대되어야 한다는 주장에는 이론이 없는 듯하다. 따라서 국어교육에서 문학교육을 배제할 수 없다면 국어교육의 내용에서 철학교육을 포용하는 것이 바람직하지 않은가 한다. 그러나 여기에서의 철학교육은 국어교육적 範疇에 녹아들어 있는 국어교육으로서의 철학교육이다.[8]

이러한 관점에서 보면 국어교육에서 지금까지 통상적으로 논의되어 온 영역의 구분인 언어사용, 언어 지식, 문학 영역에 국한하고, 한 분야 한 분야를 따로 독립하여 획정하는 데에는 무리가 따르기 마련이라고 하겠다. 이들 삼자(여타의 영역 구분 방법도 있지만)가 상보적, 총체적, 복합적

---

7) 최현섭 외, 『국어교육학 개론』(삼지원, 1996) pp.42~43.
8) 이렇게 국어교육의 내용을 확장하는 관점에서 보면 국어교육은 '국어교육 철학, 국어교육 사회학, 국어교육 심리학, 국어교육사, 국어교육 행정학' 등 교육학과 관련하여 독자 영역을 확보하는 것이 가능하다.

으로 한 덩어리를 이루어서 교육의 장에서 역동적 상호 작용의 형태로 드러나는 것으로 봄이 타당하다. 따라서 이들만을 종적, 횡적으로 관계로 도식해 보는 것은 국어교육 본질 추구 차원에서 바람직하지 못하다. 국어교육의 목표를 어디에 두고 무엇을 강조하느냐에 따라 이들의 작용 관계가 각양으로 달라질 수 있으므로, 국어교육 본질 추구와 함께 국어교육 영역 구분의 방법이 이들의 상호 연관의 양상을 고려하여 앞으로 더욱 구체화되어야 할 것이다.

그러므로 국어교육에서 영역 구분은 상호 상보적 관계에서 분리하는 형태를 취하지 말고, 교육에서의 상호 보완적 기능과 요소를 학적으로 발전시켜야 한다. 국어교육은 언어교육이요, 또한 이를 통한 인간교육이라 할 수 있기 때문에 국어교육의 영역 확충과 학적 정립이라는 측면에서도 이러한 접근 방법은 바람직하다고 하겠다.

Ⅲ. 국어교육 영역 구분의 방법과 변천

1. 국어교육 영역의 구분의 방법

국어교육 내용이란 대개 국어과에서 교수·학습을 통하여 학습자가 성취하거나 습득, 숙달할 수 있는 사고·지식·능력·습관 및 태도 등 일체의 학습 대상이 되는 실체를 의미한다.9) 이에 따라 국어교육이 다루는 내용 범주를 ① 언어적 정보(verbal informations), ② 지적 기능(intellectual skills), ③ 인지적 戰略(cognitive strategies), ④ 태도(attitudes), ⑤ 언어 수행 기능(language skill) 등의 다섯 가지로 들 수 있다.

---

9) 최현섭 외,『국어교육학 개론』(삼지원, 1996) p.80 이하 영역 구분의 방법은 이 책을 많이 참고하였음.

국어교육에 대한 이론이 발달함에 따라 내용 체계에도 많은 변화를 추구하였다. 이러한 양상은 아직까지는 국어교육 영역에 대한 논리가 분분하다는 것을 의미하며, 국어교육의 목적을 해부해 보려는 부단한 모색 활동이었다고 하겠다. 그리고 대개 언어사용, 언어 지식, 국어 문화의 구분을 바탕으로 한 논의였다고 하겠다.

국어교육에서 영역을 구분하는 기준과 방법에는 여러 가지가 있다. 그러나 대개 서구 이론을 참고하여 언어사용의 양상에 따라, 언어사용의 발달 단계에 따라, 교육 공동체와 학습자의 요구 분석에 의해, 지식·기능·태도로, 학문의 구조에 따라 구분하는 방법을 이용하고 있다.[10] 지금까지 논의된 구분법을 들면 다음과 같다.

① **2분법**

현재 일반적으로 시도된 국어교육 영역의 양분 방법은 흔하지 않다. 그러나 언어 사용적 측면만 고려하여 표현·이해, 또는 언어사용·언어 창조로, 더 나아가 언어사용·언어 문화 등으로 구분하는 것이 가능하다.

② **3분법**

사용, 지식, 문화의 관점에서 표현·이해, 언어, 문학으로 구분하기도 하고, 인문학의 전통에 따라 문학, 작문, 문법으로 구분하는 방법도 있다.

③ **4분법**

범박하게 가장 쉽게 구분하는 방법은 음성 언어와 문자 언어를 다시 표현, 이해로 구분하여 듣기, 말하기, 읽기, 쓰기로 구분하기도 한다. 또는 언어사용 측면을 양분하여 표현(말하기, 쓰기), 이해(듣기, 읽기), 언어, 문학으로 구분하기도 하고, 언어와 관련하여 '사고, 기능, 문화, 이데올기'로 구분하는 방법도 있다. 그리고 문학 영역을 강화하여 언어사용, 국어 지

---

10) 최현섭 외, 같은 책, p.78.

식, 문학 지식, 문학 현상으로, 또는 언어, 언어지식, 문학, 문학 지식으로 4분하는 방법도 상정할 수 있다.

④ 5분법

언어사용의 실태를 감안하여 말하기·듣기, 읽기, 쓰기, 언어, 문학으로, 직문교육과 서사 교육을 구분하여 듣기, 말하기, 읽기, 쓰기, 짓기(교수 요목기 초등학교)로 분할하는 방법도 있다. 1차 교육과정 중학교에서는 말하기, 듣기, 쓰기(글짓기), 읽기, 언어 과학으로 구분하기도 했다.

⑤ 6분법

언어사용 기능 영역을 확대하여 듣기, 말하기, 읽기, 쓰기, 언어, 문학으로 구분하는 것이 보통이다. 교수 요목기에는 읽기, 말하기, 짓기, 쓰기, 문법, 국문학사로 구분하기도 했다.

상기와 같은 국어교육 내용 구분을 비롯하여 체계에 관한 방법론은 국어교육에서 무엇을 강조할 것인가의 선택의 문제, 배열의 문제, 가중치 부여의 문제, 접근 방법의 문제이며, 동시에 분할을 고착화하면 언어의 총체성에 역행한다는 가능성을 모두 내포한다.

이상의 구분 방법에서 영역을 이루는 구성 요소들이 같은 레벨의 자격을 가진 것인가의 검증도 필요하다. 그리고 기존의 구성 요소를 단순하게 조합하는 방법은 국어교육의 역동적 상황을 고려하다면 지양되어야 한다.

2. 국어교육 영역 구분의 변천

1) 영역 구분의 사적 전개

교수 요목기에서 7차 교육과정에 이르기까지의 국어교육 영역 구분에는 많은 변화가 있었음을 보여 준다. 1946년 미군정청 편수국에서 제정한

‘국민학교 국어과 교수 요목’ ‘(三) 교수 사항’에서는 읽기, 말하기, 듣기, 짓기, 쓰기로, 중학교는 읽기, 말하기, 짓기, 쓰기, 문법, 국문학사로 구분하였다. 그리고 각 항목별로 가르쳐야 할 내용과 방법을 제시하였다.

제1차 교육과정 초등학교에서는 언어사용 측면을 강조하여 말하기, 듣기, 읽기, 쓰기로 구분하되 중학교에서는 ‘언어 과학’을 첨가하였다. 각 영역을 각 학년의 지도 목표에 포함시켜 몇 개의 유목으로 하위 목표를 동시에 제시한 것이 특이하다.

제2차 교육과정에서는 언어 활동을 중심으로 말하기, 듣기, 읽기, 쓰기의 네 영역으로 구분하고 지도 내용을 제시하였다. 1차와 마찬가지로 ‘학년 목표’에 각 학년마다 영역 구분을 하고 하위 목표를 제시하였다.

이러한 영역 구분 방식은 제3차 교육과정에서도 그대로 계승하였으나, 학년별 각 영역별 ‘내용’에 대한 ‘지도 사항과 주요 형식, 그리고 제재 선정의 기준’을 함께 제시하는 체제상의 변화가 있었다. 그리고 1, 2차와는 달리 ‘목표’ 항목에서 영역 구분 제시를 하지 않고, ‘내용’ 항목에서 학년별로 영역을 구분하여 제시하는 변화를 보여 준다.

그러다가 제4차 교육과정에 와서는 구분상으로는 언어와 문학의 비중을 높여 지도 내용을 ‘표현·이해’, ‘언어’, ‘문학’의 세 영역으로 구분한 뒤 이를 다시 말하기, 듣기, 읽기, 쓰기, 언어, 문학의 여섯 영역으로 세분하여 학년별 지도 내용을 제시하였다. 3차와 같이 ‘학년 목표 및 내용’ 항목 중 ‘내용’에서 영역을 구분하고 하위 항목을 제시하였다.

제5차 교육과정에서는 제3차와 제4차 교육과정의 지도 내용 영역 구분 방식을 조화시키고, 표현·이해 영역을 세분하여 ‘말하기, 듣기, 읽기, 쓰기, 언어, 문학’의 여섯 영역으로 구분하여 제시하였다. 그리고 4차에서와 같이 ‘학년 목표 및 내용’ 항목 중 ‘내용’에서 영역을 구분하고 하위 항목을 제시하였다.

이러한 접근 방식은 제6차와 7차 교육과정에서도 계승하였다. 다만, 영역 구분에 그치지 않고 지식의 구조화로 더욱 내용을 체계적으로 상세화한 것이 특이하다. 그리고 '내용' 항목에 '내용 체계' 표를 처음으로 제시하여 내용의 구도를 일견하여 알아볼 수 있도록 한 것이 교육과정 체계상의 발전이라고 하겠다.

2) 내용 체계의 합리적 구조화 모색

국어교육의 본질을 제대로 구현하기 위해서는 즉, 국어교육의 목표를 효과적으로 구현하기 위해서는 교육 영역을 합리적으로 구분한 교육 내용을 제시하는 방법이 가장 이상적이어야 한다. 그러나 내용을 선정하고, 선정된 내용을 타당한 준거에 의하여 분류하는 작업뿐만 아니라, 分類群을 대표할 수 있는 타당한 명칭을 부여하는 것은 그리 용이하지 않다. 그러나 교육과정의 개정 작업이 거듭되면서 체계적 분류 이론이나 학적 배경을 가지고 내용 체계에 대한 모형을 발전적으로 제시하고 있다.

6차 교육과정에서는 단순히 영역의 나열에만 머물지 않고 각 영역의 하위 구조를 설정하여 5차보다 더욱 체계적으로 제시하려고 하였다. 즉, 각 영역마다 본질, 원리, 실제로 내용을 범주화하여 기능 중심의 내용관에서 탈피하려고 노력하였다. 그리하여 정의적 측면의 내용을 일관되게 반영할 수 있는 틀을 마련하였고, 텍스트 유형을 고려하였다.

▶ 6차 교육과정 '듣기' 영역 내용 체계

여기서 내용이란 교수·학습을 통하여 학습자가 성취하거나 습득, 숙달할 수 있는 사고·지식·능력·습관 및 태도 등 일체의 학습 대상이 되는 실체를 의미한다.9) 이에 따라 국어교육이 다루는 내용 범주를 ① 언어적 정보(verbal information), ② 지적 기능(intellectual skills), ③ 인지적 戰略(cognitive strategies), ④ 태도(attitudes), ⑤ 언어 수행 기능(language skill) 등으로 구분하였다.

영역	내용		
	1. 듣기의 본질	2. 듣기의 원리	3. 듣기의 실제
듣기	• 듣기의 중요성 • 듣기의 기본 과정 • 듣기의 기본적 상황	• 정확한 식별의 기본 원리 • 정보 확인의 기본 원리 • 내용 이해의 기본 원리 • 평가 및 감상의 기본 원리	• 정보를 전달하는 말 듣기 • 설득하는 말 듣기 • 친교 및 정서 표현의 말 듣기 • 일상적인 듣기의 태도 및 습관

9) 최현섭 외, 『국어교육학 개론』(삼지원, 1996) p.80 이하 영역 구분의 방법은 이 책을 많이 참고하였음.

그러나 6차 교육과정에서도 영역간의 중복으로 유사한 내용을 반복하여 제시한 것이 많고, 거기에 내용 체계와 내용 제시가 일치하지 않는 것이 나타났다. 내용 체계에는 원리와 실체를 분리하여 제시했지만 내용 제시에서는 이를 통합하여 제시하고, 태도 및 습관은 실제에 들어갈 내용이 아낸 모순을 담고 있다. 그리하여 7차 교육과정에서의 내용 체계에서는 이러한 모순을 최소로 보완하여 다음과 같이 제시하였다.

▶ 7차 교육과정 '듣기' 영역 내용 체계

• 듣기의 본질	• 듣기의 원리	• 듣기의 태도
– 필요성 – 목적 – 개념 – 방법 – 상황 – 특성	– 청각적 식별 – 내용 확인 – 추론 – 평가와 감상	– 동기 – 흥미 – 습관 – 가치
• 듣기의 실제		
– 정보를 전달하는 말 듣기 – 정서 표현의 말 듣기		– 설득하는 말 듣기 – 친교의 말 듣기

이러한 제시 방법은 언어사용 기능 영역에서는 지식의 구조에 질서를 부여했다는 데 의의가 있지만, 7차 교육과정 전체의 내용 체계 즉, 국어 지식, 문학 영역을 포함한 전체의 틀을 살펴보면 보완할 점이 많다고 보겠다.

3. 영역 구분의 이론적 양상

국어교육의 실체를 찾아보고 국어교육의 독자성을 추구해 본다는 견지에서 영역 구분에 대하여 강조점을 달리하여 여러 연구가 축적되어 왔다.

10) 최현섭 외, 같은 책, p.78.

주지하고 있는 내용이지만, 앞으로 교육과정 개발에서 내용 체계를 어떻게 구안하는 것이 바람직한가를 공론화해 보는 계기를 제공한다는 취지에서 정리된 것을 요약 제시하면 다음과 같다.11)

이대규 교수는 국어과 교육의 배경학문을 '수사학, 언어학, 문학 이론'으로 규정하고, 국어과 교육을 내용 범주와 행동 범주로 구분한 다음, 내용 범주에는 '개념·명제·절차'를 행동 범주에는 '기억·사용·발견'을 설정하였다.

노명완 교수는 국어과 교육의 궁극적 목표를 '언어사용 기능의 신장'으로 보고, 이를 다시 '지적 기능의 신장(인지적)', '의사 교환 기능의 신장(인지적)', '문학 감상 기능의 신장(정의적)'으로 세분하였다. 그리고 이러한 목표를 달성하기 위하여 '활동 영역'과 '내용 영역'으로 나누고, '활동 영역'에 표현·이해의 언어 활동(말하기·듣기·읽기·쓰기)을, '내용 영역'에 언어 지식과 문학 지식을 설정하였다.

김정환은 국어과 교육의 내용을 '국어사용 영역, 문법 지식 영역, 문학 지식 영역'으로 구조화하였다. 그리고 '국어사용 영역'은 듣기, 말하기, 읽기, 쓰기의 활동과 이 활동에 필요한 전략적 지식을, '문법 지식 영역'은 구체적, 일반적 수준으로서의 국어에 대한 지식을, '문학 지식 영역'은 구체적, 일반적 수준의 문학적 비문학적 작품에 대한 지식을 들고 있다.

이성영 교수는 국어과 교육에서 '언어사용 기능 영역, 언어 영역, 문학 영역'이 공존함으로써 생기는 근본적인 문제점, 즉 상호 배타와 간섭으로 인해 공백이 생기거나 정작 중요한 것을 놓치고 있다는 문제점을 해결하기 위하여 세 영역의 공통점이라는 '언어'에서 논의의 출발점으로 삼았다.

---

11) 한국교육개발원 교육과정개정위원회, 『제7차 국어과 교육과정 개발 연구』('97 교육부 위탁 연구과제 답신 보고서, 1997) pp.41~49 요약 제시하는 기술의 형태를 취했으므로 출처의 원전을 밝히지 않았으며, 더욱 자세한 사항은 이 보고서를 참조하기 바람.

그리하여 국어과 교육에서 추구해야 할 언어는 '체계로서의 언어'가 아니라 사용으로서의 언어, 사용되는 언어(시점 혹은 관점, 주제화의 방식, 간접화의 어법, 역할 넘기기, 읽어 넣기와 읽어 내기, 심적 태도의 표현 방식, 인과나 비유)로 구분하였다.

마광호는 국어과 교육의 내용은 국어사용 능력의 신장에 두되 기존의 말하기, 듣기, 읽기, 쓰기 구분을 지양하고 도구 교과적 성격을 강조하여 문학 영역을 포함시키지 않았다. 그리하여 기본적 내용을 문자 언어 교육, 교정 교육으로 본질적 내용을 사용 과정 교육, 국어 단위 교육으로 다시 세분하였다.

이도영 교수도 국어교육의 목표를 '언어사용 능력의 신장'에 두고 말하기, 듣기, 읽기, 쓰기의 구분을 지양하는 입장을 취했다. 언어사용의 양상에 따른 구분을 시도하여 기본 영역을 언어가 사용되는 상황에 대한 지식, 언어의 힘과 한계에 대한 지식으로, 사용 영역을 의사 소통 영역, 사고 영역으로 구분하였다.

서덕현 교수는 지식 교육으로서의 국어과 교육을 배제하여 기능 영역을 국어과의 핵심 영역으로 간주하고 말하기, 듣기, 읽기, 쓰기, 문학의 다섯 영역만 설정하였다.

최영환 교수는 국어과 교육의 내용을 체계화하려면 하나의 목표를 지향하는 통일성의 원리와 각 영역의 특성을 반영하는 다양성의 원리를 고려해야 한다고 하면서, 국어과 교육의 목표를 '언어사용 능력의 신장'에 두고 통일성의 원리로 언어사용 기능 영역에 언어 영역, 문학 영역을 포함시키고, 언어사용 기능 영역 말하기, 듣기, 읽기, 쓰기는 이들이 이루어지는 과정을 단순화하여 의미 구성의 단계를 중심으로 통합하는 구분법을 제시하였다.

박수자 교수는 변화하는 사회의 특성에 맞는 언어관과 언어 학습관의 확립(기호학 이론)을 주창하여 국어과 교육의 내용 구조를 내용 요소와 학습 활동으로 크게 나누고, 다시 내용 요소를 언어 구조, 약호의 유형, 언어 사용 전략으로, 학습 활동을 의사 소통 활동의 유형, 수업 모형으로 세분하고 있다.

이주행 교수는 국어교육의 일차 목표를 '국어의 이해와 표현 기능 신장'에 두고, 교육 영역으로 국어에 대한 지식, 국어사용 기능, 가치로 구분하였다. 그리고 표층·심층 개념을 도입하여 표층 구조는 국어사용 기능, 심층 구조는 가치 교육으로 설정하였다.

이상에서 열거한 이들의 주장은 이론적 배경을 가지고 나름대로의 체계를 세워 국어교육의 본질을 찾아본다는 관점에서 접근하고 있는 것이 사실이다. 그러면서도 ① 지식 중심의 국어과 교육을 활동 중심 교육으로의 전환을 모색하고, ② 기존에 많이 사용해 온 '말하기, 듣기, 읽기, 쓰기, 언어, 문학'으로의 구분과 명칭 사용을 지양하며, ③ 국어교육 목표를 대체로 '국어사용 기능 신장'으로 설정했다는 공통점을 발견할 수 있다.

4. 외국에서의 교육 영역 구분

그 동한 우리 나라 교육과정의 개편은 인간 중심, 학문 중심, 기능 중심 등 서구의 교육과정 개발 이론에 많은 영향을 받았다고 하지 않을 수 없다. 근자 외국에서의 교육과정 개발과 이에 따른 영역 구분에 대한 방법론을 살펴보면 좋은 시사점을 얻을 수 있다.

영국은 1988년에 '국가 교육과정'을 도입하여 교육의 결정권을 국가가 거머쥐고 각급 학교의 성취 수준을 비교·통제하여 국가 수준의 질관리 정책을 강화하였다. 교육과정에서 학습의 영역은 '말하기와 듣기, 읽기, 쓰기, 철자, 표현 등의 5개 영역으로 나누고, 단계 4에서는 철자와 손으로 쓰기는 통합되고 문학적 텍스트는 다른 영역에 녹아 들도록 하고 있다.12)

---

12) 한국교육개발원 교육과정개정위원회, 앞의 책, pp.54~60 이하 각국의 영역 구분에

미국은 주 단위로 교육과정이라 할 수 있는 '교육과정 체제'를 작성하여 지역, 학교 단위의 교육과정 작성과 운영에 도움을 준다. 뉴욕 주에서는 교육 영역을 듣기와 말하기, 쓰기, 읽기와 문학 등으로 나누고, 각 영역은 다시 기대 수준, 목적 및 목표에 대한 개관, 성취도 수준표, 평가 등의 4부 체제로 교육과정을 구성하였다. 캘리포니아 주에서는 교육 내용을 읽기, 쓰기, 듣기와 말하기, 구어(말하기)와 문어(쓰기)의 관습 4개 영역으로 나누고 이를 다시 하위 영역으로 구조화하였다.

수준별 교육과정을 잘 구현하고 있는 호주는 말하기와 듣기, 읽기와 보기, 쓰기 3개의 영역으로 제시하였다. 문학 텍스트는 각 영역에 포함되어 있으며, 지식·정보사회에 걸맞게 보기(viewing)를 다른 영역과 대등하게 제시한 점이 특이하다.

주제별로 국가 수준에서만 교육과정을 제시하는 프랑스 초등학교에서는 학습 내용을 구어 연습(말하기와 듣기), 문어 연습(쓰기와 읽기), 언어 학습(언어 지식), 언어의 시적 사용(문학)으로 구분하고, 중학교에서는 언어 추리 연습(언어 지식), 교양교육(문학), 방법과 실행(언어 기능), 고전어(고전)의 4개 영역으로 구분하여 학교급별로 강조 영역을 달리하였다.

주 단위에서 교육 내용의 기본 범주만 제시하고, 10학년에서 부분적으로 필수과정, 심화과정, 보충과정을 두는 독일의 교육과정에서는 말하기와 쓰기를 통한 대화, 교재 학습, 언어 반응 3개 학습 영역을 설정하고 있다.

교육과정의 체제가 우리와 비슷한 중국은 학교급별·학년별 성취 수준을 자세하게 제시하고, 1987년에 공포한 소학 어문과(초등학교 국어과)에서는 교육 내용을 문자 이해·쓰기, 듣기·말하기, 읽기, 작문 4영역으로 구분하고 있다.

1994년에 개정된 일본 고등학교 교육과정에 의하면 내용 체계를 표현

대한 사항은 이 보고서에 의거하여 소개하였음(pp.60~78).

과 이해로 단순하게 구분하고 '언어 사용항'을 부가하였다. 그리고 내용을 추상적이고 간결하게 제시한 것이 이색적이다.

이상에서 살펴본 바와 같이 외국 교육과정에 나타난 교육 내용의 영역 구분은 세분화보다는 통합적 성격을 띤 상위 구조로 분류하고, 이를 다시 구체적인 하위 항목으로 세분화하는 방법을 취하고 있다. 우리 나라가 국어교육의 내용 체계를 세분화·상세화하는 현상과는 대조적이라고 하겠다.

Ⅳ. 국어교육의 영역 구분과 교과서 체제

1. 영역 구분과 교과서 체제의 변화

교육과정은 지식의 변화, 사회 여건의 변화, 교육 이론의 발전, 현존하는 교육 프로그램의 적절성에 대한 계속적인 평가 등에 의하여, 여기에 국어과 교육과정의 내적인 문제를 개선할 필요에 따라 개정된다.[13] 그 중에서도 목표·내용 체계에는 교육과정의 이상적 體制를 제시한다는 목적과 국어교육의 본질을 추구해 본다는 입장에서 많은 변화가 있었다. 그러나 목표의 진술 체계는 내용 체계와 직결되기 때문에 목표 진술의 방법도 학적으로 합리성이 있어야 하는데, 이에 부합하여 내용 체계의 합리적 구조화에 대한 연구도 아직까지는 없는 것이 사실이라 하겠다.

교수 요목기부터 7차 교육과정까지 내용 구분 방식과 교과서 개발의 현황을 대비해 보면 다음 표와 같다.

---

13) 교육과정 개정의 배경을 설명하는데 역대 해설서에서 많이 사용하는 말이다.

구분		영역 구분	교 과 서	비고
요목기	초	읽기, 말하기, 듣기, 짓기, 쓰기	한글 첫걸음, 초등국어 교본, 바둑이와 철수/ (전시생활, 전시독본)	
	중	읽기, 말하기, 짓기, 쓰기, 문법, 국문학사		
	고	없음.		
1차	초	말하기, 듣기, 읽기, 쓰기	국어	
	중	말하기, 듣기, 쓰기(글짓기), 읽기, 언어 과학	국어	한자 및 한자어 학습
	고	말하기, 듣기, 쓰기, 읽기	필수: 국어(一)(국어 생활, 고전 일부)/ 선택: 국어(二)(현대문, 고전문, 법문학, 어학사, 문학사, 한문)	한자 및 한문 지도의 의의
2차	초	말하기, 듣기, 읽기, 쓰기	국어, 쓰기(1~3학년)	
	중	말하기, 듣기, 읽기, 쓰기	국어	한자 및 한문 지도
	고	말하기, 듣기, 읽기, 쓰기	국어Ⅰ, 국어Ⅱ (문법, 한문, 고전, 작문)	한문 과정
3차	초	말하기, 듣기, 읽기, 쓰기 (글짓기, 글씨 쓰기)	국어	
	중	말하기, 듣기, 읽기, 쓰기	국어	
	고	말하기, 듣기, 읽기, 쓰기	국어Ⅰ, 국어Ⅱ(고전, 작문)	
4차	초	표현·이해(말하기, 듣기, 읽기, 쓰기), 언어, 문학	통합교과(1,2학년 바른 생활), 국어(3학년부터)	
	중	표현·이해(말하기, 듣기, 읽기, 쓰기), 언어, 문학	국어	

	고	표현·이해(말하기, 듣기, 읽기, 쓰기), 언어, 문학	국어 I , 국어 II (현대문학, 작문, 고전문학, 문법)	
5차	초	말하기, 듣기, 읽기, 쓰기, 언어, 문학	말하기·듣기, 읽기, 쓰기	
	중	말하기, 듣기, 읽기, 쓰기, 언어, 문학	국어	
	고	말하기, 듣기, 읽기, 쓰기, 언어, 문학	공통필수: 국어/ 과정별 필수: 문학, 작문, 문법	
6차	초	말하기, 듣기, 읽기, 쓰기, 언어, 문학(본질, 원리, 실제)	말하기·듣기, 읽기, 쓰기 (말하기·듣기·쓰기)	
	중	말하기, 듣기, 읽기, 쓰기, 언어, 문학(본질, 원리, 실제)	국어	
	고	말하기, 듣기, 읽기, 쓰기, 언어, 문학(본질, 원리, 실제)	공통 필수: 국어(상,하)/ 과정별 필 수: 화법, 독서, 작문, 문법, 문학(상,하)	
7차	초	듣기, 말하기, 읽기, 쓰기, 국어지식, 문학(본질, 원리, 태도, 실제)	말하기·듣기, 읽기, 쓰기 (말하기·듣기·쓰기)	
	중	듣기, 말하기, 읽기, 쓰기, 국어지식, 문학(본질, 원리, 태도, 실제)	국어, 생활 국어	
	고	듣기, 말하기, 읽기, 쓰기, 국어지식, 문학(본질, 원리, 태도, 실제)	국민 공통: 국어(상,하)/ 일반 선택: 국어 생활/ 심화선택: 화법, 독서, 작문, 문법, 문학 (상,하)	

상기의 일람표에서 알 수 있듯이 영역 구분에 따른 교과서 체제는 4차 교육과정까지는 계획성이 없어 보인다. 그러나 5차 교육과정에서부터는 국어교육의 목표 설정을 기준 삼아 내용 영역 중 어느 부분을 의도적으로

강화하고, 교과서의 명칭과 종류도 이에 걸맞도록 조화롭게 모색하려고 한 흔적이 보인다.

그리고 초·중학교보다 고등학교에서 교과서가 다양하게 개발된 양상을 보이며, 그것도 개정의 차수가 거듭될수록 영역 구분의 원리에 따라 접근을 시도한 것으로 나타나 있다.

2. 영역 구분과 교과서 개발 전략

1) 영역 구분과 이론의 지평 확대

현행 국어과 교육과정에서 제시한 국어사용의 개념은 단순히 국어의 이용에 두고 있는 것으로 이해하는 사람이 많다. 즉, 전달의 수단이라는 도구 이용의 개념으로 한정하기가 쉽다. 그러나 언어의 개념을 이제부터는 '언어 그 자체'로 한정하는 언어학적 범주에서 벗어나야 한다. 언어가 도구라는 점에만 주목하면 '밥 : 숟가락'의 관계가 '생각 : 언어'의 관계가 동일하다는 결론이 나오기 때문이다.[14]

국어교과를 '도구 교과', '기본 교과'라고 칭하는 것을 액면 그대로 받아들이는 것도 21세기 지식·정보화 사회에는 재고해야 한다. 왜냐하면 그 자체의 명칭이 국어교육의 정체성을 확보하는 데는 부족한 감이 발현하기 때문이다. 현시점에서 새로운 각도로 도구 교과라는 성격과 개념 정립을 할 필요가 있다. 국어교과에서 다루는 내용이 다른 교과의 학습에 도구가 된다는 의미는 상당히 애매하다. 주지하다시피 문자 쓰기나 문자 읽기 정도의 도구적 성격은 아니기 때문이다. 그렇다고 국어과에서 가르치는 언어사용 기능이 지식 자체가 아닌 지식의 활용 기능이며, 이러한 지식

---

14) 이러한 견지에서 김대행 교수는 언어사용을 '언어 활동'이라 정의해야 옳고, 이를 '규범적 사용'과 '창조적 사용'으로 분류할 필요가 있다고 주장한다(『국어교과학의 지평』 서울대학교출판부, 1995, pp.16~91 참조).

의 활용 기능이 범교과적으로 모든 교과의 학습 활동에서 요구하는 도구적, 지적 기능이라는 생각도 어떤 면에서는 타교과의 독립성을 저해하는 의미를 내포할 수도 있다. 따라서 '도구 교과'라는 의미를 국어교육의 내용 체계를 새롭게 정립한다는 거시적 관점에서 재조명해 볼 필요가 있다.

지금까지의 학문적 연구에서 국어교육의 본질 해명은 언어 사용적, 언어 문화적 측면에서 주로 논의되어 왔다. 그런데 언어는 철학적 사유의 근원이고, 언어의 하나인 국어는 민족적 그것을 기술하는 메타적 기제가 되므로 앞으로의 국어교육은 언어 철학적 영역에까지 교육 영역을 넓힐 필요가 있다. 언어는 너와 나를 상호 인식하면서 인간의 존재를 확인하는 수단인 동시에 역사 발전의 原動力도 되기 때문이다. 사용 → 문화 → 철학에로의 국어교육의 영역 확대는 국어교육을 형성하는 지식의 구조를 새로운 각도에서 모색할 수 있도록 하고, 이를 바탕으로 하여 국어교육의 본질과 목표가 무엇인가를 새롭게 규정할 수 있는 전기를 마련해 줄 수 있을 것이다.

국어교육의 영역을 확대하고 정체성을 확보한다는 안목에서 국어교육의 영역을 언어사용 능력이라는 관점에서 언어가 작용하는 상황을 고려하여 다음과 같이 구분하는 것도 가능하지 않은가 한다. 이는 앞에서 언급한 바와 같이 '목표', '개념', '본질, 등과도 유관한 분류로서 언어가 존재하는 역동적 상황을 고려한 구분의 시도이다.

① 개인적 상황 : 언어를 통한 사고력 고양(창의력 + 논리력 + 비판력 등)
② 상호적 상황 : 언어사용 기능(소통 능력)의 신장
③ 결과적 상황 : 언어 문화의 창달

국어교육의 영역과 의미를 확대·확충하고, 언어문화 중심 국가가 세계 중심 국가가 된다는 소박한 명제를 생각해 본다면, 이러한 분류가 논리적으로 타당한가는 부차의 문제가 될 것이다.

2) 교과서 체제와 개발 전략

여기에서의 교과서 체제란 교과서의 외적인 측면 즉, 학교급별의 교과서 종류와 교과서 수 등 거시적 관점과 교과서 내재적인 문제인 판형이나 활자의 크기, 내용 구조 등을 포괄하는 말이다. 교육과정의 개발도 중요하지만 이에 못지 않게 교과서 배열(textbook organization)을 위시하여 교과서 개발도 중요하다.

(1) 합리적 교과서 체제의 모색

① 교과서의 거시 체제

교과서는 교육과정 구현의 핵심에 위치함은 주지의 사실이다. 그러므로 교과서의 질은 교육과정의 교재화 방법이 어떠한가에 달렸다. 이론화된 교재화의 방법이 필요하다는 말이다. 그러므로 교육과정 내용은 교육학, 심리학 교육공학, 미학 등 학문적 배경과 이론을 총동원하여 교재화하는 것이 필요하다.

여기에는 학교급별의 교과서 명칭 부여도 포함됨은 물론이다. 일반적으로 '국어'라는 명칭이 통용되는데. 5차 초등학교에서는 기능주의의 강조로 '국어' 명칭은 유지되었지만 말하기·듣기, 읽기, 쓰기 교과서의 명칭이 등장했다. 6차에서는 학생의 학습 부담을 줄인다는 취지 아래 영역을 더 통합하여 말하기·듣기·쓰기 교과서가 등장하였다. 이러한 교과서 명칭의 합당성 여부도 이제는 검증해 볼 단계에 이르렀다고 본다.

7차 중학교에서는 초등학교에 비해 상대적으로 단 권 체제에서 오는 영역별 교육의 미흡함을 보완하기 위하여 국어, 생활 국어로 분리 편찬하고, 각 교과서에 내용적 특성을 부여하여 교과서의 명칭과 개발 방법에 전환을 기하였다. 지식·정보 사회에 고등학교 선택 과목인 화법, 독서, 작문, 문법, 문학 등의 명칭도 교육적으로 타당한가, 그리고 다른 대안은 없는가를 생각해 볼 필요가 있다.

학교급별의 교과서 수도 교육과정의 내용을 어떻게 교과서로 편찬하여 가르칠 것인가의 방법론에 입각하여 적절히 조절해야 한다. 6차에서는 초등 4학년까지는 학기별로 3책, 5, 6학년은 학기별로 2책, 중학교는 학기별로 국어 1책, 고등학교는 학기 구분 없이 국어 상·하 2책 및 화법, 독서, 작문, 문법, 문학 등 5책의 선택 과목으로 되어 있다. 7차에서는 초등 3학년까지 학기별로 3책, 4~6학년은 2책으로 개발하고, 중학교는 학기별로 2책, 고등학교에서는 6차와 같으나 일반 선택 과목에 국어 생활이 추가되었는데, 이러한 교과서 배열의 합당성 여부를 포함하여 또 다른 대안도 연구되어야 한다. 그리고 이러한 교과서 배열과 체제가 합리적인가의 검증도 이제는 교육의 순차성, 효율성, 수준별 적용 등의 측면에서 이론적으로 뒷받침되어야 한다. 물론, 이는 교육과정의 검증과도 결부되는 문제다.

② 교과서의 미시 체제

교과서 자체 구조의 개선도 시급하다. 초등학교의 교과서는 목표·과정·활동 중심으로 편찬하여 학습의 효과 측면에서 상당히 개선된 면모를 보인다. 중·고 교과서도 상당히 단원 구성 이론 등에서 변화된 모습을 보여 준다. 앞으로도 교수·학습의 이론에 근거하여 학습의 효율성 제고 측면에서 구조 개선이 계속적으로 이뤄져야 한다.

교과서는 하나의 유기체로 보아 개발해야 한다. 대단원간의 관계, 대단원 내에서의 소단원간의 구조도 유기적이어야 하고, 소단원 내에서의 학습목표를 구현하기 위한 학습 활동간의 관계도 긴밀해야 한다. 그리고 활동간의 연관성, 위계성도 학적 이론을 가지고 구조화해야 함은 물론이다.

대단원명, 소단원명도 연관성이 있어야 하며, 대단원, 소단원의 목표 진술도 연관은 유지하되 위계가 있어야 한다. 학습 활동의 진술도 답만을 요구하는 나열이 아니라, 질서 속에 자기 주도적으로 문제를 해결할 수 있는 설명의 방법을 구안해야 한다.

그렇다면 모든 영역을 하나의 교과서에 담는 경우와 유관되는 몇 개의 영역으로 교과서를 개발하는 경우, 하나의 영역만으로 교과서를 구조화하는 경우 그 개발의 방법은 달리해야 한다. 그리고 각 영역을 하나로 통합하여 교재화하는 것이 좋은가, 아니면 필요에 따라 교육의 특성을 살려 영역별로 다로 개발하는 것이 바람직한가도 이 시점에서는 검토가 필요하다. 교과서의 내용 전개 구조도 千篇一律的인 형태에서 탈피하는 것이 바람직하다. 단원 내에서의 구성도 혁신적인 발상이 요구되지만, 교과서의 총체적인 구조하에서 단원간의 관계도 교수·학습의 이론에 근거하여 참신성을 보여야 한다.

2) 영역 구분과 교과서 개발

지금까지 국어교육 영역 구분과 교과서 개발과의 연관성 연구는 전무한 상태라고 하겠다. 그런데 국어교육 정체성을 확보한다는 차원에서 교육의 영역의 구분을 바탕으로 하여 교과서를 개발해야 함은 물론이다. 왜냐하면 영역 구분과 교과서 개발은 다음과 같은 유기적 긴밀성을 유지하기 때문이다.

영역 구분		교과서 개발
① 국어교육관	⟺	① 교과서관
② 교육과정 체제	⟺	② 교과서 체제
③ 교육과정 개발 원리	⟺	③ 교과서 개발 원리
④ 교육과정 편성 운영	⟺	④ 교과서 활용 방법
⑤ 국어교육의 내용	⟺	⑤ 국어교육의 실천

국어에 대한 어떤 교육관을 갖느냐에 따라 교육과정의 체제와 운영 방법이 달라질 수 있고, 따라서 국어교육의 내용 구성과 영역 구분의 방법이 달라질 수 있다. 마찬가지로 이와 유관하여 어떤 교과서관을 가지고 교과서를 개발하느냐에 따라 구성 체제가 달라지고, 이에 따라 교수·학습 방법이나 평가 방법, 활용 등 국어교육의 실천에 변화 요인으로 작용한다. 그러므로 영역 구분에 따라 교과서의 명칭과 종류, 수가 결정된다고 볼 수 있으므로 양자의 관계는 교육과정 개발에서부터 신중하게 고려되어야 한다.

영역을 고려한 교과서 개발은 5차 교육과정에서부터 시작되었다고 보겠다. 영역 구분이 7차 교육과정에서는 교과서 개발에 결정적 요인으로 작용했음을 발견할 수가 있다. 7차에서는 교과서를 영역 구분을 준용하여 개발한 것이 특징이다.

▶ 7차 교육과정 학교급별 교과서 개발 현황

학교급	학 년		영 역	교과서	종별
초등	1~3 학년		듣기·말하기(국어 지식)	국어(말하기·듣기)	국정
			읽기·문학(국어 지식)	국어(읽기)	
			쓰기(국어 지식)	국어(쓰기)	
	4~6 학년		듣기·말하기·쓰기(국어지식)	국어(말하기·듣기·쓰기)	
			읽기·문학(국어지식)	국어(읽기)	
중등	1~3 학년		듣기·말하기·쓰기(국어지식)	생활 국어	
			읽기·문학(국어지식)	국어	
고등	1 학년	국민 공통	듣기·말하기·읽기·쓰기·국어 지식·문학	국어(상,하)	

고등	2, 3 학년	일반 선택	(듣기·말하기·읽기·쓰기·국어 지식·문학)	국어 생활	검정
		심화 선택	듣기·말하기	화법	
			읽기	독서	
			쓰기	작문	
			국어 지식	문법	
			문학	문학(상,하)	

　교과서 개발 방법과 원리는 여러 가지가 있다. 7차에서처럼 내용 체계의 관점에서 영역구분을 고려하여 개발하는 방법과 영역 구분과는 무관하게 개발하는 방법으로 상정할 수 있다. 그리고 영역 구분을 고려하는 방법 중에도 모든 영역을 묶어서 한 권의 교과서로 개발하는 경우와 유관한 몇 개의 영역을 묶어서 개발하는 방법, 각 영역별로 개발하는 방법을 고려할 수 있다.

　초등학교와 중학교에서는 유관한 영역을 묶어서 교과서를 개발하였고, 고등학교에서는 국민공통 기본 교육과정인 1학년 국어와 일반 선택 국어 생활에서는 모든 영역을 포괄하는 교과서로 개발하였고, 2,3학년 심화 선택 과목은 하나의 해당 영역별로 교과서를 개발하는 체제로 되어 있다.

　영역 구분과 무관하게 개발하는 경우에는 교과서 종류나 수는 다양하게 하되 장르별, 주제별, 목표별로 개발하는 방법이 있을 수 있다. 4차 교육과정 이전의 교과서 개발 방법이 이에 해당한다고 볼 수 있는데, 이러한 방법도 궁극적으로는 영역 구분을 고려한 개발을 염두에 두어야 한다.

Ⅴ. 21세기 교과서 개발의 방향

21세기 지식·정보 사회에는 교과서의 개념도 시대의 흐름에 맞게 변화를 추구해야 한다. 왜냐하면 어떤 측면에서 교과서는 시대 정신의 산물이기 때문이다. 그러므로 교육의 질을 좌우하는 교과서의 개발에서 다음 사항을 고려해야 한다.

첫째로, 교과서를 창의적으로 다양하게 개발할 수 있는 시스템을 도입할 필요가 있다. 지금까지도 교과서 개발에 다양화를 위한 국가적 노력이 지속되었다고는 하나 이를 더욱 강화할 필요가 있다. 국정 도서의 경우도 예산이 허락하는 한 경쟁 체제를 도입하는 것이 바람직하고, 검정 도서도 좋은 교과서가 개발되도록 여건을 조성하고, 단원 구성을 비롯하여 교과서의 합리적이고 과학적인 체제가 도입되도록 검정의 조건을 강화하며, 검정 절차도 세밀하게 단계를 두는 것이 좋다.

둘째로, 국어교육에서 가치관 교육의 슬기로운 해결책을 모색해야 한다. 국어교육의 영역을 확대하고, 인간과 언어 교육에서 문화·철학적 교육까지 국어교육에서 소임을 다하는 방법론적 이론이 이제는 개발되어야 한다. 너무 기능적 측면을 강조하다 보면 국어교육 자체가 매너리즘에 쉽게 안주할 우려가 있을 법하기 때문이다. 윤리교육이 아닌 국어교육 내에서의 가치관 교육은 내용과 방법론적 측면에서 그 설정이 가능하다고 본다.

셋째로, 새로운 지식으로 대체하고 정보 활용을 신속하게 할 수 있는 교과서 보완 체제를 구축해야 한다. 교육과정이 주기적으로 개편되면 이에 따라 교과서도 개편되는데, 이러한 주기를 지키다 보면 지식의 생산과 활용이 급변하는 현대에는 이를 수용하지 못하여 교과서로서의 기능을 제대로 발휘하지 못한다. 따라서 이제부터는 교과서의 내용과 체제를 수시로 수정·보완할 수 있는 교과서 개발 시스템과 교과서 체제가 이루어져야 한다. 주기적 개발이 아닌 수시 개발이 가능하고, 교과서 보완 이 용이하도록 제도적 장치를 마련해야 한다.

넷째로, 문자 교과서와 전자 교과서의 장점을 모두 살릴 수 있는 방법을 강구해야 한다. 문자 교과서는 부피가 크고, 보완에 많은 시간이 필요하며, 소지가 불편하다는 단점이 있으나, 전자 교과서가 갖지 못하는 장점도 많다. 정보 획득과 교환의 신속성을 강점으로 하는 전자 교과서는 사유할 수 있는 여유를 차단하여 인간을 기계적 노예로 만들 가능성이 있다. 따라서 두 형태의 장점을 모두 살릴 수 있는 교과서 모델 개발이 필요하다.

다섯째로, 교과서 개발 전문 인력 양성도 국가적 차원에서 모색해 봐야 한다. 교재의 개발과 재구성 능력은 교사의 필수 소양으로 교육적 능력과 결부되며, 나아가 교사의 자존심과도 직결된다. 교육 활동의 주체가 교사이므로 이에 대한 능력을 갖추도록 교사 양성 기관의 교육과정에 교과서 개발과 관련한 필수 과정을 설정하고 이를 이수하도록 해야 한다.

Ⅵ. 결 론

지식·정보 사회에서는 자국어의 효율적인 교육이 민족의 정체성을 확립하고, 국가의 융성을 좌우한다는 주장에는 이론이 없을 것이다. 그만큼 국어 속에는 민족의 얼과 삶이 내재되어 결국, 국어교육이 민족의 문화 창달과 번영이라는 주요한 교육적 결과와 긴밀하게 연관되어 있다는 말일 것이다. '국어'는 민족의 또 다른 객체로 민족과 흥망성쇠를 같이 한다. 그러므로 국어교육은 세계 속에서 우월한 민족으로서의 문화적 선양을 발휘할 수 있도록 하는 모든 교육의 中核과 관건이라 하겠다.

현대의 지식·정보화 사회에서는 교육의 상황과 여건이 괄목할 정도로 변하고 있다. 이러한 변화에 능동적으로 대처하려면 미래를 예측할 수 있는 교육이 이뤄져야 한다. 미래를 예측할 수 있다는 것은 계획적인 교육

활동으로 인간을 인간답게 도야하고, 고귀한 인격을 형성할 수 있는 인간만의 특권이다. 국어교육은 이러한 예측성을 가시적으로 확인할 수 있는 교과교육의 기본이다. 그러므로 국어교육의 중요성은 그 강조가 贅言이 아니다.

이러한 국어교육의 중요성을 교육과정 체제에 그대로 담아야 하며, 교육과정에서는 교육의 목표와 내용이 근간이 되므로 내용 체계에서 영역의 구분은 그만큼 중요하다. 그리고 이러한 교육과정에 드러난 내용은 교과서에 합리적으로 구현되어야만 소기의 교육적 목적을 달성할 수 있기 때문에, 내용 영역을 어떻게 교재로 전환하는가는 교육의 질을 좌우할 뿐만 아니라 교육의 성패와도 직결된다고 보겠다.

그런데 이에 대한 학문적, 실천적 연구는 외국에서도 마찬가지지만 상당히 영성한 상태에 머물고 있다고 하겠다. 앞으로는 이러한 학적 연구 성과가 축적되어 국어교육의 본질을 새롭게 규명하고, 국어교육의 효율성을 증대해야 할 것이다.

제2장

국어과 수준별 敎育課程의 편성·운영

Ⅰ. 서 언

　수준별 교육과정은 학습자의 학습 능력 수준에 적합한 교육 내용을 제공해 줌으로써 학습 효과를 극대화할 뿐만 아니라, 학습자가 의미 있는 교육 경험을 가지게 하여 학습자의 소질과 적성을 신장·계발시키는 것을 의도하는 교육과정이다. 따라서 '학습자의 학습 능력에 적합한 교육 내용을 제시해 주어, 교육 내용과 학습 능력 사이의 상승적 상호 작용이 일어나도록 교육과정의 개별화 내지 다양화를 추구하는 것'이다. 즉, 자기 주도적 학습 활동으로 자율 학습력을 신장시키고, 자기의 지적·정의적 잠재적 능력을 최대한 발휘하여 의미 있는 학습 경험이 가능하도록 하는 것이다.

　이러한 수준별 교육과정의 거시적 취지를 바탕으로 국어과 교육 내용에는 나름대로의 특성을 강조하였다. 그리하여 7차 교육과정에서는 '학습 능력과 성취 수준'을 고려하고, 각각의 수준으로 '국어를 사용하는 경험이 확대되도록 하는 학습 활동'을 강조하여, 국어교육의 성격을 다음과 같이 규정하였다

　　국어과는 한국인의 삶이 배어 있는 국어를 창조적으로 사용하는 능력과 태도를 길러, 정보화 사회에서 정확하고 효과적으로 국어생활을 영위하고, 미래 지향적인 민족 의식과 건전한 국민 정서를 함양하며 국어 발전

과 국어 문화 창달에 이바지하려는 뜻을 세우게 하기 위한 교과이다.

[…중략…]

국어과 학습은 학습 능력과 성취 수준을 고려하여, 정확하고, 해석적이며, 비판적이고, 창의적인 수준으로 국어를 사용하는 경험이 확대되도록 하는 학습 활동에 중점을 둔다.

그런데 국어과에서는 학습 능력과 성취 수준을 판단하는 근거가 매우 객관적이지 못하고, 지금까지의 연구 集積도 이를 해결해 줄 만한 성과와 수준에 이르지 못하고 있는 것이 사실이다.

본고에서는 수준별 교육과정을 구현하기 위하여 제7차 교육과정에서는 어떻게 노력하였고, 이를 교과서에 어떻게 구체화하였는가를 설명해 보고자 한다. 그리고 학교 현장에서 이를 적용, 운영하는 데에 교수·학습, 평가 등의 여러 측면에서 고려되는 변인 무엇이 있는가를 구체적으로 생각하여 보고, 이들 변인을 수준별 수업을 실현하는 데 어떻게 활용하거나 극복할 것인가의 일반적인 대안을 마련해 보고자 한다.

Ⅱ. 국어과 수준별 교육과정의 특징

1. 수준별 교육과정의 특징

제7차 국어과 교육과정은 국민공통 기본 교육과정의 한 교과로 초등학교 1학년부터 고등학교 1학년까지 10년 간은 심화·보충형(교육과정상 용어이나, 본 글에서는 학습 위계를 고려하여 문맥에 따라 '보충·심화' 용어를 사용하기도 함.), 고등학교 2~3학년에서는 선택형 수준별 교육과정으로 운영하도록 되어 있다.

수준별 교육과정은 개별 학습자의 학습을 중시하는 교육과정이다.1) 즉,

'수준'의 개념에 따라 달라지기는 하나, 학습자 수준에 적합한 내용과 방법으로 교육활동을 전개하여 개별 학습자가 의미 있는 학습 경험을 가지게 함으로써 모든 학습자가 성공하는, 그래서 교육의 질을 개선하고자 하는 교육과정이다. 국어과 수준별 교육과정의 주요 특징은 다음과 같다.

① 교수·학습 주체로서 학습자를 중시하는 교육과정

교수·학습 상황에서 핵심 주체는 학습자이므로 목표 진술, 학년별 교육 내용의 선정·조직, '방법'과 '평가'에 관한 지침을 제시할 때 이를 존중하였다. 국어과 수준별 교육의 실질적인 具顯은 학습자 중심으로 창의적인 국어사용 능력이 신장될 때에 가능한 것이다.

② 학습자의 의미 있는 학습 경험을 중시하는 교육과정

수준별 교육과정 또는 수준별 학습은 학습자의 능력 수준을 고정시켜 놓고, 그에 적합한 교육 내용을 획일적인 방식으로 제공한다거나 단순한 이동 수업으로 이해해서는 안 된다. 수준별 교육과정의 지향점은 다양한 요인에 의해 '기본' 교육 내용의 학습 상황에서 실패하는 학습자와 성공한 학습자 모두에게, 개별 학습자의 수준에 적합한 방법 및 자료를 제공해 주어 학업 성취의 수준을 높이고자 하는 교육과정으로 이해해야 한다. 이와 같은 점을 국어과 교육과정은 중시하여 구성하였다.

---

1) 여기에서 '수준의 개념'은 방식에 따라 여러 차원에서 접근하는 것이 가능하다. 제7차 국어과 교육과정은 다음 세 가지 차원의 개념을 동시에 고려하여 교육 내용의 범위와 수준을 정하였다(『국어과 교육과정 해설』 참조).
 ① 학습자가 새로운 교육 내용을 학습하는 시점에서 학습자의 학습 능력과 관련된 수준
 ② 학습자가 학습하는 내용과 관련된 수준. 학습자의 성취 수준에 따라 학습하게 되는 심화활동과 보충 활동에서 학습 범위를 어느 수준까지 다루어야 하는지 하는 범위의 의미로서의 수준
 ③ 학습자가 학습한 결과로서 성취한 정도와 관련된 수준

③ 교육내용의 수준과 범위를 제시하는 교육과정

수준별 교육과정과 관련하여 중요한 것은 학습량의 최적화이다. 이는 현행 교육 내용의 감축을 뜻하는 것으로, 국어과의 경우는 내용 항목의 단순 축소가 아니라 필수 학습 요소를 정선하고, 그 내용을 깊이 있게 학습하여 교육 경험의 질적 변화를 꾀하였다. 따라서 영역별, 영역간 유사 교육 내용을 중복하여 제시하지 않았다.

또한, 수준의 개념을 학습자의 능력 수준과 성취 수준으로 한정하지 않고, 흥미와 관심의 차이까지로 확대하여 적용하였다. 이는 동일한 학습 요소의 선수 학습 요소와 후속 학습 요소 결정, 학년간 반복 학습시 각 학년에서 다루어야 할 수준과 범위 결정, 각각의 교육 내용에 대한 학습자의 성취 수준 결정, 특히 '학년별 내용'의 수준별 학습 활동을 구안하는 과정에서 중요하게 적용하였다.

④ 학년(단계)별 내용 제시 방식을 개선하는 교육과정

제7차 국어과 교육과정은 제6차 교육과정의 내용 제시 장점을 계승하되 '내용'과 '행동'을 결합하여 목표 형태로 제시하였다. 이는 학습 내용의 수준과 범위를 명확하게 하고, 성취 기준으로서의 기능을 다하게 하여 교육과정의 질 관리 과정에서 활용하도록 하는 데 목적이 있다.

2. 국어과 수준별 교육과정의 편성

국어과는 심화·보충형 수준별 교육과정의 구조로 편성하였다. 그러나 엄밀하게 말하면 내용 체계에서 듣기, 말하기, 읽기, 쓰기, 국어지식, 문학 등 6개 영역으로 나누고, 각 학년을 한 수준으로 모두 10개 수준으로 단계화한 다음, 각 단계에서 심화와 보충학습을 할 수 있는 장치를 강구한, 즉 단계형이 가미된 심화·보충형 수준별 교육과정이라고 할 수 있다.

1) 국민공통 기본 과정을 10단계로 위계화하여 제시

학년별 배열 원리는 원칙적으로 내용 체계표를 따랐으며, 내용 체계에 제시된 본질, 원리, 태도, 실제라는 범주에 해당하는 내용을 새로운 각도에서 구조화하였다.

▶ 듣기 교육의 학년별 내용

구분	학교급 학 년	초 등 학 교					
		1학년	2학년	3학년	4학년	5학년	6학년
본 질		듣기의 필요성	듣기의 목적	지식 경험 활용의 중요성	듣기의 방법	듣기 상황의 구성 요소	듣기의 의미 형성 과정
원리	청각적 식 별	말소리 구별					
	내 용 확 인		소리의 상징성	들은 내용 확인하기	모르는 단어를 알아보며 듣기	메모하며 듣기 (다른 사람 말)	다양한 표현의 의미를 알아보며 듣기
	추 론		상상하며 듣기	내용의 연결 관계를 파악하며 듣기	•예측하며 듣기 •주제 파악하며 듣기	생략된 내용 추론하며 듣기	의도나 목적을 파악하며 듣기
	평가와 감 상	재미있는 말 찾기(동시)	듣고 인물의 행동에 대한 생각이나 느낌 말하기(이야기)	생각이나 느낌(분위기) 말하기(동화, 동시)	상대의 표정 몸짓, 어조가 내용 이해에 도움이 되는지 평가하기	어휘 사용의 적절성 평가하기	표현이 적절한지 평가하기
태 도		바른 자세로 듣는 습관	듣기를 즐기기	주의를 집중해서 듣는 태도	예절 바르게 듣는 태도	끝까지 듣는 태도	관심 있는 내용/사항을 찾아서 듣는 태도

구분		중 학 교			고등학교
학교급					
학 년		7학년	8학년	9학년	10학년
본 질		듣기와 읽기의 공통점과 차이점	문제 해결 과정 으로서의 듣기	듣기의 사회 문화적 과정	듣기의 특성
원 리	청각적 식 별				
	내 용 확 인	사실과 의견을 구분하기	여러 가지 표지에 유의하며 듣기		필요한 정보를 찾으며 듣기
	추 론	내용 조직을 파악하며 듣기	종합하며 듣기	요약하며 듣기	정보를 재조직 하며 듣기
	평가와 감 상	들은 내용의 통일성을 평가하기	들은 내용의 응집성을 평가하기	들은 내용의 신뢰성과 타당성 을 평가하기	들은 내용의 전달 효과를 평가하기
태 도		기록하며 듣는 습관	상대의 비판을 이해하려는 태도	적절히 반응하면 서 듣는 태도	듣기 활동을 조절 하면서 듣는 태도

듣기, 말하기, 읽기, 쓰기 등 언어사용 측면에서는 일관성과 통일성을 유지하도록 서로 유기적 관련성을 고려하여 구조화하였다. 즉, ① 필요성 → ② 목적→ ③ 지식, 경험 활용의 중요성→ ④ 방법→ ⑤ 상황의 구성 요소→ ⑥ 의미 형성 과정→ ⑦ 공통점과 차이점→ ⑧ 문제 해결 과정→ ⑨ 사회·문화적 과정→ ⑩ 특성 등의 순차로 하여 10학년으로 위계화하 였다.

영역 학년	듣 기	말 하 기	읽 기	쓰 기
1학년	듣기가 인간의 삶에서 필요함을 안다.	말하기가 〃	읽기가 〃	쓰기가 〃

2학년	듣기에는 여러 가지 목적이 있음을 안다.	말하기에는 〃	읽기에는 〃	쓰기에는 〃
3학년	지식과 경험이 말의 내용을 이해하는 데 중요함을 안다.	말을 할 때는 지식이나 경험을 활용해야 함을 안다.	지식과 경험이 글의 내용을 이해하는 데 중요함을 안다.	글을 쓸 때는 지식이나 경험을 활용해야 함을 안다.
4학년	듣기에는 여러 가지 방법이 있음을 안다.	말하기에는 〃	읽기에는 〃	쓰기에는 과정이 있음을 안다.
5학년	들을 때에는 상황을 고려해야 함을 안다.	말할 때에는 〃	읽기 상황에는 글의 종류, 읽기의 목적과 방법 등이 관련됨을 안다.	쓰기 상황에는 주제, 목적, 예상 독자 등이 관련되어 있음을 안다.
6학년	듣기가 의미 형성 과정임을 안다.	말하기가 〃	읽기가 〃	쓰기가 〃
7(중1)	듣기와 읽기의 공통점과 차이점을 안다.	말하기와 듣기의 〃	읽기와 쓰기의 〃	쓰기와 말하기의 〃
8(중2)	듣기가 문제 해결 과정임을 안다.	말하기가 〃	읽기가 〃	쓰기가
9(중3)	듣기가 사회·문화적 과정임을 안다.	말하기가 〃	읽기가 〃	쓰기가 〃
10(고1)	반언어적 표현과 비언어적 표현이 듣기에서 중요한 역할을 함을 안다.	〃 말하기에서 〃	읽기가 의사 소통 행위임을 안다.	쓰기가 의사 소통 행위임을 안다.

그리고 학생들의 언어 발달, 내용 자체의 난이도, 일반적 학습 단계, 텍스트 등을 계열성과 반복성을 고려하여 제시하되 중복을 피하였으며, 영역별로 다소 차이는 있으나 다음 사항을 준용하였다.

① 쉬운 것(글)에서 어려운 것(글)으로(언어 구조의 복잡성)
② 개인적인 것에서 사회적인 것으로

③ 흥미의 유발에서 지식의 인식, 지식의 조절로

④ 지식의 인식에서 지식의 활용으로(지식의 순차성)

⑤ 규범적인 것(이렇게 해야 한다)에서 상황적인 것(이럴 땐 이렇게 한
다.)으로

⑥ 기초적 기능 훈련에서 고차원적인 전략의 조절로

⑦ 정서적인 것에서 논리적(인지적)인 것으로

⑧ 일상적인 것에서 전문적인 것으로

2) '나. 학년별 내용' '수준별 학습 활동의 예'에서 【기본】, 【심화】로 구분하여 제시

학년별로 제시한 각 영역별 '내용'에 대한 '수준별 학습 활동의 예'를 제시하여 교육과정에 제시한 '내용'의 성취 여부를 판단하는 구체적인 예로 활용하도록 하였다. 각 영역의 '수준별 학습 활동의 예'에는 학습 활동을 위한 구체적인 언어 자료(텍스트)를 함께 제시하여 '내용 체계'에서 보였던 '실제' 범주의 교육 내용을 구체화하였다.

▶ 읽기(초등 4학년)

내 용	수준별 학습 활동의 예
(1) 읽기에는 여러 가지 방법이 있음을 안다. (방법)	【기본】 • 글의 종류나 내용에 따라 방법을 달리하여 읽는다. 【심화】 • 목적과 상황에 따라 읽기의 방법을 달리한다.
(2) 국어 사전에서 낱말의 뜻을 찾는다.(낱말 이해)	【기본】 • 국어 사전의 사용법을 안다. • 뜻을 잘 모르는 낱말을 국어 사전에서 찾아 그 뜻을 파악한다.

	【심화】 • 국어 사전에서 한 낱말의 여러 가지 뜻을 찾고, 그 낱말이 글에서 어떤 뜻으로 쓰였는지 말한다.
(3) 주제를 파악하며 글을 읽는다.(내용 확인)	【기본】 • 글감을 이용하여 주제를 파악한다. 【심화】 • 주제를 파악하는 방법에는 여러 가지가 있음을 안다.
(4) 글에 알맞은 제목을 붙인다.(내용 확인, 추론?)	【기본】 • 글감, 주제, 목적 등을 고려하여 알맞은 제목을 붙인다. 【심화】 • 각자 붙인 제목을 발표하고, 제목이 적절한지 이야기한다.
(5) 책을 끝까지 읽는 태도를 지닌다.(습관, 가치)	【기본】 • 읽기 시작한 책을 중도에 포기하지 않고 끝까지 읽는다. 【심화】 • 책을 끝까지 읽었을 때의 느낌을 말한다.

'수준별 학습 활동의 예'에서 【기본】 활동과 【심화】 활동의 선정 관계는 다음과 같다. 기본학습 활동은 계열성과 統合性을 고려하여 예시하였다. 모든 학습자가 기본학습 활동만 충실히 이수하면 해당 교육 내용과 관련된 목표에 도달할 수 있게 구안하였다. 심화학습 활동은 기본학습 활동을 효과적으로 수행한 학습자가 기본학습 활동과 관련된 보다 심화된 학습 활동(폭과 깊이의 심화)을 하는데 초점을 맞추어 구안하였다. 그러나 하급 학년의 심화학습 활동과 상급 학년의 기본학습 활동이 중복되거나 단순 반복되는 일이 없도록 함으로써 수준별 교육과정이 지향하는 의미 있는 학습 경험을 제공하는 데 기여하도록 하였다.

보충학습 활동은 교육과정에 명시적으로 제시하지 않았다. 이는 ① 교육과정에 제시한 영역별 교육 '내용'이 모든 학습자가 반드시 도달해야 할 목표의 성격으로 진술하였다는 점과 특히, ② 보충학습을 실시해야 할 이유가 개별 학습자에 따라 각기 다르다는 점을 고려하였기 때문이다. 그러므로 '내용' 관련 목표 성취를 위한 보충학습은 학습자에게 제공한 자료, 학습자의 학습 양식, 인지 구조, 교수·학습 방법, 선수 학습 요인의 습득 등 개별 학습자가 효과적으로 목표를 성취하지 못한 원인을 다각도로 분석하여, 가장 적합한 방식으로 보충학습을 실시하는 방안이 강구되어야 한다.

Ⅲ. 수준별 교육과정과 교수 · 학습 방법

1. 국어과 교수 · 학습의 변인

1) 구성적 변인

지금까지의 연구에 의하면 보충 · 심화학습을 다양하게 운영할 수 있다. 그런데 이러한 운영의 방법에는 몇 가지 관여하는 변인이 있다. 이러한 변인을 언제, 어떻게, 어떤 순차로 취급하느냐에 따라 교수 · 학습의 방법이 달라진다. 주요 변인은 다음 몇 가지로 한정할 수 있는데 국어과에만 해당하는 것은 아니다.

① 학 생

수준별 교육과정의 근본 취지는 학생의 능력에 맞는 교수 · 학습의 형태를 제공하는 데 있다. 그러므로 학생의 수준과 수는 교수 · 학습의 형태를 결정하는 주요 요인이 된다. 모든 학생이 다 다른 수준이라고 생각하면, 이러한 수준을 합리적으로 등급화하는 방법을 모색하는 것이 필요하기 때문이다.

② 교 사

교수·학습을 수행할 수 있는 교사의 능력, 교육과정 運營觀에 따라 수준별 수업 형태는 달라진다. 그리고 학교에서 교사의 전공별 조직과 인원 수에 따라 다양한 운영 형태를 구안할 수 있다.

③ 교 재(교과서)

직접 학습의 현장에 투입되는 교재의 구조에 따라 보충·심화 교수·학습 형태는 달라진다. 보충학습 교재, 심화학습 교재가 분책으로 되어 있는 경우, 보충·심화학습이 동일한 교재에 등재되어 있는 경우 등에 따라 교수·학습의 형태는 달라진다. 그러므로 기본 교재인 교과서의 체제와 구조, 활용되는 자료의 수준은 보충·심화 교수·학습의 형태를 좌우한다고 볼 수 있다.

④ 교 실(시설)

교실의 크기 및 활용도, 교실 수는 수준별 교수·학습 형태를 계획하는 데 고려되는 주된 변인이다. 여유 있는 공간을 확보하는 것이 수준별 교수·학습 성공의 關鍵이기 때문이다.

이 외에도 여러 변인을 찾아 볼 수 있다. 그런데 이러한 변인은 개별적으로 작용하는 것이 아니라 총합적, 역동적으로 작용한다는 점이다. 그러므로 수준별 교육과정에서 교수·학습 설계의 어려움이 여기에서 배태한다.

2) 절차적 변인

이러한 다양한 변인을 고려하여 보충·심화를 위한 교수·학습 형태는 효율과 능률을 고려하여 계획하고, 이를 운영해야 한다. 그런데 수준별 교수·학습을 운영하는 절차와 과정별 요인도 그리 간단한 문제는 아니다. 보충·심화학습의 일반적인 거시적 절차는 다음과 같다.

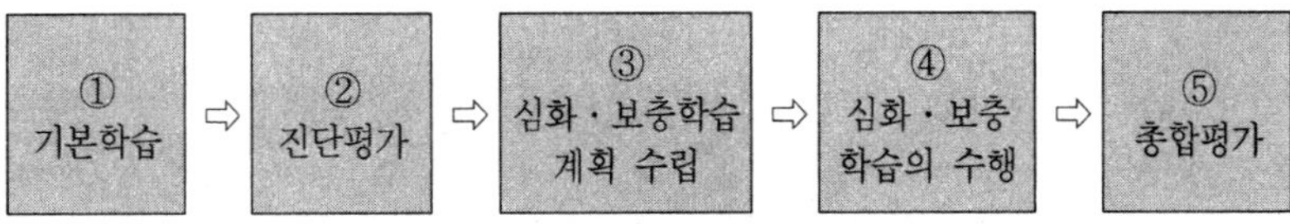

상기의 절차 도식에서 중요한 단계는 ③, ④ 단계이다. 진단평가의 결과에 의거하여 보충·심화학습의 계획을 세밀하게 수립하고, 이를 교육과정에서 의도하는 목표 달성을 위하여 효과적으로 수행해야 한다. 그러나 이러한 운영에는 수많은 변인이 뒤따른다.

① 평가 방법

보충·심화로 운영 될 때 평가의 절차와 방법은 교수·학습의 형태를 좌우한다. 보충·심화 과정은 평가를 하지 않는 경우, 보충이나 심화 어느 한 쪽만 하는 경우, 양 쪽 평가를 하지 않고 기본 과정만 하는 경우 등으로 평가 방법을 상정할 수 있는데, 어느 경우든지 교실 상황의 변화를 요구한다. 그리고 진단평가, 형성평가, 총괄평가 등의 실시 여부와 투입 시기, 평가의 질과 목적성과도 교수·학습은 유관하다.

② 운영 방법

위에서 열거한 다양한 변인을 조합하여 운영하는 방법은 일정하지 않고 다양하다. 보충과 심화를 받는 학생의 분리 여부, 분리 시기와 방법, 평가의 수준과 방법 등에 따라 어떤 교수·학습을 투입할 것인가가 결정된다. 그리고 심화과정을 공식적으로 꼭 이수해야 하느냐, 그렇지 않느냐에, 재량활동 시간 수의 확보와 운용 방법, 특별보충의 실시 여부도 관련 변인으로 작용한다.

그런데 이 단계의 교수·학습 형태도 구성적 변인과 무관한 것은 아니다. 이것을 절차적 변인과 결합하여 다음과 같은 도식을 상정할 수 있다.

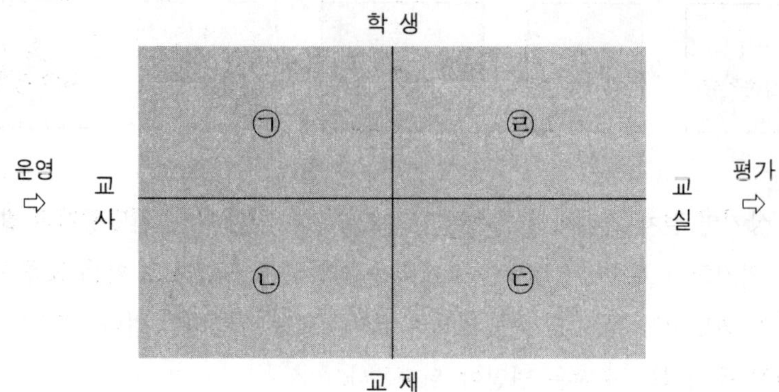

결국, 보충·심화 교수·학습의 형태는 구성적·절차적 변인의 역동적 관계 속에서 상정하여 수립하는 수밖에 없다. ㉠~㉣의 교수·학습 형태가 어떤 것인지는 더욱 연구가 필요하고, 이들이 천착(穿鑿)될 때 교수·학습의 형태는 확연해진다고 하겠다.

기존의 연구2)는 몇 가지 교수·학습 형태를 다음과 같이 제시하고 있는데, 수준별 교육과정 운영에 참고가 된다.

첫째로, 학습 과제와 학습목표의 성격에 따른 운영으로 ① 분화된 과제로 동일 수준의 목표를 추구하는 방법, ② 분화된 과제로 분화된 목표를 추구하는 방법, ③ 동일 과제로 분화된 목표를 추구하는 방법, ④ 공동 과제와 분화된 과정으로 분화된 목표를 추구하는 방법이 있다.

둘째로, 보충·심화 내용의 제시 시점에 따른 운영으로 ① (대·중)단원 말에 보충·심화 과정을 운영하는 방법, ② 소단원 말에 보충·심화 과정을 운영하는 방법, ③ 매 차시, 개념 또는 주제 단위별 보충·심화 과정을 운영하는 방법이 있다.

---

2) 『수준별 교육과정 현장 적용 방안 정립을 위한 세미나』-단계형 및 심화 보충형 교과를 중심으로-, (한국교육과정평가원 세미나 자료집, 1998, pp.42~49)에서 요약한 것임.

셋째로, 학생의 특성을 고려한 운영 방안으로 ① 학습 능력에 다른 차별화 운영 방법, ② 학습 과제에 따른 차별화 운영 방법, ③ 학습 조직에 따른 차별화 운영 방법, ④ 학습 진행 과정에 다른 차별화 운영 방법 등이 제시되었다.

이들 방법의 분화 기준은 상기 변인들의 일부를 고려한 교수 · 학습의 방법과 운영의 형태라고 할 수 있다.

2. 교수 · 학습 계획과 실천

1) 교수 · 학습 계획

위에서도 언급했듯이 교수 · 학습의 계획은 교육활동 성공 여부의 관건이다. 따라서 국어과에서는 영역별 학습 내용간의 관련성, 학년별 학습 내용간의 연계성과 보충 · 심화 수준을 고려하여 교수 · 학습 계획을 수립하도록 하였다.

교육과정에는 보충 · 심화 교수 · 학습의 계획을 다음과 같이 제시하고 있다.

> (2) 보충학습과 심화학습 계획을 수립할 때에는 '제1장 교육과정의 편성과 운영'을 참고하되, 다음 사항에 유의한다.
>
> (가) 보충학습 계획은 국민공통 기본 교육 내용의 목표를 충실히 달성하지 못한 학습자를 위한 것으로, 다음 사항에 유의하여 수립한다.
> ① 보충학습은 국민 공통 기본 내용의 목표를 달성할 수 있도록 실시하되, 그 시기는 교사가 합리적으로 판단하여 실시한다.
> ② 보충학습은 학교의 실정, 학생의 요구 등을 고려하여 계획하되, 소집단 학습, 협력학습 등 다양한 방법으로 실시한다.
> ③ 학교의 실정에 따라 특별 보충학습을 위한 학습 집단을 편성, 운영할 수 있다.

(나) 심화학습 계획은 국민 공통 기본 교육 내용의 목표를 충실히 달성
한 학습자를 위한 것으로, 다음 사항에 유의하여 결정한다.
① 심화학습은 국민공통 기본 교육 내용과 관련하여 국어사용을 심
화시키는 데 중점을 두어 지도 계획을 수립한다.
② 심화학습은 학습자의 필요와 요구를 최대한 존중하여 계획하되,
자기 주도적 학습이 가능하도록 수립한다.

2) 교수·학습 자료

교수·학습은 자료의 종류와 질에 따라 좌우된다. 학년별 내용에 맞게
다양한 자료를 개발하되 학습자 경험을 충실히 반영하고, 흥미를 북돋는
측면, 즉 학습자의 수준을 배려해야 한다.

(3) 학습자의 다양한 경험 세계, 필요와 요구, 개인차, 지역 사회의 사회적,
문화적 특성 및 전통을 고려하여 교과서 이외의 자료를 활용할 수 있다.

(가) 보충·심화학습을 위한 자료는 교육과정의 학년별 내용, 학습자의
흥미, 발달 단계, 경험 세계를 종합적으로 고려하여 구성한다.

(나) 보충·심화학습을 위한 자료는 여러 가지 유형의 국어 자료를 활
용하되, 특히 문학 작품을 폭 넓게 읽을 수 있는 기회 확충에 유의
한다.

이처럼 국어과 교수·학습을 위한 보충·심화 자료의 구성에 관한 일
반 지침은 교육 자치제 시행, 학습자의 특성을 고려한 다양한 교수·학습
자료 활용의 필요성, 학생들에게 제공될 경험의 질 제고를 고려하여 제시
하였다. 이의 일환으로 지침에서 여러 유형의 글, 특히 아동 문학 작품에
대한 독서 기회를 확장할 수 있는 자료의 활용을 권장하였다. 이 지침에
따라 교과서에서는 보충·심화학습을 위한 자료를 별도로 구성하여 제시
함으로써 개별 학습자의 학습 결손을 조기에 진단, 대비하도록 하였다.

Ⅳ. 수준별 교수 · 학습과 평가

1. 평가 방법의 설계

국어과 교육과정에서는 일반적인 다양한 평가 방법만 안내하고, 보충 · 심화학습의 평가는 구체적으로 제시하지 않았다. 그런데 심화 · 보충형 수준별 교육과정으로 편성 · 운영되는 교과에서 이를 평가해야 하느냐 하는 문제는 논란으로 남아 있다.[3]

첫째로, 보충 · 심화 내용에 대한 평가를 반대하는 경우는 평가는 기본 내용으로 충분하다는 주장이다. 심화 내용을 평가하면 모든 학생이 반드시 이수해야 하는 일종의 또 다른 필수가 생긴다는 것이다. 그리고 이들 내용을 평가하지 않아도 不公平의 문제는 없고, 보충이나 심화 과정의 학습을 통하여 궁극적으로 기본과정의 성취에 기여할 수 있다는 이론이다.

둘째로, 보충 · 심화 내용의 평가를 찬성하는 경우는 이의 내용을 학습했으면 성취 여부를 반드시 확인하는 과정이 필요하다는 주장이다. 보충 · 심화반인 경우 평가를 하지 않으면 학습 의욕의 저하와 수준별 수업이 실효성을 거둘 수 없다는 것이다.

이러한 주장은 모두다 일리가 있는 것으로 교수 · 학습 방법과 위에서 제시한 여러 변인에 따라 평가의 방법을 탄력적으로 운영할 수 있다는 이야기와도 상통한다. 국어과는 이를 준용하여 학교의 실정에 따라 보충 내용이나 심화 내용을 평가할 수도 있다. 그런데 기본 과정과 보충 · 심화 과정의 평가 방법 경우의 수를 생각하여 도식해 보면 다음과 같다.

---

3) 앞의 책 참조(pp.49~52).

구분	보충과정	기본과정	심화과정	평가 대상
①	–	(공통)	–	모든 학생
②	+	(공통)	–	보충반 학생
③	–	(공통)	+	심화반 학생
④	+	(공통)	+	모든 학생

㉠ 기본과정만 평가(①의 경우)

위에서 설명한 것처럼 기본과정만 평가하고, 보충·심화 과정은 평가하지 않는 경우이다.

㉡ 기본과정과 이수과정(심화 또는 보충)을 함께 평가(②, ③의 경우)

기본과정은 공통으로 모두 평가하고, 학생이 이수한 과정을 구분하여 평가한 다음 이를 종합하는 방법이다. 또는, 보충과정과 심화과정은 평가를 하되 참고 자료로만 활용하는 방안이다.

㉢ 기본과정, 이수과정(심화과정, 보충과정)을 모두 평가(④의 경우)

과정의 이수 여부와 관계없이 모든 과정을 평가하는 경우이다. 다만, 공식적인 활용은 기본과정의 평가 결과만으로 한다. 여기에는 많은 문제점을 내포하고 있어 보완해야 할 사항이 많다.

평가는 학교생활기록부 기록의 방법과도 유관한 것으로 다각적인 연구와 모색이 요구되는 사항이다.

2. 평가 방법과 운용

국어과 수준별 교육과정 운영에서 중요한 것은 평가를 어떻게 하는가이다. 즉, 평가 방법을 합리적으로 선택·운용하면 나머지의 교육적 활동과 여타의 실천이 자연스럽게 해결되기 때문이다. 평가의 종류와 시기는 보충 · 심화의 분반 시기, 보충 · 심화의 시간 배당량과도 관계가 있다. 그러므로 국어과 보충 · 심화 수준별 평가는 세밀하게 계획을 수립하고, 그 결과를 예측할 수 있는 거시적인 관점에서 운용하는 것이 타당하다.

그리고 평가에 대한 지침은 교육부, 시 · 도교육청, 지역교육청, 학교 차원에서 구체성을 더해가면서 제시하여, 전체적인 틀에서는 일관성을 유지하는 것이 바람직하다.

V. 심화 · 보충과 교과용도서의 구조

1. 초등학교

1) 교과서 단원 구성의 흐름도와 각 부분의 기능[4]

교육과정은 교과서에 의하여 기본적으로 구현된다. 그리하여 초등학교의 경우 교과서에 수준별 교육과정의 구현을 위해 매 대단원별 보충 · 심화학습을 위한 소단원을 설정하고, 기본학습에서도 수준의 개념을 반영하였다. 그리하여 단원과 단원 사이의 연계성을 강화하고, 학습 시간의 효율성과 시간 운영의 유연성을 제고하며, 통합적 언어 활동을 강조하여 수준별 교육과정의 구현이 용이하도록 하였다. 그리하여 대단원 설정 방식을 언어사용 목적을 고려하여 다음과 같이 구성하였다.

---

4) 이하 7차 교육과정 적용 교과용도서 계발 계획서, 각급 학교 지도서, 연구 보고서 등을 참고하여 정리하였음.

◑ 2학년 『말하기 · 듣기』 대단원(마당)의 경우

도 입 학습면	소단원1		소단원2		한걸음 더		쉼 터
	활동1	활동2	활동3	활동4	되돌아보기	더나아가기	
㉠	㉡	㉢	㉣	㉤	㉥	㉗	㉘
1차시		2차시	3차시	4차시	5~6차시		
2쪽	2~4쪽	2~4쪽	2~4쪽	2~4쪽	2쪽	2~6쪽	2쪽
도입학습	원리 학습 + 적용 학습				평가 활동	보충학습 심화학습	

◑ 각 단원의 주요 구성 부분의 기능과 구성 방향

구분	대단원 구성 요소	대단원 구성 요소별 내용 구성	비 고
㉠	○대단원의 도입 학습 용 자료 제시	• 대단원명 제시 • 문제 상황 제시 • 대단원 학습목표 • 소단원의 학습 내용	
㉡ ~ ㉢	○소단원 목표 달성을 위한 학습 자료 제시 (활동1+활동2)	• 소단원명 제시 • 소단원 학습목표 제시 • 소단원 학습 내용 안내 (활동1+활동 2)	
㉣ ~ ㉤	○소단원 목표 달성을 위한 학습 자료 제 시 (활동3+활동4)	• 소단원명 제시 • 소단원 학습목표 제시 • 소단원 학습 내용 안내 (활동3 + 활동4)	

㉧	○단원 학습목표 도달도 평가를 위한 자료	• 학습(평가) 활동 안내 • 학습(평가) 활동 자료 제시	• 전통적인 의미의 교사 평가에 의한 평가 방법의 제시를 지양하고 학습 활동에 대한 자기 점검, 자기 평가, 학습자 상호 평가 등 대단원 학습 성취도를 평가하는데 필요한 자료 구안 제시
㉦	○대단원 학습목표 관련 보충학습과 심화학습 자료 제시	• 단원 학습목표 환기 • 학습 과제(또는 활동)의 성격 안내 • 학습자의 흥미, 관심, 학습 속도와 능력 등을 고려하여 학습자가 선택하여 활동할 수 있는 과제 또는 활동 제시	• 단원 학습목표와 관련한 보충학습과 심화학습 활동 자료 또는 과제 제시
◎	○국어 문화, 국어 의식, 국어의 가치 등을 인식·고양하는 데 적합한 읽기 또는 활동 자료 제시	• 활동명 • 활동 안내 • 활동 자료 제시	• 학습에 대한 부담감 없이 제시된 자료를 읽거나 활동하면서 쉬어 갈 수 있는 내용으로 구성

'한걸음 더'는 크게 두 부분으로 구성하였다. ① 하나는 대단원 학습 결과를 평가하는 부분과 ② 이를 토대로 보충학습과 심화학습을 할 수 있는 활동 또는 과제를 제시하는 부분이다. 전자는 '되돌아보기' 후자는 '더 나아가기'로 명명하였다.

'되돌아보기'는 두 가지 기능이 있다. ① 하나는 단원 학습에 대한 자기 평가, 상호 평가, 수행 평가 등의 평가 활동을 통한 자기 점검 능력의 신장이며, ② 다른 하나는 평가 활동을 통해 얻는 구체적인 정보를 보충학습과 심화학습을 계획하도록 하는 데 활용하도록 하는 기능이다.

'더 나아가기'는 심화·보충학습의 유형을 실제로 제시한 부분이다. 보충·심화학습은 선택 과제형과 공통 과제형으로 구분하였다. 선택 과제형은 학습 능력, 학업 성취 수준, 흥미·적성 등에 따라 학습 과제를 달리하여 제시하는 것을 기본 방향으로 하여, 앞은 보충학습, 뒤는 심화학습으로 나누어 기본 학습과 유관한 내용으로 구성하였다. 그리고 "'되돌아보기'에서 살펴본 내용을 생각하며 ①과 ②(또는 ③과 ④)에서 하나를 선택하여 공부해 봅시다."로 학습 활동을 지시하여, 학생이 주체가 되어 보충학습, 심화학습을 선택하도록 했다. 공통 과제형은 흥미·적성을 반영하여, 대단원에서 이원화된 학습목표인 경우 수준차를 두지 않고, 보충·심화학습의 구분 없이 모든 학생이 공통으로 해결하도록 내용을 구성하고, '～ 더 공부하여 봅시다.'로 학습 활동을 지시하였다.

2) 지도서 체제

지도서의 체제도 교과서의 수준별 교육과정의 구조를 교수·학습하는 데 활용하기 편리하도록 많은 배려를 하였다.

<한걸음 더>

가. 되돌아보기
- 평가의 목적 및 내용
- 평가 방법 및 절차
- 이런 방법도 있지요
- 평가 결과의 활용

나. 더 나아가기
- 보충·심화학습 운영 방안
  - 선택 과제형
  - 공통 과제형

- ┌ 보충학습 안내
  └ 더 해보기
- ┌ 심화학습 안내
  └ 더 해보기

'되돌아보기'에서의 평가는 보충 · 심화학습의 계획 수립에 활용하는 방안을 제시하였다. 평가의 목적과 내용, 평가 방법과 절차, 대안으로서의 평가 방법, 평가 결과의 활용에 관한 정보를 제공하고자 하였다. 학습자가 자기평가나 상호평가를 통해 자신의 학습 활동을 반성해 봄으로써 평가가 학습을 촉진하는 과정으로서의 역할을 기대하여, 학습자의 능력 · 성취 수준을 결정하고 수준별 학습의 본래 취지를 살리도록 교사 지침을 제공하였다.

'더 나아가기'에서는 대단원 학습과 관련한 보충 · 심화학습 운영 형태 및 방안, 교과서의 보충 · 심화학습 과제(활동)에 대한 교수 · 학습 과정, '더 해 보기' 과제와 자료를 제시하여, 학습자의 수준에 적합한 의미 있는 학습을 통한 '자기 주도적 학습력'이 신장되도록 교사가 실질적인 수준별 교수 활동이 가능하도록 하였다.

수준별 교육과정 운영의 주체는 교사이므로, 그 성공 여부도 교사에 달려 있다. 그러므로 교사용 지도서의 수준별에 대한 안내는 상당히 중요한 위치를 점한다. 때문에 이러한 안내에 대한 내용과 방법을 지속적으로 연구하여 보완할 필요가 있다.

2. 중 · 고등학교

중 · 고등 학교에서도 심화 · 보충 수준별 교육과정을 효율적으로 운영하기 위하여는 교재의 개발도 이에 보조를 맞춰야 한다. 그리하여 교재 개발에서도 많은 연구가 필요한데, 개발 방식에는 다음 몇 가지를 상정할 수 있다.

① 기본과정 중심으로 교재를 만들고, 보충·심화 내용은 교과서 형태가 아닌 별도의 자료를 개발하여 활용한다.
② 기본과정, 보충과정, 심화과정을 각각의 3가지 교재로 개발하여 활용한다.
③ '기본과정 + 보충과정' 형태의 교재와 '기본과정 + 심화과정' 형태의 2가지 교재를 개발하여 사용한다.
④ '기본과정 + 보충과정 + 심화과정' 내용을 모두 제시한 한 종류의 교재를 개발한다.

이러한 교재 개발의 형태는 심화·보충 교육과정 운영의 형태와도 밀접한 관련이 있음은 위에서 설명한 바와 같다. 그러나 교재 개발에서 재정 확보, 개발 능력 한계에서 야기되는 교재의 질, 개발 기간 등 때문에 상기의 유형대로 교재를 개발할 수는 없다. 제7차 교육과정 적용 중·고등학교『국어』교과서는 초등 교과서처럼 보충·심화 활동을 대단원 단위로 제시하는 것을 원칙으로 하여 편찬하였다.

1) 중학교

중학교 교과서는 6차까지의 단권 체제를 탈피하여『국어』와『생활 국어』두 권으로 분책하였다.『국어』와『생활 국어』의 체제를 제시하면 다음과 같다.

● 『국어』 교과서 체제

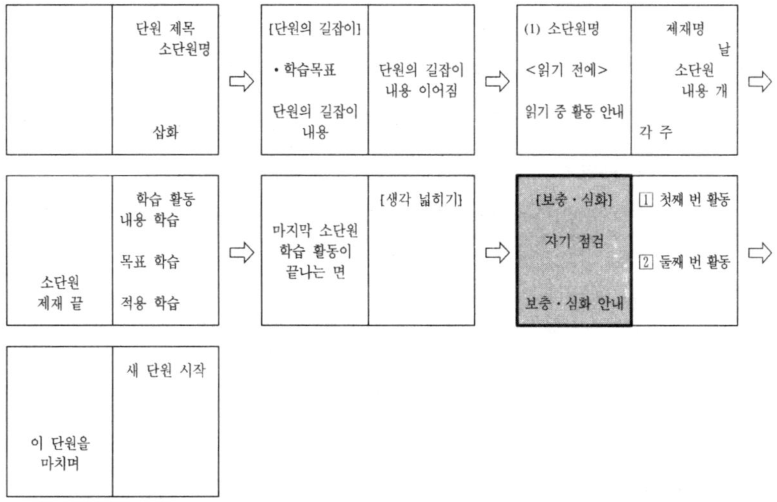

● 『생활 국어』 교과서 체제

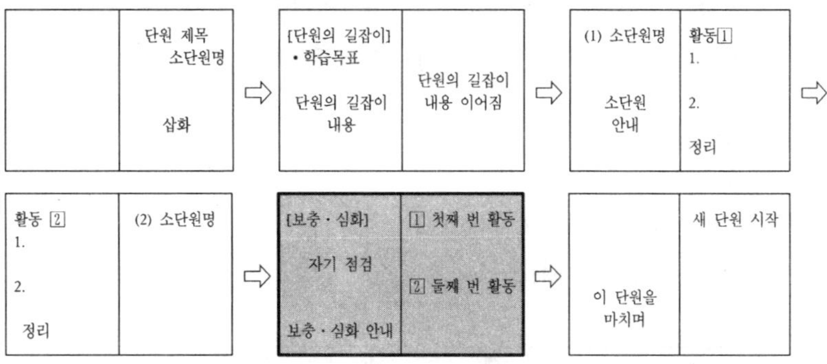

보충 · 심화학습은 지금까지 학습한 내용을 점검하고, 다시 한번 학습목표
와 관련된 활동을 수행함으로써 부족한 학습을 보완하거나 보다 심화된 학습
을 할 수 있는 과정으로 구성하였다. 이는 초등학교 교과서 체제와 비슷하다.
 '자기 점검'은 학생들이 단원 학습에 대하여 잘 배웠는지 또는 부족한 점이 없는지(학습목표 도달도)를 스스로 점검하여, 다음에 이어지는 보충·심화학습 활동에서 어떤 것을 선택할 지를 진단하는 부분이다.

'보충·심화학습' 활동 부분은 크게 둘로 구분하여 제시하였다. 하나는 수준의 차가 분명하게 드러나는 지식이나 이해와 관련되는 단원에 적용하여 보충학습과 심화학습 활동을 ①과 ②로 구별하여 제시하였고, 또 한 방법은 태도 형성과 관련된 학습목표처럼 학생의 수준을 심화와 보충으로 구분하기 어려운 단원에서 보충·심화학습의 구별을 하지 않고, 학습자가 스스로 선택하여 학습할 수 있도록 구성하였다.

보충·심화학습 활동은 학생이 자신의 수준에 맞는 과제, 아니면 자신이 하고 싶은 과제를 자기 스스로 자유롭게 선택하는 활동이므로 교사가 일일이 지도해 줄 필요가 없다. 교사는 학생들의 수행을 보면서 문제 해결에 어려움을 겪는 등 도움을 필요로 하는 학생에게 개별적으로 조력하거나, 간단히 학습 안내를 하는 식으로 교사의 역할을 제한하여 수업을 운영하는 것이 좋다. 그리고 수업의 진행 속도에 따라 학생에게 과제로 제시하거나 교사가 다른 자료를 이용하여 단원 학습을 보충·심화하는 것도 가능하다.

2) 고등학교

고등학교 국어 교과서는 6차에서처럼 국어(상), (하)로 구분하여 편찬하였다. 구상된 교과서 체제는 다음과 같다.

단원의 길잡이 및 준비 학습	소단원 1	소단원 2	단원의 마무리	보충·심화
1차시	2~4차시	4~6차시	7차시	8차시
선수 학습 확인 및 학습 동기 유발	원리학습 + 적용학습		정리 및 자기 점검	보충·심화 학습
3쪽	36~40쪽		2~3쪽	4~8쪽

‘자기 점검’(스스로 점검하기)은 ‘알아두기’를 통해 습득한 지식 및 원리와 ‘학습 활동’을 통해 습득된 언어 능력을 학습자 스스로 점검할 수 있는 체크 리스트 형태로 제시된다. 이는 보충·심화 단계로 넘어 가기 전의 자기 진단 단계인 동시에 대단원 목표 및 학습 내용을 확인하고 정리하는 부분이다.

‘보충학습’은 가급적 본시학습의 제재를 활용하거나 본시학습 제재보다 더 쉬운 제재를 활용하여, ‘학습 활동’보다 평이한 성격의 활동을 더 단계 화된 형태로 제시함으로써 ‘학습 활동’에서 충분히 성취하지 못했던 부분을 스스로 보완하도록 구성하였다.

‘심화학습’은 본시학습 제재와 중복되지 않도록 하고, 활동이나 제재의 난이도를 본시학습보다 높게 설정하여, 본시에서 학습한 것과 다른 장르 의 제재를 가지고 활동함으로써 활동이 확장, 전이될 수 있도록 하고, 본 시 학습보다 복합적인 활동을 수행하도록 구성하였다.

Ⅵ. 수준별 교육과정 편성·운영의 실제

1. 편성·운영의 지침 체계

국어과 심화·보충형 교육과정의 편성·운영 지침의 수준과 성격은 행 정 주체가 어디냐에 따라 다르다. 이는 다음과 같은 체계표와 같이 구도화 하는 것이 가능하다.

구 분	교 육 부 지침 수준	시·도교육청 지침 수준	지역교육청 지침 수준	학교 교육과정 설 계
① 학생	㉠ ㉡ ·			

② 교사				
③ 교재				
④ 교실				
⑤ 평가				
⑥ 운영				
⑦ 기타				

2. 수준별 교육과정의 실천과 완성

1) 타교과와의 연계

수준별 교육과정 편성·운영의 성공은 국어과의 특수성을 고려하여 독립적인 특정 요소를 개발하는 것도 중요하지만, 국어과도 교육과정을 이루는 모든 교과 중의 하나이므로 교육과정이란 유기적 틀 속에서 효율적인 편성 운용 방안을 모색하는 것이 바람직하다. 그러므로 국어과 수준별 교육과정의 성공적인 실천과 완성을 위하여는 조직 구성체로서의 역할을 강조하면서 교육과정 운영에 일익을 담당하는 편성·운영 계획을 수립해야 한다. 따라서 지침의 수준도 학교급별로 다음과 구분하여 제시하는 것이 바람직하다.

학교급 ＼ 구분	국민 공통 교육 과목	수 준 별 적용 과목	심화·보충 적용 과목	국어과
초등학교				
중 학 교				
고등학교				

이처럼 수준별 교육과정의 성공적인 실천은 국어과의 독립적인 운영 방식에서만이 성공을 기대할 수 있는 것은 아니다. 국어과는 단계형 수준별 적용 과목 및 여타 보충 · 심화 적용 과목과의 조화를 유지해야 함은 물론이다. 그런데 조화를 유지하는 범위와 방법이 무엇인가를 구체적으로 밝히는 것은 쉽지가 않다.

2) 수준별 교육과정 운영의 행정적 장치

수준별 교육과정을 성공적으로 운영하려면 교육부, 시 · 도교육청, 지역교육청, 학교간의 유기적 정보 유통 체제가 필요하다. 이는 각 시도가 수준별 교육과정의 독자적 적용과 운영에서 파생하는 문제점을 공동적으로 대처할 수 있는 장치이기도 하다.

교육부 (수준별 교육과정 조정위원회)(가칭)	⇨	시 · 도교육청 (수준별 교육과정 관리위원회)(가칭)	⇨	지역교육청 (수준별 교육과정 운영위원회)(가칭)	⇨	각급학교 (수준별 교육과정 실천위원회)(가칭)
⇩		⇩		⇩		⇩
• 시 · 도 교육과정 조정, 협의 • 일반적 지침		• 지역교육청 교육과정 조정, 협의 • 구체적 지침		• 학교 교육과정 조정, 협의 • 세부적 지침		• 학교 교육과정 구성 • 실질적 설계

3. 운영상의 문제점과 해결 방안

수준별 교육과정의 적용에는 해결해야 할 많은 과제가 내재한다. 이러한 과제는 당장 해결책을 제시해야 할 것도 있지만 장기적으로 계획을 세워 모색해야 할 사항도 있다.

1) 단기 과제

① 과목 속진의 허용과 국어교육 문제(초·중등교육법 시행령 제6조 교과목별 조기 이수), ② 국어과 평가 범위(보충·심화학습 내용과 관련), ③ 국어과 보충·심화학습 자료 개발(자료의 수준 구별), ④ 국어과 보충·심화학습의 투입 시기와 방법 등, ⑤ 특별보충의 실시 여부(타교과와 연계하여), ⑥ 국어과 생활기록부 기록 방법

2) 장기 과제(공통)

① 수준별 교육과정의 정착을 위한 정책 개발(교과서 개발 방법 등), ② 국어과 수준별 적용을 위한 교실 모형 개발, ③ 국어과 심화·보충 수준별 교육과정의 다양한 모델 개발, ④ 보충·심화형 교재의 구조, 체제, 유형 개발 보급, ⑤ 심화·보충 수준별 교육과정 적용 과목 평가 방법과 유형 개발 등

상기 국어과 수준별 교육과정 편성·운영의 실제, 해결 과제 등은 모든 교과 공통 사항임은 물론이다. 이처럼 국어과에서의 심화·보충형 수준별 교육과정 적용의 성공 여부는 국어과 교육과정의 독자적 편성·운영보다는 7차 교육과정이라는 전체적인 구조 안에서 그 실현성 있는 성공 과제를 선택하여 계획성 있게 실천해야 된다는 명제와도 결부된다.

그리고 교과서는 교수·학습 자료 중 하나라는 열린 교과서관을 가지고 학생의 능력, 흥미, 관심 등을 고려하여 의미 있는 학습 활동이 이뤄지도록 활용하는 것이 바람직하다. 학생이 자기 주도적으로 문제를 해결할 수 있도록 교수·학습 과정을 창의적으로 개발하여 다양한 학습 상황을 설정해 주는 것이 교실 변화의 관건임은 물론이다.

국어과 보충·심화학습은 교과서 활용을 포함하여 새로운 학습 자료를

개발, 이용하는 등 창의적으로 다양하게 운영할 수 있어야 한다. 자기·상호 진단 평가 과정과 학습자 스스로 또는 교사의 협력과 안내를 받아 보충·심화학습을 효과적으로 학습할 수 있는 상황을 보장해 주는 것이 국어과 수준별 교육과정 운영과 국어교육의 성패를 좌우한다. 교실의 변화는 국어교육 패러다임의 발상적 전환에서부터 시작됨을 유념할 필요가 있다.

VII. 결 어

국어과 수준별 교육의 운영은 국어과 교육과정과 그를 바탕으로 구조화한 교재, 그리고 이의 실천에 관여되는 여러 요소(변인)에 따라 달라진다. 국어과 수준별 교육의 실천은 어느 한 가지 요소에 의해서 이루어지는 것이 아니라 관여되는 요소의 조화와 균형에서 그 성패가 좌우된다고 하겠다. 그러므로 수준별 교육의 성공을 위하여 이들 관여 요소의 정확한 이해와 활용이 요구된다.

7차 국어과 교육과정은 그 동안의 연구를 바탕으로 수준별 교육과정으로 구조화하여 제시하였다. 교육과정의 거시적 구조를 어떻게 하는 것이 좋은가에서부터 기본활동과 심화활동의 구분 방법에 이르기까지 외국의 사례를 참고하여 나름대로 연구를 하고 이를 합리적으로 구조화하려고 하였다.

또한, 교육과정을 바탕으로 학교 현장의 여건을 감안하여 수준별 교육이 이루어지도록 교재를 만들었다. 심화·보충의 거시적 교수·학습 형태, 보충과 심화의 학습 과정을 비롯하여 이를 구분하는 진단평가 방법을 어떻게 할 것인가 등에 대하여 많은 연구를 하여, 교재화에 따르는 제약을 최소화하면서 가장 효과적으로 제시하려고 하였다. 현재 교과서에서는 학교급별로 거의 동일한 방식으로 제시된 감이 없지 않으나, 교실 여건 등학교 실정에 따라 변용하여 적용하도록 하였다.

그러나 국어과 수준별 교육을 실천하는 데는 교육과정과 교재도 중요하지만 이를 실천하는 데 관여되는 모든 요소들이 제 기능을 발휘할 때 가능하다고 할 수 있다. 즉, 국어의 수준별 교육과정 운영은 학교의 교육 여건, 운영 체계, 교사의 실천 의지에 달렸다고 해도 과언이 아니다. 수준별 교육과정에 대한 교사의 기본적인 교육 설계와 실천 의지, 교실 등 수준별 적용의 여건과 시스템이 확보되고, 여기에 학생들의 자발적 참여와 수용 의지가 부수되지 않으면 학교 현장에서의 수준별 교육은 매우 어렵다고 하겠다.

특히, 교사의 실천 의지는 가장 중요한 변인으로 작용한다. 교사는 국어과 수준별 교육과정의 구조를 이해하고 이를 교재 없이도 현장에 투입할 수 있는 능력을 구비해야 한다. '수준별 활동의 예'를 참고하여 교육과정의 내용을 수준별의 형태로 나름대로 상세화하여 교과서에 기본적으로 제시한 활동을 능동적으로 보완할 수 있어야 한다.

그리고 교사는 수준별 교육과정을 최소한의 형태로 구체화한 교재에 대한 해박한 배경지식을 가져야 한다. 교과서는 그 자체 하나의 유기적 구조로 이루어져 있는, 교육이라는 내용을 체계적으로 담은 하나의 力動的인 생명체이다. 이러한 역동성을 교사는 인식하고, 수준별 교육의 본질을 파악할 수 있으면 학생 능력에 따른 국어과 수준별 교육은 자연스럽게 실천될 수 있을 것이다.

국어교육에서 수준별 교육은 이제부터 시작된 것은 아니다. 다만, 현 시점에서 이를 체계적으로, 본격적으로 적용해 본 것이다. 교육은 항상 개선을 전제로 하여 발전하는 것이 원칙이다. 앞으로, 교육과정과 교재가 현장 경험을 바탕으로 연구와 보완이 이루어져야 함은 물론이다. 이러한 모든 것이 완비될 때 국어과 수준별 교육은 자연스럽게 성취될 것이다.

제 **3** 장

국어과 교수·학습 평가 개선

Ⅰ. 서 언

인간은 미래에 대한 희망과 확신 때문에 현대를 살아간다. 미래를 어느 정도 예측할 수 있다는 것은 계획적인 교육 활동으로 인간의 본성을 도야할 수 있다는 전제가 되며, 이는 인간만이 갖는 특권이다. 특히, 국어교육은 이러한 예측성을 가시적으로 확인할 수 있는 교과 교육의 기본이요 돌쩌귀다.

국어교육은 '국어능력'[1]을 신장하는 것을 목적으로 한다. 그러나 이러한 능력의 신장은 평가라는 장치를 거치면서 교육적 성과와 성패를 가늠해 보는 것이 가능하다. 평가는 평가자의 철학적 기저와 부수되는 교육 상황과 환경, 시대적 이데올로기 등에 따라 그 목적과 방법론적인 시각이 달라질 수 있다. 그렇지만 지금까지의 연구에 의하면 국어과 교육의 내·외적인 문제로 국어교육에서 평가의 분야는 평가에 대한 기본 인식이 미흡

---

[1] '국어능력'이란 용어는 '언어능력', '언어사용 능력'이란 말과 혼용되기도 하는데, 국어교육학을 이론화, 체계화하고, 국어교육의 본질을 규명해 보고자 하는 논지에서 사용한 말로, 여러 학자들이 학문적 측면에서 이미 이에 대한 개념 규정을 시도한 바 있다. 우한용 교수는 문학을 만들고, 이해하고 수용하는 능력을 통틀어 '문학능력'이라 하고, 이러한 능력까지를 포괄하는 용어법이 마련되어야 한다며 '국어능력'의 몇 가지 차원을 설명하기도 하였다("국어과 교육의 기본 성격과 목표", 제7차 국어과 교육과정 구성을 위한 세미나 『21세기 국어과 교육의 지향과 수준별 교육과정』 pp.56~57). 본 글에서도 같은 맥락의 의미로 사용하였으며, 앞으로 이에 대한 개념을 확고하게 설정하여 국어교육의 궁극적 이상을 밝혀야 할 것이다.

하거나 평가 관행 및 평가 운영의 소극성, 문항 기술의 미숙성 때문에 부정적 측면이 많았다고 하겠다.[2]

그러나 21세기 정보·지식 사회에서의 평가는 기존의 평가관이나 철학적 배경과는 달리 국어교육의 본질 구현에 입각하여 교육목표를 근원적으로 향상시키는 牽引的 역할을 가시적으로 보여 줘야 한다. 즉, 이러한 관점에서 국어교육의 본질과 개념을 새로운 각도에서 조감해 볼 필요가 있다. 그리하여 국어교육에서의 평가도 '국어능력' 신장의 정도를 평가(국어능력 평가)하는 수요자 중심의 단원적 개념에서 탈피하여, '국어교육 능력'의 평가라는 공급자 중심의 다원적 평가의 개념 도입도 생각해 봐야 한다. 급변하는 사회에 적합한 평가의 개념을 도입하고, 이를 실천으로 옮겨야 국어교육의 본질을 실질적으로 추구할 수 있다는 말이다. 국어교육 능력 평가 개념의 도입은 미래를 예측할 수 있는 국어교육의 위상을 확립하는 계기가 될 것이다.

그리하여 본 글에서는 다음 세기를 대비하는 국어교육의 방향을 먼저 더듬어 보고, 이를 바탕으로 거시적 관점에서 국어교육 평가의 방향과 개선책을 생각해 보고자 한다.

Ⅱ. 21세기를 주도할 국어교육의 방향

1. '국어교육 능력'의 개념

21세기에는 교재의 개념도 달라진다. 전자 교과서가 등장했으며, 컴퓨터를 교육적으로 활용할 수 있는 시대가 이미 도래했다. 이렇게 무형 교과

---

2) 공시적, 통시적 관점에서 국어교육 평가의 문제점을 종합해 놓은 박인기 교수의 논문 "국어과 교육 평가의 개선과 교육의 질적 도약"(앞의 세미나 자료, pp.160~173)이 참고가 됨.

서의 등장도 예고하고 있다. 더불어 학교에서는 공간 활용의 방법이나 운영에서 인적 조직이 달라지기도 한다. 이러한 모든 것이 교수·학습의 개념 변화를 제공하는 원인이 된다.

교수·학습의 방법도 기존의 개념에서 탈피하여 미래에는 새로운 의미를 부가, 흡인하게 된다. 유형의 교재만을 가지고 학습자를 직접 대상으로 이뤄지는 공급자 중심의 교육 형태는 그 비중이 약화될 것이다. 교수·학습의 급진적인 변화에 따라 평가의 개념이나 활용의 폭도 달라진다. 평가의 목적을 교수·학습 내적인 목적과 외적인 목적으로 구분하기도 한다.3) 평가 결과를 교수·학습 활동에 다시 투입하여 교수·학습의 개선을 목적으로 하는 것을 내적인 목적으로, 그렇지 못한 것을 외적인 목적으로 구분한 것이다. 어쨌든, 평가는 교수·학습과 긴밀한 관계에 놓인다.

평가의 방법은 교재와 교수·학습의 개념의 변화에 따라 입체적 의미로 파악해야 한다. 정보화가 진척됨에 따라 평가 도구의 종류가 달라지고, 평가 수행의 절차도 지금과는 다른 방법을 요구하게 될 것이다. 그러므로 국어교육이 미래를 예측할 수 있는 교육 효과를 기대하려면 평가의 역할과 위상을 새로운 각도에서 높여야 함은 자명하다.

이러한 모든 것을 만족시켜 주는 출발이 '국어교육 능력'이란 개념의 도입이다. 국어교육 능력이란 국어교육을 실천하기 위하여 동원되는 모든 정신적, 물리적 실체를 이용하여 교육의 효과를 최대한으로 발휘하는 교육 능력을 말한다. 즉, '국어능력'을 향상시키는 것을 목적으로 국어교육을 실천하는데 필요한 제반 장치나 절차 등 교육 수행의 모든 요소를 일컫는 것으로, 그 중심 축은 '교재', '교수·학습', '평가' 등이다. 더욱 구체화하여 말하면 "'교재 개발 능력' + '교수·학습 방법 개발 능력' + '평가 도구 개발 능력'"을 말한다.

---

3) 윤희원·이성영, "언어사용 기능 평가의 지향과 과제"(『교육한글3』 한글학회, 1990) 참조.

'국어교육 능력'이란 개념은 앞으로 더욱 이론적으로 체계화할 필요가 있다. 이에는 교육학적 이론에 근거하여 국어교육력 신장의 기반을 마련한다는 의미도 내포한다.

2. '국어능력'과 '국어교육 능력' 신장

언어는 인간만이 갖고 있는 의사 소통의 도구이다. 이 언어를 통하여 인간은 자기의 존재를 확인하고, 우주적 존재로서의 의미를 부여할 수 있다. 세계에서 유일하게 창제자가 밝혀지고, 모든 자연의 소리를 근접하게 표현할 수 있는 가장 실용적 국어를 통하여 우리는 이러한 특유의 권리를 향유하고, 민족의 特長을 발휘했던 것이다. 이에 21세기에는 한층 더 이러한 권리의 차원을 고양하기 위하여 다음과 같은 국어교육의 방향을 모색해야 한다.

첫째로, '국어능력'을 지식의 체계로 위계화해야 한다.[4] 국어능력의 개념을 가시적으로 구조화하는 작업은 국어교육을 계획적, 체계적으로 실천하고, 지식의 수용뿐만 아니라 생산까지도 교육할 수 있도록 하는 기반이 된다.

둘째로, 정보·지식 사회에 걸맞도록 국어와 국어교육의 위상을 확립해야 한다. 정보와 지식의 매체는 언어요, 이 언어를 통하여 정보·지식 사회는 새롭게 발전하는 것이다. 때문에 미래의 시대를 주도하는 것은 결국 자국 언어의 역할과 위치가 어떠하냐에 따라 좌우된다고 해도 과언이 아니다. 세계화와 다중언어 시대를 맞이하여 국어교육의 위상이 어떠해야 되는가는 자명하다.[5]

---

4) 서울대학교 사범대학 '국어교육연구소'에서 영역별로 이러한 작업을 수행하고 있다.

5) 국가별 국어와 국가 인구로 보면 우리말은 세계 10위권 내외에 진입한 언어이다. 이로 보면 정책적 차원에서 국어에 대한 인식을 새롭게 하고, 우리말의 국제화에 노력해야 한다(박영순, 『이중/다중언어 교육론』 한신문화사, 1997, p.18 참조).

셋째로, 국어교육을 통한 창의적 사고력의 신장이 인간교육과 결부되어야 한다. 격변하는 현대 사회에서는 自存의 차원에서 창의적 사고력의 신장이 요구된다. 창의적 사고력 신장6)은 국어교육의 본질을 구현하고, 철학적으로 인간 존재의 의미를 확장해 보는 기회를 제공한다. 인간이 영장류가 된 소이는 고등 사고력에 있으며, 이의 신장은 인간교육의 중요한 堡壘이다.

넷째로, 국어교육을 민족 문화의 세계화와 연계해야 한다. 언어와 민족은 운명을 같이 한다. 그러므로 우수한 언어를 가진 민족은 수준 높은 언어 문화를 생산하고, 문화의 세계화를 주도하게 된다. 이는 민족의 정체성 확립과도 유관한 것으로 세계화의 방향도 이를 염두에 둔 것이어야 한다.

다섯째, 교육 정보화에 국어교육이 앞장서야 한다. 국어교육의 정보화 성패가 다른 교과의 그것과 마찬가지이기 때문이다. 전자 토론방(chatting room)을 통한 토론식 수업이 보편화되는 시대가 목전에 다가왔다. 전자 기구만을 이용한 평가가 채점과 동시에 이뤄지는데, 수용하기 쉬운 영역에서부터 국어교육이 이를 먼저 실천해야 한다.

이러한 방향으로 국어교육이 성숙되는 기반은 결국 국어능력과 국어교육 능력의 신장에 있다. 그러므로 다가오는 세기에는 국어교육의 핵심을 국어능력의 신장뿐만 아니라 '국어교육 능력'의 신장과 함께 병행해야 한다. 국어교육의 능력 신장은 국어능력 신장의 지원 체제의 성격이므로 이의 신장은 국어능력 신장의 지름길이다. 따라서 두 개의 능력을 상호 보완적 측면에서 연결시키는 과제를 학문적으로 먼저 연구하고 해결하는 것이 급선무이다.

---

6) 창의력 신장과 평가 관계는 『창의력 신장을 돕는 중학교 국어과 학습 평가 방법 연구』(한국교육개발원 연구보고 CR 97-10, 1997)에서 심도 깊게 다뤘다.

Ⅲ. '국어교육 능력' 평가의 구조와 방향

1. '국어교육 능력' 평가의 구조

학습자의 개인적인 국어(사용) 능력은 인지적, 정의적인 배경 요소의 상호 역동적 작용으로 형성·발달된다. 그리하여 이러한 능력의 평가는 교재를 매개로 하여 교수·학습한 학습목표의 성취도를 검증하는 절차로서의 국어 능력 평가가 주된 것이었다. 따라서 이에 대한 평가는 어떤 평가관을 갖든 간에 학습자 중심의 평가에 국한되는 단점을 지녀서, 국어교육의 본질이 교육적으로 최대한 구현되었는가를 실질적으로 검증하기가 어렵다. 즉, 현행의 평가는 학습자의 학습 능력 수준인 교수·학습의 결과만을 평가의 대상으로 삼기 때문에 평가 결과의 교육적 활용과 예측에는 한계가 있기 마련이다. 이러한 한계를 극복하는 방법 중의 하나가 국어교육에서 평가의 개념과 평가 수행의 범위를 확장하는 것이다. 이른바 '국어교육 능력' 평가의 개념을 국어교육 현장에 실질적으로 도입하는 문제이다.

국어교육 능력 평가는 학습자의 학습 능력(학습력, 학습 성취 능력)을 평가하는 그 자체를 포함하여 평가 도구도 평가의 대상이 되는 것이다. 때문에 국어능력 평가(협의의 평가)와 국어교육 능력의 평가(광의의 평가)는 평가의 대상과 범위에서 거리가 있는데 이를 비교, 도식해 보면 다음과 같다.

▶ 국어교육 평가 거시적 구조

```
┌─ 국  어   →   국어능력의 신장      →    국어능력 평가 ─┐
│       ↓              ↓                      ↓          │
└─ 국어교육 → 국어교육 능력의 신장 → 국어교육 능력 평가 ─┘
```

국어교육 능력과 국어교육 능력 평가를 이루는 개념의 구조도를 이해하기 쉽게 다음과 같이 구체적으로 도식화해 볼 수 있다.

● 국어교육 능력과 평가 개념도

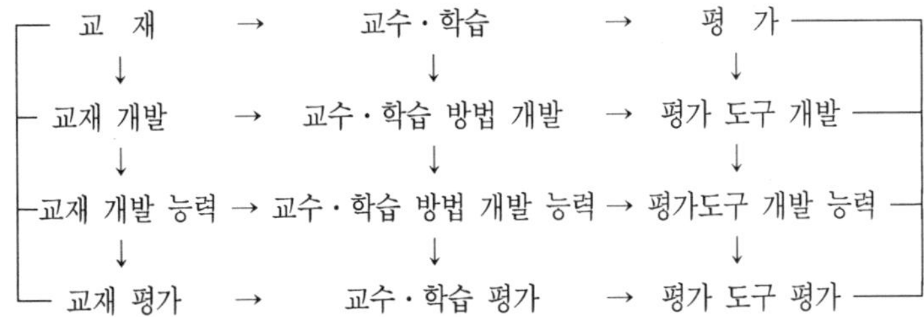

그리고 국어능력 평가와 국어교육 능력 평가를 비교해 보면 다음과 같다.

구 분	국어능력 평가	국어교육 능력 평가
중심	수요자	공급자
성격	교육 본질	교육 메타
대상	수요자 학습 능력	공급자 학습 보조 능력
범위	학습 능력만	학습 보조 제반
활용	학습력 향상	학습 보조력 향상

　21세기에는 단순히 학업 성취도와 같은 협의의 평가 개념으로는 교육의 질을 향상시키는 근본적인 원동력을 찾아내거나 교육의 질관리를 실체화하기가 어렵다.[7] 상기 도식에 제시된 구조를 이루는 각 요소들의 종합적인 평가가 영위될 때, 교육의 계획적 실천으로 미래를 예측하기가 용이

---

7) 자료에 의하면 국가 수준 학업 성취도 평가가 향후 지향해야 할 바 의 하나로 "평가의 결과는 학생에 대한 결과에 머물지 않고 교사, 지역 사회, 학교, 학교장, 행정 체제, 국가 정책 등을 평가하는 기준과 증거로 활용되어야 한다"고 주장하였다. 이러한 활용은 경쟁력을 유발한다는 장점은 있으나 교육적으로 보완해야 할 사항이 많고, 수요자 중심의 평가에 머물므로 정보·지식 사회에 능동적으로 대처하는데 흡족한 평가 방향은 아니다(국립교육평가원, "학업 성취도 평가의 필요성과 성격"『교과서연구』제28호, 한국2종교과서협회, 1997, p.143).

하고, 국어교육의 본질적 실체를 교육 현장에서 능동적으로 구현하는 것이 가능하다. 결론적으로, 국어교육 능력 평가는 국어능력 평가의 기능을 포괄할 수 있는 새로운 평가의 개념 구도이다.

2. '국어교육 능력' 평가의 방향

7차 교육과정은 개인의 능력과 수준차를 인정하는 체제로 개발된다. 이러한 교육과정의 정신을 효과적으로 구현하려면 '국어교육 능력' 평가의 개념을 도입하는 것이 용이하다. 학습자의 수준에 맞는 교재가 개발되어야 하고, 그 교재를 이용하여 성취하려는 교육목표에 손쉽게 도달할 수 있는 교수·학습이 무엇인가를 찾아야 한다. 또한, 여기에 근거하여 학습자의 수준별 능력을 정확하게 확인할 수 있는 평가 도구가 개발되어야 한다. 이러한 일련의 과정이 독립적으로 교육의 현장에서 실천되면 소기의 교육적 효과를 기대하기가 어렵다. 교재 개발이 아무리 잘되었다고 해도, 교수·학습이 교육적으로 잘 실천되지 못하거나 평가 도구의 구안이 부실하게 되면 교육적 성과를 효율적으로 높이거나 진단하는 것이 불가능하다.

새로운 교육 이론이 등장하면서 교재, 교수·학습, 평가라는 교육 機制의 상호 유기적인 관련성은 더욱 높아졌지만 시간적, 공간적 거리는 멀어지는 추세이다. 앞으로는 이들을 긴밀하게 연결시키거나 통합해 주는 교육 이론이나 방법도 연구되어야 한다. 그리고 이들의 연결 고리에 대한 교육 이론이 이론에만 그쳐서는 안된다. 실제 교육 현장에 투입되어 효과를 기대할 수 있는 연구의 결과가 제시되어야 한다.

교육에서의 중요한 두 축은 수용자(학생)와 공급자(교사)이다. 어느 한 축을 강조하다 보면 다른 영역은 소홀해지기 마련이다. 그러므로 국어교육 능력 평가 부면을 너무 강조하면 수요자 축인 국어능력 평가가 부실해질 우려가 있다. 그러므로 국어능력 평가가 본래의 위치를 고수하는 범위

내에서의 국어교육 능력 평가의 강화를 의도하는 것이 바람직하다.

국어교육 능력 평가는 그 수행에서 부담을 주어 해결해야할 새로운 과제로 인식되어서는 안된다. 통제의 수단으로 작용하지 않고, 국어교육의 질을 향상시키는 장치로서의 역할이 증대되도록 평가의 방향을 잡아야 한다.

Ⅳ. 지식·정보 사회에서의 평가 과제와 개선

국어교육의 궁극의 목적은 여러 측면에서 표현 방법을 달리할 수 있겠지만 국어교육을 잘하는 데 있다. '국어교육을 잘한다.'라는 말에는 국어교육의 목표에서부터 방법, 평가 등을 효율적으로 잘 실천한다는 의미도 함축되어 있다. 이 중에서도 평가는 국어교육을 좌우하는 아킬레스 건(Achilles 腱)이다. 더구나 정보·지식 사회에서는 교재의 형태나 교수·학습의 상황이 예측할 수 없을 정도로 다양하게 달라지므로, 이를 통제하는 수단의 하나인 평가의 중요성은 더욱 증대된다고 하겠다.

국어교육의 평가는 어떠한 방향으로 개선해야 되는지는 이미 다 아는 사실로, 연구자들은 그 개선의 방향과 방법을 구체적으로 적시하기도 했다. 그러나 지금까지 개선이 만족할 정도로 진척되지 못한 것은 국어교육만의 상황 때문이 아니다. 앞으로는 이러한 교육의 상황을 종합적으로 개선하고, 교육 개혁의 차원에서 평가 부면을 혁신해야 할 것이다.

假想 학교(cyber school)의 등장이 목전에 와 있다. "실제의 건물과 대지로 이루어진 학교가 아닌 가상의 공간을 통해서 교사와 학생이 시간적·공간적 제약을 극복하고, 원하는 장소와 시간에 원하는 교육 서비스를 받을 수 있는 새로운 형태의 교육 체제"[8]의 등장이 멀지 않은 것이다.

---

8) 황병철 선임연구원이 가상 대학(virtual or cyber university)을 정의하는 설명 방식 ("가상 대학", 『교육진흥』 통권 37호, 중앙교육진흥연구소, 1997, p.30)을 원용하여

이처럼 가상 학교는 물리적 공간에서 교수·학습이 이뤄지는 것이 아니라 연령에 관계없는 교육 시기와 장소, 교육 내용, 방법 등 다양성을 제공하는 사이버 공간에서 이뤄지는 교육 방식(cyber education)이다. 이러한 학교의 출현은 새로운 교육 개념, 즉 교재, 교수·학습, 평가 방법의 등장을 의미한다.9)

이러한 교육 환경의 변화에 능동적, 계획적으로 대처하는 방법을 강구해야 한다. 앞으로는 수요자의 학업 성취만을 대상으로 하는 편향적 평가 형태를 지양하고, 이들의 학업 성취를 도와주는 제반의 주위 환경, 곧 교육 환경을 이루는 모든 보조적 요소를 평가의 대상으로 삼아야 한다. 이를 뒷받침하는 교육 재정이나 환경의 변화가 부수되어야 함은 물론이다.

더불어 ① 평가 연구자(학자), ② 평가 실천자(교사), ③ 평가 대상자(학생) 모두의 반성과 혁신도 요구된다. 평가 연구자들은 외국의 이론에만 너무 傾倒되어 이를 답습하지 말고, 우리말의 언어 체계와 우리 언어 습관에 부응하는 평가 방법이나 체제를 구안해야 한다. 교육 현장에서 평가를 실질적으로 담당하는 교사는 도식적, 관례적 평가 방법에서 탈피하여 창의적인 평가 도구를 개발하는 기초 문제부터 참신한 배경 지식으로 무장해야 한다. 평가의 결과를 상급 학교 진학의 도구로만 인식하는 평가관을 불식하고, 이제부터는 평가의 본질적 목적이 무엇인지를 새롭게 깨닫고, 이를 실천할 수 있는 능력을 구유해야 한다.

또한, 국어교육 능력 평가망의 구축이 필요하다. 여기에서의 평가망이란 평가의 영역에 따라 평가 요소, 기준 등을 구체화하고, 평가 도구의 개발에서 활용에 이르기까지의 유기적인 평가 체제를 마련하는 것을 말한

'가상 학교'란 개념을 도입해 본 것이다.
9) 현재 교육인적자원부에서는 멀티미디어교육지원센터를 설립하여 초·중·고 전자 교과서를 단계적으로 개발하고, 전자 도서관을 운영하며, 전자 교과서의 활용을 지원하기 위하여 전자 사전 등 전자 학습 DB를 개발할 예정이다.

다. 국어교육 능력을 구성하는 인자들의 평가가 체계적으로 이뤄질 수 있도록 이에 국가가 보증하는 실천력을 부여하고, 모든 평가 결과에 신뢰를 주는 제도적 장치가 마련되어야 한다. 이론적 수준과 구호에 그치지 않고, 실제 교육 현장에 투입될 수 있는 평가망의 구축은 교육의 질적 고양이란 측면에서 우선적으로 선결되어야 할 과제이다. '한국교육과정평가원'과 같은 기관에서 이러한 연구 결과를 가시적으로 제시하면 더욱 이상적이다.

그리고 이 모든 것의 基底는 합리적이고 실천적인 교육과정의 개발에 있다. 교과서 개발과 교수·학습 및 평가는 교육과정의 질적 수준에 좌우되기 때문이다. 근본적으로 교육과정의 개발과 개정을 단기간 내에 할 수 있다는 자신감부터 불식해야 한다. 지금까지 실천해 온 교육과정의 철저한 검토와 연구를 거쳐 문제점에 대한 해결책을 모색한 다음, 새로운 교육과정의 설계에 착수하는 것이 바람직하다.

V. 결 어 – 미래 예측이 가능한 국어교육

국어교육은 역동적 현상으로 존재한다. 국어교육 능력 평가는 이러한 국어교육의 현상에서 평가를 어떻게 과학적으로 실천할 수 있는가를 염두에 둔 평가 개념의 설정과 도입이다. 21세기에는 교재의 개념과 교수·학습, 평가의 방법이 달라진다. 이에 대비하여 다음과 같은 준비와 발상의 전환이 요구된다.

첫째로, '국어교육 능력'의 개념을 평가의 차원에서 상세화·구체화해야 한다. 이는 국어교육 능력 평가를 실질적으로 실천할 수 있도록 이론적 기반을 다져 주는 출발이다. 본 글에서 제시한 '국어교육 능력' 개념도는 그 가능성을 타진해 보기 위한 제시에 불과하다. 이를 구성하는 미시적 因子까지도 연구, 가시화될 때 국어능력에 대한 평가의 구도도 달라진다.

둘째로, 국어교육 공간의 확대를 대비한 평가 방법을 모색해야 한다. 정보·지식 사회에서 대두되는 교재, 교수·학습, 평가의 시간적, 공간적 거리를 유기적으로 연결해 주는 장치와 이를 연결하여 평가할 수 있는 가시적 지표를 구안해야 한다. 이 또한 교육학, 교육공학적 이론을 배경으로 실질적인 실험의 결과를 도출해야 한다.

셋째로, 학습자의 국어능력을 총체적으로 평가할 수 있는 도구의 개발이 필요하다. 국어교육학의 발전으로 평가에 대한 연구도 상당히 진전된 것이 사실이다. 그런데 이들의 연구는 국어교육 내용 구분을 그대로 준용하여 평가의 방법도 영역별로 분화하여 제시한 것이 보통이다. 국어교육은 각 영역별로 제시된 교육목표를 교육적으로 개별화하는 분화의 원리와, 이를 하나의 교육 활동으로 조직하는 통합의 원리가 조화를 이루어야 소기의 교육목표를 효과적으로 달성하기가 쉽다. 때문에 영역별 평가 방법의 활성화 못지 않게 각 영역을 통합하여 평가하는 방법이 이론적으로 제시되어야 한다. 국어교육이 대부분 통합적 형태로 실천되는 것을 감안할 때, 교재 구성에서나 교수·학습 실천에서도 마찬가지다.

넷째로, 평가의 대상을 합리적으로 늘려야 한다. 여기에서의 평가 대상의 확대란 학습자의 학습 능력에만 국한되는 평가 방법에서 벗어난다는 뜻이다. 수요자 대상 중심 평가인 국어능력 평가의 과학적인 수행과 함께 공급자 중심 평가인 국어교육 능력 평가도 이뤄져야 하며, 이들의 교육적 연결을 학문적으로 강구하는 것도 절실하다.

다섯째로, 국어능력 평가와 국어교육 능력 평가의 관계를 조화롭게 설정하는 방법을 강구할 필요가 있다. 이들의 교육적 연결과도 유관한 것으로, 이 두 가지의 평가가 균형을 이룰 때 국어교육은 상보적인 발전을 도모하게 된다.

여섯째로, 국어교육 평가자의 평가 연수도 제도적 차원에서 실시해야 한다. 평가에 대한 연수는 간헐적으로 이뤄지기는 했어도 이를 체계적·

독립적인 방법으로 실시하지는 못했다. 평가자는 평가 도구의 제작자도 되지만 평가 도구의 평가자도 된다. 이들을 모두 수행할 수 있는 능력의 평가자를 정보·지식 사회는 요구한다. 국어교육의 위상은 평가 구조의 개선과 그 성패에 달렸다. 평가를 담당할 사람들의 자질을 고양하는 것은 결국 국어교육의 위상을 높이는 것이다.

　이러한 모든 것들이 성숙된다면 앞으로의 국어교육은 미래에 대한 예측이 더욱 가능하게 될 것이다. 이렇게 예측이 가능한 교육적 상황이 실현될 때, 국어교육을 계획적으로 실천할 수 있는 학문적 기틀이 공고하게 됨은 물론이다. 이제부터는 예측이 가능한 국어교육의 실천을 위하여 모든 학문적 노력을 집중하고 驀進해야 한다. 이것이 21세기를 대비한 국어교육의 본령이며 급선무이다.

제4장

민족 正體性 확립과 국어교육

Ⅰ. 서 언

21세기는 주지하다시피 지식·정보 사회라고 한다. 생활의 향상과 교통 수단의 발달로 외국과의 교류가 빈번해지고, 특히 초고속 통신망의 개발로 인해 인터넷이 보편화되면서 앉아서 지식·정보를 찾아보고 교환하는 것이 가능하게 되었으며, 그만큼 생산된 지식의 수명도 짧아지게 되었다.

이러한 시대적 변화 추이에 따라 우리 것에 대한 이해와 가치를 존중하는 태도를 통하여 민족의 정체성을 확립하고, 나아가 우리 문화와 외국 문화에 대한 상대적 가치를 인정하며, 타민족에 대한 偏見을 불식하고, 세계 공동체로 살아가는 의식의 전환이 요청된다고 하겠다. 그러기 위하여 이 시점에서 우리의 말과 글이 가지고 있는 우수성과 그 힘을 바탕으로 우리의 국어 문화를 세계적 수준으로 고양하는 것이 필요하고 본다.

말과 글과 생각은 서로 밀접한 관계에 놓인다는 것이 정설로 되어 있다. "말의 구조는 생각의 방식을 어떠한 방향으로 이끌어 가는 힘이 있다."는 것에 철학자와 언어학자들이 동의하는 것이 사실이다.[1] 그러므로 우리의 말과 글을 교육하는 것은 원론적으로 민족의 정체성 교육과도 직결된다고 하겠다. 그러나 정체성 교육의 필요성을 강조하면서도 이에 대한 내용이나 방법론을 본격적으로 제시하지 못하는 것이 사실이다.

---

1) 허웅, 『우리말과 글에 쏟아진 사랑』(샘문화사, 1987) p.79.

민족의 정체성 확립을 위한 국어교육 정책 방향의 결정은 다음 사항 모두를 포괄할 수 있어야 한다.

① 21세기 시대 상황에서 우리 민족의 정체성이란 무엇인가.
② 우리 민족의 정체성 교육은 어떻게 실천하는 것이 바람직한가.
③ 민족 정체성 교육과 국어교육은 어떠한 역학 관계에 있는가.
④ 민족 정체성 교육을 효율적으로 수행하기 위해서 국어교육의 정책 방향을 어떻게 수립해야 하는가.
⑤ 이러한 국어교육 정책 수행은 바람직한 결과를 기대할 수 있는가.
⑥ 바람직한 결과를 기대하기 위하여 어떠한 교육적 장치와 대책이 필요한가.

상기의 각 사항들은 어느 하나 명쾌하게 밝혀질 성질의 것들이 아니다. 다만 이러한 사항들에 대한 개략적 해명을 통하여 21세기 민족 정체성의 확립이 국어교육과 어떤 부면에서 연관성을 이루고, 어떤 방향으로 정책을 수립해야 하는가에 대하여 기본적 수준에서 언급하여 보고자 한다.

본 글의 내용은 교육인적자원부 차원에서 정책 방향을 설명한 것이 아니라, 21세기 지식·정보화 시대를 맞아 시대의 변화에 부응하여 앞으로 민족의 정체성 확립을 위한 국어교육 정책 방향 설정에 대한 개인적인 소견을 피력한 것임을 밝힌다.

Ⅱ. 21세기와 민족 정체성 확립의 의의

1. 21세기 언어 地形圖와 韓民族

인적·물적 교류가 빈번해지고, 인터넷의 보급이 확산되면서 세계 언어의 지형도도 바뀌고 있다. 『유네스코쿠리에』와 『컬처스』 등 학술 관련 잡지는 세계적으로 비중심 지역과 비서구국의 민족 언어들이 서서히 사라지고, 상대적으로 힘센 외래어(우세어)나, 한 민족어와 다른 민족어 간의 혼성어(Lingua Franca)가 민족어를 대신하는 현상이 보편화되고 있다고 보고하였다.[2]

러시아 시베리아 지방에서는 13개의 소수 민족어가 있었으나 최근에는 민족어 대신 러시아어를 사용하는 추세가 늘어나고, 영·미의 지배를 받은 아시아 국가들에서는 영어가 민족어의 위치를 빼앗고 있는 실정이라는 것이다. 그리고 일종의 '언어 연결'이라고 하는 혼성어도 시베리아 북부, 아프리카, 남아메리카 지역 등 소수 민족어 사이에서 확산되고 있다고 한다. 그리하여 현재 지구상에는 5천 개 이상의 민족어가 있는데, 이들 언어 중 상당수가 해마다 20~30개 점진적으로 영어 등 우세한 언어로 대체되면서 사라지고 있다는 것이다.

이러한 언어 소멸의 추세를 감안할 때 미래의 세계에 언어사용의 구도는 지금과는 상당히 달라진 모습으로 나타날 것은 자명하다. 그리하여 스페인 노벨상 작가 카밀로 호세 셀라는 "21세기에는 영어, 스페인어, 중국어, 아랍어 등 4개 언어만 남고 나머지는 지역적 방언이나 詩語로만 존재할 것"[3]이라고 전망했다.

우리 말과 글의 우수성에 대한 자긍심이 세계 어느 나라보다도 강한 우리로서도 이러한 언어 지형도의 변화 추세를 강 건너 불 바라보듯 할 수 없는 처지에 놓이게 되었다. 초등학교부터 영어교육이 공교육으로 자리잡은 것은 且置하더라도, 일부 극소수이기는 하지만 시대적 추세에 맞추어 영어를 공용어로 채택하자고 주장하는 사람도 나오게 된 것이다.

이제는 우리말의 우수성만을 부르짖을 때는 지난 것 같다. 빠른 속도로

---

2) 문화일보(1996.12.9) 16면 '급변하는 세계언어 지형도' 내용을 참고함.
3) 정준섭, 『국어교육 사랑』(대한교과서, 2000) p.266에서 재인용함.

새로운 지식과 정보를 접하는 것이 국력 신장의 척도가 되는 21세기에 언어 지형도 변화 추이에 능동적·적극적으로 대처해야 할 것이다. 그저 앉아서 우리말의 국가적·세계적 위치에 대한 변화를 액면 그대로 받아들이지 말고, 민족의 생존과 결부하여 우리말을 지킬 수 있는 방법을 모색해야 할 것이다. 왜냐하면 우리 민족의 자존심은 우리말에 대한 자존심과 다르지 않기 때문이다.

2. 민족 정체성 확립과 언어의 역할

일반 사전에서는 正體性(identity)을 "변하지 아니하는 존재의 본질을 깨닫는 성질. 또는 그 성질을 가진 독립적 존재"4)로 개념을 규정하고 있다. 그런데 이러한 독립적 존재로서의 가치는 자기 이외의 관계 속에서 자연히 형성되고 드러난다고 할 수 있는데, 이러한 상대적 인식의 관점에서 그 개념을 규정하기도 한다.

> 한 개인이 세계 내에서 자신의 위치를 찾아내고 그를 통해 자신의 삶의 방향성을 설정하는, 다시 말해 자기 자신과 타자들의 관계 속에서 자신의 본질을 찾아내고 그것을 확증해 가는 자아의 일관성, 타자들과의 관계 정립 의지, 존재론적 자기 규정성 등을 말한다. 한 마디로 정체성이란 나 혹은 우리는 누구인가에 대해 명확하게 의식하고 있는 상태라고 할 수 있다.5)

이러한 관점에서 기든스(A. Giddens)는 '어떤 특정한 敍事를 계속 진행할 수 있는 능력'이라고 정체성을 규정했다. 한 개인이 외부에서 일어나는 사건들을 끊임없이 통합하여, 이를 자아에 관한 이야기 속으로 선별해 넣을 수 있을 때 그 개인은 정체성을 확립했다고 할 수 있다는 것이다. 동시

---

4) 국립국어연구원, 『표준국어대사전』(두산동아, 1999).
5) 서울대학교 국어교육연구소, 『국어교육학사전』(대교출판, 1999) p.681 이하 설명은 여기에서 대부분 전재함.

에 그는 현대 사회에서 이 정체성의 확립은 한 개인을 둘러싼 현실에 대한 진지한 성찰이 동반되어야만 가능한 지난한 작업이라고 지적하고 있다. 그리고 현대 이전의 사회에서 개인은 자신이 속한 집단의 한 구성원으로 태어나 그 안에서 죽었으며, 굳건한 소속감을 느끼게 하는 일정한 체계 속에서 생활이 이루어짐으로써 지금 이곳의 '나(혹은 우리)'의 삶이 어떻게 이렇게 되었는지, 또 어디로 가고 있는지 등의 세계 속의 자신의 위치를 비교적 정확하게 포착할 수 있었다는 것이다.

그러나 분업화되고 매우 빠르게 변화하는 현대 사회에서 한 개인이 자신의 내적 위치를 발견하기란 쉽지 않다는 것이다. 따라서 정체성의 확립을 위해서는 육체, 정신, 정조 모두를 조화시키려는 한 개인의 의지(self-integrity)와 개인을 둘러 싼 외부 세계 혹은 타자 사이의 끊임없는 통합 노력이 절대적으로 요청된다고 하였다.

그렇다면 21세기에서의 민족 정체성 확립은 오로지 우리의 것만을 고수하는 국수주의적·배타적 자세가 아니라 외국의 것을 수용하면서 새롭게 변신하려는 노력과 함께 그 탈바꿈하는 과정 속에서 성취될 수 있는 것이다. 민족의 정체성 교육도 이러한 정체성을 규정하는 의미적 관점을 수용하여 계획되고 실천되어야 함은 물론이다.

민족의 정체성을 규정하는 대표적인 요소들을 열거해 보면 다음과 같은 것들이 있다. 이들 요소는 타민족과 구별되는 변별적 사항으로 '문화 양식'이란 말로 포괄할 수도 있다.

① 우리말과 글을 사용할 줄 알아야 한다.
② 외국인과는 다른 한국인의 사고 방식을 가져야 한다.
③ 한국인의 모습을 지녀야 한다.
④ 외국인과 구별되는 생활 방식을 가져야 한다.

그런데 국제 교류가 빈번해지고 문화적 錯綜과 混淆가 더해 가는 현대에서는 ②~④는 정체성 규정에서 의미 확립이 희박하지만, 민족을 특징 짓는데 ①의 경우가 중요한 위치를 차지한다고 할 수 있다. 이는 민족의 정체성의 확립에 국어교육이 중요하다는 것을 뜻하기도 한다.

민족의 정체성 확립은 국어교육을 통하여 개인의 정체성 확립을 바탕으로 이루어지며, 이는 우리 민족의 생존 전략과도 일치하는 것이다. "민족 언어의 소멸은 민족의 소멸과도 직결된다."는 명제는 역사적 사실로 미루어 봐서라도 참으로 인정하는 것이 그리 어렵지 않다. 국어는 민족의 생존을 떠받치는 기둥이요, 마지막 堡壘라고 해도 과언이 아니다.

그러므로 세계 언어 지형도의 변화에 국어의 생존 전략을 민족 생존 차원과 연결하여 능동적으로 수립할 필요가 있다. 이러한 생존 전략의 하나가 민족 정체성의 확립이고, 이러한 정체성 확립 방법의 지름길이 국어교육을 통하여 이룩된다 것은 주지의 사실이다.

Ⅲ. 국어교육 정체성과 민족 정체성 교육

1. 국어교육의 정체성

1) 국어교육의 이념

원칙적으로 국어교육은 한국인에게 그 母語인 한국어를 교육하는 일이다. 그러나 '국어교육'이 무엇인가 하는 문제는 학문적 배경을 가지고 학자들이 논리적 근거를 들어 다양하게 주장하고 있기는 하나 현재로서는 명쾌하게 이것이라고 단정하기는 어렵다고 하겠다.6) 그러나 정체성 교육

---

6) 학자들 사이에서는 '국어교육'과 '국어과 교육'을 구별하여 사용하기도 한다. 논자들 간에 약간의 출입은 있으나, 정준섭은 국어교육은 자국어에 대한 모든 형태의 교육을

과 관련하여 국어교육의 이념과 본질을 규명해 볼 필요가 있다고 본다. 국어교육의 이념은 국어교육의 본질과 직결되며, 이의 해명은 다시 국어교육의 정체성을 확보하는 차원의 작업도 되기 때문이다.

먼저, '교육 이념'이란 단어를 어휘 측면에서 교육과 이념의 합성 구조로 분석하여 의미역을 생각해 볼 필요가 있다. '교육'을 교육학적으로 정의하면 "인간의 정신적, 신체적 성장과 발달을 어떤 이상이나 목적 혹은 가치 기준에 의하여 통제하거나 조력하는 인위적 과정"이라 말할 수 있다. 이와 같이 교육은 본래 가치 문제를 근원적으로 문제삼으며, 이것이 제도적 통제하에서 이뤄지는 인위적, 목적 지향적인 과정으로 간주한다. 이러한 의미 범주화는 교육을 설명하는 유일한 방법은 아니더라도, '이념'이라는 포괄적·명시적인 단어와 결합할 때에는 어느 정도 설득력을 지닌다고 하겠다. 왜냐하면 교육은 인간을 대상으로 하며, 교육의 과정을 통하여 인간에게서 어떤 변화를 궁극적으로 요구하기 때문이다.

또한, 교육은 "교육자가 피교육자로 하여금 가치 있는 인간이 되도록 도와주는 작용"으로 생각할 수 있고, "예상적 사회화의 과정(anticipatory socialization)"이라 하여, 본질적으로 미래 지향적 활동으로 간주하기도 한다. 이러한 교육에 대한 의미부여 방법의 공통점은 교육이 가치관과 유기적 관계가 성립함을 적시하고, 그 과정과 결과에 변화와 기대감이 내재되어 있다는 것이다.

그리고 현금, 우리가 사용하는 '이념'의 의미는 추상적 개념으로 파악하기보다는 이를 보편적으로 '행위를 동반하는 목적 추구의 개념'으로 구체화시킬 수 있다. 따라서 "이상적인 신념과 가치 체계", "이상적 행위를 유발시키는 제반 관념 혹은 의식" 등으로 그 의미역을 설정하는 것이 가

의미하고, 국어과 교육은 ① 국가가 정한 국어과 교육과정에 의거하고, ② 학교의 교육 계획에 따라, ③ 교사와 학생 사이에서 의도적, 체계적으로 이루어지는 교육으로 규정하고 있다(『국어과 교육과정의 변천』 대한교과서주식회사, 1995, p.14).

능하다.

이상의 설명을 종합해 보면, 교육 이념이란 어떤 가치 있는 결과를 추구하는 유목적적 행위로 일단 가정해도 무리는 없을 것 같다. 이것을 좀더 구체적으로 기술하면 '교육을 통하여 성취하려는 이상적이고 가치 있는, 미래 지향적인 인간상의 정립'이라고 풀이할 수 있겠다.

국어교육의 이념은 한국 교육의 이념에 바탕을 둠은 물론이다. 이응백 님은 교육법에 근거하여 "개인의 인격과 공민으로서의 자격을 길러 민족 문화의 전승 창조와 세계 문화 발전에 이바지함으로써 홍익인간의 이상을 실현하는 일이다."라고 하여, 한국 교육의 이념에 교육법의 문구를 그대로 유입하여 설명하였다. 그런데 여기에서 간과할 수 없는 것은 '한국 교육의 이념이 국어교육의 이념이 된다는 등식이 성립할 수 있느냐의 문제이다. 이의 관계에는 상당한 논의와 연구가 필요한데, 먼저 한국 교육의 이념을 어떻게, 어떤 내용을 수용하여 세목화하느냐가 선결되어야 할 것이다.

김동욱님은 국어교육의 분야를 두 가지 방법으로 구분하여 다음과 같이 제시하였다.

> (가) 국어에 관한 교육
> ① 한국어의 체계를 이해한다. — 음운, 어휘, 어법, 문자의 이해
> ② 한국어를 사용하는 능력을 기른다. — 표현력, 이해력의 양성
>
> (나) 국어에 의한 교육
> ① 국어교육으로 민족 의식, 국민 감정을 함양한다.
> ② 국어를 사용함으로써 인식력, 사고력, 상상력을 기른다.
> ③ 국어에 의한 문화를 향수하고, 계승하고, 창조한다.

여기에서 (가)항은 국어 지식과 국어사용 능력에 관한 것이고, 국어교육의 이념과 관계되는 것은 (나)항이라 할 수 있다.

이주행 교수는 나름대로의 논리를 가지고 '국어교육의 제1차적인 목표

는 국어의 이해와 표현 기능을 신장시키는데 있다.'고 하면서도, 중점적으로 구현할 국어 이념으로 다음 세 가지를 들었다.

   ① 국어에 대한 사랑
   ② 국어로 표현된 민족 문화의 계승
   ③ 심미적 정서의 함양

이 교수는 "교육은 가치 있는 인간을 육성하고 형성하는 작용이다."라고 하고, 이어 "국어과 교육 내용 중 가치에 대한 교육 내용은 다른 국어과 교육 내용과 같이 중요한 비중을 차지한다."라고 소론을 편 다음, "국어사용 기능을 '표층 구조', 가치 교육을 '심층 구조'라 하여 이들이 교육 영역에서 표리 관계에 있다고 주장하였다. 그리하여 국어과 교육 영역은 ① 국어에 대한 지식, ② 국어사용 기능, ③ 가치 세 영역으로 구분되어야 한다고 하였다.

이러한 국어과 교육 영역에 대한 구분은 그 타당성의 논의는 차치하더라도, 국어교육에서 가치관의 교육이 비중 있게 다뤄질 수 있음을 강조한 영역 설정의 한 유형임에는 틀림없다. 그런데 국어교육에서 가치 교육은 고유 영역이 될 수는 없다. 이러한 영역 설정에서 타 교과와의 경계가 명확해야 하고, 가치 교육의 효율적 운영으로 독자적 위치를 확보하는 과제를 먼저 해결해야 할 것이다.

이상의 주장은 교육 이념의 세분화, 상세화에서 차이가 보일 뿐 국어교육 이념 설정의 근본 원칙에는 대동소이하다. 또한, 설정의 방법이 한국 교육 이념에 바탕을 두고 있으며, 그 요목이 국어교육 고유의 영역에서만이 취급될 성질의 것이 아님이 공통으로 나타난다.

국어교육의 이념은 한국 교육의 이념과 괴리되어 존재할 수는 없다. 그렇지만 한국 교육의 이념이 그 자체로 국어교육의 이념이 될 수는 없는 것이다. 어떤 변별적 위상 관계가 존재하며, 그 표현에 있어서도 계층을 두어야 할 것이다. 그런데 이러한 위상과 계층 설정이 공식적으로 이뤄지거나 확연하게 표출될 성질의 것이 아니다. 여기에 국어교육 이념 설정과 기술의 어려움이 따른다. 어쨌든, 국어교육의 이념은 다음과 같이 구분하여 설정해 볼 필요가 있다.

① 한국 교육 이념과 공통 부분(타 교과와 공통)
② 국어과 고유의 교육 이념

이를 바탕으로 하여 달리 표현하면, 국어과에서의 이념 교육은 ① 국어를 통한 이념 교육과 ② 국어교육 이념의 교육으로 구분할 수 있을 것이다. ①은 국어교육 외적인 이념의 교육으로 타 교과와 중첩될 수 있는 영역이고, ②는 국어과 교육의 고유 영역으로 여타의 교과 도움 없이 실행할 수 있다. 이러한 국어교육 이념의 교육이라는 고유 영역의 설정은 국어 교과가 이데올로기 교육으로 전락하고 마는 위험을 根源的으로 배제하고, 국어교육의 본질과 정체성을 확보하는 방법이기도 하다.

이상에서 살펴본 바와 같이 국어교육이 무엇인가란 문제는 국어교육의 이념 및 본질의 문제와 상통한다. 그런데 지금까지 이에 대한 일부 사항은 학적인 이론으로 연구가 성숙되었지만, 어떤 부면에서는 이론이 첨예화되어 주장의 학문적 근거나 배경의 제시에는 논의할 부분이 많다고 하겠다.

2) 국어교육의 본질과 정체성 교육

'국어교육의 본질'이란 말에서 '본질'이란 의미는 매우 다양한 계층적 구조를 지닌다. 이는 '목표', '개념', '범주', ' 영역', '구조'의 말과 의미적 관련이 있으며, '교육'이란 어휘와의 역동적 결합에서 미묘한 의미 뉴앙스의 차이를 던져 주기도 한다.

먼저, 국어교육의 본질 규정은 '국어와 교육이 무엇인가', '인간과 어떤 관계를 유지하며 상호 작용을 하는가'에 따라 변화의 요인을 내포하고 있다. '국어란 무엇인가'란 질문은 '언어란 무엇인가'란 논의에서 해답을 얻을 수 있다. 이에는 시각을 달리하는 수많은 주장이 있다.[7] 교육의 개념도 마찬가지다. 그러나 이 모두가 인간을 대상으로 한다는 점과 가치 있고 바람직한 방향으로 변개시키는 과정이라는 점에서는 동일한 관점을 지닌다.

이렇게 국어교육은 보는 시각과 관점에 따라 여러 측면에서 그 내용과 범위를 달리 규정할 수 있다. 같은 맥락에서 어휘적인 결합의 측면에서 '국어 + 교육'으로 분리할 수 있는데, 국어와 교육의 관계가 어떻게 성립하느냐에 따라 국어교육이라는 덩어리의 의미는 달라진다. 따라서 이들의 관계를 다음과 같이 분석적으로 도식해 보는 것이 가능하다.[8]

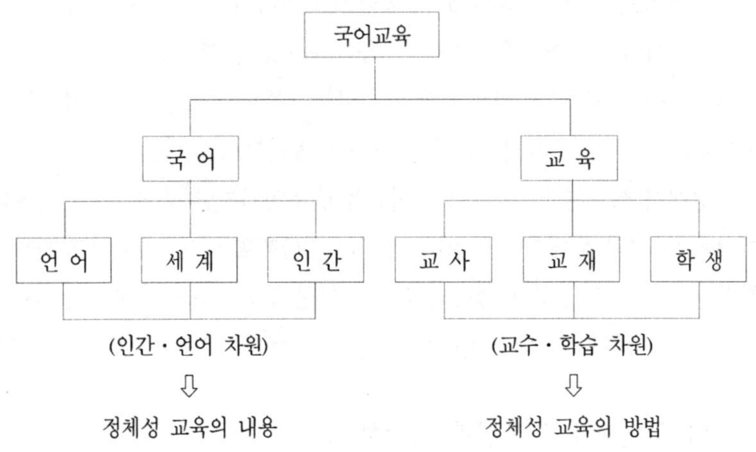

---

7) 정준섭, 앞의 책 pp.12~34 참조.

8) 본 도식은 필자가 국어교육, 문학교육의 개념과 범위 등을 규정하면서 주로 사용한 것으로, 민족의 정체성 교육과 국어교육의 상호 관련성을 알아보는 데에도 유용하다고 판단하여 이를 이용하였다.

위의 도식은 정체성 교육이란 관점에서 국어교육에서 메커니즘적 구성 요소가 무엇인지를 구조적으로 도식화해 본 것이다. '국어 + 교육' 이란 결국 이들 구성 요소들의 '역동적 결합'을 의미하고, 여기에서의 역동적 결합이란 '교육적 효과를 극대화하면서 구성 요소간 상호 작용의 효율성을 고려한 유기적 통합'을 뜻한다. 즉, 이들의 상호 관계를 염두에 두고, 소기의 교육적 목적을 달성하기 위해 동태적 모습으로 통합, 전환시키는 과정을 말한다.

(1) 정체성 교육의 내용

앞의 도식에서 '국어' 부면은 국어교육이 언어와 인간을 대상으로 하는 교육임을 암시한다. 박갑수 교수의 다음과 같은 소론은 이러한 관점에서 국어교육을 명확하게 규정하고 있다.

> 인간은 언어의 이미지를 매개로 하여 정신의 확산과 수렴을 끊임없이 반복한다. 언어는 이러한 인간 현상에 기여한다. 한편 인간은 사회를 형성하고. 그 발전을 위해 없어서는 안될 언어를 공유한다. 인간 상호간의 연대를 위해 음성언어와 문자 언어를 사용하는 것이 그것이다. 따라서 국어교육은 인간의 학문이라 할 수 있다.[9]

여기서의 '인간의 학문'이란 말은 국어교육의 본질을 추구하는 범위 내라는 제한점을 두고 의미역을 규정할 필요가 있다. 이러한 제한점이 없으면 여타의 인간교육과의 학문적 경계가 모호하기 때문이다.

이렇게 정체성 교육도 결국 언어를 통한 우리 민족을 대상으로 하는 교육이다. 이명현 교수도

> 언어는 인간의 본질을 이해하는 하나의 통로로 파악한다. 사고하는 존재로서의 인간의 모습을 파악할 수 있는 가장 구체적인 현장이 언어이다.

---

9) 박갑수, "국어교육의 구조와 방법"(『우리말 사랑 이야기』 한샘출판사, 1994) p.275.

> 인간의 사고의 구조가 어떻게 되어 있는가를 아는 길은 언어의 구조가 어
> 떻게 되어 있는가를 해명하는 것이다.[10]

라고 언급하고 있다.

국어교육이나 정체성 교육 모두다 언어적 국면은 필수적 요소다. 인간은 언어를 통하여 생각과 세계를 표명하고, 이를 자아 형성의 과정이나 도구로 삼는다. 이것이 정체성 교육의 내용이 되는 것이다. 따라서 정체성 교육과 국어교육이 긴밀하게 연결되는 것은 자명한 이치이다.

(2) 정체성 교육의 방법

가치관 교육의 방법이나 절차를 제시한 것은 많지만 정체성을 교육하는 방법을 본격적으로 연구하여 일반화 자료로 제시한 사례는 아직까지 찾기가 어렵다. 그러나 이의 교육 방법으로 국어교육에서 수행하고 있는 일반적인 교수·학습 방법을 원용할 수도 있겠나, 그 근본적인 활동이나 절차는 달라야 한다. 그리고 교수·학습의 활동이나 절차에서는 다음의 사항을 고려하는 것이 필요하다.

① '나'는 누구며 왜 존재하는가.
② 나는 왜 국어(한국어)를 말하는가.
③ 나는 국어와 국어문화 발전에 공헌하고 있는가.
④ 나는 국어의 세계화에 이바지하고 있는가.

이렇게 정체성 교육은 인간교육 차원에서 국어교육의 일부를 차지한다고 하겠다. 결국, 국어교육의 본질은 역동적 상황 속에서 교육의 목표를 어디에 두느냐에 따라 달라질 수 있는데, 같은 맥락에서 '민족의 정체성 교육'도 이들 본질적 목표 중의 하나가 될 수 있을 것이다.

---

10) 이명현, 『이성과 언어』(문학과지성사, 1994) p.57.

2. 정체성 확립과 국어교육

정체성 교육은 개인적 차원과 민족적 차원으로 구분하여 생각할 수 있다. 민족을 이루는 구성원은 독립적 개체로서 존재하고, 민족의 정체성도 개개 구성원이 공유하는 현상으로 나타난다. 그런데 지금까지 정체성 교육은 민족적·국가적 차원에서만 고려되어 왔지 않았나 한다. 정체성 교육을 전제로 국어교육도 개별적 교육이 기초가 되어 이루어진다는 점을 명심해야 한다.

1) 개인적 차원 교육

인간이 언어를 가지고 있다는 것은 다른 동물과 구별되는 기본 요소로서, 이것을 도구로 하여 이상과 감정을 전달하고 고도의 문화 생활을 영위할 수 있다. 언어는 인간을 인간 되게 하는 매체이며, 존재의 의의를 추구하고 확인하는 작업도 이에 의존하여 이뤄진다. 그러나 이러한 인간 존재의 가치는 어떤 측면에서는 국어교육을 통한 정체성 확립에서 가능하다.

그러므로 국어교육은 자기의 정체성을 형성하고, 어느 시점에서 그것을 찾아보는 활동에 우선적으로 힘써야 한다. 우리의 말과 글을 배우면서 자신의 정체성이 자연히 형성되며, 이것이 곧 민족 特長으로 발전할 수 있기 때문이다.

프랑스에서는 딸을 시집 보낼 때 "지참금을 많이 못 줍니다. 그러나 좋은 프랑스어는 가르쳤습니다."라고 자랑한다고 한다. 이는 국어를 사용하는 자체가 정체성 확립을 의미하는 대표적인 예라고 하겠다. 때문에 정체성 확립은 개인적 차원에서 국어의 올바른 사용 교육에서 출발한다고 볼 수 있다.

이렇게 국어교육에서 개인의 정체성 추구는 교육의 궁극적인 목표의 하나라고 해도 과언이 아니다. 국민 개개가 자기의 정체성을 찾아낼 수 있을 때 개인의 숨겨진 능력을 발굴하는 것이 가능하며, 더 나아가 그것을 사회를 위한 활동으로 전화할 수 있기 때문이라는 것이다. 그러나 정체성은 개인 개개의 독립적 존재에서 그 형성과 확립을 파악하기가 어렵고, 자기 자신의 감각이나 정신 상태에 대한 자부심과 외부 세계에 대한 정확한 이해가 서로 拮抗할 때 가능하다는 것이다. 따라서 국어교육은 배우는 사람들에게 각자의 감정이나 정신 혹은 지향점에 대해 존중하도록 해야 하며, 동시에 자신 외부의 현실이나 존재들에 대한 진지한 성찰을 유도해야 한다고 주장하기도 한다.[11]

그러므로 21세기에는 외부 세계와의 길항 작용을 통하여 정체성의 확립에 대한 자신감을 가질 필요가 있다.

2) 민족적 차원 교육

국어 속에는 우리 민족의 혼과 정신이 들어 있다. 국어에는 사물을 인식하는 일정한 가치관이 담겨 있어 국민의 공통 의식을 창조하고, 이에 의하여 국민의 문화는 특수한 방향으로 이끌어 간다고 한다. 이러한 힘이 있어 그야말로 '국어는 인격과 국민 자질의 陶冶劑'라고 한다.[12]

동일한 맥락에서 다음과 같은 주시경 선생님의 말씀은 시사하는 바가 크다.

> 말은 사람과 사람의 뜻을 통하는 것이라. 한 말을 쓰는 사람과 사람끼리는 그 뜻을 통하여 살기를 서로 도와주므로, 그 사람들이 절로 한덩이가 되고, 그 덩이가 점점 늘어 큰 덩이를 이루나니, 사람의 제일 큰 덩이는 나라라. 그러함으로 말은 나라를 이루는 것인데, 말이 오르면 나라도 오르고, 말이 내리면 나라도 내리 나니라."(보성중학 친목회보 제1호)

---

11) 서울대학교 국어교육연구소, 『국어교육학사전』(대교출판, 1999) p.681.
12) 정동화 외, 『국어과 교육론』(선일문화사, 1990) p.44.

유구한 역사의 흐름에서 우리 민족이 내우외환에 이렇게 끈질기게 생존해 온 이유를 단적으로 대변해 주는 고견이라고 하겠다. 언어를 국가라는 개념과 결부하여 '국어'라 이름할 수 있고, 국어를 통하여 민족의 이념이나 가치관을 구현하고, 민족 특유의 수준 높은 문화를 창도한다. 국어는 민족의 역사와 공존하며, 때문에 민족의 흥망성쇠도 국어의 그것과 對蹠的이 될 수 없다는 것은 주지의 사실이다. 그러므로 국어교육은 계획적, 의도적, 목적적, 체계적으로 실천되어야 하며, 그 교육의 영향과 결과는 개인의 원활한 생활 영위뿐만 아니라 국가 발전과 민족 번영이라는 거시적 영역까지로 확대되어야 한다.

인간은 태어나면서부터 탁월한 식견과 능력을 지니는 것은 아니다. 교육이라는 수단을 가지고 바람직한 방향이나 목적을 설정하여 切磋琢磨하는 과정을 거칠 때, 영장의 위치를 고수하고, 참된 삶의 모습을 영위할 수 있는 것이다. 그리하여 지금까지 인간이 지니고 있는 잠재 능력과 가능성을 계발하고, 우주라는 공간에 존재해 있다는 사실에 의미를 부여하는 교육적 노력이 계획적으로 부단히 시도되었다고 하겠다.

이러한 교육적 노력의 하나로 현시점에서 국어교육의 위상을 재정립해야 할 것이다. 주지하다시피 국어가 우리 민족의 생각과 얼을 전달해 준다는 기본적인 인식에서부터, 전술한 바와 같이 국가의 성쇠가 언어와 운명을 같이한다는 거시적 주장을 재음미하면서 국어교육의 중요성을 다시 한 번 거론할 필요가 있을 것이다.

결론적으로, 인간의 고등 정신 작용을 주재하고, 언어를 대상으로 하는 국어교육은 '언어를 통한 인간교육'이라는 민족 정체성 교육으로 발전되어야 한다.

Ⅳ. 정체성 확립과 국어교육 정책의 기본 방향

1. 문자(교육) 정책과 정체성 확립

언어정책은 국가가 자국민의 국어 생활에 대하여 계획을 세워 시행하는 언어에 대한 정책을 말한다.[13] 말과 글과 생각이 서로 독립하여 존재할 수 없다면 문자교육 정책도 언어 정책의 일환으로 민족의 정체성 교육과 유관하다.

현재, 우리 나라의 어문정책(국어정책)은 '한글전용에 관한 법률'(법률 6호)에서 "대한 민국의 공용 문서는 한글로 쓴다. 다만, 얼마 동안 필요한 때에는 한자를 병용할 수 있다."라고 한 조문에 근거하여 수립·수행하고 있다. 그리고 국어교육 정책은 이에 터하여 한글 전용이라는 이상 실현, 실질적인 민족 문화 계승 창달, 한자 혼용이라는 현실과의 조화 도모 등을 그 배경으로 삼고 실천하고 있다.

그런데 우리 나라는 문자 사용에서 특수한 상황에 놓여 있다. 역사적으로 연면하게 민족 공통의 말을 사용하였으나, 글자는 훈민정음이 창제되기 이전에는 한자를 사용하여 문서를 기록하였고, 이러한 상태는 근대까지 지속되어 말과 글의 사용에 괴리가 있었던 것이다. 그리하여 현재에도 이러한 문자 환경의 특수성 때문에 한글전용, 국한혼용이라는 주장이 나오고, 이러한 논쟁은 아직도 계속되고 있다.

그러나 한글전용이나 국한혼용을 주장하는 사람 모두 민족의 정체성을

---

13) 박붕배, "국어과 교육의 사회성과 문화교육"(봉죽헌 박붕배선생 정년기념 논총집 『국어과교육학의 이론과 방법 연구』 교학사, 1992) p.12. 여기에서 박붕배 교수는 언어정책 분야적 대상을 ① 언어 내용, ② 역사적 배경, ③ 지역적 계통적 多類, ④ 발달·변천 양상, ⑤ 언어 개혁, ⑥ 언어 기술, ⑦ 언어 미학, ⑧ 언어 사회학, ⑨ 언어 예술, ⑩ 국어 순화 정리, ⑪ 문법 정리, ⑫ 음운 체계 정리, ⑬ 언어 괴리의 정리·정화, ⑭ 언어 윤리, ⑮ 언어 장애의 극복, ⑮ 언어 지리학과 언어 境線의 극복, 음운적 제 규칙의 극복, 통사 정비 방법의 정비 등을 들고 있다.

강조하고 있다는 점에 주목해야 한다. 이는 양측이 주장하는 장점을 모두 취할 수 있다는 가능성을 시사한다. 그 동안의 건의문 등에 나타난 양측의 주장 내용과 논리 일부를 요약, 소개하면 다음과 같다.

한글전용을 주장하는 측에서는 전용 이유로 다음 몇 가지 예를 열거하고 있다.

① 한자는 원시적인 글자인데 한글은 현대적인 글자
② 한자는 글자 기계의 발달을 더디게 함.
③ 한자를 버리려는 것은 세계적인 경향임.
④ 한자는 우리 사고의 폭을 좁혀 왔음.

이에 대하여 혼용을 주장하는 측에서는 한자교육의 필요성을 다음과 같은 사항을 들어 강변한다.

① 국어의 올바른 이해와 표현, 어휘력 신장
② 전통문화의 계승 발전과 문화의 정체성과 경쟁력 신장
③ 인성교육의 효과적 실천
④ 한자 문화권의 조화와 BESETO(BE: Beijing, SE: Seoul, TO: Tokyo) belt 구축

이러한 양측의 주장에는 모두 일리가 있는 것이 사실이다. 그러므로 21세기에는 민족의 궁극적 이상 실현을 목표로 하여 양자의 장점을 모두 살리는 정책 수립이 필요하고, 국력 소모적 논쟁을 하루 빨리 불식시켜야 한다. 그런데 현재로서는 정책 수립에서부터 논쟁 불식에 한계가 있는 것이 사실이다.

2. 국어교육 정책의 방향과 전망

1) 국어생활의 선진화

언어는 인간만이 갖고 있는 의사 소통의 도구이고, 이러한 언어를 통하여 인간은 자기의 존재를 확인하고, 우주적 존재로서의 의미를 부여받을 수 있다. 세계에서 유일하게 창제자가 밝혀지고, 모든 자연의 소리와 근접하게 표현할 수 있는 가장 실용적 국어를 통하여 우리는 이러한 특유의 권리를 향유하고, 민족의 우월성을 발휘했던 것이다. 이에 21세기에는 한층 더 이러한 권리의 차원을 고양하기 위하여 다음과 같은 정책 수립을 위한 국어교육의 방향을 모색하는 것이 필요하다.[14) 이는 민족 정체성 확립 교육과도 유관하다.

첫째로, '국어능력'[15)을 지식의 체계로 위계화해야 한다.

국어능력의 개념을 가시적으로 구조화하는 작업은 국어교육을 계획적, 체계적으로 실천하고, 지식의 수용뿐만 아니라 생산까지도 교육할 수 있도록 하는 기반이 된다. 국어교육에 대한 지식의 구조화가 완성되면 교육과정의 개정을 정기적으로 할 필요가 없게 될 것이다.

둘째로, 지식·정보 사회에 걸맞도록 국어와 국어교육의 위상을 확립해야 한다.

정보와 지식의 매체는 언어요, 이 언어를 통하여 지식·정보 사회는 새롭게 발전하는 것이다. 때문에 미래의 시대를 주도하는 것은 결국 자국 언어의 역할과 위치가 어떠하냐에 따라 좌우된다고 해도 과언이 아니다. 그러므로 세계화와 다중언어 시대를 맞이하여 국어교육의 위상이 어떠해야

---

14) 이들 몇 가지 내용은 필자가 기회 있을 때마다 주장한 것으로 국어교육과 국어교육 정책 수립에서 반드시 고려되어야 할 사항들이다.

15) 7차 교육과정에서는 목표 진술에서부터 '국어능력' 개념을 도입하고 화법능력, 독서능력, 작문능력, 문학능력이란 용어를 사용하였다. 일반 글에서 문법능력이란 용어도 일반화되어 사용되고 있다.

되는가는 자명하다.16) 도구교과, 기본교과라는 명칭을 액면 그대로 받아들이는 것도 21세기 지식·정보 사회에서는 재고해야 한다. 왜냐하면 이러한 용어의 사용이 국어교육의 정체성을 확보하는 데는 부족한 감이 내재하기 때문이다.

셋째로, 국어교육을 통한 창의적 사고력의 신장이 인간교육과 결부되어야 한다.

격변하는 현대 사회에서는 自存의 차원에서 창의적·사고력의 신장이 요구된다. 창의적 사고력 신장은 철학적으로 인간 존재의 의미를 확장해 보는 기회를 제공하고, 국어교육의 본질을 구현한다. 인간이 영장류가 된 소이는 고등 사고력에 있으며, 이의 신장은 인간교육의 중요한 내용이 됨은 주지의 사실이다.

넷째로, 국어교육이 교육 정보화에 앞장서야 한다.

전자 토론방(chatting room)을 통한 토론식 수업이 보편화되는 시대가 목전에 다가왔다. 전자 기구만을 이용한 평가가 채점과 동시에 이뤄지는데, 수용하기 쉬운 영역에서부터 국어교육이 이를 먼저 실천해야 한다. 국어교육의 정보화 성패가 다른 교과의 그것과 마찬가지임은 자명하다.

2) 국어문화의 세계화

21세기 지식·정보의 양과 질이 국력의 척도가 되는 시대에는 국어문화의 세계화를 강도 있게 모색해야 한다. 그러기 위해서는 국어에 대한 태도 변화가 요구되는데, 국어교육 정책의 수립에서도 다음과 같은 전제 조건을 충족해야 한다고 본다. 즉, 정체성 교육을 위한 국어교육 정책 수립에 이를 반영해야 한다.

---

16) 국가별 국어와 국가 인구로 보면 우리말은 세계 10위권 내외에 진입한 언어이다. 이로 보면 정책적 차원에서 국어에 대한 인식을 새롭게 하고, 우리말의 국제화에 노력해야 한다(박영순, 『이중/다중언어 교육론』 한신문화사, 1997, p.18 참조).

20세기	⇨	21세기
① 서구 중심 시대	→	환태평양 시대
② 모방하는 시대	→	창조하는 시대
③ 지식·정보 수입시대	→	지식·정보 수출 시대
④ 지식·학력 시대	→	아이디어·능력 시대
⑤ 갈등·경쟁 시대	→	화해·공존 시대

상기와 같은 인식의 전환을 바탕으로 국어교육을 국어문화, 민족 문화의 세계화와 연계해야 한다. 국어와 민족은 운명을 같이하므로 우수한 국어를 가진 민족은 수준 높은 국어 문화를 생산하고, 문화의 세계화를 주도하게 된다. 이는 민족의 정체성 확립과도 유관한 것으로 세계화의 방향도 이를 염두에 두고 모색해야 한다.

이제부터는 국어를 세계적인 언어로 성장시키는 일을 국가적 사업으로 삼아 전력해야 한다. 중국과, 일본, 동남아 각국에서 한국어과가 개설되고 경쟁적으로 배우려는 사람이 늘어나고 있다고 한다. 구미 각국에서도 한국어교육이 보편화되는 추세라고 한다. 이를 감안하여 외국인을 대상으로 하는 한국어 검정 제도도 더욱 강화할 필요가 있다. 국어문화의 세계화는 이러한 사소한 사업에서부터 시작된다는 것을 알아야 한다.

V. 결 어

21세기 국가·사회의 변화와 발전에 부응하고, 세계가 일일 생활권으로 좁혀지는 시대에 민족과 국어교육의 정체성을 확보하기 위하여 국어교육 정책도 학문적 배경을 바탕으로 다음 몇 가지 사항을 고려하여 연구하고 변화해야 한다.

첫째로, 정체성 확립을 위한 국어교육 정책의 방향이 교육과정에 반영되어야 한다.

현대는 국어교육의 본질과 정체성의 확보 차원에서 국어교육의 거시적 지표와 방향 설정이 국가 차원에서 필요한 시기라고 생각한다. 교육의 목표는 교육의 내용과 교수·학습 및 평가까지도 유기적으로 연결되기 때문에 교육과정에 국어교육의 목표를 어떻게 명시적으로 설정하느냐에 따라 정체성 교육의 질과 방향이 달라질 수 있다.

그리고 국어교육은 고유의 교육목표가 있어 여타의 교과에서는 성취할 수 없는 독특한 교육적 성과를 제공해야 하는데, 이러한 국어교육 목표 설정은 국어교육의 정체성 확보와도 유관하다. 그러므로 국어교육 목표는 국어교육의 정체성을 확보하는 차원에서, 민족 정체성 교육을 기본적으로 담당한다는 긍지를 가지고 설정되어야 한다.

둘째로, 사이버(cyber) 시대에 국어를 발전시키고 살리는 정책이 수립되어야 한다.

컴퓨터 통신에서는 그 신속성 유지 때문인지는 몰라도 비문법적인 언어, 난해하거나 의미 파악이 전혀 안 되는 언어들이 난무한다. 이러한 언어가 일상 생활의 언어에 악 영향을 미칠 가능성은 많다. 그리고 인터넷을 이용한 정보 찾기 등으로 인하여 국어사용에 대한 경시 풍조가 나타나고 있다. 앞으로 이를 치유하고 국어에 대한 애정을 고양할 수 있는 정책 개발과 교육이 강화되어야 한다.

셋째로, 통일 후의 언어적 상황에 능동적으로 대비해야 한다.

6,7차 국어과 교육과정과 교과서에서는 남북한 언어의 이질성을 극복하기 위하여 학급급 구별 없이 북한의 언어를 소개하여 교육하도록 하였다. 그러나 요즈음 방송에서는 같은 성씨인데도 규정의 상이 때문에 표기와 발음을 다르게 하고 있다. 어휘, 어법 등 의 이질화를 하루 빨리 해소시킬

수 있는 교육이 실시되고, 공통 어문 규범도 제정되도록 제도적 개선 차원에서 정책을 수립해야 한다.

넷째로, 민족 정체성 교육의 내용, 교육 방법, 교육 결과의 확인 방법 등이 가시적으로 제시되고 실천되는 장치를 마련해야 한다.

유구한 역사를 자랑하면서도 실제 세계를 대상으로 우리가 내세울 수 있는 것에는 무엇이 있는가, 동양 3국 중에서 우리가 자부할 수 있는 민족적 특징은 무엇인가라는 질문에 자신 있게 대답할 수 있는 사람은 그리 많지 않다고 생각한다. 이젠 이를 자연스럽게 극복하고, 민족 정체성 교육이 실효를 거두기 위해서는 교육 결과에 대한 확인 방법이 반드시 도입되어야 한다.

다섯째로, 한글전용, 국한혼용의 문자 교육 논쟁은 이제 끝내야 한다.

문자교육에 대한 효율성의 논쟁은 광복 이후부터 지금까지 계속되고 있다. 이들 논쟁이 국어문화와 국어교육 발전에 공헌했다는 긍정적인 측면을 전혀 무시할 수는 없지만 그러나 국력을 낭비하는 소모적 논쟁이라는 데는 모두가 공감하는 것 같다. 현재로서는 양측의 장점을 모두 살려 교재를 개발하고, 학교 교육의 방향을 제시한 교육정책을 유지하고 있다.

여섯째로, 국어정책과 국어교육 정책의 수립과 실천이 일원화되어야 한다.

현재 국어정책은 문화관광부, 국어교육 정책은 교육인적자원부 소관으로 되어 있어 정책 수립의 일관성과 효율성에서 문제가 있다고 본다. 국어문화의 세계화, 정책 수행의 유효도 측면에서 이를 하루 빨리 일원화하는 것이 좋다.

국어교육의 질 제고가 민족 정체성 확립의 관건이다. 그러므로 국어교육의 질을 제고하는 국어교육 정책의 수립에 萬全을 기해야 함은 물론이다. 그리고 이는 국민적 衆智를 모아 결정할 사항이라고 본다.

제 **5** 장

교과서 개발과 '편수용어'

I. 서 언

인간은 언어를 통하여 지식을 넓히고 사고력과 창의력을 증진한다. 이러한 힘에 의하여 우리의 역사는 창조적으로 이루어진다고 한다. 그러나 역사 창조의 주체인 인간은 교육에 의하여 인격이 형성되고 인간다운 삶을 영위하게 된다. 교육은 기본적으로 국가차원에서 제시한 교육목표와 방향이 담긴 교육과정과 이를 바탕으로 편찬한 교과서를 통하여 실질적으로 이루어진다. 그런데 교과서 편찬의 기본 방향은 편수자료에 제시된다. 따라서 편수자료는 어떤 의미에서 인간의 역사 형성과 매우 밀접하게 관련되어 있으므로, 편수자료에 어떤 내용을 담는가 하는 것은 매우 중요하다고 하겠다.

그런데 이러한 편수자료의 중요성은 그 속에 담긴 교육용어, 즉 편수용어의 비중에서 기인한다고 하겠다. 이러한 편수용어는 교과서 편찬의 기본 방향이 될 뿐만 아니라 교과 교육의 기본 내용과 수준 등을 제시하기도 한다. 따라서 편수용어는 一國의 교육목표와 방향, 교육 내용을 제시하는 기본자료요, 교육의 集約體라고 해도 과언이 아니다.

교육인적자원부는 그 동안 교과서를 편찬하는 데 용어나 내용을 통일하고, 편수 업무에 도움이 되는 여러 사항이나 자료를 정리하여 편수자료를 편찬해 왔다. 먼저, 1959년 9월에 당시 문교부 편수국에서 '제1호'(제1

집)가 36쪽의 소책자(4×6배판)로 발간되고, 이후 1977년 12월 제7집까지 계속 이어졌다. 그런데 이 자료는 내용이 부분적이고 단편적이어서, 모든 교과를 종합적이고 체계적으로 포괄하는 자료로서의 역할을 다하지 못하여 수정, 보완이 필요하게 되었다. 여기에 1984년 1월에 '국어의 로마자 표기법'이, 1986년 1월에 '외래어 표기법'이 개정, 고시되어 편수자료의 보완이 더욱 절실하게 되었다.

그리하여 그 동안 활발히 논의되어 온 종합적이고 체계적인 편수자료 발간 계획이 1986년에 확정되어 4집 4책의 자료가 나오게 되었다. 제Ⅰ집은 총론적 성격으로 교육과정 변천사 등을 수록하고, 제Ⅱ집은 주로 인문·사회 과학 및 예·체능 관련 사항을 4권으로 분책하여 발간하였다. 그리고 제Ⅲ집은 수학, 물리, 화학, 생물, 지구 과학 등 기초 과학 관련 사항을, 제Ⅳ집은 농업, 공업, 상업, 수산 해운, 가정, 컴퓨터 등 응용 과학 관련 사항을 수록, 편찬하였다.

일부 편수자료에 이미 반영되기는 하였으나 1988년에 '한글 맞춤법'과 '표준어 규정'이, 2000년에 '국어 로마자 표기법'이 새롭게 개정, 고시되었다. 여기에 학문적 발달과 교육 여건의 변화, 교육 이론과 교육 프로그램의 발전 등에 따라 제7차 교육과정이 개정, 고시됨으로써 자연스럽게 편수자료 보완의 필요성이 또다시 대두되었다. 그리하여 2001년 초에 '편수자료 발간 위원회'를 구성하여 발간의 방법 및 절차 등을 정하고, 21세기 지식·정보 사회에 부응하는 참신하고 알찬 자료를 발간하기 위한 계획을 세우고, 전 번의 발간 체제를 준용하되 자료 간, 자료 내에서의 체계성과 긴밀성을 더욱 발전시키도록 하였다. 관련 학회 등 연구·개발 기관에서 내용을 연구하여 구성하고, 연구 결과물을 '편수자료 심의위원회'에서 세밀하게 심의함으로써 세기적 전환기에 부응하도록 새로운 용어를 확충하는 등 편수자료로서의 가치를 높이려고 노력하였다.

지금까지 학술적 연구대상으로 '편수용어'에 관심이 적었던 것이 사실이다. 그리하여 참고할 만한 연구물이 적어서 본 발표 내용을 구성하는 데 어려움이 매우 많았고, 발표 내용에서 논리가 비약적이거나 과장된 부분이 있음을 밝힌다.

Ⅱ. 편수용어의 개념과 분류

1. 편수용어의 의미 범주

사전에 의하면 '편수'라는 말은 중국에서는 '국사의 편찬에 종사하던 사관'을 말하고, 편수관은 '춘추관의 정삼품에서 종사품까지의 당하관 벼슬아치'를 뜻한다고 하였다. 이처럼 편수는 옛날부터 역사를 기록하는 중요한 자리를 차지한 벼슬아치로서 오늘날 편수의 의미와는 좀 다르게 사용되었다. 현재는 '책을 편집하고 수정함', '책을 편집하고 수정하는 일'이라고 하여 단순하게 편수의 의미만을 부여하고 있다. 더구나 사전에는 '편수용어'라는 말이 등재되어 있지 않다.

지식의 생산과 유통이 현재처럼 빈번하게 이루어지지 않은 옛날에는 한낱 역사를 기록하는 임무에 국한해도 되었지만, 변화가 급속하여 어제의 일이 오늘에는 옛것이 되기도 하는 현대에는 그 意味域은 달라져야 할 것이다. 그러므로 교과서를 편집하고 수정하는 일에 국한하여 '편수'의 의미를 한정하는 것에서 이제는 탈피할 필요가 있다. 따라서 지식·정보 사회에 편수용어의 개념을 규정하는 데도 다각적인 모색이 필요하고 하겠다

편수용어는 단순히 '편수+용어'라는 의미 조합의 뜻, 즉 '교과서를 편수하는 데 사용되는 용어'의 개념에 국한하여 정의하는 것은 바람직하지 못하다. 편수용어의 의미역도 인터넷이 실용화되고 전자 교과서가 등장하는 교육적 상황 등을 고려하여 역동적 개념으로 규정하는 것이 바람직하다.

어떤 개념을 정의하는 데에는 일반적 정의와 과학적 정의로 나누어 볼 수 있다고 한다. 그렇지만 '편수용어'의 개념을 정리하는 데에는 이 단어가 일상적으로 사전적 의미로 어떤 뜻으로 사용되어 왔는가를 찾기보다는 정확히 어떤 뜻으로 사용되어야 하는가를 알아보는 '강령적 정의'로 살펴보는 것이 좋다. 이러한 방법의 개념 규정에 의하여 편수용어의 교육적 활용도는 달라지기 때문이다.

편수용어의 정의에는 다음과 같은 관여 요소를 고려해 볼 필요가 있다. 이러한 관여 요소를 생각해 보는 것은 편수용어의 의미망을 분명하게 밝히기도 하지만, 편수용어의 교육적 기능과 활용의 指南을 여기에서 찾을 수도 있기 때문이다.

① 교과서 개발에 필수적인 용어이다.
② 교과 교육과 관련된 전문용어이다.
③ 교육의 내용이 무엇인지를 알려 준다.
④ 용어 사용에 통일성을 기해 준다.
⑤ 용어 설명에 메타 기능을 한다.
⑥ 용어 표기에 일관성을 유지해 준다.
⑦ 교과서와는 별도의 자료로 존재한다.

이러한 관련 요소들을 하나의 의미망에 흡인, 압축하는 것이 용이하지는 않지만 다음과 같이 정리할 수 있다.

- 교과서를 개발하는 데 교육의 기본내용을 제시해 주고, 용어 사용과 표기에 통일을 기하게 하며, 단위 기본 학습요소를 제공하는 전문용어이다.
- 교과서를 개발하는 데 용어 사용과 표기에 통일을 기하고, 교육의 기본내용을 제시해 주며, 교육내용을 설명하면서 기본 학습요소를 제공하는 교육용어이다.

이는 편수용어의 교육적 기능과 존재 방식을 아우르는 정의 방법을 택한 것으로, 이를 개념화하는 데 관여되는 요소를 좀더 고려하여 정제할 필요가 있다.

2. 편수용어의 성격과 분류

1) 편수용어의 성격

편수용어의 개념을 규정하는 데에는 용어의 성격이 무엇인가가 전제되어야 한다. 이를 알아보기 위하여 일반적으로 지금까지 제시된 편수용어의 일부를 참고로 제시해 보면 다음과 같다.

- 가내공업, 가뭄, 가옥 평면 구조, 가옥 형태, 가용 인구, 가용 자원, 가을 장마, 가촌, 가항 하천, 간곡선, 간대 토양, 간빙기, 간접 무역, 간조, 간척지, 간석촌, 간헐천, 갈색 삼림토, 갈색토, 감입 곡류/감입 사행, 감조 하천…(지리)
- 가락바퀴, 가쓰라·태프트 밀약, 가야, 각훈, 간경도감, 간도, 간도 참변, 간도 협약, 간민회, 간석기, 간쟁, 감은사지 3층 석탑, 갑신정변, 갑오개혁, 갑사사화, 강감찬, 강동 6주, 강서 고분, 강세황, 강수, 강우규, 강조의 정변…(국사)

'가뭄', '하천', '가을 장마' 같은 일상생활에 관계되는 평범한 말뿐만 아니라 '간도', '감은사지'/ '강감찬', '강우규'와 같은 지명·인명도 용어에 포함되어 있다. '간곡선', '감입' 등 개념을 정의할 수 있는 아주 전문적·학문적인 용어와 '갑신정변', '갑오개혁' 등 사건명도 필수적인 편수용어이다. 용어의 선정과 분류에 기준이 되기도 하는 편수용어의 성격과 특징을 다음과 같이 생각해 볼 수 있다.

① 교육성

교과서는 기본 교육내용을 담아 교육적 실천을 전제로 개발된다. 따라서 교과서에 직접 반영되는 편수용어는 본질적으로 교육적 자질이 내재한 용어이다. 여기에서의 교육적 자질이란 기본적으로 숙지해야 할 지적 요소를 의미하기도 하고, 교육을 통하여 가치관을 형성하고, 인간답게 살아가는 기본적인 인성을 가지도록 하는 의미도 내포한다. 교육의 목적은 미완성의 인격을 완성의 것으로 바꾸거나 조화로운 인간관계를 유지하며 살아가도록 하는 것이다.

그렇다고 이들 용어를 교육학 용어의 범주에 전적으로 포괄시키는 데는 문제가 있다. 편수용어에 편입될 수 있는 용어도 학문적, 교육적 자질의 내포 정도에 따라 교육학 용어의 범주에서 제외되는 부류가 있다.

② 학문(술)성

학문은 글자 그대로 '배우고 묻고 익힌다', '학예를 수업하고 배우고 연구하는 일'이라는 뜻이다. 학문이란 말에는 합리성과 實證性을 본질로 하여 아직 알려지지 않은 사물의 이치를 배우고 물어 밝혀낸다는 목적이 내재되어 있다. 그리고 응용 방면을 포함한 학문의 한 방법으로 '학술'이란 말을 사용하기도 한다. '학술용어'는 학술상 특히 한정된 용어로 쓰이는 전문적인 말로 복잡한 사상을 정확하고 간결하게 나타내는 특징이 있다.

편수용어도 학술용어의 특성을 지닌다. 초·중·고등학교 교육은 배우고 익히는 것이 주된 교육적 활동이다. 그러나 배우고 익히는 수준에 머무는 것이 아니고 기본·기초 교육을 받으면서 일부 학문적 소양을 넓히는 시기이기도 하다. 그러므로 편수용어는 대학에 진학하여 더욱 연구할 수 있는 학문적 성격의 기본 개념을 유지한다고 하겠다.

③ 전문성

학문적 용어에는 일반적으로 전문성이 내재되어 있다. 역사적으로 보면 학문의 분화는 자연스럽게 전문화의 결과를 가져 왔다. 인간은 새로운 지식에의 욕구를 만족시키기 위하여 최고 수준의 지식을 생산하고 전달하고 교육한다. 그렇다면 초·중·고등학교에서 배우고 가르치는 내용도 아주 학문적인 것은 아니지만 다소의 학문적 소양과 전문화된 용어로 구성되게 마련이다.

편수용어는 학문적 성격과 함께 일면 전문적 성격을 지닌다. 배우는 폭과 깊이가 다를 뿐이지 전문용어로서의 존재 방식에는 용어 자체에 변화가 없다. 그렇다고 편수용어 모두가 전문성을 띠는 것은 아니다. 보편적인 일반 용어가 주류를 이루고 있음은 물론이다.

④ 실용성

교육의 목적은 어떤 의미에서 學行一致에 있다고 하겠다. 모르는 것을 알게 하고, 알게 된 것은 몸소 躬行·實踐하도록 하는 것이다. 교육은 전문적 지식을 알게 하거나 학문적 태도를 견지하도록 하기도 하지만, 실생활에 필요한 기본 지식을 습득하게 하여 인간다운 삶을 영위할 수 있도록 하는 실사구시로서의 실용성도 목적으로 한다.

편수용어는 교사가 교육활동을 하는 데, 학생이 사상이나 사물을 이해하는 데 필요한 학습 요소를 제공한 것으로 그 자체 실용성을 지닌다. 그러므로 여기에서의 편수용어가 지니는 실용성이란 순수 학문 목적의 측면과 일반생활에서의 실용성을 포괄하는 의미로 넓혀 본 개념이다.

⑤ 통일성

편수용어는 학문의 발달로 탄생된 용어를 흡인하기도 하며, 외국에서 유입되기도 한다. 이들 용어는 언어 계통에 따라 표기체계가 다르고 발음이 같지 않아 활용하는 데에는 통일이 필요하다. 편수용어는 의미 규정이나 표기 체계에서 통일성을 기해 준다. 그러므로 통일성은 교과서 개발에서 요구하는 기본 요건이 된다.

위에서 에거한 편수용어의 성격과 특징을 용어 개개가 모두 지니는 것은 아니다. 상기의 모든 속성을 구비한 용어가 있을 수는 있지만, 이들 속성은 정도가 다르게 역동적 작용태로 이들 용어에 작용한다고 하겠다.

2) 편수용어의 분류 방법

편수용어는 그 기준에 따라 여러 가지로 분류할 수 있다. 지금까지 편수자료의 개발 체제를 참고하여 이들을 거시적으로 분류해 보면 다음과 같다.

① 편수일반 용어 : 교육과정 및 교육과정 개발(총론 또는 교과별), 교과서 및 교과서 개발, 교과서 제도, 편수 일반, 검정 제도 등
② 인문·사회과학 용어 : 국어, 외국어(영어, 제2외국어), 사회(지리, 국사, 세계사, 일반사회) 등
③ 기초과학 용어 : 수학, 물리, 화학, 생물, 지구과학 등
④ 응용과학 용어 : 농업, 공업, 상업, 수산·해운, 기술·가정, 컴퓨터 등
⑤ 예·체능 용어 : 음악, 미술, 체육 등

편수용어의 성격에 따라 교육과정 관련 용어를 독립적으로 제시하고, 교과서 관련 용어, 즉 교과 공통용어, 교과별 용어(국어, 수학 등)로 구분하여 제시하는 방법도 있다. 교육과정 용어도 순수하게 교육과정에 관계되는 용어와 교과별 교육과정 용어로 구분하는 것이 가능하다. 그런데 교과별 교육과정 용어는 교과서 편수용어와 겹치는 것들이 있다. 참고로 국어과 교육과정에 사용한 주요 용어를 제시해 보면 다음과 같다.

간접 평가/직접 평가, 감화적, 관찰법, 과정 중심, 구두 작문, 국어 문화, 국어사용 능력, 글감/중심 글감, 글쇠판, 낱말, 내용 전개 방식, 내용 조직, 높임법, 누가 기록, 다매체, 담화, 독서 과정, 독서 동기, 독해 전략, 독해/독서/읽기, 뒷받침 문장, 들어주기, 말거리, 문학 주체, 문학 현상, 명제적 지식, 반/비언어적 표현, 반의 관계, 분석적 평가/총체적 평가, 빈 칸 메우기, 상호 교섭, 수용·창작, 수행 평가, 신호어, 실제, 쓰기, 어휘력, 연관짓기, 영역 통합적 평가, 오독 분석, 응집성, 의미 구성 행위, 의사 소통 규칙, 의미 지도, 자기 평가, 절차적 지식, 정서 표현, 정중 어법, 중심 내용, 중요도 평정법, 짜임, 짧은글/짧은 글, 침묵, 통일성, 평생 독서, 포트폴리오, 프로토콜, 해독(국어과 『고등학교 교육과정 해설』)

그리고 하나의 교과 내에서도 여러 방법으로 미시적 분류가 가능하다. 교과의 성격에 따라 국사나 세계사 등 역사 계통의 과목에서는 '사실용어(을사사화 등)', '개념용어(산업혁명 등)' 등으로 구분하거나, 지리, 역사에서는 필수 교육요소인 지명, 인명 등을 분류 항목으로 제시할 수 있다. 국어에서는 듣기, 말하기, 읽기, 쓰기, 국어 지식, 문학 등 영역 구분(내용 체계)으로 분류할 수 있다. 앞으로 이 분야는 학계의 연구를 통하여 발전시킬 가능성이 크다.

Ⅲ. 편수용어 선정 방법과 교육적 확대

1. 편수용어 선정 방법

편수용어의 선정은 위에서 언급한 용어 성격인 교육성, 학문성, 전문성, 실용성에 기본적으로 근거할 수도 있지만 그 원칙이 고정되어 있는 것은 아니다. 교과의 특성에 따라 용어로 포함시키는 원칙과 기준이 다를 수 있다. 각 교과에 공통적으로 적용될 수 있는 용어 선정의 원칙과 기준을 다음과 같이 상정할 수 있다.

① 교과 교육상 필요한 용어
② 지금까지 지속적으로 사용한 용어
③ 일반적으로 학계에서 통용되는 용어

이러한 공통 원칙은 어떤 면에서는 교과의 특성을 반영할 수가 없다. 각 교과에 따라 용어의 성격과 제시하는 방법이 다를 수 있으므로 편수용어 선정의 기본 원칙도 달라야 함은 물론이다.

반면에 편수용어는 교육의 대상이 초·중·고 학생이므로 지나치게 학문적, 전문적 성격이 강하거나 이해하는 데 어려우면 교육적이지 못한 현상이 날 수 있다. 다음과 같은 경우에는 편수용어의 범주에서 제외할 수 있다.

① 지나치게 세부적이거나 특수한 용어
② 학습 내용을 이해하는 데 지장이 없는 용어
③ 일상적으로 쓰이는 평이한 용어

편수용어는 과목의 성격에 따라 선정 기준이 다를 수 있다. 몇몇 과목의 용어 선정의 방향과 원칙을 소개하면 다음과 같다.

(문 법)
① 1963년에 나온 '학교 문법 통일안'의 취지와 용어를 최대한 살린다. 단, '학교문법 통일안'에 나와 있는 '강세 대명사, 비분리 동사, 전치사,…'와 같은 영어, 독어, 불어 등의 외국어 문법 용어는 배제한다.
② 1985, 1991, 1995년까지의 문법 교과서의 틀을 존중하고, 제7차 교육과정에 따라 개편 중인 고등학교 문법 교과서의 내용과 용어도 참조한다.
③ 문법 교육상 무리가 없는 용어를 채택한다.
④ 고유어, 한자어가 병존하는 문법 용어는 고유어를 최대한 존중하되, 통

용 주인 한자어를 무리하게 버리지는 않는다.
⑤ 표준어 규정에서 복수 표준어를 세운 정신에 따라 복수로 통용되는 용어는 적절한 수준에서 버리지 않는다.
⑥ 일반 사회에서의 통용성을 고려한다.
⑦ 지나치게 세부적인 용어는 정하지 아니한다.

(국 사)
① 제6차 교육과정의 중·고등학교 교과서를 중심으로 하되, 2002년부터 사용하는 제7차 교육과정에 나오는 용어를 추출하였다.
② 교과서에 나오는 지명, 인명, 잡지명, 사건명을 중심으로 하되, 교과서에 나오지 않는 용어라도 개설서에 나오는 용어로서 주요도가 인정되는 수록하였다.
③ 용어는 최근 한국 사학계의 연구 업적을 중심으로 학계에서 보편적으로 사용하는 용어를 사용하였다.
④ 학설적으로 이론의 여지가 있거나 모호한 경우, 동일한 역사적 사실에 대해서는 현행 중·고등학교 교과서를 따랐다.
⑤ 학계에서 대립되는 학설이나 이설이 강하게 제기되는 경우에도 현행 교과서를 따랐다.

(지 리)
① 현행 편수자료Ⅱ-3 인문·사회과학(문교부, 1987) 지리편(33~63쪽)에 수록된 용어를 검토하여 그대로 수록하거나, 삭제 또는 수정 여부를 결정한다.
② 초·중·고등학교에서 사용하는 지리 관련 교과용 도서 용어를 분석하여, 현행 편수자료에 수록되지 않았으나 초·중·고등학교 지리교육에 필요한 용어를 선정하여 추가한다.
③ 모든 용어는 하나를 제시하는 것을 원칙으로 하나, 그 동안 일부 사용하였던 용어는 혼용한다.
④ 지리 현상을 기술할 때에 널리 쓰이는 용어이나 특별한 개념을 규정하지 않아도 학습내용을 이해하는 데 지장을 주지 않는 용어는 되도록 제외한다.
⑤ 특정한 곳에 있는 농업 지역, 공업 지역, 식생 분포 지역 등의 명칭과 바다 명칭은 제외한다.

⑥ 모든 용어는 우리말을 쓰는 것을 원칙으로 하나, 널리 쓰이는 외래어
는 그대로 쓴다.

⑦ 다른 교과서와 관련되는 용어는 주된 교과의 표기에 따르는 것을 원칙
으로 한다.

(체 육)

① 초등학교 및 중·고등학교에서 사용되는 필수 용어를 중심으로 선정하
였다.

② 동일한 의미를 내포하고 있으나 표기가 다른 용어들의 경우, 일선 학
교 및 일반 사회에서 널리 통용되는 간결하고 이해하기 쉬운 용어를
채택하였다.

③ 관용어로 쓰이는 약어나 약칭 중에서 의미를 바르게 전달할 수 있는
용어는 그대로 채택하였다.

④ 다른 교과서와의 관련성을 고려하여 합리적으로 통일된 용어를 선정하
였다.

⑤ 일상어로 쓰이는 평이한 용어는 제외하였다.

2. 편수용어 제시 방법

각각의 교과 내에서의 편수용어 배열 방법에는 자모 순서를 취하는 것
이 보편적이다. 교과서 개발에 참고할 때 찾아보기가 용이하고, 포함된 용
어에 무엇이 있는지를 전체적으로 손쉽게 파악할 수 있는 장점이 있다.

• 가격 혁명, 가리발디, 가마쿠라 막부, 가톨릭 교회의 개혁, 간다라 양식,
  간디, 갈릴레이, 갑골 문자, 개발 도상국, 거란(족), 게르만족 계몽 사상,
  계몽 전제 군주, 고르바초프, 고증학, 공양학, 공자, 공포 정치…(세계사)

• 가격, 가격 기구, 가격 탄력성, 가격 통제, 가계, 가부장제, 가설, 가정법
  원, 가족, 가족 제도, 가족 해체, 가처분 소득, 가치, 가치 저장, 가치 척
  도, 가치 판단, 간접 금융, 간접 민주 정치, 간접 민주제, 간접 선거, 간
  접세, 간접 투자, 갈등, 갈등론, 감사원, 감형, 강제 이행, 강제 집행, 개
  념, 개발 도상국, 개방성…(일반사회)

반면, 문법용어 같은 경우는 교과교육의 특성상 교육적 측면과 학문적 분류 체계, 교과서 구성상의 장점 등을 고려하여 다음과 같이 배열 방법을 달리 하였다.

1. **언어 일반** : 기호, 규칙, 글, 말, 입말/구어, 글말/문어, 국어 지식, 문법 지식, 문자 언어…
2. **말소리** : 발음기관(발동부, 발성부, 조음부, 조음 방법, 조음 위치), 입안, 코안, 입술, 이…
3. **단어** : 형태소(자립 형태소, 의존 형태소, 실질 형태소, 형식 형태소), 기본형, 이형태…
4. **어휘** : 어휘, 어원, 어종, 사전, 표제어, 부표제어, 개방 집합, 폐쇄 집합, 고유어, 한자어…
5. **문장** : 어절, 문장, 구, 절, 호응, 제약, 문장의 짜임새, 주어부, 서술부, 문장 성분…
6. **의미** : 의미, 개념, 지시 대상, 의미(중심적 의미, 주변적 의미, 사전적 의미‥)…
7. **이야기** : 이야기/담화, 발화(직접적인 발화, 간접적인 발화), 이야기의 요소…
8. **국어의 규범** : 규범, 문법적 문장, 비문법적 문장, 표기법, 한글 맞춤법, 띄어쓰기…
9. **옛날의 문법** : 차자법, 구결, 향찰, 이두, 알타이 어, 알타이 어족, 부여계 언어…

이러한 배열 방법은 교과의 학문적 체계가 무엇인지, 편수용어를 교육학적 입장에서 어떻게 교과서에 구조화할 것인가를 암시해 주므로 상당히 유용하다. 예·체능 교과도 이러한 특성을 살려서 다음과 같이 제시하였다.

- 1. **이론** : 가속도의 법칙, 가스 교환 능력, 가슴 둘레, 가역성, 가정 체육, 각근력…
- 2. **실기** : 가늠쇠, 가늠자, 가드, 가로누르기, 가로누워팔꺾기, 가로막기, 가면무…

　　3. 인명 : 구추 므츠, 기브, 나흐테갈, 내시, 네이스미스, 달크로즈, 덩컨, 라
　　　마르크…(체육)

・Ⅰ. 일반 및 서양 음악 : 1. 용어(가극/오페라, 가락, 가락 단음계, 가락
　　음정, 가락선/가락 윤곽, 가보트, 가성, 가온점, 가온음자리표…), 2.
　　악곡, 3. 악기, 4. 인명, 4. 매체 공학
　Ⅱ. 전통음악 : 1. 용어, 2. 악전, 3. 악기, 4. 악곡(음악)

・Ⅰ. 일반 용어 : 가산 혼합, 가소성, 간다라 미술, 갈필, 감산 혼합, 감정
　　이입, 감필, 강조, 개념 미술, 거리 미술(스트리트 아트), 겸재준, 경
　　영 위치, 고딕, 고무 판화…
　Ⅱ. 한국 전통미술 용어
　Ⅲ. 작가명 : 1. 한국, 2. 중국, 3. 일본, 4. 서양(미술)

　이러한 제시 방법은 편수용어 배열에서 유일한 것은 아니다. 그러나 현재로서는 교과의 특성을 살려 합리적이라고 여겨지는 최선의 방법을 택한 것이다.

　모든 교과를 종합적으로 제시하는 방법으로 지금까지는 주로 교육과정상의 편제를 많이 참고하여 인문·사회과학 편, 예·체능 편. 기초과학 편, 응용과학 편으로 구분하여 제시하였다. 그러나 앞으로는 이러한 교과별, 과목군별 구분 없이 모든 교과 편수용어를 통합하여 사전의 편집 형태와 설명 방식을 취하고, 한글 자모순으로 제시하는 것도 활용면에서 유익할 수도 있다.

　편수용어의 제시 방법은 용어 분류의 그것과도 유관하다. 앞으로, 학문적으로 교육적으로 편수용어를 분류 제시하는 방법에 대한 보다 적극적인 연구가 필요하다.

　편수용어의 표기 방법도 간단하지가 않다. 한글과 한자어가 병존하는 경우의 선택 문제, 용어 명칭을 부여하는 방식, 외래어의 경우 영어식이나 라틴식이냐 등 기준으로 확립할 사항이 많다. 이러한 몇 가지 사항을 고려

하여 편수용어를 참조할 수 있도록 한 지리 편수자료 예를 들어본다.

용어	한자	외국어
모래톱/사주	砂洲	sand bar
모레인/빙퇴석 지형	氷堆石地形	moraine
몰바이데 도법	一圖法	Mollweides projection
몽골 인종	一人種	Mongoloids
무너미 땅/범람원	汎濫原	flood plain

3. 편수용어의 교육적 확대

편수용어의 정립이 교육의 방향과 내용을 결정짓는다는 것은 앞에서 누누이 강조한 바와 같다. 지금까지의 편수자료에 등재된 교과별 분류 용어 이외에 용어의 확대가 필요하다. 학문적 발달과 교과교육 이론의 발전에 따른 편수용어의 확대로 교육 영역을 확충할 필요가 생기게 되는 것이다. 이를 전제로 앞으로는 교과서 개발의 기본이 되는 교육과정 용어나, 교과서 개발에 관계되는 용어도 체계적으로 정리하는 것이 필요하다.

교과의 정체성을 확보하고, 교육의 세세한 영역이나 내용을 구체적으로 제시하기 위하여 도덕과나 국어에서도 편수용어의 제시가 바람직하다. 특히, 국어의 경우, 교육용어의 통일이라는 필요성에 의하여 문법에서는 편수용어를 제시하였다. 그러나 문학, 화법, 독서, 작문 등은 교육영역의 독립성은 강하지만 편수용어를 제시하지 않았다. 이제는 이 분야에 대한 교과교육 이론이 축적되었으므로 독립 형태로 편수용어를 제공하는 것이 가능하다.

편수용어에는 설명이 필요 없고 이해하기 쉬운 단순용어도 포함될 수 있지만, 교과교육학적으로 개념을 제공해 주어야 하는 것도 있다. 어휘가 형태론적으로 같지만 교과에 따라 교육적 의미와 특성이 달라 교육 요소와 방법을 안내할 필요가 있기도 하다. 그러나 교과서 개발에서 교육학적으로 어느 수준의 개념을 제공하고 학습활동으로 구조화해야 하는가는 분명하지는 않다. 이를 해결하는 하나의 방법이 교육요소와 방법까지도 설명하고 용례를 보인 『편수용어 사전』을 편찬하여 제공하는 것이다.

교과간에 동일한 용어의 의미 混淆도 이로써 해결이 가능하다. 갈등(사회/문학), 가소성(미술/화학), 가속도의 법칙(물리/체육), 감각기관(생물/체육)의 용어는 의미역에서 교과간 동일한 부분과 그렇지 않은 부분이 있을 수 있다. '감정이입'은 미술과 문학에서 모두 사용하는 교육용어이다. 감상과 관계되는 용어라는 점은 같지만 교육적 상황에서 이를 설명하는 방법은 다르다.

[감정이입]
① 타인이나 자연물 또는 예술작품 등에 자신의 감정이나 정신을 이입시켜 자신과 그 대상물과의 융화를 꾀하는 정신 작용. 독일의 심리학자 T.립스의 용어이다. 예를 들면 일몰을 장엄하다고 느끼는 것은 일몰을 바라보는 자신의 감정을 투입하는 것이나 일몰의 장엄함이 자신 속에 들어오는 것이라고 한다. 립스는 이를 일종의 유추작용(類推作用)이라고 생각하였다. 그러나 M.셸러는 이를 유추와 같은 간접적인 것이 아니라 보다 직접적인 공감(共感, sympathy)이라고 보고, 어떤 사람의 얼굴빛에서 그 사람의 따뜻함이나 심술궂음을 직접 느끼는 것과 같다고 주장하였다. 또한 H.베르너는 그와 같은 직접적 지각을 상모적 지각(相貌的 知覺, physiognomische Wahrnehmung)이라고 하였다. 이는 감정과 지각이 분화되지 않은 현상이다. J.P슈피겔과 P.마호토카는 학생에게 고갱의 그림 『시장』을 보여주고, 그림 속에 있는 6명의 여인의 자태에서 무엇을 느끼는가에 대하여 질문하였다. 결국 동일한 자태를 보고도 여러 가지 다른 해석이 나오는 것을 알았다. 즉, 보는 사람의 감정이 이입된 것이다.(『백과사전』)

② 문학 예술 작품을 대할 때 독자가 한 등장 인물과 자신을 동일시하는
것으로, 지각자의 고유한 체험이 대상들 속에 투사되어 대상의 생명으
로서 체험되는 심리적 작용을 말한다. 보통 감정이입이란 소설의 독자
가 주인공과 자기를 동일시하여 주인공의 감정을 같이 체험하는 것,
혹은 시의 독자가 서정적 자아와 동일한 감정을 체험하는 것을 말한
다. 하지만, 생명이 없는 대상에 대해서도 적용할 수 있다. 즉, 대상에
인간의 감정이 투사되는 작용이면 모두 다 감정이입으로 볼 수 있는
것이다. 문학교육에 있어서 감정이입은 오래 전부터 관심의 대상이었
다. 학생들에게 등장인물 혹은 서정적 자아의 감장을 간접 체험하도록
하는 방법은 전통적인 문학교육의 방법이었기 때문이다. 이는 서사 텍
스트의 경우에도 마찬가지로 적용될 수 있다. 동일시를 통한 심미적
체험의 경우가 바로 그러하다. 결국 이러한 방법은 세련된 감수성의
함양이라는 문학교육의 목표에 가장 잘 어울리는 방법이라 할 수 있
다.(『국어교육학사전』)

학술적 개념과 교육적 상황에서의 개념을 동시에 제공하여 미술과 문
학작품을 감상할 때의 분화된 교육방법을 설명하고 있다. 이렇게 편수용
어는 무엇보다도 교육을 목적으로 하는 용어이기 때문에 교육적 상황이나
교육방법을 중심으로 그 개념을 규정해야 한다.

편수용어로 편입시키는 용어의 범위도 그리 간단한 문제는 아니다. 국
사, 세계사에서는 인명, 지명을 용어로 포함시켜도 무리가 없지만 그렇지
못한 과목도 있다. 특히, 인명 유목의 중요도가 낮은 교과에서 그 포함 범
위를 정하기는 더욱 어렵다. 한국지리에서 편수용어로 지명을 포함시킨다
면 세계지리에서 지명의 포함 범위는 더욱 넓어진다. 그런데 지리에서 지
명을 포함시키지 않으면 편수용어 모음으로서의 가치가 달라진다.

한글 용어와 한자 용어 중 어느 하나만 용어로서 고수하는 것도 바람직
하지 못하다. 두 용어가 아직도 言衆에게 상당히 익숙하게 사용된다면 병
용할 필요가 있다. 그렇다고 마냥 병용하기보다는 병용의 방법과 기간을
정하는 것도 고려의 대상이다. 아주 단순한 사항이지만 多音節 용어의 경

우 띄어쓰기 원칙도 정해야 한다. 통일된 용어의 표기는 편수용어의 기본 자질이다.

학교급별 수준을 고려하여 어려운 용어를 쉬운 용어로 바꾸는 것도 중요하다. 한자어와 순 우리말과 양립하는 경우 우리말로, 즉 화자, 청자를 말하는이와 듣는이로, 조별학습을 모듬학습으로 초등학교 국어에서는 사용하고 있다. 고등학교 문법의 경우에는 관례를 무시하지 못하여 양자를 모두 사용할 수 있게 하였다.

외국에서 차용한 용어 중에는 뜻을 잘못 이해하여 개념이 변질되는 경우도 있다. 그러므로 전문 외래어를 편수용어로 사용하는 경우 우리말로 순화하는 작업도 신중해야 한다. 관습적으로 현재에도 사용하는 편수용어 중에서 외국에서는 이를 명명하는 방법이 바뀌어 우리의 방식과 다르다면, 이 문제를 어떻게 해결할 것인가를 모색해야 한다.

Ⅳ. 편수용어와 교과서 개발

1. 교과서 개발과 편수용어 정립의 의의

편수용어를 학문적으로나 교육적으로 정립하는 것은 교과서 개발에서 다음과 같은 의의를 지닌다.

첫째로, 교육용어를 통일시켜 교육의 보편성을 유지할 수 있게 한다. 각 교과의 교육용어는 독립적으로 존재한다. 그러나 이렇게 독립적으로 존재하는 용어를 음운·형태적으로 통일시켜주며, 기초·기본교육으로서의 범위와 깊이에 보편성을 제공한다.

둘째로, 교육해야 할 기본용어를 제시하여 기초교육의 범위와 수준을 가늠하게 한다. 교육의 내용과 범위는 대개 교육과정에 제시되어 있다. 그러나 여기에서는 상당히 범박하게 범위가 제시되어 있기 때문에 기본 교육요소를 정확하게 파악하는 것이 어렵다. 그러나 편수용어는 교육내용을 단위 구성인자로 제시하므로 교육의 범위와 수준을 구체적으로 가늠하게 하여 자연스럽게 교과서 개발에 지침이 된다.

셋째로, 교과간에 같은 대상을 교육하는 용어의 의미를 연결 시켜주거나 통일시켜 준다. 학문의 영역은 분화하기도 통합하기도 하고, 새로운 영역이 나타나 고유한 영역으로 터전을 잡기도 한다. 이와는 달리 학문간의 교섭 때문에 두 영역이 협동하여 존재하는 경우가 생긴다. 그러므로 교과간에 동일한 형태로 편수용어가 존재하는 것은 당연하다. 그러나 교과의 특성에 따라 용어의 의미 범주가 다르므로 교육하는 내용과 방법도 달라질 수밖에 없다. 이처럼 편수용어는 서로 다른 교과에서 다루는 용어의 의미를 상보적으로 연결시켜 주고, 교과서 개발에 통일된 교육적 의미가 유지되도록 하여 준다.

넷째로, 교과 내에서 편수용어는 기초·기본 교육의 범위를 제시해 줄 뿐만 아니라 필수 교육 요소를 제공한다. 편수용어는 개별 단어 수준으로 존재하는데, 그러나 용어 그 자체가 필수 교육요소가 된다. 그러므로 편수용어는 교육과정의 내용을 바탕으로 선정의 범위를 정해야 하고, 교과서도 이에 준하여 개발해야 함은 물론이다.

다섯째로, 교과의 정체성을 확보해 준다. 교육적 측면에서 교과의 특성은 무엇을 교육하느냐에 달려 있다. 그러므로 그 자체 교육내용이라고 볼 수 있는 편수용어는 당연히 타교과와 구별되는 교과의 성격을 드러나게 해 준다. 그러므로 교과의 정체성은 편수용어에 달렸다고 해도 과언이 아니다.

여섯째로, 교과간의 교육내용을 구체적으로 비교해 볼 수 있게 한다. 주지하는 바와 같이 편수용어는 교과서를 개발하는 기본자료로 사용된다. 각 과목의 교육내용은 교과서의 비교에 의하여 잘 드러나는데 편수용어는

이의 비교에 구체적인 자료로 작용한다. 편수용어의 비교는 교육내용의
비교인 것이다.

2. 편수용어와 교과서의 구조화

편수용어는 교육과정 개발 및 교과서 편찬과 직접적으로 긴밀하게 관
련된다. 교육과정에 제시되는 내용체계와 내용에 이들 용어가 기본적으로
사용되어야 하며, 교과서 개발에서는 이보다도 더한 밀착성을 지닌다. 교
과서 편찬의 일련의 과정, 교재화의 거시적 절차를 다음과 같이 구도화할
수 있다.

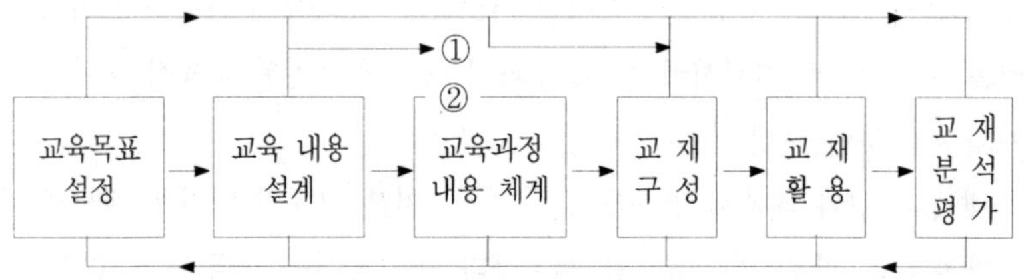

이러한 과정에서 편수용어는 교육의 목표 설정, 교육내용 설계, 그리고
교육과정의 내용 체계 구성, 교재의 구조화에 결정적으로 작용한다. 이처
럼 편수용어는 교과서 편찬에 필수적 자료이므로 이를 어떻게 선정, 구성
하느냐는 교육의 질과도 결부된다. 그러므로 이들과 편수용어는 선후 관
계라기보다는 상보적 관계로 존재한다고 하겠다.

1) 편수용어 포함의 범위

편수용어는 필수 교육용어로 구성되는 것이 보통이다. 그런데 필수 교
육용어만이 아닌 주변용어도 편수용어에 포함되었다면 교재 개발에서는
이들 용어를 반드시 포함시킬 필요는 없다. 그러나 단지 이해하기 쉽거나

중요도가 낮다고 하여 편수용어에 포함시키지 않은 용어라면 교과서 개발에 이들 용어를 빠뜨려서는 안 된다.

교과서 개발에 편수용어의 범위를 어떻게 적용할 것인가를 확실하게 하기 위해서는 이에 따른 규정이 필요하다. 특수한 상황이기는 하지만 일부 교과에서는 인명, 지명, 작품명을 편수용어로 선정할 수는 있어도 이들을 모든 교과에 동일하게 적용하기는 어렵다. 따라서 편수용어가 교과서에 자리잡는 범위와 방법은 선택적이지만, 자의적 사항으로 남겨놓는 것도 문제다.

2) 편수용어 설명 수준과 방법

교과서에서 용어를 어느 정도의 수준으로 설명해야 할지는 간단하지가 않다. 국정 교과서의 경우는 단일 교과서로 개발되므로 별 문제가 되지 않지만, 검정 교과서에서는 집필자에 따라 용어 설명의 수준과 방법이 다양할 수 있기 때문에 수준의 정도를 구체적으로 제시해 주는 것('집필상의 유의점' 등에 제시 가능)이 필요하다. 그리고 교과서에서는 편수용어의 학술적 측면과 교육적 속성이 모두 설명되어야 하는데, 그 한계를 규정하기가 대단히 어렵다. 양자 어느 하나의 측면만을 강조, 설명하면 교과서로의 가치가 떨어지기 때문이다.

편수용어 사전을 편찬하고, 여기에 용어의 설명 수준과 방법을 학교급별로 구분하여 제공해 준다면 이는 해결될 수도 있다. 국어과에서는 교육과정에 사용한 주요 용어의 해설을 '교육과정 해설' 부록면에, 초등학교 3학년부터는 교과서 '학습용어 해설' 부분에 용어를 수준에 맞게 해설, 제공하여 교사나 학생이 교수·학습에 참고하도록 하였다.

3) 편수용어와 교수 · 학습

교육내용으로서 편수용어를 이용하여 교과서를 개발하는 것은 그리 쉽지가 않다. 교재화의 방법이 매우 유동적인 데다가 단어 수준인 편수용어를 가지고 교육목표를 설정하고, 학습활동으로 구조화하여 교과서 모양을 갖추기는 간단하지가 않다. 더군다나 여기에 교수 · 학습 과정을 고려한다는 것은 더욱 어렵다. 그러나 편수용어가 학습목표 단위로 구분, 배열되어 있다면 가능할 수도 있다. 앞으로는 편수용어를 구체적인 학습목표 단위 등 여러 방법으로 배열하여 교육적 활용도를 높일 필요가 있다.

V. 결 어

교육의 목표와 내용은 교육과정에 제시되어 있다. 그러므로 교육과정은 교육의 기본 설계도요, 실천의 등대이다. 그런데 교과서는 교육과정을 바탕으로 교육내용을 구조화한 구상물이다. 학습목표에 적합한 자료를 선정 조직하여, 정돈된 교육활동의 과정인 교수 · 학습의 유형을 보이며, 이의 결과를 평가하여 송환할 수 있는 장치를 마련한 체제가 교과서인 것이다.

이렇게 교육과정과 교과서는 교육에서 중추적 역할을 하는 機制요, 교육자료의 중심에 놓인다. 그러나 교육과정과 교과서의 이러한 가치는 교육의 내용을 구성하고, 기본단위 형태로 제공되는 편수용어에 의하여 확보되고, 그 역할을 십분 발휘할 수 있다고 하겠다. 그러므로 편수용어의 정립은 교육적 실천의 성공과 연관되는 중요한 과제이다. 왜냐하면 편수용어는 거시적으로 교육의 목표와 내용, 방법, 그리고 교육의 질과도 결부되는 교육 단위의 실체이기 때문이다.

그러나 지금까지는 편수용어에 대한 학문적, 교육적 관심이 그렇게 많지는 않았다. 편수용어를 정리하고 자료로 개발하여 교육과정의 개정과 교과서 편찬에 이를 유용하게 활용하지 못했던 것이다. 지금까지 편수용어는 교육의 필수적인 자료로서 연구의 대상이 되지 못하였고, 그 결과로 용어 개념을 정확하게 정립하거나 이의 활용을 소홀히 여겼던 것이다.

편수용어의 체계적인 정립과 이의 활용은 어떤 면에서 교육의 방향이나 틀을 바꾸는 교육혁신을 의미한다. 편수용어 속에는 교육이 제공할 수 있는 지식과, 사상, 철학이 담겨져 있기 때문이다. 같은 맥락에서 앞으로는 교육과정 개정 및 교과서 개편과 동시에 편수용어의 改修 작업도 이루어져야 한다. 교육과정, 교과서, 편수용어는 교육을 지탱하는 삼발이 솥이며 三位一體다.

편수용어의 개념 규정, 분류 방법, 선정의 범위, 표기 방법, 교과서 개발과의 관계 등은 교육학적 이론과 방법으로 보완되어야 한다. 빈약한 자료를 가지고 그 중요성을 강조하다보니 합리적인 설명이나 주장이 되지 못한 느낌이다. 그러나 이번 기회로 우리 교육에서 편수용어의 중요성이 부각되는 계기가 되었으면 한다.

제6장

'좋은 교과서' 개발과 정책수립의 방향

I. 서 론

교육과정에서 제시한 교육내용을 중심으로 기본 학습요소를 체계화한 것이 교과서이다. 교과서는 인류가 공동체를 이루면서 지혜를 모아 살아가기 위하여 교육제도를 마련하고, 교육을 의도적으로 실천하는 데 필수적인 자료라고 할 수 있다. 이처럼 인류가 문자를 사용하고 紙筆을 이용하여 서책을 만들면서부터 교육목표를 설정하고 교육을 계획적·체계적으로 실천할 수 있게 되었다.

문명이 발달함에 따라 '교과서'라는 독립된 명칭을 사용하게 되었고, 내용이나 외형체제도 교육이론을 반영하여 다양하게 되었다. 따라서 교과서는 인류의 실질적인 역사요 산 증거물이라고 하겠다. 그러므로 어떤 면에서 교과서의 질은 학교교육의 질을 좌우하고, 국가발전과 미래의 운명과도 직결된다고 하겠다.

질 높은 교과서 개발을 위해서는 국가의 정책 방향이나 이를 지원하는 배려가 의도적으로 뒷받침되어야 한다. 정책 방향이 어떻게 가시화되고 지원이 원활한가에 따라 교과서의 질도 달라지고, 나아가 교육의 질적 변화도 획기적으로 도모할 수 있기 때문이다. 결국, 교과서 정책 방향은 교육의 성패와도 관계된다.

이러한 중요성을 감안하여 본고에서는 좋은 교과서 개발과 관련한 변인을 먼저 알아보고, 이들 변인을 긍정적으로 이끌기 위한 정책수립에서 고려되어야 할 방향을 거시적으로 찾아보고자 한다.

Ⅱ. '좋은 교과서' 개발 변인과 정책수립

1. '좋은 교과서'의 내재적 변인

좋은 교과서에 대한 개념과 실체가 구체적으로 밝혀져야 이의 개발을 위한 정책 방향의 설정과 수립이 용이하다. '좋은 교과서가 무엇인가' 하는 해답에 대하여 학자들간에 이론이 분분하지만 다음 몇 가지 사항으로 요약할 수 있다.

먼저, 교과서 자체 변인으로 교과서에 담는 내용이나 형태적 측면에서 이들을 찾아볼 수 있다. 교육과정에서 요구하는 학습내용이 교과목의 특성과 학습목표에 따라 균형 있게 선정되고, 이를 체계적으로 학습할 수 있도록 조직되어야 한다. 그리고 교육이 자기 주도적으로, 아니면 공동적 상황에서 이루어지더라도 교수·학습 방법이 교과서에 효과적으로 제시되어야 하고, 교육목표 달성에 실천 능력을 신장시킬 수 있도록 학습의 전략이나 과정이 드러나 있어야 한다. 더욱이, 학습 내용과 정보, 표현·표기 등에 오류가 없어야 하고, 설명이 정확하고 통일성을 이루며, 특히 학습력 신장에 적합하게 지면이 효율적으로 구성되어야 한다. 여기에 학습목표와 내용, 방법과 일치하는 평가가 적절한 위치에서 효과적으로 이루어질 수 있도록 해야 한다.

다음으로, 교과서가 갖는 교육적 효과나 활용 측면에서 고려되는 변인이다. 학생이 자기 주도적으로 학습능력을 증진하고, 창의력, 사고력, 탐구력 향상에 적합하며, 학생의 개인차를 고려하여 수준별로 내용을 구성하였는지 등도 좋은 교과서와 관련된다. 학생, 교사, 학부모 등 현장의 요구와 의견을 반영했는지, 학습자·교수자가 활용하기에 편리한 교과서 체제를 구비하였는지 등도 좋은 교과서의 필수적 요소이다. 여기에는 물론 수준을 고려한 교과서간의 합리적인 종적, 횡적 관계도 포함된다.

상기의 요소가 좋은 교과서를 제어하는 내적 변인의 총합(總合)은 아니다. 그러나 좋은 교과서를 개발하기 위해서는 이들 변인을 의도적으로 신장·충족시킬 수 있는 정책의 설정과 제도 확립이 필요함은 자명하다.

2. '좋은 교과서'의 외재적 변인

좋은 교과서를 개발하기 위해서는 이에 관여되는 외재적 변인을 파악하여 이에 대한 정책적 배려가 우선되어야 한다.

먼저, 좋은 교과서를 개발하도록 교과서 내용과 형태를 제시하는 규범적 변인으로 교육과정, 집필상의 유의점, 검정 기준 등이 있다. 이들 변인은 서로 긴밀하게 유관하여 교과서 질을 제고하는 기본 헌법과 같은 역할을 하며, 이들의 내용과 기준을 어떻게 제시하고 적용하는가에 따라 교과서 질이 바뀐다.

교과서 개발과 관계되는 사람들의 성향과 수준도 교과서의 질을 좌우한다. 교과서 정책 입안자, 집필자, 심의 참여자는 직접적으로 교과서 질과 관련되어, 이들의 교과서관과 개발 능력은 교과의 수준을 한층 높이는 중요 변인으로 작용한다. 교수자·학습자, 출판업자 등은 교과서를 직접 집필하거나 심의에 참여하지는 않지만, 현장에서 배우고 가르치면서 '좋은 교과서'의 개념을 검증하여 제시하는 등 교과서의 질을 평가하는 역할을 실질적으로 수행하므로 간접적으로 교과서 질 향상에 관여한다고 하겠다.

또한, 좋은 교과서 개발과 관계되는 중요한 변인의 하나는 편찬 제도적 측면이다. 편찬제도는 앞에서 열거한 좋은 교과서 개발에 관여되는 여러 변인을 추장(推獎)하기도 제어하기도 하는 기능을 수행한다. 그리고 이러한 제도를 뒷받침하는 법률도 좋은 교과서 개발에 관여되는 변인이 된다.

결국, 교과서 정책은 좋은 교과서가 개발될 수 있도록 '질 높은 교과서'에 대한 규범이나 방향을 제시하고, 이를 실천할 수 있는 유능한 인력을 확보해야 하며, 제도적·법률적으로 버팀목이 되도록 지원하는 요소를 모두 포함해야 한다.

Ⅲ. 교과서 정책 수립의 기본 방향

1. 정책 수립의 전제와 방향

전술한 바와 같은 좋은 교과서 개발과 관련한 변인을 긍정적으로 해소하는 방향으로 정책을 구상하는 것이 필요하다. 시대의 변화에 능동적으로 대처하고, 수준 높은 교과서 개발을 통한 교육혁신을 의도적으로 모색하려면 다음 몇 가지 관점을 정책 수립에서 고려해야 한다.

① 교육과정과 교과서 개발과의 유연성 관계 유지 : 지금까지 교육과정이 개정되면 교과서도 이에 따라 일제히 개편되는 관계를 유지하여 왔다. 그러나 지식의 생산과 전달이 급속한 현대에는 지식을 교육과정에 흡인하고, 다시 교과서로 구조화하는 방식에도 변화가 따라야 한다. 따라서 교육과정과 교과서 개발과의 관계를 '상시 개정-수시 개편 체제'라는 유연성 관계로 유지하는 정책 전환이 요구된다. 이에는 교과서 형태와 행정의 운영에도 변화가 필연적임은 말할 나위가 없다.

② 교과서 개발의 개방성 확보와 조정 : 교과서 개발에서의 자율성, 전문성의 제고는 좋은 교과서를 담보할 수 있다. 국가에서 주도적으로

교과서를 단일 종으로 개발하는 방식은 교육의 창의성을 제한할 우려가 많고, 내용이나 외형 체제를 어떤 방법으로든지 제한하는 것도 바람직하지 않다. 반면에 도서의 수를 무한정 다양화하고, 집필자의 자율성과 전문성을 무제한 용납하는 데에도 문제가 있다. 자율성과 창의성, 전문성을 발휘하도록 보장하는 것과 일반성과 보편성을 구현하도록 조장하는 것과 어떻게 조화를 유지할 것인가를 정책적 차원에서 슬기롭게 조정해야 한다.

③ 지식·정보의 신속한 유입 장치 마련 : 현대는 지식의 생산과 이의 빠른 수용이 국가 경쟁력을 좌우하는 시대이므로 새로운 정보를 신속하게 반영할 수 있는 교과서 편찬제도를 모색해야 한다. 새로운 정보를 수시로 신속하게 吸引할 수 있는 편찬제도를 강구하고, 이에 합당한 인력 확보와 배치를 정책적으로 배려해야 한다. 교육과정의 개정과 교과서 개편이 시대의 변화에 신속하게 상응할 수 있도록 하는 관계 모색도 이 범주에 들어간다.

④ 다양한 형태의 교과서 개발과 활용 : 단일한 발행 제도로는 교과서의 수요나 활용에 한계를 가져오므로 이의 요구를 모두 감당할 수 있는 다양한 형태의 교과서 개발이 필요하다. 국정도서의 개발은 수요와 공급이라는 경제적 측면에서 필요하고, 검·인정과 자유발행 도서도 교육발전을 위해서 긴요하다. 교과서의 종류에 따라 어떤 제도가 이에 합당한가는 교육적 관점에서 합리적으로 결정되어야 한다. 그리고 지식·정보의 신속한 수용과 전달을 위해서는 전자교과서의 개발이 필수적이다. 그러나 다양한 교과서 개발과 활용에는 선결해야 할 문제가 한두 가지가 아니므로 이의 해결을 위한 연구나 대책의 강구가 요구된다.

⑤ 다원화 사회에 적합한 내용 구성 및 검증 : 포스트모더니즘 이후 각계에서는 교과서의 내용에 많은 관심을 보이고 있다. 심지어 이러이

러한 내용을 확보해 달라고 요구하기도 한다. 그런데 국민 보통교육을 책임지는 교과서의 특성상 이러한 요구를 모두 수용하기는 어렵다. 따라서 교과서 개발과정에서 이러한 요구 사항을 받아들이는 방법과 요구의 타당성을 가릴 수 있는 제도적 장치가 필요하다.

⑥ 교과서의 객관적인 질적 수준의 公示 : 좋은 교과서를 이루는 여러 요소를 객관적 수준으로 실제 보여주는 제도적 장치가 필요하다. 즉, 집필상의 유의점과 검정기준을 더욱 구체화하여 교과서의 질을 검증할 수 있는 '모범 교과서'의 실체를 보여줘야 한다. 이러한 공시는 좋은 교과서의 실물에 대한 막연함을 불식하고, 교과서 질을 한층 높일 수 있는 지렛대로 작용할 수 있다.

⑦ 교과서 평가와 수정·보완 체계 확립 : 개발이 완료된 후 교과서를 합리적으로 평가하고, 이의 결과에 따른 효율적인 수정·보완 체계를 마련해야 한다. 교육과정을 기본적으로 구현한 교과서는 국가교육의 질을 좌우하는 중요한 교육 내용의 集積物이므로, 이를 종합적으로 평가하여 도서의 우열을 밝히고 앞으로의 개발에 참고가 되도록 하는 제도 마련이 필요하다. 그리고 현장과 연계된 원활한 수정·보완 체제를 구축하여 생명력 있는 교과서가 되도록 해야 한다.

⑧ 교과서 활용 안내와 홍보 체제 구축 : 지식·정보 사회에서는 학생과 교사가 교과서를 어떻게 활용할 것인가를 안내하는 후속 지원과 교과서 홍보가 무엇보다도 긴요하다. 여기에서의 지원은 수정·보완의 차원이 아니라 부수되는 학습자료를 개발 보급하는 것을 비롯하여 교과서의 활용도를 다각도로 제고하는 지원 형태를 말하고, 홍보도 단순히 잘된 점을 부각하여 알리는 것만이 아니라 교육 공동체가 함께 교과서의 제반에 대하여 토론하는 마당을 마련하는 의미를 지닌다.

⑨ 교과서 개발 관련 전문가 양성 : '교육의 질이 교사의 질을 능가할

수 없다.'는 말과 같이 교과서의 질은 개발자의 질을 능가할 수가 없다. 그러므로 교과서를 집필하고 검토하며 심의할 수 있는 전문가 양성이 본격적으로 이루어질 수 있는 정책 개발이 필요하다. 그리고 이들의 전문가적 지식이나 능력을 신장시킬 수 있는 교육 프로그램을 개발하여 교과서에 대한 안목과 개발 능력을 계획적으로 넓혀주는 교육과정이 요구된다. 교사 양성기관에서 '교재 개발학' 관련 강좌를 늘리고, 이를 필수로 이수하도록 하는 것도 하나의 방법이다. 정책 입안자의 능력 신장에 관한 것도 같은 범주에서 논의할 수 있다.

⑩ 효율적인 제도적·법적 지원 체제 확충 : 좋은 교과서 개발의 기본 조건은 효율적인 제도의 도입과 법적 뒷받침으로 그 원활한 수행을 보장하는 것이다. 로마가 천년 동안 융성할 수 있었던 이유는 권력을 가진 개인의 능력 때문이라기보다는 제도나 지원 법률에 있었음은 주지의 사실이다. 따라서 교육의 질을 좌우하는 좋은 교과서의 개발은 이를 효과적으로 수행할 수 있는 제도의 도입과 이를 받쳐주는 법률적 버팀목이 무엇보다도 중요하다. 앞에서 제시한 여러 사항도 공통적으로 이와 같은 범주에서 논의될 수 있는 성질의 것이다.

2. '편찬제도의 역동성' 확보와 교과서 정책

교과서 정책의 기본은 편찬제도에서 출발한다. 이처럼 교과서 편찬제도가 교육의 본질적인 문제와 직결된다면 그 개념도 단선적인 정의에서 탈피하여, 교과서 편찬의 설계 단계에서부터 학교현장에서 선택·사용되기까지 관련되는 모든 요소를 포함하는 의미 범주로 정책적 차원에서 확대하는 것이 좋다.

여기에, 좋은 교과서를 개발하기 위해서는 편찬제도에 '역동성'을 확보하는 것이 필요하다. 편찬제도의 역동성은 다음과 같은 送還의 과정에서 이끌어 낼 수 있는 변인간의 역학 관계를 상승적으로 작용하도록 제도적 장치를 마련하는 것이다. 즉, 교과서 개발계획의 수립에서부터 개발, 적용, 그리고 교과서 평가까지 환류(feedback) 체계를 유기적으로 조직하고 탄력적으로 운영하는 것을 말한다.

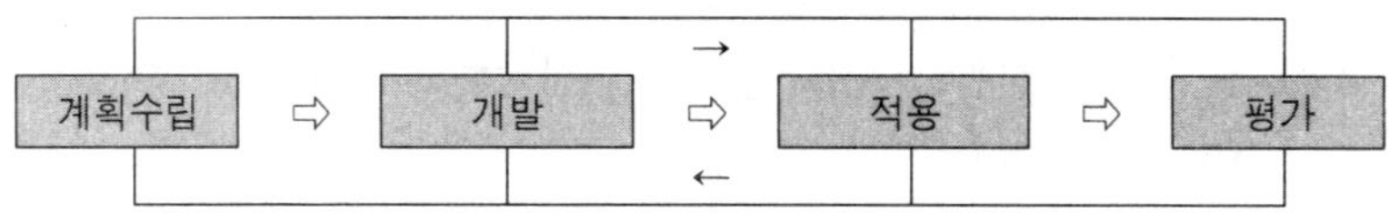

이와 같은 역동성의 확보는 교과서 발행제도에서도 찾아보는 것이 가능하다. 현재, 교과서의 저작 및 사용과 관련하여 국정, 검정, 인정, 자유발행 등으로 나누는데 이는 제도상의 구분일 뿐이다. 이들 이외에도 다양한 제도 유형을 구상할 수 있다. 일반적으로 '국정 ㉠ ⇨ 검정 ㉡ ⇨ 인정 ㉢ ⇨ 자유발행'의 순차는 국가의 간섭이 약화되는 단계로 생각한다. 그런데 이들 구분의 경계에 해당하는 제도도 상정하는 것이 가능하다. 즉, 국정과 검정이 가미된 제도(㉠), 검정과 인정 중간 형태의 제도(㉡), 인정과 자유발행제도가 혼합된 제도(㉢) 등 다양한 형태를 생각해 볼 수 있다. 그러나 현재 이러한 제도는 검증된 것이 아니므로 심층적인 연구로 구체적인 모습을 밝힐 필요가 있다.

상기와 같은 거시적 제도와 마찬가지로 이들 각 제도나 단계 내에서의 절차나 방법에 해당하는 미시적 측면도 그 역동성을 확보하여 교과서의 질을 제고할 필요가 있다. 따라서 현재 주로 위탁개발 방법을 채택하고 있지만 국정 교과서의 편찬 절차나 운용 방법, 검·인정의 세부적인 심의 기준이나 절차도 합목적이면서 역동적으로 제시·실천되어야 한다. 개발과정에 관여되는 요건중 시간과 공간의 제약을 슬기롭게 벗어나는 것도 좋은 교과서 개발을 위한 기본적인 역동성의 확보이다.

이처럼 좋은 교과서의 개발은 교과서의 질과 수준을 어떻게 가시적으로 설정하고, 이를 구현하기 위하여 어떠한 제도를 도입하고 역동적으로 운용하느냐에 달려있다고 하겠다. 그러므로 국가수준의 교육과정이 담고 있는 교육 내용과 방향, 이에 따른 교과서 편찬을 어떻게 제도화할 것인가를 심사숙고하여 결정해야 한다. 그러기 위해서는 현재 시행하고 있는 편찬제도의 고정된 틀에서 벗어나 교과서 편찬제도의 개념과 운용을 역동적으로 확대해야 한다.

IV. 미래의 교과서와 정책적 대비(對備)

과학의 발달로 인한 사회의 변화에 따라 교과서의 개념과 기능도 바뀌고 있다. 이미 '교과용 도서에 관한 규정'에서도 '학교에서 학생들의 교육을 위하여 사용되는 학생용의 서책·음반·영상 및 전자저작물 등을 말한다.'라고 하여 그 개념을 상당히 진전시키고 있다.

앞으로, 문명의 발달과 함께 학교교육에서 교과서의 형태와 기능, 위치 변화 추이를 다음과 같이 상정하는 것이 가능하다.

① 과거 : 만들어진 교과서로 가르침(변화시킬 수 없는 교과서).
② 현재 : 만들어진 교과서를 수정·보완하며 가르침(변화시킬 수 있는 교과서).
③ 미래 : 교과서를 만들어 가며 가르침(고정된 형태가 없는 교과서).

①은 서책으로 대표될 수 있으며, ②는 아직 실용화 단계는 아니지만 대표적인 형태로 전자 교과서를 들 수 있다. ③의 경우 미래에는 고정된 형태로 존재하는 교과서가 없다는 것을 가정한 것이다. 교육과정에서 제시한 내용 수준과 운영 지침만으로 현장에서는 다양한 교육자료를 이용하

여 교사가 교과서를 직접 만들어 가면서 교수·학습을 실천하게 된다. 이 경우 교과서의 개념과 기능, 활용 방법이 획기적으로 달라짐은 물론이다.

이에 따라 미래에는 교실의 환경 구조가 달라지므로 교수·학습의 방법도 획기적인 변화를 추구해야 한다. 그렇다면 미래에서의 교과서 편찬 제도는 현재와는 달리 그 발상과 실천에서 근본적인 변화가 요구된다. 현재와 같은 편찬제도나 정책의 틀에서 벗어나 미래형의 교과서 개발에 연구를 집중하고, 이에 대비한 준비가 지금부터 계획되어야 한다.

앞으로는 교육자료를 체계적으로 모아 분류하거나 목록화해야 하고, 이를 쉽게 이용할 있는 교육 시스템을 만들어야 한다. 이를 실현하기 위해서 교과서 박물관과 도서관의 설립이 긴요한 것처럼 '교육자료 도서관'이 필요하고, 이들 자료에 접근할 수 있는 전자 매체의 활용에도 변화가 뒤따라야 한다.

같은 맥락에서 미래에는 공동체 교육으로서의 학교의 위치와 기능도 달라지고, 더불어 학교의 구조와 교육적 틀도 바뀌게 된다. 그러므로 교과서 개발 정책은 학교교육의 기능 재정립과 보조를 맞추며 지금과는 달리 새로운 방향에서 접근해야 함은 물론이다.

V. 결 어

'좋은 교과서'의 개발은 '좋은 교과서 정책'의 수립과 그 역동적인 실천에 달려 있다. 그런데 좋은 교과서 개발에 관여되는 변인을 고려하여 교과서 정책을 수립하기는 그리 간단하지가 않다. 그러므로 이들 변인을 추장하거나 제어하는 것도 정책 차원에서 이루어져야 하고, 나아가 이에 대한 지속적인 연구와 실험이 필요하다고 하겠다.

좋은 교과서 개발을 위한 정책방향의 설정과 관련한 이상에서의 논의는 ① '좋은 교과서'의 개념 정립, ② 교과서 개발 관련 인재 양성, ③ 제도적, 법적 지원 장치 마련, ④ 편찬제도 운영의 역동성 확보 등으로 요약할 수 있다. 질 높은 교과서의 편찬을 위하여 상기의 요소는 모두 중요하다. 그러나 무엇보다도 효율적인 제도의 도입과 운영, 합리적인 법률적 뒷받침과 예산지원 없이는 소기의 성과를 거두기가 어렵다는 점을 상기할 필요가 있다. 그러므로 좋은 교과서를 개발하기 위한 효율적인 제도 모색에 대한 심층적인 연구가 선행되고, 이에 대한 정책 입안자의 확고한 신념이 뒤따라야 한다고 본다.

교과서의 질은 교육의 질을 좌우한다. 그러므로 좋은 교과서를 개발하기 위한 교과서 정책의 방향은 국가의 발전과 장래를 염두에 둔 미래 지향적 관점에서 설정·실천되어야 한다. 따라서 이러한 정책을 원활하게 수행할 수 있도록 교육과정과 교과서 정책 담당 부서의 인적, 물적 확보를 강조하는 것은 그 자체가 贅言이다.

제**7**장

국어교육과 문자교육 정책

Ⅰ. 서 언

우리나라는 문자환경의 특수성 때문에 한글전용론과 국한혼용론의 논쟁이 광복이후 지금까지 계속되어 왔다.[1] 이러한 논쟁은 문제 해결의 실마리를 제공하기보다는 爭論이 점차 고조되어, 문자사용에서의 장단점을 주창하는 일반적 논리를 훨씬 뛰어넘는 애국 논쟁으로까지 발전하였다고 하겠다. 그리하여 현재 '초등학교에서부터 한자를 가르쳐야한다.', '아니다. 그렇게 해서는 문제가 너무 많다.'라고 하는 논쟁도 그 연장선에서 이루어지고 있는 것이 사실이다.

세종대왕이 훈민정음을 창제하기 이전에 우리 민족은 한자를 사용하여 역사를 기록하고, 인간 내면에서 솟구치는 역동적 정감, 즉 문학적 감흥과 활동의 결과도 이를 통하여 발산하고 기록하였던 것이다. 창제 이후에도 상부 양반층에서는 여전히 한자를 주된 문자기록의 도구로 사용하였고, 갑오경장 이후에는 정책적 배려로 한글사용을 장려함에 따라 민중 사이에서 이의 사용이 일반화되기에 이르렀다고 할 수 있다. 여기에 일제시대 우리말 사용에 대한 압박 때문에 광복 이후 한글 사랑이라는 국민적 합의로 한글전용은 법률적 뒷받침을 받게 되었고, 이를 배경으로 현재까지 한글전용화 추세는 지속되고 있는 실정이다.

---

1) 본 글은 필자가 그 동안 발표했던 글을 중립적 관점에서 정리한 것이다.

우리나라에서만 존재하는 이러한 문자사용의 역사적 특수성과 이에 따른 문자 사용에 대한 국민적 인식과 가치관이 달라서 한글전용과 국한혼용의 논쟁이 지금까지 계속되어, 어느 면에서는 명쾌한 해결이 제시되지 못하고 소모적 논쟁으로 여겨질 수 있는 현상이 지속되었다고 하겠다. 그리하여 지금으로서는 가장 합리적으로 양자의 장점을 흡인하여 조화를 모색한 어문정책을 수립, 시행하고 있는 데도 이에 대한 국민적 신뢰와 정확한 평가가 이루어지지 않고 있는 것이 사실이다.

그 동안의 어문정책(어문 교육정책)은 한글전용 정책을 무리 없이 정착시키면서 문자생활에 필요한 취약점을 부분적으로 보완하여 왔다고 하겠다. 그러나 이러한 보완점이 전용과 혼용 양쪽을 전적으로 동시에 만족시킬 수는 없다. 따라서 사안에 대한 관심과 민감성을 감안하여, 양자의 주장 사이에 공통적인 문제인 한자교육 논의 실태를 보다 정확하게 이해하고, 앞으로 한자교육 문제를 어떻게 하면 슬기롭게 해결할 수 있을까 하는 방법을 찾아보는 거시적 입장에서 어문정책에로의 접근을 시도해 보는 것이 바람직하다고 본다.

그리고 앞으로는 한자교육의 문제에만 국한하여 어문정책을 논하지 말고, 지식·정보 사회에 보다 국가 발전에 어떻게 하는 것이 유익한가의 대승적 관점과 방향에서 이를 논의해야 할 것이다.

Ⅱ. 어문정책의 변천과 양상

1. 어문정책과 어문 교육정책

어문정책과 어문 교육정책의 구분은 관장 부서에 따른 단순한 분리로 언중에게는 이를 구분하여 사용할 필요가 없기도 하다. 1990년도에 정부

조직이 바뀌면서 어문정책이 문화관광부(당시 문화부)로 이관되었다. 당시에는 문화부내에 국어문화를 담당하는 정책국을 따로 독립시킬 정도로 국어문화와 국어발전에 야심을 가지고 정책을 수립, 시행하였고, 현재는 국어정책과 단일 부서로 축소되어 있는 실정이다.

'문화관광부와 그 소속기관 직제 시행규칙'에 의하면 국어정책과는 ① 우리말과 우리 글자에 관한 종합 계획의 수립 및 조정, ② 우리말과 우리 글자의 체계적 정리 및 보급, ③ 우리말과 우리 글자의 해외 보급에 관한 사항, ④ 우리말과 우리 글자의 정보화에 관한 사항 등을 관장한다고 규정하였고, '문화예술 진흥법'이나 '문화예술 진흥법 시행령'에서도 '국어의 발전 및 보급'에 관한 사항 등을 수행하도록 구체적으로 명기하고 있다.

한편, 교육인적자원부는 어문정책을 바탕으로 하는 교육정책을 수립하여 수행한다고 하지만 이를 법적 사항으로 명기한 것은 없다. 부내 교육과정정책과는 교육과정 개발과 교과서 편찬을 주된 업무로 하고 있다. 그리하여 수립된 어문정책을 바탕으로 교육과정상 학교급을 고려하여 한자·한문 교육을 위한 교과목 설정, 교과서 한자 표기 방법 등을 결정하는 위치에 머물러 있는 실정이다.

어문정책은 연구와 교육 기능이 수반되어야 효과를 발휘할 수 있는데, 이들이 분리되어 있어 정책의 개발과 이의 수행에 따른 소기의 목적을 달성하는 데 어려움이 있는 것이 사실이다. 이는 정부 조직과 연관된 정책적 차원에서의 민감한 사항이지만, 대승적 견지에서 두 기능을 통합하는 방향으로 해결되어야 한다고 본다. 합리적인 정부조직은 정책을 입안하고 수행하는 데 효율성을 발휘할 수 있고, 수행 결과를 분석, 평가하는 데 일관성을 유지하는 것이 가능하다.

2. 어문정책의 전개와 변천

현재, 우리나라의 어문정책(국어정책)은 주지하다시피 '한글전용에 관한 법률'(법률 제6호 특별법, 1948.10.9.공포)에 명시한 다음과 같은 조문에 근거하고 있다.

> 대한민국의 공용 문서는 한글로 쓴다. 다만, 얼마 동안 필요한 때에는 한자를 병용할 수 있다.
> 부칙 : 이 법은 공포한 날부터 시행한다.

그리하여 어문교육(국어교육) 정책은 이를 바탕으로 하여 '① 한글전용이라는 이상 실현, ② 실질적인 민족문화 계승 창달, ③ 한자혼용이라는 현실과의 조화 도모' 등을 그 배경과 방향으로 삼고, 교과용도서 표기 방법에는 탄력적인 변화를 추구하면서 광복 이후 지금까지 일관되게 정책을 펼쳐 왔다.

교과용도서 표기 방법과 연관하여 현재까지 문자교육의 변천을 일람해 보면 다음과 같다(구체적인 사항은 참고 자료1 참조).

<table>
<tr><th rowspan="2">구 분
(연 도)</th><th colspan="9">1945　50　55　60　65　70　75　80　85⇒ 현재</th></tr>
<tr></tr>
<tr><td rowspan="2">초등
학교</td><td>1~3학년</td><td colspan="9" align="center">한　　글　　전　　용</td></tr>
<tr><td>4~6학년</td><td colspan="5" align="center">국　한　병　용</td><td align="center">국한
혼용</td><td colspan="3"></td></tr>
<tr><td colspan="2" align="center">중 학 교</td><td colspan="5" align="center">국　한　병　용</td><td align="center">국한
혼용</td><td align="center">한글
전용</td><td colspan="2" align="center">국　한　병　용</td></tr>
<tr><td colspan="2" align="center">고등학교</td><td colspan="5" align="center">국　한　병　용</td><td align="center">국한
혼용</td><td align="center">한글
전용</td><td colspan="2" align="center">국　한　병　용</td></tr>
</table>

위의 도표에서 알 수 있듯이 국한혼용 교육은 65년에서 69년까지 초등학교 4학년 이상에서 이루어졌다. 그러다가 68년도 한글날에 대통령이 특별 담화를 발표하고, <한글전용 촉진 7개 사항> 지시에 의하여 한글전용은 전격적으로 실시되었다.

<한글전용 촉진 7개 사항>
1. 70년 7월 1일부터 행정·입법·사법의 문서뿐만 아니라, 민원 서류도 한글을 전용하며, 국내에서 한자가 든 서류를 접수하지 말 것.
2. 문교부 안에 '한글전용 연구 위원회'를 두어 69년 전반기 내에 알기 쉬운 표기 방법과 보급 방법을 연구·발전시킬 것.
3. 한글 타자기 개발을 서두르고, 말단 기관까지 보급하여 쓰도록 할 것.
4. 언론·출판계의 한글전용을 적극 권장할 것.
5. 1948년에 제정된 '한글전용에 관한 법률'을 개정하여 70년 1월 1일부터 전용하게 하고, 그 단서는 뺀다.
6. 각급 학교 교과서에서 한자를 없앨 것.
7. 고전의 한글 번역을 서두를 것.

그리하여 모든 교과서를 한글전용으로 편찬하되 한문교과를 따로 신설하여 한자와 한문을 가르치도록 하였다. 그러나 필요에 의하여 1975년부터 중·고등학교 국어 교과서를 중심으로 한자를 다시 병기하게 되었으며, 이후 이러한 문자교육 정책의 기본 틀은 지금까지 계속 유지되어 왔다. 결국, 교과서 표기상으로 보면 한글전용이 전적으로 실시된 기간은 70년부터 74년까지라고 할 수 있다.

그 동안 한글전용론과 국한혼용론의 논쟁은 정치적 전환기마다 표면으로 부상하여 초등학교 한자교육 문제를 비롯하여 문자표기 정책이 종합적으로 검토된 적은 있었지만 변화로까지는 이어지지 않았다.

Ⅲ. 전용론과 혼용론 내용과 문제점

1. 논쟁의 내용

이미 다 알고 있는 내용이지만 한글전용론과 국한혼용론의 대체적인 주장을 요약하면 다음과 같다.

한글전용을 주장하는 측에서는 ① 한자는 원시적인 글자인데 한글은 현대적인 글자로 배우기가 쉬움, ② 한자는 글자 기계화의 발달을 더디게 함, ③ 한자를 버리려는 것은 세계적인 경향임, ④ 한자는 우리 사고의 폭을 좁혀 왔음, ⑤ 그 동안 한글 문화가 괄목할 정도로 성장하였음 등의 몇 가지를 주장의 예거로 삼고 있다.

국한혼용을 주장하는 측에서는 한자교육의 필요성을 ① 국어의 올바른 이해와 표현에 용이함, ② 조어력을 바탕으로 한 어휘력 신장에 도움이 됨, ③ 전통문화의 계승 발전 및 문화의 정체성과 경쟁력 신장에 도움을 줌, ④ 인성교육을 효과적으로 실천할 수 있음, ⑤ 한자 문화권의 조화와 BESETO(BE: Beijing, SE: Seoul, TO: Tokyo) belt 구축 등과 같은 사항을 들어 강조하고 있다.

양자의 주장을 면밀하게 살펴보면 주장 내용이 나름대로 타당한 근거를 가지고 있어 어떻게 판단해야 좋을지 혼란스러움을 자아내는 것이 사실이다. 다음에 열거한 국한혼용측 주장에 대한 한글전용측의 반론을 검토해 보면 양측 주장의 내용과 논리가 어떤 양상을 띠는 지를 파악하는 데 참고가 된다.2)

---

2) '한글 새소식'(358호, 한글학회, 2002. 6.)에서는 국한혼용 주장으로 다음 여섯 가지 항목을 들고 이에 대하여 반론을 제기하고 있다.
  ① 문자 정책이 실패하여 젊은이들이 문맹이 되었다.
  ② 한자를 모르는 학생들이 사회에 배출되면 고급지식을 요하는 지식산업 시대에 그 능력을 전혀 발휘할 수 없다.
  ③ 우리말의 70% 이상이 한자말로 되어 있다.

① '국민지성의 저하' 주장에 대하여 : 우리나라의 문자 해독률은 세계 정상급으로, 우리 국민의 지식·정보 흡수 속도의 신속성은 타민족의 추종을 불허한다. 한글전용으로 기인한 초등학교 학생들의 독서 능력은 외국인들이 찬탄을 자아내고 있으며, 이는 고도성장이라는 국가 발전의 밑거름으로 작용하였다.

② '민족문화의 전통 말살' 주장에 대하여 : 한문 고전의 번역과 별도의 한문교육을 통하여 전통문화의 계승이 가능하고, 문화나 도덕의 실질 내용은 그것을 표기하는 형식인 한자와 무관하게 존재할 수 있다. 따라서 혼용이 아니면 민족문화의 전통이 말살된다는 논리는 성립되지 않는다.

③ '한문 문화권에서의 고립 낙후' 주장에 대하여 : 한국, 중국, 일본에서 현재 사용하는 한자는 각각 자체, 음, 뜻이 상이하여 통용되기가 어렵다. 따라서 한문문화권에서의 고립, 낙후라는 말은 성립되지 않으며, 배우기 쉬운 한글은 오히려 국제 경쟁에서 유리한 조건이다.

④ '국어의 혼란 야기' 주장에 대하여 : 우리말의 **70%**가 한자어이기 때문에 낱말을 한자로 표기해야 한다는 논리는 서구 외래어는 서구 문자로 표기해야 한다는 주장과 같은 것이다. 언어는 어린 시절부터 음성을 통하여 습득하므로 이를 쓰기 쉬운 음성기호로 표기하면 족하다. 한자 표기가 없는 구어에서도 한자어의 사용에 불편을 겪지 않으며, 어휘의 조어와 축약에도 지장이 없다. 동음이의어의 문제는 어느 나라나 있는 것이고, 낱말의 뜻은 문맥에 의해 파악할 수 있다.

⑤ '교육의 효과 감퇴' 주장에 대하여 : 한글은 배우기 쉽고 쓰기 쉬우며, 기계화가 용이하고 교육의 효과를 제고할 수 있다. 한자 학습은

---

④ 동북아 한자 문화권 때문에 한자를 가르쳐야 한다.
⑤ 한자를 공부하면 전통을 이어 받을 수 있다.
⑥ 한자를 섞어 써야 국가 경쟁력이 향상된다.

지능의 개발을 가져온다고 하지만, 중국의 유명한 작가 노신은 "한자가 망하지 않으면 중국 국민이 망한다."라고 말하였다. 초등학교에서 한자 지도를 했더니 국어 학력이 오히려 저하되었다는 연구 결과가 나오기도 하였다. 한자학습 부담이 가중되기 때문에 다른 학습에 지장을 줄 우려가 많기 때문이다. 이 문제에 대하여는 아직 객관적 연구 결과가 나오지 않아 전용측이나 혼용측이 자기 쪽에 유리한 일부 연구물만 예거하고 있다.

⑥ '학술의 발전 저해' 주장에 대하여 : 광복후의 한글 세대가 인문, 사회, 과학 등 모든 분야에서 눈부신 발전을 주도하고 국가발전의 원동력이 되었다. 한글에는 고도의 음운 표기 능력이 있고, 학습의 신속성과 용이성이 있음을 세계의 학자들도 모두 인정하고 있다. 그리고 기계화 및 자동화 시스템에서 한글의 능률성은 타 언어의 추종을 불허한다. 독서할 때 한자는 새로운 어휘의 의미 파악에 도움이 된다고 하지만, 정확한 어휘의 뜻은 문맥과 사전에 의해서도 파악될 수 있다.

⑦ '현실 적응능력의 불편' 주장에 대하여 : 문화생활의 대중화와 매스컴의 상보적 기능으로 광복후 세대의 현실 적응력은 기성세대보다 왕성하다. 정보의 대중화에 필수적인 문자생활의 능률성은 새로운 세대의 현실 적응력을 가속화시킨다. 중학교부터 한자·한문 교육을 실시해도 현실 문자생활에의 적응력을 기를 수 있다. 6차 교육과정에서부터는 초등학교에서도 학교재량 시간에 한자교육도 할 수 있도록 하였다.

2. 논쟁의 문제점

이상, 양측 주장의 논점을 구체적으로 살펴보았다. 이렇게 어느 한쪽은 나름대로 세부 논리를 앞세워 상대의 주장을 반박하기도 한다. 그런데 이러한 對蹠的 국면에서는 한자교육 문제를 근본적으로 해결하기는 어렵다.

자세히 분석해 보면, 양측의 주장 내용은 그 범위가 광범위하고 매우 포괄적인데도 이를 일반화한 느낌을 준다. 그리고 일부 의견이기는 하지만, 과학적 연구에 근거하지 못하고 개인이나 집단의 가치, 신념, 문화에 의지하여 주장하거나, 간혹 실험·조사 연구의 결과를 근거로 제시하는 경우에도 이들 연구들의 대부분이 연구 방법의 과학성과 객관성을 충분히 갖추지 못하였다고 말한다.

그리고 한글전용론자 중에도 한자·한문교육을 인정하는 사람도 있고, 이 점이 제대로 부각되지 않아 그 동안 부수적 논의에 빠지는 경우가 많았으며, 두 주장 사이에는 말과 글의 문제를 혼동하기도 하고, 감정적 논쟁으로 흐르는 경향이 있었다고 하면서 이에 대한 해결책을 주장하기도 하였다.[3] 그리하여 논쟁이 심화되면서 여러 사항들이 쟁점화되기도 하였는데, 다음과 같이 몇 가지 문제에 대하여는 시야를 넓혀볼 필요가 있다.

국어교육이 잘못 되어 漢盲을 양산한다는 국어교육에 대한 접근 방식에는 신중을 기해야 한다고 본다. 이는 국어교육의 본질이 무엇인가를 밝히는 문제와도 직결되며, 따라서 한자교육을 국어교육에서 도외시했기 때문에 대학에 진학하여 전공서적을 읽지 못한다는 연결은 비약이 심하다. 현재 중·고등학교 교육과정에는 한문과목이 설정되어 있으며, 국어 교과서에서도 괄호에 한자를 병기하고, 어휘 학습 중심으로 한자를 가르치고 있기 때문에 전적으로 국어교육에 그 책임을 묻기는 어렵다.

---

3) 민현식, "초등학교 한자교육의 필요성"(국가경영전략연구원 주최 세미나 자료, 2002. 6.) 민 교수는 이들 주장의 상호 관계를 다음과 같이 도식화하고 있다.

<pre>
한자 문제 ┬ 추방 폐지론 ┬ 즉시 폐지론
          │   └ 점진 절감론 ┬ 절감 제한론
          └ 정리 활용론 ┬ 제한 이용론 ┘
                        └ 방임 활용론
</pre>

‘국민의 전통문화 소양을 높이려면 조기 한자교육이 필요하다’고 하는 논리를 일반화하는 데는 전제되어야 할 사항들이 너무 많다. 전통문화의 개념과 이의 교육 내용이 무엇이며, 또 전통문화를 한자교육을 통해서만 학습할 수 있는가, 한자교육을 통하여 어떻게 전통문화를 이해하고 이를 계승·발전시킬 수 있을까 등은 더욱 연구해야 할 과제라고 생각한다. 전통문화에 대한 소양은 한자를 읽을 수 있다고 하여 넓혀지는 것이 아니며, 또한 옛날의 한문전적을 직접 독파해야 전통문화를 이해·계승하는 것은 더욱 아니다.

문자 및 언어 교육은 어릴 때일수록 좋으므로 한자교육도 어릴 때부터 해야한다는 주장에는 이론의 여지가 없다. 조기교육의 필요성에 대하여는 학문적 이론이 서있기 때문이다. 그렇다고 하여 아동의 능력이나 흥미를 고려하지 않고 한자교육을 조기 도입하는 것은 한글전용론 측에서 주장하는 것처럼 아동에게 가혹한 학대를 자초할 우려가 있는 것이 사실이다. 지식·정보 사회에서는 심신의 성장과 발달에 따라 배워야 할 것들이 구분되어 능력과 적성, 선택권을 보장하면서 아동에게 제공되어야 한다는 아주 평범한 명제를 간과해서는 안 된다.

중국·일본의 한자 문화를 이해하려면 국가 경쟁력 차원에서 한자교육이 유익하다는 관점에도 고려의 폭을 더욱 넓힐 필요가 있다. 동북아 문화권 형성에 적극 참여하여 동양권을 제어하려면 한자를 모르는 것보다 아는 것이 힘이 된다. 그러나 중국에서 사용하는 간자체는 우리가 사용하는 한자와는 다르며, 한자를 안다고 하여 중국어나 일본어를 능숙하게 구사하는 것도 아니다. 그리하여 국가 경쟁력 차원에서는 한자교육보다는 중국어나 일본어를 조기 교육하는 것이 더욱 효율적이라는 주장이 나오기도 한다.

한문과목을 국어과 선택과목에 편입하는 문제는 신중을 기해야 한다고 본다. 현재, 교육과정 편제상에는 ‘한문’과 ‘국어’는 별도의 교과목으로 설정되어 있고, 교사 자격증도 구분하는 데는 그럴 만한 이유가 있다. 국어교육으로서 한문을 독서, 작문, 문학 등과 동등한 위치에 놓을 수 있는 지도 깊은 연구가 필요하다. 1, 2차 교육과정에서 한문을 국어에 포함시킨 것은 교육목표와 내용의 동질성에 근거하기보다는 교육의 여건에서 기인한 바가 크다.

북한에서의 한자교육에 대한 인식을 바로 잡을 필요가 있다. 외래어를 배격하며 문화어 보급을 우리의 한글전용보다도 더욱 철저하게 실천했던 북한은 한자교육에 관심을 두고 학교급별 한자교육 체계를 구체화했다. 그러나 그 실제에서는 우리보다도 한자교육이 활성화되지 못하였다고 직접 교육을 담당한 사람들이 증언하고 있음을 상기할 필요가 있다.

한글전용과 국한혼용 문제를 해결한 데에는 교육의 효과가 실질적·객관적으로 확보되어야 하고, 무엇보다도 국민적 합의를 도출해야 하므로 논쟁의 불씨를 당장 사그라지게 하기가 쉽지 않은 것이 사실이다. 그러나 전용론이나 혼용론 모두 민족의 정체성 교육을 주장의 배경으로 삼고 있어, 양측이 주장하는 장점을 모두 살리면 한자교육 문제를 해결할 가능성은 엿보인다.

Ⅳ. 어문정책의 발전적 모색과 방향

1. 동북아 문화 중심권 성립과 어문정책

1) 동북아 문화 중심권의 성립

문명의 발전은 정신과 물질이 조화를 이룰 때 역사 발전의 원동력으로 작용한다. 그렇다면 서양 중심으로 이뤄졌던 물질문명은 정신문명이 중심이 된 동북아 문화권과의 조화가 불가피하고, 따라서 21C에는 궁극적으로 문화의 중심 이행이 필연적이다. 그러므로 문화교육의 일익을 한자·한문 교육이 무엇을, 어떻게 담당할 수 있는가를 가시적으로 연구해야 한다. 그 저 가르쳐야만 된다는 단순 주장의 논리에서 벗어나 문화창조의 원동력이 되는 구체적 상황과 방법을 제시해야 한다. 과거의 문화가 현재에도 그대 로 문화발전의 원동력은 지니는 것은 아니기 때문이다.

현재의 언어도구는 한자·한문이 아니고 한글임을 생각해야 한다. 현재 의 주된 의사 소통의 문자도구는 엄연히 한글인 것이다. 역사 발전의 원동 력을 문자사용의 과다에서 찾는 발상을 찬양만 할 수는 없는 것이다. 반면 에 동양 3국에서 동양적 가치관을 유구한 역사 속에서 原質을 보존한 것 은 우리 민족이라는 자부심을 내세울 만하다. 그러므로 앞으로는 한자· 한문교육의 필요성 못지 않게 한문교육을 어떻게 더욱 효율적으로 수행할 수 있는가를 연구해야 한다.

2) 한글의 세계화와 한자·한문교육

한자·한문교육은 일상생활에서 음성 언어로 의사소통을 하는 데 목적 이 있는 것이 아니라, 우리 음으로 읽고, 우리의 생각을 표현한 문자 중심 의 교육이라는데 한계가 있다(중국어교육이 아님). 결국, 한자·한문교육 은 국어교육 또는 동양학 교육과 어떤 위상 관계를 모색해야 하는 것이다. 지금으로서는 한자·한문교육이 독자적으로 그 가치를 발하는 방법을 강 구해야 할 시기라고 본다.

언어는 인간만이 갖고 있는 의사 소통의 도구이다. 이 언어를 통하여 인간은 자기의 존재를 확인하고, 우주적 존재로서의 의미를 부여할 수 있 다. 세계에서 유일하게 창제자가 밝혀지고, 모든 자연의 소리를 근접하게 표현할 수 있는 가장 실용적 국어를 통하여 우리는 이러한 특유의 권리를 향유하고, 민족의 特長을 발휘했던 것이다. 이에 21세기에는 한층 더 이러한 권리의 차원을 고양하기 위하여, 한자·한문교육은 독자성을 유지하면서 국어교육과의 상보적인 역할분담의 차원에서 그 위상을 정립해야 한다. 환언하면, 한자·한문교육의 효율성을 발휘하면서 한글의 세계화에 일조가 되는 교육이 필요하다.

2. 21세기 어문정책의 방향 모색

『유네스코쿠리에』와 『컬처스』 등 학술 관련 잡지는 세계적으로 비중심 지역과 비서구국의 민족 언어들이 서서히 사라지고, 상대적으로 힘센 외래어(우세어)나 한 민족어와 다른 민족어간의 혼성어(Lingua Franca)가 민족어를 대신하는 현상이 보편화되고 있다고 보고하였다. 그리하여 현재 지구상에는 5천 개 이상의 민족어가 생존하는데, 이들 언어 중 상당수가 해마다 20~30개씩 점진적으로 영어 등 우세한 언어로 대체되면서 사라진다는 것이다. 이러한 언어 소멸의 추세를 감안할 때, 미래의 세계에 언어사용의 구도는 지금과는 상당히 달라진 모습으로 나타날 것이다. 그리하여 스페인 노벨상 작가 카밀로 호세 셀라는 "21세기에는 영어, 스페인어, 중국어, 아랍어 등 4개 언어만 남고 나머지는 지역적 방언이나 詩語로만 존재할 것"이라고 전망했다.

우리말과 글의 우수성에 대한 자긍심이 세계 어느 나라보다도 강한 우리로서도 이러한 언어 지형도의 변화추세를 강 건너 불 바라보듯 할 수만은 없다. 우리 민족의 자존심은 우리말에 대한 자존심과 다르지 않기 때문에 이 시점에서 민족의 생존과 결부하여 우리말을 지킬 수 있는 방법을 모색해야 한다. 따라서 이러한 세계 언어의 변화추세를 감안하여 한자·한문교육의 문제도 미래 지향적인 정책설계에 다음 몇 가지를 고려하여 해결책을 찾아야 한다.

첫째로, 한글전용론과 국한혼용론 모두 자기 주장의 논리에 상대의 것을 흡인하려고만 하지말고 거시적 차원에서 그 간극을 좁혀야 한다. 우리 말이 가지는 두 가지 特長인 표음적 자질과 표의적 자질을 어떻게 조화시켜 교육의 장으로 수렴시킬 수 있는지를 찾아야 한다.

둘째로, 한자교육을 국어교육에서 어떻게 정립해야 하는 가는 좀더 세밀한 연구가 선행되어야 한다고 본다. 한자는 '분해적 연관어 학습'으로 어휘력을 효율적으로 신장시키는 데에는 유용하다. 그러나 어휘교육이 국어교육에서 차지하는 위치를 국어교육의 본질을 해명하는 차원에서 새롭게 정립할 필요가 있다.

셋째로, 초등학교에서 한자교육이 실시되면 만사가 해결된다는 인식에 변화가 필요하다. 아동의 인지발달과 지식 수용에는 한계가 있으므로 한자교육이 또 다른 소질의 계발을 가로막거나 짐이 되어서는 아니 되기 때문이다. 따라서 논의의 장을 초등학교로 좁혀 놓으면 해결의 실마리는 멀어 보인다.

넷째로, 한자문맹의 해결은 초·중등 공교육에서의 노력도 필요하지만 학습자 스스로의 학습 열망도 요구된다. 기초·기본 교육을 완성하는 데 공교육의 책무성을 강조하는 것은 당연하지만, 공교육이 전문 지식인으로서의 모든 소양을 책임 짓기에는 21세기 지식·정보 사회에는 한계가 따르기 마련이다.

다섯째로, 한자 혼용과 병용의 의미를 분명히 하고 이의 교육적 적용 방법을 확연히 할 필요가 있다. 혼용은 한자를 문맥에서 그대로 노출시키는 것이고 병용은 한자를 괄호 속에 병기하는 것을 의미한다. 그러므로 병용과 혼용은 교과서 표기 방법에서부터 다르며, 당연히 교수·학습 방법도 달라야 함은 물론이다.

여섯째로, 한자교육과 한문교육을 구분하여 현안 문자교육 정책의 문제를 해결해야 한다. 한자교육, 한문교육을 동시에 해결하려 하면, 현안으로 대두한 문제의 원천적 해결 방법이 서지 않을 수도 있기 때문이다.

일곱째로, 한자교육의 관심 못지 않게 한글의 세계화에도 힘써야 한다. 한글은 소리글로서 세계에서 가장 우수한 문자 중의 하나임에는 틀림없다. 그러므로 한자교육은 한글의 세계화에 기여하는 방향으로 상보적으로 모색되어야 한다.

여덟째로, 어문정책과 어문교육 정책의 유기적 강화가 필요하다. 어문정책은 학술적 배경과 교육활동을 떠나서는 존재할 수 없으므로, 두 정책의 긴밀한 협조는 국가 차원에서 일관되고 효율적인 정책을 펼 수 있는 단초가 될 것이다.

V. 결 어

대체로 한글전용의 장점은 국한혼용의 단점이 되고, 한글전용의 단점은 국한 혼용의 장점이 된다. 그러므로 두 주장의 내용을 정확하게 분석하여 어느 한 쪽만의 극단적 주장만을 생각할 것이 아니라, 두 주장의 절충적 조화를 모색하는 접근이 어떤 면에서는 합리적일 수가 있다.

한글전용이 우리 민족의 궁극적 이상이긴 하나, 급작스런 한글전용 강행은 문화적 단절과 국론의 분열을 가져올 우려가 많다. 모든 문화현상은 점진적, 단계적으로 발전·개선되어야 전통의 단절을 피할 수 있다. 따라서 한글전용의 실현은 장기적, 점진적으로 국립국어연구원 등 관계기관이나 학술 단체의 도움을 받아 추진하는 것이 바람직하다고 본다.

같은 맥락에서 새로운 세기에는 한자·한문교육도 변화를 모색해야 한다. ① 한자·한문교육에 적합한 교수·학습의 개발과 적용, ② 새로운 평가 도구의 개발과 수행, ③ 사회변화에 부합하는 교과서 개발, ④ 학교교육에서 사회교육에로의 시야 확대, ⑤ 문화교육, 정체성 교육의 가시화 등에 대하여 새로운 발상과 바람을 불어넣어야 한다.

프레이저가 지은 『황금가지』(The Golden Bough)에는 '숲의 왕'에 대한 이야기가 실려 있다. 사제가 지키는 성역 안에는 나무 한 그루가 있는데, 도망쳐 온 노예가 그 가지 하나를 꺾는데 성공하면 사제와 결전을 벌일 자격이 주어지고, 사제를 죽이면 숲의 왕이라는 통치권을 갖게 된다. 이렇게 상대를 제거해야 자신이 살 수 있다는 '숲의 왕'을 차지하는 원리를 교육 문제, 특히 한자교육 문제를 해결하는 데 적용할 수는 없다. '네가 있으니 내가 있고, 내가 없으면 너도 없다.'는 아주 평범한 진리에서 한자교육 문제에 대한 해결 방법을 찾는 것이 바람직하다. 교육의 문제는 흑백논리로 접근하면 부작용이 따르기 마련이다.

21세기에는 민족의 궁극적 이상 실현을 목표로 하여 한글전용과 국한혼용 양자의 장점을 모두 살리면서 국력 소모적 논쟁을 하루 빨리 불식시켜야 한다. 지금으로서는 논쟁 불식에 한계가 있기는 하다. 그러나 앞으로는 국민적 합의를 전제로 衆智를 모아 해결할 수 있다고 본다. '우리'에게는 국가 발전을 위하여 하나가 되는 민족정기가 있기 때문이다.

〔참고 자료1〕

● 어문정책 변천 과정

연　도	내　　　용	비　　고
1945.12.	한글전용을 원칙으로 하고 한자 병기 허용	군정청 학무국
1948.10.9.	'한글전용에 관한 법률' 공포(법률 제6호)	※총리훈령68호에서 단서규정 효력정지
1951.9.	상용한자 1000자 제정 공표	
1956.	한글판 신문 발행	서울신문
1957.	한글 간판 권장 운동	내무부
1957.11.	신인정 한자 300자 제정 공표 ※ 상용한자 1300자	
1961.	법원 판결문에서 한글전용	법원행정처
1965.3.1.	초등학교4,5,6학년 국어 교과서에서 한자노출 사용(600자)	1965~1969
1966.3.1.	중·고등학교 국어 교과서에서 한자 노출 사용 • 중 학 교 : 1000자(600 + 300) • 고등학교 : 1300자(1000 + 300)	1966~1969
1967.11.26.	대통령, 국무총리에게 한글전용 연차 계획 추진 지시	
1968.1.15.	대통령, 공문서에서 한글전용할 것을 지시	
1968.5.2.	한글전용 5개년 계획안 공표 • 총무처 : 각종 공문서에 한글전용 • 법원행정처 : 호적 등에 한글 표기 확대	
1968.10.9.	대통령, '한글전용에 관한 담화'(한글날 담화문) ※ 1970년부터 모든 분야에서 한글전용	
1968.10.25.	대통령 특별 지시에 의하여 • 70.1.1.부터 행정, 입법, 사법의 모든 문서 및 민원서류에 한글전용, 한자사용 서류 접수 금지 • 한글 타자기 개량 급속 추진 　－ 말단 기관까지 보급 사용 조치	

1968.11.7.	한글전용연구위원회 구성(1968.11.5. 대통령령 제3625호)	
1968.11.27.	상용한자 폐기	
1968.12.24.	국무총리 훈령 제68호 하달 • 공문서, 법규 문서, 기타 표현물의 완전 한글화 • 한자용어의 통일 및 한글화	1970.1.1.부터 시행
1969.5.6.	한글 기계화 표준 자판 통일(한글 타자기 자판 통일) • 민원 서류의 한글화 권장	제35회 국무회의
1969.9.	인문고교 국어과 교육과정 개정 ※ 한문 6단위 → 8단위	1970.3.1.부터 실시
1970.3.1.	초·중·고 교과서에 한글전용	
1972.8.	한문 교육용 기초 한자 제정 공표(1800자)	
1972.9.1.	중학교 한문 교과 독립	
1975.3.1.	중학교 국어 교과서에서 한자 ( )안 병기 사용(900자)	
1975.3.1.	고등학교(인문 및 실업) 국어 교과서에서 한자 ( )안 병기 사용(1800자)	
1996.12.26.	'초등학교 교과서 한글전용 위헌 여부 헌재 심판대상 안된다'고 각하	
1999.8.9.	공문서에 한자 병기(괄호 안에 한자, 외국어 병기)	행정자치부 사무관리 규정 개정
2001.12.30.	한문 교육용 기초 한자 1800자 조정(44자)	

〔참고 자료2〕

▶ 교육과정상 한자 · 한문 교육의 변천

교육과정 \ 학교급	중 학 교		고 등 학 교	
요목기	46.11.17	한자·한문 지도를 구체적으로 기술하지 않음.	46.11.17	국어과와 관련하여 한자 지도 및 국한문 혼용에 관한 것이 제시되어 있음.
1차	55.8.1	국어교육의 일환으로 국어과 교육과정에 '한자 및 한문 학습'에 관한 사항 넣음.	55.8.1	국어교육의 일환으로 국어Ⅱ에 포함시켜 '한자 및 한문 지도'를 구체화함.
2차	63.2.15	국어과 교육과정에 '한자 및 한문 지도' 항을 포함시킴.	63.2.15	1차와 대동함. 69년: 한자 및 한문 지도에 관한 사항 삭제 72년: 독립 교과로 신설
3차	73.8.31	한문과 교육과정 신설 (1학년: 1/ 2, 3학년: 1~2)	74.12.31	독립 교과로 신설, 한문Ⅰ, Ⅱ로 나누어 지도함.
4차	81.12.31	한문과 교육과정 체제를 좀더 구체화함. (1학년: 1/ 2, 3학년: 1~2)	81.12.31	한문Ⅰ, Ⅱ로 구분. '평가상의 유의점' 규정 제시가 특징
5차	87.3.31	필수 과목으로 교육 (1학년: 1/ 2, 3학년: 1~2)	88.3.31	한문Ⅰ, Ⅱ로 구분.
6차	92.6.30	환경, 컴퓨터, 기타 과목과 함께 선택 과목으로 전환 (1, 2, 3학년: 1~2)	92.10.30	한문Ⅰ(6), Ⅱ(4)로 구분.
7차	97.12.30	재량 활동 시간의 선택 과목(환경, 컴퓨터, 실용외국어 등)으로 교육	97.12.30	고 2, 3학년 일반 선택 : 한문(6) 심화 선택 : 한문 고전(6)

제2부

국어교육과 생활

제**1**장
●●●

‘龍飛御天歌’의 감화적 표현

Ⅰ. 서 언

　인간을 ‘언어적 존재’, ‘언어적 동물’이라고 하듯이 말과 인간과의 관계는 불가분의 것으로 우리 생활과 역동적으로 긴밀한 작용성를 유지한다. 이렇게 인간은 언어를 통하여 원만한 인간 관계를 형성할 뿐만 아니라, 스스로 삶의 방식을 선택하기도 하고, 더 나아가 우주내에서의 자기의 존재를 이를 이용하여 피력하고 확인하기도 한다.

　일찍이 레미 드 구르몽(Rémy de Gourmont)은 “사람이 글을 쓰는 유일한 이유가 꼭 한 가지 있다면 그것은 자기라는 한 개성의 거울에 비쳐진 어떤 특수한 세계를 타인에게 제시하기 위한 것이다.”[1] 라고 설파한 바가 있다. 즉, 인간의 내면에는 본능적으로 표현의 욕구가 내재해 있으며, 이러한 내재적 凝結體가 밖으로 모습을 드러낼 때에는 상대에게 어떤 감흥과 행동의 변화를 요구하기도 하는 것이다. 여기에서 표현의 전달을 효율적으로 수행하는 방법을 모색하게 되고, 그리하여 감화적 언어 사용의 실질적인 증대를 꾀하기도 한다.

　지금까지 언어의 감화적 용법의 고찰은 일상의 언어나 문학의 언어를 중심으로 꾸준하게 연구되어 왔다.[2] 이는 단순히 언어기능과 이의 용법을

---

1) P.E.Wheelwright,『Metaphor and Reality』(김태옥 역『은유와 실재』문학과지성사, 1988) p.13에서 재인용.
2) 감화적 표현 용법의 연구사는 박갑수 교수의, “언어의 감화적 표현” (이용주 외,『국

고찰하는 단계를 지나서 국어교육의 본령을 심화시킨다는 점에서 매우 바람직한 것으로, 앞으로는 국어교육에로의 적용까지 그 연구가 확대 되어야 할 것이다.

문학의 언어는 특히 설득력 있는 정감의 표현을 위하여 고단위 정교한 수단을 동원하고, 감화적 기능으로서의 역할을 십분 발휘한다. 한국의 고전 시가에서 <龍飛御天歌>는 창작의 의도나 배경이 後王이나 백성을 교화하려는 의도가 바탕에 깔려 있다. 그러므로 <용비어천가>의 감화적 용법을 살펴 보는 것은 작품의 어학적 이해를 심화시킬 뿐만 아니라, 문학 작품에서의 언어의 기능이 어떻게 역동적으로 작용하는가를 구체적으로 파악해 볼 수 있는 기회도 될 것이다.

본고는 박갑수 교수의 연구 업적에서 상당한 시사점을 얻었으며, 이를 바탕으로 하여 대부분 여기에서 논의된 용법의 분류를 그대로 援用하였고, 그리고 『古歌謠註釋』3) 과 『龍飛御天歌』4)의 해설과 주석을 많이 참고하였음을 밝혀 둔다.

II. 감화적 표현의 개념

언어에는 여러 기능이 있다. 이분법, 삼분법, 오분법, 육분법 등 다양하게 각자의 기반을 갖고 논의되었는데5), 이 중 주목할 만한 것은 감화적 용법과 정서적 용법의 한계와 구분에 관한 것이다. Hayakawa는 양자의 관계를 다음과 같이 언급하였다.

어의미론』 개문사, 1990) p.315~333을 참조하기 바람.

3) 김형규, 『고가요주석』 (일조각, 1974) pp.1~196.

4) 허웅, 『용비어천가』 (정음사, 1986)

5) 박갑수 교수의 앞의 논문에서는 언어의 기능에 대하여 종합적·총체적·분석적으로 설명하고 있다(pp.315~319).

‘정서적’이라든지 ‘감동적’이란 용어는 언어의 ‘정서적 호소’와 ‘지적 호소’의 誤用된 호소를 포함하므로 주의하여 피하여야 한다. 어느 때라도 ‘정서적’이란 것은 강한 감정에 너무 특별히 적용되어 있다. 그러나 ‘감화적’이란 말은 ‘언어의 감화적 용법’과 같은 표현에 있어서 언어가 강한 감정을 일으키게 할 뿐만 아니라, 그것이 극히 微妙한 반응을 때로는 무의식의 반응을 일으키는 방법으로 서술된다. ‘감화적’은 더 나아가서 ‘신체적’ 및 ‘정신적’ 반응의 편리한 구별을 도입하는 이점을 가지고 있다.[6]

이러한 所說은 감화적 용법과 정서적 용법은 동일한 것이 아니라는 것이다. 이에 대하여 “그러나 현실적으로는…‘정서적(emotive)’이란 뜻으로 널리 쓰이는 것이 사실이다.”라고 한 박갑수 교수는 “보다 개념을 분명히 하기 위해서는 ‘통달적’이란 개념의 상대어로만 ‘감화적’이란 말을 쓰는 것이 바람직 하다.”[7] 라고 주장하면서 ‘감화’ 또는 ‘감화성’이란 의미역을 다음과 같이 설정하였다.

> 첫째는 ‘환기적(evocative)’이란 뜻으로 쓰이는 것이다.
> 둘째는 통달적(informative)의 대가 되는 것으로 인식하는 것이다.
> 셋째는 상징적(symbolic)의 대가 되는 정서적(emotive)과 같은 뜻으로 인식하는 것이다.
> 넷째는 표현적 가치(les valeurs expressives)의 ‘표현적’과 같은 뜻으로 인식하는 것이다.
> 다섯째 문체적 가치(valuer stylistique)와 같은 뜻으로 쓰는 것이다.[8]

이와 같이 우리가 주지하고 있는 ‘감화’라는 의미보다는 그 활용의 범위가 대단히 넓다. 따라서 내면에서 솟구치는 정감을 언어화하여 言衆을 감화하는 방법은 어느 특정한 형식으로 고정된다거나 제약을 받는 것은

---

6) S.I.Hayakawa, 『Language in thought and action』 (김영준 역 『의미론』 민중서관, 1962) p.144.
7) 박갑수, 앞의 논문, pp.320~321.
8) 박갑수, 앞의 논문, p.321.

아니다. 넓은 의미로 상대에게 자신의 생각이나 감정을 전달하려 할 때는 이미 그 자체로 감화적 표현의 기법이 내재해 있다고 하겠다.

이와 같이 '감화'에 대한 의미역이 광범위하고 다의적 양상을 띠는 것은, 인간이 영위하는 언어생활 자체는 다면적 가치를 지닌 思惟를 외부로 표백하는 과정이라 볼 수 있으므로 이를 일정한 방향으로 규정하거나 한정된 의미의 영역에 안주시킬 수가 없기 때문이다.

본고에서 논의하는 <용비어천가>의 감화적 표현의 고찰은 이의 의미 영역에 준하는 분류 작업의 시도이고, 해명도 이에서 크게 벗어나지 못하는 鳥瞰의 수준에 머물렀음 밝혀 둔다.

Ⅲ. 용비어천가의 성격과 感化的 표현

1. 용비어천가의 일반적 성격

용비어천가의 창제 동기와 일반적 성격을 알아보는 것은 이 노래의 감화적 표현의 근본 이유가 어디서 배태되는지를 극명하게 터득케 한다.

조선왕조는 한양에 새로운 터전을 잡은 후에 국기를 다지고 백성들을 교화할 필요가 있었다. 이는 훈민정음 창제 이전인 세종 24년(1442년) 봄에 전라·경상 양도에 교지를 내려, 太祖가 雲峯에서 왜구를 물리친 事蹟을 자세하게 조사하여 上啓케 한점으로 미루어 봐서도 짐작이 간다. 이러한 일련의 국가적 사업은 세종 27년(1447년) <용비어천가> 십권의 완성과 與民樂, 醉豊亨, 致和平 등의 악장으로 악보에 얹혀져서 公私宴享에 사용됨으로써 극치를 이루었다고 하겠다.

역성혁명으로 국호가 바뀌고 새로운 문물 제도가 자리를 잡으려면 이의 정당성을 主唱할 송축의 문학이 필요했던 것이다. 鄭麟趾는 <용비어천가

>序에서 四祖에 대하여

> 穆祖에 이르러 북방에 터를 잡고, 翼祖, 度祖, 桓祖가 서로 이어서 孝悌
> 忠信으로써 家法을 삼으니 북방의 사람이 모두다 歸心하였다.9)

라고 하였고,

> 太祖는 聖文神武의 자질과 濟世安民의 智略으로 고려시대에는 남정북
> 벌하여 공적이 쌓이고, 天地鬼神이 돕는 바와 獄訟을 謳歌하여 돌아오는
> 바를 大命으로 用集하여 化家爲國하였다.10)

라고 태조를 칭송하였으며, 太宗에 대해서도 다음과 같이 인간됨과 聖
德을 찬양하였다.

> 태종의 聰明叡智와 高世絶偏의 聖見은 개국에 결정적인 영광이 되었고,
> 靖難定社와 神功偉烈이 사람들의 귀와 눈에 남아 있었다.11)

이와 같은 내용은 易姓革命의 天命性을 강조하여 당시에 분분했던 민심
을 沈潛·歸順케하고, 敬天勤民의 왕업을 권계하여 世世綿綿한 왕조의 계
승을 도모하고자 한 것과 더불어, 궁극적으로 그 대상이 백성이건 후왕이
건 그 창작의 의도가 원만한 교화와 감화에 비중이 실려 있음을 천명한
것이다.

그러므로 <용비어천가>는 육조의 찬양과 칭송의 내용을 효과적인 교
화·감화의 장으로 전환하기 위하여, 표현의 발상과 형식에서도 감화적

---

9)『朝鮮王朝實錄』5, 世宗 卷 二百四十七 樂譜.樂章 (國史編纂委員會, 探求堂 1982)
　　p.609. 至于穆祖 肇基朔方 翼祖 度祖 桓祖 三聖相承 以孝悌忠信爲家法 朔方之人 咸
　　歸心焉
10) 太祖以聖文 神武之資 濟世安民之略 當高麗之季 南征北伐 厥績懋焉 天地鬼神之所佑
　　謳歌獄訟之所歸 用集大命 化家爲國
11) 太宗以聰明叡智之聖 高世絶偏之見 決榮開國 靖難定社 神功偉烈 在人耳目

수단을 최대로 극대화하는 작업이 모색되었을 것이고, 실제 자세히 살펴 보면 이러한 감화적 표현의 기법은 처처에서 쉽게 발견된다.

2. 감화적 표현의 諸樣相

1) 수사법에 의한 감화적 표현

(1) 비유

<용비어천가>에서의 비유에 의한 표현법은 그리 많지가 않다. 이를 분 류해 보면 다음과 같은 것이 있다.

① 직유(Simile)

"느낌의 직접 無反省한 표현과 보고와의 중간적 단계이지만 보고보다 는 표현에 가깝다."[12]는 직유는 표현의 초보적인 방법이지만, 언어로서의 감화적 역할을 충분히 수행한다.

> 商德이 衰ᄒ거든 天下를 맛ᄃ시릴쎄 西水ㅅᄀᄋᆡ 져재 ᄀᆞᄒ니
> 麗運이 衰ᄒ거든 나라흘 맛ᄃ시릴쏘 東海ㅅᄀᄋᆡ 져재 ᄀᆞᄒ니　　(6장)

이 외에 "하ᄂᆞᆶ 벼리 눈 ᄀᆞᆮ 디니이다"(50장)가 눈에 띈다.

② 은유(Metaphor)와 상징(Symbol)

Hayakawa는 "은유는 '말의 장식'이 아니고 가치의 직접적인 표현이며, 우리가 표현해야 할 강한 느낌을 가질 때에 일어난다."[13]라고 하였다.

> 君位를 보배라 흘씨 큰 命을 알외요리라 바룗 우희 金塔이 소스니
> 자ᄒ로 制度ㅣ 날씨 仁政을 맛됴리라 하늘 우흿 金尺이 ᄂᆞ리시니 (83장)

---

12) S.I.Hayakawa, 앞의 책, p.172.
13) S.I.Hayakawa, 앞의 책, p.171.

상기 장에서는 본관념이 확실하게 드러나 있지만, 반면에 '金塔', '金尺'
이라는 미화된 형용과 함께 승화된 전달력을 포장하고 있다. 이밖에 은유
와 상징의 交合으로 감화력을 상승시킨 2장은 <용비어천가>의 정화라 하
겠다.

(2) 대구와 반복(Antithesis, Repetition)

<용비어천가>는 거개가 대구와 반복의 서술 구조를 지니고 있다.

> 狄人ㅅ서리예 가샤 狄人이 골외어늘 岐山 올모샴도 하놇 뜨디시니
> 野人ㅅ서리예 가샤 野人이 골외어늘 德源 올모샴도 하놇 뜨디시니 (4장)

이와 같이 형식에서의 완벽한 대구와 마찬가지로 그 내용의 표출에서
도 정교한 일치를 이룬다. 그러나 다음과 같이 전후절이 대조가 되는 것도
있다.

> 始終이 다ᄅ실쌔 功臣이 疑心ᄒ니 定鼎無幾에 功이 그츠니이다
> 始終이 ᄀᆞᆮ실쌔 功臣이 忠心이니 傳祚萬世에 功이 그츠리잇가 (79장)

(3) 생략(Omission)

생략법은 강한 여운과 함께 상대에게 유추할 기회를 줌으로써 상승된
호소력을 지닌다. <용비어천가>는 거의 생략된 어휘가 많아서 문면에 제
시된 表象 의미만을 가지고는 그 내용을 이해하기가 쉽지 않다. 많은 사건
을 함축한 고사를 짤막한 운율적 구조에 등재하려면은 생략되는 부분이
많을 수밖에 없는데, 본고에서는 句 이하가 생략되었다고 볼 수 있는 것은
'어휘적 생략', 문장 단위가 생략되었다고 볼 수 있는 것은 '통사적 생략'
으로 구분하였다.

① 어휘적 생략

> 도죽글 나ᅀᅡ가 보샤 일후믈 알외시니 聖武ㅣ어시니 나아오리잇가
> 도죽이 겨신딜 무러 일후믈 저쏩뵈니 天威어시니 드러오리잇가 (62장)

一見하여 내용의 이해가 그리 쉽지 않다. 이를 알기 쉽게 생략된 부분을 보충하여 풀이해 보면 다음과 같다.

> 도둑을 나아가 보시어 이름을 알리시니, (唐 太宗은) 聖武이시므로 (적이 감히)나오겠습니까?
> 도둑이 (李太祖의) 계신 데를 물어 이름을 두려워 하니, (太祖는) 天威이시니 (도둑이 감히) 들어오겠습니까?[14]

결말 어미를 생략하여 반말 형식을 취하는 경우도 상당수 있다.

> 시름 ᄆᆞᄉᆞᆷ 업스샤디 이 지븨 자려ᄒᆞ시니 하늘히 ᄆᆞᄉᆞ몰 뮈우시니
> 모맷 病 업스샤디 뎌 지븨 가려ᄒᆞ시니 하늘히 病을 ᄂᆞ리오시니   (102장)

> 天倫을 姦臣이 하ᅀᆞ봐 中土心得다 ᄒᆞᄃᆞᆯ 賢弟를 매 니ᄌᆞ시리
> 天意를 小人이 거스러 親王兵을 請ᄒᆞᄃᆞᆯ 忠臣을 매 모ᄅᆞ시리   (74장)

이와 같이 종결 어미의 생략은 서술과 의미에서 함축성과 시적 여운을 더해 준다. 그런데 '—니'와 '—니이다' '—니잇가'사이와 '—리'와 '—리잇가' 사이에는 "아무런 어법상의 차이가 없으며, 인물·사건·의미의 단락과도 아무런 상관이 없고, 다만 시행에서 제3권점 이하의 음절수를 5〜7음절로 조절하려는 음절수의 조절 원칙에 따르고 있다."[15]는 주장도 있다.

---

14) 허웅, 『용비어천가』 (정음사, 1986)의 해설 부분을 그대로 전재함(pp.239〜240).
15) 정병욱, 『한국고전시가론』 (신구문화사, 1983) p.175. 이를 계승적으로 발전 시켜 圈點과 율격, 통사·의미구조 등을 아울러 종합적으로 고찰한 이론에는 김대행 교수의 "용비어천가의 형식"(『우리 시의 틀』 문학과비평사, 1989. pp.153〜174)이 있다.

② 통사적 생략

> 말쏨물 술ᄫᅡ리 하디 天命을 의심ᄒᆞ실ᄊᆡ 꾸므로 뵈아시니
> 놀애룰 브르리 하디 天命을 모ᄅᆞ실ᄊᆡ 꾸므로 알외시니　　　　　(13장)

여기에서 '말씀을 여쭐 사람이 많다'는 諸侯 八百이 武王에게 紂를 쳐야 한다고 한 역사적 사실을 이름하고, '노래를 부르는 사람이 많다'란 木子가 나라를 얻는다는 노래와, "西京城外火色 安主城外煙光 往來其間李元帥 願言救濟黔蒼"이란 동요를 부르는 사람이 많았다는 내용으로, 이러한 故事를 모르면 전달하고자 하는 이면에 숨겨진 내용이 무엇인지를 전혀 알 수가 없다.

(4) 설의(Question)

설의법은 질문을 통하여 사실이나 사물의 정체를 확인하는 방법으로, 결국 듣는 사람이 결론을 스스로 내리게 함으로써 전달의 인상을 심화시킨다.

> 굴허에 ᄆᆞᄅᆞᆯ 디내샤 도ᄌᆞ기 다 도라가니 ᄲᅡ길 노ᄑᆡᆫ돌 넌기 디나리잇가
> 石壁에 ᄆᆞᄅᆞᆯ 올이샤 도ᄌᆞᄀᆞᆯ 다 자ᄫᆞ시니 현번 ᄲᅱ운돌 ᄂᆞ미 오ᄅᆞ리잇가
> 　　　　　　　　　　　　　　　　　　　　　　　　　　　(48장)

> 禮義를 앗기샤 兵馬를 머추어시니 徼外南蠻인돌 아니 오리잇가
> 才勇올 앗기샤 金刀을 ᄇᆞ려시니 塞外北狄인돌 아니 오리잇가　　(54장)

<용비어천가>에는 이렇게 설의로 결말을 맺는 형태가 대단히 많다. 125장의 "님금하 아ᄅᆞ쇼셔 洛水예 山行 가이셔 하나빌 미드니잇가"는 상대에게 강한 주의를 환기하는 돈호법과 함께 이 방법을 통한 大尾의 장식이고, 또한 "자기의 감정을 표현하여 청중에게 느낌을 창조케 하는데 제일 빠른"[16] 引喩法(Allusion)를 이용하여 감화적 효과를 倍增하고 있다 하겠다.

(5) 반어법(Irony)

풍자(satire)나 위트(wit) 그리고 역설(paradox)과도 混淆하여 나타나는 반어법은, 사실과는 역행하는 언어를 구사하여 상대의 관심을 유도하는 변화법의 일종이다.

> 四海를 년글 주리여 ᄀᆞ른매 비 업거늘 얼우시고 ᄯᅩ 노기시니
> 三韓올 ᄂᆞ몰 주리여 바른래 비 업거늘 녀토시고 ᄯᅩ 기피시니   (20장)

'四海(三韓)를 다른 사람에게 줄 수 있겠는가'란 말을 미리 던짐으로써 독자의 감흥을 환기하고, 이어서 주지 못하기 때문에 하늘이 자연의 변화와 같은 加護를 내렸음을 강조하고 있다.

2) 일반용법(의미요소)에 의한 감화적 표현

(1) 동일시(Identification)

<용비어천가> 序에서 鄭麟趾가 밝히고 있듯이 朝鮮 肇基의 주인공들은 중국의 列聖에 配諸할 만한 인물들이었다. 실제, 당시 시대적 상황에서 기인한 것인지는 확실치 않으나, 중국의 제왕과 비견함을 누누이 강조한 면모가 <용비어천가>의 전편에 창작 정신의 滔滔한 물줄기로 남아 있다. 중국과 조선 帝王의 외재적 특징은 개별적이요 상이하지만, 그들을 抽象化해서 얻은 유사점만을 이용하여 동일함을 강조함으로써 감화적 효과를 증대시키려 하였던 것이다.[17]

---

16) S.I.Hayakawa, 앞의 책, p.177. "그러나 引喩는 듣는 사람이 인용되고 있는 역사나 문학, 국민사건을 충분히 알고 있는 때에만 감화적으로 유효하다."라고 하였다 (p.178).

17) 이종철 교수는 "抽象의 특성과 감화적 용법"에서 감화적 표현 방법을 음성적 요소와 의미적 요소를 기준으로 하여 나누고, 의미 요소를 이용한 표현 방법 중 여러 가지를 추상의 특성을 활용하여 설명하였다(『국어교육학 연구』 서울대학교 국어교육학

동일시에는 두 가지 면이 있다. 그 중 "하나는 상이점을 무시함으로 야기되는 동일시이며, 또다른 하나는 抽象 내지는 추론한 것을 생활 사실과 혼동하는 것"[18] 이다. 여기에서는 어휘·통사라는 형식적인 면에서 생각해 보기로 하겠다.

① 어휘적 동일시

> 海東 六龍이 ᄂᆞᄅᆞ샤 일마다 天福이시니 古聖이 同符ᄒᆞ시니　　　(1장)

② 통사적 동일시

> 周國 大王이 豳谷애 사ᄅᆞ샤 帝業을 여르시니
> 우리 始祖ㅣ 慶興에 사ᄅᆞ샤 王業을 여르시니　　　(3장)

> 天爲建國ᄒᆞ샤 天命을 ᄂᆞ리오시니 亭上 牌額을 세사롤 마치시니
> 天爲拯民ᄒᆞ샤 天才롤 ᄂᆞ리오시니 藪中 담뵈롤 스므살 마치시니 (32장)

<용비어천가>는 전편의 형식이 몇몇 장을 제외하고는 전절은 역대 中國帝王의 事蹟을, 후절에는 六祖의 偉業을 통사적으로 대비하여 肇國의 근거를 제시하려고 한 설득력 있는 표현 구조라고 하겠다. 이러한 형식의 차용은 사대주의를 표방하여 중국을 중심으로한 세계관의 표명이냐 아니면, 중국과 조선의 동등성을 강조한 것이냐를 차치하고서라도, 魔術的인 감화 표현 구조를 당시에 십분 활용했다는 데에 가치가 있다.

(2) 경향(Slanting)

일상의 언어생활에서 공평하고 편견이 배제되기란 그리 쉽지가 않다. 대부분의 사람들은 어느 한쪽으로 사고의 傾倒를 보이기가 십상이다. 이

회, 1991 pp.101~121).
18) 박갑수, "언어의 감화적 용법의 고찰"—사설시조를 중심으로 하여—(上)(『국어교육』 10, 1965) p.141.

중에서 "특수한 사실을 일방적으로 쳐들음으로 부분 강조를 하는 것" 즉, "단정을 명백히 아니하고, 어떤 종류의 단정이 나타나도록 유도하는 것"19) 이라는 감화적 표현의 한 형태가 '경향'이다.

> 여슷 놀이 디며 다ᄉᆞᆺ 가마괴 디고 빗근 남ᄀᆞᆯ ᄂᆞ라 나마시니
> 석벽에 수멧던 녜뉫글 아니라도 하ᄂᆞᇙ ᄠᅳ들 뉘 모ᄅᆞᅀᆞᄫᆞ리 (86장)

> ᄆᆞᆯ 우흿 대버믈 ᄒᆞᆫ소ᄂᆞ로 티시며 싸호ᄂᆞᆫ 한쇼ᄅᆞᆯ 두 소내 자ᄇᆞ시며
> ᄃᆞ리에 뻐딜 ᄆᆞᄅᆞᆯ 넌즈시 치ᅘᅧ시니 聖人神力을 어ᄂᆞ 다 ᄉᆞᆯᄫᆞ리 (87장)

> 마ᅀᆞᆫ 사ᄉᆞ미 둥과 도ᄌᆞ기 입과 눈과 遮陽ㄱ 세 쥐 녜도 잇더신가
> 굿븐 ᄭᅯᆼ을 모ᄃᆡ 놀이시니 聖人神武ㅣ 엇더ᄒᆞ시니 (88장)

이상은 太祖의 '聖人神力' '聖人神武'의 자질을 일방적으로 宣揚하여 언어의 魔術的 陶醉感에 빠지게 한 경향의 대표적인 표본이다. 다음과 같은 것도 경향의 일종이라 하겠다.

> 뒤헤는 모딘 도ᄌᆞᆨ 알ᄑᆡᆫ 어드본 길헤 업던 번게를 하ᄂᆞᆯ히 ᄇᆞᆯ기시니
> 뒤헤는 모딘 즁ᄉᆡᆼ 알ᄑᆡᆫ 기픈 모새 어르믈 하ᄂᆞᆯ히 구티시니 (30장)

<용비어천가>에서는 조선의 건국이 天命에 의한 것임을 누누히 강조하고 있다. 1장에서의 '天福'이란 단어 사용으로부터 125장의 '敬天勤民'의 당위적 행동을 요구하는 데에까지 전편의 흐름에 큰 줄기가 되는데, 이도 경향의 결과인 것이다.

---

19) 박갑수, "국어의 감화적 표현고"(『논문집』 제1~5집 한국국어교육연구회, 1985) p.34. Hayakawa는 경향이란 "주제에 관하여 좋은 것이나 좋지 않은 세목을 선택하는 과정"이라고 정의하였다(앞의 책, p.48).

(3) 접근(Approaching)

접근이란 "Mass communication을 Personal communication처럼 표현하거나 객관적 서술을 직접 대화하듯 표현하는 기술"[20]을 뜻하는 것으로, 대개 광고문이나 선전문에서 '당신' '우리'란 말 등의 이용이 그 예이다.

> 제 님금 背叛ᄒ야 내 모몰 救ᄒᅀᆞ바놀 不賞私勞ᄒ샤 後世ᄅ ᄀᆞᄅ치시니
> 제 님금 아니 니저 내 命을 거스ᅀᆞ바놀 不忘公義ᄒ샤 嗣王을 알외시니
> (105장)

> 내 님금 그리샤 後宮에 드르싫제 하ᄂᆞᆯ 벼리 눈 ᄀᆞᆮ 디니이다
> 내 百姓 어엿비 너기샤 長湍올 건너싫제 힌 므지게 히예 ᄢᅦ니이다(50장)

듣는 사람이나 읽는 대상을 앞에 두고 이야기 하듯이 '제'나 '네' 를 설정하면, 제삼자에게 이야기하는 느낌이라기보다는 바로 자신에게 하는 직접적인 말로 인식하게 되므로 전달의 효과는 증대되는 것이다. '제 님금' '내 백성'이라 말한 것은 나·너 할 것 없이 한동아리인 우리가 된다는 호소력을 가정한 표현인 것이다. 이러한 표현법은 왕과 백성간의 間隙을 자연적으로 해소하고 거부감을 불식하는 데 첩경이 됨은 물론이다.

(4) 二値的 사고(Two-valued orientation)

Hayakawa는 "많은 원시적, 好戰的 민족의 생활에 있어서 그 생존은 자연력, 敵, 野獸, 자연물에 寄宿한다고 여겨진 악령과의 부단한 激鬪이며 二値的 사고는 보통적인 사고였다."고 하면서, "사물을 두 개의 가치로서 보는 경향 — 즉 肯定과 否定, 善과 惡, 熱과 冷, 愛와 憎— 을 이치적 사고"[21]라고 규정하였다. 이치적 사고는 '이것이 아니면 저것이다'라는 양

---

20) 박갑수, 같은 논문, p.36.
21) S. I. Hayakawa, 앞의 책, pp.287~319 참조.

자 택일과 같은 판단 형식으로 "狀況이나 논점을 극단적 방향으로 몰고 가서 정식화"22)하는 경향이 있다.

이렇게 사고의 편파적 단정이라는 위험한 요소에도 불구하고 "강한 감정의 표현, 특히 동정·가련이나 투쟁에서 助力을 구할 때에는 항상 정서적·감화적 요소로서 이치적 사고가 유효"23)하고, 더불어 인간의 기본적인 욕망을 강하게 표출한다는 점에서 이러한 표현법이 필요하다는 것이다.

> 千金을 아니 앗기샤 글册올 구흐시니 經世度量이 크시니이다
> 聖性을 아니 미드샤 學問이 기프시니 創業規模ㅣ 머르시니이다　　(81장)

> 처섬 와 傲色 잇더니 濟世英主ㅣ 실쌔 마쯔비예 므슴몰 놀라니
> 간 고대 禮貌 업더니 盖天英氣실쌔 이바디예 머리롤 좃스븐니　(95장)

豁達濟時하는 聖人의 성품을 믿지 않고, 勳功이 더할수록 겸손한 李太祖를 이치적 사고와 근접한 논법으로 드러내었고, 명나라 사신 牛牛의 무례함을 이용하여 태종의 盖天英氣를 같은 논법으로 전달하고자 했다.

(5) 단정(Judgement)

단정이란 Hayakawa의 말대로 "쓰는 사람이 서술하고 있는 사건, 인물, 사물에 관한 자기의 好不好를 표현하는 것"24) 이고, '사실의 객관적 서술도 아니며 사실과 반드시 일치하는 표현도 아닌, 오히려 사물에 대한 관찰이기보다는 오히려 가치에 대한 표현'25)이라는 것이다. 때문에 단정에는 강한 감화적 마술이 작용한다고 한다.

---

22) 이을환, 『일반의미론』(개문사, 1981) p.188.
23) 박갑수, "국어의 감화적 표현고", p.40.
24) S.I.Hayakawa, 앞의 책, p.76.
25) 박갑수, "언어의 감화적 표현고", p.43.

漆沮 マ앤 움흘 後聖이 니르시니 帝業憂勤이 뎌러ᄒ시니
赤島 안햇 움흘 至今에 보ᅀᆞᆸᄂ니 王業艱難이 이러ᄒ시니　　　(5장)

큰 화리 常例 아니샤 얻즈ᄫᅡ マ초ᅀᆞᄫᅡ 濟世才ᄅᆞᆯ 後人이 보ᅀᆞᄫᅵ니
큰 사리 常例 아니샤 보시고 더디시나 命世才ᄅᆞᆯ 卽日에 깃그시니 (27장)

翼祖가 겪은 개국의 艱難이나 李太祖의 一世에 뛰어난 재주를 논리적
사고를 초월하는 단정의 말로, 듣는 사람으로 하여금 진실로 착각하도록
유도하고 있다.

(6) 완곡법(Euphemism)

婉曲法이란 "어떤 사물을 노골적으로 말하지 아니하고 돌려서 점잖게
표현하는 법"으로, 'Taboo나 말하기를 꺼리는 Social disapproval을 표현
할 때, 화자의 마음 속에 불안감을 자아내는 개념과 연결될 때', 이와 같은
표현으로 기울어진다는 것이다. 이러한 표현법도 "실천적 동기를 지닌 것
으로 풍부한 뉘앙스와 다양한 정서를 환기함으로 강한 감화력을 지닌
다"26)는 면에서는 여타와 같다.

　<용비어천가>에서도 모두 다 완곡법이라 할 수 있을 정도로 우회적 표
현을 상당수 찾아 볼 수 있다.

　　님그미 賢커신마론 太子ᄅᆞᆯ 몯 어드실ᄊᆡ 누본 남기 니러셔니이다
　　나라히 오라건마론 天命이 다아갈ᄊᆡ 이본 남기 새 닢 나니이다　(84장)

말라 죽은 나무가 다시 일어 서고 새 잎이 나는 것은 帝位에 오를 徵兆
나 개국의 前兆를 의미한다. 직설적인 단정보다는 이러한 돌려 말하기와
같은 감화가 내포된 언어 사용은 그 전달력에서 비교가 안될 것이다.

---

26) 박갑수 교수의 앞의 논문 참조(pp.41∼44).

勿忘章이 모두 여기에 해당한다고 하겠다.

> 道上에 僵尸롤 보샤 寢食을 그쳐시니 昊天之心에 긔 아니 쁜디시리
> 民瘼올 모른시면 하늘히 브리시느니 이 쁘들 닛디 마른쇼셔　(116장)

이처럼 완곡어법은 '언어적 살균 소독제'에 해당하는 것으로 "불쾌하거나 난처한 것을 실제보다 더 듣기 좋게 또는 적합하게 하는 말로써 표현하는 일"27) 이다. 상기에서 '백성의 고통을 모르면 하늘이 버린다'란 언설은 감화력을 극대화한 이에 부합된 말이라고 하겠다.

(7) 명명 · 분류(Naming · Classification)

인간은 기본적으로 사물을 명명하고 분류하는 본능을 갖고 있으며, 이와 같은 행위를 통하여 감화 작용은 상승적으로 깊은 인상을 창출하기도 한다. 이러한 본능은 우리 생활에 꼭 필요한 것이면서도 사물에 대한 태도나 평가를 달리하는 경우도 생겨난다. 즉, 명명 · 분류의 감화적 효력이 인간에게 역작용을 하는 경우도 있다는 것이다. 그러나 <용비어천가>에서는 이와는 반대의 현상을 엿볼 수 있다.

> 블근새 그를 므러 寢室 이페 안즈니 聖子革命에 帝祐롤 뵈슨븡니
> 브야미 가칠 므러 즘겟가재 연즈니 聖孫將興에 嘉祥이 몬졔시니 (7장)

文王을 '聖子革命' 度祖를 '聖孫將興'이란 말로써 상서로운 징후를 과대 포장의 명명으로 의식적인 결과를 기대하고 있다. 이러한 표현의 발상은 대상은 다르지만 같은 어휘로 8장, 14장까지도 이어진다.

> 太子롤 하늘히 글히샤 뮌ㄱ쁘디 일어시놀 聖孫올 내시니이다

---

27) Geoffrey Leech, "언어의 기능과 사회"(『言語科學이란 무엇인가』 이정민 외편, 문학과지성사, 1990) p.21.

世子룰 하눌히 골히샤 帝命이 누리어시놀 聖子롤 내시니이다　　(8장)

聖孫이 一怒ᄒ시니 六百年 天下ㅣ 洛陽에 올ᄆ니이다
聖子ㅣ 三讓이시나 五百年 나라히 漢陽에 올ᄆ니이다　　　　　(14장)

이 밖에 '聖人'(87장), '聖神'(125장)이란 말도 보이는데, 이러한 언설을 통하여 이들의 평가가 달라짐을 의도적으로 꾀하고 있음은 자명하다.

3. 감화적 표현의 복합적 양상

이상에서 <용비어천가>에 나타난 감화적 용법의 여러 형태를 단편적으로 찾아 봤다. '용이 날아 하늘을 어거한다'는 이 노래의 제목이 비유적으로 표현되어 있듯이, 제목에서도 본장의 내용과 창작 동기을 감지할 수 있다. 이와 조화를 이뤄서 1장의 "海東 六龍이 ᄂᄅ샤"의 始句에서 125장 "님금하 아ᄅ쇼셔 洛水예 山行 가이셔 하나빌 미드니잇가"의 末句에 이르기까지 모두가 감화적 표현의 유기적 결합이라고 하겠다.

<용비어천가>는 전체적인 표현 구도에서도 마찬가지다. 天(1장)－地(2장)－人(3장~125장)이란 우주 구성의 본질인 三才를 순차적 나열로 적용한 것과, 1행(1장)－2행(2장~124장)－3행(125장)이라는 행수의 점층적 증가 형식도 총체적인 구도에서 감화작용을 위한 의도적인 상승적 강화라고 할 것이다. 그리고 ① 開國頌(1장~2장)－② 事蹟讚(3장~109장)－③ 戒王訓(110장~125장)의 정연한 배열도 같은 의도성이 짙다고 하겠다.

六祖를 칭송하기 위한 인물 배열의 순차적 원리에서도 동일한 맥락성을 찾아 볼 수 있다.

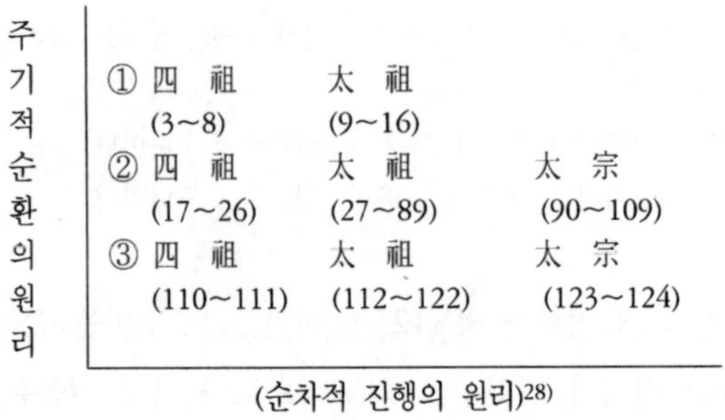

주
기
적
순
환
의
원
리

① 四祖　　　太祖
　(3~8)　　　(9~16)
② 四祖　　　太祖　　　太宗
　(17~26)　　(27~89)　　(90~109)
③ 四祖　　　太祖　　　太宗
　(110~111)　(112~122)　(123~124)

(순차적 진행의 원리)[28]

이러한 전체적인 구조는 감화력 증대를 위한 신중한 배려가 간여한 결과의 소산임은 물론이다. 각 장에서도 감화와 전파의 효율을 높이기 위하여 복합적인 다양한 기법을 총동원하고 있음은 전술한 바와 같다. 이중에서 그래도 최고의 白眉는 2장이다.

> 불휘 기픈 남ᄀᆞᆫ ᄇᆞᄅᆞ매 아니뮐쎄 곶됴코 여름 하ᄂᆞ니
> 시미 기픈 므른 ᄀᆞ모래 아니그츨쎄 내히 이러 바ᄅᆞ래 가ᄂᆞ니

詩經 桃夭章의 영향을 받았다고는 하나[29] 전혀 한자어를 사용하지 않고, 순수한 우리 말로써 은유와 상징을 이용하여 고도의 감화적 표현을 유감없이 발휘하고 있다. 後王이나 백성의 교화라는 목적이 앞선다면 반비례로 문학의 예술적 본질은 감소한다고 하겠다. 그러나 본장은 이러한 지향 의식이 강하다고 하는 敎述詩의 결함을 참신한 문학적 발상으로 극복하였던 것이다.

또한, 다른 장과 차원을 달리하는 표현 수법은 형식면에서도 드러난다. 2장을 권점 단위로 전후절을 대응시키면 다음과 같다.

---

28) 성기옥, "용비어천가의 서사적 짜임"(김학성 외편 『고전시가론』 새문사, 1984) p.319.
29) 서수생, "용비어천가에 미친 시경의 영향"(『한국시가연구』 형설출판사, 1974) pp.265~317 참조.

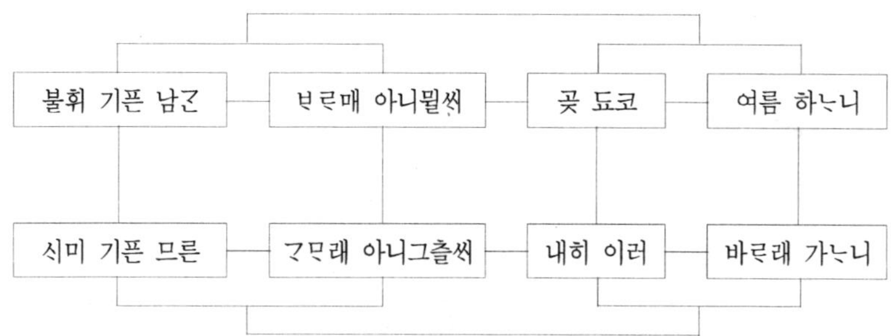

이렇게 형식에 있어서도 均齊와 均衡美를 이뤄서, 낱말들의 연결은 "서로 맞물려 마치 정밀한 기계가 얽혀서 움직일 수 있게 된 것과 꼭 같은 원리로 짜여져 있음"30)을 보여 주고, 그 작용이 역동적으로 보완되면서 의미의 유기적 연결상과 표출도 상승의 효과를 노리고 있다 하겠다.

이와 같이 <용비어천가>는 형식과 내용 모두에서 조화와 均齊美를 이루어 하나의 지향된 방향으로 알관되게 감화적 기능을 발휘한, 적어도 표현의 기법에서는 문학적 가치를 배가하면서 고도의 문학성을 구유한 시가라고 할 수 있다.

Ⅳ. 감화적 표현의 국어교육적 활용

국어교육의 본질이 무엇인가에 대한 논의는 꾸준히 계속되어 왔다. 이용주 교수는 국어교육의 기본 개념을 다음과 같이 단언하였다.

> 1) 우리의 국어교육은 한국어를 가르치는 언어교육이다.
> 2) 국어교육의 목표는 국어사용 능력의 신장이다.31)

---

30) 정병욱, 『한국고전시가론』(신구문화사, 1983) p.155.
31) 이용주, "국어교육의 근본적 개혁에 관한 연구"(『사대논총』 제39집 서울사대, 1989) p.47.

박갑수 교수는 국어교육을 국어와 교육을 양분하여 보지 말고 "국어를 배우고 가르친다고 하는 일체적 사실"로 정의하고 국어과 내용 구성을 다음과 같이 도식화 하였다.

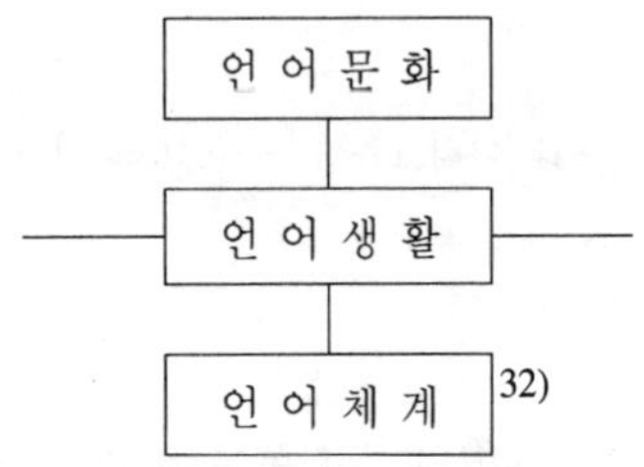

32)

이러한 소론의 공통점은 일상 생활에서의 효과적이고 圓滑한 언어사용의 신장에 국어교육의 목표가 있음을 강조한 것이라 하겠다. 여기에서 '언어사용', '언어사용 능력'의 의미역에 대해서는 아직도 채워야할 空白이 많으나33), 국어교육에서 언어사용 능력을 가르치고 훈련해야 한다는 점에서는 논의의 여지가 없다고 하겠다. 왜냐하면 '언어사용 능력의 신장'이 국어교육의 본질이냐 아니냐를 떠나서, 그것 자체 국어교육에서 중요한 가치와 위치를 점유하고 있음은 확연한 사실이기 때문이다.

상기의 도식은 국어교육의 내용이 무엇인지를 澄徹하게 지적해 주기도 한다. 그러나 이들 구성 요소의 비중은 학문적 이론이나 논리의 체계를 배경으로 하여 다시 정립할 필요가 있다. 저급 학년에서는 언어생활 그 자체가 중요하다고 볼 수 있겠으나, 대학 과정에서 표현과 이해 기능을 강조하는 것은 孔子 앞에 千字文 가르치는 격과 별 차이가 없기 때문이다. 언어

---

32) 박갑수, "국어교육의 구조와 방법"(『11인의 敎育隨想』교육과학사, 1987).

33) 김대행 교수는 "국어교육에서의 언어사용이라는 개념이 숟가락 사용의 동일한 차원의 도구사용으로 이해될 수 없다는 점이고, 다른 하나는 국어교육과 외국어교육은 다 같이 언어사용 교육이지만 결코 동일한 교육이 될 수 없다는 점이다."라고 하여 확장 개념으로서의 '언어사용'을 추구하였다 ("언어 사용의 구조와 국어교육" 『국어교육』 71 · 72, 한국국어교육연구회, 1990 pp.161~192 참조).

생활의 수준이 어느 정도에 이르면, 인간은 언어적·문화적 동물이므로, 오히려 언어 문화의 바람직한 향유나 창조, 또는 언어에 대한 학문적 이론이나 지식의 습득이 더욱 중요하다고 본다.

언어는 사물의 현상을 직접 전달하는 통달의 효과뿐만 아니라 개인적인 정감을 외부 세계로 토로하는 기능이 있는데, 일상 생활에서는 후자의 경우가 감화어린 전달력으로 신기한 힘을 더욱 발휘한다고 하겠다. 그러므로 인간은 이러한 정감의 호소와 같은 언어 활동을 통하여 인간과 사물의 속성과 현상을 올바르게 파악하고 터득하며, 이에서 존재의 의의와 가치를 찾아보는 것이다.

그러나 이러한 언어활동은 유한하고 제한적이기 때문에 체계적이고 계획적인 교육과 훈련이 필요하고, 기능 신장의 효율적인 극대화 방안이 연구되어야 할 것이다. 이러한 관점에서 국어교육의 중요성이 새삼스러운 것은 아니며, 특히 국어학의 국어교육에서의 제자리 찾기가 필요하다 하겠다.

그리고 감화적 표현의 문제는 언어학 분야에만 국한된 것은 아니다. 오히려 문학의 언어에서 더 많은 연구의 대상을 찾아야 할 것이다. 그렇다고 보면 문학과 언어학은 국어교육에서 별개의 학문 영역으로 乖離되어 존재하는 것이 아니라 상보적인 위치로서의 기능을 발휘한다. "시에서 탐구되고 있는 것은 바로 말의 제반 현상이며 따라서 그것은 언어학에 속한다."[34]는 방법론적 문제들을 국어교육의 연구에서 고려해야 한다는 것이다. 따라서 국어교육에서의 언어학과 문학의 유대 모색도 학문적으로 강구되어야 한다. 이제는 이들 학문의 국어교육에서의 위상을 배타적인 시각에서 벗어나 보족적인 견지에서 재정립할 필요가 있는 것이다.

<용비어천가>는 문학과 언어학의 만남을 십분 활용할 수 있는 연구의

---

34) 이정민 외, 앞의 책, p.188. 이 책은 'Ⅲ. 文學 속의 言語學'이란 제목하에 이와 관련한 논문을 여러 편 수록하여 문학과 언어의 연관상을 해명하고 있다(pp.187~300 참조).

좋은 대상물이 될 수 있고, 나아가 이러한 연구의 결과가 이제부터는 본격적으로 교육 현장에서의 실질적인 적용으로 발전되어야 한다.

V. 결 론

인간은 내재된 감정의 응어리를 본능적으로 외부의 세계로 표출하려고 한다. 그러나 이러한 표현의 전달은 表皮的인 단순한 형식에서 벗어나 보다 감화적 허울로 상대에게 시현되려고 하는 것이다. 이러한 내적 본능과 의미 전달의 상승 작용은 인간다운 생활을 영위케 하는 본질이며 원동력이라고도 하겠다.

전술한 바와 같이 <용비어천가>에는 감화적 표현의 방법을 총동원하여, 역사적 사건의 정당성과 등장 인물의 인간됨을 상대에게 교화·호소하고 있다. 그러나 이러한 내용들이 현대적 관점에서 보면, 표현의 방법과는 조화를 잃고 상당한 괴리감을 던져 줌을 느끼지 않을 수 없다. 여기에서, 문학은 사회상의 반영이며 시대정신의 구현이므로, 이러한 시대적 相距에서 오는 격차를 교육적으로 용해·융합하는 것도 문학교육의 임무임을 강조할 필요가 생기게 되는 것이다.

교육은 그것을 형성하는 모든 요소들 사이의 역동적 현상이며 과정이다. 특히, 작용태로서의 문학교육은 그 구조가 역동의 역동으로, <용비어천가>을 비롯하여 고전문학 작품은 교육에 참가하는 구성 요소의 능동적인 활용과 함께, 여타 학문의 적극적인 도움을 배격하고는 소기의 성과를 기대하기가 매우 어렵다. 더욱이 어학적 도움 없이는 효과 있는 교육의 실행이 그 기초부터 난감한 것이다. 따라서 앞으로는 국어교육이라는 큰 틀 속에서 문학과 언어학의 교육적 상호 보완 관계를 학적으로 증명하는 작업도 성취되어야 함은 전술한 바와 같다.

<용비어천가>의 문학적 가치는 교육의 측면에서 보면 더욱 확연해진다. 마찬가지로 거시적인 관점에서 작품의 분석과 교육적인 실행의 계획도 수립해야 할 것이다. 이 작품에는 문학사상이 각 章의 주인공과 대비하여 여러 층위를 형성하였는데, 이를 현대적 眼目에서 종합적으로 재조명할 필요가 있다. 더불어, 상징적인 요소가 복합적으로 응결된 표현 기법도 상당수 발견되는데, 현대적 문예이론으로 이를 해부하는 작업도 선행되어야 할 것이다.

전술한 이 모든 것들이 <용비어천가>의 교육적 해명의 선결 과제임은 물론이지만, 이와 병행하여 교육적 효과 또한 가시적으로 제시하는 작업도 이루어져야 한다. 교육은 어떤 목표를 가지고 가치 있는 변화를 모색하는 과정이기도 하기 때문이다.

본고는 문학 작품을 대상으로 하여 언어적 표현의 현상을 체계적으로 밝혀 보려한 수준에 머물러 있음을, 즉 문학과 언어학의 교육적 만남을 학문적으로 해명하려한 시도의 서장임을 다시 한번 밝힌다.

제**2**장

'동물 속담'의 發想과 표현교육의 원리

I. 서 언

속담은 우리의 일상생활과 밀접하게 불가분의 관계를 유지하며 존재한다. 인간은 속담에서 생활의 지혜를 자연스럽게 터득할 수 있으며, 어떤 경우에는 이러한 지혜와 가치의 소산들을 波瀾萬丈한 인생의 역정에서 등대의 빛으로 삼아 고난을 극복하기도 한다. 속담은 "言衆의 詩"[1]요, "민간에 널리 분포된 구비적 잠언으로서 사회적 각인이 찍혀져 있는 말"[2]이므로, 그 자체가 인생의 귀감이 되기 때문에 이렇게 속담에서 삶의 指南을 찾을 수 있는 것이다. 이렇게 속담은 언어생활의 주요한 일부로서 인간이 존재하는 곳에는 언제나 필연적으로 존재하게 마련이었다.

예로부터 우리 민족은 비옥한 토지와 뚜렷하게 사계가 구분되는 풍토 속에서 농경 중심으로 집단 촌락을 형성하여 왔다. 그리하여 문학에 유입된 동물은 대개 어엿하게 농경사회의 일원으로서 한국적으로 인간화된 모습으로 나타나는 것이 대부분이다. 이와 같이 한국적인 동물의 등장은 이미 '단군 신화'를 비롯한 다수의 설화에서 찾아볼 수 있다. 그리하여 우리 선조는 고대 시가나 소설 등 모든 문학 장르에 이들을 등장시켜 인간의 심성에 근원적으로 내재한 상징적 욕구를 문학적 표현으로 유감 없이 발

---

1) 김종택, "속담의 의미기능에 관한 연구"(『국어국문학』34, 35 合輯, 1967) p.61.
2) 박갑수, "언어에 관한 속담고"(『연포이하윤선생 화갑기념 논문집』1966) p.165.

휘하였던 것이다.

이와 같이 한국적인 동물의 등장은 속담의 경우에서도 마찬가지다. 우리나라의 속담 중에는 '동물 속담'이 상당수를 차지하고 있다. 여기에서의 동물 속담이란 속담의 진술에 동물이 등장하는 즉, 동물의 명칭을 사용한 문장 구조를 지닌 것을 의미한다. 본고에서는 동물 속담을 ① 속담의 내용이 동물에 관한 것, ② 총체적 의미 표출을 위하여 동물을 이용한 것 등을 포괄하는 개념으로 그 의미의 폭을 넓혀서 생각해 보고자 한다.

본고에서는 지금까지의 속담에 대한 연구를 참고하여 속담에 등장한 모든 동물을 대상으로 하는 개별적인 연구와 구체적인 통계 제시는 차후로 미루고, 우선 소, 돼지, 개, 말 등을 중심으로 동물 속담의 한국적 특성과 더불어 그 발상과 표현의 묘미, 속담 變改의 양태를 일반론적 관점에서 개략으로나마 생각해 보고자 한다.

속담의 생성과 파생은 자연발생적인 측면이 강하지만, 그 파생에서는 어떤 사고의 과정이 필연적으로 따르기 마련이다. 이러한 사고의 과정은 본질적으로 말하고 쓰는 표현의 과정과 유사한 측면이 있다. 이에서 표현교육의 거시적 과정, 즉 사고 과정의 일단을 교육적으로 적용·확장해 보는 원리를 개략적으로나마 생각해 보고자 한다.3)

Ⅱ. 동물 속담의 형식과 발상적 특징

1. 속담의 형식과 표현 특징

속담은 그 발생과 정착이 매우 자연스러웠다고 볼 수 있다. 인간이 언

---

3) 본고는 동물 속담의 의미 구조와 유형 변화를 중심으로 발상의 관점에서 표현교육의 일반적인 방법론을 도출해 본 것이다. 따라서 이에 대한 논리적, 이론적 방법론은 추후 종합적 관점에서 연구·보완해야 할 과제라는 점을 밝힌다.

어를 사용하면서부터 의미 전달을 함축성을 유지하면서 효율적으로 수행하는 방법이 필요한 데 그 하나가 속담의 사용이었던 것으로 생각된다. 이처럼 속담은 의미의 전달을 선명하고 확실하게 하면서 청자에게 감화의 깊이를 더해 주므로, 언중은 속담을 자연스럽게 많이 사용하지 않을 수 없었던 것이다.

속담은 문자의 본의대로 해석한다면 비속한 말이란 뜻이다. 속담이란 명칭이 보편화되기 이전에는 俚言, 俗言, 俚諺, 常言, 諺 등으로 불려졌다. 연구된 바에 의하면 선조 때 柳夢寅의『於于野談』에서 속담이라는 한자 용어가 처음으로 보이고, 이후 '속담'이란 한글의 어휘도 영조 때의『同文類解』로부터 사용된 것으로 밝혀지고 있다. 그런데 중국의 문어 사전에는 俗說, 俗語, 俗言 등의 어휘 항목은 보이나 속담 용어가 등재되어 있지 않으며, 백화 사전에는 속담을 속설과 같은 뜻으로 해석하였다. 그렇다면 ' 속담'이란 말은 한국적 특유의 뜻을 가진 조합어가 아닌가 생각된다.

사전에서는 속담을 "예로부터 민간에 전하여 오는 쉬운 格言이나 箴言"4), "사람들이 인용하곤 하는, 좋은 뜻이 있는 짧은 말"5) 등으로 풀이하고 있다. 그리고 그 기능에 따라 비판적 속담, 교훈적 속담, 경험적 속담, 유희적 속담으로 나누기도 한다.6) 이러한 속담의 특징을 이기문 교수는 다음과 같이 몇 가지로 요약하였다.

① 속담은 사회적 소산이다.
② 속담은 향토성을 반영한다.
③ 속담의 형식은 간결한 것이 특징이다.7)

---

4)『표준국어대사전』(국립국어연구원, 1999).
5)『연세 한국어사전』(연세대학교 언어정보개발연구원, 1998).
6)『동아대백과 사전』(동아출판사, 1994) p.538.
7) 이기문,『속담사전』(일조각, 1989) pp.Ⅶ~Ⅷ.

속담은 자연 발생적인 사회적 소산물이다. 생활과 경험에서 자연스럽게 형성된, 간결한 전달 형식의 의미 응결체인 것이다. 그리하여 속담은 발상의 차원에서 민족 고유의 사상과 정서가 반영된다. 따라서 속담의 의미 작용 내에서 민족의 동질성을 찾아보는 것이 그리 어렵지 않다. 속담을 다음과 같은 특징으로 요약하기도 한다.

① 속담에는 민중의 생활 철학이 반영되어 있다.
② 속담은 시대상을 반영한다.
③ 속담은 언어생활을 윤택하게 한다.[8]

상기의 특징을 요약해 보면 속담은 그 형식이 간결하고, 내용은 언중의 생활 의식이나 시대상을 반영하며, 산출도 사회를 배경으로 하고 있다는 것이다.

속담을 발상의 측면에서 내용상, 형식상 다음과 같은 몇 가지 특징으로 정리할 수 있다.

첫째로, 속담은 민족을 배경으로 발생하고 민족의 철학이 반영되어 있다.

이러한 관점에서 一石은 다음과 같이 속담에 대한 총체적 의미와 가치를 피력하였다.

> 속담은 말 중의 보옥이요, 말속의 꽃이요, 말속의 별이다. 그리하여 속담은 독특한 예지와 정의와 심리도 함께 포함하고 있다. 이러한 점에서는 그 민족을 알려면 그 속담을 알아야 하고, 그 속담을 모르고는 그 민족을 말할 수도 이해할 수도 없는 것이다.[9]

---

8) 장덕순외, 『구비문학개설』 pp.189~190.
　　김종택 교수는 하나의 진술이 되는 요건을 ① 속담적 구조를 갖추고, ②기능적인 의미 전달을 하며, ③ 관습성과 대중성을 지녀야 한다는 세 가지 요건을 제시하였다 (김종택, 앞의 논문, p.62).
9) 이기문, 앞의 사전, P.Ⅵ.

이상의 설명에서 알 수 있듯이 속담은 민족과 함께 형성되고 뜻을 더하고 생명을 유지하여 왔다고 하겠다. 그리하여 속담은 "한 민족이나 국민의 성정과 기질이 반영되며 도덕과 신앙이 표현되어 지는 것"[10]이라고 강조하기도 한다.

둘째로, 내용상, 어휘 사용상 그 특징이 비속성과 통속성(popularity)에 있다.

한문 경구에서 파생된 고상한 품위의 속담도 일부 존재하지만, 대체로 속담에 사용된 어휘는 일반 민중이 일상생활에서 소박한 심성의 표현을 위하여 자연스럽게 사용하는 것들이 많다. 그러므로 발생에서부터 일부 특수한 것을 제외하면 현학적 표현이란 극히 찾아보기가 어렵다. 글자 그대로 속담은 민중의 절실한 언어요, 소박하고 진솔한 생각의 결정체인 것이다. 그리하여 그 비속성, 통속성으로 말미암아 유식자인 지배 계층에서는 상용을 꺼렸고, 따라서 문헌에 속담이 정착되기까지는 많은 시간을 필요로 했던 것이다.

- 걸레를 씹어 먹었나.
- 계집 둘 가진 놈의 창자는 호랑이도 안 먹는다.
- 국 쏟고 ?? 덴다.
- 귓구멍에 마늘쪽 박았나.
- 여편네 벌이는 쥐벌이
- 헌 갓 쓰고 똥 누기
- 연주창 앓은 놈의 갓끈을 핥겠나.

여기에서의 비속성이란 아주 천박한 언어의 성격만을 뜻하는 것은 아니다. 문어체 언어에 비해 상대적으로 저속하다는 의미이고, 일상적·서민적 언어가 많이 사용되었다는 뜻이다. 심재기 교수가 속담사전의 색인

---

10) 박갑수, 앞의 논문, p.165.

에 등재된 특수 어휘만을 대상으로 조사한 빈도수는 개(142), 똥(106), 물(100), 소(87), 사람(85), 밥(83), 말[言語](77), 발[足](71), 떡(66)[11]과 같이 나타난다. 개, 소 등 동물의 이름이 많고, 특히 '똥'이란 비속어가 다수 등장하는 것은 속담의 특성이 무엇인가를 개략적이지만 알게 한다.

속담의 최고의 기록이라고 볼 수 있는 『慵齋叢話』에서는 '諺云…'으로 속담을 인용하였고, 洪萬宗의 『旬五志』, 李德懋의 『洌上方言』, 趙在三의 『松南雜識』에서는 '方言', 丁若鏞의 『耳談續纂』에서는 '耳談'이라 하여 속담에 대한 독특한 언어적 인식의 태도가 엿보인다. 이들 모두다 우리의 고유 문자가 엄존해 있음에도 불구하고 속담을 한자로 기록하였고, 더구나 자수나 운까지도 고려하여 기재하였다는 점이다. 그러면서도 속담의 비속성·통속성에 대한 인식의 태도에는 공통점이 있다고 하겠다.

셋째로, 속담의 형식상의 특징은 간결성(shortness)에 있다.

속담은 전달하려는 의미를 강조하거나 효율성을 높이기 위하여 장황한 형식의 것이 없다. 본질적으로 짧은 진술 형식으로 그 자체가 완결형식을 지닌다. 또한, 사례가 구체적이고 특수하면서도 언중에게 쉽게 이해되는 일반적이고 보편적인 의미를 전달하는 요건의 간결한 형식이다.

심재기 교수는 속담을 어떤 사실을 비유로 서술하는데 쓰이는 관용어구라 잠정적으로 정의하고, 최소한의 길이에 대하여 다음과 같은 견해를 피력하였다.

> 속담은 적어도 하나의 단어로는 형성할 수 없는 언어 표현임이 지적되어야만 한다. 그러므로 속담의 외형은 어구의 구성으로부터 시작된다고 할 수 있다. 이 사실은 속담이 단일 개념이 아니고 복합 개념임을 명시해 주는 것이다.[12]

---

11) 심재기, "속담의 종합적 검토를 위하여"(『관악어문연구』, 1982) p.236.
12) 심재기, "속담의 의미 기능에 대하여"(『국어국문학논총』 1977) pp.146~147.

속담은 하나의 단어로는 이룰 수 없고, 최소한으로 하나의 어구가 필요하다고 하였다. 아래는 이 음절로 구성된 속담의 예이다. 문장 길이는 아주 짧지만 의미 전달이나 진술 방법에서 속담적 구성 요건을 모두 갖추고 있다.

- 하품에 딸국질
- 든 거지
- 빨간 상놈
- 안성맞춤

속담의 길이가 얼마나 되어야 하는가, 반대로 얼마나 짧을 수 있겠는가 하는 명시적 규정은 없다. 다만, 속담으로서의 구조와 의미 작용, 기능을 지니고 있으면 된다고 하겠다.

넷째로, 속담은 비유적으로 의미를 전달한다.

속담의 기본 의미 기능은 어떤 특정 사항에 대한 비유적 서술 구조를 지닌다. 이러한 주장은 속담의 일차적 기능이 비유성이고 문장의 통사적 구조상으로 보면 진술성이기 때문에, 위에서 예를 든 짧은 어구의 속담은 주어를 비유의 적용 대상으로 대비하고, 이는 문장의 서술부가 된다. 그리하여 속담의 존재 요건을 심재기 교수는 다음과 같이 설정하고, 속담은 반드시 비유항에 자리잡는다고 하였다.

속담의 존재 요건 = 피비유항 + 비유항[13]

예를 들면 '…한 사실은 고양이 목에 방울 달기다.', '…이 중의 빗이다(빗같다).', '…은 새 발의 피다.'라는 진술 형식을 지녀야 속담으로서의 자격을 갖는다는 것이다. 모든 속담의 구조가 이러한 형식으로 一蔽할 수 있

---

13) 심재기, 앞의 책, p.148.

는 것은 아니지만 이러한 비유적 성격은 속담을 속담 되게 하는 所以然인 것이다.

이러한 비유의 형식은 발상과 표현 측면에서 중요한 교육적 요소가 된다. 『논어』, 『맹자』, 『노자』, 『장자』, 『열자』 등 경서와 동양고전을 포함하여 명문장이라고 통칭되는 글은 거개가 이러한 비유적 표현 방법을 원용하여 심금을 울리는 의미 전달을 한다고 하겠다.

2. 동물 속담의 의미와 발상적 특징

농경 사회 국가였던 우리나라는 농사와 관련하여 많은 동물을 집안에서 사육하였다. 따라서 일상생활의 주위에서 친근하게 맴돈 동물은 그야말로 제2의 인간과 같이 되었다. 따라서 동물은 인간과 깊은 관계를 유지하며 우리의 삶을 보완했고, 속담 속에 자연스럽게 투영되었다고 하겠다.

동물 속담은 앞에서 설명한 바와 같이 ① 동물에 관한 속담, ② 동물에 의한 속담으로 구분하여 규정하고자 한다.

1) 동물에 관한 속담

주로 동물의 속성이나 생태를 이용하여 교화적 의미(속담적 의미)를 창출하는 속담이다. 주로 비유를 이용하여 설명한 대상이 동물이어야 하며, 서술적 기능의 주체도 동물로 되어 있는 속담을 말한다.

- 소는 농가의 조상
- 돼지는 흐린 물을 좋아한다.
- 미친 개가 호랑이 잡는다.
- 사나운 개 입 성할 날 없다.
- 말도 사촌까지 상피한다.
- 기린이 늙으면 노마만 못하다.
- 산 진 거북이 돌 진 가재라.
- 서당 개 삼 년에 풍월한다.
- 무는 개 짖지 않는다
- 야윈 말이 짐 탐한다.
- 개구리 올챙이 적 생각 못한다.
- 느린 소도 성낼 적 있다.

• 개도 닷새가 되면 주인을 안다.　• 거미도 줄을 쳐야 벌레를 잡는다.

• 거미는 작아도 줄만 친다.　• 봄 꿩이 제 울음에 놀란다.

• 개미가 정자나무 건드린다.　• 귀뚜라미 풍류한다.

• 학이 곡곡하고 우니 황새도 곡곡하고 운다.

• 등겨 먹던 개는 들키고 쌀 먹던 개는 안 들킨다.

이상의 속담에서 알 수 있듯이 동물에 관한 속담은 동물이 주는 인상이나 행위, 생활 방식을 끌어들여 그에서 교화적 의미를 부여한 것이 대부분이다.

2) 동물에 의한 속담

총체적 의미 표출을 위해 동물을 비유적으로 차용하여 주제 의식을 형상화한 속담이다. 우리 인간들과 항상 함께 하면서 인간 생활 주위에서 인간의 사고 작용에 관여하는 동물은 한둘이 아니다. 이들 동물은 그 속성 및 생태와 연결되면서 인간의 관념적 차원에서 속담에 침윤되기도 한다.

이기문 교수가 주제별로 분류한 것[14] 중에서 동물 속담을 추출하여 제시해 보면 다음과 같다.

① 언어[15]

• 낮말은 새가 듣고 밤 말은 쥐가 듣는다.

• 소더러 한 말은 안 나도 처더러 한 말은 난다.

• 호랑이도 제 말하면 온다.

---

14) 이기문 편저, 『한국의 속담』(삼성미술문화재단, 1988).

15) 박갑수 교수는 언어에 관한 속담을 ① '말', '이야기', '말씀', '~담', '~언', '~말'과 같이 직접 표현에 언어를 뜻하는 단어를 드러내는 형, ② 속담 내용이 언어에 관한 것, ③ '말', '언어'에 준하는 유의어가 들어 있는 경우, ④ 간접적 표현으로 대부분 그 문맥으로 보아 인용격 조사 '고'와 그 다음에 올 서술어 '말하다'가 내현되어 있다고 생각되는 간접 화법을 쓰고 있는 것 등 네 가지 유형을 들었다(박갑수, 앞의 책 pp.168~170).

• 동네 개 짓는 소리만 못하게 여긴다.

• 세 사람만 우겨대면 없는 호랑이도 만들어 낼 수 있다.

• 참새를 볶아 먹었나.

② 인생

• 산 개가 죽은 정승보다 낫다.

• 기린이 늙으면 노마만 못하다.

• 개 팔자가 상팔자라.

• 노루를 피하니 범이 나온다.

• 거미줄에 목을 맨다.

• 도둑을 맞으려면 개도 안 짖는다.

③ 가정

• 지네 발에 신 신긴다.

• 호랑이도 새끼가 열이면 스라소니를 낳는다.

• 암탉이 울면 집안이 망한다.

• 계집 둘 가진 놈의 창자는 호랑이도 안 먹는다.

• 사위 자식 개 자식

• 개도 손 들 날 있다.

④ 사회

• 대감 죽는 데는 안 가도 대감 말 죽은 데는 간다.

• 쥐 구멍에도 볕들 날 있다.

• 고양이 덕과 며느리 덕은 모른다.

• 새우 미끼로 잉어 낚는다.

• 개 잡아먹고 동네 인심 잃고, 닭 잡아먹고 이웃 인심 잃는다.

• 새도 앉는 데마다 깃이 듣는다.

⑤ 지능

• 마소의 새끼는 시골로

• 범에게 물려 가도 정신을 차려라.

• 개도 나갈 구멍을 보고 쫓아라.

• 기운이 세면 소가 왕노릇 할까.

• 바닷가 개는 호랑이 무서운 줄 모른다.

• 소 궁둥이에다 꼴을 던진다.

⑥ 사리

• 썩은 새끼로 범 잡기

• 산 닭 주고 죽은 닭 바꾸기는 어렵다.

• 토끼를 다 잡으면 사냥개를 잡는다.

• 큰 집 잔치에 작은 집 돼지 잡는다.

• 닭이 천이면 봉이 한 마리 있다.

• 재미 나는 골에 범 난다.

• 한 외양간에 암소가 두 마리

⑦ 심성

• 호랑이도 쏘아 놓고 나면 불쌍하다.

• 미운 파리 치려다 고운 파리 상한다.

• 달아나는 노루 보고 얻은 토끼를 놓았다.

• 너구리 굴 보고 피물 돈 내어 쓴다.

• 백정이 양반 행세를 해도 개가 짖는다.

• 자라 보고 놀란 가슴 소댕 보고 놀란다.

⑧ 행위

• 제 버릇 개 줄까.

- 구운 게도 다리를 떼고 먹는다.
- 개장수도 올가미가 있어야 한다.
- 바늘 도둑이 소도둑 된다.
- 미꾸라지 먹고 용트림한다.
- 까마귀 고기를 먹었나.

⑨ **기타**

- 귀뚜라미 風流한다
- 오뉴월 소나기는 쇠등을 두고 다툰다.
- 오뉴월 더위에는 암소 뿔이 물러 **빠진다.**
- 오뉴월 볕은 솔개만 지나도 낫다.
- 오뉴월 더위에는 암소 뿔이 물러 **빠진다.**

  동물에 의한 속담 중 직접 비유의 형태를 지니는 것도 있다. 인간의 생활과 근접하게 사육되었던 동물의 행태에서 새로운 속담적 의미를 구성하였던 것이다. 그리하여 동물을 사용한 이들 속담은 감화적 기능이 점고되어 인간의 언어생활에서 그 사용이 자연스러웠다고 할 수 있다. 여기에서의 감화적 기능의 상승 작용은 동물이 주는 인상이 인간과 얼마나 친근한가와도 유관하다고 하겠다.

- 소같이 벌어서 쥐같이 먹어라.
- 벼락 맞은 소 뜯어먹듯
- 벙어리 소 몰고 가듯
- 불 난 강변에 덴 소 날 뛰듯 한다.
- 소 닭 보듯, 닭 소 보듯
- 개가 약과 먹은 듯 같다.
- 똥 묻은 개 쫓듯
- 늙은 말 콩 마다듯

• 말 죽은 밭에 까마귀같이
• 제주에 말 사 놓은 듯

  한국의 동물 속담도 일반적인 속담의 특징에서 벗어나지 않는다. 전술한 바와 같이 그 어휘가 일상적, 서민적이요 반면에 아주 비속한 말도 사용하여 의미 기능을 강화하고 있다.

• 누운 소 똥 누듯 한다.
• 똥구멍 찔린 소 모양
• 쇠 뼈다귀 우려먹듯
• 양반의 새끼는 고양이 새끼요 상놈의 새끼는 돼지 새끼라.

  동물 속담 중에는 아주 짧은 것도 있다. 속담은 길이가 짧다고 해서 의미 기능이나 감화력이 약해지는 것이 아니다. 어구의 길이와는 관계없이 그 뜻은 배경과 관련해서 한 편의 완결된 이야기 구조를 지진다. 속담은 형식은 짧지만 의미는 오히려 강하게 전달될 수도 있다.

• 두더지 혼인[鼴鼠婚]
• 박쥐 구실[蝙蝠之役]
• 개 잡듯
• 馬契 말

  그 내용이 한 편의 우화인 '두더지 혼인'16), '박쥐 구실'17)은 洪萬宗의

---

16) 홍만종, 『순오지』(이민수역, 을유문화사, 1974) pp.287~288.
  두더지 한 마리가 새끼를 칠 때가 되어 혼인을 하고 싶은데, 한번 제일 높은 데 거처하는 자와 혼인을 하고 싶은 생각이 들었다. 처음 생각할 적에 가장 높은 것은 하늘이라 하여 하늘에 청혼을 해 보았다. 그러나 하늘은 대답하기를 '내가 비록 온 세상 물건을 총괄하고 있기는 하지만, 해와 달이 아니면 나의 덕을 드러낼 수가 없는 즉 해와 달에게 의논해서 하라.' 했다. 이에 두더지는 다시 해와 달을 찾아서 혼인을 구했다. 그러나 해와 달은 말하기를 '내가 비록 넓게 비치고 있기는 하나 구름이 덮고 있은 즉, 사실은 구름이 나보다 높으니 구름과 의논해 보라.' 했다. 두더지는 다시

『旬五志』에도 실려 있는데 '처음에는 가장 높은 일을 희구하다가 필경에는 같은 동류에게로 돌아간다는 것을 비유해서 쓰는 말', '요리조리 책임을 회피하는 자를 가리켜 쓰는 말'이라고 속담의 뜻을 설명하고 있다.

Ⅲ. 동물 속담의 발상과 표현의 유형

1. 발상과 표현의 원리

이상에서 속담의 일반적 특징과 함께 이에서 벗어나지 않는 동물 속담

또 구름을 찾아 청혼해 보았다. 구름은 대답하기를 '내가 비록 해와 달의 빛을 덮어 비치지 못하게는 하지만, 바람이 한번 불면 모두 흩어지고 마니 사실은 바람이 나보다 더 높은 것이다.' 했다. 두더지는 다시 바람을 찾아 혼인을 구했다. 바람은 대답하기를 '내가 비록 구름은 능히 헤칠 수가 있지만, 저 밭 가운데 서 있는 돌부처는 자빠뜨릴 수가 없으니 따지고 보면 돌부처가 나보다 더 높을 것이다.' 했다. 이 말을 듣자 두더지는 거만하게 앉아서 잘난 체 하였다. '천하에서 제일 높은 놈은 나다. 나보다 더 높은 놈이 있거든 나와 봐라.' 하면서 그 짧은 꼬리와 날카로운 입부리가 나의 가장 존귀한 모습이라 하고, 드디어 두더지끼리 혼인을 했다(鼴鼠欲爲雛擇高婚 初謂惟天最尊 遂求之於天 天日 我雖兼包萬 有非日月則無以顯吾德 鼴求之於日月 日月日 我雖普照 惟雲蔽之 彼居吾上乎 鼴求之於雲 雲日 我雖使日月失明 惟風吹散 彼居吾上乎 鼴求之於風 風日 我雖能蔽雲 惟田間石佛吹之不倒 彼居吾上乎 鼴求之於石佛 石佛日 我雖不怕風 惟鼴鼠穿我足底則爲傾覆 彼居吾上乎 鼴於是傲然自詫日 天下之尊莫我若也 短尾銛嘴實惟我儀 遂昏於鼴 世以始求高而終歸儕流者爲此也).

17) 같은 책, p.291.
새끼들이 봉황새를 축하하는 자리에 박쥐만 오지 않았다. 봉황은 박쥐를 불러다 놓고 꾸짖었다. '네가 내 밑에 있으면서 어찌 그리 거만할 수 있느냐?' 박쥐는 대답하기를 '나는 네 발 가진 짐승의 족속인데 너 같은 새와 무슨 관계와 있단 말이냐?' 했다. 그 뒤에 또 기린을 축수하는 짐승들의 잔치가 벌어졌다. 온갖 짐승이 이 잔치에 모두 모였건만 오직 박쥐만은 오지 않았다. 기린이 박쥐를 불러 놓고 꾸짖었다. '네가 내 밑에 있으면서 어찌해서 나를 축수하는 연회에 참석하지 않느냐?' 그러나 박쥐는 대답했다. '나는 날개가 있는데 짐승들의 잔치에 무슨 관계가 있단 말인가?' 하면서 박쥐는 날개를 펼쳐 보이는 것이었다(鳳凰壽慶 百鳥皆賀 惟蝙蝠不至 鳳凰責之日 居於吾下 何自傲乎 蝙蝠日 吾有足屬獸類 何以賀歟 一日麒麟慶壽 百獸皆賀 蝙蝠又不至 麒麟召而責之 蝙蝠日 吾有翼 屬禽類 何以慶賀 言避事巧免者如此).

특징을 발상의 측면에서 살펴보았다. 그런데 이러한 동물 속담의 특징을 전제로 동물 속담의 생성과 성장, 정착 과정에서 발상과 표현의 원리를 추출할 수 있다. 속담의 생성 원리를 잘 살펴보면 국어교육에서 의도하는 교육의 효과 즉, 표현과 나아가 이해 교육을 계획적으로 실천하는 것을 가능하게 한다. 그것이 자연 발생적으로 형성된 것이라 해도 속담 생성 원리의 도출은 인간이 말하고 쓰고, 듣고 읽는 교육, 아니면 문학적 발상과 감상 교육에 도움이 된다고 하겠다.

심재기 교수는 속담의 생성과 정착 과정을 창의적으로 다음과 같이 단계별로 도식화하였다.

<table>
<tr><td rowspan="3">개인적 차원</td><td>① 특수 사례의 발생</td></tr>
<tr><td>② 그 사례의 묘사(표현)</td></tr>
<tr><td>③ 묘사(표현)의 정제</td></tr>
<tr><td rowspan="2">사회적 차원</td><td>④ 언중의 공감과 재인용</td></tr>
<tr><td>⑤ 어구의 고정화와 전파[18]</td></tr>
</table>

상기의 도식을 살펴본다면 속담의 발생과 표현의 문제는 개인적 차원과 더욱 밀접하게 관계가 형성된다고 하겠다. 지금까지 연구한 바에 의하면 특수 사례에 의하여 발생한 속담의 예는 다음과 같은 것이 있다.

- 내일 바빠 한데 방아(己事之忙 大家之春促)(三國遺事 郁面婢念佛西昇)
- 군밤에서 싹 나거든(鄭石歌)
- 오십보 백보(孟子)
- 高麗公事三日(世宗實錄)
- 홍길동이 합천 해인사 털어먹듯. 놈 재주는 홍길동이다.(洪吉童傳)
- 팔선녀를 꾸민다.(九雲夢)
- 종로에서 뺨 맞고 한강에서 눈흘긴다.(특정 지명)

---

18) 심재기, "속담의 종합적 검토를 위하여"(『관악어문연구』7, 1977) P.221.

그런데 속담이 발생하는 과정은 그리 간단하게 설명될 것은 아니다. 상기의 속담은 특정한 사례나 고사성구, 소설이나 지명에서 발생된 연유를 찾아볼 수 있다. 그러나 그 자체가 발생의 동인은 될지언정 발생의 과정은 아닌 것이다. 단지, 어떤 자료를 가지고 어떠한 형태의 속담이 자연스럽게 형성되었는가를 보여주는 것들이라고 하겠다.

속담은 개인의 경험을 토대로 무의식적으로 만들어질 수도 있고, 의식적으로 의도된 목적에 따라 독특한 발상에 의하여 생성될 수도 있다. 이를 전제로 할 때, 속담 속에서는 발화자의 목적성, 의도성, 교훈성, 감화성이 내재해 있다고 하겠다. 다시 말해서 청자에게 어떤 목적성을 가지고 대상을 교화하기 위하여 비유적 의미 체계를 형성시키는 것이다. 따라서 속담의 생성과 의미 전달의 과정을 화자, 청자를 고려하여 다음과 같이 상정할 수 있다. 곧, 이것이 속담 존재의 방식인 것이다.

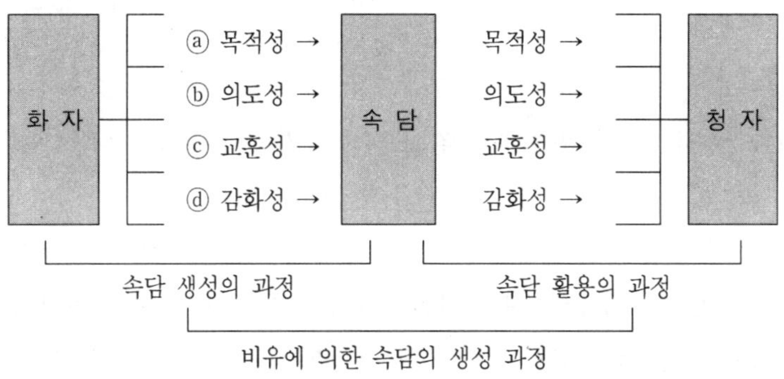

이렇게 비유에 의하여 의미 체계가 형성되고, 전파의 속성을 지니는 속담은 그 생성을 위한 진술의 과정을 발상의 측면에서 다음과 같이 생각할 수 있다.

① 사실적 진술 → ② 비유적 진술 → ③ 교화적 진술

속담적 진술

일반적으로 속담은 비유적 진술 수준에 대다수 머물고 있다. 이러한 유형의 속담도 교화적 기능이 전혀 몰각되는 것은 아니지만 의미 구현에서 비유적 기능이 교화적 기능보다 상승 작용으로 나타나 있는 속담이라고 하겠다.

① 사실적 진술	② 비유적 진술
• 말을 조심하라.	• 발 없는 말이 천리 간다.
	• 낮말은 새가 듣고 밤 말은 쥐가 듣는다.
	• 말이 씨가 된다.
	• 호랑이도 제 말하면 온다.
	• 소더러 한 말은 안 나도 처더러 한 말난다.
• 사람은 먹고 살게 마련이다.	• 산 입에 거미줄 칠까.
• 은덕을 잊지 마라.	• 머리 검은 짐승은 남의 공을 모른다.
	• 기르던 개에게 다리를 물렸다.
	• 개도 닷새가 되면 주인을 안다.
	• 앞에서 꼬리치는 개가 후에 발뒤꿈치 문다.

이상에서 알 수 있는 바와 같이 하나의 사실적 진술에 상응하는 여러 가지의 비유적 진술이 담긴 속담을 만들 수 있다.

반면에 ③ 교화적 진술만으로 구성된 속담도 있다. 교화적 진술이란 의미 전달이 비유적이기보다는 직설적이고, 事象을 자연스럽게 설명하는 형식이지만 청자에게 심리 상태나 행동의 변화를 요구하는 진술 형태를 말한다. 그러나 속담에서 비유적 진술과 교화적 진술의 한계와 구분은 대단히 어렵다.

• 아주머니 떡도 싸야 사지
• 아이 자라 어른 된다.
• 복은 쌍으로 오고, 화는 홀으로 온다.

　속담은 본래가 교화적 기능을 지니나 때로는 이 기능을 더욱 강조할 필요가 있을 경우 비유적 진술 다음에 이 부분을 덧붙이는 형식을 취한다. 이것이 교화적 진술 부분의 역할이라 할 수 있다. 이러한 형태의 속담은 수적으로 많지는 않지만 청자에로의 의미 전달이 용이하고 확연하다.

- 도적 때는 벗어도, <u>화냥의 때는 못 벗는다.</u>
- 옷은 새 옷이 좋고, <u>사람은 헌 사람이 좋다.</u>
- 물이 아니면 건너지 말고, <u>인정이 아니면 사귀지 마라.</u>
- 그릇은 돌리면 깨지고, <u>여인은 돌리면 버린다.</u>

　동물 속담도 상기의 몇 가지 예와 같이 이러한 진술의 과정을 밟아서 생성된다. 이와 같은 유형의 동물 속담에는 다음과 같은 것이 있다.

- 호랑이는 죽어서 가죽을 남기고, <u>사람은 죽어서 이름을 남긴다.</u>
- 우마는 낳거든 제주로 보내고, <u>사람은 낳거든 서울로 보내라.</u>
- 쥐 먹을 건 없어도, <u>사위 먹을 건 있다.</u>

　상기의 발상 과정은 속담의 비유적 특성과 구조를 고려한 것이다. 이를 화자를 중심으로 한 발상 과정으로 다음과 같이 전환하여 생각해 볼 수 있다.

① 표현의 내용 구상　→　② 비유어 선정　→　③ 표현(묘사)
　(주제 의미)　　　　　(재료와 서술)　　　(속담적 진술)

　그리고 이러한 과정을 속담 생성의 과정과 다음과 같이 연관시킬 수 있다.

① 표현의 내용 구상 → ② 비유어 선정　→　③ 표현(묘사)
　<행동을 조심하라.>　　ⓐ 내 건너는 행동　ⓐ 얕은 내도 깊게 건너라.
　　　　　　　　　　　ⓑ 죽 먹는 행동　　ⓑ 식은 죽도 불어서 먹어라.
　　　　　　　　　　　ⓒ 길 가는 행동　　ⓒ 아는 길도 물어 가라.

ⓓ 감 먹는 행동　　ⓓ 무른 감도 쉬어 가며 먹어라.
ⓔ 다리 건너는 행동　ⓔ 돌다리도 두드리고 건너라.

상기와 같은 발상의 과정을 밟는 동물 속담에는 '구은 게도 다리를 떼고 먹는다.'가 있다. 여기에서 주목해야 할 것은 비유어의 선정이 표현과 밀접성과 합리성을 유지하는 것이다. '행동을 조심하라'는 의도를 전달하고자 할 때 행동으로 구상될 수 있는 상황은 무수히 많다. 이렇게 '행동'을 '조심하라'는 구체성과 어떻게 연결시키는가가 속담을 통한 표현교육의 요체라고 하겠다.

2. 의미 체계와 연상 원리

동물 속담의 유형도 일반 속담의 그것과 같다고 하겠다. 속담의 유형을 설정하기에 앞서 속담의 구조를 분석 설명하는 기본 개념이 필요한데, 거개가 동일한 의미역을 가지고 있으면서도 논자마다 다른 어휘를 사용하고 있다.

	A	B
① 김종택	재료재(material unit)	의미재(meaning unit)
② 구비문학개설	개별적 의미 진술부	보편적 의미 진술부
③ 장주근	재료부	주지부
	⇩	⇩
	(비유적 진술부)	(교화적 진술부)

본고에서는 전술한 속담의 발상과 표현의 과정을 고려하고, 속담의 존재가 화자와 청자 사이의 의미 전달이 그 일차적 중요성을 띠기 때문에 '비유적 진술부'와 '교화적 진술부'로 구분하여 속담의 유형을 생각해 보고자 한다. 『구비문학 개설』에서 제시한 속담의 유형19)을 참고하여 이와

결부시켜 보면 다음과 같은 동물 속담의 유형 설정이 가능하다.

    1) A형   • 개팔자
                    • 드나드는 개가 꿩을 문다.
    2) A + A형 • 족제비도 낯짝이 있고, 미꾸라지도 백통이 있고, 빈대도 콧등이 있다.
                    • 양반 새끼는 고양이 새끼, 상놈 새끼는 돼지 새끼
    3) A + B형 • 호랑이는 죽어서 가죽을 남기고, 사람은 죽어서 이름을 남긴다.
                    • 말을 낳거든 시골로 보내고, 아이를 낳거든 孔門으로 보내라.
    4) B형   • 말 타면 종두고 싶다.
                    • 바닷가 개는 호랑이 무서운 줄 모른다.
    5) B + B형 • 잦힌 말이 멀랴 말 탄 서방이 멀랴.
                    • 소 닭 보듯, 닭 소 보듯

이와 같은 속담의 유형 설정에는 용어의 타당성과 구조 분석에 합리성이 일차적으로 내재해야 하는데, 앞으로 이 분야는 더욱 보완해야 할 여지가 남아있기는 하다. 그러나 화자의 속담에 대한 일차적 태도가 비유적 의미체계 부여에 있고, 청자의 태도는 속담에서 교화적 의미체계의 추출과 터득에 있기 때문에, 속담의 총체적 존재 방식을 고려하여 이와 같은 유형 설정의 가능성을 전적으로 배제할 수는 없을 것이다.

속담은 단독으로 존재하는 형식이 아니다. 앞에서도 간단하게 설명했지만, 항상 화자와 청자의 유기적 상관 관계에서만이 의미 기능이 본질적으로 발휘되고, 속담으로서의 존재의 의의가 나타난다. 이를 전제로 하여 속담의 존재 방식을 도식해 보면 다음과 같다.

---

19) 『구비문학개설』(장덕순 외, 일조각, 1979, pp.195~198)에서 분류한 유형에 해당된다고 생각한 동물 속담을 찾아본 것이다.

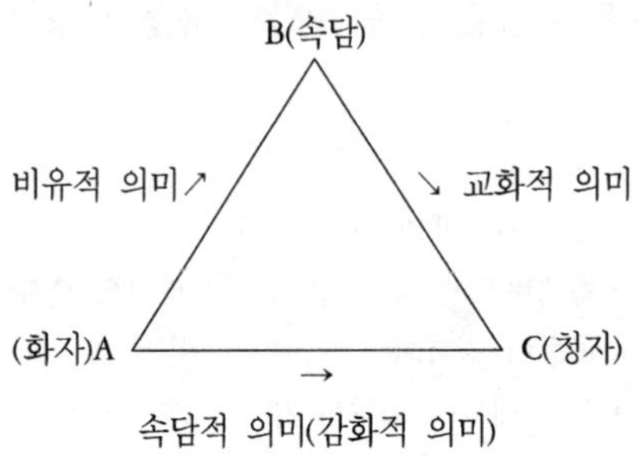

상기의 속담 존재 방식은 화자의 측면에서는 비유적 의미가 강조되고 청자의 측면에서는 교화적 의미가 중시됨을 나타낸다. 결국 비유적 의미와 교화적 의미의 총화는 감화적 의미라 할 수 있고, 이러한 형태로 속담의 의미가 청자에게 전달된다고 하겠다.

한편, 속담의 의미체계를 다음과 같이 분석, 상정할 수도 있다.

・도토리 키 재기　　　　　① 도토리가 있다.
　　　　　　　　　　　　② 도토리는 크기가 비슷하다.
　　　　　　　　　　　　③ 키를 잰다.
　　　　　　　　　　　　(그러므로 키를 재는 것은 무의미하다.)

・낫 놓고 기역자도 모른다.　　① 낫을 놓는다.
　　　　　　　　　　　　② 낫은 기역자이다.
　　　　　　　　　　　　③ 기역자를 모른다.
　　　　　　　　　　　　(그러므로 기역자를 모르는 것은 무식하다.)

・윗물이 맑아야 아랫물이 맑다.　① 윗물이 맑다.
　　　　　　　　　　　　② 물은 아래로 흐른다.
　　　　　　　　　　　　③ 아랫물이 맑다.
　　　　　　　　　　　　(그러므로 아랫물이 맑은 것은 필연적이다.)

이러한 의미의 분석에서 ①은 속담에서 전제적 의미요, ③은 ①에서 결과된 행위나 사상이다. 여기에 ②의 의미 개입이 없이는 속담의 감화적 의미는 생성되지 않는 것이다. ②를 본고에서는 연상적 의미라 하고자 한다. 속담의 발상적 측면에서 이 의미의 적절한 활용이 속담을 속담 되게 하는 所以然이라 할 수 있을 것이다.

이러한 연상의미의 개입은 동물 속담에서도 마찬가지다.

- 닭 잡아 먹고 오리 발 내어놓는다.　① (남의)닭을 잡아먹는다.
　　　　　　　　　　　　　　　　　② 닭 발과 오리 발은 비슷하다.
　　　　　　　　　　　　　　　　　③ 오리 발을 내어놓는다.
　　　　　　　　　　　　　　　　　(그러므로 남을 속일 수 있다.)

- 서편에 무지개 서면 개울 너머 소 매지 마라.
　　　　　　　　　　　　　① 서편에 무지개가 선다.
　　　　　　　　　　　　　② 비가 올 가능성이 많다.
　　　　　　　　　　　　　③ 먼 곳에 소를 매지 마라.
　　　　　　　　　　　　　(그러므로 가까운 곳에 소를 매라.)

연상적 의미는 이와 같이 완결된 속담의 구조에서도 이끌어 낼 수도 있지만 단어 자체도 내재한다. 이에는 다음과 같은 두 가지 종류가 있다.

① 보편적 연상 의미 : 언중이 일반적으로 유추할 수 있는 연상 의미
② 개별적 연상 의미 : 어휘가 특수한 의미로 전용된 연상 의미

전술한 속담은 보편적 연상 의미의 개입으로 이루어졌다. 대표적으로 소, 돼지, 개의 보편적 연상 의미는 개략 다음과 같다.

① 소　㉮ 재산이다.　② 돼지　㉮ 더럽다.　③ 개　㉮ 성실하다.
　　　㉯ 크다.　　　　　　　㉯ 어리석다.　　　　㉯ 더럽다.
　　　㉰ 힘세다.　　　　　　㉰ 복 있다.　　　　　㉰ 무지하다.
　　　㉱ 사납다.　　　　　　　　　　　　　　　　㉱ 천박하다.

　　㉠ 무식하다.
　　㉡ 고집 세다.
　　㉢ 질기다.

　말[馬]의 경우는 이들의 연상 의미를 거의 모두 포함하고 있음이 특이하다. 반면에 다음의 속담은 개별적 연상 의미의 개입을 보여 주는 것들이다.

　• 두더지 결혼　　　　　　→　두더지는 나비가 못되란 법 있나.
　• 마계의 말　　　　　　　→　말 태우고 버선 깁는다.
　• 경자년 가을 보리 되 듯하였다.　→　까마귀가 보리를 마다한다.

　후술 속담에 등장하는 두더지, 말, 보리는 보편적인 의미를 지니는 것들이다. 그런데 전술한 속담에서의 의미는 구체적인 배경 이야기나 역사적 사실을 모르면 의도하고자 하는 의미의 유추가 대단히 막연한 것들이다. 개별적 연상의미의 발견과 이를 사용한 속담의 생성은 의미 전달 즉, 감화적 한층 기능이 강화되어 의미의 전달이 매우 실질적일 수 있다.

　이와 같이 연상적 의미는 속담에 개입한 단어 자체에서나 속담의 전체적 구도에서도 발상과 의미 표출에 필연적인 역할을 한다. 그러므로 이러한 연상적 의미의 적절한 활용이 속담 생성의 일차적 임무라고 하겠다.

3. 파생과 의미 확장의 원리

　일개의 속담은 이미 속담으로서 정착되었어도 속담에 담겨있는 뜻을 언중이 잘못 이해하거나, 아니면 낱말의 와전으로 변개될 수 있는 가능성이 많다. 심재기 교수는 이러한 변화의 유형을 ① 속담이 지닌 비유상의 기본 의미가 와전으로 인해 완전히 다른 것으로 변하는 경우와 ② 부분적으로 변개를 입는 두 가지를 예로 들었다.[20]

① a. <u>屈原</u>이 제몸 추듯

   b. <u>구렁</u>이 제몸 추듯

   c. 구렁이 <u>담 넘어가듯</u>

② a. 黃政丞의 <u>곯은 계란</u>

   b. 鷄卵有骨

   c. 계란에도 <u>뼈가 있다</u>.

①은 완전히 바뀌는 경우를, ②는 표현상의 변개를 보여 주는 것이다. 이렇게 속담은 형식과 내용에서 시간의 경과에 따라 파생과 변화를 계속 한다고 하겠다. 본고에서는 일반 속담에서 이러한 변개의 방법과 양상을 어휘, 통사적인 측면에서 다음 몇 가지로 구분해 보고자 한다.

① 대 치

속담의 구조를 이루는 성분 어휘 일부 또는 전체가 대치되는 경우다. 이는 단순 대치와 부분 대치, 전체 대치로 세분하는 것이 가능하다.

  ㉠ 단순 대치 : 단어의 일부가 대치된 것(대치된 것이 남은 부분보다 적을 경우)

    • 안되면 조상 탓 　　　　　 못되면 조상 탓
    　　　　　　　　　　　　 잘되면 제 탓
    • 영감 죽고 처음 　　　　　 시어머니 죽고 처음
    • 원님 덕에 나팔이라. 　　 사또 덕분에 나팔이라
    • 우장을 입고 제사를 지내도 제 정성이라.
    　　　　　　　　　　 지게를 지고 제사를 지내도 제 멋이다.
    • 밭을 사려면 변두리를 보라. 　 논을 사려면 두렁을 보라.
    • 방죽을 파야 머구리가 뛰어 들지
    　　　　　　　　 둠벙을 파야 개구리가 뛰어들지

---

20) 심재기, "속담의 종합적 검토를 위하여"(『관악어문연구』7, 1977) p.222.

ⓛ 부분 대치 : 구절이 대치된 것(대치된 것이 남은 부분보다 많을 경우)
• 저 중 잘 뛴다고 하니까 장삼 벗어 걸머지고 뛴다.
　　　　　　　　　　　저 중 잘 달아난다 하니까 고깔 벗어 들고 뛴다.
• 적도 모르고 가지 딴다.　　　맥도 모르고 침통 흔든다.

ⓔ 전체 대치 : 의미와 구조가 동일하나 어휘가 거의 완전히 대치된 것
• 방귀가 잦으면 똥싸기가 쉽다.
　　　　　　　　　　　번개가 잦으면 천둥을 한다.
• 바늘보다 실이 굵다.　　　배보다 배꼽이 더 크다.
• 계란이나 달걀이나.　　　업으나 자나.
• 경주 돌이면 다 옥석인가.　　　처녀면 다 확실한가.

② 도치

문장이나 어구가 서로 자리가 뒤바뀌는 것을 말한다. 화자가 어느 특정 부분을 강조하여 도치된 것도 있지만 기억의 착종에서 온 것으로 여겨진다. 그러나 속담의 의미 기능에는 변화가 없다.

• 저승 길이 대문 밖이다.　　　대문 밖이 저승이라.
• 이 팽이가 돌면 저 팽이도 돈다.
　　　　　　　　　　　저 팽이가 돌면 이 팽이도 돈다.
• 난 부자 든 거지　　　든 거지 난 부자

③ 첨가

기본이 되는 속담 유형에 뜻을 분명하게 하기 위하여 단어를 첨가하거나 동일한 형식의 어구를 덧붙이는 방법을 말한다.

• 사흘에 한 끼도 못 먹은 듯　사흘만에 죽 한 그릇도 못 먹었나
• 열 소경에 한 막대　　　열 소경에 한 막대요 팔 대군에 일 옹주라.
• 열의 한 술 밥　　　열의 한 술 밥이 한 그릇 푼푼하다.

④ 생략

첨가와는 대조적으로 기본 속담 유형에서 단어나 어구를 생략해도 의미 작용에는 제약이 따르지 않는 경우 이러한 속담이 파생된다.

- 배 먹고 배 속으로 이 닦는다.　　　배 먹고 이 닦기
- 한 번 엎지른 물은 다시 주워 담지 못한다.　엎지른 물
- 오래 살면 시어머니 죽을 날 있다.　　시어머니 죽는 날도 있다.

⑤ 해석

기존 속담의 형식에서 문맥적으로 뜻을 분명하게 하기 위하여 단어나 어구를 단순하게 첨가하는 것이 아니라 나름대로 이해를 쉽게 하기 위하여 풀이 형태를 취하는 방법을 말한다.

- 아이 보는 데는 찬물도 못 먹는다.　어린 애 보는 데는 찬물도 마시기 어렵다.
- 입이 광주리만 해도 말은 못 하리라.　온 몸이 입이라도 말 못 하겠다.
- 자다가 얻은 병　　　　　　　　자다가 생병 앓는 것 같다.
- 고기는 씹어야 맛이요, 말은 해야 맛이라.
　　　　　　　　　　　고기는 씹어야 맛이고, 말은 해야 시원하다.

속담의 파생과 확장, 변개는 대체로 이러한 범주에서 이뤄진다고 하겠다. 동물 속담의 경우도 마찬가지다.

① 대치

㉠ 단순 대치
- 두렁에 든 소　　　　　개천에 든 소
- 놓아 먹인 소　　　　　놓아 먹인 말
- 돝 잠에 개 꿈　　　　　노루 잠에 개 꿈
- 똥 묻은 돼지가 겨 묻은 돼지를 나무란다.
　　　　　　　　똥 묻은 개가 겨 묻은 개를 나무란다.

ⓛ 부분 대치

- 파리한 강아지 꽁지 치레하듯　　　당나귀 귀 치레
- 말 귀에 염 불　　　　　　　　　쇠 귀에 경 읽기
- 날개 부러진 말　　　　　　　　허리 부러진 호랑이
- 거미는 작아도 줄만 친다.　　　제비는 작아도 강남 간다.

ⓒ 전체 대치

- 날개 없는 봉황　　　　　　　　성인 못된 기린
- 마파람에 게 눈 감추듯　　　　사냥개 언 똥 들어 먹듯
- 개구리도 움쳐야 뛴다.　　　　나는 새도 움직여야 난다.
- 개에게 된장 덩어리 지키게 하는 격　강아지 메주 멍석 맡긴 것 같다.

② 도치

- 개구리 올챙이 적 생각을 못한다.

　　　　　　　　올챙이 적 생각은 못하고 개구리 된 생각만 한다.

③ 첨가

- 두꺼비 돌에 치었다.　　　애매한 두꺼비 돌에 치었다.
- 언치 뜯는 말　　　　　　제 언치 뜯는 말이라.
- 개꼬리 삼 년 두어도 황모 못된다.

　　　　　　　흰 개 꼬리 굴뚝에 삼 년 두어도 흰 개 꼬리다.

- 개도 주인을 알아본다.　　개도 닷새가 되면 주인을 알아본다.

④ 생략

- 쇠 불알 떨어질까 하고 제 장작 지고 다닌다.

　　　　　　　　쇠 불알 떨어지면 구워 먹기

- 쇠 힘은 쇠 힘이요 새 힘은 새 힘이다.

　　　　　　　　쇠 힘도 힘이요 새 힘도 힘이다.

⑤ 해석

- 두꺼비 씨름 같다.　　　　두꺼비 씨름 누가 질지 누가 이길지
- 약빠른 고양이 밤 눈 어둡다.　약빠른 고양이 앞을 못 본다.
- 불에 탄 개가죽 같다.　　　불에 탄 개가죽 오그라들듯

• 말 고기 다 먹고 무슨 냄새난다고 한다.
말 한 마리 다 먹고 말 고기 냄새난다고 한다.

첨가와 생략의 관계는 선후가 모호한 면도 있지만 속담의 파생과 변화의 한 양상임에는 틀림없다. 화자와 청자 사이에서 역동적 관계로 존재하는 속담은 형식적인 변화와 함께 근본적으로 의미 변화의 속성을 지닌다. 앞으로 속담의 의미 분화와 함께 의미 변화의 유형도 밝혀져야 될 것이다.

전술한 '屈原'의 발음을 구렁이로 오인한 경우처럼 속담에서의 음상 착오에 의한 변화의 모습도 많이 찾아볼 수 있다.

• a. 하룻밤을 자도 萬里 장성을 쌓는다.
→ b. 하룻밤을 자도 蠻人은 성을 쌓는다.

• a. 똥 마려운 계집 국거리 썰듯
→ b. 똥 마려 하는 년 국거리 썹듯

이러한 음상의 와전은 동물 속담에서도 나타난다.

• a. 죽은 石崇보다 산돼지가 낫다.
→ b. 죽은 政丞이 산 개만 못하다.

• a. 이 빠진 개 벌통시 만났다.
→ b. 입 빠진 개 벌통시 만났다.

• a. 소 눈 말 눈 크다 해도 議論보다 큰 것 없다.
→ b. 소 눈 말 눈 크다 해도 의눈보다 큰 것 없다.

앞으로 속담의 파생과 변화는 음운론적, 형태론적, 통사론적, 의미론적 측면에서 좀더 통합적, 구체적으로 천착되어야 할 것이다. 그리고 이들의 연구도 화자와, 청자의 역동적 관계를 전제로 한 것이어야 함은 물론이다.

Ⅳ. 발상과 표현교육의 실제

1. 발상과 사고력 · 창의력 신장

범박한 명제로 인간이 존재하는 곳에 언어가 있다. 언어는 사고를 수반하는 정신작용으로 인간만이 누리는 생활의 방편이다. 언어 작용을 통한 사고력은 인간다운 삶을 영위하게 하고, 자연과 조화를 이루어 원만한 인격을 형성하게 하며, 어떤 경우에는 자연을 활용하고 극복하는 원동력이 된다. 따라서 사고력 신장은 인간이 만물의 영장으로 살아갈 수 있게 하고, 인간의 미래를 능동적으로 책임질 수 있게 하는 최고의 교육목표가 된다고 해도 과언이 아니다.

주지하다시피 인간이 영장류가 되는 소이는 언어를 사용하는 점에 있다. 언어는 주위의 세계(사물)에 의미를 부여하고, 이를 통하여 사고의 여러 형태, 즉 정신 작용을 구체적으로 실현시킨다. 학자들에 의하여 언어와 사고의 관계에 대하여 규명하려는 노력이 그 동안 계속되었다. ‘언어가 사고를 지배한다.’는 주장이나 ‘사고가 언어 이전에 존재한다.’는 주장은 대표적인 연구의 결과들이다. 이러한 언어와 사고의 발생론에 대한 정답을 구하기에 앞서 국어교육에서는 사고력 신장이 교육의 중요한 과제로 엄연히 존재한다는 사실이다.

‘사고’란 ‘사고의 대상에 대한 정신 작용’이라 할 수 있다. 그리고 사고는 대상을 찾는 정신 작용(단순 사고)과 찾아낸 대상에 대한 인식의 변화를 가져오는 정신 작용(고등 사고)으로 나눌 수 있다. 우리가 보통 ‘사고력’이라고 부르는 것은 고등 정신 작용을 의미한다.[21] 따라서 일부 학자는 사람의 내부에서 일어나는 개념들 간의 의사 소통, 즉 내적 의사 소통

---

21) 노명완, “국어과 교육과 사고력 신장”(『사고력을 기르는 국어과 교육』 충청남도 교육청 편저, 1994) p.46.

도 교육의 대상으로 삼았던 것이다.

그러나 사고력 신장 교육을 어떻게 수행할 것인가의 문제는 그리 간단하지가 않다. 사고력 신장 교육의 기본은 바르게 사고하고, 이렇게 하기 위한 효율적인 방법을 가르치는 것이다. 그리하여 사고력 신장 교육의 목표를 도출하는 방법에는 "사고를 잘 할 수 있기 위하여 요구되는 심리적 특징 등을 추론해 보는 일이고, 다른 하나는 우리들이 일상의 생활에서 경험하는 사고 활동을 분석하여 사고(력)의 종류나 유형을 가정해 보는 일"22)의 두 가지가 있다는 데 공감이 간다.

사고력 신장 교육과 관련한 전문가들의 공통 견해로서 사고를 이루는 심리적 특성으로 '① 지식, ② 성향, ③ 인지적 조작' 등을 들고 있다. 그러나 이들은 독립적으로 작용하는 것이 아니고 역동적 작용으로 연관되어 있다. 먼저, 사고는 특정 영역에서 일어나며, 이러기 위해서는 그 영역에 대한 지식이 있어야 한다. 그러나 지식만으로는 사고가 발생하지 않고, 바르고 철저하게 사고하고자 하는 습관이나 태도 등 사고의 올바른 성향이 필요하고, 마지막으로 변별, 분류, 계열화, 비교, 조직, 분석, 종합, 유추, 추론 등 '인지적 조작'이라는 사고의 기술이 필요하다. 따라서 사고력 신장은 이러한 정의적 바탕에서 도달하려는 목표를 추출하고, 목표 달성을 위한 계획을 수립하여 교육적으로 실천하는 것이 가능하다.

국어교육에서는 '언어적 사고력 신장'을 목표로 삼는다. '언어적 사고력'이란 '언어를 매개로 어떤 대상에 대한 인식의 변화를 꾀하는 정신 작용' 곧, '언어를 통한 의미 형성'을 뜻한다고 말할 수 있다.23) 사고력의 의미도 크게 두 개의 과정을 거친다. 지식, 또는 의미의 회상이나 재인이 첫 단계이고, 이를 소재로 지식이나 의미를 창조해 내는 과정이 다음 관계인 것이다. 따라서 국어교육에서는 사람과 사람들 간의 외적 의사 소통뿐만

---

22) 허경철, "사고력 교육과 교과교육"(『교과교육학 신론』 문음사, 2001) p.244.
23) 노명완, 앞의 책 p.47.

아니라 내적 의사 소통인 사고력 신장을 교육의 주된 대상으로 삼아야 한다.

국어교육은 사고력 신장은 물론 창의력 신장까지도 주된 교육의 목표로 설정하여 실천해야 한다. 사고력 신장은 창의력 신장의 전제가 되기 때문이다. 그런데 양자는 같은 범주 내에서 개념을 규정하기도 하고, 접근하는 방식에 따라 의미역 설정과 분해 방법이 달라지기도 한다.

창의력이 무엇인가 하는 개념 규정은 학문적 관점과 논의의 대상과 맥락에 따라서 학자들 간에 다양한 정의를 시도하고 있다. "당면한 과제를 해결하기 위해서 과거의 경험과 지식을 새로이 조직함으로써 가치 있는 아이디어를 생성해 내는 능력"(Helpern), "지적 호기심과 같은 개인의 독특성에서 나오는 내부의 힘으로써 자신에게 가치 있는 참신한 통찰들을 산출하는 능력"(Olsan), "주어진 문제나 감지된 문제로부터 통찰력을 동원하여 새롭고 신기하고 독창적인 산출물을 내는 능력"(Urban) 등으로 의미역을 정하기도 한다. 그리고 창의력을 피판적 사고, 창의적 사고, 상위 인지(metacognition), 의사 결정 사고 등으로 구분하여 분석적으로 설명하기도 한다. 또한, 환경적인 요인을 강조하여 "창의력은 정형이 없으며, 새로운 문제 해결 방안을 생성해 내는 창의적 사고의 과정은 자유의 상태가 전제되어야 하고, 개인의 독특성과 그 개인을 둘러싼 환경이 상호 작용하여 생성된다."[24]고 하기도 한다.

창의력은 다른 모든 사고 유형들이 결합되어 나타나는 가장 높은 단계의 사고력으로 간주하기도 한다. 이러한 창의력의 신장은 발상법과 긴밀하게 관련되어 있는데, 이는 창조적 사고의 확장과도 유관하다. 접근의 분야와 방식이 좀 다르지만 발상법에 대하여 "기지의 이론, 법칙을 토대로 하여 미지의 영역에 확대적으로 類比시키고, 반대 예를 찾고, 법칙의 독립 변수 내지는 변속 변수를 무제한으로 변화시키는[外揷] 등 자유자재의 상

---

24) 『창의력 신장을 돕는 중학교 국어과 학습평가 방법』(서울특별시교육청, 1997)에서 학자의 제설을 재인용하였고 이하 여기에서 많이 참고함.

상력의 구사가 필요하다."25)라고 주장하기도 한다.

發想은 '어떤 생각을 해내는 것, 만들어 내는 것'이다. 이는 창의력과 사고력에 바탕을 두고 형성되고 신장되는 것이다. 그러므로 발상과 사고력·창의력의 상호 작용의 틀을 이용하여 언어·문학에 대한 교육적 방법론을 도출하는 것이 가능하다. 발상법은 표현교육의 기본으로 이를 학문적 배경을 가지고 교육이론으로 무장할 필요가 있다.

이러한 사고력과 창의력 신장 교육에 동물 속담에 내재된 발상법의 이용은 기본적인 교육 방법의 이론화 구안은 물론 상기의 교육목표 도출에 유용하다고 하겠다. 또한 동물 속담은 형식이 간결하고 의미 생성과 확장이 용이하기 때문에 이의 교육적 효과도 신속하다.

2. 발상과 표현교육의 실제

이상에서 살펴본 바와 같이 동물 속담은 일상생활에서 경험한 지혜를 간결하게 표현한 언어 구조물이다. 따라서 청자와 화자의 양자간에 의미 형성의 과정을 발상의 측면에서 찾아보고 이를 교육적으로 활용하는 것이 가능하다. 그리고 속담은 인간의 심성을 간결하면서도 적나라하게 반영하기 때문에 일상의 언어생활과 직결된 교육과도 유관하다. 그러므로 동물 속담을 대상으로 한 발상 교육은 쓰기와 말하기 표현교육과도 직결된다고 하겠다.

판소리계 소설, 궁정 소설 등 고대소설에 나타난 속담의 사용 빈도는 문학의 언어 성격을 분명히 하여 주고, 동시에 속담이 언어적 발상과 얼마나 긴밀하게 작용하는가를 증변하기도 한다. 속담은 인간과 늘 가까이 있으며, 인간 생활의 일부로 존재한다. 특히, 속담의 다른 유형 중에서 동물 속담은 더욱 그러하다.

---

25) 『교육학 대사전』(교육학사전편찬위원회편, 1980) p.391.

옛 문인들은 항상 가까이 했던 동물을 이용하여 자기 사상을 표출하였다. 이규보의 <蝨犬說>이나 이곡의 <借馬說> 등은 단순히 동물의 생태나 인간과의 관계를 표출한 것이 아니라 발상의 작용 과정을 창조적으로 활용하여 인생의 철학적 의미를 응결시키고 있다. 李行의 <騎牛說>도 발상의 측면에서 궤를 같이 한다.

> 나는 일찍이 말하기를 "산수에 유람하는 데는 오직 마음속에 사사로움과 누 없는 뒤에라야 가히 그 즐거워하는 바를 즐길 수 있다." 하였다. 나의 벗 이주도가 평해에 살면서 매양 달밤이면 술을 가지고 소를 타고서 산수 사이에 놀았다. 평해는 명승지로 일컫는 곳이라, 그 유람하는 즐거움을 이 군은 능히 옛 사람이 알지 못한 묘한 바를 다 얻었을 것이다.
>
> 무릇 물체에 눈을 주시함이 빠르면 精하지 못하고, 더디면 그 미묘함을 다 얻는다. 말은 빠르고 소는 더딘 것이니 소를 타는 것은 곧 더디고자 하는 것이다. 생각하건대, 밝은 달이 하늘에 있으매 산은 넓고 물은 넓어 상하가 한 빛으로 굽어보나 우러러보나 한계가 없는지라, 만 가지 일을 뜬구름 같이 여기고 긴 휘파람을 맑은 바람에 보내며, 소를 놓아 가는 대로 맡기고 생각나는 대로 자신이 술을 부어 마시면, 흉중이 유연하여 스스로 그 즐거움이 있는 것이니 이 어찌 사사로움과 누에 구애된 자의 능히 할 바이랴.
>
> 옛사람이 또한 능히 이 즐거움을 얻은 자가 있었던가. 파공(坡公, 東坡 蘇軾을 말함.)의 적벽의 놀이가 거의 근사할 것이다. 그러나 배를 타는 것이 위태하고 보면 소등의 안전함만 같지 못할 것이요, 술도 없고 안주도 없을 때에 집에 돌아가서 아내에게 의논하는 것은 스스로 휴대하는 용이함만 같지 못할 것이다. 계수나무 노[桂棹]와 모란 노[蘭槳]는 번거로운 일이 아니며, 배를 버리고 산으로 오르는 것은 수고로운 일이 아니겠는가.
>
> 소를 타는 즐거움을 그 누가 알리요, 성인(聖人, 공자)의 문하에 이 사람이 있었다면 공자가 위연히 탄식함을 볼 것을 믿어 의심치 않겠도다.[26]

李行은 소를 즐겨 타는 소이를 일상적 생활 태도에서 벗어나 나름대로

---

26) 『국역 동문선』Ⅶ(민족문화추진회, 1977) pp.528~519.

의 관점에서 피력하고 있다. 그는 "무릇 물체에 눈을 주시함이 빠르면 精하지 못하고, 더디면 그 미묘함을 다 얻는다."고 단언하였다. 그리고 소가 지니고 있는 느리다는 일반적인 이미지와 인식을 강조하고, 소를 타는 것은 더디고자 함이라고 하였다. 그리하여 이러한 소의 느린 행보가 빠른 것보다 좋다고 느끼는 심동 작용을 이용하여, 소를 놓아 스스로 즐길 수 있는 독자적인 세계를 구축하고, 이를 언어적 발상을 통하여 자신의 인생 철학을 피력하였다.

발상은 사물을 인식하고 대하는 사고 작용이며, 언어적 창조 과정이다. 심적 발상은 주위 환경의 감각 작용에 의하여 마음이 움직일 때 태동하며, 이러한 심적 용솟음이 언어적 표현으로 구체화된다. 따라서 발상을 교육하는 것은 사고력과 창의력을 신장시키고 언어적 표현의 묘미를 맛보게 하는 다음과 같은 심적 과정의 역동적 작용태라고 하겠다.

① 감각 작용 → ② 심동 작용 → ③ 발상 → ④ 표현

발상은 연상 작용과도 유관하며, 이에 의한 의미 생성과 형태 파생은 교육 활동의 기본이 된다. 이러한 작용태를 바탕으로 동물 속담을 이용한 발상 교육은 크게 ① 기존의 의미 체계를 이용한 연상 교육과 ② 형태 파생을 통한 의미 생성 교육으로 나눌 수 있다.

[발상 교육 1] : 의미 체계를 이용한 연상 교육

전술한 바와 같이 속담은 그 형성에서 연상 작용의 개입 없이는 이루어질 수가 없다. 하나의 관념이 다른 관념을 떠올리는 연상은 의미와 관계하며 역동적으로 작용한다. 대개 연상 교육은 보편적 의미를 교육적으로 떠올리는 것이 보통이다. 그런데 일반화된 보편적 의미 연상도 언어사용의 상황에 대입될 때에는 그렇게 용이한 것만은 아니다. 언중이 일반적으로

유추하고 이해할 수 있는 의미를 발견하고 확장시키는 교육도 계획적 · 체계적으로 이루어져야 한다.

그리고 보편적 연상 의미 발견과 이의 의미 교육도 중요하지만 개별적 연상 의미의 발견까지 확대하는 것이 표현교육에는 중요하다. 그런데 개별적 연상 의미를 발견하고 이를 언어사용에 대입하는 것은 쉽지가 않다. 보편적 연상 의미의 발견과 활용은 자연스럽게 이루어질 수 있는 것이지만, 이를 전제로 개별적 연상 의미의 발견은 보편적 연상 의미에서 더 나아간 두뇌 작용이기 때문이다.

'말을 조심해야 한다.'는 의미의 속담으로 '① 발 없는 말이 천리 간다.', '② 낮 말은 새가 듣고 밤 말은 쥐가 듣는다.'가 있다. ①에서 말은 발이 없지만 천리를 간다는 의미와 형식 유형에서, 말은 날개가 없지만 날개의 속성을 연상하여 발보다는 빠르게 갈 수 있으므로 만리까지 갈 수 있다고 확대하여

> → '날개 없는 말이 만리를 간다.'

라는 속담 유형을 만들어 내는 것이 가능하다. 이를 더욱 발전시켜서 다음과 같은 속담 유형도 만들어 낼 수 있다.

> → 발 없는 말이 발 있는 말보다 빨리 달린다.

말[語]은 말[馬]이 달리는 것보다도 빠르게 퍼지므로 말하기를 조심하라고 하여 동음이의어의 음상 효과까지도 사용, 동일한 의미가 내재한 속담 유형을 만들어 낸 의미 연상을 이용한 파생법이다.

②에서 새는 낮과, 쥐는 밤과 관계 있는 동물이므로 이를 다시 낮과 밤을 연상하는 다른 말로 대치하여 또 다른 속담 유형을 만드는 것이 어렵지 않다.

→ '낮 말은 해가 듣고 밤 말은 달이 듣는다.'

이를 다시 다음과 같은 말로 발전시키는 것은 개별적 연상 의미의 확장이라고 볼 수 있다. 땅과 하늘은 낮과 밤에서 이끌어 낸 의미의 대립은 아니기 때문이다.

→ '낮 말은 땅이 듣고 밤 말은 하늘이 듣는다.'

이러한 연상을 이용한 발상법은 일반 글쓰기 교육에로까지도 확대하는 것이 가능하다. 일반적으로 인지적 구성주의 글쓰기에서 주장하는 내용 생성의 방법으로 이용하는 브레인 스토밍(brainstorming)이나 마인드 매핑(mind mapping)은 사고력을 증진하기 위한 조직적인 훈련이다. 이러한 훈련은 보편적 연상 의미 발견의 기본적인 활동도 되이지만 개별적 연상 의미 발견의 활동도 된다. 그러므로 이 훈련에서 유의할 점은 혼재하는 두 가지 의미를 교육적으로 구분해 주는 것이다.

[발상 교육 2] : 형태 파생을 통한 의미 생성 교육

전술한 바와 같이 속담은 하나의 기본 형태를 근거로 형식과 내용에서 파생을 한 것들이 많다. 이를 다음과 같이 다시 분류하고 표현교육, 발상 교육의 방법으로 유형화 할 수 있다.

① 모방을 통한 확장
㉠ 대비 모방
- 까마귀가 메밀을 마다한다.
  → 까마귀가 보리를 마다한다.
  → 까마귀가 오디를 마다한다.
  → 까마귀가 고욤을 마다한다.
- 생선 망신은 꼴뚜기가 시킨다.

→ 어물전 망신은 꼴뚜기가 시킨다.

ⓛ 유비 모방
- 까마귀가 메밀을 마다한다.
  → 개가 똥을 마다한다.
  → 고양이가 쥐를 마다한다.
- 함정에서 벗어난 범
  → 그물을 벗어난 새
- 우마가 기린 되랴.
  → 까마귀 학이 되랴.
  → 닭의 새끼 봉이 되랴.

② **파생을 통한 의미 생성**

㉠ 부분 생성
- 파리한 강아지 꽁지 치레하듯
  → 머리 없는 놈 댕기 치레하듯
- 모기 다리에서 피를 뺀다.
  → 모기 대가리에서 골을 내랴.

ⓛ 전체 생성
- 마파람에 게 눈 감추듯
  → 사냥개 언 똥을 들어 먹듯
- 미운 쥐도 품에 품는다.
  → 미운 놈 떡 하나 더 준다.
  → 미운 아이 먼저 품어라.
  → 미운 자식 밥 많이 먹인다.
  → 미운 사람에게는 쫓아가 인사한다.
- 해산한 데 개 잡기
  → 고추밭에 말달리기. 우물 밑에 똥 누워 놓기. 오려 논에 물 터놓기. 잦힌 밥에 흙 퍼붓기. 패는 곡식 이삭 빼기. 논두렁에 구멍 뚫기. 애호박에 말뚝 박기. 초상난 데 춤추기. 불붙는데 부채질하기. 우는 아이 똥 먹이기. 무죄한 놈 뺨치기. 빚 값에 계집 뺏기. 늙은 영감 덜미 잡기.

모방을 통한 확장은 의미면보다는 형태적인 면의 고려가 강조된 발상법이고, 파생을 통한 의미 생성은 형태보다는 의미에 비중을 둔 발상법이다. 파생을 통한 의미 생성에서 부분 생성과 전체 생성의 구분은 의미 구성 부분이 얼마인가에 따라 결정된다고 하겠다.

이러한 동물 속담의 파생 유형은 여타 속담에서도 마찬가지다. 상기와 같은 속담 파생 방법과 의미 생성의 유형화가 타당한가는 且置하더라도 이를 표현교육 기초 방법으로 원용하는 것은 가능하다고 본다. 동물 속담을 이용한 발상 교육은 일반적인 표현교육으로까지 발전시킬 수 있다는 말이다.

V. 결 론

인간이 존재하는 곳에 언어가 있다면 언어가 있는 곳에는 속담이 있다. 즉, 인간이 존재하는 곳에는 속담이 자연스럽게 존재한다. 이렇게 속담은 인간의 원초적인 생각과 느낌을 생활의 일부로서 나타낼 수 있는 중요한 언어적 기제가 되었고, 인간 가까이에서 다단한 삶의 양태를 대변했다고 하겠다.

이러한 속담 중에서 동물을 이용하거나 동물에 대한 속담은 우리 인간의 일상생활의 심상을 가장 잘 담은 의미와 형태를 지닌다. 동물 속담은 그 발상이 인간 생활과 가장 근접한 거리에서 이루어진 응결체이므로, 이를 이용한 발상 교육 또한 그 효과가 실질적일 수밖에 없다.

속담은 내용과 형식면에서 시간이 경과됨에 따라 변화한다. 이러한 변화는 대치, 도치, 첨가, 생략, 해석의 범주 내에서 이루어진다. 속담은 화자와 청자의 관계를 고려하여 목적성, 의도성, 교훈성, 감화성을 가지고 생성되고 활용되기 때문에 발생의 과정에서 규칙성을 지닌 형식적 파생과 전형으로서 의미 확장 구조를 지니는 것이 보통이다. 때문에 이러한 속담의 발생적 속성을 이용하여 표현교육의 기초라고 할 수 있는 발상 교육의 방법을 모색할 수 있고, 이를 교육의 교수·학습 이론으로 정착시키는 것이 가능하다. 이는 속담이라는 언어적 소산이 이루어진 문화적 배경을 다시 교육 이론으로 활용하는 것이 된다.

발상은 사고력과 창의력 신장과도 유관하다. 그런데 발상은 감각 작용, 심동 작용에서 결과된 일종의 과정으로서의 작용태이므로, 이러한 작용태의 구도를 밝히면서 교육적 활용 방법을 구안하는 것이 필요하다. 발상 교육은 사고력·창의력 신장과 유관한 과정으로서의 반복 학습이 가능한 교수·학습 모델을 개발할 수 있을 것이다.

그리하여 본고에서는 동물 속담에서 구안된 발상 교육의 방법으로 ① 기존의 의미 체계를 이용한 연상 교육과 ② 형태 파생을 통한 의미 생성 교육의 두 가지를 설정하고, 이의 교육적 모델화 가능성을 나름대로 시도해 보았다. 이러한 교육적 모델화가 이론적으로 타당하고 합리성을 확보한 것인가는 추후의 문제이고, 이와 같은 시도를 통하여 국어 표현교육에서 발상 교육의 한 방법을 실질적으로 구체화했다는 데 그 의의가 있다고 하겠다.

학문의 성과도 어떤 면에서는 실험정신의 소산이기 때문에 가설로서 상정된 명제를 언제든지 논의 대상으로 삼게 마련이다. 본고에서 제시한 발상 교육에 대한 이론화 제안은 연구의 성과에 따라 더욱 심화될 수 있거나 본질적으로 궤도를 수정할 수도 있다. 앞으로, 발상과 관련한 교육적 가설이 더 연구, 심화되어서 하나의 교육적 모델로 정착되었으면 한다.

제3부

문학교육의 구조

제 **1** 장
●●●

文學敎育의 구조와 본질

I. 서 언

학교나 사회교육에서의 문학의 효용과 가치는 문화의 발달에 의해 사회의 구조가 복잡해지고, 인간 관계가 다양한 현대 사회에 있어서는 재론할 여지가 없을 것이다. 문학은 현실의 반영이며 사회상의 거울이기 때문에, 반대로 문학이 사회에 끼치는 영향은 또한 지대하다 아니할 수 없다.

더구나, 문학을 문학되게 하는 所以然은 그것이 인간의 총체적 체험의 소산이며, 더불어 인간적 가치와 긴밀하게 불가분의 관계에 놓여 있기 때문이다. 그러므로 문학을 교육한다는 것은 인간의 가치와 존재를 해명하는 작업도 되지만 역설적으로 문학을 문학되게 하는 원천적인 행위라고 말할 수도 있다.

따라서 문학에 대한 연구와 함께 문학교육의 연구 역시 심화되어 그 독자적 영역을 넓혀 가야 할 필요가 있으며, 동시에 이제는 문학교육의 구조와 본질 또한 추상적인 수준을 넘어 명쾌하게 해명되어야 할 것이다. 이렇게 함으로써 문학교육은 보편적인 경지에서 벗어나 한 차원 높은 昇華된 모습을 갖추게 되고, 그 결과로 문학이 인간 생활에서 불가분한 정신 활동인 것처럼 문학교육 또한 이에 상응하는 학문적 존재 가치를 십분 발휘할 것이다.

본고에서는 문학교육의 正體가 무엇이며 궁극적으로 무엇을 추구하는 것인가 하는 문학교육의 본질을 개괄해 보고자 한다. 그리하여 이러한 규명을 위해 문학교육의 구조와 그 역동성을 먼저 살펴 보고, 아울러 문학교육의 당면한 과제와 전망을 단편적으로나마 기술해 보고자 한다.

그리고 여기에서의 논의는 학교 교육을 염두에 둔 한정적인 문학교육의 탐색과 연구이고, 이해를 돕고 관계를 명료하게 나타내기 위하여 도식을 다수 사용하였음을 밝혀 둔다.

Ⅱ. 문학교육의 구조와 그 力動性

1. 문학교육의 개념과 範疇

문학교육의 개념과 범위는 조명되는 측면과 입장에 따라 여러 각도에서 규정할 수 있다. '문학교육의 개념'과 '문학교육의 범위'가 무엇이라는 어의적 구분은 가능하나, '범위'는 '개념'의 기반에서 한계지워지기 때문에 반드시 구분할 필요는 없는 것이다.1) 필자는 문학교육의 개념과 그 범위라는 어의를 포괄하고 양쪽의 의미의 영역을 모두 수용하는 용어로 '문학교육의 구조'란 말을 사용하고자 한다. 이러한 어휘의 사용은 '문학교육의 개념' 혹은 '범위'가 주는 평면적 인상과 단순성을 불식하고, 보다 더 역동적 작용태를 표상하는 전달성을 띠기 때문이다.

문학교육은 문학과 교육의 만남이다. 그런데 여기에서의 만남이란 그리 간단하고도 단순한 문제는 아니다. 문학교육은 "문학 쪽에서 보면 문학을 끌어들이는 것이 되고, 교육 쪽에서 보면 문학을 교육 내용으로 끌어들

---

1) 구인환 외 『문학교육론』에서는 문학교육의 개념을 "문학교육은 文學現象이 바람직하게 이루어지기 위한 일체의 의도적 과정 및 결과이다"라 정의하고 문학교육의 범위를 ① 내용적 차원, ② 대상적 차원, ③ 방법적 차원, ④ 기타 잠재적 교육과정으로 세분하여 설명하였다(삼지원, 1988 pp.35~53).

인 것이 된다."[2]는 의미 이상의 것으로 "한 단계 상승된 有機化된 개념"[3]으로 파악되어야 할 것이다. 즉, '문학 + 교육'의 단선적인 의미인 '문학을 교육한다'는 수준의 것은 아닌 것이다. 문학은 그 시작에서 부터 역동적인 작용을 배제할 수 없으며, 또한 관련 요소도 한두 가지만으로 국한하여 생각할 수는 없는 것이다.

이러한 문학교육의 특수성을 고려하여 문학교육의 구조로 다음과 같은 도식을 잠정적으로 想定, 이끌어 낼 수 있다.

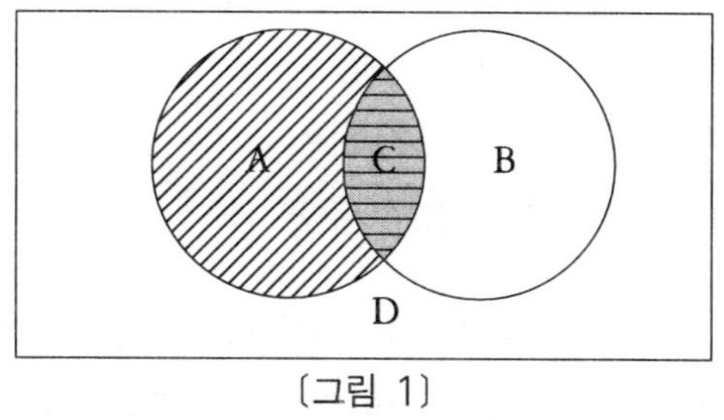

〔그림 1〕

    A : 문학이란 무엇인가(문학의 고유영역)　　　: 문학교육의 내용
    B : 교육이란 무엇인가(교육의 고유영역)　　　: 문학교육의 방법
    C : ① 문학에 대한 교육 － 작품 중심교육　　: (이해·이론교육)
       ② 문학에(을) 의한(통한) 교육 － 학습자 중심교육 : (감상·비평교육)
       ③ 문학을 위한 교육 － 창작 중심교육　　: (창작교육)
    D : 문학교육(에 대한)의 이론교육

문학교육이란 A + B + C + D 를 의미한다. A는 교육의 내용이요 B는 교육의 방법이 된다. 따라서 문학교육은 A의 입장에서 B를 끌어 들인 것으로 봐야 할 것이다. 또한, B영역의 학술적인 이론이나 방법론을 도외시하고는 문학교육의 완전한 실천과 그 목표를 달성할 수 없다. C는 A와

---

2) 정동화 외, 『국어과교육론』(선일문화사, 1990) p.389.
3) 구인환 외, 앞의 책 p.35.

B의 접합 부분으로 그림에서와 같이 ①②③을 포괄하는 영역이다. 문학교육에서 중요한 영역은 D영역이다. 왜냐하면, 문학교육의 궁극적인 성공과 실패가 D에 의해 좌우되기 때문이다.

여기에서 문제가 되는 것은 A, B, C, D의 위상과 그 관계이다. [그림 1]에서 보는 바와 같이 A와 B는 동질의 공백은 아니며, C의 공간이 A·B보다 협소한 것도 아니다. D는 A, B, C가 기반이 되지만 그림에서처럼 그것을 완전히 포괄하는 영역이 못된다. 그리고 전술했지만 이들은 평면에서의 작용태가 아니라 유기적, 복합적, 다층적 상호 작용관계로 개념의 층위를 형성하고 있음도 알아야 한다.

2. 문학 교수·학습의 力動的 구조

문학교육은 그 실천의 현장에서도 역동적 구조를 보인다. 문학교육의 실천에 있어서는 먼저 主體와 대상이 있어야 하고, 동시에 문학교재를 중심으로 하여 이루어진다. 그리고 교재를 통한 학습의 과정은 그 수행에서 교사, 학습자간의 상호작용으로 이루어지며, 작가와의 관계도 간접적이지만 필연적으로 맺고 있다.[4]

이들은 상호 작용적 관계를 유지한다. 전후, 좌우, 상하 등 모든 방향으로 역동적으로 작용한다는 말이다. 이를 도식해 보면 다음과 같다.

---

4) 김은전 교수의 "훌륭한 문학 작품을 교재로 삼아, 감동적으로 전인류의 체험에 참여하게 함으로써 삶의 의미를 깨닫게 하고, 일회한인 자기의 삶을 가치 있는 것으로 꾸려 나가도록 도와 주는 것"이라 한 문학교육의 개념에 대한 정의는 이러한 관점에서의 정리이다("문학교육이란 어떤 것이어야 하는가"『문학사상』 1991, 2월 p.89).

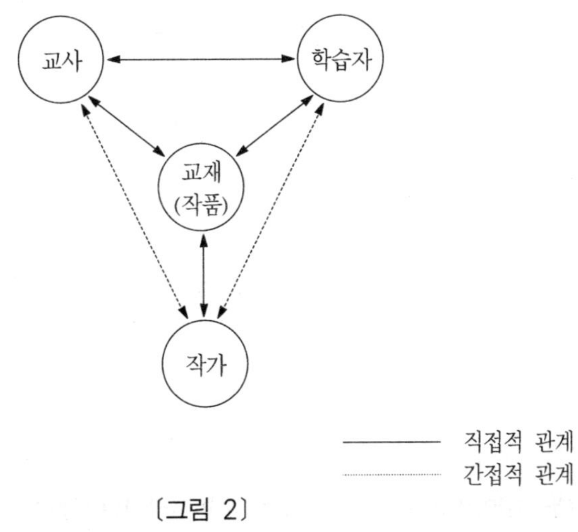

〔그림 2〕

상기의 도식은 하나의 복합적인 작용태를 의미한다. 이는 문학을 文學
現象5)으로 봄과 동시에 문학교육도 역동적인 구조로 파악하는 것이 된다.

그런데 위에서 도시한 교수·학습에 관련된 요소들의 상호작용은 도식
에서와 같이 等價의 위치를 점유하는 것은 아니다. 예로 교재-학습자-작자
의 관계와 교재-교사-작가의 관계를 동등하게 학습 활동에서 취급할 수 있
는 성질의 것은 아니다. 또한, 교사, 교재, 학습자의 관계는 직접적인데 반
하여, 교사·학습자와 작가와의 관계는 작품을 통하여 이루어지는 간접적
인 상호 작용이므로 학습의 현장에서 동등하게 교육적 역동성을 발휘하지
못한다.

문학교육이 교재를 중심으로 하여 이루어지지만, 교사의 활동을 核으로
해서 그 계획과 실천을 통하여 역동적 작용태가 구체화 된다. [그림 2]를

---

5) 문학을 文學現象으로 파악하여 문학교육에 적용하려는 시도는 구인환 외『문학교육
론』으로 "문학을 작품을 중심으로 작품의 생산, 작품 자체의 구조, 작품의 수용, 작품
의 반영 등 작품과 관련된 일련의 작용 과정"을 말하고, 또 이는 '동적 구조의 제재
관'이라 하겠다(pp.36~37).

교사를 중심으로 한 모형으로 다음과 같은 변형이 가능하다.

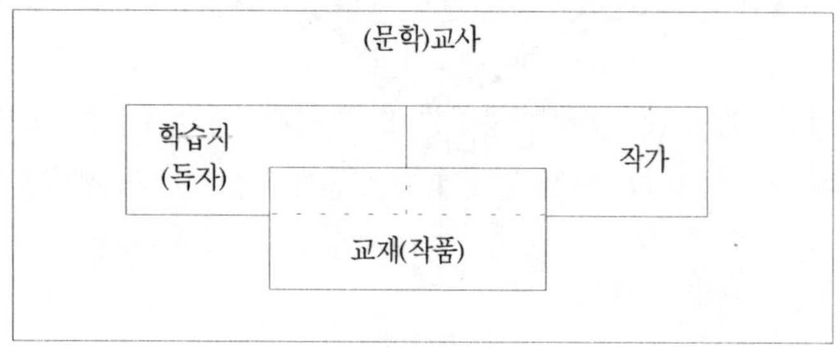

〔그림 3〕6)

[그림 3]에서의 공간의 크기는 중요도와 비례하는 것은 아니다. 다만, 교육의 실천에 있어서의 역할의 비중을 의미한다. 그리하여 교사는 작가 −교재−학습자라는 문학적 소통의 기본 틀에서 다음과 같은 문제들을 모두 취급해야 한다.

① 작가 중심적 문제들

전기적 연구, 창조성의 연구, 작가사회학, 生産美學(시학, 수사학) 등
② 텍스트 중심적 문제들

장르시, 텍스트 이론, 보급에 관한 연구, 敍述美學 등
③ 독자 중심적 문제들

독서 現象學, 해석론, 독서 대중사회학, 수용미학 등7)

---

6) 張雙英의 "文學理論 産生的 架構及 其運用擧隅"란 논문 중에서 작품, 작가, 독자, 우주의 범위 형식관계 그림 (『古典文學』第七集 下, 臺灣 學生書局 p.1058)을 참고하여 필자가 변형한 것임.
7) D.Harth & D.Gebhardt(Hg), 『rkenntnis der Literatur』(허창운 편저 『현대문예학의 이해』 창작과 비평사, 1989) p.38에서 재인용.

Ⅲ. 문학교육의 본질과 非本質

1. 문학교육의 文法

이상에서 살펴 본 바와 같이 문학교육의 구조는 역동적 작용태로 평면적·선조적 구조가 아닌 입체적 구조다.

문학교재의 구성 요소들도 공시적·통시적 측면에서도 마찬가지다. 그리고 거시적인 구성 요소 뿐만 아니라 미시적인 구성체도 역동적이다. 교재를 이루고 있는 요소인 주제, 구성(인물, 사건), 문체 등도 확고한 경계선을 가지고 존재하는 것이 아니다. 이들은 문학교육에서 이해와 감상 더 나아가 비평과 창작을 위해 인위적으로 분할한 것이지, 작품 속에서는 유기적인 구조화로 내면적인 통일을 유지하고 있다.

학습자의 측면에서도 인지 발달의 정도, 독서 능력 수준이나 습관, 스키마의 폭 등도 교육에서는 역동적으로 작용하고, 교사가 갖고 있는 문학이론이나 문학관이 학습의 燈臺가 됨도 마찬가지다. 그러므로 문학교육은 이러한 구성 요소들의 분리, 분석의 과정과 통합의 과정의 순환을 어떻게 잘 답습하느냐에 그 실천의 성패가 좌우된다. 어쨌든, 문학을 문학현상과 작용태로 보면 문학교육은 역동의 역동이 된다.

'문학교육의 구조가 무엇인가'는 전술한 바와 같이 간단한 것은 아니다. 여기에서는 개괄적으로 그 층위를 살펴봤는데, 이러한 구조의 설정은 문학교육의 가능성을 긍정적인 방향으로 이끌고 입증하는 계기가 된다. 그런데 여기에서 유의해야 할 것은 그 교육이 체계적·조직적·객관적으로 수행할 수 있느냐이다. 문학은 오묘한 카멜레온 같아서 적확하게 一蔽할 수 있는 정의를 갖고 있지 못하다. 이와 같은 특성 때문에, 문학이 학문의 대상과 교육의 대상이 될 수 있는가란 근본적인 문제에 봉착하게 되고, 국어교육에서의 문학교육의 위상도 모호하게 될 우려도 있는 것이다.

그러나 문학교육의 가능성과 필요성은 이론적으로 많은 연구에서 주창되고 있다. 지금까지 대표적인 논쟁의 초점의 하나는 문학의 多意味性과 曖昧性이었다. 이에 대하여 "역설적으로 들릴지는 모르지만 이러한 다면성 내지는 무한성이 문학의 생명"이라고 강조한 김대행 교수는, "문학의 경우 다양성이 오히려 정답이며 그것이 보편성과 개별성이라고 하는 문학의 본질을 구성하는 핵인 것이다."라고 하며, 다음과 같은 견해를 피력하고 있다.

> 그렇기 때문에 문학에 대한 견해도 관심의 차이가 있을 뿐이지 배타적이고 유일한 정답은 없는 것이다. 그러나 그러하기 때문에 정답은 없으며, 따라서 교육조차 불가능하다는 식의 지적 靜寂主義에 빠져도 된다고 성급한 판단을 내려서는 안된다. 유일한 정답이 아니라 몇 가지 정답을 마련할 수 있다는 것은 우리 삶의 모습이 그러하기 때문이며, 삶의 모습이 그러한 한은 여러 가지의 정답이 나오는 것이 바른 해답의 방식인 것이다. 그러한 정답들 가운데서 어느 것을 선택하느냐, 어느 것이 보다 바람직한 것이냐 하는 것은 모두가 철학적 선택의 문제인 것이다.[8]

김교수는 이러한 문학의 특성을 "사물은 그 관계에 의해서 존재의 의미를 달리하고 또 달리 인식된다. 이래서 문학은 상대성에 의해서 그 본질을 드러내는데 바로 이것이 森羅萬象의 상대적 속성이다."[9]라고 하여, '문학의 상대성 원리'라는 용어로까지 발전시키고 있다.

필자는 이러한 문학의 속성을 '개별화의 원리'라고 命名하고자 한다. 이것은 문학이 언어를 통한 예술이라고 하지만, 그것이 어법적·수사적 차원에 머물지 않고 있음을 뜻하는 것이다.

그러면 문학에서 보편화의 원리는 없는가. 이러한 질문에 대한 회답의

---

8) 김대행, "문학의 개념과 문학교육론"(『국어교과학의 지평』서울대학교출판부, 1995) pp.316~317.
9) 김대행, 『문학이란 무엇인가』(문학사상사, 1992) p.50.

결과나 원리 도출은 문학교육의 가능성과도 연관이 된다. 결론해서 말하면, 문학에도 보편성의 원리는 존재한다.[10] 우리 민족을 구성하는 개인의 얼굴이나 체격은 모두 다르지만 타민족과 구별되는 공통 특징이 있는 것처럼, 문학을 중심으로 이루어지는 모든 행위[11] 에서 보편화된 양상을 추출해 낼 수가 있는 것이다.

> 매운 季節의 채찍에 갈겨
> 마침내 北方으로 휩쓸려 오다.
>
> 하늘도 그만 지쳐 끝난 高原
> 서릿발 칼날진 그 위에 서다.
>
> 어데다 무릎을 꿇어야 하나
> 한 발 재겨 디딜 곳조차 없다.
>
> 이러매 눈 감아 생각해 볼밖에
> 겨울은 강철로 된 무지갠가 보다.

陸史가 처했던 역사적 상황을 모르더라도, 그의 성장 과정이나 개인적인 세계관을 전혀 파악할 수 없는 사람이라도, 이 시에서 비극적인 삶의 종말에 서 있는 서정적 자아의 처절한 심경을 감지할 수가 있다. 이렇게 공통으로 느낄 수 있는, 몇 줄 안되는 문맥이 주는 感發의 작용은, '서릿

---

10) 문학의 '개별성과 보편성'에 대하여 김대행 교수는 "문학이란 이처럼 '제 눈의 안경'으로 새로이 바라보는 데서 이루어진다는 말도 가능하다. 그러나 이 말이 '아무렇게나 바라보더라도 새롭기만 하면 된다'는 뜻은 아니라는 점은 분명히 해둘 필요가 있다. 새롭되 '참됨'을 지니고 있어야 하고, 더구나 고개를 끄덕일만한 '그럴듯함'을 확보하고 있어야 한다. 이 말을 바꾸어 표현하면 '문학은 세상만사가 지닌 진리를 찾는 일'이라고 할 수 있다."라고 하였다. 필자의 '개별화의 원리'와 '보편화의 원리'는 이에서 유추한 것임을 밝힌다(『문학이란 무엇인가』 p.73 참조).
11) '문학적 행위'라고 말할 수도 있다. 이해, 감상, 비평, 혹은 연구라는 행위에 창작 활동도 포함시킬 수 있고, 이는 궁극적으로 문학교육과도 연관이 있음은 물론이다.

발', '겨울'의 표상이나 작자가 궁극적으로 표상한 '무지개'가 이 시에서 어떤 의미망을 구축하는가의 문제에 앞선다.

<춘향전>, <동백꽃>, <수난이대> 등의 소설의 분석과 이해에서도 마찬가지다. 주인공의 유형이나 구성, 시점, 배경 등의 파악과 분석이 천태만상일 수는 없다. 소설의 문맥이 독자에게 던져 주는 감성에로의 호소가 동일한 감흥을 유발하는 경우가 많다. <烈女春香守節歌> 중에서 棍杖·笞杖 맞고 우는 춘향의 전반부 사설은 다음과 같다.

一片丹心 구든 마음 一夫從事 쓰시오니 一箇刑罰 치옵신들 一年이 다 못 가서 一刻인들 변하릿가
二夫節 아옵난듸 不更二夫 이 니 마음 이 미 맞고 永 죽어도 李道令은 못 잇것소
三從之禮 至重한 법 三綱.五倫 알어쓴이 三致刑問 定配을 갈지라도 三淸洞 우리 낭군 이도령은 못 잇것소.....(한자는 필자가 전환)

춘향의 절절한 굳은 마음이 격조에 맞게 토로되어 있는 十杖哀歌이다. 이 글을 읽을 때의 독자의 심정은 그것이 정도의 차이는 있다 하더라도, 춘향의 굳은 각오가 감동의 요소로 전이되어 압박해 옴을 털어 버릴 수는 없는 것이다. 이러한 언설에서 嫌惡感이나 불쾌감을 느낄 사람은 없을 것이며, 오히려 그녀의 이와 같은 행동에 대해 동정과 연민의 감정을 억제하지 못하여 慟泣하는 경우도 생길런지도 모를 것이다. 이것은 인간이 가지는 보편적 감정이요 정서이다.

이렇게 작품을 대하는 독자의 태도에도 정도의 차이는 있지만 보편화의 원리가 내재해 있다. 이러한 보편화의 원리를 찾아 교육하는 규범적인 방법을 '문학교육의 문법'이라 칭할 수 있을 것이다. 이러한 규범적인 문학교육의 추출이 가능한 것은, 문학은 삶의 근본적인 문제를 취급하면서도 보편화된 언어12)의 형상으로 昇華·轉換되기 때문이다.13) 문학교육의

문법은 문학교육의 불가능성을 가능케 하는 방편이 되며, 문학교육이 너무 추상적이고 관념적이라는 표피를 벗는 자기 방어적 방법론도 될 것이다.

또한, 문학교육은 전술한 바와 같은 '개별화의 원리'와 '보편화의 원리'를 어떻게 연결하고 조화시키며 동시에 구분하느냐의 과정이라고도 할 수 있다. 유형성 속에서 다양성을 모색하는 부단한 상호작용인 것이다. 물론, 보편성의 원리는 개별성의 원리에 선행한다. 그러므로 문학교육은 보편성의 원리에서 개별성의 원리에로의 확장 과정이라 하겠다.

여기에서는 문학교육의 문법이 무엇인가에 대한 일반론적 언급에 머물렀다. 이에 대한 성격의 본격적인 구명이나 구체적인 방법론의 제시는 별고로 미룬다.

2. 문학교육의 本質

문학교육은 전술한 바와 같이 다양한 구성 요소로 이루어진 다층적·복합적·동태적 덩어리 속에서 출발한다. 이러한 문학교육의 구조의 극명한 해명은 문학교육의 본질이 무엇인가에 대한 명쾌한 해답과도 직접으로 연결된다.

현재 5차 고등학교 국어과 교육과정에서 국어 과목의 목표 중 문학 부면은 다음과 같다.

> 문학에 관한 일반적인 지식을 바탕으로 작품을 바르게 이해·감상하며, 인간의 삶을 총체적으로 이해하게 한다.

---

12) 문학 언어와 일상 언어와의 관계는 많은 연구자들에 의해 究明되어 왔다. 현재는 양자의 구별이 무의미하다는 것이 받아들여지고 있다.(Laurence Lerner, 『The Frontiers of Literature』 1988, Basil Blackwell 참조.)

13) 김대행 교수는 "문학이 삶의 반영이기 때문에 그리고 그것은 언어로 형상화되는 인간의 모습이기 때문에 문학의 교육은 필요한 것이며 중요한 것이다."라고 역설하였다("문학의 개념과 문학교육론" 『국어교과학의 지평』 p.329).

그리고 문학 과목의 목표도 다음과 같이 제시되어 있다.

> 국어 과목(특히 '문학' 영역)의 교육 성과를 바탕으로, 한국 문학작품을 통하여 문학에 대한 체계적인 지식을 갖추고 창조적인 체험을 함으로써, 미적 감수성을 기르고 인간의 삶을 총체적으로 이해하게 한다.
> 1) 문학 일반과 한국 문학에 관한 체계적인 지식을 습득하게 한다.
> 2) 문학 작품을 즐겨 읽고 상상을 통한 창조적인 체험을 함으로써 미적 감수성을 기르게 한다.
> 3) 한국 문학에 나타난 민족의 정서와 삶을 총체적으로 이해하고, 민족 문학의 발전에 이바지하게 한다.

이러한 목표는 '문학은 문학작품의 이해와 감상 그리고 이에 필요한 지식을 다루는 영역'이라고 하는 전제에서 출발하고 있다.[14] 이렇다고 보면 학교에서의 문학교육은 이해와 감상 중심의 교육에 한정된 것이 된다. 그러나 앞의 문학교육의 구조에서 제시한 바와 같이, 문학교육은 비평과 창작 그리고 문학교육 방법론까지도 포함하여야 하는데, 교육과정에서는 문학교육의 범위를 인위적으로 한정하고, 활동을 제약하여 그 본래의 의미와 목표에서 멀어진 목표 설정인 것이다.[15]

---

14) 고등 학교『국어과 교육과정 해설』에서 이러한 입장을 밝히고 있다(문교부, 1989 p.198).
    6차 고등 학교 교육과정에서 문학과목의 목표는 좀더 시야를 넓혀 설정하고 있다.
    가) 문학 일반과 한국 문학에 관한 체계적인 지식을 습득하게 한다.
    나) 문학 작품을 즐겨 읽고 감상하게 함으로써 미적 감수성과 문학적 상상력을 기르게 한다.
    다) 한국 문학에 나타난 민족의 삶과 정서를 이해하며, 이를 토대로 세계문학 속에서의 한국 문학의 바른 위상과 방향을 추구하는 데 이바지하는 태도를 가지게 한다.

15) 이 글은 7차 교육과정이 개정 고시되기 이전에 쓴 글이다. 7차 문학 과목 교육과정에서는 이러한 점을 보완하여 다음과 같이 목표를 제시하고 있다.
    문학의 수용과 창작 활동을 통하여 문학 능력을 길러, 자아를 실현하고 문학 문화 발전에 능동적으로 참여하는 바람직한 인간을 기른다.
    가. 문학 활동의 기본 원리와 문학에 대한 체계적인 지식을 이해한다.
    나. 작품의 수용과 창작 활동을 함으로써 문학적 감수성과 상상력을 기른다.

또한, 2)의 想像을 통한 창조적 체험으로 미적 감수성을 기르는 문제다. 상상력의 신장이나 미적 감수성의 터득은 문학교육의 고유 영역만은 아니다. 문학은 상상력의 소산이지만 그것이 문학의 전부는 아닌 것이다. 더구나 문학적 체험은 상상력을 통한 체험으로만 국한할 필요는 더욱 없는 것이다.16) 미적 감수성을 기르는 훈련도 그것의 교육적 방법이나 그 결과에 대한 평가가 모호할 뿐더러 문학교육의 본질적 문제는 아닌 것이다. 3)의 '민족의 정서와 삶의 총체적 이해'도 문학교육의 고유 영역이 아니다. 상기와 같은 문학교육의 목표 설정은 문학교육의 개념과 범위를 규정한 일반 이론을 그대로 援用한 데서 빚어진 것이라 하겠다.

일반적으로 문학교육을 설명하는데 보통 문학교육의 목표를 포괄하여 개념화하고 있다.17) 그러나 엄밀히 말하면 문학교육과 문학교육의 목표는 구분되는 분야며 문학교육을 통한 종국적 효과가 문학교육의 목표의 영역인 것이다. 그리고 그 결과의 산물이 문학교육 고유의 목표도 아니며, 문학교육만을 통하여 달성되는 고유의 덕목도 아닌 것이다. 그러므로 문학교육을

문학교재를 통하여 이루어지는 문학 학습 활동 및 작용의 過程이다.

다. 문학을 통하여 자아를 실현하고 세계를 이해하며, 문학의 가치를 자신의 삶으로 통합하려는 태도를 기른다.

라. 문학의 가치와 전통을 이해하고 문학 활동에 능동적으로 참여하여 문학 문화 발전에 기여하려는 태도를 지닌다.

16) 김대행 교수는 "상상력은 문학의 중요한 요소이지만 문학의 유일하며 가장 중요한 본질이라고 할 수 없다. 오히려 문학의 보다 근원적인 본질의 형상화에 기여하는 한 방식이다."라고 강조하고, 想像力의 간여가 두드러지지 않은 기록문학의 훌륭한 감동을 그 증거로 제시하고 있다("문학의 개념과 문학교육론"『국어교과학의 지평』 p.324).

17) 대표적인 예로 "문학교육이란 문학작품을 바르게 이해하고 감상하는 능력을 길러 풍부하고 다양한 문학적 체험을 하게 하고, 이를 통하여 미적 인식력과 인간에 대한 통찰력을 길러 바람직한 인간을 형성하도록 하는 것을 말한다."(최운식 외『문학교육론』집문당, 1986 p.16)

라고 목표를 제외하여 축소, 정의해야 할 것이다. 이러한 정의는 전술한 '문학교육의 구조'란 개념과 상응하는 것으로, 여기에서의 '작용의 과정' 이란 문학교육의 구조를 이루는 다층적 요소들이 유기적·복합적으로 관계를 맺고 있음을 의미하고, 내면화의 현상도 이와 유리하여 생각할 수가 없다는 것이다. 필자는 이러한 문학교육의 개념을 '과정으로서의 문학교육'이라 칭하고 싶다. 그렇다면 목표나 결과까지도 포함하는 광의의 문학교육의 개념을 이와는 구별하여 '결과로서의 문학교육'이라고 할 수 있을 것이다.

이러한 개념의 설정과 더불어 야기되는 것은 문학교육의 본질과 비본질의 문제다. 문학교육의 본질적 부면은 작용의 과정만을 뜻한다. 전기한 [그림 1]에서 보면 문학교육의 본질적 교육 영역은 C,D가 된다. A,B는 순수 문학과 교육의 영역으로 C,D연구의 礎石이 되며, 이 분야에 대한 체계적이고 심도 있는 기반이 없이는 문학교육의 본질적 접근이 불가능한 기초 분야이다.

문학에서의 본질적 교육 영역은 '과정으로서의 문학교육' 영역이다. 여기에는 이해, 감상, 비평, 창작이 포괄되며 문학교육의 방법론도 이에 속한다. 이 밖에는 '결과로서의 문학교육'이다. 그렇지만 문학이란 다양한 인생 체험의 소산이며 또, 인간을 취급하는 축소된 삶의 공간이므로, 문학교육은 그 자체가 교육의 목표와 분리되어 존재하는 것이 아니라, 문학교육과 더불어 ① 상상력의 洗練, ② 삶의 총체적 체험, ③ 문학적 문화의 고양[18] 등이 뒤따름은 물론이다. 이는 문학교육의 결과의 산물로 문학교육 이외의 다른 분야와 공유할 수 있는 비본질적인 영역이다.

교육은 원천적으로 변화를 전제로 실행하는 것으로, 이와 같이 본질, 비본질이란 말로 구분할 수 있느냐와 또, 이러한 구분이 가능한가란 문제에

---

18) 구인환 외, 앞의 책, pp.65~97 참조.

봉착할 우려도 있으나, 일단 이러한 구획의 가능성을 다음과 같은 도식으로 잠정적으로나마 제시해 본다.

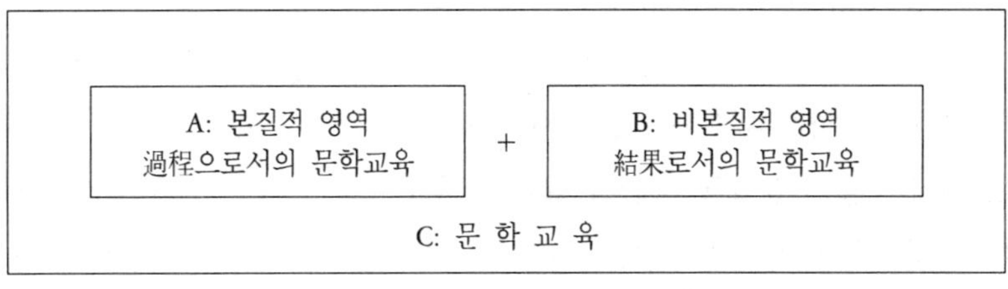

〔그림 4〕

앞으로 문학교육을 논의 할 때에는 B의 영역을 원초적으로 배제할 수는 없으나 A의 영역을 중심으로 이뤄져야 한다. 학교 교육의 목표도 A에 근거하여 구체적으로 수립해야 함은 물론이다.

Ⅳ. 문학교육의 과제와 展望

지금까지 문학교육의 구조와 본질에 대하여 살펴봤다. 문학교육 구조의 극명한 해명은 본질 구명과 긴밀한 연관이 있음은 앞에서 밝힌 바 있다. 이제는, 막연한 문학교육에 대한 인식만 가지고는 문제 해결에 지적 공백만 더할 뿐이다. 문학교육의 역동적 구조에 대한 구체적인 해부와 본질 파악은 실질적인 노력의 결과로 가시화 되어야 하겠고, 교육이론의 개발과 함께 이들이 실천의 현장에서 효과적으로 용이하게 적용될 수 있도록 일원화되어야 할 것이다.

문학교육이 갖는 어려움의 하나는 문학의 본질에 대한 오해나 문학의 실체에 대한 그릇된 인식에서 배태되고 있다. 문학은 '인간 존재의 해명'을 궁극적 목적으로 한다. 따라서 문학교육도 삶의 本質 문제를 해결할 수 있는 기회를 제공해 주거나, 해결의 방법을 교육적으로 제시해야 하고, 이 것이 교육의 영역에서 여타의 학문 분야를 고려하여 별 마찰 없이 고유 영역으로 劃定되어야 한다.

'문학을 享有한다'는 말은 그 의미의 폭이 넓다. 인간이 존재하는 곳에 는 언제나 문학이 부수한다. 그래서 문학은 고상한 것 같으면서도, 평범하 고 어려운 삶의 문제를 취급하면서도 결국은 '자기 자신'을 다루는 것이 다. 문학교육은 이러한 사실을 알려 주는 것이며, 향유층이 따로 존재한다 는 선입관을 불식시키는 작업이기도 하다. 이에 대해 김대행 교수는 다음 과 같은 논지를 펴고 있다.

> … 이것은 인간 본질에 대한 '별명 붙이기'요 '낯설게 하기'이며 그러 기에 보편과 궁극을 추구하여 인간을 드러내는 '비밀의 폭로'이기도 하다. …문학이 어찌 특출한 전문가들만의 소유이겠는가. 우리가 너나 없이 새로 운 별명 붙이기를 좋아하는 한 그 뿌리에 잇대어 있는 문학이 어려운 일 이라고만 하겠는가? 작품을 쓰는 일도, 그것을 읽고 이해하는 일도 여기 서 멀리 벗어나 있지 않다는 사실을 알면 우리는 희망을 가질 수 있을 것 이다.[19]

이어 김교수는 "이만한 눈으로 관찰할 수 있고, 또 이런 이야기를 즐길 수 있는 정도라면, 문학은 이미 그의 수중에 있다고 말해도 좋을 것이다." 라고 결론짓고 있다. 문학은 일부 계층의 전유물이거나 장식적인 奢侈品 이 아니다. 인간이 인간다운 삶을 영위하고자 할 때에는 문학은 항상 인간 주위에서 태동하며, 이와 함께 인간의 본연의 모습을 해부하고 삶의 지표 를 설정, 제시한다.

그러므로 문학교육에서는 주체와 대상이 고정된 것이 아니라 순환의 구조로 그 층위가 발전적으로 변화한다. 문학교육은 대상에 따라서 다음

---

19) 김대행, 『문학이란 무엇인가』 p.110. 김교수의 이러한 견해는 일반인의 문학에 대한 새로운 시각을 제공하는 것으로 시사하는 바가 크다.

과 같은 세 단계의 과정이 있다.

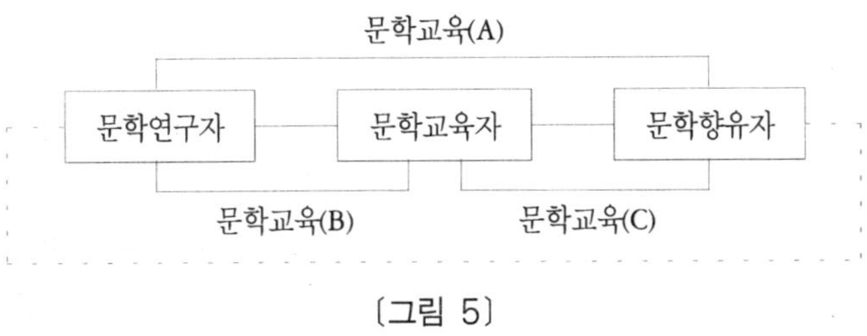

〔그림 5〕

일반적으로 문학교육이라고 하면 지금까지 (C)만을 생각하기가 쉽다. 그러나 문학연구자가 문학교육자를 대상으로 하는 교육도 있을 것이고 (B), 어느 경우에는 직접 문학향유자를 상대해야 하는 경우도 생긴다(A). 문학향유자는 문학지식과 교수·학습에 대한 이론 축적으로 어느 시기에 이르면 문학연구자나 문학교육자가 될 수 있다. 따라서 문학연구자, 문학교육자, 문학향유자는 문학교육이라는 선상에서 순환구조의 한 위치에 일시적으로 머무는 것이다.

문학교육은 지금까지 도시한 [그림] 1·2·3·4·5를 어떻게 통합하느냐의 기술적인 문제도 취급해야 한다. 이에 대하여서는 앞으로 많은 연구를 통한 이론 정립과 구체적인 방법론까지도 제시되어야 할 것이다.

문학교육의 국어교육에서의 위상 정립이 시급하다. 문학교육과 국어교육은 양자의 개념이 어떻게 규정되든지 상호 보완적인 위치에 설 수는 있어도 배타적이거나 종속적인 관계는 아니다. 다같이 인간과 언어를 다룬다는 측면에서 간단하게 일별될 수 있는 성질의 것이 아닌 것이다. 국어교육의 영역 확충과 중요성을 감안하여 확고한 관계 정립이 필요하다고 하겠다.

문학은 터득하는 것도 중요하지만 인식되어지는 것도 또한 중요하다. 무한한 가능의 세계가 교육을 통하여 발견되고 또, 밝혀질 수 있다. 그렇다면 문학이 문학되어지는 원천도 교육이 공존할 때 가능하다. 이로써 문학교육의 중요성은 현대사회의 고도화·다변화와 함께 재론할 여지가 없을 것이다.

문학이 존재하는 동안은 문학교육도 존재한다. 더불어 문학교육의 체계적인 이론과 연구의 蘊蓄도 필요하다 할 것이다.

이러한 여러 원칙과 소기의 목적이 달성된다면 문학교육의 전망은 매우 밝다. 인간은 원래 '문학적 존재'이기 때문에 문학적 존재로서의 가치를 교육으로 확인하는 작업은 꾸준히 계속되고, 또 계속되어야 하기 때문이다.

V. 결 론

언어를 통하여 자기의 의사를 응결된 형태로 표출할 수 있다는 것은 인간만이 갖는 특장이며, 이 또한 자신의 존재를 확인하는 방법이 된다. 이를 역으로 생각하면 인간은 문학을 통하여 인간다워지고 인간으로서의 가치를 십분 발휘할 수 있다는 말이 된다. 그러므로 문학을 교육한다는 것은 단순한 학문 활동에 국한한 교육 행위는 아닌 것이다.

문학교육의 체계적인 실천과 기대를 倍加하기 위해서는 문학교육의 구조가 무엇이며, 그 본질적 영역의 실체가 어떤 것인가를 확연히 할 필요가 있다. 본고는 이러한 전제하에서 記述의 맥을 잡아 보았다. 다소 논리가 비약적이거나 이론적 근거가 혼미한 점도 있으나, 문학교육의 본질적인 해부와 그 穿鑿에 근접해 보려고 노력하였다. 앞으로 많은 수정과 보완을 요할 것으로 본다.

교육의 결산은 평가에 의하여 다소나마 확인할 수 있다. 문학교육에서의 평가는 그 체계적 방법론이 아직은 형식적이거나 일반적인 수준에 머물러 있다고 하겠다. 문학교육의 구조를 바탕으로 하여, 이에 대한 精密한 작업과 이의 교육 현장에서의 적용이 현실화되어야 할 것이다.

문학교육의 구조는 문학 교육과정과 긴밀한 관계에 놓여 있음은 주지의 사실이다. 이제는 거시적인 안목과 포용력으로 문학에 있어서의 교육과정도 어떤 제약이나 제도적 미비성에서 벗어나, 교육의 효용력을 극대화하는 데서 출발해야 할 것이다. 학문적 영역 다툼이나 문학에 대한 그릇된 편견으로, 인간이 원초적으로 가지고 있는 문학적 문화의 혜택을 인위적으로 가로막는 일은 없어야 한다. 세 살의 걸음마 문학도 있고 여든 살의 원숙한 문학도 있으며, 문학이 아닌데 이를 자처하는 것도 있고, 진정한 문학인데도 그렇지 않다고 부끄러워하는 문학도 있기 때문이다.

제2장

교육과정과 문학교사의 역할

I. 서 언

'국어교육의 본질'이 무엇인가를 규명하려는 노력은 문학교육의 본질이 무엇인가와 함께 학자들간에 꽤 많은 시도가 있었다. 국어교육의 이념과 본질은 접근 방식에 따라 주장의 방향이나 그 강조점에서 문학교육과의 거리가 달라질 수도 있다. 그러나 동일한 맥락에서 국어교육과 문학교육의 상호작용을 생각해 보고, 교육의 본질적 추구면에서 이들을 같은 축에서 바라보려는 경향이 요즈음에는 일반적 함의로 자리잡게 되었다.

더욱이 이제는 국어교육을 언어교육과 문학교육의 이분법적인 두 축으로 더 이상 바라보지 않고, 국어교육의 본질이 의사 소통뿐만 아니라 사고력 증진에 있다고 하는 진전된 주장까지 나오기도 했다.[1] 교육이 가치관 형성을 통한 행동 변화를 목적으로 하여 사고력이나 創意力 신장을 통한 참다운 삶의 모습을 형성해 주는 것이라 한다면, 이는 마땅한 방향 설정이라 아니할 수 없다.

국어교육에서의 문학교육의 위치는 국어교육의 목표를 어디에 두느냐에 따라 달라질 수 있는 여지는 있다. 그러나 학문적 체계나 계통에서 '문

---

[1] 이삼형 외 공저인 『국어교육학』(소명출판, 2000)에서는 사고교육과 국어교육의 본질을 서로 연관시켜 인지적·정의적 사고 측면에서 이해와 표현 작용을 구체적으로 제시하였고, 교육과정, 교재, 교수·학습과 연관하여 국어교육의 학문성과 함께 현장성, 실제성을 확보하고 있다.

학'이라는 영역이 뚜렷하고, 국내외를 막론하고 전통적으로 문학을 언어교육의 일부로 간주하는 것이 일반화되었으므로, 국어교육의 위상을 문학교육적 차원에서 정립해 본다는 것도 의미 있는 일이라 하겠다.

문학교육은 본래 문학이라는 예술적 차원의 그 자체 및 인간의 상상력과 언어의 창조 활동에서 산출된 문학작품이라는 자료가 교육의 주된 대상이 된다. 그런데 문학교육에서 이를 교육하는 교사의 역할에 따라 교육의 방향과 교육적 실현 정도가 달라질 수 있는 여지가 많다. 그러므로 문학교육에서 문학교사의 역할과 의미를 획정해 보는 것은 문학교육의 본질을 구체화하고 교육의 효율적인 방법론을 천착해 보는 데 매우 유익하다.

문학교육의 기본 내용과 교수·학습 방법, 평가 등을 제시한 것이 문학교육과정이고, 이를 목표 중심으로 학습의 과정을 구체적으로 보인 것이 교과서를 포함한 교육자료이다. 그리고 이들을 활용하여 학습자에게 교육하는 주체가 문학교사이다. 환언하면, 문학 교육과정을 창의적·교육적으로 운용하는 주체가 문학교사인 것이다.

따라서 지식·정보 사회가 요구하는 문학교사의 의미 범주와 역할을 생각해 보고, 문학 교육과정에서의 문학교사 역할이 무엇인지를 정리해 보는 것은 문학교육, 나아가 국어교육의 본질을 찾아보는 중요한 계기가 된다고 하겠다.

Ⅱ. 문학교사의 의미와 역할

1. 문학교사의 의미

일반적으로 훌륭한 교사란 교육의 목적과 주어진 상황에 따라 그 규정의 조건과 요구되는 자질이 달라질 수 있지만, 교육의 수행자로서, 책임자로서의 교사에 대한 기대하는 능력, 행동, 심성 등 여러 측면에서 생각할 수 있다. 교사의 자질에 대한 많은 요구와 논의가 학자들에 의하여 지속되어 왔는데, 케르셴슈타이너는 교육자적 성품을 특정 짓는 생활형의 정의 네 가지를 다음과 같이 열거하였다.

① 개개인을 인간으로 형성하려고 하는 순수한 사랑이다.
② 효과적인 방법으로 사랑에 따르는 능력을 들 수 있다.
③ 지금 성장하고 있는 인간에게 쏟는 독특한 관심이다.
④ 발달에 감화와 영향을 주는 방심함이 없는 결의이다.
⑤ 자신이 속한 사회에 정신적으로 공헌할 결심을 가져야 한다.[2]

교육이란 바람직한 가치를 내면화하는 인간됨을 이루는 과정이다. 이러한 인간됨을 이루는 과정에서 진실과 정성이 負荷된 흡족한 사랑은 정서적 감화와 인성의 형성에 촉매제가 됨은 주지의 사실이다. 이에 교육이란 기법의 차원을 전혀 도외시할 수는 없으므로 교사는 교육효과를 극대화하는 秀越性을 지녀야 함은 물론, 교육적 상황에 능동적으로 대처하는 학습자에게 쏟는 관심도 배가되어야 한다. 더불어 의연한 자세로 교육자로서의 능력을 발휘하고자 하는 내재적인 굳은 결심도 교육의 본질을 상승적으로 구현하는 원동력이 된다.

여기에 훌륭한 교사는 충족된 人性(adequate personality)의 소유자여야 한다. 훌륭한 인격의 형성은 "개인 의지의 산물이 아니라 초개인적인 사명감으로 헌신하는 데서 스스로 생육되는 것"[3]으로, 성숙에로의 지향을 불태우는 학생들에게 자기의 교육력을 십분 경주하는 교사로서의 자질을

---

2) G. Kerschensteiner, 『Die Seele des Erziehers und das Problem der Leherbildung』 (문형만 역, 『교육자론』 세영사, 1985) pp.50~51.
3) 같은 책, p.95.

이루는 기본이 된다. 그리하여 우수한 교사와 열등한 교사를 다음 목적을
가지고 있는가에 따라 구별하기도 한다.

① 우수한 교사는 자기가 가르치는 목적이 학생을 통제하는 데 있지 않
　 고 오히려 자유롭게 하는 것이라고 知覺하고 있다.
② 우수한 교사는 작은 주제보다는 큰 것에 더 관심을 쏟으려 한다.
③ 우수한 교사는 자기를 숨기기보다는 자신을 드러낸다.
④ 훌륭한 교사는 고립되기보다는 인간적인 참여를 시도한다.
⑤ 우수한 교사는 목적 성취보다는 앞으로의 과정에 더 관심이 있다.[4]

　문학의 정신적 유산을 교육하는 문학교사에 대한 기대 심리도 상기와
같은 논의의 동일한 수준을 유지한다. 문학교사는 일반적인 교사로서의
자질을 구유함과 동시에 문학교육을 담당하는 고유의 심성과 소양을 인간
교육의 기본 조건으로 겸비해야 한다. 왜냐하면 문학이 교육의 대상이 되
었을 때에는 그 교육적 목표와 상황을 소화하고, 가치 있는 성과를 가져
올 수 있는 나름대로 문학교사의 독특한 능력을 요구하기 때문이다. 이는
문학교사는 일반적인 교사이면서 능력에서는 이의 범주를 뛰어넘는 교사
외적인 부가적 자질도 겸비해야 함을 지적하는 말이다.

　여기에서 '문학교사'란 어떤 의미를 지니고 있는가를 생각해 볼 필요가
있다. 문학교사는 '문학을 가르치는 교사'다. 그런데 단순히 '문학'이라는
학문적·교육적인 다면을 다루는, 다양한 여러 요소들을 가르치는 역할의
담당자만은 아니다. 문학교사는 교수·학습의 중심에 서서, 교육이 이루
고자 하는 소기의 성과를 좌우하는 실천의 주체인 것이다. 그러므로 문학
교사란 단순히 문학을 가르치는 교사를 의미하는 것 이외에 포괄적이고

---

4) A. W. Coms & R. A. Blume & A. J. Newman & H. L. Wass, 『The Professional
　 Education of Teachers』(김선양 외 역, 『교사교육의 혁신』 교육과학사, 1991) pp.12
　 1~122.

함축적인 다양한 뜻을 가진다. '문학의 교사', '문학 속의 교사'일 수도 있고, '문학적 교사', '문학을 위한 교사'라고 칭해도 어떤 면에서는 무리가 없어 보인다.

이처럼 '문학 + 교사'의 관계에는 복합적인 현상으로서의 여러 의미와 역할, 기능이 내재되어 있다고 하겠다. 여기에 제도 내에서나 제도 밖 교육 현장에서 통용되는 교육자로서의 의미도 함축되어 있다. 다시 말해서 문학교사란 '교육의 현장에서 이루어지는 모든 문학활동을 교육적으로 수행하는 교사'라고 말할 수 있다. 이를 구체적으로 기대 가치와 교육적 행동을 고려하여 구체화해 보면 다음과 같다.

첫째로, 문학교사는 受容者로서 작품을 취급하는 문학의 교사다.[5] 문학교사는 학습자를 대상으로 작품을 중개하기에 앞서 먼저 대상 작품을 자기화하는 작업이 선행되어야 한다. 그런데 작품을 자기화하는 데에는 문학교육의 목표를 고려해야 한다. 교육은 가치화의 과정을 통하여 행동변화를 유도하는 상호작용에서 이루어지므로, 문학교육의 목표에 부합하는 자기화의 방법은 교육의 본질에 근접할 수 있는 가치를 전달하고 교육하는 소임자로서의 문학교사임을 분명히 해준다.

여기에서 수용자로서의 문학교사는 보편적 가치관을 가지고 문학작품을 수용하는 기본적인 자세가 필요하다. 문학교사는 다양한 가치 발현의 문제를 보편적 시각으로 흡인하고 소화해야 한다는 말이다. 고정된 시각으로 작품을 바라보는 교사의 자세는 열린 상황에서 교육을 받아야 하는

---

5) 구인환 외 『문학교육론』(삼지원, 1988)에서는 '문학교사의 職能'이란 말을 사용하고 있다. 그리하여 교사의 직능을 현대 산업사회에서의 역할, 공적인 교육공간인 학교에서의 역할, 전문가로서 문학교사라는 세 측면에서 살펴보고, ① 교육과정을 해석하고 개방적으로 운용하는 역할, ② 수용자로서의 문학교사, ③ 매개자로서의 문학교사, ④ 장인 정신의 견지 등을 들고, 수용자와 매개자로서의 문학교사에 대하여 자세하게 설명하고 있다. 본고에서는 이를 일부 수용하면서 문학교사의 역할을 확대해 보고자 했다(pp.322~338).

학습자에게는 다양한 감상을 무의식적으로 제한하는 간접적 요인으로 작용할 우려가 다분하다. 그러므로 작품이 가지는 작품성을 모두 인지, 수용하고 이를 교육적으로 활용하려는 개방된 마음과 태도가 문학교사에게는 절실하다.

그리고 수용자로의 문학교사는 중개자로서의 문학교사 역할이라는 연속적, 역동적 작용 속에서 그 의미와 역할을 접맥해야 한다. 교육활동에서 수용자로서의 교사는 중개자로서의 역할이 제대로 자리 잡을 때 그 의미가 확연해진다. 같은 맥락에서 중개자로서의 교사는 수용자라는 연장선에 있을 때 그 교육적 역할이 계속성을 유지할 수 있게 된다.

둘째로, 문학교사는 작품을 학습자에게 매개하는 仲介者로서 문학 속의 교사를 의미한다. 문학교육이라는 역동적 작용태에서 문학교사는 가치 있는 문학체험을 재구성하고 총합하며, 재평가하는 과정을 통하여 문학적 의미를 교육적으로 중개해야 한다. 교육에서 중개라는 역동적 상황은 중개하고자 하는 대상과 중개를 받는 객체가 있어야 한다. 여기에서 대상은 문학 작품이고 객체는 학습자가 된다.

상기 도식은 학습자가 교사를 매개로 작품을 접할 때, 학습자에게 문학작품보다는 교사의 영향이 더 클 수 있다는 가능성을 보인다. 중개자로서의 문학교사는 학습자가 문학작품을 객관적으로 이해, 감상, 비평할 수 있는 올바른 시각을 견지하는 것이 우선적으로 필요하다. 그러므로 "중개자로서의 문학교사는 텍스트를 이해하고 내면화하는 동반자이며, 텍스트의 이해와 그 발전을 위한 개발자요, 문학적인 체험의 자율성을 부여하는 인내자이다."[6]라는 주장은 이를 이해하는 데 매우 유익하다.

그리고 전술한 바와 같이 중개자로서의 교사는 수용자로서의 교사의 연속적 역할이 되어야 한다. 이는 중개자는 객관적 입장에서 학습자가 다양하게 감상하고 사고하고 비판할 수 있는 분위기를 조성해야 한다는 당위를 뜻한다. 그러므로 중개는 대상에 대한 가치 작용이 수반되므로 학습자에게 창조적인 활동을 보장할 수 있는 상황 설정을 우선해야 한다.

셋째로, 문학교사란 작품을 연구·비평하는 문학적 교사를 뜻한다. 문학을 이해하고 감상하는 데에도 技法이 따른다. 이러한 기법은 문학을 연구하는 방법을 숙지해야 하고, 이러한 기본적인 지식을 기반으로 하여 교육을 원만하게 수행할 수 있다. 즉, 비평의 방법과 이론을 이용하여 작품에 대한 해석과 감상이 정확하게 성취되어야 그 본래의 교육 목적이 달성될 수 있는 것이다.

그런데 문학의 연구에서 비평의 개념이 무엇인지를 밝히기는 그리 간단하지가 않다. 지금까지의 논의를 살펴보면 논자마다 나름대로의 이론에 근거하여 개념을 정립하고 있다. 다만, 비평이란 문학행위의 일부이지만 단순한 실질적 행위는 아니며, 광범위한 복합 의미를 지닌다는 데에는 합치한다. 그리하여 "비평은 그 자체에서 존재하는 사상과 지식의 구조"7), 단과 평가의 작용이 문예 작품이나 문학의 이론이나 여러 문제에 미칠 학 비평이 된다."8)란 語義의 사전적 해석을 포함하여 그것이 평가를 한 행위임을 분명히 하고, 나아가 문학에 대한 소감, 문학관, 문학 문학사까지도 모두 포괄하는 하나의 총합적인 문학의 언어 행위 ? 넓히기도 한다.

평의 다원적 의미 체계에서 비평을 담화의 형식으로도 간주 Gribble은 "문학비평이란 문학작품의 의미 형상화를 올바

of Criticism』(New Jersy, 1973) p.5.
513.

르게 나타내기 위해 작품을 분석하는 담화의 형식"9) 이라 하였고, "예술 작품의 분석, 판단, 특징 묘사를 지향하는 정교한 담화", "예술의 이해나 감상을 분명하게 나타내는 것"10)이라고 부연하여 비평의 성격과 의미 층위를 분명히 하였다. 이러한 비평에 대한 인식은 문학에서 정서적 영역 못지 않게 인지적 영역의 중요성을 강조한 것이며, 문학 감상에서 비평의 역할이 무엇인지를 설명해 주는 확장된 의미역의 제시라고 하겠다.

이렇게 비평은 예술작품에 대한 의도적인 가치 평가와 감상을 포함한 문학에 대한 일체의 논의와 사유를 의미한다. 환언하면, 작품의 이해와 감상을 위한 해석, 분석, 그리고 분류, 타 작품과의 비교, 가치 평가와 그에 대한 비판 등을 모두 포함하는 총체적인 문학 행위이다. 그러므로 문학교육은 작품을 읽고 이해하고 감상하는 과정에만 머물거나 여기에 국한해서는 안 된다.

작품을 감상하면서 삶의 본질을 터득했다고 해서 문학교육의 의도한 목적을 달성했다고 보기는 어렵다. 이를 검증하고 방법론을 제시하며, 삶에 대한 총체적 경험을 가치 있는 것으로 전환시키는 과정이 필요한데, 이것이 비평의 역할이다. 문학교육에서 비평교육의 확대는 양자의 "이론상 또는 현상적인 구조 동일성에 따른 상호 교섭"11) 때문에 가능하다.

그러나 교육 현장에서 이의 효과적인 적용과 실천은 그렇게 간단한 것만은 아니다. 비평교육에 대한 이론 개발과 이를 효과적으로 실천할 수 있는 방법론의 연구가 필요하다. 그러므로 문학교육의 담당자로서 문학교사

---

9) J. Gribble, 『*Literary Education*』(나병철 역, 『문학교육론』문예출판사, 1987) p.60.

10) 같은 책, pp.71~74. J. Gribble은 "교육의 인지적(cognitive), 감정적(affective) 목적의 분리가 논리적으로 불합리하며, 정서 교육은 인지적 발달과는 독립적으로 진전시키는 것은 잘못임을 분명히 한다."라고 하였다(p.169).

11) 구인환 외, 앞의 책, p.341. 여기에서 문학교육과 문학비평의 관계와 위상을 소상히 밝히고, 비평교육의 교육적 함의로 ① 비평의 과정과 감상과정의 구조 동일성, ② 독자로서의 개성과 창의성 발양, ③ 문화교육의 가능성을 들고 있다(pp.347~352).

는 이러한 문학 비평의 교육적 역할을 십분 발휘해야 함은 물론이다. 또한, 비평자로서의 문학교사도 수용자와 매개자의 역할을 원만히 수행할 수 있을 때 그 의미가 확연해짐은 물론이다.

넷째로, 문학교사는 문학교육의 지평을 확대하고 미래에서의 문학교육의 방향과 위상을 설계하고 책임지는 문학을 위한 교사를 말한다. 문학은 본질적으로 인간 救援의 문제를 등한시할 수 없다. 이는 문학의 철학적·역사적 책임이며, 인간 존재의 궁극적 이상을 성취하는 매개물로서 문학을 보는 소이라 하겠다. 그러므로 문학교사는 미래를 예측할 수 있는 능력으로 인간 존재의 의의를 더욱 확대해야 한다.

문학교사는 시대의 변화에 능동적으로 부응하거나 대처하면서 역사의식을 솔선하여 구현해야 한다. 문학교사는 변화를 두려워하거나 새로움에 나태해서는 안 된다. 미래에 대하여 정확히 예측할 수 있는 안목을 가져야 하고, 이를 구체적으로 실천할 수 있는 교육적 설계 능력이 필요하다. 그런데 미래에 대한 예측과 설계 능력은 문학교사라는 사명감과 자신감에서 배태된다는 점을 명심해야 한다.

지식·정보 사회에서 문학교사는 폭주하는 지식을 선별하고 선택하는 능력을 지녀야 한다. 그리고 스스로 지식을 창출하기도 하고, 학습자에게 창출할 수 있는 능력을 부여하는 역할을 할 수 있어야 한다. 이것이 문학교육의 지평을 확대하고, 학습자의 미래를 책임질 수 있는 설계자의 기본적인 임무이다. 그리하여 문학교사에게 일면에서 예언자, 성직자의 의미를 부여하기도 한다.

이상에서 문학교사의 의미를 살펴보았다. '문학교사'란 이와 같은 내재적 의미가 역동적으로 녹아 작용하는 총합적 의미이다. 그런 반면에 그 의미 자체로서만이 존재하는 것이 아니라 '역할'이라는 연장선상에서 그와 상관성을 유지하며 의미역의 가치를 발휘한다. 따라서 수용자, 매개자, 비평자, 설계자로서의 문학교사의 개념은 그의 '역할' 측면에서도 동일한 수준에서 논의 될 수 있다.

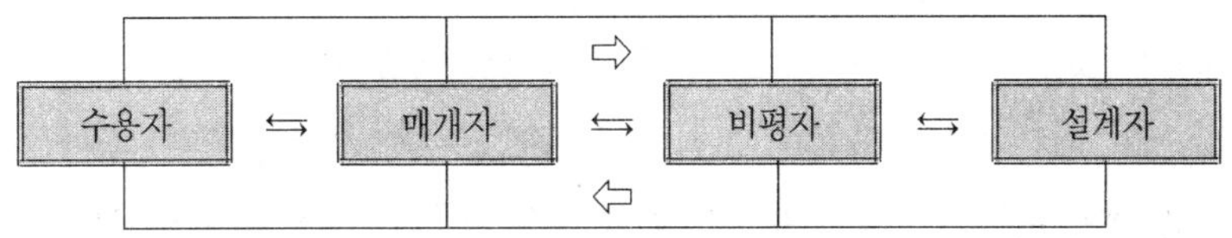

상기 도식에서처럼 이들의 의미는 역동적 관계망 속에서 더욱 각각의
교육적 지위가 확연해지고, 서로의 역할이 상보적으로 작용한다고 하겠다.

문학교사의 의미를 교육적 상황과 관여 요소를 고려하여 살펴보았다.
이상에서 분별해 본 의미는 '문학교사'란 말이 정확히 어떤 뜻으로 사용되
었으면 좋은가 하는 '강령적 정의'로 의미역을 설정해 본 성격도 있다. 그
러므로 이러한 의미 이외에 문학교사의 교육적 개념은 접근 방식에 따라
더 다양해질 수 있다.

2. 문학교사의 임무와 役割

문화가 발달하고 인간관계가 복잡, 다단해진 현대사회에서 교사의 역할
과 사회적 책임은 가중된다고 하겠다. 지금까지 전통적으로 교사는 "교수
자로서의 역할, 사회화 대행자로서의 역할, 분류자로서의 역할"[12]을 수행
하는 것으로 여겨져 왔다. 교사의 역할을 리차드슨(Richardson)이 주장한
대로 "추구적인 것(demanding aspects)과 보호적인 것(caring aspects)"[13]
으로 분류하기도 한다. 그러나 격변하는 시대에 교사의 임무는 항상 가변
적인 상황에 능동적으로 대처할 수 있는 능력 향상에 기반해야 함은 물론
이다.

---

12) P. Gordon, "교사의 역할"(이귀윤 역, 『교육과정 연구의 이론과 실제』교육과학사,
1989) p.209.
13) 같은 책, "교사 역할의 변화", p.217.

호일은 "어느 시대나 사회는 정치·경제·종교·교육 등과 같은 주요 제도를 통해서 형성된 가치 체계의 영향을 받는다"라고 하고, "이러한 가치들은 고정된 것이 아니므로 교사는 가치가 변동되는 시기에 어려움을 겪는다."[14]라고 역설하였다. 그리하여 그는 교사가 모델로서의 역할을 수행할 때에 나타나는 갈등의 요인을 정치적 가치, 종교적 가치, 직업적 가치, 문화적 가치 등을 들고 있다. 이러한 주위 환경에 대한 대처 능력을 비롯해서 지금까지 교육자의 역할과 임무는 꾸준히 논의의 대상이 되어 왔다.

교육의 성패와 교육의 질을 좌우하는 문학교사의 역할은 명쾌하게 一蔽할 수 있는 말은 없다. 문학교사도 인간이기 때문에 교사 이전의 전형적 인간으로서의 자질과 임무가 요청되기도 하고, 그를 문학교육의 장으로 이끌어 들였을 때는 그 밖에 문학교사로서의 새로운 임무와 역할이 부가되기도 한다. 문학교육의 능동적인 주체자요, 총괄적인 위치를 점유하고 있는 문학교사는 다음과 같은 역할을 수행한다고 상정해 볼 수 있다.

첫째로, 문학교사는 언어발달의 중추적 촉진자이다. 문학은 가치 있는 체험을 언어로 표현한 예술이다. 문학은 언어가 갖는 다양한 표현의 가능성 가운데 미적 가치와 효과를 중요시한다. 이러한 언어로 산출된 문학의 유산은 내용의 전달면에서나 심미적 효과면에서나 언어를 떠나서는 존재할 수 없다. 문학 작품의 가치를 논하고 작품이해의 길잡이 노릇을 해 주는 비평에서도 언어 분석의 이론에 큰 관심을 기울일 정도로 언어발달이나 문화적 가치는 지대하다. 이렇게 고귀한 문학적 체험도 인간을 영장류로 특정 짓게 하는 언어를 통하여 공표될 때 가치 있는 것으로의 전환이 가능하다.

언어발달은 언어문화와 밀접하게 관계된다. 이러한 언어발달 문제를 교육적으로 다루는 문학교사의 임무야말로 영장류로서의 언어문화의 보존

---

14) Eric Hoyle, 『*The Role of the Teacher*』(안상원 역, 『교사의 역할』 배영사, 1987) p.20.

자요, 창조자라고 해도 과언이 아니다. 여기에서의 언어문화 발달이란 '인간을 중심으로 하여 인간이 사용하고 있는 언어에 의하여 형성된 유형, 무형의 문화 발달'을 뜻한다. 그러므로 언어문화에서 문학은 유형성을 지니는 대표적인 정신적 산물로, 이를 교육의 현장에서 다루는 문학교사는 언어발달의 주체자요 담당자인 동시에 나아가 제이의 창조자인 것이다.

자기의 생각과 감정을 심미적 언어로 표현한 언어사용의 문화 집적물인 문학적 자료는 가치 있는 체험의 소산이라는 범주를 더욱 확장하고, 언어 소통문화 형성에 중요한 일익을 담당한다. 그리하여 언어학습에서 문학 텍스트 사용은 ① 가치 있는 믿을 만한 자료, ② 문화 향상, ③ 언어의 향상, ④ 개인적인 접촉 등의 직·간접의 장점을 제공한다.(Joanne Collie) 일상의 언어생활에서도 문학은 그것이 동떨어진 고유 영역으로 존재하는 것이 아니라 생활언어로서의 가치 있고 믿을 만한 자료가 된다는 것이다.

따라서 문학교사는 언어발달과 언어문화 창달의 중심에 놓이는 교육자이기 때문에, 단순히 개인적인 자유활동에 너무 집착하거나 교육이라는 경직된 형식주의에 너무 몰입하는 것에서 초월할 필요가 있다. 인간이 있는 곳에 문학이 존재하고 이를 교육하는 문학교사는 인간 존재와 자연의 원리를 해명하는 선구자이다.

둘째로, 지식·정보 사회에서 문학교사는 인간의 존재와 가치를 확인하고 보호하는 수호자다. 현대는 지식의 전달 매체가 다양해지고 이에 따라 인간의 삶도 세분화된 사회 구조에서 다원화되었다. 그리하여 학습자가 접하는 정보도 분별하기 어려울 정도로 다양해지고, 이를 교육적 측면에서 다루는 방법도 달라지게 되었다. 인간이 살아가는 방식과 가치가 달라진 상황에 문학교사의 역할도 변화를 요구받게 되었다.

인류의 역사는 일반적으로 수렵-농경-산업-정보 사회의 단계로 변화하였다고 한다. 이들 발달 단계 중 산업사회에서도 교사의 역할과 임무가 달라지게 되었다. 이전보다 사회의 구조가 복잡해지면서 인간관계에 많은

변화가 수반되었고, 교육자에게도 이에 수응하는 요구가 뒤따랐다.[15] 숙
련된 기능공의 수요가 증가하고, 학교교육의 기능이 증대된 산업사회에서
의 교사의 역할과 사회적 기능을 호일은 교수(instruction), 사회화
(socialization), 평가(evaluation) 등으로 설명하였다.[16]

이제는 고도 산업사회에서 지식·정보 사회로 바뀌고 있다. 지식의 생
산량이 국력을 좌우하고, 지식의 생명도 그리 길지 못하게 되었다. 그리하
여 다변화, 다양화의 사회에 걸맞게 문학교사도 변혁에 상응하는 임무와
역할을 수행하지 않으면 안 된다.

그런데 문학은 지식·정보 사회에서 발생하는 모든 문제를 이성적으로
해결할 수 있는 현대인으로 살아갈 수 있는 방법을 제시하고, 가치관의 혼
란에서 연유한 방황과 무질서의 渦中에서 인간답게 존재할 수 있는 길을
모색하게 한다. 가치관이 다양하고 다원화될수록 인간은 어디까지나 인간
적 모습으로 남아 있어야 하는데, 문학교육은 그렇게 할 수 있는 철학적인
내용과 교육적인 방법을 의도적으로 제공한다. 문학교육은 ① 문학에 나
타난 인생의 근원적인 문제에 대한 접근을 통해 세계관과 공동체 의식을
갖게 하고, ② 문화의 양면성을 극복할 수 있게 하며, ③ 분편화된 지식을

---

15) Eric Hoyle, 앞의 책, pp.13~16. 호일은 산업사회 이전에서부터 산업사회까지의 교
사의 역할의 변화를 다음과 같이 요약하였다.
　① 산업사회 이전의 교사는 주로 가치의 전달에 관심을 기울였는데 산업사회에서의
　　교사는 아동의 직업적인 역할을 준비하도록 돕는다.
　② 산업사회 이전의 교사는 주로 전통적인 지식을 전달하였다는 점에서 보수적인 기
　　능을 수행했는데 산업사회의 교사는 과학기술의 발달로 인해서 계속적인 혁신을
　　필요로 하게 되었다.
　③ 교사의 관심은 상류 계층에서 대중으로 변모되었다.
　④ 학습을 중시하는 것으로부터 가르치는 것을 중시하는 방향으로 변모하였다.
　⑤ 지식이 폭발적으로 증가함에 따라 교사는 가르치는 내용을 선별해야 만 하게 되
　　었다.
　⑥ 상당히 많은 제약이 있기는 하지만, 고정적인 내용에서 벗어나 교사들 스스로가
　　자유롭게 내용을 조직하려는 움직임이 진행되고 있다.
16) 같은 책, pp.17~20.

내적으로 통합하여 내면화하게 해준다.[17]

이와 같이 문학교육은 복잡한 현대사회에서 인간이 존재하는 방법과 이유를 제시한다. 지식·정보사회에서 문학교사에게는 인간 존재의 가치를 발양하는 중차대한 임무가 부여되어 있다. 문학교사는 단순히 지식, 정보 전달자로서의 역할에서 벗어나 지식과 정보를 조정하며 창조하는 역할을 수행하여, 인간이 존재하는 의미를 문학적 관점에서 확연히 해주어야 한다.

셋째로, 문학교사는 교수·학습 방법을 포함하여 문학교육의 창조적 운용자 이다. 문학교육에서 교사의 으뜸의 역할은 교수·학습의 중심에 서서 문학을 이루는 여러 요소들을 교육적으로 전달하는 것이다. 교수·학습의 운용자의 역할이란 위에서 언급했듯이 수용자나 매개자의 역할은 물론, 문학 소통이라는 작용의 틀 안에서의 교육자로서의 책임 있는 모든 교육행위를 의미한다.

따라서 일반적으로 문학교육에서 문학교사는 작가－교재－학습자라는 문학적 소통의 기본 틀에서 다음과 같은 여러 문제들을 취급해야 한다.

① 작가 중심적 문제들

　　전기적 연구, 창조성의 연구, 작가 사회학, 생산미학(시학, 수사학 등)

② 텍스트 중심적 문제들

　　장르 시, 텍스트 이론, 보급에 관한 연구, 서술미학 등

③ 독자 중심적 문제들

　　독서 현상학, 해석론, 독서 대중사회학, 수용미학[18]

---

17) 구인환 외, 앞의 책, pp.394～395.
18) D. Harth & D. Gebhardt(Hg), 『*Erkenntnis der Literatur*』(허창운 편저 『현대문예학의 이해』 창작과비평사, 1989) p.38에서 재인용.

상기와 같은 문학적 실천에는 전문성이 확보되어야 교육적 효과가 배가되므로, 문학교사는 이러한 여러 문제에 대하여 전문성의 신장에 노력해야 한다. 전문성의 확보는 문학교육의 위상을 높이고, 문학교육의 미래를 예견할 수 있게 한다. 따라서 문학교사는 스스로 연구하여 전문성을 확보하기도 하며, 전문가 모임에 자주 참여하고, 타자와의 접촉을 계속 유지하여[19] 문학교육의 창조적 운용자로서의 위치를 확고히 해야 한다.

넷째로, 문학교사는 문학적 문화를 계승하고 창조하는 문화 담당자이다. 국어교육을 기능적 관점에서, 아니면 문화적 관점에서 접근하는 방식은 모두 국어교육의 본질을 찾아보려는 학문적 자세이다. 그러나 국어는 소통구조로서의 하나의 문화 양상이고, 특히 국어교육에서 중추를 이루는 문학교육 역시 문화와 철학을 배제하고는 그 본질을 논하기가 어렵다. 한 국민의 특성은 독특한 문화에 의해서 규정되기도 하는데, 이러한 문화를 형성하는 요인 중에서 언어를 매개로 하는 문학은 문화 구성의 핵심에 위치한다고 하겠다.

문화는 민족을 지구상에서 영원히 존재하게 하는 원동력이다. 문학은 문화의 한 양상으로 강조하여 "문학교육은 그 사회의 문화에 입문하여 성장함으로써 문화적 정체성을 갖추도록 촉진하는 역할을"하고, "문학교육은 문화로서의 문학과 더불어 살아가도록 하는 교육"[20]이라는 주장에 동감하지 않을 수 없다. 그러므로 문학교사는 문학적 문화를 계승하고 창조하는 중심에 선다. 인간의 정신 세계를 풍부히 하고, 삶의 방식을 제시하는 문학은 존재하는 그 자체로서 문학교사의 역할을 선명히 한다고 하겠다.

문학적 문화의 전승자·창조자로서 문학교사는 역사의식을 가지고 역

---

19) Heck & Williams, 『*The Complex Roles of The Teachers*』(황기우 옮김, 『21세기 교사의 역할』 도서출판 원미사, 1998) p.42. 여기에서 전문성의 여러 가지 확보 방법에 대하여 자세하게 설명하고 있다.

20) 김대행 외, 『문학교육 원론』(서울대학교출판부, 2002) pp.281~282.

할과 임무에 남다른 사명감으로 무장할 필요하다. 그럼으로써 문학교사는 민족적 문학 유산을 전승하고, 한국문화의 국민적 향유를 창도할 수 있다. 문학교사는 구성원 사이에 존재하는 동질성을 회복케 하는 단초를 제공하고, 공동체 의식을 확보하여 민족의 정체성을 영원히 發揚하도록 해야 한다. 때문에 문화 담당자로서의 문학교사는 문학을 문화적 실천의 요체로 자각하는 것이 급선무라고 하겠다.

Ⅲ. 문학 교육과정·교재와 문학교사

1. 교육과정과 문학교사

이상에서 문학교사의 의미와 역할을 개괄적으로 살펴봤다. 이러한 의미와 역할은 문학교사로서의 일반적인 수준의 것으로, 일단 문학 교육과정이라는 역동적인 틀 속에서는 다음과 같이 변용되어, 그것은 또 다른 모습으로 나타난다고 할 수 있다.

첫째로, 문학 교육과정 開發者로서의 문학교사이다. "교육과정이 결정되는 제도와 절차를 교육과정 체제"[21]라고 부를 수 있고, 이러한 체제의 수준은 교사수준, 학급수준, 학교수준, 지역사회수준, 국가수준 등 여러 층위의 레벨에서 논의될 수 있다. 이는 교육과정의 개발에 대한 결정권이 한 곳에 집중되기보다는 이의 탄력적인 개발의 가능성을 암시한다. 교육과정 결정에 있어서의 학교와 교사에 대한 자율성의 보장은 타율과 복종의 경직에서 벗어나는 자율적인 인간성의 형성을 촉진하고, 교육과정의 획일성의 오류를 극복할 수 있다는 것이다.[22] 여기에서 교육과정의 개발에 교사

---

21) 곽병선, 『교육과정』(배영사, 1991) p.279.
22) 같은 책, p.281. 참조

들의 적극적인 참여가 절실하게 요구된다. 교육과정의 제정과 교과용도서 편찬 등을 비롯하여 수업계획의 수립에까지 교사들의 적극적이고 자율적인 참여는 교육의 수준이나 질을 개선하는 전기가 될 수 있다.

교육과정의 개발에서 교사의 역할은 교사 배제접근과 행동적 참여접근이 있다. 전자는 교육과정의 개발에 적극적으로 참여하지 못하고 이미 개발된 것을 시행만 하는 경우이고, 후자는 과정의 개발에 능동적으로 참여하여 모든 책임을 자기가 지는 경우이다. 여기에 전자와 후자의 均衡을 유지하는 개발자와 활용자의 중간 입장을 취하는 접근 방법도 있다.23)

교육과정의 개발은 역동적인 교육의 목표와 이상을 가시화하는 작업으로, 이는 궁극적으로 교육의 완벽한 실현을 목표로 하는 교사들의 참여 과정이라고 할 수 있다. 따라서 교육과정의 개발에 교사들의 적극적이고 능동적인 참여는 고귀한 교육적 성과 도출의 중요한 관건이므로 교사 참여의 기회를 제도적으로 확보하는 것이 필요하다.

교육과정을 개발하는 데 고려되는 중요 사항에는 여러 가지가 있다. 일반적으로 학생, 사회, 그리고 교과목 등 세 가지를 들 수 있는데 이중에서 교과목이 가장 중요한 요소를 차지한다.24) 교과목의 선정, 내용의 종류, 교수·학습의 수준 등은 학습자와 직접 대면할 기회가 많은 교사들이 가장 잘 숙지하고 있는 사항이다. 그러므로 교육과정 개발에 교사들의 능동적인 참여는 학습자의 수준을 가장 적절하게 고려하고, 교수·학습의 효과적인 방법을 최대한으로 구안할 수 있는 등 교육과정의 수립에서 현장성과 실제성을 직접 반영할 수 있는 장점으로 작용한다.

둘째로, 문학 교육과정 재구성과 實踐者로서의 문학교사이다. "교육의 질이 교사의 질을 능가할 수 없다."25)는 말이 있다. 이 말은 교사와 교육

---

23) 이성호, 『교육과정과 평가』(양서원, 1991) p.111.
24) E. W. Eisner, 『*The educational imagination*』 (이해명 역, 『교육적 상상력』 단국대학교출판부, 1991) p.212.

과의 상관 관계가 유기적으로 긴밀하게 유지됨을 시사하고, 교육과정의 최후의 실천과 책임은 교사의 실천 의지와 능력에 좌우된다는 뜻이 담겨 있다.

그리하여 "교육과정의 운영에 관심을 가지고 있는 사람은 그 운영의 모든 과정에 걸쳐서 '교사' 요인을 언제나 염두에 두고 있어야 할 것이다."[26]란 주장에 관심을 갖지 않을 수 없다. 이는 교육과정의 운영에서 문학교사는 핵심적인 위치를 차지하고, 교육과정의 재구성과 실천자이어야 함을 명백히 해 주는 말이다.

교육과정은 그 개발도 중요하지만 실제 교수·학습이 이루어지는 현장에서 상황을 고려한 적절한 해석과 효율적인 실천을 위하여 구체적인 수업 계획으로 전환하는 과정도 또한 더욱 중요하다. 아이즈너는 가르치는 일이 예술인 이유를 다음과 같이 역설하였다.

> 가르치는 일은 그것이 예술적인 경험이라는 의미에서, 수업의 질에 대한 조정이 예술적인 감각에 의존하고 있다는 점에서, 일상적인 행위가 아니고 창조적인 활동이라는 점에서, 그리고 목표가 그 과정 가운데에서 이루어진다는 점에서 예술이다.[27]

이어서 그는 가르치는 일과 교육목표, 교육과정의 상호 관계를 세 가지를 모형으로 제시하고 있다. 이들의 관계를 그는 "내용이 훌륭한 교육과정도 잘못 가르치면 그 좋은 내용을 망쳐버릴 수 있다."[28]라고 하여, 교사 수업의 방법과 내용이 교육과정의 성패와 유관함을 강조하였다. 즉, 아무리 좋은 교육과정도 실천이 부실하면 소기의 교육적 기대치를 만끽할 수

---

25) 이홍우, 『교육과정탐구』(박영사, 1992) p.291.
26) 같은 책, p.295.
27) Eisner, 앞의 책 p.217.
28) 같은 책, p.235.

없다는 것이다. 따라서 문학교사는 문학 교육과정을 효과적으로 실천하기 위하여 이를 재구성하고, 다양하게 실천할 수 있는 교육력 제고의 방법을 모색해 볼 필요가 있다.

셋째로, 문학 교육과정 評價者로서의 문학교사이다. 문학 교육과정의 효율적인 운영과 소기의 성과는 평가에 의해서만이 그 결과를 인지, 확인할 수 있다. 문학 교육과정의 평가는 평가의 대상이 교육과정 그 자체를 평가하는 것이다. 교육과정 실천자로서의 문학교사는 교사 자율성의 신장이라는 기초적인 욕구에 우선하여, 실제 교육과정의 개발에 적극 참여해야 하고, 나아가 교육과정 평가에까지 동참해야 한다는 당위감을 가져야 한다.

교육평가의 기능 중에서 특별히 ① 진단, ② 교육과정의 수정, ③ 비교, ④ 교육적인 필요에 대한 예측, ⑤ 목표가 달성되었는 지의 평가 등이 주목을 받는다.29) 이중 교육과정의 수정을 위한 평가 작업은 다시 교육과정의 자체 평가로까지 발전한다. 곧, 여러 단계를 거치는 복합적인 계획의 수립과 실행 과정을 통하여, 교육과정의 개발과 활용, 그리고 구체적인 실천의 내용에까지 지속적으로 수정하고 꾸준하게 보완할 수 있는 평가 작업이 이루어지는 것이다.

문학교사는 이미 개발된 교육과정의 실천자이지 하수인은 아니다. 교육의 현장에서 학습목표, 학습내용, 교수 · 학습의 방법을 스스로 결정해야 하는 문학교사는, 이 모든 것들이 교육과정의 평가와 직접 · 간접적으로 관련되어 있다는 사실을 자각해야 한다. 그러므로 문학교사는 '① 학생의 학습활동이 바람직하게 신장될 수 있는가', '② 교사의 교육활동이 효율적으로 수행될 수 있는가', '③ 교육과정의 효율적인 운용과 실천이 가능한가' 등의 평가를 해야 한다. 이와 같은 평가는 교육의 일반 평가를 도외시

---

29) 같은 책, p.237.

하고는 온전하게 수행하는 것이 불가능하므로 총합적인 관련상을 고려하여 수행해야 한다. 더불어 교육과정 평가의 주된 목적은 교육과정 수행의 개정과 보완에 있기 때문에 교사의 책임성 있는 판단과 평가 자세가 요구된다.

넷째로, 문학 교육과정의 수정과 改善者로서의 문학교사이다. 교육의 목표나 방법 등은 사회 환경에 따라 유동적이다. 이러한 변화의 개념은 교육과정에서도 고정된 어떤 틀 내에서 교육적인 전형을 추구하는 것이 아니라, 항상 새로운 교육적인 이상을 모색하는 과정이라는 전제 조건과 상통한다. 교육과정의 이상적인 수행이란 항상 변화의 가능성을 내포한 '새로움에로의 지향'을 염두에 두고 개방적으로 추구해야 함을 뜻한다. 이러한 교육과정의 수정과 개선은 교육과정 평과의 결과에 의거하거나 이를 기반으로 해야 함은 물론이다. 시행의 결과에 대한 분석이나 평가 없이 맹목적인 개선이란 그 결과가 불 보듯 하기 때문이다. 그러므로 문학교사는 이러한 문학 교육과정의 실질적인 실천의 주체자임을 자각해야 한다.

문학교육이 존재하는 곳에는 언제나 문학교사가 있기 마련이다. 그러므로 문학 교육과정의 개발과 설계, 실천과 재구성, 그리고 그 평가가 문학교사의 능력에 좌우된다고 볼 수 있다. 결국, 문학 교육과정의 마지막 主宰者로서의 문학교사의 중요한 위치는 그 강조가 蛇足이 된다고 하겠다.

이상에서 설명한 문학 교육과정의 개발-실천-평가-개선은 역동적인 순환의 과정이고 어느 한 곳에서 정체하여 머무는 것이 아니다. 항상 수준과 차원을 달리하기 위하여 변개의 과정을 진행한다. 그러므로 문학교사는 문학교육을 담당하는 주체자로서 이들 수준을 모두 소화할 수 있는 역량을 길러야 한다. 이들의 역동적 관계를 도식해 보면 다음과 같다.

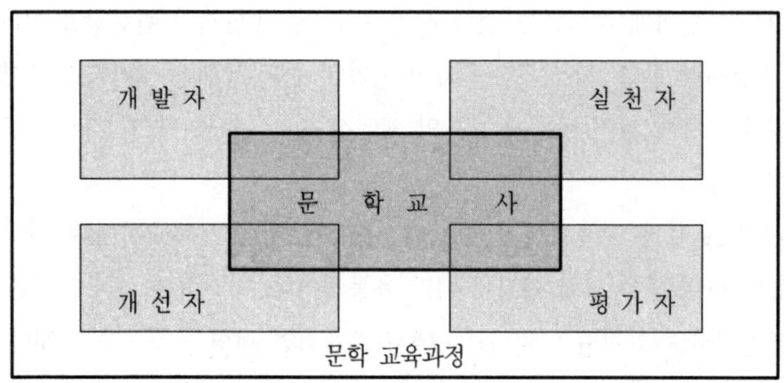

그런데 교육과정이란 어떤 목표 달성을 위한 관련된 구성요소들의 관계 형성을 의미하기도 한다. 그리하여 바람직한 소기의 목적을 달성하기 위한 조직적이고 효율적인 교육과정의 운영은, 이들 구성요소의 상호 유기적인 연관성을 고려하여 교육과정의 계획과 전개, 그리고 그것의 평가에 이르기까지 연관 작용의 극대화를 요구하게 된다.

문학 교육과정의 하부운영의 구조 즉, 문학교육에서 중추가 되는 구성요소는 문학 쪽에서 보면 작품과 작가가 되며, 교육의 측면에서는 교사, 학생이 중심에 놓이게 된다. 그러므로 이들의 역동적인 상호작용과 교육효과의 극대화와를 고려하여, 교육과정에서의 中核의 위치를 점유하는 교사, 교재, 교수·학습 전략 및 평가의 문제를 구체적으로 생각해 보지 않을 수 없다.

이상에서 살펴보았듯이 교육과정을 중심으로 문학교육을 담당하는 문학교사는 교육의 내용을 효율적으로 달성하는 中樞에 선다. 그러므로 문학교사는 철학적 안목으로 교육을 실천하려는 의지가 있어야 하고, 새로운 교육 환경에 능동적으로 적응할 수 있도록 연구, 硏鑽할 수 있는 기회를 스스로 많이 가져야 한다.

2. 교재와 문학교사

교육과정의 내용은 다양하게 교재화되어야 학습내용의 실체가 드러난다. 그 대표적인 것이 교과서이다. 따라서 교재화가 어떻게, 어떤 방법으로 되어지는가는 학습의 성패를 좌우하거나, 국어교육을 효과적으로 실천하는 것과도 유관하다.

교육과정의 내용을 교재화하는 이론과 유관한 학문적 범위는 상당히 넓다. '교재 개발학'이라 명명할 수 있을 정도로 교재 개발학 개론(설), 교재 일반론, 교재 개발 절차론, 교육과정·교재론, 교재 구성론, 교재 기술론, 교재 형태론, 교재 활용(교수)론, 교재 분석론, 교재 평가론, 교재 발달론 등 학문적으로 개발, 정립되어야 할 분야가 상당히 많다. 그러나 지금까지의 이에 대한 연구는 교재 분석의 단선적 차원에 머물고 있는 실정이다.

교과서는 교육과정 구현의 핵심에 위치한다. 교재화는 교육의 질적 향상과도 관련되기 때문에 교육과정의 내용은 교육이론을 바탕으로 합리적으로 교육자료로 전환되어야 한다. 교육의 질이 교사의 질을 능가할 수 없는 것처럼, 교육의 질은 교과서와 교육과정의 질을 능가할 수 없다고 할 수 있다.

이제는 교과서 자체 구조의 개선도 시급하다. 초등학교의 국어 교과서는 목표·과정·활동 중심으로 구조화하여 학습의 효과 측면에서 상당히 개선된 면모를 보인다. 중·고 교과서도 교수·학습의 이론에 근거하여 구조 개선이 혁신적으로 이루어졌다. 고등학교 검정 교과서의 내용 전개 구조도 상당히 발전하였지만, 일면 千篇一律的인 형태에서 탈피해야 한다. 단원 내에서의 구성도 혁신적인 발상이 요구되지만, 동시에 교과서 전체적인 구조하에서 단원간의 관계도 교수·학습의 이론에 근거하여 참신성을 보여야 한다. 교과서도 생동하는 유기체로 구조화하여 구성 요소간에 긴밀성이 보장되도록 해야 한다.

교재 개발 능력과 함께 교재의 재구성 능력은 교사의 필수 소양으로, 이는 국어교사의 자존심과도 연결된다. 교과서를 활용하고 재구성하는 교육활동의 주체도 교사임을 자각하여 이에 대한 능력을 갖추도록 힘써야 한다.

Ⅳ. 결 론

교육은 여러 복합적인 요소가 역동적으로 작용하는 유기체에 비유되기도 한다. 교수자와 학습자, 그리고 교육과정을 바탕으로 구조화한 교재가 대표적인 표본이라고 할 수 있다. 이들 중에서 교사는 학습자와 교재를 연결하는 중추적 역할을 수행하므로 훌륭하거나 우수한 교사는 교육의 질을 보증하는 중심적 위치에 놓인다.

문학교육은 인간이 살아가는 방식을 다루는 인간학 그 자체이며, 인간이 향유하는 문화와 철학까지도 논급하여 삶을 유지하고 창조하는 機制를 마련해 준다. 문학교육은 단순히 문학적 이론만을 전수하는 것에만 그치지 않는다. 의미 있는 삶을 영위할 수 있도록 인간과 자연에 대하여 성찰하고, 이를 언어로 표출한 것을 내면화하도록 한다. 이렇게 문학교육은 바람직한 인간됨을 고수하며 살아갈 수 있도록 보편적이면서도 恒存的인 인간 존재의 문제를 교육한다.

그러므로 문학교사는 문화와 철학의 문제까지도 깊이 있게 다루는 능력을 갖추어야 한다. 선현들이 남긴 문학유산에서 문화와 철학을 지금까지도 논할 수 있는 것은 모두 이러한 능력의 전수에서 이루어진 것이다. 언어적 상상력을 통하여 선현들은 가능한 여러 가지 삶의 모델을 창조하고, 미래에 대한 수직적 전망을 예견했던 것이다. 그러므로 옛날이나 지금이나 어떤 면에서 문학을 향유하는 사람은 그 순간부터 문학교사의 위치를 확보한 것일 수도 있다.

이러한 전제하에 문학교사의 의미와 역할도 교육이라는 입체적 상황에서 역동적으로 작용하는 하나의 모형으로 파악하면 이해하기가 쉽다. 문학교사는 ① 문학작품의 수용자, ② 문학작품의 매개자, ③ 문학작품 연구자·비평자, ④ 문학교육 설계자로서의 의미 범주로 규정할 수 있고, 그 임무와 역할은 ① 언어발달의 촉진자, ② 인간 존재의 수호자, ③ 문학교육의 창조적 운용자, ④ 문학적 문화의 계승·창조자로서 가시화할 수 있다. 그러나 여러 교육적 변용을 고려하면 문학교사에 부여되는 의미와 역할은 확대될 수 있는 가능성이 많다.

문학교사는 교육과정과 교재에 대한 교육적 역할을 자신감을 가지고 증대해야 한다. 그러므로 교육과정의 ① 개발자, ② 실천자, ③ 개선자, ④ 평가자로서, 동시에 교재 측면에서도 동일한 관계로 작용하는 교육 주체자, 창조자로서의 위치가 막중하다고 할 수 있다. 왜냐하면 교육의 기본 설계도인 교육과정과 이를 바탕으로 최소한의 교수·학습 방법과 과정을 보인 교재의 수준과 질은 교사의 그것과도 교육적으로 무관할 수 없기 때문이다.

지식·정보를 선별하고 소화하기도 어려운 현대에는 그만큼 문학교육의 중요성은 더해지고 있다. 그에 따라 문학교사의 역할도 변화를 요구받고 있다. 그러므로 문학교사는 시대적 변화에 능동적으로 대처하면서 인간구원의 실천자로서, 문학정신 구현의 嚮導者로서 그 역할을 스스로 확충해 나아가는 것이 필요하다.

본고는 문학교사의 측면에서 문학교육을 일고해 본 성격을 띤다. 어떤 면에서는 문학교육을 구성하는 요소 중에서 '문학교사'라는 한 측면만을 너무 강조하지 않았나 한다. 그러므로 앞으로는 다원적 관점에서 문학교사의 의미와 역할을 더욱 확장해 보고, 문학교육의 지평을 새롭게 넓혀 보는 것이 필요하다고 본다.

제4부

문학교육과 교재

제**1**장

문학 敎育課程 내용의 교재화

I. 서 언

인간은 언어를 통하여 인간이고자 하는 표현의 욕구를 충족시키고, 주위 환경과의 교접과 교감을 표출하고 존재를 확인하고자 했다. 때문에 인간이 존재하는 곳에는 언제나 언어가 존재하고, 고급 언어의 사용인 문학적인 행위가 있기 마련이다.

문학을 연구의 대상으로 삼아 '문학의 본질이 무엇인가'라는 끊임없는 질문과 함께, 지금까지 인간은 그 본질의 실체와 윤곽을 밝히면서 인간과 가장 가깝고 친근한 자리에 두었던 것은 사실이다. 여기에 '문학교육은 무엇인가'라는 또다른 물음에 해답을 얻으려는 진지한 노력은, 문학교육이 학문적 요건을 구비하게 하는 연구 集積物의 생산뿐만이 아니라 연구 대상으로서의 충분한 자격을 부여토록 했다. 그런데 이들 모두 다 인간의 언어적 행위의 결과물인 것이다.

문학교육의 내용과 그것의 교재화는 궁극적으로 교육의 성패와 유관한 문학교육의 본령이다. 그런데 지금까지 이 분야에 대한 연구는 출발의 단계에 지나지 못하고 있다. 내용 설정의 기준이나 교재 구성의 방법을 위시하여 그것을 설명하는 학문적 배경이나 이론이 탄탄하지가 못하다고 하겠다.[1]

---

[1] 박인기 교수의 "국어과 교재론 기술의 이론화 방향" 논문 중 '3. 교재론 전개의 실태와 경향'에서는 논문 집필 당시까지의 교재론 연구사가 논평과 함께 잘 집약, 기술되어 있다(『봉죽헌박봉배교수 정년기념논문집』 교학사, 1992, pp.217~222).

본고는 학적인 기틀을 마련한다는 기본적인 趣旨와 '교재 개발학'[2] (교재론)의 방향을 설정해 본다는 제한된 목표를 갖고, 거시적 관점에서 문학교육과정 내용의 교재화 원리를 생각해 보고자 한다. 그리하여 문학교육과 교육과정의 내용, 교재의 내용의 상호 연관성을 살펴보고 교재화의 원리를 찾아보고자 한다.

그런데 교재의 개념은 상당히 광의적, 유동적인 측면이 있어, 이를 교육과정 내용과 유관하여 교재화의 원리를 탐색하기란 그리 용이하지가 않다. 그리하여 본고에서는 교재화의 원론적·기본적인 원리와 방법을 모색한다는 뜻에서 '협의의 교재'를 중심으로 기술의 맥을 잡았음을 밝힌다.

Ⅱ. 문학 敎育課程 내용과 교재 구성

1. 교육과정 내용과 교재의 내용

1) 문학교육 내용 범위 설정의 기초

문학을 교육한다는 것은 그리 간단한 문제는 아니다. 왜냐하면 문학교육 개념의 층위는 "단순한 '문학 + 교육'의 수준을 넘어서는 문학교육 그 자체의 의미를 발생시킨다는 점을 고려해야 한다."[3]는 주장처럼, 역동적이고 복합적인 상위 구조의 작용성이 내재해 있기 때문이다. 그러므로 문

---

2) '교재 개발학'이란 '교재론' 개념보다 의미역이 넓은 것으로, 하나의 학문 분야로 발전 시킬 필요가 있어 필자가 창안·제시해 본 용어이다. 교재 개발학 개론(설), 교재 일반론, 교재 개발 절차론, 교재·교육과정론, 교재 구성론, 교재 기술론, 교재 활용론, 교재 분석론, 교재 평가론 등이 교재 개발학의 구체적인 연구분야가 될 것이다. 결국, 본고는 교재 구성론, 교재 기술론의 시론과 교재 평가론의 가능성을 제시하는 소론의 성격을 띤다.

3) 구인환 외, 『문학교육론』 (삼지원, 1988) p.35.

학교육의 개념을 심원하게 밝히고 그 범위 내에서의 구성 요소들의 위상
을 타당성 있게 설명하는 것은, 문학교육 이론의 체계적인 정립뿐만 아니
라 교육 현장에서의 실천력 있는 형태로의 전환을 가능케 하는 시발이 되
는 것이다.

　문학교육은 보는 시각과 입장에 따라 여러 측면에서 그 범위를 규정할
수 있다. 그러나 어휘적인 측면에서 보면 '문학 + 교육'의 구조로 분리할
수 있는데, 여기에서 문학과 교육의 관계가 어떻게 성립하느냐에 따라 문
학교육이라는 덩어리의 의미는 달라진다. '문학', '교육' 그리고 '문학 +
교육'의 존재 방식을 다음과 같이 분해하는 것도 가능하다.

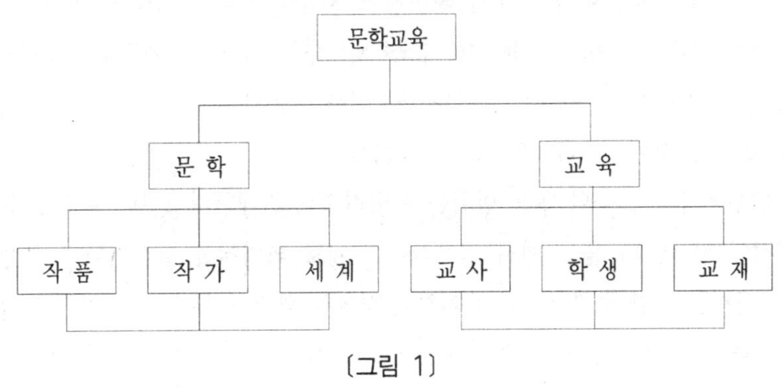

〔그림 1〕

　[그림 1]는 문학 교수·학습의 상관 요소를 비롯해서 교육 활동에서 메
커니즘(mechanism)적 구성요소가 무엇인지를 보여 주는 도식이라 하겠
다. 문학 작품은 작가와 그 작품이 생성된 환경과는 직접적으로 관계를 형
성한다. 그리고 교육의 현장으로 끌어들였을 때에는 교재 활용의 과정, 그
리고 교사와 학생간의 가르치고 배우는 동태적 상황에서 교육적으로 존재
를 인정받을 수 있다.

　문학교육이란 결국 [그림 1]의 구성 요소들의 역동적 결합이라 할 수

있다. 여기에서의 '역동적 결합'이란, 교육적 효과를 극대화하면서 구성 요소간 상호 작용의 효율성을 고려한 유기적 통합을 의미한다. 즉, 이들 구성 요소들의 상호 관계를 염두에 두고 所期의 교육 목적을 달성하기 위하여 동태적 모습으로 통합·전환시키는 과정인 것이다.

이처럼 문학교육의 개념의 구조, 즉 역동적 상황을 이루는 모든 구성 요소는 문학교육의 내용이 된다.4) 그러므로 '문학교육의 내용'이란 말에서 '내용'의 의미는 매우 다양한 계층적 구조를 지니고 있다. 이는 '목표', '개념', '범주', '영역', '구조'의 말과 긴밀하게 관련이 있는 것으로, '교육'이란 어휘와의 상관성에서 微妙한 뉴앙스의 차이를 던져 주기도 한다. 곧, 여기에서의 '내용'이란 적용의 의미역과 방법을 어떻게 확대하느냐에 따라 달라진다. '문학의 내용' '문학교육의 내용' '문학 교육과정의 내용' '문학 교재 구성의 내용'이란 말의 구조에서 내용의 의미역이 상당한 차이를 보이는 것이 그 단적인 예라고 하겠다.

때문에 문학교육의 내용 범위는 독립적으로 존재한다고 보기보다는 유기적인 總合體의 틀 속에서 역동적인 관계로 의미역을 발산한다고 하겠다. 이것은 또한 문학교육의 유기적인 상황을 의미한다. 교육의 내용을 결정짓는 환경적 변인이 무수히 역동적으로 작용한다는 말이다. 필자는 문학교육의 내용, 방법, 문학교육 이론의 교육과, 실천의 현장에서의 주체, 대상, 교재 등 모두를 포괄한 역동적 작용태를 '문학교육의 구조'라 칭하고, 문학교육의 일반적 상호 관계를 개략적으로 해명한 바가 있다.5)

---

4) 허경철·정재걸은 협의로는 '교과서의 내용'을 교육 내용이라 볼 수 있는데, 광의로는 교육과정의 각론들, 훈화나 훈계, 각종 행사나 특별 활동, 수업으로 제공되는 각종 교과의 종류나 범위 등이 다 교육의 내용이 될 수 있다고 하여, "학생의 교육적 성취 (또는 학습물)를 의도하여 시도된 모든 종류의 사물이나 활동"이라 정의하였다. 그리고 "교육 내용을 무엇으로 규정할 것인가는 연구의 목적이나 연구자의 의도에 의하여 정해질 수밖에 없는 것이다."라고 그 가변성을 인정하고 있다("해방 이후 초·중등학교 교육내용과 방법의 추세" 『광복50주년 기념논문집』 6(교육), 광복50주년기념사업위원회·한국학술진흥재단, 1995, pp.39~40).

　문학교육의 내용 범위의 설정에는, '문학의 본질은 무엇인가', '문학과 교육의 상관은 어떤 형태인가', '문학은 인간과 어떤 관계를 유지하며 상호 작용을 하는가' 등 고려해야 할 많은 요인을 내포하고 있다.

　지금까지 문학의 正體에 대한 논의는 다양하여 그것을 하나의 正言이라고 단정할 수는 없다. 그렇지만 정의적 설명을 원용하여 '언어를 통하여 가치 있는 삶을 표현한 예술'이라는 점에는 의견의 일치를 갖고 있다. 교육의 개념도 여러 측면에서 설명이 가능하지만, 인간을 대상으로 한다는 점과 바람직한 방향으로 변개시키는 과정이라는 점에서는 같은 시각을 견지한다. 그러므로 문학교육은 간단히 말한다면 '언어(가)를 통하여 가치 있는 삶(나)을 표현한 예술(다)을 교육(라)'한다고 말할 수 있다.

　문학교육에서도 언어를 교육한다. 언어로 작품을 형상화한 구조물을 가르치는 것이다. 문학적 언어의 형상성을 분석하고, 想像力을 어떻게 발휘했는지에 대하여 접근해 보는 것이다. 문학적 고급 언어의 사용이 무엇이며 이를 구사할 수 있도록 하는 것도 교육의 대상이다.

　문학교육에는 또한 가치 있는 삶, 삶의 총체성을 교육한다. 사는 방식의 선택은 인간이므로, 결국 문학은 인간과 인간의 문제를 가르치는 것이다. 다시 말해서 문학적 인간이 철학적이거나 종교적이거나 간에 존재의 문제에 고민하는 모습을 교육하는 것이다.

　여기에 문학교육은 예술을 교육한다. 색이나 소리를 통한 예술이 아니라 언어를 통하여 표현한 문학적 예술을 가르친다. 문학은 審美的 정신 작용의 언어적 구현물이므로 미적 정서를 기르는 중요한 통로이며 대상이다. 그러나 '언어적 예술'이란 인간을 중심 세계에 두고 언어를 통한 사고를 예술적으로 昇華하기 때문에, 심미적 정신 작용을 인간과 언어의 통합적 관계로 한 단계 높인 교육의 목표를 설정해야 한다.[6]

---

5) 본서 "문학교육의 구조와 본질"(pp.241~259) 참조.
6) 우한용 교수는 문학교육을 언어 교육과 동일시하는 오류나, 예술 교육으로 매개 없이

(가)+(나)+(다)가 역동적 작용을 이루는 문학 현상으로 존재하듯이 (가)+(나)+(다)+(라)도 역동적 작용의 관계를 형성하며 '문학교육 현상'으로 존재한다. 이러한 문학교육의 현상 모두가 문학교육의 내용이 된다. 그러나 현상으로서의 교육의 내용은 비시적, 包括的이다. 때문에 이를 현시적, 구체적으로 실체를 부여해야 하는데 이러한 작업의 하나가 교육과정 체계에서의 내용 설정과 교재 구성에서의 내용 선정인 것이다.

2) 교육과정 내용의 위상과 성격

교육을 수행하는 데에는 원천적으로 필요한 요소가 있다. 이를 '교육적 要素'라하고, 이러한 요소를 실질적인 행동으로 전환하면서 이뤄지는 모든 가시적·비가시적 행위를 '교육적 활동'이라 이름할 수 있을 것이다. 이러한 교육적 요소나 활동은 대개 교육과정에 명시적으로 제시된다.

6차 교육과정 체제는 (성격-) 목표-내용-방법-평가의 순으로 각 항목마다 일관성 있는 기준을 제시하고, 내용은 다시 ① 내용 체계와 ② 내용으로 세분하여 교과의 내용 기준을 명확하게 파악하는 것이 가능하도록 구체화하였다. 그리고 고등학교 국어 과목 문학 영역과 문학 과목에서는 그 하부에 세목을 구조화하여 제시하였다.

이는 각과목의 교육목표를 가시적으로 구체화한 교수 요목인 것이다. 그러므로 교육의 목표는 내용을 결정하는 돌쩌귀인 동시에 방향인 것이다. 그리고 교수·학습의 방법이나 평가도 내용과 유관한 교육적 활동이다. 내용에 따라 교수·학습의 유형이 달라지며, 평가 도구도 그것과 연계되어 독특한 방법을 강구해야 한다.

교육과정 내용은 "교육과정 목적과 목표를 구체적 활동으로 바꾸어 놓

환원하려는 시각에 경계를 표하고, 소론을 전개하고 있다("문학 교육과정론의 전제조건" 『문학교육의 탐구』 문학과문학교육연구소 편, 국학자료원, 1996, pp.134~136).

은 것"7)이다. 그러므로 교육과정의 내용 체계는 교육의 중추를 이루는 핵심으로 교육의 성패를 좌우한다. 그런데 교재로 구성되었을 때의 '내용'은 그 의미역이 자못 다르다. 왜냐하면 교육의 목표, 교수·학습의 원리, 평가의 방법까지를 유기적, 체계적으로 연관을 지어 구조化한 것이지만, 전기한 교육과정 체계 내에서의 그것과는 상당히 거리가 있기 때문이다. 다시 말해서 교육과정의 내용을 교재화하는 과정과 방법이 교육적으로 構案되어 새로운 창조적 構成物로 다시 태어났기 때문이다.

그러므로 교재 구성은 '교육적 요소'와 매우 긴밀한 관계를 형성하는 또다른 '교육적 활동'이지만 학문적인 배경 이론이 빈약하여 소홀히 여겨온 것이 사실이다. 그리하여 교재화의 방법이나 그 원리 설정을 비롯해서 학적 이론의 개발이 다른 분야에 비해 영성한 상태에 머물러 있어야만 했다.

교육의 내용을 교재로 구성하는 것(교재화)은 모든 교육적 요소나 활동을 총합하고 포괄하는 창조적 정신 행위라 말할 수 있다. 앞으로는 교재 구성에 대한 이론과 원리가 성숙되고, 학적으로 심화·발전되어 '교육적 요소', '교육적 활동'의 지적 배경을 풍성하게 助長할 필요가 있다.

따라서 현상으로 존재하는 문학교육의 내용과 교육과정에서의 내용은 차이가 있다. 그리고 이를 교재로 구성했을 때의 내용과도 구별되는 것이다.

문학교육의 내용	교육과정의 내용	교재 구성의 내용
현상적	목적적	구체적
포괄적	類目的	분석적
총합적	추상적	구상적
본질적	선택적	구조적

이러한 상이점의 구도는 문학교육의 내용 설정은 의도나 목표에 따라 그 층위와 범위가 달라질 수 있다는 것을 암시한다. 그리고 이러한 내용의

---

7) 이성호, 『교육과정과 평가』(양서원, 1991) p.209.

성격 분류는 과학적 규준에 의하여 확연하게 구분한 것이 아니다. 다만, 비교·대비되는 관점에서 변별점을 유목화했을 뿐이다.

2. 교육과정 내용 체계와 교재화

교재는 교육과정이라는 기본 얼개를 가지고 구성하는 학습 자료이다. 따라서 교육과정의 내용 구조가 다르면 교재화의 방향이나 방법을 다르게 모색할 수 있다. 국어 과목 내용 영역 중에서의 문학교육 부분과 문학 과목에서의 문학교육 내용의 교재화에는 차이가 있는지를 살펴볼 필요가 있다. 국어교육이라는 전체 덩어리 속에서 부분을 이루는 문학교육의 내용과 문학이라는 독립 과목에서의 교육 내용 설정에 차이를 두는 것이 좋은가를 생각해 볼 여지가 있는 것이다.

6차 고등학교 교육과정의 국어 과목 목표 중 문학에 관하여는 다항에 "문학에 관한 일반적인 지식을 바탕으로 작품을 바르게 이해, 감상하며, 인간의 삶을 총체적으로 이해하게 한다."라고 설정하였고, 내용 체계를 "1. 문학의 본질, 2. 문학 작품의 이해, 3. 문학 작품 감상의 실제"로 제시하고 있다. 반면에 문학 과목에서는 목표 설정을 세 항목으로 세분하고, 내용 체계를 "1. 문학의 본질과 기능, 2. 문학 작품의 이해와 감상, 3. 한국 문학과 세계 문학"으로 구분하였다. 국어 과목에서는 문학 작품의 이해와 감상을 강조한데 비하여 문학 과목에서는 세계 문학의 眼目까지도 신장할 수 있는 장치를 마련한 것이 다르다고 하겠다.

그런데 이렇게 내용 체계가 조금 상이하다고 하여 교재화의 방법이 반드시 달라야 한다는 원칙은 없다. 그러나 국어 과목은 언어 사용기능·언어·문학 영역이라는 삼분된 구조에서 그 교육목표를 구현해야 한다는 역학 작용을 고려할 필요는 있을 것이다. 좀더 발전적이라면 둘은 각자의 상이한 내용 체계로 교육적 효과를 모색하는 것이 좋다. 그래야 교재 구성의 방법도 踏襲이 아닌 창조적 차원에서 실천이 가능하다.

이처럼 교육과정 내용 체계의 강조점에 따라 교재화의 중점 방향이 달라지는 것이 바람직하다. 그리고 내용 체계와 교재화의 연결 고리가 순연적 기능에 접촉되는 방향으로 그 중점을 찾아야 한다.

내용 체계에 따라 달라지는 교재화의 중점을 다음과 같이 구분하여 생각해 볼 수 있다.[8]

구 분	교재화의 중점
① 학습자 중심	독서 과정, 독서 현상, 수용미학, 기대 지평 해석론, 독자 경험, 독서 대중 사회학
② TEXT 중심	작품화 과정, 서술 미학, 서사 구조, 세계관 등
③ 사회 문화 중심	작품 환경, 현실 반영, 상동성 등
④ 작가 중심	작가 정신, 전기, 창조성, 사회성, 작가 사회학 생산미학 등

그러나 문학교육은 문학 작품을 매재로 하여 교사와 학습자 사이에서 이뤄지는 교수·학습의 순환 작용이므로, 내용 체계의 중심이 달라져도 교재를 이루는 일차적 학습 자료는 문학 작품이기 때문에 전체적인 교재로서의 윤곽은 유지된다.

그리고 내용 체계를 학습자 중심, text 중심, 사회 문화적 맥락 중심, 작가 중심 등으로 구분한 것은 형식상의 것이지 이들이 분명하게 劃定될 성질의 것은 아니다. 따라서 교재 구성에는 이들의 상호 연관성에 균형을 유

---

8) 구인환 외 『문학교육론』(삼지원, 1988, pp.123~188)과 D.Harth & D.Gebhardt(Hg), 『Erkenntnis der Literatur』(『현대문예학의 이해』 허창운 편저, 창작과 비평사, 1989, p.39)를 참고하여, 필자가 소설 <전우치전>의 '교육소'(educateme) 설정을 논의하면서 재구성한 것을 그대로 원용한 것임(본서 "전우치전의 교육소 발견과 그 의미" pp.455~458 참조).

지하고, 교재화 과정에서 강조점이 효과적으로 드러나도록 해야 한다.

Ⅲ. 교재 구성의 조건과 변인

문학교육의 역동적인 구성체 중에서 문학교재는 학습의 자료로서 교사와 학생간의 상호 작용의 媒介體이다. 교육과정의 목표에 따라서 교재의 위치와 가치가 유동적이라고는 하지만, 문학교육에서의 교재의 비중은 교육의 방향을 제시하는 중심의 위치에 놓이게 된다. 다시 말해서 문학교재의 적절한 선택과 이의 교육 현장에서의 효과적인 활용은 교육의 성패와 직결되는 문제라고 하겠다.

1. 문학교재 구성의 요구적 조건

1) 문학교재의 개념

교육 현장에서 사용하는 교재에 대한 정의는 字意대로라면 "교육의 재료 내지 교수 재료"9)란 설명이 가능하다. 그러나 교재에 대한 개념은 상당한 변화를 가져 왔다. '교육을 실행한다'는 의미가 현대 사회에서는 상당한 변화와 확장이 이뤄졌기 때문에 같은 맥락에서 상승적으로 이의 개념도 달라졌다고 본다. 그러므로 '교재'란 어의의 해석도 교육의 실천이란 커다란 틀 속에서 포괄적으로 이해되고, 교수·학습의 역동적인 작용의 복합적인 구성체라는 연관성과 포괄성을 고려한 동태적인 개념으로 파악해야 할 것이다.

이러한 관점에서 문학교재의 성격이나 역할, 활용 등을 眺望해 본다면,

---

9) 이응백 외, 『국어과 교육』(한국능력개발사, 1975) p.139.

그것의 개념도 고정된 것이 아닌 다양하면서도 개방된 유의미한 정의를 찾아볼 수 있을 것이다. 문학교재는 일반적으로 문학교육을 수행하는 데 필요한 자료를 의미한다. 여기에서의 자료란 단순히 질료적 성격의 뜻만은 아니다. 다시 말해서 "문학교육 활동이 의도적 또는 비의도적으로 이루어질 수 있는 모든 장에서, 문학현상의 온전한 이해와 이를 위해 문학적 문화를 고양하는 데, 효과적으로 작용할 수 있는 모든 형태의 매재(재료)"[10]를 뜻한다고 하겠다. 이러한 개념 부여의 방법은 문학교재란 말에는 다양한 의미의 복합성을 내포하고 있음을 示唆하는 것으로[11], 실제 다음과 같이 그 개념의 층위를 획정해 볼 수 있다.

① 자료(material)로서의 교재 개념
② 텍스트(text)로서의 교재 개념
③ 제재(subject, unit)로서의 교재 개념[12]

그러므로 문학교재라는 의미 범주는 다음과 같은 문학교재가 존재하는 상황을 고려하여 확장적으로 생각해 볼 여지도 있다.

첫째로, 문학교재와 비문학교재의 변별에 일정한 준거를 마련하여야 한

---

10) 박인기, "문학교과 교재론의 이론적 접근과 방향"『雲堂丘仁煥先生 華甲紀念 論文集』(한샘, 1989) p.844. 박교수는 "교재론의 위상을 논하기 위해서는 먼저 교재 개념을 그 형태와 작용에 있어서 다층위적이고도 역동성을 가진 개념으로 파악해야 한다."고 주장하였다("국어과 교재론 기술의 이론화 방향", 『봉죽헌박붕배교수 정년기념논문집』교학사, 1992, p.215).

11) 이성영 교수는 Gall이 "교재란 교수·학습 과정을 수월하게 하기 위하여 사용되는 본질적으로 표상적인 물리적 실체이다."라고 정의한 것을 중심으로 물리적 실체(physical entities), 교수·학습, 표상적(representational) 차원의 세 가지 측면에서 교재의 조건을 상세하게 설명하고 있다(『국어교육의 내용 연구』, 서울대학교출판부, 1995, pp.369~374).

12) '문학교재', '국어교재'란 말에서 '교재'의 개념 층위는 동일하다. 김창원 교수는 교재의 개념 층위를 도식으로 제시하여 이해를 돕도록 하였다(『국어교육학개론』삼지원, 1996, p.96).

다. 문학은 언어의 예술이므로, 문학작품에서의 언어의 기능과 성격이 일반적인 언어의 특성과 어느 정도 구분이 되는 지를 고려하여 문학교재로 끌어들일지를 결정해야 한다. 일기나 편지, 기행문은 문학의 영역에서 즐겨 다루려 하는 문종은 아니나, 이들은 분명히 수필의 범주에 자리 잡을 수 있는 것으로 문학작품이 아니라고 배타적으로 생각만 할 것은 아니다.

둘째로, 문학교재를 '문학에 관한 글의 總稱'으로 볼 때, '문학적인 글'도 문학교재로서 취급할 지의 문제다. 여기에서의 문학적인 글이란 문학에 대한 이론서를 비롯하여, 소외 문학 장르라는 영역에서는 배제되지만 문학에 대하여 언술한 글을 이름하는 것으로 이들을 어떻게, 어느 정도까지 교재의 범주로 흡인해야 할 것인가를 결정해야 한다. '소설 작법', '문학의 본질' 등을 언급한 글도 문학교재로서의 유의미한 내재적 가치가 있음은 분명하다.

셋째로, 문학작품이 지니고 있는 '정서', '상상력'를 교재라는 각도에서는 어떻게 의미화되는가를 고려해야 한다. 실제, 문학작품에서 이들 요소는 주요한 문학적 독특성을 발휘하는 작용을 할지는 몰라도, 문학 전반을 一蔽하는 유일한 요소는 아닌 것이다. 때문에 문학교재는 정서와 상상을 위주로 한 정의적인 글이어야만 된다는 偏狹한 생각에서 벗어나야 할 것이다.

넷째로, 문학교육의 궁극적인 목표를 어디에 두느냐를 명백히 밝힐 필요가 있다. 문학적 문화의 고양이나 상상력 신장, 삶의 총체적 이해가 종합적으로 무엇을 지향하는가를 밝히는 것과도 유관하다. 이는 교재 구성의 근본적인 지향점을 설정해 준다는 점에서 매우 중요하다.

2) 문학교재의 조건

문학을 교육하는 데 사용하는 모든 매재가 교육적으로 합당한 것은 아니다. 문학교재로서 존재하는 어떤 기준이 설정되어야 한다.[13] 왜냐하면 교육이란 그 對象이 인간이고, 또 가치 있는 결과를 의도적으로 예상하거나 아니면 그와 동등한 효과를 교육의 출발에서부터 원초적으로 기대하기 때문이다.

그러므로 문학교재는 그것이 존재하는 방식과 문학교육에서 문학교사와 학생의 상호성을 비롯하여 사회적 욕구, 교육적인 가치, 작품 자체가 지니고 있는 문학성 등에 따라서 교재로서의 일정한 조건을 구비해야 한다. 이에는 문학으로서 존재하는 조건과 교육의 현장에서 요구하는 교재로서의 조건을 만족시켜야 하는 보완적인 당위성도 내재한다. 世人의 많은 독자층을 확보할 수 있는 문학작품이라고는 하지만, 그것이 교육적 효과를 십분 발휘할 수 있는 교재로서의 충분한 조건을 모두 갖추고 있다고는 볼 수 없기 때문이다. 어떤 경우에는 작품으로서 존재하는 요구 사항과 교재로서의 존재 조건이 서로 상충될 수도 있을 것이다. 그러므로 문학교재는 다음과 같은 기본적인 교재로서의 일반적·보편적인 充足 사항을 구비해야 한다.

문학교재로서 존재하기 위한 필요·충분 조건을 완전하게 구유하기란

---

13) 박인기 교수는 문학교재의 존재 방식을 완결성, 커리큘럼 상관성, 수업설계 상관성, 장르 변용성, 인접 장르 관련성, 당대성, 수용자 제한성 등 7가지 세부 기준을 들고 있다(앞의 논문 pp.848~851).

매우 어렵다. 그러면서도 이렇게 되었으면 하는 목적 지향적인 측면에서 여러 충족 조건이 되는 요소를 열거했을 뿐이다.

문학 내적 차원에서의 조건이란 작품 자체가 갖추어야 할 교육적인 현상을 충족시킬 요소를 말한다. 문학작품이라는 이름이 부여된 모든 것이 교육의 현장에 그대로 유입될 수는 없는 것이다. 이에는 많은 제약과 요구되는 여러 희망 사항이 뒤따른다.

먼저, '문학성'이 충만한 작품이어야 한다. 문학성의 실체가 무엇인지는 더욱 밝혀져야 할 과제지만, 언어를 통하여 인간의 삶의 문제를 예술적으로 실체화하여 문학 작품이 되게 하는 결정적 소이연이다. 작품의 생명력은 문학성에 있으며, 때문에 문학성이 부족하거나 없는 작품을 교육의 대상으로 삼는다면 교육 또한 생명력을 상실하게 될 것이다. 앞으로는 문학성이 무엇인가를 객관적으로 제시, 설명하여 문학교육의 내용과 활동을 풍부하게 할 필요가 있다.

둘째로, 하나의 작품으로서의 완결성이 있어야 한다. 여기에서의 '완결성'이란 원래 창작되었을 때의 작품 전체의 모습을 갖추어야만 된다는 완결성만을 의미하는 것이 아니다. 단위 교육목표를 달성하기 위해 교육적으로 활용할 만한 충분한 가치가 있으며, 교수·학습의 실천에 제재로서의 완성된 형태를 제공하는 것도 여기에 해당한다.

셋째로, 교육적인 상호성이 내재해야 한다. 하나의 교육 내용이 다른 교육 내용에, 그리고 다른 교과 내용과도 교육적으로 유의미적 연관을 가져야 한다. 내용뿐만이 아니라 교사와 학생간에, 텍스트간에도 교육적 상호성이 있어야 한다.

문학작품의 외적인 조건도 문학교재의 존립을 형성하는 주요 요인으로 작용한다. 이는 전술한 문학작품의 내적 조건과의 긴밀한 소통을 통하여 교재로서의 조화로운 모습을 지니게 하는 요체이다.

첫째로, 대상적 차원에서 학습자의 수준에 합당해야 한다. 학습자의 능력에 알맞은 수업은 교육의 효과와도 관련이 있다. 그리하여 교육과정에서의 내용 체계는 수준별로 위계화하여 제시하는 것이 바람직하다.

둘째로, 일반적인 인간 가치 체계에서 벗어나지 말아야 한다. 여기에서의 인간 가치란 선악과 같은 인간의 감정이나 관심의 대상이 되는 것과, 진선미 등 인간 정신의 목표가 되는 보편 타당한 당위를 포함하는 것으로서 이에는 예술적 가치도 포함한다. 교재에서 표방하는 가치는 공동체의 이념, 민족이 공유하는 철학에 부합해야 한다. 이들은 영원성을 유지하는 보편적 가치 바로 그것이다.

문학의 내용을 이루는 중요한 구성체 주제-사상-가치관의 구조를 고려한다면 문학교육에서 가치 문제를 전혀 도외시 할 수는 없다. 그러나 일반적인 가치관 교육과는 거리가 있다. 문학교육은 가치관 교육을 포용하되 문학교육 내에서의 가치관 교육이다. 그러므로 그 내용이 인간 가치의 체계에서 벗어나면 야기되는 문제는 한둘이 아닐 것이다.

셋째로, 사회·국가적 차원에서 일반적인 사회 통념에 부합되어야 한다. 문학교육에서도 목표와 이념으로 표방하고 있는 개인적인 삶의 방식이나 사회 지향적 통념인 국가관 등이 내재한 작품을 다룬다. 이러한 것들이 보편적인 사고의 범위나 합의된 사회적 통념에서 일탈하지 말아야 한다는 것이다. 그리고 이러한 이념이나 통념을 강조하다 보면, 문학교육이 이데올로기 교육으로 전락할 우려가 있음도 유념해야 한다.

2. 문학교재 구성의 구성자 變因

이상에서 문학교재가 존재 가치를 발휘하는 데 요청되는 교재로서의 요건을 생각해 보았는데, 이와 연관하여 문학교육의 내용을 교재로 구성할 때에는 다양한 구성 변인이 작용하여 교재의 성격과 활용의 방향을 달리 결정한다. 교재를 구성하는데 干與하는 변인들을 개략적으로 제시하

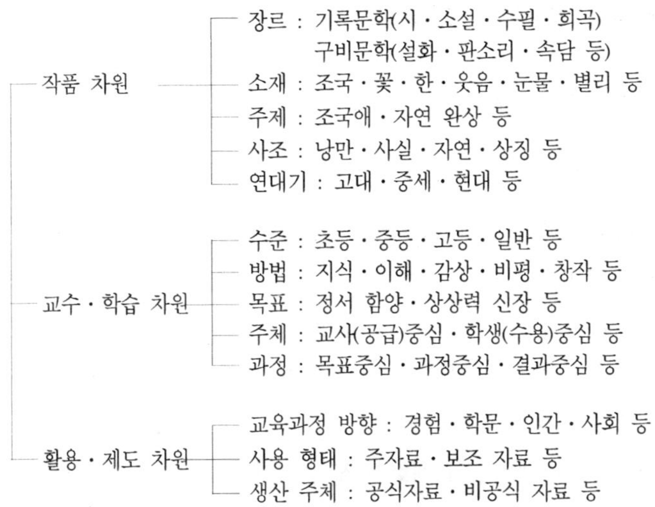

이상과 같은 교재 구성에 직·간접적으로 간여하는 요소들의 분류는 일관성 있는 기준으로 정합성을 가지고 제시한 것은 아니다. 그리고 이 밖에도 교재 구성에 간여하는 요소는 무수히 많다.

문학교재와 비문학교재로 대별해 주는 구성 변인도 생각해 볼 필요가 있다. 전술했지만 문학교재와 비문학교재의 구분에 대한 확실한 準據가 있어야 한다. 다양한 삶의 모습을 언어로 표현한 예술이라는 '문학'의 범주에 제외되는 문종은 얼마 안되는 것이다. 그러므로 문학교재의 구성 방향에 있어 배타적인 안목에서 탈피하여 좀 더 문학교재의 범주를 확장하는 개방적인 식견과 포용력이 필요하고, 이러한 문학교재의 개념 확장은 문학교육의 영역을 확충하고, 그것의 교육적 대상의 폭을 넓히는 계기가 될 것이다.

Ⅳ. 교재화의 절차 探索

1. 교재화의 절차 구조

교육의 내용 설게는 설정된 교육목표를 바탕으로 하여 이뤄진다. 설계된 문학교육의 내용을 교재화하는 것은 크게 두 가지로 상정할 수 있다. ① 직접 문학교육의 내용 설계를 기반으로 교재화하는 경우와 ② 교육과정 내용 체계를 구성한 다음 그에 따라 교재화하는 경우이다. 교재가 완성된 다음에는 현장에서 교재를 실제 활용해 보고, 교재로서의 가치를 분석, 평가해 보는 과정이 뒤따라야 한다.

이러한 일련의 과정인 교재화의 절차(거시적 구조)를 다음과 같이 구도화할 수 있을 것이다.

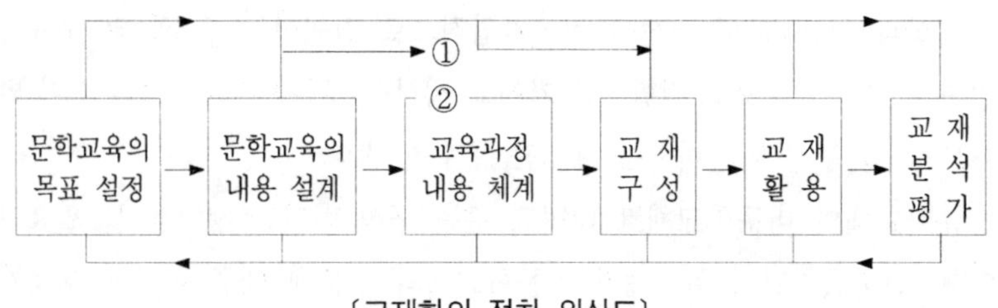

〔교재화의 절차 위상도〕

상기와 같은 절차에서 아직도 소홀히 하거나 학적으로 연구되지 않은 부분이 교재의 활용과 교재의 분석·평가 분야이다. 일단, 교재가 완성되면 교육목표를 최대한으로 성취하기 위한 교재의 활용 방법을 모색해야 한다. 교재의 효율적인 활용은 교수·학습과도 긴밀히 관계하지만 실은 이를 포괄하는 광범위한 교재 사용을 의미하며, 앞으로는 활용의 방법을 학적 배경을 가지고 심화시켜서 '교재 활용론'이란 독립된 학문 분야로 발전해 나아가야 한다.

다음으로, 교재의 분석과 평가는 교재의 질관리란 측면에서 반드시 거쳐야 할 과정이다. 생산된 교재가 소기의 학습목표를 달성하면서 적절하게 활용되었는지를 점검하는 것이다. 그리고 교재 구성의 원리를 완비하면서 교재로서의 필요, 충분 조건이 구비되었는지, 좋은 교재로서의 역할을 충분히 발휘했는가의 분석도 실질적으로 이뤄져야 한다. 그러므로 교재 구성의 원리를 바탕으로 평가 유목을 세밀하게 작성할 필요가 있다.

교재의 분석과 평가는 좋은 교재를 만들기 위한 점검의 수단이지만, 결국 교육의 목표가 제대로 구현되었는가 하는 문제로 회귀된다. 교재를 분석하고 평가한 결과는 더 좋은 교재를 만드는 귀감으로 활용된다. 따라서 지금까지 설명한 일련의 과정은 교재화 절차의 거시적 구조로서, 처음과 마무리가 존재하는 선조적 구조가 아니라 순환적·역동적 구조로 존재한다. 그러므로 교재의 분석과 평가 분야도 거시적 순환 구조에서 교재화의 이론과 절차에 一翼을 담당하는 필수적 분야다.

2. 교재화의 절차 원리

문학 교육과정의 교재화(교재 구성)는 큰 틀 속에서 그 절차(미시적 구조)를 다음과 같이 생각해 볼 수 있다.

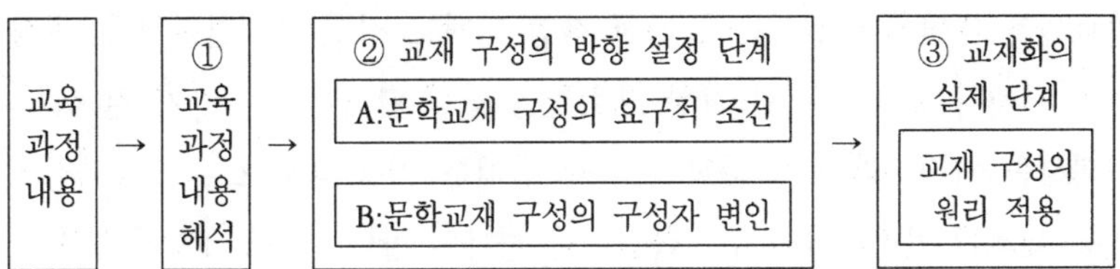

먼저, 교육과정의 내용을 교재화하는데 방향을 설정하려면 ① 교육과정의 내용을 해석하고 상세화하는 작업이 우선 필요하다. 문학교육의 특수

성을 고려한 교재관을 가지고 목적적, 유목적, 추상적, 선택적으로 되어 있는 내용을 교수·학습 차원과 연결시키면서 교재 개발의 수준으로 어떻게 전환할 것인가를 생각해야 한다. 그리고 문학교육을 성공적으로 실현하는데 내용 체계는 완벽하게 구조화되었으며, 목표나 방법, 평가와의 관계가 논리적으로 일맥하는가도 짚어 봐야 한다.

다음으로, ② 교재 구성의 방향 설정 단계이다. 방향 설정에서 중요한 일의 하나는 문학교재로서의 자격을 구비하도록 작품 차원에서 여러 측면을 鳥瞰해 보는 것이다. 전술한 바와 같이 문학교재가 교재로서의 가치를 부여받으려면 여러 조건을 갖춰야 한다. 따라서 교재의 재료로 도입되는 작품의 내적 차원에서나 또는 외적 차원에서 모두 이러한 조건을 완비한 문학 작품을 선정하는 과정을 우선적으로 수행하게 된다.

그리고 구성자의 차원에서 교재 구성의 방향을 생각해 볼 수 있다. 교재의 여러 측면, 곧 작품 차원, 교수·학습 차원, 제도·활용 차원에서 교재를 구성하는 사람의 철학과 敎材觀에 따라 구성의 방향이나 교재의 성격이 달라진다. 즉, 교육목표, 교재 구성의 중점 방향이나 사용의 목적, 국가·사회의 요구 사항을 고려하여 구성자의 의도나 선별에 따라 교재의 구성 기교가 달라진다.

그 다음 단계로 ③ 교재를 만드는 실제 작업이다. 교재 구성에 필요한 자료들을 지면에 배열하는 물리적 작업 단계로 집필과도 연결된다. 방향 설정 단계가 교재 외적인 각양 요소들을 집필 단계에 들어가기 전 심사, 기획하는 과정이라면, 교재화의 실제 단계는 이를 바탕으로 교육과정의 내용 체계에 기반하여 교수·학습이나 평가의 방법까지도 유념하면서 단원을 실질적으로 조직하는 과정이다.

교재화의 실제 단계에서는 구성 원리가 존재하는데 다음과 같이 세 가지 부면으로 원리의 존재 방식을 구도화하여 생각해 볼 수 있다.

<table>
<tr><td>③ 교재 구성의 일반적 부면</td></tr>
<tr><td>② 교재 구성의 특수적 부면</td></tr>
<tr><td>① 교재 구성의 창조적 부면
(① 개인적 창의가 반영되는 원리)</td></tr>
<tr><td>(② 특정 교재에만 적용되는 원리)</td></tr>
<tr><td>(③ 모든 교재에 공통적으로 적용되는 원리)</td></tr>
</table>

상기 도식에서 제시한 교재 구성의 일반적, 특수적, 창조적 부면은 각각이 독립적으로 작용하는 원리로 존재하는 것이 아니라 역동적, 유기적으로 상호 관련성을 견지하며 '좋은 교재', '열린 교재'를 지향하는 작용태로 존재한다. 다음에서 설명하려는 '교재화의 원리 모색'은 이러한 원리의 상호 작용을 구체화 한 것이다.

V. 교재화의 원리 摸索

1. 교재 구성의 一般原理

교육의 내용을 교재로 전환시키는 과정 즉, 교재 구성의 방법을 이론이나 원리로 객관화하기는 그리 용이하지 않다. 그러나 ① 교재의 구성 요소에는 어떤 것이 있는가, ② 교육 활동에 관여하는 요소에는 무엇이 있으며, 또 이들이 어떻게 작용하는가, ③ 교육적 효과를 어떻게 극대화 할 수 있는가 등을 생각하여 일반적인 교재 구성의 원리를 도출해 낼 수 있을 것이다.

여기에서의 '구성의 원리'란 교육의 내용을 선정하고 상세화하는 작업에서부터 시작하여, 교재를 구성하는데 필요한 모든 외면적 자료들의 배

열에 이르기까지 교재에 활용의 효율적 가치를 부여하는 과정에서 고려해야 할 방법적 원리를 의미한다.14)

다음과 같은 모형을 가정하고 교재(교과서) 구성의 일반적 원리를 상정해 볼 수 있을 것이다.

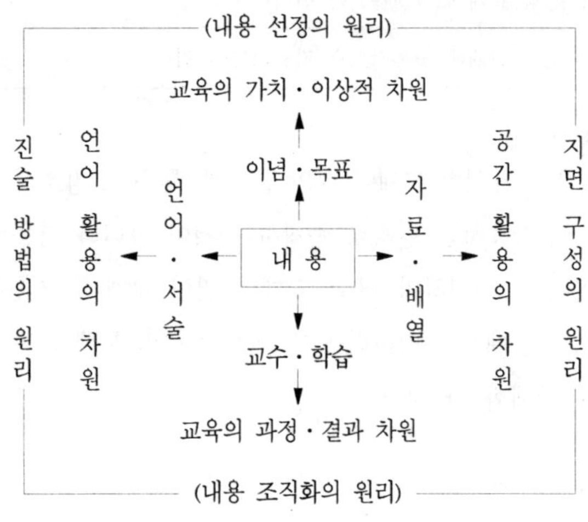

〔교재 구성의 원리 모형〕

1) 내용 선정의 원리

문학교육에서 내용 선정은 문학교육의 실체를 구체화하는 작업이다. 이

---

14) 박인기 교수는 문학교육 내용 구성의 원리로 ① 문학 양식 입문의 원리, ② 수용자의 능동적 감상 원리, ③ 내면화의 원리, ④ 발달성의 원리, ⑤ 텍스트 상호성의 원리, ⑥ 대화의 원리, ⑦ 문화적 경험으로서의 전이, ⑧ 목표 통합의 원리, ⑨ 도야적 원리를 들고 있다(『국어교육학개론』 삼지원, 1996, pp.369~380).

본고는 박인기, 김창원 교수의 논문과 함께, 외국 이론서에 기반을 두고 작성한 강우철님의 "교과서 평가기준"(『교과서 구조 개선에 관한 연구』 연구보고 제109집, 한국교육개발원, 1979, pp.33~46)과 신헌재 교수의 "국어 교과서의 지향점 탐색" - 국어 교과서의 개념과 평가 기준 설정의 모색을 중심으로 - (『봉죽헌박붕배교수 정년기념논문집』 교학사, 1992, pp.227~239)가 많은 참고가 되었음.

러한 내용은 교육목표와 긴밀한 유대를 형성하는데, 목표는 교육 내용을 결정하는 준거이기 때문이다.[15) 내용 선정이란 목표를 달성하기 위해 가르쳐야 할 그 '무엇'을 결정하는 과정이다. 그러므로 내용 선정에 앞서 목표의 實體가 먼저 정립되어야 하고, 다음으로 그 목표에 효과적으로 도달할 수 있는 내용 선정의 방법을 다각도로 구안·모색해야 한다.

교육과정에서의 목표와 교재 구성에서의 단원 목표 내지 차시 목표와는 그 진술의 방법에서부터 차이가 있다. 때문에 교육과정의 목표를 효과적으로 달성할 수 있는 내용의 선정 원리나 교재 구성에서 단원 목표, 차시 목표를 구현하기 위한 내용의 선정 원리는 공통점도 있으나, 그 방법이나 내용 수준에서 원칙적으로 구별된다. 교육과정에서의 내용 선정은 추상적, 포괄적 수준에 머물지만 교재 구성의 내용 선정은 학습할 기본 요소가 포함된 자료를 선정한다는 구체성을 띤다. 그러므로 교재 구성에서의 내용 선정은 실체적 학습 구성물을 선정한다는 교육적 狀況에서 출발하므로 다음과 같은 배경 원리를 고려해야 한다.

① 목표 구현성(realization)

선정된 내용은 교육목표에 도달할 수 있는 최대한의 학습 요소가 포함되어야 한다. 이러한 학습 요소는 학습 활동을 통하여 실질적인 결과로 실현되어야 한다. 즉, 교육적 견지에서 의미 있는 내용이 교육의 현장에서 가시적인 교육적 효과나 결과로 발현되는 것을 말한다.

② 학습 가능성(possibility)

학습 내용이 너무 추상적이라면 교수·학습의 실체를 具象化하기란 어

---

15) 김창원 교수는 "목표는 현상으로서의 문학이 교육내용으로서의 문학으로 이환되는데 체의 역할을 하는 것이며, 따라서 목표와 내용은 상호 규정하는 순환적 관계로 이해하는 것이 좋다"고 주장하였다("문학 교육과정 설계의 절차와 원리" 『문학교육의 탐구』 문학과문학교육연구소편, 국학자료원, 1996, pp.173~174).

렵다. 실제, '상상력의 신장 교육'은 명확한 학습 과정을 제시하기가 어려운 것으로 인식된다. 그러나 학습이 가능하도록 교재로 구성하는 절차 모형이 연구, 제시되면 상황은 달라진다. 따라서 학습 가능성은 어떤 면에서 교육의 내용이 선천적으로 지니고 있는 요소는 아니다. 학습이 가능하도록 절차를 밟고 체계를 세우는 과정에서 드러난다고 하겠다.

③ 전이성(transfer)

하나의 학습 결과가 다른 학습에 영향을 미치는 경우는 허다하다. 그런데 전자의 학습이 후자에 계획적, 적극적, 효과적으로 학습을 촉진시킬 수 있는 제재의 선택이 고려되어야 한다.

그리고 교육은 일련의 과정인 교육 활동을 통하여 가치 있는 방향으로의 변화를 항상 모색하면서, 소기했던 교육적 효과만이 나타나기를 기대하는 것 이 아니라 의도하지 않았던 잠재적 목표 달성도 이끌어 낼 수 있어야 한다.

④ 유용성(utility)

교재의 내용은 그것이 어떤 학습목표를 설정하든 간에 교육적으로 유용해야 한다. 교육적으로 유용하다는 것은 교육의 내용과 방법면을 모두 포괄하는 말이다. 악을 宣揚하고, 국가·사회적 존립을 뒤흔드는 내용이 교육적으로 허용될 수는 없고, 교수·학습에 어려움을 제공해서도 안 된다.

⑤ 개방성(opening)

교재 구성의 여러 방법을 모두 허용하여 문학 교재로서의 손색없는 모습을 갖추도록 내용을 선정해야 한다. 장르의 偏重, 검증되지 않은 이론의 남용, 대표성이 없는 작품의 선정 등은 개방성을 상실한 교재 구성의 표본이다.

⑥ **보편성**(universality)

제재의 내용이 인간의 보편적인 삶이나 가치를 지녀야 한다. 어떤 특수한 대상에게만 유리하거나 적용될 수 있는 것이 아니라 시공을 초월하여 용납이 가능한 일반성이 있는 내용을 선정해야 한다.

필자의 기호나 예견에 따라 한 쪽으로 편향·편파된 지식 내용은 공정성의 상실이라는 점에서 배제됨이 원칙이다.

⑦ **대표성**(representation)

제재로서 선정된 작품이 공시적, 통시적으로 대표성을 지녀야 한다. 문학 작품에 대한 평가는 어떤 면에서는 많은 논의와 시간을 필요로 한다. 그러므로 대표성을 지니는 작품을 선정하기란 그리 간단하지가 않다. 그러나 교재의 내용이 되는 작품은 세인이 共感帶를 형성하는 대표 작품을 찾도록 노력하고 이를 실어야 한다.

⑧ **적합성**(fitness)

선정된 제재가 교육적으로 목적하는 바의 구현에 적절한가도 생각해야 한다. 교육의 목표 달성에 기여하는 내용과 동떨어지거나, 학생의 수준이나 교사가 가르치는데 적합하지 않은 내용은 교육 활동을 더욱 어렵게 만든다. 내용이 학생들의 심신 발달 단계에 부합하면 효과적인 학습 활동을 수행할 수 있음은 자명하다.

2) 내용 조직의 원리

선정된 내용은 학습의 효과를 고려하여 유기적인 統一體를 이루도록 조직해야 한다. 때문에 교육 내용의 조직 차원은 교수·학습과 긴밀한 관계가 있으며, 교육의 과정이나 결과를 예상해야 한다. 무질서하게 선정된 내용에 교육적 활동을 원활하게 수행할 수 있도록 질서를 부여하는 과정이 필요하다.

① **체계성**(system)

정해진 목적이나 목표를 교육적인 활동으로 실현하기 위해 각각의 구성 요소와 부분이 전체와 유기적으로 연관되어 조화롭게 교육적 기능을 발휘할 수 있도록 구조화 모색이 필요하다. 대표적으로, 교수·학습 체계, 학문적 체계와 상응하는 조직이 이에 해당한다.

② **위계성**(hierarchy)

하위 학습 내용을 습득해야 상위 능력 요소를 학습할 수 있다는 원리다. 학습 과제의 내용을 세부적으로 분석했을 때, 어떤 특정의 내용 요소를 학습하기 위해서는 그와 유관한 다른 내용 요소를 학습해야 용이해진다는 위계를 말한다. 후술할 선행/후행의 개념에 의한 학습의 계선 조직과는 다르다. 학문적 개념이나 난이도가 위계를 지니고 조직되어야 교재로서의 기능을 효과적으로 발휘한다.

③ **계열성**(sequence)

교육 내용의 종적 조직에 관계되는 원칙으로, 먼저 배우거나 가르쳐야 할 내용과 나중에 배우거나 가르쳐야 할 내용이 계선을 이루어 체계적으로 제시·조직되어야 한다. 학문 사이, 학교급별, 단원간의 계열성을 고려하는 것은 교재 구성의 기본이다.

④ **계속성**(continuity)

계열성과 마찬가지로 교육 내용의 縱的 조직에서 한 가지의 내용이 학년별, 학교급별로 올라감에 따라 단절되지 않고 계속 교육할 수 있도록 일관되게 제시되어야 한다. 교육 수준도 학년의 승계에 따라 계속적으로 심화되어야 함은 물론이다.

⑤ **연계성**(articulation)

학년 사이나 학교 수준 사이의 교육 내용이 계열성과 계속성의 원칙하에 조직되는 것으로, 연계성은 반드시 종적 관계만을 뜻하는 것이 아니라 교과군의 횡적 관계까지도 연결되는 것을 말한다.

⑥ **균형성**(balance)

교재는 목표 달성을 비롯하여 학습의 구체적인 내용, 장르별 등의 배율에 중요도를 고려하여 균형을 이루도록 구성해야 한다. 문학교육의 내용을 균형 있게 배분하는 원칙은 원래 존재해 있는 것이 아니다. 교육과정에서 제시한 내용 체계대로 구성한다 해도 편찬자의 의도나 강조점에 따라 균형을 상실할 가능성이 있다.

⑦ **효율성**(efficiency)

교수·학습을 수행하는데 용이하고 교육적 효과가 극대화되는 조직의 방법도 모색해야 한다. 여기에도 최소한의 노력으로 최대의 효과를 성취해야 한다는 경제 원칙이 받아들여짐은 물론이다.

⑧ **절차성**(procedure)

학습 수행을 위한 교육적 활동에도 밟아야 할 차례와 방법이 있어야 한다. 도입학습-원리학습-적용학습-심화학습의 단계나 선수학습에서 평가까지 어떤 절차를 두는 것은 수업목표를 효율적으로 달성하기 위한 과정을 강조한 것이다. 이러한 절차는 내용을 구성하는데 교재의 전체 구도나 대단원, 소단원 등 구성 단위가 무엇이냐에 따라 달라진다.

3) 紙面 구성의 원리

교재를 구성하는 외면적 형식에는 "담화자료, 그래픽자료, 학습과제자료, 학습안내 및 설명자료" 등이 있다. 이들을 교재의 지면에 어떻게 배열·배치하느냐에 따라 기대되는 학습의 효과가 달라진다. 한 면 안에서의 공간 활용과 여러 면에서의 학습 절차를 생각한 공간 배치는 차이가 있다. 단원별, 차시별의 쪽수, 활자의 크기, 교과서 판형의 결정도 여기에 해당한다.

① **시각성**(visualization)

담화자료나 그래픽자료 등은 위치의 선정에 따라 시선을 끄는 정도가 달라진다. 특히, 사진이나 삽화는 그 크기와 위치에 따라 학습자에게 미치는 교육적 刺戟, 사고의 기제가 변화한다고 볼 수 있다. 그러므로 이러한 각종 자료를 이용하여 시각적 효과를 배가해야 한다.

② **심미성**(aesthetical)

글자의 모양이나 크기를 비롯하여 그림의 色感이나 色度 등은 미적 감각을 살려서 전체적 구도를 감안하여 배치해야 한다. 단원명의 위치, 삽화의 위치나 크기, 약물의 모양, 字間, 行間 등의 처리는 심미성을 고려해야 한다. 심미성은 조화성과도 유관하다.

③ **연결성**(interconnection)

삽화의 내용과 담화자료의 내용이 서로 긴밀하게 연관되어야 하는 등 외적 형식의 자료가 상관성을 유지하며 구성되어야 한다. 책의 크기에 따라 교재 구성에 필요한 외적 형식의 자료들도 그 연결 방법이 다양해야 함은 물론, 활자의 크기에 따라 삽화나 사진의 크기도 신축적이어야 한다.

④ **조화성**(harmony)

미적인 효과는 먼저 균형과 조화에서 나타난다. 때문에 교재의 외면적 형식 자료들을 사용의 빈도, 위치, 크기 등과 대비하여 조화롭게 구성해야 한다. 특히, 활자의 모양과 조화를 겸비하면서 배치하는 일차적 원칙을 고려해야 한다.

⑤ **창의성**(creativity)

내용의 구성에 필요한 외적 자료들의 배열에서 이들의 심미적 관계를 자각하여 참신한 아이디어를 생성하거나 새로운 구성 유형을 발견하는 것은 창조적 사고와도 유관하다.

표면적으로 보이는 자료의 활용은 교재의 사용이나 학습 효과를 극대화하는 창의적 구성이 뒤따라야 한다. 창의성은 개인의 취향과 의도가 적극적으로 반영되는 데에서 발휘되지만, 그렇다고 이에 너무 경도되면 위험하다.

4) 진술 방법의 원리

교재에 필요한 자료를 조직의 원리에 따라 나열하면 바람직한 교재가 구성되는 것은 아니다. 학습의 목표 진술, 단원의 길잡이나 평가 방법의 진술 등이 일관성을 띠어야 한다.

① **응집성**(coherence)

자료의 설명이나 학습 안내, 평가 방법의 기술이나 조직이 단원 학습목표 구현의 관점에서 응축·통합되어야 한다. 교재 구성의 모든 자료가 응축된 조직을 본질적으로 요구하지만, 설명과 진술 방법에서도 목표를 교육적으로 충족시켜 주는 일관된 방향으로 집중되어야 하는 것이다.

② **통일성**(uniformity)

하나의 대상을 기술하는데 일관된 관점을 유지하는 것도 필요하다. 그리고 다른 교과에서 취급하고 있는 내용과도 동일하게 기술되어야 한다.

통일성이란 내용 진술에서 일관성을 유지하고 가변적 상황을 배제하는 것을 말한다.

③ 간결성(brevity)

목표 진술, 학습 안내, 학습 활동의 제시나 설명이 너무 길어도 학습의 효과를 半減한다. 그러므로 선정된 내용을 교재화하는 설명이나 진술은 불필요한 것을 배제하고, 어렵거나 긴 문장을 사용하지 말아야 한다.

④ 일관성(consistency)

진술 방법에서의 일관성이란 광의로는 문체에서부터 좁게는 어미의 일치 문제까지를 포함한다. 목표 진술에서 형식은 특히 일관성을 유지해야 한다. 학습 활동도 평서문으로 할 것인가, 아니면 의문, 청유로 할 것인가 등 하나로 결정하여 제시하는 것이 좋다.

⑤ 구체성(concreteness)

설명이 曖昧, 모호해서 학습하는 사람에게 다르게 받아들여지면 안 된다. 설명하려는 의도나 내용이 구체적으로 드러나도록 실제 대상이나 내용을 확연하게 설명하거나 진술해야 한다.

⑥ 정확성(correctness)

대상을 설명하거나 교육적 진술을 이끌어 나아갈 때 정확하지 못한 사실을 援用하거나, 판단을 내리는데 모호한 입장을 취하는 것은 멀리해야 한다. 비표준어를 사용하거나 띄어쓰기를 소홀히 해서도 안 된다. 정확하지 못한 표기도 교육적 효과를 반감한다.

⑦ 可讀性(readability)

내용을 구성하는 모든 자료는 쉽게 읽히고 이해되어야 하는데 이는 내용 선정의 원리와도 깊은 관계가 있다. 그리고 자료를 연계하는 설명도 이해하기 쉽도록 해야 한다. 이해하기 쉽게 글을 조직하는 것은 교재 구성의 기본 원리로 학습의 가능성과 효율성을 높이는 지름길이다.

2. 문학교육적 교재 구성의 원리

이상에서 교재 구성의 일반 원리를 개조화하여 열거해 보았다. 이들은 다른 교과 내용을 교재화하는 데에도 적용될 수 있는 거시적 구성 원리라고 하겠다. 그러므로 문학교육의 궁극적 목표에 효율적으로 도달할 수 있고, 문학교육 평가의 방향도 분명히 제시할 수 있는, 문학교재의 特長을 살리기 위한 독특한 교재 구성의 원리를 구안해야 한다.

전술한 바와 같이 문학을 정의적으로 설명할 때 ① 언어와 ② 가치 있는 삶과 ③ 예술성을 빼놓을 수 없다. 이들은 문학을 이루는 기본적인 구성 요소이므로, 교재를 구성할 때에도 이들의 현동적 상황을 교육적으로 고려함은 당연하다.

문학작품에서 사용하는 언어는 일반적 언어의 기능을 그대로 유지하면서도 문학적 언어의 독특성을 지닌다. 문학교육은 이러한 독특한 언어의 현상을 이해하고, 문학적 의사 소통 능력, 즉 언어사용 기능을 신장하는 데 기여해야 한다. 결국, 문학작품에서 사용하는 언어가 일상의 언어와 차이가 없다는 인식이 중요한 것이다.[16]

문학작품은 수많은 인간들을 등장시켜 다양한 삶의 형태와 문제를 제기한다. 문학교육은 이러한 문학적 인간이 엮어 가는 各樣의 삶의 문제를

---

16) 오세영 교수는 "문학의 언어는 특수한 것도 생활과 유리된 것도 아니다. 우리는 일상적으로 문학의 언어를 생활에서 구사한다."라고 하면서, 국어교육이 비문학어, 즉 일상어로서의 '바른말'의 교육뿐만이 아니라 문학의 언어라 할 '고운말'의 언어교육까지도 포함되어야 한다고 역설하고 있다("문학교육의 문제점과 개선의 방향" '96 문학의 해 기념 특별세미나 『현대 한국 사회와 문학』 '96문학의 해 조직위원회, 1996, p.99).

咀嚼케 하며, 자신의 존재 가치를 터득할 수 있는 기회를 제공한다. 인물들 간의 갈등 구조를 이해하고, 자신이 추구하는 삶의 세계와 비교하면서 조화로운 가치관이 형성되고, 문학적 사고 능력도 고양된다. 이로 보면 문학교육은 인간교육의 중심에 설 수밖에 없다.

문학은 언어를 표현의 수단으로 이용하는 차원 높은 예술이다. 언어 소통이라는 사고 작용을 통하여 다양한 심미적 혜안과 체험을 넓히므로, 문학은 같은 예술이면서 미술이나 음악 등 여타 것과는 구별된다. 문학교육은 언어로 형상화된 작품을 감상하면서 얻어지는 審美的 체험을 내면화하는 과정이기도 하다. 앞으로는 이러한 체험이 무엇인가를 객관적으로 밝히고, 어떻게 교육적으로 확대·활용할 것인가도 구체적으로 연구, 제시되어야 한다.

이상에서 설명한 문학을 특징 지우는 세 가지 요소는 문학교육의 일차적 목표가 무엇이어야 하는가를 단적으로 알려준다. 그리고 교재 구성의 일반적 원리와는 달리, 문학교재를 구성할 때 고려해야 할 독특한 관점이 어떠해야 하는가도 암시한다.

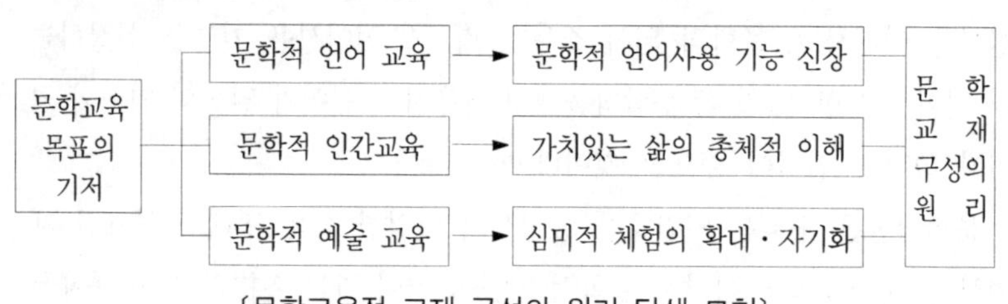

〔문학교육적 교재 구성의 원리 탐색 모형〕

상기의 도식은 문학교육의 독특한 특성을 어떻게 살려서, 교육의 내용을 어떤 방향으로 교재화되는 것이 바람직한가를 찾아보려는 구성 원리의 탐색 모형이다. 그러나 문학교육적 구성 원리를 구체적으로 제시하는 것이 그렇게 용이한 것은 아니다. 문학교육은 자체 총체적·역동적 현상으로 존재하므로 교재를 구성하는 구체적 원리를 분절적으로 찾아보기가 원래 어려운 것이다.

위의 도식은 새로운 각도에서 문학교육의 궁극적 목표를 어디에 둘 것인가도 생각해 보게 한다. 想像力의 신장이 문학교육 목표의 주요한 위치를 점유하지만, 언어 소통의 기능 신장 측면으로 흡수하여 문학교육목표의 하나로 설정함이 보다 합리적일 가능성이 있다. 이는 문학교육의 국어교육에서의 위상을 새롭게 정립하는 방법론이 되기도 할 것이다.

3. 교재 구성의 창조적 원리

교재 구성의 일반 원리나 문학 교재의 특수성을 尖銳化하는 구성 원리도 구성자, 즉 집필자의 창조력이 얼마나, 어떻게 가미되었는가에 따라 교재로서의 가치와 질이 결정된다. 그러므로 교재 구성에서 구성자의 창조·창의성은 교재에 생명력을 불어넣고, 교재 개발학의 가능성을 가늠하는 試金石과 척도도 될 것이다.

① 독자성(individuality)

독자성이란 교육목표를 독립적으로 설정하고 구현하는 것과 함께 교재를 구성하는데 그 교재만이 갖는 독특성을 의미한다. 교육의 목표를 효과적으로 달성하려면, 그 목표 구현에 가장 적합한 문학 작품을 선정하는 작업에서부터 지면에 시각적 효과를 극대화하는 물리적 배열에 이르기까지 독특한 아이디어를 짜내야 한다. 하나의 단일 교재를 만드는 구성 방법이나 대단원·소단원 구성에서도 이러한 독자성은 발휘되어야 한다.

그러나 교육과정의 범주 안에서 창의적 기교가 유지되어야 한다. 교재로서의 독자성을 너무 강조하다 보면 교재의 일반적인 모습에서 일탈하여 교재로서의 가치가 감소한다. 교재 구성의 일반 원리를 준용하는 가운데에서의 독자성이 필요하다.

② 법칙성(nomology, rule)

교육 내용을 교재로 구성하는 원리는 전술한 바와 같이 여러 각도에서 생각해 볼 수 있는데, 개별적으로는 법칙성의 작용으로 존재한다고 하겠다. 그러나 창조적인 법칙성으로 그 가치를 유지해야 한다. 특정 교재의 성격이 확연하게 드러나는 교재화도 이러한 창조적인 법칙성을 발견하고, 이를 교재화의 기술로 전환할 때 교재로서의 생명력과 가치가 증대된다.

법칙성은 교육과정을 운영하는 규칙을 제공하는 것과도 유관하다. 구태의연한 규칙적인 자료의 나열이 아니라 새로운 각도에서 창의성을 발휘하여 참신한 방법으로 교재의 구조화를 시도하는 것이 좋다.

③ 自足性(self-sufficiency)

소기의 학습목표를 포괄적으로 달성하고, 교재로서의 충분한 역할을 수행할 수 있는 자족성이다. 학습 가능성과도 유관한 것으로 일반 학습 자료들의 도움을 필히 구하는 교재는 교재로서의 자격이 없는 것이다. 그러므로 교육과정의 내용 체계에 기반하여 구성하는 교재는 설정된 목표에 도달할 수 있는 최소한의 학습 효과를 자족적인 형태로 제공해야 한다.

현대와 같은 정보·통신의 사회에서는 지식의 眞理性은 항상 가변적이기 때문에 제공되는 교재가 교육 내용 체제로 이해되느냐, 하나의 학습의 자료로 이해되느냐에 따라 이 자족성의 규정 범위가 달라진다. 따라서 자족성이란 교육목표 도달의 만족도로 한정해 볼 여지가 있다.

④ 正體性(identity)

해당 교과나 과목의 교재로서의 성격을 가장 잘 드러내는 정체성은 교재 구성에서 고려해야 할 중핵이다. 문학 교재는 문학교육을 포괄적으로 실천할 수 있는 것이어야 한다. 문학교육의 내용과 본질을 구체적·체계적인 학습 경험으로 전환하여 어떻게 효율적으로 조직하느냐가 정체성을 확보하는 捷徑이다. 타교과와도 구별되는 정체성 확보도 필요하지만 교과군을 형성하는 과목들 간에도 이러한 정체성의 확립은 창조적 교재 구성에서 배태된다. 독자성을 교재의 구성 체제나 교수·학습 방법의 독특한 전개에서 찾는다면 정체성은 문학교육의 본질을 어떻게 특징있게 교재화했는가에서 찾는다.

21세기는 정보 통신의 발달로 규범성 없는 교재로 교수·학습이 이뤄질 가능성도 있다. 그러므로 앞으로의 교재는 "유일한 학습의 자료로서 의미를 지니는 것이 아니라, 모든 다른 자료를 개발하는 기준을 제공하고 필요한 여러 가지의 보충적 정보와 자료를 통합할 수 있는 포용력을 지녀야 한다."[17] 는 교재로서의 역활을 증대, 충족시키기 위해 창조적 원리가 상승적으로 도입되어야 할 것이다.

4. 교재 구성의 총합 원리

이상에서 교재를 구성할 때 고려해야 할 원리를 설명해 보았다. 전술한 바와 같이 교재 구성에서 내용의 선정이나 조직, 紙面 구성, 진술 방법 등의 원리로 제시한 것은 독자적 위치에서 독립적으로 작용하는 것은 아니다. 문학교육적 구성 원리나 창조적 원리도 마찬가지다.

이들은 다음과 같은 2차적인 동태적 총합하에서 역동적으로 묶여질 때 원리로서의 존재 가치가 증대한다.

---

17) 이돈희, "새로운 교과서의 개념"(『2000년대 한국교과서의 미래상』 한국2종교과서 협회, 1986) p.15.

1) 遠心·求心的 작용

문학교육의 내용이 교육의 가치나 이념 차원, 과정과 결과의 차원, 공간 활용의 차원, 언어 활용의 차원 등에서 교재화되면서 고려되는 사항이다.

① 목적성(aim)

교재의 성격이나 활용, 사용 대상, 교수·학습의 형태 등을 고려하여 교재를 구성하는 일차적 목적이 있을 것이다. 이러한 목적에 따라 교재 구성의 방법이나 차용되는 원리가 달라질 수 있다. 목적성의 원리는 교재가 지니는 단점인 피상성을 극복하는 기능을 지니며, 강조의 원리와도 관계가 깊다.

② 강조성(emphasis)

모든 교육 내용을 水平的인 어조로 교재를 구성하기란 쉽지 않다. 교육 목표의 효과적인 실현과 도달을 위하여, 아니면 학습의 흥미와 효율성을 제고하기 위하여 교재 구성에서 어느 한 면을 강조할 경우가 생기는 것이다. 특정의 교육 내용을 학습하기 위해서는 그에 알맞은 교수·학습이 되도록 구성과 조직의 체계를 달리하여 강조할 필요도 있다.

2) 순환·역동적 작용

내용이 선정되면 다음으로 그 내용을 가지고 교재로서의 기능을 발휘하도록 조직하는 것은 순차적이지만, 지면 구성이나 진술 방법과의 관계는 그렇지가 않다. 이들은 교육의 목표 설정에 따라 교재의 기능을 최대한으로 유지할 수 있는 역학 관계를 형성한다.

① 통합성(integrity)

일반적으로 통합성이란 교육과정 구성에서 선정된 학습 내용, 학습 경험을 조직하는 데에서의 횡적 연계성을 의미한다. 그러나 여기에서는 교재 구성에 관여하는 자료들의 유기적, 논리적 일관성과 유대감을 뜻한다.

교재 구성은 교육목표에 따라 내용의 선택과 조직, 지면 구성이나 진술 방법이 달라진다. 그러나 이러한 개별적 목표 달성을 위해서는 모든 원리가 상호 보족과 緊張의 작용으로 응집·통합되어야 한다. 그러므로 강조점에 따라 상기 원리 요소들의 관계 설정이나 통합의 방법이 변수로 작용한다.

② **반복성**(repetition)

교재 구성에서 상기 원리들은 반복적으로, 역동적으로 작용한다. 교육의 내용이나 제재가 바뀌면 교재 구성의 원리도 달라져야 한다는 원칙은 없다. 기대 이상으로 교육의 효과를 증대하기 위하여 다양한 구성 원리를 차용해야 하지만, 제재나 자료의 교육적 구성은 같은 원리를 교재화의 과정에서 반복적으로 활용해야 하는 경우가 많다.

이상에서 제시한 교재 구성의 원리는 이론적 수준의 것이다. 이들 모두는 독립적·개별적인 의미역을 가지고 독자적 원리로서의 작용을 유지하지만, 여타의 것들과 상보적 관계로 존재한다. 그리고 이를 실제 교재 구성에 적용할 때에는 실천이 가능한 합의점에서 구체화되어야 한다. 이들 원리는 이상적 수준의 것으로 교재화 과정에서는 실용적 측면과의 조화와 최대 공약점을 포착하는 것도 중요하다. 더불어 교육목표의 효과적인 실현을 위하여 이들 원리들의 통합과 분리라는 균형을 어떻게 충족시키느냐도 深思熟考해야 한다.

VI. 결 론

문학은 인간 문제를 다루는 人間學의 한 분야다. 그것도 언어를 통한 인간의 본질과 존재 이유를 규지하는 학문으로서의 예술이다. 그러므로 여타의 예술보다도 인간의 가장 근접한 위치에서 항상 인간 문제를 해명하는 수단이 되기도 하고, 역으로 그 결과물은 인간이 음미하고 고구하는 대상이 되기도 한다. 이러한 모든 것들이 문학교육 내용으로서의 자격이 있다.

문학 교육과정의 내용 범위는 교육의 목표 설정에 따라 가변적이다. 그렇지만 이러한 내용을 교재화하는 데는 일반적으로 고려되는 몇 가지 원리 설정이 가능하다. 특히, 문학교육의 指南이 되는 교재는 문학교육적 특성을 살리는 독특한 구성 원리를 모색해야 한다. 그런데 지금까지 교재의 중요성은 인식하고 있으면서도 교재 개발에 대한 이론의 축적이나 학문적 배경을 증대시키는 작업은 소홀히 한 경향이 있었다.

본고는 협의의 교재 개념을 중심으로 문학 교육과정 내용의 일반적 구성 원리를 상정해 본 것으로, 앞으로는 이에 대한 보다 상세한 방법적 차원의 연구가 계속되어야 할 것이다. 그리고 국어교육에서의 문학교육의 위상도 학문적 차원에서 재고해 볼 여지가 있다. 국어교육과 문학교육의 학습 활동에서 추구하는 목표가 일치하는 것은 통합하고, 相馳하는 것은 언어-인간-교육의 총체적 구도 안에서 일관성 있게 계통을 세우는 것이 이상적이다.

앞으로는 '교재 개발학(론)'의 발전 가능성을 거시적 관점에서 탐색해 볼 필요가 있다. 학문으로서의 구비 여건을 충족시키기 위해 이론화의 선결 과제와 해결해야 할 급선무가 무엇인지를 찾아봐야 한다. 교재 개발학 개론(설), 교재 일반론, 교재 개발 절차론, 교재·교육과정론, 교재 구성론, 교재 기술론, 교재 활용론, 교재 분석론, 교재 평가론, 교재 발달론 등 교재 개발학의 개별적 연구 분야가 존립할 수 있는 학문적 체계 연구가 뒤따라야 한다.

한 예로 교재 개발 절차론의 경우 교육목표의 설정에서부터 평가와 수정, 보완의 단계를 거쳐 교재 완성에 이르기까지, 일련의 절차 과정을 모든 학문적 배경을 동원하여 이론화해야 한다. 개발 절차의 효율적인 모형을 가시적으로 제시할 수 있어야 학문으로서의 생명력을 갖는다.

본고는 교재화를 중심으로 구체적인 설명이 되지 못하고 추상적인 수준에 머무른 점이 있다. 앞에서 제시한 '원리'는 글자 그대로 교재화 방법의 보편적인 원칙일 뿐이다. 그리고 본고는 교재 개발학의 가능성을 모색하기 위하여 시도된 것으로 앞으로 많은 연구를 통하여 보완할 것임을 밝힌다. 국가 수준의 '교과서 연구소'나 '교과서 도서관' 설립과 같은 데에서 이러한 연구의 활성화나 牽引役割을 찾을 수도 있을 것이다.

제2장

문학 교수·학습과 문학 교재 편수

I. 서 언

인간은 태어나면서 문학적 자질을 갖고 문학 활동을 하게 된다는 말이 있다. 이는 인간은 搖籃에서 무덤까지 문학적 생활을 도외시하고는 의미 있는 삶을 영위할 수 없다는 말과도 상통한다. 이렇게 문학은 인간의 생활과 늘 같이하며, 인간이 가치 있는 삶을 구유하고 창조할 수 있도록 하는 指南과 견인차의 역할을 한다고 하겠다. 그러므로 우리의 삶을 가치 있는 것으로 창조하고, 문학적 이념과 이를 토대로 한 삶의 방식을 선택하고 비판할 수 있도록 하는 문학을 교육한다는 것은, 교육 그 자체가 지니는 효용뿐만 아니라 인간의 존재에 대한 성찰과 그 의미를 해명해 본다는 점에서도 매우 중요하다.

그런데 문학은 문학 그 자체만으로도 인간 존재의 유의미성을 고양하지만, 이를 교육의 현장으로 끌어 들여 교육이라는 역동적 작용과 현상 속에서는 보다 다른 세계를 창출한다. 즉, 현실적 인간과 초월적 인간간의 상호 연관을 통하여 교육적 존재로서의 의미를 상승적으로 발휘한다.

문학교육은 교사(주체)와 학생(대상)의 소통 사이에 '교재'가 개입되어 상호 심동적 작용을 통하여 문학교육 현상으로서의 교육적 가치를 더욱 발하게 된다. 이렇게 교육적 가치를 구체화시키는 문학교육 현상으로서의 요소 중에서 '교재'는 교육의 실천에서 중심(core)의 위치에 놓인다. 주요한 교육적 기능을 발휘하는 교재가 교수·학습의 효율적 실천을 위해서 어떻게 구성되어야 하는가, 교재는 어떤 과정으로 편찬되 것이 좋은가를 생각해 보는 것은 교육의 본질에 손쉽게 접근하는 방편이 되기도 한다. 그런데 현재로서는 교재 개발의 기초가 교수·학습과 어떻게 연결되는가, 교수 학습 이론이 교재화와 어떤 관계를 갖고 의미망을 형성하는가의 규명은 미흡한 실정이다. 앞으로는 이를 학문적 이론과 배경을 가지고 더욱 체계화할 필요가 있는 것이다.

그런데 교과 교육의 전반에서 교재에 대한 연구는 대개 교재 분석에 머물러 있거나 단원 구성의 단편적인 언급에 그쳐 있는 등 여타의 분야에 비하여 영성한 것이 사실이다.[1] 교재 개발의 전반적인 과정과 교육 활동의 실제 상황에서 교재의 위치 해명이 여타의 분야에 비하여 미흡하고, 이론의 정립이나 방법론에서 연구가 미진한 것이다. 따라서 본고에서는 교수·학습과 교재의 역학 관계를 중심으로 문학교육에서의 교재의 위치와 교재화의 방법을 살펴보고, 교육과정을 교재화하는 일련의 과정, 즉 교재 편수의 일단을 거시적 관점에서 조망해 보고자 한다. 그리고 본고에서 언급하는 교재의 의미역은 교수·학습과 유관하여 체계적, 계획적으로 설계한 실체를 뜻하는 좁은 개념임을 밝혀 둔다.

---

1) 필자는 '교재개발학'의 학문적 발전의 가능성을 제시, 주장한 바 있다. '교재 개발학 개론(설), 교재 일반론, 교재 개발 절차론, 교육과정·교재론, 교재 구성론, 교재 기술론, 교재 활용론, 교재 분석론, 교재 평가론, 교재 발달론' 등이 '교재 개발학'의 개별적 연구 분야가 될 수 있고, 앞으로 이들 각 분야가 심리학, 철학, 교육학, 교육공학 등 제학문과 접맥된 이론을 가지고 논리적으로 학문적 위상을 목표로 체계화되어야 할 것이다.

Ⅱ. 교수·학습과 문학 교재

1. 교수·학습과 문학 교재 상호 작용의 전제

1) 문학교육의 본질과 이념 확장

교수·학습과 문학 교재의 상호 작용은 결국은 '문학교육'을 의미한다. 따라서 교수·학습과 문학 교재의 공통적인 추구를 긴장시키는 실체를 찾아보는 것은 문학교육의 본질과 목표가 어떠해야 하는가의 좌표 설정과도 유관한 사항이다. 그리고 이는 국어교육과 문학교육의 관계를 긴장시키는 것과 동일하다는 전제에서 출발하는 것도 된다. 국어교육에서 문학교육의 위치가 과연 무엇인가는 수학적 함수 관계처럼 확연하지는 않다. 그렇지만 문학교육이 국어교육에서 어떻게 중요한 위치를 차지하고, 궁극적인 교육의 지향점에서 무엇을 공유하는가를 규명해 보면 이러한 관계가 자명해지리라고 믿는다.

국어교육의 목표와 본질이 무엇인가는 지금까지 누누이 논의되어 왔다. 보는 시각과 주장의 강도에 차이는 있어도 언어사용의 기능 신장에 중점을 두는 것에서부터 문화적 측면의 강조에 이르기까지 그 주장은 다양하고, 이는 국어교육의 구조를 해명하고 정제화하려는 노력이라는 점과 맥을 같이 한다. 마찬가지로 문학교육의 이념과 목표, 그리고 교육적 본질이 무엇인가라는 논의도 심화는 되었으나 아직 결론의 단계는 아닌 것 같다.

그런데 앞으로는 철학적 차원에까지 확장하여 국어교육의 내용과 방향을 새롭게 정립해 볼 필요가 있다. 이러한 방향을 선도하는 것은 어느 면에서는 인간 탐구가 교육의 본질로 작용하고, 언어의 철학적 접근이 요구되는 문학교육이라는 생각이 든다. 문학교육의 철학적 접근이 가능하다면 역으로 국어교육에서의 이러한 접근도 당연한 것이 되기 때문이다.

문학교육은 교수·학습과 교재간의 상호 긴밀한 작용으로 이뤄진다. 이미 주지하고 있는 사실도 포함되지만, 이러한 상호성을 긴장시키는 전제를 다음 세 가지 측면에서 생각해 보고자 한다. 이는 국어교육에서 문학교육의 위상을 정립해 보는 한 방법이고, 나아가 문학교육의 목표와 본질을 가시적, 구체적으로 해부해 본다는 전제도 된다.

① 언어사용 교육으로서의 문학교육

국어교육에서는 언어사용의 측면을 무시할 수 없다. 인간은 본능적으로 내재적 욕구를 언어를 통하여 표출하고자 하므로, 국어과 교육에서 중심이 되는 교육목표를 '언어사용 기능' 신장에 두어야 한다는 주장도 설득력이 있다. 여기에서의 '사용'의 의미는 학자에 따라 일상의 것에서보다 확장된 개념으로 사용되기도 하는데, 언어가 일면 인간의 세계에서만이 가능한 활동의 소산이고, 그 주요한 기능이 의사 소통이라는 점에서는 수긍이 가는 언명이다. 그러면서도 교육은 가치 있는 유목적인 행동으로 교육의 내용이 있어야 수행의 근거가 마련된다는 관점에서는 보완의 여지가 있긴 하다.

그런데 문학교육에서 창작과 감상은 주된 교육 내용이 되는데, 실은 언어사용의 창조적 측면과 이로 결과된 문학적 산물을 이해하고 해석하고 감상하는 것, 즉 작가와 작품 그리고 독자와의 소통 과정이 없으면 무의미한 것이 된다. 결국, 문학적 소통 행위는 언어사용의 과정이고, 고급 언어의 창출과 이의 이해를 의미한다. 문학교육의 일련의 과정도 마찬가지다. 그러므로 문학교육에서 창조적 언어 행위는 교육의 중요한 대상이 되며, 이는 언어사용 기능 신장 교육과도 긴밀하게 유관한 것이다. 이는 문학의 언어와 일상의 언어가 의미 전달이라는 궁극적 기제에서는 동일하다는 데서 출발한 발상이다.[2]

---

2) 문학의 언어와 일상의 언어에 관한 것은 우한용 교수의 "문학 교육과정론의 지형도"에서 자세히 논급하고 있다(『문학 교육과정론』 삼지원, 1997, pp.36~40). 우교수는

② 문화교육으로서의 문학교육

인간이 자신의 생각과 삶에 대한 자취를 언어라는 기록으로 남긴 이래로 언어 문화의 주된 대상은 문학이라고 해도 과언이 아니다. 그리고 이러한 문학을 교육하는 것은 또 하나의 문화 행위이다. 그러므로 문학교육은 문화 교육의 일부를 담당한다고 해도 과장된 표현은 아니다.

문화라는 개념은 복합적 의미 영역을 형성하여 그리 간단하게 정의될 성질의 것은 아니다. 그러나 '지적, 정신적, 미적 발전의 일반적 과정', '한 인간이나 어떤 시대 또는 어떤 집단 그리고 인류의 생활 방식', '지적인 작품이나 지적인 실천 행위 특히, 예술적인 활동' 등의 의미역을 지니는 말이라고 할 수 있을 것이다.[3] 이러한 문화의 개념에 포함된 文化의 실체를 문학에서 교육하는 것이 아니라 문화와 인간의 상호 작용을 문학을 통하여 교육하는 것이다. 따라서 여기에서의 '문학을 통한다.'라는 개념은 문학과 문화의 상호 작용을 의미하기도 한다.

문화교육으로서의 문학교육은 문화는 개인에 대하여 작용하고[4] 개인은

여러 소론을 들어 국어교육의 목표와 문학교육의 목표가 상하위적으로 설정될 수 없다고 주장하면서 "오히려 교육에서 언어적 존재로서의 인간을 이해하고 그 본질에 따라 삶을 영위하는 인간, 스스로 자신의 삶에 대한 메타 언어를 만들어 가면서 이념을 모색하는 인간의 육성을 목표로 한다면 교육목표는 통합적으로 기술될 수 있을 것이다."라고 하였다.

3) 김성진이 Williams, R이 *Keywords*(2nd Edition)에서 정의한 것을 바탕으로 개념화한 것을 인용한 것이다("문화연구와 국어교육", 『문학과 교육』 제4호, 문학과교육연구회, 1998, p.125).

4) 김영찬 교수가 '문화'의 기능으로 제시한 것을 개조식으로 요약해 보면 다음과 같다 (『생활 · 문화 · 교육』 교육과학사, 1987, pp.69~72).
  ㉠ 문화는 개인에게 사회적 상황에서 어떻게 행동하고 느껴야 하느냐에 대한 규칙을 제공해 준다.
  ㉡ 문화는 개인의 생리적인 필요를 충족시켜 준다.
  ㉢ 문화는 인간과 우주의 본질과 인간의 역할에 대한 정립된 관점을 제공한다.
  ㉣ 문화는 사물의 의미를 규정한다.
  ㉤ 문화는 인간의 양심을 결정한다.
  ㉥ 문화는 그 안에 사는 사람들에게 소속감을 준다.

문화에 대하여 역동적으로 작용한다는 전제에서 출발한다. 그러므로 문학을 교육한다는 것은 "학생들로 하여금 문학을 체험하게 하여 학생 스스로 문학의 가치를 인식하고 문학적인 체험을 지속적으로 확대해 가도록 하는 문화교육이다."5), "문학과 더불어 살아가는 문화 문법에 입문하도록 하는 과정과 결과이다."6)란 주장에 수긍이 간다. 왜냐하면 개인은 문화와의 주체적 교접을 통해 개인적 문화 인격을 형성하는 것이기 때문이다.

이처럼 교육은 바로 문화 전달의 기능을 가지며, 문화는 교육 목적과 내용의 자질이 된다. 그리고 교육적 過程이 본질적으로 사회·문화적 과정이라는 관점에서 교육과 문화는 원천적으로 분리되기가 어렵다. 문학교육은 문화교육이며, 그 중에서 문화의 유지와 생산 교육의 중추적 역할을 담당해야 한다.

③ 철학교육으로서의 문학교육

현대는 장래에 대한 예측이 불투명한 '불확실성 시대'라는 갈브레이드의 말은 문학교육의 중요성을 한층 드높인다. 문학교육은 문학 제재에 나타난 인간의 삶의 방식에 대하여 관찰하도록 하며, 문학이 그러한 것처럼 앞으로 어떻게 살아가야 할 것인가의 등대적 역할을 자임하는 교육이기도 하기 때문이다. 더욱이 인간과 자연의 상관성을 사유를 통하여 증폭시키기도 하고, 어떤 경우에는 자연의 일부가 되기로 언명하는 것을 찬양하기도 하여 인간적 가치를 고양시킨다.

이렇게 문학교육은 인간의 존재에 대한 근원적인 문제를 취급하는 것을 교육한다. 다양한 삶의 형태를 제시하기도 하고, 왜 이러한 삶을 영위해야 하는가에 대한 해답을 교육적으로 제공해 주기도 한다. 그러므로 문

㉠ 문화는 인성을 형성하는 영양원 구실을 한다.
5) 우한용, 『문학교육과 문화론』(서울대학교출판부, 1997) p.95.
6) 앞의 책, p.59.

학교육은 일종의 '인간 바라보기', '자연(사물) 바라보기' 교육이다. 이러한 문학적 추구를 교육하려면 철학적 사유를 도외시하고는 수행할 수 없다. 결국, 문학교육은 인간, 자연, 그리고 이들의 상호 작용을 해명하는 교육도 되는 것이다. 그러므로 문학교육은 철학적 사유를 언어적으로 구체화한 그림이라고 할 수 있다.

'철학적 인간학'이라 명명하여 인간을 철학적으로 이해한다는 것은 '전체적인 의미'에서 인간 존재를 의미한다는 것이고, 전체적인 의미에서 인간을 이해하고자 하는 인간은 고정적인, 폐쇄적인 존재가 아니라 인간은 삶의 조건으로서의 문화를 끊임없이 새롭게 창조해 감으로써 스스로를 늘 새롭게 창조해 가는 그러한 존재를 말한다고 한다. 그러므로 인간은 "자연적으로는 미완성의 존재이지만 문화의 세계로서의 사회 안에서 스스로를 완성해 가는 것이 인간이기 때문에 자연 이상의 존재이다."[7]란 말에 공감이 간다. 즉, 문화와의 교접으로 항상 자신을 새롭게 형성하는 것이 인간이라는 것이다.

이렇게 인간은 문화를 창조하며, 문화의 세계에서 스스로의 존재를 확인한다. 이러한 기능을 즉, 철학적 사유와 삶의 모습을 단적으로 증변하는 것이 문학적 사유이다. 문학은 철학적으로 인간을 바라보는 것을 중심 인물의 행동과 대화, 그리고 작자의 서술을 통하여 제시한다. 문학교육은 이러한 '인간 바라보기', '자연 바라보기'를 교육하는 것이다. 그렇다고 문학교육이 곧 철학교육(문학교육=철학교육)은 아니다. 문학교육적 철학교육이다. 철학적 사유를 문학적 상황 사유로 대치하는 교육이다. 문학교육이 철학적 사유의 근원을 해명해 줄 때 문학과 교육이 인간에 더욱 근접해야 한다는 물음에 스스로 해답을 준다

이렇게 문학교육은 언어사용 기능의 신장뿐만 아니라 문화나 철학교육

---

7) 이규호, "현대의 철학적 인간학의 상황"(『현대사회의 철학적 이해』 배영사, 1990) p.58.

의 중심이 된다.8) 그렇다면 교수·학습과 교재의 구성에서 상기의 세 가지 교육적 자질은 상호 긴밀한 역동적 배경으로 작용하도록 전제해야 한다. 더욱이 문학 교재는 당대 교육 문화와 교육 철학의 반영이므로 앞으로 교육을 주도할 문화 발전과 철학 형성의 선도적 역할 수행을 문학교육은 자부해야 한다.

2) '지식'의 개념에 대한 태도

현재에는 일반적으로 지식에 대하여 두 가지 관점에서 접근한다. 그 하나는 지금까지 전통적으로 내려온 객관주의적, 절대주의적 입장이고, 또 하나는 구성주의적, 상대주의적 입장이다.

주지하다시피 객관주의는 實在論에 뿌리를 두고 세계는 우리의 외부에 객관적으로 존재하며, 그 의미는 역시 우리의 경험과는 별도로 객관적 세계 속에 존재하는 것으로 파악한다. 객관주의 관점에서는 지식이란 교수·학습 상황에서 생성되는 것이 아니라 객관적으로 이미 존재하는 것으로 여긴다. 그러므로 교사는 학생들에게 객관적 지식이나 정보를 어떻게 하면 빨리, 많이 전달할 것인가만을 문제로 삼는다. 그래서 교육의 과정을 벽돌을 쌓아 집을 짓는 것에 비유하여 단계별로 새로운 지식을 쌓아 가는 것을 무엇보다도 강조하게 된다.

객관주의적 교수·학습 이론에 의하면 객관적 지식이나 정보를 많이 축적하는 것을 궁극적으로 표방하므로 학습의 과정에서 지식이나 정보의 축적 정도를 점검할 필요가 없고, 마지막 단계에서 학업 성취 여부를 평가

---

8) 김대행 교수는 국어교육에서의 문학의 위상을 논하는 글에서 언어 활동으로서의 문학, 언어 문화로서의 문학, 예술로서의 문학, 정신 문화로서의 문학, 지식으로서의 문학학 등으로 구분하여 언어와 문학의 兩價性과 다면성을 설명하고, 문학이 국어교육의 한가운데로 들어오는 것이 마땅하다고까지 톤을 높이고 있다("영국의 문학교육" —평가를 통한 언어와 문학의 투시, 『국어교육연구』 제4집, 서울대학교 교육종합연구원 국어교육연구소, 1997, pp.62~73).

하면 된다는 것이다. 그러므로 객관주의적 입장에서의 교수·학습의 설계는 "학습자로 하여금 실체와 그 실체가 지닌 속성, 그리고 실체들 사이의 관계를 파악하도록 도와서 궁극적으로는 세계의 객관적 법칙을 밝혀 내는 데 있다."[9]는 것이다. 따라서 전통적 지식관에서의 교수·학습 방법은 교사가 중심이 되어 학습자가 지식이나 정보를 빨리, 많이 암기하고 기억하고, 이를 재생산할 수 있도록 돕는 것이 주된 모형이 되는 것이다.

그러나 구성주의에서는 우리가 경험하는 세계는 존재하지만 그 의미는 우리 인간에 의하여 부여되고 구성되는 것이라고 여긴다. 지식이나 외부의 세계는 개인과 별개로 존재하는 것이 아니라 개개인에 의해 재구성되고 창조된다는 것이다. 이는 객관적인 지식이나 정보는 존재하지 않는다는 기본 입장에서 출발한다. 그러므로 새로운 지식이나 정보를 개개인이 인식한다는 것은 개개인이 이미 가지고 있는 인지 구조와의 상호 작용을 통하여 새로운 인지 구조를 재구성해 간다는 것이다.[10]

그러므로 세계를 조직하고 이해하는 방식은 다양할 수 있으며, 하나의 옳은 의미, 객관적 실체는 존재하지 않는다고 생각한다. 지식은 경험으로부터 구성되어지는 것이며 객관적으로 존재하는 것이 아니라는 것이다. 실재란 학습자의 마음속에 존재하는 것이고, 학습자는 그의 경험에 바탕을 두고 실재를 구성한다는 것이다.

따라서 각 개인의 경험이 다르듯이 구성된 실재의 모습이나 의미도 개인마다 다르다는 것이다. 그래서 구성주의에서의 교수·학습이란 이를 구

---

9) 정인성·나일주 공저, 『최신교수설계이론』(교육과학사, 1996) p.272.

10) 구성주의도 객관적 지식이나 진리에 접근하는 방법에는 학자에 따라 다양한 면모를 보이고, 따라서 구성주의에 대하여 통일된 견해를 찾기란 상당히 어려운 부면이 있다. 그리하여 조작적 구성주의, 급진적 구성주의, 사회적 구성주의 등 구성주의에 대한 명칭도 다양하다. 박영배의 학위 논문인 "수학 교수·학습의 구성주의적 전개에 관한 연구"는 구성주의에 대한 개념 정립을 비롯하여 일반적인 사항을 잘 정리하여 많은 참고가 된다(서울대학교 대학원 수학교육과, 1996).

조화시키는 것이 아니라 학습이 일어날 수 있는 환경을 설계하는 것으로 여긴다. 그리하여 객관적 지식이나 정보를 많이 가르치고 배우는 것을 지양하고, 학습자의 소질이나 특성을 고려하여 개개인이 스스로 인지 구조를 새롭게 형성할 수 있도록 하는 교수·학습의 형태를 구안하는 것을 최선으로 삼는다. 교수·학습의 주체는 학습자이며, 교사는 다만 학생들의 능동적 활동을 도와주는 안내자, 조언자, 촉진자의 위치에 머물러야 한다.

그러므로 지식의 개념에 대한 입장에 따라 교수·학습과 교재에 대한 구성 방식이 달라질 수 있다. 전통주의적 지식의 개념을 인정한다면 교수·학습의 교재에로의 구안은 기존의 방법을 원용할 수 있으나, 구성주의적 지식 개념의 경우에는 고전적 교수·학습의 설계로는 교육 활동을 구체화하고, 소기의 교육목표를 달성하기가 어렵다.

2. 교수·학습과 문학 교재의 위상

1) 교수·학습과 문학 교재의 의미

교육 활동은 교재의 매개가 없이는 이뤄지기가 어렵다. 그러므로 교재는 교수·학습에서 필요 불가결의 요소로 작용한다. 그런데 교재에 대한 개념에는 여러 층위를 설정할 수 있다.

교재의 개념은 대단히 광의적이고 유동적인 속성을 지닌다. 그렇지만 자의대로 정의하면 '교육의 재료' 또는 '교수 재료(teaching material)'를 말한다. 교수·학습 활동에서 일정한 지식과 기능을 습득시키기 위하여 매개물로 이용되는 모든 재료(자료)를 의미한다. 따라서 교수·학습에서 주고받는 학습 경험의 내용과 그 내용을 담은 물리적 실체를 모두 포함하기도 하고, 더 나아가 교육과정의 구성 소재, 교과로서 학습되어야 할 내용의 소재를 일컫기도 한다. 이렇게 교재는 교수·학습이라는 상황을 떠나서는 존재할 수 없는 것이며, 항상 이와 유관하여 교재의 이미를 부여하기도 한다.

교수·학습과 관련하여 Gall은 교재를 "교수·학습 과정을 수월하게 하기 위하여 사용되는 본질적으로 表象的(representational)인 물리적 실체 (physical entities)이다"[11]라고 정의하였다. 교재는 교육의 목표를 효과적으로 달성하기 위하여 교수·학습 과정에서 사용하는 자료이며. 어떠한 구체적인 물체의 형상을 띠어야 하고, 그 물체는 자체가 가지는 어떤 특성이 교육의 내용으로 표상되어 있거나 표상되어야 한다는 것이다. 교육의 목표나 내용은 교육과정에 제시되고, 이를 교수·학습의 과정으로 유입할 때에는 학습의 효율성을 높이고, 교사와 학습자가 자각할 수 있는 물리적 실체가 필요하기 때문이다.

문학교재의 의미역도 같은 방법으로 규정할 수 있다. 문학 교재란 '문학을 교육하는 것을 목적으로 하는 재료', '문학교육을 수행하는데 필요한 자료'를 말한다. 그리하여 "교사가 학습자에게 문학에 대해 가르치기 위해 실제로 동원하는 실체"[12]라고 하기도 한다. 교재란 개념은 무엇을 교육하는가의 교육 대상을 구체적으로 요구하는데, 그 구체적 교육 대상이 '문학'일 때 문학 교재가 되는 것이다. 문학 교재는 교육적 의도와 상세화 수준에 따라 층위의 개념을 ① 자료(material)로서의 문학 교재, ② 텍스트 (text)로서의 문학 교재, ③ 제재(subject, unit)로서의 문학 교재로 구분하기도 한다.[13]

의미의 폭이 가장 넓은 문학 교재의 개념으로 교육목표를 달성하기 위하여 사용되는 모든 자료를 교재라 할 수 있다. 교수·학습 과정에서 이용

---

11) 이성영, 『국어교육의 내용연구』(서울대학교출판부, 1995) p.370.

12) 김창원, "문학 교육과정 설계의 절차와 원리"(문학과문학교육연구소편, 『문학교육의 탐구』 국학자료원, 1996)

13) 박인기, "문학교과 교재론의 이론적 접근과 방향"(『운당구인환선생 화갑기념논문집』 한샘, 1989) pp.844~846.

되는 '일체의 상관물', 교수자가 교수·학습에서 동원할 가능성을 잠재적으로 포함하는 모든 형태의 媒材를 자료로서의 교재라고 부른다.

텍스트로서의 문학 교재는 완결성 여부를 떠나서 교육적 의사 소통 과정에서 사용되는 일체의 '언어적 실체'를 의미한다. 이것은 사용으로서의 문화적 관습과 형식을 갖춘 '언어적 실체'로서 그 자체 메타 언어의 대상이 될 수 있고, 자료로서의 교재 중 이를 제외한 나머지는 비텍스트 교재가 된다. 따라서 텍스트 교재는 순수한 언어적 자료만을 말한다.

교수·학습과 가장 유관한 문학교재의 정의는 제재로서의 문학 교재이다. 제재로서의 문학 교재는 자료나 텍스트로서의 교재의 개념보다는 의미의 폭이 좁아진다. 교육적 목적 실현을 위한 의도와 이를 계획적으로 실천하기 위한 교육적 설계(instructional design)에 따라 이뤄진 교재이다. 교육과정의 목표나 이념을 구현하기 위하여 시간·조건·절차와 방법 등을 고려하여 체계적, 계획적으로 설계된 교재를 말한다. 때문에 제재로서의 문학 교재는 학교 교육과 같은 계획적으로 의도된 교육 過程을 운영하는 역동적 상황에서 교사, 학습자와의 필연적 관계를 유지해야 교육적 가치를 발하게 된다. 그러므로 제재 차원의 교재는 교수·학습의 목표 달성 여부에 비중을 두므로 언어적 자료뿐만 아니라 비언어적 자료도 교재로 인정한다.

2) 교수·학습과 문학 교재의 역동적 작용

교육은 가치 있는 교육 목적과 목표를 달성하기 위한 의도적인 활동이다. 그러므로 의도적인 활동을 교육적으로 수행하는 데에는 효율적인 절차와 과정을 고려하게 되는데 그 중의 하나가 교수·학습이라고 하겠다. 그런데 교재 구조(structure of subject)와 교수·학습은 유기적인 밀접한 연관을 갖는다. 교재의 구조는 교수·학습 절차에 따라 달라지기 때문이다.

　교수·학습의 형태를 이루는 데 관계되는 조건에는 여러 가지가 있다. 교육의 목표가 무엇인가도 교수·학습의 형태를 바꾼다. 교육의 목표 구현을 위하여 어떤 제재를 이용할 것인가와도 유관하다. 또, 교재의 기능을 어디에 두느냐에 따라 교수·학습의 방법이 달라지고, 교육할 내용을 무엇으로 하느냐에 따라 교재의 구조도 다양해진다. 그런데 교육 내용은 교육과정에 대한 철학적 입장에 따라 달라진다. 이처럼 교수·학습과 교재는 역동적 현상으로 존재한다. 교재 설계의 基底와 함께 이를 도식해 보면 다음과 같다.

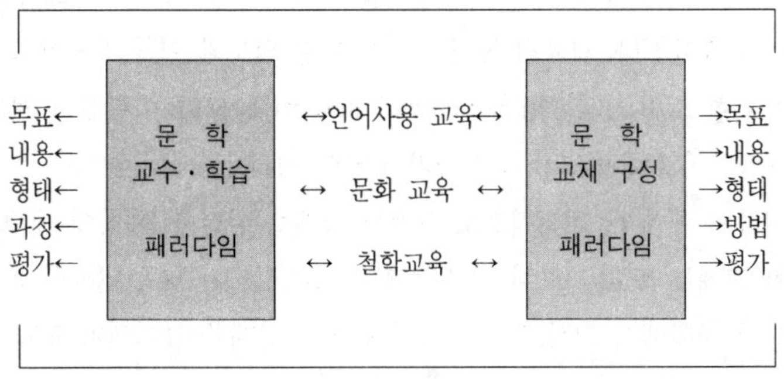

　상기의 도식에서 문학교육은 교수·학습과 교재를 중심으로 문학교육의 본질을 구현할 수 있는 핵심에 놓임을 상정할 수 있다. 문학·교수 학습의 패러다임은 교육의 목표, 내용, 형태(종류), 그리고 그 과정과 평가의 방법을 어떻게 운용하느냐에 따라 구조화의 방법이 달라진다. 문학 교재의 패러다임은 교재에 제시되는 교육목표, 내용, 교재의 형태와 구성 방법 그리고 활용과 평가의 중점에 따라 그 구조화의 방법이 다양해진다.

　이렇게 문학 교수·학습 패러다임과 문학 교재 패러다임은 목표, 내용, 형태, 과정(구성 방법), 평가와 서로 유관하여 긴밀하게 작용한다. 그리고 이들 요소들의 상호 작용은 언어사용 교육, 문화교육, 철학교육이라는 긴장성으로 더욱 차원을 달리한다. 그러나 이들은 상하의 예속 관계, 좌우의 동등 관계, 선후의 순차 관계를 항상 유지하는 것은 아니다. 교육적 상황에 따라 그 역동적 관계가 무상하다. 여기에서의 '교육적 상황'이란 "교육을 효율적으로 수행하는데 파생되는 모든 가변적 요소를 내포한 인적, 물적 관계"를 의미한다. 이렇게 교수·학습 패러다임과 교재 구성의 패러다임의 관계는 교육적 상황에 따라 그 작용이 달라지면서 교육목표 실현을 효율적으로 구체화한다고 보겠다. 의도하는 교수·학습의 실천을 위하여 교재를 그러한 방향으로 구성하느냐, 아니면 교재 구성의 방향과 활용에 따라 교수·학습의 형태가 달라지는가는 이들 상호 요소간의 긴밀한 작용 관계에 달린 것이다.

이러한 모든 구성적 자질과 요소는 후술하겠지만 교재 편수의 기본이 되는 것이다.

3) 교수·학습 설계와 교재화

이처럼 교수·학습 설계14)는 교재 설계의 바탕이며 기초이다. 따라서 교수·학습의 설계가 선행하지 않고서는 교재 구성이 자유로워질 수가 없는 것이다. 교재 구성에서 실질적 활동인 내용의 선정과 조직, 내용의 수준과 범위, 구성 체제 등도 모두 교수·학습의 형태와 밀접한 관련이 있는 것들이다.

그런데 교재를 중심으로 교수·학습의 위치는 다음 두 측면에서 생각할 수 있다.

---

14) 요즈음의 교육학 이론서에서는 '교수·학습 설계'라는 용어보다는 '교수 설계'라는 용어를 많이 사용한다. 가르치는 사람의 입장에서는 '교수'가 되고, 배우는 사람의 입장에서는 '학습'이 되므로 용어의 사용상 차이는 없다고 본다.

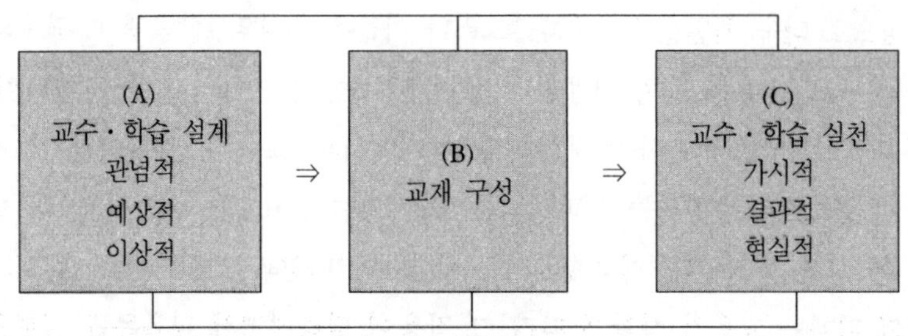

교수·학습 설계가 먼저 이뤄지고(A) 그에 따라 교재 구성(B)을 효율적 교수·학습 수행(C)을 목표로 하여 구조화되어야 한다. 그리고 이렇게 구조화된 교재(B)를 교실 현장에서 다시 교수·학습(C)의 형태로 실질적 상황으로 전환하는 것은 차후 실천의 문제다.

그러므로 (A), (C) 교수·학습에 괴리가 없으려면 (B)의 교재 구성이 성공적으로 이뤄져야 한다. 지금까지는 (B)와 (C)의 관계만을 고려한 측면이 많은데, (A)와 (B)의 관계가 교육적으로 고려되었으면 교수·학습의 실천(C)은 기대하는 효과를 자연히 거둘 수 있는 것이다. 앞으로, 이들의 관계를 효율적으로 연결시켜 주는 고리 인자를 체계적으로 밝히는 작업이 우선적으로 필요하다고 하겠다.

Ⅲ. 교수·학습과 문학 교재의 창조적 구조화

1. 문학 교재 구성의 거시 구조

교재(교과서)를 교수·학습을 위한 하나의 자료로 본다면 그 구성 체제도 이에 합당해야 함은 물론이다. 즉, 교재의 거시적 구조도 교수·학습의 원리에 근거하여 조직되어야 한다는 말이다. 거시 구조는 미시 구조 구안의 전제와 바탕이 되므로 이를 염두에 두고 계획을 수립할 필요가 있다. 그리고 거시 구조는 교재의 기능과 성격을 규정하는 것과도 관련된다.

교수·학습의 형태를 무엇으로 어떻게 보여주느냐에 따라 교재의 구조가 달라진다. 모든 단원에 동일한 교수·학습 형태를 보여 주는 획일화된 구성과, 단원마다 각기 다른 다양한 교수·학습 형태를 제공하는 파노라마적 구성으로 대분할 수 있다. 자율 학습이 가능한 교과서의 체제라든지, 자기 주도적 학습의 효과를 백배하려는 구조, 또는 열린 교육의 다양한 교수·학습의 형태를 제시하는 구조 등 그에 합당한 교재 전체의 체제를 교육적으로 구안해야 한다.

다음으로 내용의 배열 방법이 어떠하냐에 따라 거시 구조도 달라질 수 있다. 시대 순서에 따라 문학사를 정리하는 입장에서, 아니면 장르별로, 또는 시대 변화와 장르를 동시에 고려하면서 구조화하는 경우 등이다. 이러한 방법은 다양한 교수·학습의 전형을 보여 주기가 어려운 면이 단점으로 작용할 가능성이 있다.

문학교육의 목표를 상세화하고 이를 유목화하여 목표별로 구조화하는 방법도 있다. 목표를 유목화하는 방법도 관점에 따라 다양해지는데, 이 때의 교육목표는 문학교육 영역의 지식의 구조화로 체계적으로 제시하는 것이 가능하다. 목표별로 교재를 구성하는 방법은 다양한 교수·학습의 형태를 제공할 수 있는 장점이 있다.

교육과정에서 제시한 내용 체계를 좀더 상세화한 것을 원용한 교재 구성의 방법도 있다. 이는 문학교육목표의 상세화와도 유관한 것으로 교육과정에 제시된 내용 체계가 모순이 없어야 한다는 전제가 따른다. 그런데 현재로서는 교육과정에 제시된 내용 체계는 영역의 구분에서부터 완결된 지식의 구조가 아니기 때문에 세심한 주의가 요구된다.

교재의 성격과 유형에 따라 그 체제도 달라진다. 독본형, 강의 요약형, 연구 문제형, 학습 자료형 등 그 성격과 유형에 따라 교재의 구성이 달라지는 것이다. 학습의 목표를 실현하는데 주된 교재로, 또는 보조 교재로 사용하느냐에 따라 그 구조에도 변화가 따른다. 보조 교재의 경우는 일정한 교수·학습의 형태를 제공할 필요가 없으며, 주교재의 기능을 보완하는 차원에서 구조화해도 무리는 없다.

지금까지 개발된 문학 교재는 단원과 단원의 순차나 위계를 고려하지 않고 교재를 조직하는 경향이 지배적이었다. 그러나 이러한 위계나 순차를 무리 없이 수용하려면 문학교육을 이루는 지식을 총체적으로 교재 개발을 위한 구조로 위계화하는 작업이 선행되어야 한다. 이제부터는 문학 교재 개발을 위한 문학교육 지식의 상세화와 위계화를 정립하는 작업을 시도해야 할 것이다. 물론, 국어교육에서 다른 영역도 마찬가지다.

2. 문학 교재 구성의 미시 구조

교재 구성의 미시적 구조는 단원(unit) 구성의 방법을 의미한다. 단원이란 어떤 주제나 교육 내용을 편의상 통일성을 갖는 하나로 묶은 학습의 단위를 말한다. 교수·학습이 이뤄지는 현장에서는 방대한 양의 교육 내용을 적절한 단위로 구분해서 어떤 통일된 하나의 상태로 분절할 필요가 있는데 이를 단원이라 한다. 곧, 교수·학습의 상황에서 어떤 일정한 과제를 해결하는 데 필요한 학습 내용이나 경험을 전체성과 통일체를 이루도록 조직해 놓은 것을 말한다.

문학교육에서도 학습 활동의 편의상 하나의 중심 문제를 단위로 하여 조직한 학습 내용의 통일체 곧 일종의 교재를 의미하는 단원의 활용이 필요하다. 결국, 단원이란 학습 활동이 가능하도록 언어 활동이나 경험을 중심으로 조직한 학습 자료를 말하기도 한다. 즉, 교과의 목표를 실현하려는 의도와 학습자의 언어 능력과 언어 활동이 가능하도록 조직된 학습 내용이다. 따라서 단원은 학습 활동을 통일성 있게 하고, 총체적인 언어 활동을 중심으로 제시한 교재의 역할을 담당한다.

일반적으로 현재까지 성행한 단원 구성의 방법은 다음과 같다.

① 학습 동기 유발 → ② 학습목표 제시 → ③ 학습 내용 조직 → ④ 학
습 결과의 확인 → ⑤ 보충·심화학습 제시

①~⑤의 순차는 화석화된 절차는 아니다. 다만, 단원의 성격에 관계없이 보편적으로 받아들이고 있는 교재 구성의 일반적인 방법이다. 교재 구성에서 ②~④가 제일 핵심이 되는 과정이지만 어떻게 이들을 연결해야 하는가의 연구는 전무한 편이다. ② 목표 설정에도 기술 형식을 비롯하여 배려할 것이 한둘이 아니다. 학생 성취도 측면에서의 목표 진술 법, 목표 분류법, 교수 내용에서 평가까지 목표를 어떻게 활용할 것인가 등 교재 구성에서 고려할 사항이 꽤나 많다.15) 그러나 이러한 것들을 염두에 두지 않고 학습목표를 설정하기가 쉽다.

③은 학습목표를 효율적으로 달성할 수 있는 교수·학습의 형태를 구안하는 부분이고, ④는 학습목표나 교수·학습과 유관한 평가 방법을 모색하는 부분이다. 그런데 ③에서는 교수·학습의 과정이나 절차의 모형을 제시하는 것이 아니라 일관되게 자료의 제시에만 그친 경우가 대부분이다.

학습 내용 조직의 절차를 제시해 보면 다음과 같다.

---

15) Gronlund. N. E, *Stating Objectives for Classroom Instruction*(『교실 수업을 위한 목표의 진술』 주영숙·김정희 공역, 형설출판사, 1996)은 많은 참고가 된다.

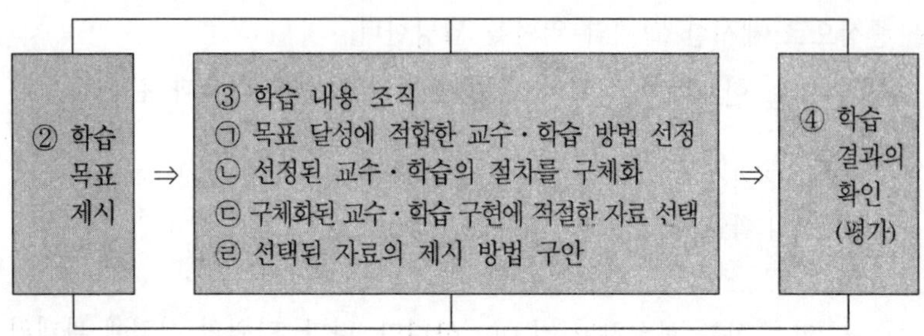

④ 학습 결과의 확인도 단순 질문 형식의 제공으로 임무 완수를 선언하고 있는 실정이다. 곧, 학습의 목표와 평가를 직접 연결할 뿐이지 학습 내용과 교수·학습 과정의 성공적 수행을 확인하는 평가 방식을 제시하지 못하고 있다. 평가가 제대로 이뤄지기 위해서는 교재 구성에 적합한 평가 모형의 개발이 시급하고, 평가 지면의 충분한 확보도 필수적이다.

단원 구성은 교육의 실천을 창의적으로 발휘할 수 있는 교재 개발의 기초이면서 핵심이다. 문학교육에서 단원을 구성하는 데에는 단원 내에서의 교육적 여러 국면을 유기적으로 묶어 통일성을 갖추는 문제와 단원과 단원 사이의 계열화 등 어떻게 단원을 연계시키느냐 하는 문제에 주목해야 한다.

3. 전자(다) 매체 문학 교재의 구조

정보·지식 사회의 도래와 함께 문학의 연구와 문학교육의 경계선도 무너지고 있다. 사회의 급격한 변화에 따라 지식의 발달과 문학에 대한 인식도 변하여 문학교육의 공간도 한층 넓어지면서 다른 한편으로 통합되는 모습도 보여 준다. 지금까지는 주로 활자 매체에만 의존하여 문학을 이해·감상하고 창작 활동이 이뤄졌지만, 이제는 전자 매체에 의한 새로운 패러다임의 문학이 탄생하고 있다. 전자 매체의 문학이 활자 매체의 보조

적 역할에서 탈피하여 독자적 고유 영역을 확보하고 있는 것이다.[16]

정보 매체가 발달한 현대 사회에서 문학교육의 효율을 높이기 위하여 멀티미디어의 사용은 시대적 추세가 되었다. 멀티미디어는 교실 현장에서 직접 가르칠 수 없는 교육의 효과를 다른 측면에서 발휘한다. 전자 문학 교재는 교수·학습의 차원에서 교재로서의 기능을 발휘하려면 문자 교재와는 다른 상황을 요구한다. 학습 내용은 존재하지만 교수자가 없다는 데서 교재로서의 구조가 다른 특성을 지녀야 한다는 말이다. 그러므로 전자 매체의 공학적 원리를 교수자의 위치로 전환하는 기술과 이에 따른 교수·학습의 원리를 창안하는 과제가 남는다. 따라서 전자 문학 교재는 문자 교재와는 다르게 그 구성에서 다음 사항을 유지할 필요가 있다.

먼저, 제공되는 문학 교재의 성격과 활용 목적, 방법이 뚜렷해야 한다. 학습할 내용, 학습의 과정 등 매체 자료는 '이것이 무엇이다'라고 확실하게 성격이 부여되어야 이용자에게 혼란을 주지 않을 뿐더러 목적성을 가지고 이용할 수 있다. 교과서의 보조 교재, 교과서 밖의 문학교육 자료 등 그 성격에 따라 학습자의 선택 취향이 달라진다.

다음으로, 전체의 내용 구성이 유기적인 관계를 유지해야 한다. 교재를 형성하고 있는 각각의 학습 자료들 간의 기능이 체계적으로 연결되어야 한다. 단순한 화면 단위의 구성에서나, 단위를 다시 묶은 더 큰 단위의 구성에서도 마찬가지다. 그러므로 이들 구성 요소들의 긴밀한 관계를 고려하여 제시되는 순차를 결정해야 한다. 그리고 활용에 편리해야 함은 물론 전체적으로 적용되는 활용 방법에도 변화가 없어야 한다.

또한, 문학교육에서 필요한 모든 자료를 제공하려는 욕심을 버리고, 어느 특정 분야를 집중하여 교육하는 교수·학습의 형태를 유지해야 한다.

---

16) 7차 교육과정 '문학' 과목에서는 '(3) 문학과 문화' 영역 '(라) 문학의 인접'에서 '② 문학이 현대 사회의 다양한 매체와 결합하여 수행되는 양상을 이해한다'라고 하여, 매체 언어를 통한 문학교육을 적시하고 있다.

교육 내용의 제공과 화상 등의 활용이 문자 교재보다 편리하다고 하여, 모든 분야의 문학교육을 책임진다는 의도로 자료 제공에서 과욕을 보이면 역작용을 초래할 우려가 많다. 문학의 장르별로 또는 시대의 구분에 따라 어느 특정 분야를 집중적으로 제공하는 전자 교과서 형태를 유지해야 교육에 효과를 높일 수 있다.

그리고 교재의 구성 내용이 참신해야 하고 활자로는 제공할 수 없는 내용이나 방법이 시각적으로 모색되어야 한다. 여기에 교육공학적 효과를 최대한 발휘할 수 있도록 화면 구성을 해야 한다. 미적 감각을 최대로 발휘해야 하며, 동화상이나 정지화상의 이용에서 가로, 세로의 포맷이 공학적이어야 한다.

그리고 일반 문학 교재와 마찬가지로 학습 결과에 대한 가시적인 점검 과정이 필수적이다. 곧, 학습한 다음에는 평가할 수 있는 과정을 제시해야 한다. 평가 방법도 전자 매체의 特長을 십분 이용해야 하고, 평가는 누적되어 그 변화의 양상을 비교, 분석할 수 있게 하는 것이 좋다. 그리고 멀티미디어 교수·학습 자료에 머물지 않는 문학 교재로서의 특장이 발휘되는 준거가 필요함도 물론이다.

Ⅳ. 교수·학습과 문학 교재의 편수

1. 문학교육과 교재 편수의 의미

'편수'라는 의미를 일반 교육학 용어 사전등에는 설명을 유루하고 있다. 다만, 일반 사전에 '책을 편집하고 수정하는 것'이라고 간단히 풀이하고 있을 뿐이다. 편수의 의미역조차 제대로 확보하지 못한 이러한 현실은 현재 편수를 담당하는 사람의 위치가 어떠한가를 단적으로 증명하는 예가

된다.17)

그런데 교재 편수는 교육의 근간을 유지하는 학술적, 행정적 차원을 모두 포괄하는 직·간접적 교육 활동을 포함한다. 편수가 단순히 책과 관련하여 협의적인 의미만으로 인식하기가 쉽다. 그러나 편수란 의미는 광범위하여 그렇게 간단하게 의미역이 설정될 성질의 것은 아니다. 교육의 목표를 설정하고 이를 효율적으로 달성하기 위한 교육과정의 개발에서부터 교재구성, 교재활용, 교재의 분석과 평가 등 일련의 과정 모두가 편수의 업무에 해당한다.

교육과정이 개정, 개발되면 교재를 만드는 일련의 과정이 뒤따르고, 이러한 교재화의 전반적, 총체적 과정을 통괄하는 것이 편수인 것이다. 여기에 교재를 교수·학습의 상황에서 어떻게 활용할 것인가, 교재가 학습의 목표 도달에 적합한 구조로 되어 있는가 등을 종합적으로 분석하고 평가하는 연속적 작업이 모두 편수의 업무에 든다. 역동적 개념의 순환적 양상이라는 관점에서 편수의 개념을 도식화해 보면 다음과 같다.

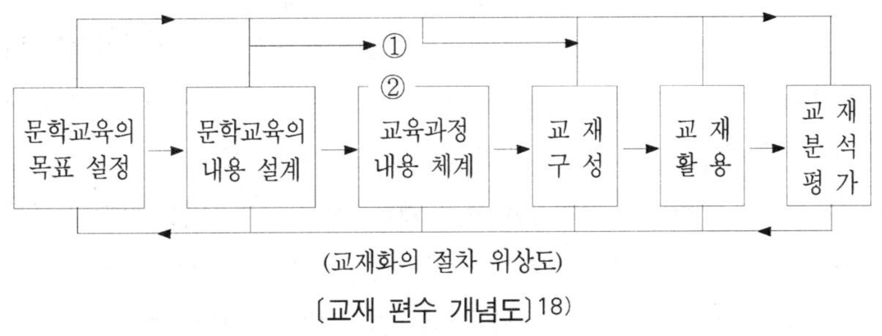

(교재화의 절차 위상도)

〔교재 편수 개념도〕18)

---

17) 사전에 의하면 조선 시대에는 역사의 기록을 담당하던 춘추관의 종4품부터 정3품 당하관까지의 벼슬을 '편수관'이라 하였고, 현재에는 '교육부에서 교과용 도서의 편수를 맡아보는 공무원'이라 규정하고 있다. 옛날과 지금의 편수관의 직책은 관직의 등급이나 업무에서 일치하지는 않으나 국가적 업무의 그 중요성에서는 변화가 없다고 본다.

18) 본서, "문학 교육과정 내용의 교재화"에서 교재 개발의 절차를 도식화한 것을 교재 편수의 개념 규정에 원용한 것이다(pp.304~305).

1) 문학교육목표 설정과 내용 설계

문학교육의 목표를 어떻게 설정할 것인가는 문학교육의 방향을 제시한다는 의미에서 매우 중요하다. 그런데 문학교육의 목표는 전술한 바와 같이 국어교육의 목표와의 관계를 고려하고, 언어 교육의 본질을 구현한다는 관점에서 설정해야 한다.

문학교육의 목표를 지식의 구조로 체계화하고, 이를 학년별 수준에 따라 계열화하여 구체적으로 제시하는 과정이 내용 설계이다. 다음으로 이를 어떻게 가르칠것인가, 가르친 결과를 어떻게 확인할 것인가를 모색하는 후속 과정이 뒤따르는데, 이 모든 과정은 결국 '교육과정'의 설계 및 개발과 상통한다. 그러므로 목표 설정과 내용 설계인 교육과정의 개발은 교재 개발의 방향을 설정하는 중요한 영역으로 교재 편수의 출발이 된다.

2) 문학 교재 구성

교재 개발에서 교재 구성이 가장 중요한 위치에 놓인다. 따라서 협의의 편수를 교재 구성에 국한하기도 한다. 교재의 거시적 구조를 결정하는 일에서부터 단원(대단원, 소단원)의 목표 설정, 제재의 선정, 교수·학습의 과정 제시, 학습의 결과 확인, 심화, 보충학습의 제시 등 미시적 교재 구성과 교재의 완성 형태를 단위 개념으로 하여, 이에서 요구되는 제반 사항을 고려하여 완결된 교재의 체제를 갖추는 과정이다. 편수 담당자는 이러한 모든 것을 관장하고, 교재 구성에서 새로운 방향을 제시여 교재로서의 완성도를 높여야 한다.

3) 문학 교재의 활용

교육의 목표를 가장 이상적으로 구현할 수 있도록 구조화한 문학 교재라도 이것을 어떻게 활용하느냐에 따라 교수·학습의 차원이 달라진다. 그러므로 교재의 활용의 차원은 교재를 구성하는 차원과 교재를 평가하는 차원과 같이 동등한 가치와 비중을 점하고 있다고 해도 과언이 아니다. 그런데 이 부면에 대해서는 개념조차 형성되지 못하고 연구가 전무한 형편이다.

여기에서의 교재 활용은 교수·학습의 실제, 즉 현장에서의 적용의 방법을 뜻하기도 한다. 항상 교재를 이용한 대비적인 수업 전개가 아니라 교재의 투입 시기 등의 조절도 활용론에 드는 것이다. 그렇다고 문학 교재의 활용은 교과서만을 어떻게 교수·학습에 효율적으로 이용할 것인가를 모색하는 작업은 아니다. 학습자가 어떻게 교재를 이용할 것인가도 교재의 활용 영역에 든다.

4) 문학 교재의 분석과 평가

교재 분석은 교재를 평가하기 위한 예비적 단계를 의미한다. 교재를 분석하는 관점과 분야는 교재를 활용하는 교수·학습의 절차와도 관련하여 매우 폭이 넓다. 교재를 구성할 때 고려되는 ㉠ 교육의 목표와 이념적인 부면, ㉡ 자료 배열의 부면, ㉢ 교수·학습 실천 부면, ㉣ 언어 서술 부면 등의 차원에서 '좋은 교과서'로서의 요건을 분석적으로 검증하는 분야다.

교육의 영역과 분야에 따라 관점이 달라질 수 있지만 교재 분석에는 일반적으로 ① 서술(기술) → ② 해설(주석) → ③ 비판의 절차를 상정해 볼 수 있다.19) 이러한 절차는 고정된 것이 아니다. 교육의 목표와 상황에 따라 분석의 방법과 절차를 변용하여 그 효율성을 높일 수 있다. 교재 분석을 정확히 해야 올바른 평가가 이뤄질 수 있음은 물론이고, 이는 또한 분

---

19) 이기상 교수의 "철학교육의 효율적 교수 방법" 논문에서 독일 학자들의 이론을 이용하여 철학 교재의 분석 방법으로 제시한 것을 필자가 근간만 인용한 것이다(『철학 교육 실태 분석』 한국정신문화연구원, 1987, pp.147~149 참조).

석의 관점이 정확해야 한다는 전제와 상통한다.

문학 교재 평가란 이러한 여러 측면에서의 분석을 바탕으로 교재의 교육적 가치나 수준을 결정하는 것을 말한다. 즉, 평가의 대상이 교재이고, 교재의 효용성, 질적 가치나 수준 등을 척도에 맞추어 판단하는 것을 의미한다. 교재 평가는 '좋은 교재(교과서)'를 상정한 가치 판단이므로 좋은 교재의 실체가 무엇이냐 하는 준거가 필요하다. 국가·사회적 차원에서부터 교수·학습자, 교재 자체에 이르기까지 좋은 교재로서 구유해야 할 조건은 많다. 제도적 요구 부합, 교육과정의 목표와 학습 요소의 소화, 교수·학습 방법상의 적합성, 학생 수준의 고려, 현장 적용의 효율성 등을 비롯하여 제재의 선정과 조직, 문체와 구조, 교재 형태, 학습자에 대한 다각도의 교육적 배려 등이 평가 기준이 된다.[20]

교재 평가는 먼저 평가 계획을 수립하고, 수립된 계획에 따라 실제 평가를 수행한 다음, 수행된 평가 결과를 검토하여 평가의 미미점을 보완하거나 평가의 결과를 활용할 방안을 찾아보는 과정을 거치는 것이 바람직하다.

교재 평가는 앞에서 언급한 교재를 설계할 때 이뤄지는 일련의 과정 즉, "① 교육의 목표 설정 → ② 교육의 내용 설계 → (③ 교육과정 내용 체계) → ④ 교재 구성 → ⑤ 교재 활용(교수·학습) → ⑥ 교재 분석·평가"에서 보면 좋은 교재를 만들기 위한 점검의 수단도 되지만 교육의 목표가 제대로 교재에 구현되었는가 하는 문제와도 결부된다. 이는 교재를 중심으로 일련의 교육적 실천 과정이 순환적·연속적이라는 인식에서 출

---

20) Skierso는 텍스트 선정 및 평가 원칙으로 ① 서지 관련 자료, ② 목표와 목적, ③ 내용, ④ 어휘와 구조, ⑤ 연습 및 활동, ⑥ 레이아웃 및 물리적 실체 등으로 분류하고, 다시 하위 평가 기준을 유목화하여 교과서 평가 분석표(Evaluation checklist)를 제시였다.(Textbook selection and evaluation. In M. Celce-Murcia(Ed.), *Teaching English as a second or foreign language*.(pp432~453). Boston: Heinle & Heinle Publishers)

발한 것으로, 결국 교재 평가는 원활한 교수·학습을 수행하는 등 교육의 전반적인 설계를 점검하는 수단으로서 하나의 중요한 교육적 활동이 된다.

이상에서 설명한 모든 활동이 교재 편수에 해당한다. 앞으로는 협의의 교재 편수 개념에서 탈피하여 교육과정, 교재 개발을 포함하여 교육의 전반적 활동을 담당하는 일련의 순환적 업무로, 국가 교육을 책임지고 있다는 보다 광의적 개념으로 파악해야 할 것이다.

2. 교수·학습과 교재 편수의 역할

이상에서 살펴봤듯이 교재 편수란 학교 교육이 효율적으로 이뤄지도록 교육의 내용과 방법이 되는 교재(교과서)를 교육과정에 의거하여 편찬하는 일련의 업무를 모두 일컫는 말이다. 그런데 교재 편수는 그 수행에서 연구 차원과 행정 차원의 두 가지 측면에서 생각할 수 있다.

편수 담당자는 교재 개발에서 좋은 교재가 만들어 질 수 있도록 학문적, 이론적 배경을 가지고 주도적 역할을 수행해야 한다. 특히, 교재 개발에서 교수·학습에 관한 이론의 무장은 다른 무엇에 우선한다. 교육의 효과를 최대한으로 발휘할 수 있는 방법은 교수·학습이 체계화된 구조로 교재에 시현되는 것이 첩경이기 때문이다. 그러나 지금까지의 편수는 교수·학습의 고려는 도외시한 채 일관된 교재 구조화를 방조했다고 해도 과언이 아니다. 그러나 교수·학습에 대한 이론이 교재화에 체계적으로 침윤되지 못한 것은 이에 대한 연구 축적이 그리 많지 않고, 이러한 학적 배경에 관심이 적은 데서 결과된 것이라 생각된다.

편수 담당자는 교육과정의 개발과 교재의 구성, 활용, 분석과 평가 단계 모두에서 교수·학습을 고려해야 하는데, 각 단계마다 교수·학습의 성격은 달라진다. 이에 따른 편수 담당자의 역할을 제시해 보면 다음과 같다.

	구 분	교수·학습의 성격	편수 담당자 역할
①	교육과정 개발 단계	목적적, 포괄적	국가 수준에서 방향을 설정하고, 방법을 유목화하여 총체적으로 제시함.
②	교재 개발 단계	선택적, 구체적	목표 달성에 적절한 방법을 선택하여 교재화에 적용함.
③	교재 활용 단계	실제적, 과정적	교육 활동에 적합한 과정을 보이도록 이론적으로 학교 현장을 지원함.
④	교재 분석·평가 단계	분석적, 구조적	교재 개발 개선을 위하여 교수·학습 평가 체제를 확립함.

이렇게 각 단계마다 성격을 달리하는 상황을 고려하여 실제적인 면에서 편수 담당자는 교재 개발에서 다음과 같은 것들에 유의하여 교재 편수의 역할을 규정해 볼 수 있다.

첫째로, 누누이 강조했지만 교수·학습의 과정이 교재에 드러나도록 하는 교재(교과서) 편찬에 관심을 가져야 한다. 실제로 교재에는 교사와 학생 상호간의 학습 상황에서 이뤄질 수 있는 학습 방법이 명확하게 명시되어야 하고, 학습의 단계나 과정이 드러나서 구체적으로 학습 지도가 용이하게 실천될 수 있도록 해야 한다.

둘째로, 교수·학습 과정에 적합한 내용의 학습 자료를 선정해야 한다. 학습목표가 설정되면 그에 적절한 교수·학습의 형태가 결정되고, 그에 적합한 학습 자료를 선택해야 된다. 그런데 이 학습 자료의 선택이 어느 규준에 의거하여 결정되는 경우가 드물다. 따라서 편수 담당자는 학습 자료의 선택이 최적·최선이 될 수 있도록 학문적, 행정적 노력을 해야 한다. 그리고 다양한 학습 자료가 제시되어 학습 경험이 풍부하게 형성되는 기회를 마련해 주는 것도 중요하다.

셋째로, 교수·학습의 결과를 확인하고 개선할 수 있는 장치를 마련해야 한다. 즉, 학습목표를 달성할 수 있는 교수·학습의 선택이 타당한가를 검증하는 과정이 필요하다. 그렇게 하려면 교수·학습 방법의 개발과 이의 적용에 대한 연구도 주도적으로 편수 담당자는 이끌어야 한다.

넷째로, 학습자의 수준에 맞는 교수·학습 방법을 구안해야 한다. 학생의 개인차를 고려한 교수·학습의 방법을 이용하여 수준별 수업이 이뤄질 수 있도록 교과서 체제도 모색하는 것이 바람직하다.

그러므로 편수 담당자는 교재 개발에 대한 뚜렷한 교육 철학을 가지고, 국가의 百年大計를 설계하고 이를 책임진다는 사명감으로 무장되어야 한다. 외국의 새로운 교육 이론 습득에 경주하고, 또 이를 받아들이되 비판할 수 있는 능력도 지녀야 한다. 교수·학습과 교재에 대한 외국의 이론에 그저 몰입하여 도식적으로 적용을 위한 적용으로만 시종일관하는 것은 민족 교육과 학문 발전에 모두 장애가 될 뿐이다.

3. 교재 편수의 행정적 패러다임

전술한 바와 같이 편수의 주된 기능은 교육과정의 개발과 그에 근거한 교재의 개발로 구분할 수 있다. 그런데 이러한 업무를 수행하는 편수는 행정력을 수반하지 않고서는 효율적인 업무 결행이 불가능한 측면이 있다.

교과서를 국가에서 직접 발행하지는 않아도 교과서의 기본 형태, 내용, 체제 등을 국가적 수준에서 그 방향을 제시해 줘야 한다. 그러므로 편수 담당자는 교육과정과 교재 개발에 대한 학문적 조예를 구비해야 하며, 이를 바탕으로 미래에 대한 교육을 예측할 수 있는 능력을 겸비하여 교육의 비전을 거시적으로 제시할 수 있어야 한다. 그렇게 하려면 투철한 교육적 신념과 교육 철학을 가지고 교육과정이나 교과서 개발에 임해야 함은 물론이다.

반면에 좋은 교과서의 탄생은 이론적, 이상적 추구에서만 이룩될 수 있는 성질의 것이 아니다. 개발의 절차를 합리적으로 조정하고, 참여 인사가 교과서 개발에 전력할 수 있는 환경과 조직을 배려해야 한다. 그리고 물적 자원과 행정적 지원이 원활하고 충분하여 교재를 개발하는 개인이나 기관이 효과적으로 교재 개발을 수행할 수 있는 여건을 마련하는 것도 중요하다.

교육은 국가·사회와 무관하게 이뤄질 수는 없는 것이므로, 어떤 경우에는 개개인의 존재도 국가·사회의 틀 안에서 존재 가치의 차원을 높일 수 있는 교재의 내용과 구성을 모색하는 것이 요구된다. 교재 편수의 지원 체제인 행정적 차원에서의 주된 편수 업무는 다음과 같은 것이 있다.

① 국가 교육의 방향(추구하는 인간상) 제시
② 교과(서) 배열(textbook organization)의 결정
③ 교재 개발의 기본 방향 마련
④ 교재(도서) 편찬의 기본 지침 제시
⑤ 검정 도서 검정 기준 마련
⑥ 교재에 국가·사회적 요구 사항 반영
⑦ 교재(교과서)의 판형, 쪽수 등의 결정

상기의 행정적 업무도 결국 연구 업무의 연장선에 있다. 그러므로 교재 편수는 연구 차원과 행정 차원이라는 양면 구조의 조화를 효율적으로 모색해야만 좋은 교재가 만들어질 수 있다. 이는 편수 담당자가 반드시 구비해야 할 조건과도 연관이 된다.

교재 편수는 국정 도서 개발의 일련의 과정에서는 교과용도서의 기본 계획을 수립하는 것에서부터 개발기관의 선정, 도서 개발에 대한 기초 연구, 심의위원의 선정과 위촉, 집필 세목 작성 및 심의, 실험본 검토 및 현장 실험, 결재본 접수 등 세부적인 행정적 지원과 연구 업무가 부수되기도 한다. 교과용도서의 편찬 과정을 행정적 패러다임과 결부하여 도식화해 보면 다음과 같다.

● 교과용 도서 편찬 과정(개요)[21]

계획·위탁 단　　계	연구·집필 단　　계	심의·수정 단　　계	생산·공급 단　　계
1. 교육과정 개발 및 고시 (교육부)	8. 원고·사진·삽 화 수정·보완 (개발기관)	9. 원고본 접수·심의, 수 정·보완 (교과담당자, 개발 기관)	16. 공급·수령 (공급소, 학교)
2. 교과용 도서 기본 계획 수립 (교육부, 교과담당자)	7. 원고 집필, 사 진·삽화 제작 (개발기관)	10. 개고본 접수· 검토·조판 의뢰 (교과담당자, 발행회사)	15. 인쇄·제본· 발행 (발행 회사)
3. 교과용도서　편 찬·발행 기본 계 획 수립 (교육부, 교과담당자)	6. 심의위원 선정· 위촉, 집필 세목 작성·심의 (개발기관, 교과담당자)	11. 실험(현장검토) 본 접수, 현장 실험(검토) 수 정·보완 (교과담당자, 개발기관)	14. 생산 지시 (교육부)
4. 교과용 도서 편찬 연구 개발기관 선 정·위탁 (교과담당자, 교육부)	5. 교과용 도서 개발 기초 연구 (개발기관, 교과담당자)	12. 실험(현장검토) 본 심의, 수정· 보완, 결재본 제작 의뢰 (교과담당자)	13. 결재본 접수· 결재 (교과담당자)

　　앞으로는 경우에 따라서 좋은 교과용 도서를 만들기 위하여 집필에서 심의회 운영까지의 과정, 즉 개발의 절차를 창조적으로 개선할 필요가 있다.

---

21) 교육부, 『편수 업무 편람』(1995) p.123.

V. 결 론

문학교육의 실체가 무엇인가는 문학교육을 어떻게 실천할 것인가와 직결된다. 그런데 문학교육은 언어를 통한 교육적 행위로 문학이 취급하고 있는 인간관, 자연관을 교육적 현장으로 어떻게 흡인하느냐의 문제와도 유관하다. 그리고 본고에서 살펴봤듯이 이러한 모든 교육 현상은 언어사용과 문화 행위, 철학적 사유와 직·간접적으로 연관이 된다.

문학교육에서 교수·학습과 교재의 위치는 교육의 성패를 좌우할 만큼 중요하다. 교수·학습과 교재의 긴밀한 역동적 관계를 이론적으로 해명하고, 교육의 실천에서 효율적인 방법을 극명하게 제시할 수 있다면 문학교육의 위상을 바꿔 놓을 수 있을 것이다. 그만큼 교수·학습과 교재의 관계는 학문적으로 연구되어야 할 중요한 분야인데도 현재로서는 이를 체계화한 이론이 전무한 형편이다. 그러나 양자의 관계는 문학교육의 목표를 효율적으로 달성하는 주요 통로인 동시에 교육의 총체적 과정을 의미하므로 그 중요성 못지 않게 관계 정립이 그리 용이한 것은 아니다.

교재 편수는 이러한 어려움을 어느 정도는 해소할 수 있는 방편이 되는 분야라고 할 수 있다. 왜냐하면 교재 편수는 교육과정의 개발에서부터 교재 평가에까지 관여되는 교육 연구와 행정이 종합되는 제삼의 교육 활동이 되기 때문이다. 질 높은 문학 교재 편수가 달성될 때 문학교육의 질도 저절로 제고되는 것이다. 앞으로는 교재 편수가 단순히 교과서만 편찬하는 단선 개념에서 탈피하여 교육의 전반을 統轄하는 창조적 교육 활동으로, 즉 능동적으로 역할을 수행하는 광의적 의미로 파악되어야 한다. 그렇다면 교재 편수의 국가적 위상이 어떠해야 하는가는 그 강조가 사족이라 하겠다.

본고는 문학 교수·학습과 교재, 교재 편수에 대한 학문적, 실천적 기반과 방향을 제시하고 '교재개발학'의 가능성을 주창하는 데 목적이 있다.

교재 개발에 대하여 외국 이론의 무차별한 도입에서 탈피하고 나름대로의 우리 이론을 정립하여 학문적 위상을 높이고, 세계에로의 학문적 확산과 그 수출을 모색하는 창의적 연구 활동이 지금부터라도 시작되어야 한다. 그러려면 국가적 수준의 '교과서연구소'의 확충과 연구의 활성화, '교과서 박물관', '교과서 도서관'의 설립 등이 본격적으로 모색되어야 할 것이다. 교수 요목기로부터 현재까지의 교과서가 도서관에 구비되어 교과서 발달을 가시적으로 확인할 수 있게 하는 등, 교과서가 연구의 자료로 충분히 활용하기 어려운 상황을 빨리 해소하는 것도 우리 교육의 장래를 위해서도 시급하다.

'교육의 질은 교사의 질을 능가할 수 없다'는 말이 있다. 여기에 교육의 질뿐만 아니라 교육의 발전은 '교재'가 좌우한다는 것을 명심해야 한다.

제 3 장

문학 敎育課程의 특성과 문학교재 개발[1]

Ⅰ. 서 언

　문학은 인간의 문제를 고도의 사고 작용을 통하여 응결한 언어적 산물이다. 이러한 산물을 어떻게 교육할 것인가 하는 문제도 또 다른 언어적 활동을 필요로 한다. 그러므로 문학교육은 언어로 결과된 산물을 대상으로 이뤄지는 또 하나의 언어를 통한 교육 활동이다.

　이러한 언어적 산물의 교육은 인간이나 인간간의 문제, 자연을 바라보는 삶의 방식이나 사상이 주된 대상이 되기도 한다. 이러한 이념적, 철학적 문제를 목표로 삼아 문학교육에서는 언어적 존재로서의 인간의 의미를 음미해 보고, 인격체로서의 가치를 發揚할 수 있는 기회를 제공하기도 한다. 그러나 이 또한 언어 소통이라는 상황을 전혀 묵과할 수는 없는 것이다.

　이러한 언어적 소통을 전제로 교육과정이나 교재가 만들어진다. 교육과정이 교육의 기본 설계라면 교재는 교육을 효율적으로 수행할 수 있도록 하는 언어적 媒材요 통로이다. 교육과정에 설정된 교육의 목표나 내용, 방법이나 평가의 선언적 제시를 교재화하는 데에는 어떤 절차나 과정이 필요하다. 교수·학습과 교재와의 관계가 어떠해야 하는가를 이론적으로 정립하는 것도 그리 쉬운 것은 아니다. 그렇지만 교재화의 성공 여부가 교육

---

[1] 이 글은 "문학 교수·학습과 문학 교재 편수"(본서, pp.326~357)를 바탕으로 구성하였으므로 일부 내용에서 겹치는 부분이 있음을 밝힌다.

전반의 성패와도 직결되므로 그만큼 교재 개발에 노력을 배가해야 함은 물론이다.

교재에 대한 중요성을 인정하면서도 지금까지 교재 개발의 학문적 이론은 체계화되지 못하고 다른 교육 영역의 연구에 비하여 열천한 상태에 머물러 있는 것이 사실이다. 그런데 '교재 개발학'이라 이름할 정도로 이 방향에 대한 학문적 범주를 여러 각도에서 설정해 보는 것이 가능하다. '교재 개발학 개론(설), 교재 일반론, 교재 개발 절차론, 교육과정·교재론, 교재 구성론, 교재 기술론, 교재 활용(교수)론, 교재 분석론, 교재 평가론, 교재 발달론' 등이 '교재 개발학'의 주요한 연구 분야가 된다. 앞으로는 이 분야에 대한 연구가 심화되고 학문적 성장과 함께 이론화를 서둘어야 할 것이다.

본고에서는 7차 교육과정 '문학' 영역의 개정 방향과 일반적 특성을 먼저 살펴보고, 문학 교재 개발의 전략적 측면에서 그 전제가 무엇인가를 언급한 다음, 이를 바탕으로 어떻게 교재화해야 할 것인가, 특히 문학교육의 독립적 수행을 상정한 교재 형태(교과서)를 중심으로 문학 교재 개발에 대한 일반적 방향과 주안점을 생각해 보고자 한다.

Ⅱ. 7차 교육과정의 이념과 특성

1. 7차 교육과정 개정의 기본 방향과 특징

지식·정보 사회인 21세기로의 전환기를 맞아 우리의 교육도 세기적 변혁과 발전을 이룩할 때라고 본다. 교육 환경이 변하고 지식의 개념에 대한 인식이 지금까지와는 달라진 것이다. 교육 활동의 방법과 학교의 기능이 예전과는 전혀 비교할 수 없는 상황을 맞고 있는 것이다. 교육과정에 대한 시각도 교육 철학적 바탕 위에서 미래에 대한 예측과 대비를 위하여 발상부터의 변화를 요구하고 있다. 7차 교육과정의 개정도 이러한 교육적 상황 변화의 인식에서 출발한 것이다.

그리하여 7차 교육과정에서는 인간상의 제시 방법부터 변화를 모색하였다. 단순히 추구하는 인간의 유형을 제시한 것이 아니라[2], 모두에서 '추구하는 인간상'을 독립 항목으로 설정하고, 갖추어야 할 인간상의 근본 바탕을 제기한 다음 완성형으로서의 인간의 자질을 요구하였다. 그리하여 교육기본법 제2조에 제시된 '교육 理念'[3]을 바탕으로 추구하는 인간상을 다음과 같이 설정하였다.

> 가. 전인적 성장의 기반 위에 개성을 추구하는 사람
> 나. 기초 능력을 토대로 창의적인 능력을 발휘하는 사람
> 다. 폭넓은 교양을 바탕으로 진로를 개척하는 사람
> 라. 우리 문화에 대한 이해의 토대 위에 새로운 가치를 창조하는 사람
> 마. 민주 시민 의식을 기초로 공동체의 발전에 공헌하는 사람

즉, 추구하는 인간상을 "개성의 추구, 창의적인 능력 발휘, 진로 개척, 새로운 가치 창조, 공동체 발전에 공헌"으로 요약할 수 있다. 이러한 인간상을 구현하기 위하여 7차 교육과정은 "21세기의 세계화·정보화 시대를 주도할 자율적이고 창의적인 한국인 육성"을 목표로 다음과 같은 개정의 기본 방향을 설정하였다.

> • 건전한 인성과 창의성을 함양하는 기초·기본 교육의 충실   (목표)

---

2) 6차 교육과정에서는 '2. 교육과정의 구성 방침'에서 추구하는 인간상을 '건강한 사람', '자주적인 사람', '창의적인 사람', '도덕적인 사람'으로 정하였다.

3) "교육은 홍익 인간의 이념 아래 모든 국민으로 하여금 인격을 도야하고, 자주적 생활 능력과 민주 시민으로서 필요한 자질을 갖추게 하여 인간다운 삶을 영위하게 하고, 민주 국가의 발전과 인류 공영의 이상을 실현하는 데 이바지하게 함을 목적으로 한다."라고 제시하였다.

• 세계화·정보화에 적응할 수 있는 자기 주도적 능력의 신장 (내용)
• 학생의 능력, 적성, 진로에 적합한 학습자 중심 교육의 실천 (운영)
• 지역 및 학교 교육과정 편성·운영의 자율성 확대　　　　　(제도)

그리하여 개정의 특징으로는 10년을 하나의 교육 기간으로 보아 국민 공통 기본 교육과정을 설정하고, 편제에서 교과군을 도입하였으며, 학생의 선택 폭을 넓히기 위하여 고등 학교 2, 3학년에 선택 중심 교육과정을 도입하였다. 과다한 학습의 중압감에서 탈피하도록 교과별 학습량의 최적화를 기하고, 처음으로 교과의 특성을 고려하여 수준별 교육과정을 도입하였다. 그리고 재량 활동의 신설 및 확대와 질관리 중심의 교육과정 평가 체제를 확립하고자 하였다. 또한, 정보화 사회에 대비하여 창의성과 정보 능력의 배양을 추구하고 교육과정의 편성과 운영에서 현장의 자율성을 확대하도록 하였다.

2. 문학 영역 개정의 방향과 특성

1) 국민공통 기본 '국어' 과목 문학 영역

이러한 총론적 지향점을 배경으로 하여 제7차 국어과 교육과정에서는 '학습자의 창의적 국어 능력 향상을 중시'하고, 의미 있는 학습 경험을 강조하였다. 나아가 교육 내용의 체계를 합리적으로 구조화하려고 노력했으며, 국어교육의 질관리와 향상에 중점을 두어 개정하였다. 특히, 국민공통 교육기간 동안 각 영역별로 기본·심화 과정의 위계와 활동의 연관성을 합리적으로 구조화하려고 했다. 국어과 교육과정 개정의 기본 방향을 요약하면 다음과 같다.

첫째, 교과의 성격 규정을 명료화하고, 목표 체계를 일원화하였다.

둘째, 교육 내용을 정선하고, 이를 내적으로 구조화하려고 하였다.

셋째, 교육 내용의 범위와 수준을 구체화하였다.

넷째, 교육 내용 제시 방법을 '내용 + 행동' 구조로 개선하였다.

다섯째, '방법' 및 '평가'에 관한 사항을 구체화하였다.[4]

이러한 개정의 기본 방향은 문학 영역에 그대로 적용됨은 물론이다. 그리하여 문학에 관한 기초적인 지식을 바탕으로 학생들의 '문학 작품에 대한 수용과 창작 능력이 신장'되는 것을 중점으로 구성하였다. 문학 영역 내용의 기본 설계인 '내용 체계'를 '문학의 본질', '문학의 수용과 창작', '문학에 대한 태도'의 세 범주로 나누고, 별도의 차원에서 '실제'를 두고 각각의 내용 범주가 실제 활동과 통합되도록 하였다.

▶ 문학 영역 내용 체계

영 역	내 용		
문 학	•문학의 본질 − 문학의 특성 − 문학의 갈래 − 한국 문학의 특질 − 한국문학의 사적 전개	•문학의 수용과 창작 − 작품의 미적 구조 − 작품의 창조적 재구성 − 작품에 반영된 사회· 문화적 양상 − 문학의 창작	•문학에 대한 태도 − 동기 − 흥미 − 습관 − 가치
	•작품의 수용과 창작의 실제 − 시(동시) − 소설(동화, 이야기) − 희곡(극본) − 수필		

학년별 내용 조직은 학생들의 언어 발달과 흥미도, 내용 자체의 난이도,

---

4) '97 교육부 위탁 연구 과제 답신 보고서인 『제7차 국어과 교육과정 개발 연구』(한국 교육개발원 교육과정개정위원회, 1997)를 참고하여 정리한 것이다. 보고서 작성 당시의 것과 고시 문서에는 시간적 괴리가 있어 교육과정 내용에는 많은 차이가 있다. 그리하여 이하 7차 교육과정에 대한 언급은 대부분 이 자료를 이용하였으나 필자가 나름대로 다시 정리하였다.

텍스트 등을 계열성과 반복성을 고려하여 제시하였다. 4차 교육과정 이래 문학을 지나치게 분석적으로 다루는 것을 지양하여, 텍스트 중심과 문학 주체로의 학습자, 그리고 사회·문화 맥락적 관점을 통합적으로 수용하여 문학을 다원적 시각으로 보고 내용을 선정하였다.

6차 교육과정에서는 '문학 작품의 이해'와 '문학 작품 감상의 실제'를 분리하여 제시하였는데, 이들의 활동이 통합적으로 이뤄짐을 감안하여 7차에서는 '문학의 수용과 창작'으로 하였다. 이는 단순히 문학 작품을 읽고 해석하는 데서 탈피하여 작품에 대하여 적극적으로 반응하고, 그것을 내면화하는 과정으로 발전시키기 위해서다. 6차 교육과정에서 배제되었던 (작문 과목에 포함됨.) 문학의 창작을 문학교육의 내용으로 설정하고, 수준 높은 작품의 창작을 지향하는 것이 아니라 문학적인 표현을 사용하여 말하거나 글을 쓰는 것, 문학에 관해서 이야기하는 기초적인 것을 포함시켰다.

'문학의 실제'에서는 시(동시), 소설(동화, 이야기), 희곡(극본), 수필 등 문학의 실제 작품을 통하여 '문학의 수용과 창작' 범주를 중심으로 '문학의 본질', '문학에 대한 태도' 학습이 이뤄지도록 설계하였다.

심화·보충 수준별 교육과정 개념을 도입하여 수준별 학습 활동의 예로 기본과 심화 활동으로 구분하였다. 문학 영역 내용의 기본 활동은 모든 학생들이 그 단계 학습에 도달해야 할 문학 영역의 목표를 토대로 활동을 제시하였으며, 심화 활동은 기본 활동에서 요구하는 수준에 도달한 학생을 위하여 문학 갈래와 텍스트의 내용 난이도, 학습자의 수준에 따른 전략, 상황 등을 고려하여 제시하였다.

2) 고등학교 2, 3학년 심화 선택 '문학' 과목

'문학'은 국민공통 기본 교육 기간의 문학 영역의 교육 내용을 통합하여 심화시킨 과목으로 내용도 과목의 성격을 그대로 구현하도록 하였다.
그리하여 문학 과목의 목표를 다음과 같이 설정하였다.

> 문학의 수용과 창작 활동을 통하여 문학 능력을 길러, 자아를 실현하고
> 문학 문화 발전에 능동적으로 참여하는 바람직한 인간을 기른다.

> 가. 문학 활동의 기본 원리와 문학에 대한 체계적인 지식을 이해한다.
> 나. 작품의 수용과 창작 활동을 함으로써 문학적 감수성과 상상력을 기른다.
> 다. 문학을 통하여 자아를 실현하고 세계를 이해하며, 문학의 가치를 자신
> 의 삶으로 통합하려는 태도를 지닌다.
> 라. 문학의 가치와 전통을 이해하고 문학 활동에 능동적으로 참여하여 문
> 학 문화 발전에 기여하려는 태도를 지닌다.

목표 제시를 전문과 하위 목표로, 하위 목표는 다시 지식, 활동, 태도로
구분하여 지식보다는 활동의 중요성을 강조하고, 문학적 문화의 태도를
부각한 점이 특이하다. 그리고 학습자 중심으로 서술하고, 문학의 수용과
창작 활동을 바탕으로 자아 실현과 문학 문화 창조라는 목표의 층위를 두
었다.

내용 체계표는 이러한 목표를 구체화하는 체계로 국민공통 기본 과목
문학 영역에서 본질, 원리, 태도, 실제로 구분한 것과는 다르게 다음과 같
이 구조화하였다.

영　　역	내　　용
(1) 문학의 본질	(가) 문학의 특성 (나) 문학의 기능 (다) 문학의 갈래 (라) 문학의 가치
(2) 문학의 수용과 창작	(가) 문학의 수용과 창작 원리 (나) 문학의 수용 (다) 문학의 창조적 재구성

(2) 문학의 수용과 창작	(라) 문학의 창작
(3) 문학과 문화	(가) 문학 문화의 특성 (나) 한국 문학의 특질과 흐름 (다) 세계 문학의 양상과 흐름 (라) 문학의 인접 영역
(4) 문학의 가치와 태도	(가) 문학의 가치 인식 (나) 문학 활동에의 능동적 참여 (다) 문학에 대한 태도

'문학 능력'(문학을 만들고, 이해하고, 수용하는 능력) 개념을 도입하고, 6차 교육과정에서는 문학 활동의 범주가 문학 작품의 이해와 감상인데 비하여 7차에서는 '문학의 수용과 창작'에 주안점을 두었다. 그리고 문학 과목의 복합적인 성격을 반영하고 지식보다는 활동의 중요성을 부각시켰다. 문학의 기능을 6차에서는 교훈과 감동으로 보았으나, 7차에서는 삶의 양상으로서의 문학의 긍정적 기능을 강조하여 인식적, 윤리적, 미적, 개인적, 공동체적 기능으로 보았다.

문학의 구조를 포괄적 제시에서 탈피하여 내적 구조와 외적 구조로 나누어 구체적으로 제시하고, 문학이 인지적, 정의적, 심미적 복합 구조물임을 이해하도록 하였다. 그리고 문학 활동으로서의 소통 구조와 작품의 창조적 재구성을 요구하였다. 문학 문화의 역동성, 문학과 인접 영역의 관계를 강조하고, 통일 시대의 문학을 대비하는 내용을 설정하였다.

작품은 고정된 전범이 아니라 학습자의 다양한 문학 활동을 위해 변용될 수 있다는 관점에서 접근하였다. 여기에 문학 활동을 듣기, 말하기, 읽기, 쓰기를 포함한 언어 활동 및 다양한 비언어적 표현, 이해 활동과 통합하여 지도할 수 있도록 하였다. 창작 활동은 학습자의 요구에 따라 개작, 모작, 생활 서정의 표현과 서사문 쓰기 등의 단계를 거치되, 자신의 삶과 밀접하게 연관되도록 하는 교수·학습을 강조하였다.

모든 영역의 평가가 조화를 이루도록 하고, 양적 평가보다는 질적 평가를 모색하고, 문학 작품의 수용 활동은 창의성과 적절성을 평가하도록 하였다. 문학 작품의 창작 활동 평가는 창작의 창의성과 진실성을 평가하되, 작품 구성 요소의 분석적 평가보다 총체적 평가를 지향하고, 특히 전문가 수준을 요구하는 평가가 되지 않도록 하였다.

Ⅲ. 문학 교재 개발의 전략과 설계

1. 문학 교재 설계의 기저

교수·학습과 문학 교재의 상호 작용은 결국은 '문학교육'을 의미한다. 따라서 교수·학습과 문학 교재의 공통적인 추구를 긴장시키는 實體를 찾아보는 것은 문학교육의 본질과 목표가 어떠해야 하는가의 좌표 설정과도 유관한 사항이다. 그리고 이는 국어교육과 문학교육의 관계를 긴장시키는 것과 동일하다는 전제에서 출발하는 것도 된다. 국어교육에서 문학교육의 위치가 과연 무엇인가는 수학적 함수 관계처럼 확연하지는 않다. 그렇지만 문학교육이 국어교육에서 어떻게 중요한 위치를 차지하고, 궁극적인 교육의 지향점에서 무엇을 공유하는가를 규명해 보면 이러한 관계가 자명해지리라고 믿는다.

문학교육은 교수·학습과 교재간의 상호 긴밀한 작용으로 이뤄진다. 이미 주지하고 있는 사실이지만, 이러한 상호성을 긴장시키는 전제를 다음 세 가지 측면에서 생각해 보고자 한다. 이러한 상정은 국어교육에서 문학교육의 위상을 정립해 보는 한 방법이고, 나아가 문학교육의 목표와 본질을 가시적, 구체적으로 해부해 본다는 전제도 된다.

① **언어사용 교육으로서의 문학교육**

국어교육에서는 언어사용의 측면을 무시할 수 없다. 인간은 본능적으로 내재적 욕구를 언어를 통하여 표출하고자 하므로, 국어과 교육에서 중심이 되는 교육목표를 '언어사용 기능' 신장에 두어야 한다는 주장도 설득력이 있다. 여기에서의 '사용'의 의미는 학자에 따라 일상의 것에서보다 확장된 개념으로 사용되기도 하는데, 언어가 일면 인간의 세계에서만이 가능한 활동의 소산이고, 그 주요한 기능이 의사 소통이라는 점에서는 수긍이 가는 언명이다. 그러면서도 교육은 가치 있는 유목적인 행동으로 교육의 내용이 있어야 수행의 근거가 마련된다는 관점에서는 보완의 여지가 있긴 하다.

그런데 문학교육에서 창작과 감상은 주된 교육 내용이 되는데, 실은 언어사용의 창조적 측면과 이로 결과된 문학적 산물을 이해하고 해석하고 감상하는 것, 즉 작가와 작품 그리고 독자와의 소통 과정이 없으면 무의미한 것이 된다. 결국, 문학적 소통 행위는 언어사용의 과정이고, 고급 언어의 창출과 이의 이해를 의미한다. 문학교육의 일련의 과정도 마찬가지다. 그러므로 문학교육에서 창조적 언어 행위는 교육의 중요한 대상이 되며, 이는 언어사용 기능 신장 교육과도 긴밀하게 유관한 것이다. 이는 문학의 언어와 일상의 언어가 의미 전달이라는 궁극적 기제에서는 동일하다는 데서 출발한 발상이다.[5]

---

5) 문학의 언어와 일상의 언어에 관한 것은 우한용 교수의 "문학 교육과정론의 지형도"에서 자세히 논급하고 있다(『문학 교육과정론』삼지원, 1997, pp.36~40). 우교수는 여러 소론을 들어 국어교육의 목표와 문학교육의 목표가 상하위적으로 설정될 수 없다고 주장하면서 "오히려 교육에서 언어적 존재로서의 인간을 이해하고 그 본질에 따라 삶을 영위하는 인간, 스스로 자신의 삶에 대한 메타 언어를 만들어 가면서 이념을 모색하는 인간의 육성을 목표로 한다면 교육목표는 통합적으로 기술될 수 있을 것이다."라고 하였다.

② 문화교육으로서의 문학교육

인간이 자신의 생각과 삶에 대한 자취를 언어라는 기록으로 남긴 이래로 언어 문화의 주된 대상은 문학이라고 해도 과언이 아니다. 그리고 이러한 문학을 교육하는 것은 또 하나의 문화 행위이다. 그러므로 문학교육은 문화 교육의 일부를 담당한다고 해도 과언이 아니다.

문화라는 개념은 복합적 의미 영역을 형성하여 그리 간단하게 정의될 성질의 것은 아니다. 그러나 '지적, 정신적, 미적 발전의 일반적 과정', '한 인간이나 어떤 시대 또는 어떤 집단 그리고 인류의 생활 방식', '지적인 작품이나 지적인 실천 행위 특히, 예술적인 활동' 등의 의미역을 지니는 말이라고 할 수 있을 것이다.6) 이러한 문화의 개념에 포함된 文化의 실체를 문학에서 교육하는 것이 아니라 문화와 인간의 상호 작용을 문학을 통하여 교육하는 것이다. 따라서 여기에서의 '문학을 통한다.'라는 개념은 문학과 문화의 상호 작용을 의미하기도 한다.

문화교육으로서의 문학교육은 문화는 개인에 대하여 작용하고7) 개인은 문화에 대하여 역동적으로 작용한다는 전제에서 출발한다. 그러므로 문학을 교육한다는 것은 "학생들로 하여금 문학을 체험하게 하여 학생 스스로 문학의 가치를 인식하고 문학적인 체험을 지속적으로 확대해 가도록 하는

---

6) 김성진이 Williams, R이 *Keywords*(2nd Edition)에서 정의한 것을 바탕으로 개념화한 것을 인용한 것이다(『문학과 교육』 제4호, 문학과교육연구회, 1998, p.125).

7) 김영찬 교수가 '문화'의 기능으로 제시한 것을 개조식으로 요약해 보면 다음과 같다 (『생활·문화·교육』교육과학사, 1987, pp.69~72).

  ㉠ 문화는 개인에게 사회적 상황에서 어떻게 행동하고 느껴야 하느냐에 대한 규칙을 제공해 준다.

  ㉡ 문화는 개인의 생리적인 필요를 충족시켜 준다.

  ㉢ 문화는 인간과 우주의 본질과 인간의 역할에 대한 정립된 관점을 제공한다.

  ㉣ 문화는 사물의 의미를 규정한다.

  ㉤ 문화는 인간의 양심을 결정한다.

  ㉥ 문화는 그 안에 사는 사람들에게 소속감을 준다.

  ㉦ 문화는 인성을 형성하는 영양원 구실을 한다.

문화교육이다."8), "문학과 더불어 살아가는 문화 문법에 입문하도록 하는 과정과 결과이다."9)란 주장에 수긍이 간다. 왜냐하면 개인은 문화와의 주체적 교접을 통해 개인적 문화 인격을 형성하는 것이기 때문이다.

이처럼 교육은 바로 문화 전달의 기능을 가지며, 문화는 교육 목적과 내용의 자질이 된다. 그리고 교육적 過程이 본질적으로 사회·문화적 과정이라는 관점에서 교육과 문화는 원천적으로 분리되기가 어렵다. 문학교육은 문화교육이며, 그 중에서 문화의 유지와 생산 교육의 중추적 역할을 담당해야 한다.

③ 철학교육으로서의 문학교육

현대는 장래에 대한 예측이 불투명한 '불확실성 시대'라는 갈브레이드의 말은 문학교육의 중요성을 한층 드높인다. 문학교육은 문학 제재에 나타난 인간의 삶의 방식에 대하여 관찰하도록 하며, 문학이 그러한 것처럼 앞으로 어떻게 살아가야 할 것인가의 등대적 역할을 자임하는 교육이기도 하기 때문이다. 더욱이 인간과 자연의 상관성을 사유를 통하여 증폭시키기도 하고, 어떤 경우에는 자연의 일부가 되기로 언명하는 것을 찬양하기도 하여 인간적 가치를 고양시킨다.

이렇게 문학교육은 인간의 존재에 대한 근원적인 문제를 취급하는 것을 교육한다. 다양한 삶의 형태를 제시하기도 하고, 왜 이러한 삶을 영위해야 하는가에 대한 해답을 교육적으로 제공해 주기도 한다. 그러므로 문학교육은 일종의 '인간 바라보기', '자연(사물) 바라보기' 교육이다. 이러한 문학적 추구를 교육하려면 철학적 사유를 도외시하고는 수행할 수 없다. 결국, 문학교육은 인간, 자연, 그리고 이들의 상호 작용을 해명하는 교육도 되는 것이다. 그러므로 문학교육은 철학적 사유를 언어적으로 구체

---

8) 우한용, 『문학교육과 문화론』(서울대학교출판부, 1997) p.95.
9) 앞의 책, p.59.

화한 그림이라고 할 수 있다.

'철학적 인간학'이라 명명하여 인간을 철학적으로 이해한다는 것은 '전체적인 의미'에서 인간 존재를 의미한다는 것이고, 전체적인 의미에서 인간을 이해하고자 하는 인간은 고정적인, 폐쇄적인 존재가 아니라 인간은 삶의 조건으로서의 문화를 끊임없이 새롭게 창조해 감으로써 스스로를 늘 새롭게 창조해 가는 그러한 존재를 말한다고 한다. 그러므로 인간은 "자연적으로는 미완성의 존재이지만 문화의 세계로서의 사회 안에서 스스로를 완성해 가는 것이 인간이기 때문에 자연 이상의 존재이다."10)란 말에 공감이 간다. 즉, 문화와의 교접으로 항상 자신을 새롭게 형성하는 것이 인간이라는 것이다.

이렇게 인간은 문화를 창조하며, 문화의 세계에서 스스로의 존재를 확인한다. 이러한 기능을 즉, 철학적 사유와 삶의 모습을 단적으로 증변하는 것이 문학적 사유이다. 문학은 철학적으로 인간을 바라보는 것을 중심 인물의 행동과 대화, 그리고 작자의 서술을 통하여 제시한다. 문학교육은 이러한 '인간 바라보기', '자연 바라보기'를 교육하는 것이다. 그렇다고 문학교육이 곧 철학교육(문학교육=철학교육)은 아니다. 문학교육적 철학교육이다. 철학적 사유를 문학적 상황 사유로 대치하는 교육이다. 문학교육이 철학적 사유의 근원을 해명해 줄 때 문학과 교육이 인간에 더욱 근접해야 한다는 물음에 스스로 해답을 준다

이렇게 문학교육은 언어사용 기능의 신장뿐만 아니라 문화나 철학교육의 중심이 된다. 그렇다면 교수·학습과 교재의 구성에서 상기의 세 가지 교육적 자질은 상호 긴밀한 역동적 배경으로 작용하도록 전제해야 한다. 더욱이 문학 교재는 당대 교육 문화와 교육 철학의 반영이므로 앞으로 교육을 주도할 문화 발전과 철학 형성의 선도적 역할 수행을 문학교육은 자

---

10) 이규호, "현대의 철학적 인간학의 상황"(『현대사회의 철학적 이해』 배영사, 1990) p.58.

부해야 한다.

2. 교수 · 학습 설계와 교재 개발

교육은 가치 있는 교육 목적과 목표를 달성하기 위한 의도적인 활동이다. 그러므로 의도적인 활동을 교육적으로 수행하는 데에는 효율적인 절차와 과정을 고려하게 되는데 그 중의 하나가 교수 · 학습이라고 하겠다. 그런데 교재 구조(structure of subject)와 교수 · 학습은 유기적인 밀접한 연관을 갖는다. 교재의 구조는 교수 · 학습 절차에 따라 달라지기 때문이다.

교수 · 학습의 형태를 이루는 데 관계되는 조건에는 여러 가지가 있다. 교육의 목표가 무엇인가도 교수 · 학습의 형태를 바꾼다. 교육의 목표 구현을 위하여 어떤 제재를 이용할 것인가와도 유관하다. 또, 교재의 기능을 어디에 두느냐에 따라 교수 · 학습의 방법이 달라지고, 교육할 내용을 무엇으로 하느냐에 따라 교재의 구조도 다양해진다. 그런데 교육 내용은 교육과정에 대한 철학적 입장에 따라 달라진다. 이처럼 교수 · 학습과 교재는 역동적 현상으로 존재한다. 교재 설계의 基底와 함께 이를 도식해 보면 다음과 같다.

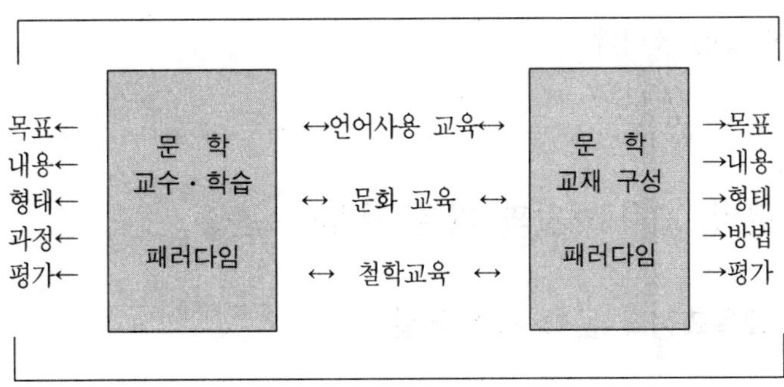

상기의 도식에서 문학교육은 교수 · 학습과 교재를 중심으로 문학교육

의 본질을 구현할 수 있는 핵심에 놓임을 상정할 수 있다. 문학·교수 학습의 패러다임은 교육의 목표, 내용, 형태(종류), 그리고 그 과정과 평가의 방법을 어떻게 운용하느냐에 따라 구조화의 방법이 달라진다. 문학 교재의 패러다임은 교재에 제시되는 교육목표, 내용, 교재의 형태와 구싱 방법 그리고 활용과 평가의 중점에 따라 그 구조화의 방법이 다양해진다.

이렇게 문학 교수·학습 패러다임과 문학교재 패러다임은 목표, 내용, 형태, 과정(구성 방법), 평가와 서로 유관하여 긴밀하게 작용한다. 그리고 이들 요소들의 상호 작용은 언어사용 교육, 문화교육, 철학교육이라는 긴장성으로 더욱 차원을 달리한다. 그러나 이들은 상하의 예속 관계, 좌우의 동등 관계, 선후의 순차 관계를 항상 유지하는 것은 아니다. 교육적 상황에 따라 그 역동적 관계가 무쌍하다. 여기에서의 '교육적 상황'이란 "교육을 효율적으로 수행하는데 파생되는 모든 가변적 요소를 내포한 인적, 물적 관계"를 의미한다. 이렇게 교수·학습 패러다임과 교재 구성의 패러다임의 관계는 교육적 상황에 따라 그 작용이 달라지면서 교육목표 실현을 효율적으로 구체화한다고 보겠다. 의도하는 교수·학습의 실천을 위하여 교재를 그러한 방향으로 구성하느냐, 아니면 교재 구성의 방향과 활용에 따라 교수·학습의 형태가 달라지는가는 이들 상호 요소간의 긴밀한 작용 관계에 달린 것이다.

Ⅳ. 문학 교재 개발의 기본 원리와 실제

1. 교육과정과 문학 교재 개발

교육과정은 교재화에 필요한 문학교육의 목표를 가시적으로 설계한 내용을 제공한다. 이러한 내용 체계를 교재의 형태로 만드는 것이 교재화의 과정이다. 교재를 완성한 다음에는 현장에서 교수·학습의 실제 상황을 연출해 보고, 교육목표가 제대로 학습의 성과로 성취되도록 교수·학습하는 활용 단계를 거친다. 그런 다음 교재로서의 가치 판단을 위하여 미시적으로나 거시적으로 구조화가 적절한지를 분석해 보고 평가하는 과정이 필수적으로 뒤따른다.

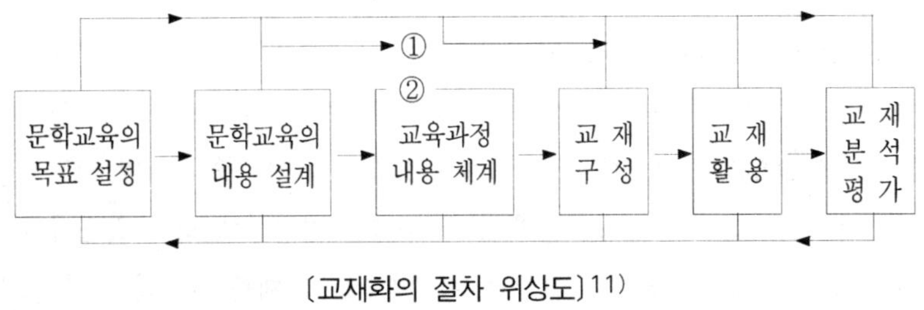

〔교재화의 절차 위상도〕11)

상기와 같은 순차는 교재를 만드는 일련의 과정을 총체적으로 도식한 것으로, 문학교육의 목표 설정에서부터 교재 평가까지는 처음과 끝이 있는 단선 구조가 아니라 순환적·역동적 관계로 작용한다. 이들 각각은 교재 개발학의 주요 분야가 되며 상호 연관이 필연적이다.

그런데 교재화에는 교수·학습의 방법을 항상 염두에 두어야 하는데, 이의 방법에 따라 교재의 형태와 성격이 달라지기 때문이다. 그러므로 교육과정의 구조와 교재의 구조를 교수·학습의 구조를 매개로 하여 연결시키는 과정이 필요하다. 이 또한 교재화의 기본으로 교재의 형태가 교수·학습의 방법을 좌우하기 때문이다.

교육과정과 교수·학습, 교재의 관계는 각각의 구조는 비슷하나 이들 구조를 이루는 요소들간의 관계는 일관되게 법칙성을 이루는 것은 아니다.

---

11) 본서, "문학 교육과정 내용의 교재화"(pp.304~305)에서 제시한 것이고, 교재화에 대한 자세한 내용은 이를 참조하기 바람.

<table>
<tr><td>(가) 교육과정 :</td><td>(성격)→목표→내용(내용 체계+내용)→방법→평가</td></tr>
<tr><td></td><td>↓</td></tr>
<tr><td>(나) 교수 · 학습 :</td><td>목표→내용　　　→　　　방법→평가</td></tr>
<tr><td></td><td>↑</td></tr>
<tr><td>(다) 교재 구성 :</td><td>목표→내용　　　→　　　(방법)→평가</td></tr>
</table>

　　교육과정 '4. 교수 · 학습 방법' 항목에서는 교육목표를 효율적으로 구현하도록 이에 대한 지침을 제시하고 있다. 그런데 이를 교재화에 직접 수용하려면 교육목표 구현에 가장 적절한 교수 · 학습의 형태를 별도로 선정해야 한다. 그러므로 교육과정과 교재 구성을 가장 긴밀하게 접근시키는 것이 교수 · 학습인 것이다. 그런데 지금까지의 교재를 분석해 보면 교재 구성의 일련의 과정이 교수 · 학습의 형태를 고려하지 않은 학습 자료의 제시에만 머물러 있고, 다만 목표의 확인을 선언적으로 평가하는 방법만 제시하는 교재가 대부분이다. (가)와 (다)가 (나)를 중심으로 긴밀하게 연결되지 못하는 교재의 형태를 이루고 있다는 말이다.

　　교수 · 학습 설계는 교재의 설계의 바탕이며 기초이다. 따라서 교수 · 학습의 설계가 선행하지 않고서는 교재 구성이 자유로워질 수가 없는 것이다. 교재 구성에서 실질적 활동인 내용의 선정과 조직, 내용의 수준과 범위, 구성 체제 등도 모두 교수 · 학습의 형태와 밀접한 관련이 있는 것들이다.

　　그런데 교재를 중심으로 교수 · 학습의 위치는 다음 두 측면에서 생각할 수 있다.

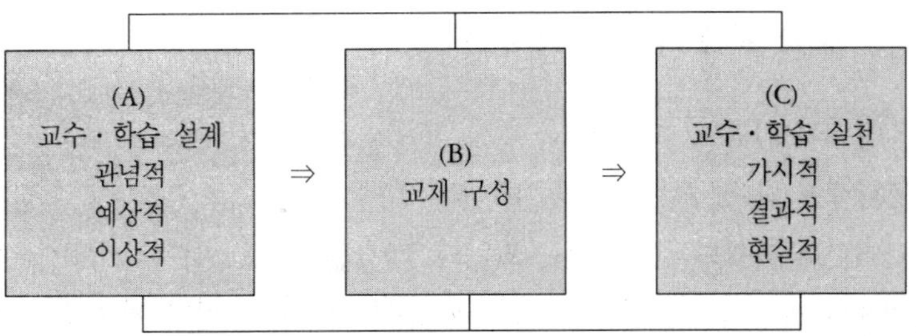

교수·학습 설계가 먼저 이뤄지고(A) 그에 따라 교재 구성(B)을 효율적 교수·학습 수행(C)을 목표로 하여 구조화되어야 한다. 그리고 이렇게 구조화된 교재(B)를 교실 현장에서 다시 교수·학습(C)의 형태로 실질적 상황으로 전환하는 것은 차후 실천의 문제다.

그러므로 (A), (C) 교수·학습에 괴리가 없으려면 (B)의 교재 구성이 성공적으로 이뤄져야 한다. 지금까지는 (B)와 (C)의 관계만을 고려한 측면이 많은데, (A)와 (B)의 관계가 교육적으로 고려되었으면 교수·학습의 실천(C)은 성공적으로 이뤄질 수 있는 것이다. 앞으로, 이들의 관계를 효율적으로 연결시켜주는 고리 인자를 체계적으로 밝히는 작업이 우선적으로 필요하다.

2. 문학교재 구성의 실제

교수·학습을 염두에 둔 교재 구성에는 여러 방법이 있을 수 있다. 교재를 하나의 구조로(거시 구조) 보는 관점과 교재를 이루는 각각의 단위(미시 구조)로 분석하여 보는 관점에 따라 구성의 방법이 달라진다. 그러면서도 각각의 단위 구조는 전체적으로는 긴밀한 관계를 유지하면서 통일성을 이뤄야 함은 물론이다.

1) 문학 교재 구성의 거시 구조

교재(교과서)를 교수·학습을 위한 하나의 자료로 본다면 그 구조도 이에 합당해야 함은 물론이다. 즉, 교재의 거시적 구조도 교수·학습의 원리에 근거하여 조직되어야 한다는 말이다. 거시적 구조는 미시적 구조 구안의 전제와 바탕이 되므로 이를 염두에 두고 계획을 수립할 필요가 있다. 그리고 교재 전체를 통철하는 거시적 구조는 교재의 기능과 성격을 규정하는 것과도 관련된다.

교수·학습의 형태를 어떻게 보여주느냐에 따라 교재의 구조가 달라진다. 여기에는 모든 단원에 단일한 교수·학습을 보여 주는 획일화된 체제 구성과, 단원마다 각기 다른 다양한 교수·학습을 제공하는 파노라마적 구성 체제로 대분할 수 있다. 자율 학습이 가능한 교과서의 체제라든지, 자기 주도적 학습의 효과를 백배하려는 구조, 또는 열린 교육의 다양한 교수·학습의 형태를 제시하는 구조 등 그에 합당한 교재 전체의 체제를 교육적으로 구안해야 한다.

다음으로 내용의 배열 방법이 어떠하냐에 따라 거시 구조도 달라질 수 있다. 시대적 순서에 따라 문학사를 정리하는 입장에서, 아니면 장르별로, 또는 시대적 변화와 장르를 동시에 고려하면서 구조화하는 경우 등이 있다. 이러한 빙법은 다양한 교수·학습의 전형을 보여 주기가 어려운 면이 단점으로 작용할 수도 있다.

문학교육의 목표를 상세화하고 이를 유목화하여 목표별로 구조화하는 방법도 있다. 그리고 이 때의 교육목표는 문학교육 영역의 지식의 구조화로 제시할 수 있다. 목표를 유목화하는 방법도 관점에 따라 다양해질 수 있다. 목표별로 교재를 구성하는 방법은 다양한 교수·학습의 형태를 보여 줄 수 있는 장점이 있다.

여기에 교육과정에 제시한 내용 체계를 좀더 상세화하여 전개하는 방법이 있다. 이는 문학교육목표의 상세화와도 관계 있는 것으로 교육과정에 제시된 내용 체계가 모순이 없어야 한다는 전제하에서 교재 체제에 원용해야 할 것이다. 그런데 교육과정에 제시된 내용 체계는 영역의 구분에서부터 완결된 지식의 구조가 아니기 때문에 세심한 배려가 요구된다.

교재의 성격과 유형에 따라 그 구조도 달라진다. 독본형, 강의 요약형, 연구 문제형, 학습 자료형 등 그 성격과 유형에 따라 거시적 구조가 달라지는 것이다. 학습의 목표를 실현하는데 주된 교재로 사용하느냐, 보조 교재로 사용하느냐에 따라 그 체제가 달라질 수 있다. 보조 교재의 경우는 일정한 틀의 교수·학습의 형태를 보여 줄 필요가 없으며, 주교재의 기능을 보완하는 차원에서 구조화해도 좋다.

지금까지 개발된 문학 교재를 분석해 보면 단원과 단원의 순차나 위계를 고려하지 않고 교재를 조직하는 경향이 지배적이었다. 그러나 이러한 위계나 순차는 문학교육을 이루는 지식을 총체적으로 교재 개발을 위한 구조로 위계화하는 작업이 선행되어야 하는 어려움이 따른다. 이제부터는 문학의 교재 개발을 위한 문학교육 지식의 상세화와 위계화를 정립한 다음, 그에 따라 교재를 구성하는 것이 바람직하다. 물론, 국어교육에서 다른 영역도 마찬가지다.

2) 문학 교재 구성의 미시 구조

교재 구성의 미시적 구조는 단원(unit) 구성의 방법을 말한다. 단원이란 어떤 주제나 교육 내용을 편의상 통일성을 갖는 하나로 묶은 학습의 단위를 말한다. 교수·학습이 이뤄지는 현장에서는 방대한 양의 교육 내용을 적절한 단위로 구분해서 어떤 통일된 하나의 상태로 분절할 필요가 있는데 이를 단원이라 한다. 곧, 교수·학습의 상황에서 어떤 일정한 과제를 해결하는 데 필요한 학습 내용이나 경험을 전체성과 통일체를 이루도록 조직해 놓은 것을 말한다.

문학교육에서도 학습 활동의 편의상 하나의 중심 문제를 단위로 하여 조직한 학습 내용의 통일체, 곧 일종의 교재를 의미하는 단원의 활용이 필요하다. 결국, 단원이란 학습 활동이 가능하도록 언어 활동이나 경험을 중심으로 조직한 학습 자료를 말하기도 한다. 즉, 교과의 목표를 실현하려는 의도와 학습자의 언어 능력과 언어 활동이 가능하도록 조직된 학습 내용이다. 따라서 단원은 학습 활동을 통일성 있게 하고, 총체적인 언어 활동을 중심으로 제시한 교재의 역할을 담당한다. 그리고 학습 활동의 중심을 어디에 두느냐에 따라 단원의 성격과 종류가 달라질 수 있다.

일반적으로 현재까지 성행한 단원 구성의 순차와 방법은 다음과 같다.

① 학습 동기 유발 → ② 학습목표 제시 → ③ 학습 내용 조직 → ④ 학습 결과의 확인 → ⑤ 보충·심화학습 제시

①~⑤의 순차적 구성 방법은 화석화된 절차는 아니다. 단원의 성격에 관계없이 보편적으로 받아들이고 있는 교재 구성의 일반적인 방법인 것이다. 그리하여 단원 구성에서 단순한 절차를 반복하는 기계적인 교수·학습의 형태를 조장하는 듯한 정도의 교재 개발 수준에 머문 인상을 준다.

교재 구성에서는 ②~④가 제일 핵심이 되는 과정이지만 어떻게 이들을 연결해야 하는가의 연구는 전무한 편이다. ② 목표 설정도 기술 형태를 비롯하여 배려할 사항이 한둘이 아니다. 학생 성취도 측면에서의 목표 진술 법, 목표 분류법, 가르치는 것에서 평가까지 목표를 어떻게 활용할 것인가 등 고려할 사항이 꽤나 많다.[12] 그러나 이러한 것들을 염두에 두지 않고 목표를 설정하기가 쉽다.

③은 학습목표를 효율적으로 달성할 수 있는 교수·학습의 형태를 구

---

12) Gronlund. N. E, *Stating Objectives for Classroom Instruction*(『교실 수업을 위한 목표의 진술』 주영숙·김정휘 공역, 형설출판사, 1996)은 많은 참고가 된다.

안하는 부분이고, ④는 학습목표나 교수·학습과 유관한 평가 방법을 모색하는 부분이다. 그런데 ③에서는 교수·학습의 과정이나 절차의 모형을 제시하는 것이 아니라 일관되게 자료의 제시에만 그친 경우가 대부분이다.

학습 내용 조직의 절차를 제시해 보면 다음과 같다.

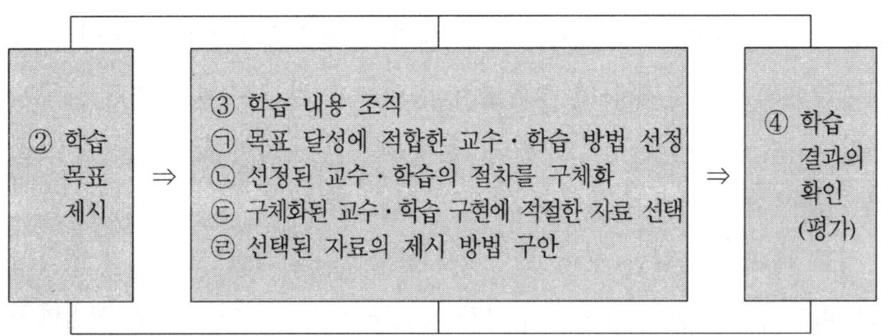

④에서 학습 결과의 확인도 단순 질문 형식의 제공으로 임무 완수를 선언하고 있는 실정이다. 곧, 학습의 목표와 평가를 직접 연결할 뿐이지 학습 내용과 교수·학습 과정의 성공적 수행을 포함하는 평가 방식을 제시하지 못하는 형편이다. 그리고 평가가 제대로 이뤄지기 위해 평가 모형의 개발을 비롯하여 지면 할애도 넉넉해야 할 것이다.

단원 구성은 교육의 실천을 창의적으로 발휘할 수 있는 교재 개발의 기초이면서 핵심이다. 문학 교육과정의 교육목표를 효과적으로 실현하고, 이를 의도적으로 교육하려면 단원의 지도 목표를 상세화하고, 이를 중심으로 효율적인 교육 활동이 전개될 때 문학능력은 균형 있게 신장된다. 문학교육에서 단원을 구성하는 데에는 단원 내에서의 교육의 여러 국면을 유기적인 하나로 묶는 통일성을 갖추는 문제와 단원과 단원 사이의 서열화 등 어떻게 단원을 연계시키느냐 하는 문제에 주목해야 한다.

3) 전자(다) 매체 문학 교재의 구조

정보 · 지식 사회의 도래와 함께 문학의 연구와 문학교육의 경계선도 무너지고 있다. 사회의 급격한 변화에 따라 지식의 발달과 문학에 대한 인식도 변하여 문학교육의 공간도 한층 넓어지면서 다른 한편으로 통합되는 모습도 보여 준다. 지금까지는 주로 활자 매체에만 의존하여 문학을 이해 · 감상하고 창작 활동이 이뤄졌지만, 이제는 전자 매체에 의한 새로운 패러다임의 문학이 탄생되고 있다. 전자 매체의 문학이 활자 매체의 보조적 역할에서 탈피하여 독자적 고유 영역을 확보하고 있는 것이다.[13]

정보 매체가 발달한 현대 사회에서 문학교육의 효율을 높이기 위하여 멀티미디어의 사용은 시대적 추세가 되었다. 멀티미디어는 교실 현장에서의 직접 교육이 이뤄 낼 수 없는 교육의 효과를 다른 측면에서 발휘하기 때문이다. 전자 문학교재는 교수 · 학습의 차원에서 교재로의 기능을 발휘하려면 문자 교재와는 다른 상황을 요구한다. 이 경우 학습 내용은 존재하지만 교수자가 없다는 데서 교재로서의 구조가 다른 특성을 지녀야 한다는 말이다. 그러므로 전자 매체의 공학적 원리를 교수자의 위치로 전환하는 기술과 이에 따른 교수 · 학습의 원리를 창안하는 과제가 남는다. 따라서 전자 문학교재의 문자 교재와는 다르게 그 구성에서 다음 사항을 유지할 필요가 있다.

먼저, 제공되는 문학 교재의 성격과 활용 목적, 방법이 뚜렷해야 한다. 학습할 내용, 학습의 과정 등 매체 자료는 '이것이 무엇이다' 확실한 성격이 부여되어야 이용자에게 혼란을 주지 않을 뿐더러 목적성을 가지고 이용할 수 있다. 교과서의 보조 교재, 교과서 밖의 문학교육 자료 등 그 성격

---

13) 7차 교육과정 '문학' 과목에서는 '(3) 문학과 문화' 영역 '(라) 문학의 인접'에서 '② 문학이 현대 사회의 다양한 매체와 결합하여 수행되는 양상을 이해한다'라고 하여, 매체 언어를 통한 문학교육을 적시하고 있다.

에 따라 학습자의 선택 취향이 달라진다.

다음으로, 전체의 내용 구성이 유기적인 관계를 유지해야 한다. 교재를 형성하고 있는 각각의 학습 자료들 간의 기능이 유기적이고 체계적으로 연결되어야 한다. 단순 화면 단위의 구성에서나, 단위를 다시 묶은 더 큰 단위의 구성에서도 마찬가지다. 그러므로 이들 구성 요소들의 긴밀한 관계를 고려하여 제시되는 순차를 결정해야 한다. 그리고 활용에 편리해야 함은 물론 전체적으로 적용되는 활용 방법에도 변화가 없어야 한다.

또한, 문학교육에서 필요한 모든 자료를 이용하고 제공하려는 욕심을 버리고, 어느 특정 분야를 집중하여 교육하는 교수·학습의 형태를 유지해야 한다. 교육 내용의 제공과 화상 등의 활용이 문자 교재보다 편리하다고 하여, 모든 분야의 문학교육을 책임진다는 의도로 자료 제공에서 과욕을 보이면 역작용을 초래할 우려가 많다. 문학의 장르별로 또는 시대의 구분에 따라 어느 특정 분야를 집중적으로 제공하는 전자 교과서 형태를 유지해야 교육에 효과를 높일 수 있다.

그리고 문학 교재의 구성 내용이 참신성이 있어야 하고 활자로는 제공할 수 없는 내용이나 방법이 시각적으로 모색되어야 한다. 여기에 교육공학적 효과를 최대한 발휘할 수 있도록 화면 구성을 해야 한다. 화면 구성이 미적 감각을 최대로 발휘해야 하며, 동화상이나 정지화상의 이용에서 가로, 세로의 포맷이 공학적이어야 한다.

그리고 일반 문학 교재와 마찬가지로 학습 결과에 대한 가시적인 점검 과정이 있어야 한다. 즉, 학습한 다음에는 평가할 수 있는 과정을 제시해야 한다. 평가 방법도 전자 매체의 특장을 십분 이용해야 하고, 평가는 누적되어 그 변화의 양상을 비교, 분석할 수 있게 하는 것이 좋다. 그리고 멀티미디어 교수·학습 자료에 머물지 않는 문학 교재로서의 특장이 발휘되는 준거가 필요함도 물론이다.

V. 문학 교재 개발의 방향과 주안점

7차 교육과정에서는 문학교육의 본질과 목표를 더욱 구체화시키려고 노력하였다. 그리하여 '문학 능력'이란 개념과 창작 활동을 본격적으로 도입하였다. 문학 문화가 인접 예술을 비롯하여 사회·문화 현상과 밀접하게 관계되고, 문학이 현대 사회의 다양한 매체와 결합하여 수행되는 양상을 이해하는 것을 강조하였다.

문학 교재는 문학교육을 실질적, 효율적으로 구현할 수 있는 구조와 형태를 갖춰야 한다. 그러나 지금까지의 교재화 방법은 이론과 실제에 괴리가 있어 온 것이 사실이다. 7차 교육과정의 내용을 교재화하는 데에도 참신성과 창조성을 발휘하여 보다 발전된 교재의 모습을 보여 줘야 할 것이다.

첫째로, 언어사용·문화·철학교육으로서의 문학교육의 역할을 전제로 교재화를 모색해야 한다.

인간은 언어적 존재로 언어를 이용하여 의사 소통을 하며, 문화를 창조하고 철학적 사유를 가시화한다. 문학교육은 이들을 교육적으로 수행할 수 있는 내용을 포함한다. 그러므로 문학교육의 목표와 본질을 교육적으로 구체화한다는 관점으로 교재화하는 과정에서 이러한 모든 것을 포괄하는 기능을 교재에 부여해야 한다.

둘째로, '문학 능력'의 개념을 구체화한 모습을 교재에서 보여줘야 한다. 문학 과목 교육과정 '1. 성격'에서는 문학 능력에 대하여 다음과 같이 언급하였다.

> 학습자가 문학 현상에 능동적으로 참여하여 문학 문화를 형성하는 데 필요한 능력이다. 이 능력은 문학 행위와 관련지어 일정한 계층을 형성하는데 표층에는 문학적 소통 능력이 있고, 문학적 사고력과 문학 지식이 이를 뒷받침하며, 문학 경험과 문학에 대한 가치와 태도 측면이 기저가 되어 통합적으로 발현된다.

결국, 문학교육의 목표를 一弊해 보면 문학 능력의 신장에 있다고 해도 과언이 아니다. 이러한 능력의 개념은 다시 분화할 수 있는데 교재화에도 그대로 전이되어야 한다.

① 문학에 대한 지식의 학습을 체계적으로 수행할 수 있도록 절차를 구조화해야 한다. 문학 지식을 교육적으로 위계화하는 작업 즉, 지식의 구조화가 필요하다. 문학의 특성에서 문학의 가치에 이르기까지의 순서가 교육에 알맞은 순차인지, 아니면 어떤 구조로 지식의 체계를 잡아야 하는 지를 밝혀야 한다. 그리고 이러한 구조로 교재화가 이뤄져야 한다.

② 학습자가 문학 작품을 수용(이해와 감상)하는 절차와 방법을 교수·학습 형태로 제공하고, 나아가 비평적 자기 성찰의 수준에까지 도달할 수 있는 통과 규칙이 제시되어야 한다.

문학 작품의 이해와 감상을 認識的, 미적, 윤리적 측면에서 어떻게 하는 것인가, 작품의 이해와 감상의 결과를 비판적, 창의적으로 이해하는 과정을 구체적으로 교재에 제공해야 한다. 작품에서 다룬 가치를 학습한 다음 자신의 삶과 연관지어 내면화하는 과정도 실질적으로 보여주는 장치가 마련되어야 한다.

③ 창작 활동을 효과적으로 교육할 수 있는 과정과 방법이 창조적으로 교재에서 제공되어야 한다.

단순 지식의 제공만으로 창작의 원리를 학습하는 교재 구성이 아니라 각 장르에 따라 다양한 창작의 실제 과정을 구체적으로 교재에 제시해야 한다. 창작에 대한 보편적인 원리와 실제를 제공하여 문학이 전업 작가만의 소유물이 아니라는 면모도 보일 필요가 있다.

④ 정서나 상상력 교육을 가시적으로 보여 줄 수 있는 교수·학습 방법을 구조화하여 제공해야 한다.

문학은 인지적, 정의적, 심미적 복합 구조물이다. 문학교육에서 인지적 영역에 대한 교육은 어느 정도 객관성 있는 실천이 가능하지만, 정의적 심미적 분야는 교육의 방법과 그 성과의 확인이 용이하지가 않은 것이 사실이다. 이 분야에 대한 연구가 미진한 것도 이러한 어려움에서 기인한 것이지만, 교재화에서는 이러한 교육적 절차와 방법을 제시해야 한다. 정의적 영역의 교육을 위해 동원되는 인지적 방법을 그 목적에 동떨어지지 않게 하는 교육적 장치가 마련되어야 한다는 말이다. 그렇게 된다면 문학이 다분히 주관적이어서 가르치기 어렵다는 인상을 불식하고 문학교육이 더욱 우리에게 가까워질 수 있는 계기가 마련될 것이다.

⑤ 문학의 가치와 태도가 학습을 통하여 형성될 수 있는 과정을 교재 구성에서 보여 줘야 한다.

'문학을 통하여 자아를 실현하고 세계를 이해하며, 문학의 가치를 자신의 삶으로 통합하려는', '문학의 가치와 전통을 이해하고 문학 활동에 능동적으로 참여하여 문학 문화 발전에 기여하려는' 태도 형성을 문학교육은 추구하고 있다. 그런데 이러한 태도 형성 즉, 내면화나 이의 확인 방법이 정교하게 개발되지 못한 것이 사실이다. 교재에서는 이들 방법을 교수·학습의 차원에서 구체적으로 보여줘야 한다.

셋째로, 문학교육목표에 적합한 교수·학습의 여러 형태를 실질적으로 보여 줘야 한다.

전술한 바와 같이 교수·학습과 교재는 불가분의 관계이다. 그런데 지금까지 개발된 문학 교재를 살펴보면, 교육목표에 적합한 교수·학습의 형태를 먼저 구안하고, 이에 적절한 문학적 자료를 선택·이용해야 하는데 그렇지 못하였다. 교육의 목표를 효율적으로 달성하기 위한 교수·학습의 원리를 제공하는 교재가 아니라 자료 나열을 중심으로 한 교재의 형태가 주류를 이뤘던 것이다.

넷째로, 문학교육목표의 성과를 확인할 수 있는 다양한 평가 방법을 구체적으로 제시해야 한다.

교육과정상에서는 각 영역의 평가가 조화를 이루도록 하고, 양적 평가

보다는 질적 평가를, 여러 평가 등을 고루 활용하여 통합적으로 평가하고, 평가 결과를 합리적인 기준에 따라 누가 기록하거나 종합하도록 하였다. 그런데 평가가 지니는 교육적 利點을 제대로 활용하지 못하고, 교재에서는 단순 질문 형식의 평가를 완결 형식으로 보여 주는 경우가 대부분이다. 이제는 다양한 평가 방법과 평가를 실천할 수 있는 과정을 교재에 직접 제시해야 한다. 따라서 평가 지면도 충분하게 확보하는 것이 필요하다. 방금 학습한 결과만을 점검하는 평가 도구가 아니라, 교육을 통하여 보편적 문학 능력이 배양되었는지를 알아보는 평가 장치가 교재에 드러나야 한다.

다섯째로, 수준별 교재 구성의 가능성을 보여 주고 확인해야 한다.

국민공통 기본 과목 '국어'에서는 심화·보충 수준별 교육과정을 도입하고, 기본 과정을 중심으로 교재를 구성하도록 하였다. 기본 과정과 심화와 보충의 관계를 교재에서 어떻게 연결시킬 것인가는 개발자의 창조적 몫이다. 심화·보충의 교재 구성은 10년이라는 통시적 맥락에서 문학교육 지식의 구조를 위계화하는 것과도 상관이 있다.

여섯째로, 매체를 이용한 문학교육의 가능성을 교재화를 통하여 보여줘야 한다.

이는 매체 언어를 교육의 대상으로 삼는 것과 유관하다. 매체 언어를 대상으로 하는 교육은 그 교육적 효과도 크지만 그에 못지 않게 많은 문제점이 내재해 있다.[14] 그러므로 매체 언어의 교재화는 이런 어려움을 극복하는 장치를 문자 교재을 이용한 보완이나 다매체의 특징을 살려서 마

---

14) 김대행 교수는 매체 언어를 교육할 때의 단점을 네 가지로 정리하였는데, 그 중 매체 언어는 화상을 동반하는 경우가 많아 상상력의 고갈을 우려할 수밖에 없다고 하고, 이는 사고의 통로를 차단해 버리고 그 결과로 창의력 결핍으로 이어질 것이라고 하였다. 그리고 이런 문제점을 대응하는 지혜로 문학이 인간다움을 추구하는 세계임을 강조하여, 문학이 추구하는 가치를 매체 언어 교육에 원용하는 것을 구체화하는 노력이 필요하다고 역설하였다("매체 언어와 국어교육" '98 한국국어교육연구회 봄 학술 발표 대회 『다매체 시대의 국어교육』 자료집, 1998, pp.64~67 참조 바람).

련해야 한다. 그런데 다매체를 이용하여 어떻게 문학 교재로서의 형식을 갖추어야 하는가는 연구도 미진하고, 그 효율성도 확인된 바도 없어 이에 대한 연구의 매진이 시급하다.

Ⅵ. 결 론

교재는 교육과정 구현의 핵심에 위치한다. 그러므로 교육과정이 교과서 등을 포함하여 합리적·효율적으로 교재화되어야 한다. 교육과정의 교재화는 교육의 질적 향상과도 유관하기 때문이다. 교재의 질은 교육과정의 질에 우선하고, 나아가 교육의 질이 교사의 질을 능가 할 수 없는 것처럼 교재의 질도 능가할 수 없다는 사실에 유의해야 한다.

21세기 지식·정보 사회는 문학교육에서도 그 기능과 역할 등에서 많은 변화를 요구하고 있다. 사회의 구조가 바뀌고, 인간과 교육을 결합시키는 機制가 예전과는 달라졌기 때문에 문학교육의 방법도 구태를 답습할 수가 없게 된 것이다. 때문에 교수·학습의 방법과 교재의 형태에서 더욱이 많은 변화를 요구하고 있다.

문학은 가치 있는 언어적 산물이다. 이를 교육하기 위해서는 교육의 효과를 높일 수 있는 교재가 필요하고, 따라서 교재도 창의적으로 다양한 형태로 구안되어야 한다. 더욱이 매체 언어를 교육의 대상으로 삼거나 교육을 수행하는 도구로 이용할 때에는 교재의 구성과 그에 따른 역할은 지금까지와는 판이하게 달라지기 마련이다.

문학교육에서 언어사용 교육, 문화교육, 철학교육까지를 담당해야 할 이론적 배경을 교재 구성의 측면에서 마련해야 한다. 이들을 단순히 포괄하여 문학교육 영역을 확장만하는 차원에서 벗어나 문학교육이 뿌리 내릴 수 있는 학문적 이론과 실천의 방법이 창안되어야 한다. 그러려면 문학 현상을 가시적인 지식 구조로 분해하는 작업이 필요하고, 문학교육의 역동적 현상도 교육적 실천을 안내하는 체계로 객관화하는 모습이 이제부터는 나타나야 할 것이다.

7차 교육과정에서는 문학교육의 본질을 찾아 교육할 수 있도록 교육의 범위를 상당히 확대하였다. 그러므로 문학교육은 인간의 삶을 반추하는 차원에서 더 나아가 문화교육, 철학교육으로서 미래에 좌표를 제시하는 삶의 구도적 역할을 자임해야 할 것이다. 교재를 통하여 이러한 모든 것들이 성취되어 문학교육이 완성의 경지에 이를 때, 국어와 국어교육의 위상이 어떠할지는 不問可知이다. 문학교육의 질은 문학 교재의 질을 능가할 수 없는 것이다.

제 4 장

開化期 교과서에 나타난 문학교육

I. 서 언

조선조 말기에 서구 문화의 지속적인 침투는 봉건사회의 가치관을 붕괴시키거나, 이를 새로운 방향으로 전환시켰으며, 더불어 여러 분야에서 舊穀에서 탈피하려는 시도가 대립과 갈등 속에서 나타났다. 이러한 변화의 요인은 자생적, 타생적인 두 측면이 있겠으나 동일한 지향점인, 개화 사상을 고취하거나 새로운 문물·제도의 수용을 통한 사회 개혁을 구가하는 원동력이 되었다는 점이다.

그런데 이러한 사회의 변화를 의도적·계획적으로 실행할 수 있는 방법이 교육이었고, 실제 당시에 서구 사조와 문물의 접촉은 이러한 신식 교육을 통하여 일반 대중에게 손쉽게 이뤄질 수 있었다. 때문에 국가에서는 제도 교육을 위하여 교과서를 편찬하고, 이를 민족 교화의 수단으로 적극 활용하였으며, 滔滔한 시대의 흐름에 적응할 수 있는 능력을 배양하였던 것이다.

더불어, 개혁과 교화의 수단으로 문학 작품이 적극 활용되었음은 물론이다. 사회의 변화와 마찬가지로 문학에서도 시대의 흐름에 부응하여, 장르에서의 다각적인 모색뿐만 아니라 새로운 사상을 수용하려는 의도적인 노력이 시도되었고, 이의 활용은 필수적이었다. 문학은 인간의 원초적인 사상과 감정의 표현이라 볼 수 있어 그 감화와 전달력이 다른 무엇보다도 우월했기 때문이다.

본고에서는 개화기 교과서에 실린 문학 작품을 중심으로 당시 문학교육의 일반적인 특징을 비롯하여, 특히 문학사상 교육의 실태와 그 방향을 개괄해 보고자 한다. 그러함으로써 문학사상 교육이 갖는 시대적 의미와 역할도 자연히 드러나게 될 것이다. 그리고 본고에서의 문학사상 교육의 실태란 문학사상에 대한 교육이 아니라 문학사상을 통한 교육의 실태란 뜻이다.

지금으로서는 당시에 사용했던 교과서가 소실되었거나 분산 소장으로 이의 전모를 파악하기가 매우 어렵기 때문에 한국 개화기 교과서 총서, 국어, Ⅰ~Ⅷ[1]에 실려 있는 것을 중심으로 하여 연구하였고, 자료의 제한 때문에 논지의 전개에 어려움이 많았음을 밝힌다.

Ⅱ. 개화기 문학교육의 일반적 특징

개화기 문학교육의 특징을 살펴보기에 앞서 전반적인 국어교육의 특성을 개략적으로나마 알아볼 필요가 있다. 당시 교과서의 편찬은 대상에 따라서 유아, 초등, 고등으로 구분하고, 발행 주체는 학부 편찬인 국정과 검인정으로 대별할 수 있다. 1895년부터 1910년까지 편찬, 발행 교과서를 정리한 '교과용 도서일람'을 보면 국어 교과서는 학부 편찬보다는 검인정 교과서가 월등히 많다.

교과서 명칭도 『國語讀本』(1906, 學部編纂), 『國語文典音學』(周時經), 『國語綴字捷徑』(韓承坤), 『新訂初等 國語語典』(金熙祥), 『國語文法』(周時經) 등 '國語'라는 명칭이 이때부터 이미 사용되었음을 보여 주고 있다. 그리고 『國文讀本』(趙元時), 『國文捷徑』(韓承坤), 『國文課本』(元泳義), 『新

---

1) 한국문헌연구소, 『한국개화기교과서총서』 국어 Ⅰ~Ⅷ(아세아문화사, 1977).

訂國文捷徑一二合付』(韓承坤), 『新纂國文家庭簡牘』(李鼎煥), 『國漢文簡牘』(金雨均) 등 '國文'이라는 용어를 사용한 것도 눈에 띄는데, 이는 당대에 이미 민족주의의 사조가 팽배했음을 증명하는 것이며, 따라서 그 명칭의 사용 동기와 시기의 출발을 앞으로 재고할 필요가 있다. 그런데 1909년에 사립 야소교 학교용으로 일본인 밋스쓰존스(ミスチヨンス)가 저작한『初學諺文』에서의 '諺文'이라는 용어 사용과 대조를 이룸에 주목된다.

당시 교과서 저학년에서는 국어의 문자 지도가 체계적으로 이뤄질 수 있도록 책의 편제가 조직적으로 짜여진 것이 많은데, 실질적인 문자 교육의 방법을 교과서에 제시했다는 점에서 주목이 간다. 문자 지도에는 여러 가지 방법이 있는데 나름대로 자모의 순서를 정하여 자형을 익히도록 한 것은 한자, 한문 교육이 당시까지만 해도 세력을 유지했던 것을 감안하면 대중 교육의 중요성을 인식했던 모양이다.

『新纂初等小學』 권육 제십일과 <書册을 독ᄒᆞᄂᆞᆫ 法>에서는 읽기의 태도와 방법을 개조화하고, 이를 독자에게 제시하였는데, 초기 읽기 지도의 실상을 파악하게 한다.[2] 수학, 도덕, 언어, 과학, 역사, 보건, 위생 등의 교육을 모두 망라한 통합 교과의 성격이 매우 강하다. 또한, 편찬자의 의도가 짙게 갈려 있기는 하나 직업교육, 노동의 보람을 강조하는 문장이 실려 있음이 특이하다. 그리고 각교과서의 체제가 비슷하여 참신한 모습을 갖고 있는 것이 별로 없고 내용에서도 중첩되는 경우가 대단히 많다.

1875년 7월 칙령 제145호에 의하여 소학교령이 공포된 때부터 1906년 8월에 공포된 신학제에 의하여 국어과가 독립될 때까지와, 이때부터 1910년 韓日合邦까지의 교육(소학교에서 보통학교로 개칭)으로 구분하여 국어

---

2) 書册을 速히 讀하지 말 것이오 聲音을 淸楚케 ᄒᆞ야 徐徐히 讀흠이 올소이다. 書册을 速히 독ᄒᆞᄂᆞᆫ 것이 能흔 줄로 知ᄒᆞᄂᆞᆫ자ㅣ 잇스나 此ᄂᆞᆫ 大不可ᄒᆞ니 萬若 過速ᄒᆞ면 誤錯이 多흘 것이오이다. ᄯᅩ 書册을 讀ᄒᆞ되 書字의 音節만 操心ᄒᆞ야 人이 聽키에 快樂케 ᄒᆞ고 書義를 料量치 아니ᄒᆞ면 此亦大不可ᄒᆞ오이다. 文字란 것은 事物을 記ᄒᆞᄂᆞᆫ 것이오 書册이란 것은 文字의 ᄯᅳᆺ을 知코쟈 흠이니 故로 書册을 讀ᄒᆞᄂᆞᆫ 法은 그 辭義를 自己도 十分 알려니와 그 傍에 듯ᄂᆞᆫ者도 그 ᄯᅳᆺ을 知ᄒᆞ도록 읽는 것을 善讀者라 稱ᄒᆞᆸᄂᆞ이다.

교육의 추이 양상을 조명해 볼 필요가 있다. 이러한 국어교육의 배경 하에서 개화기 문학교육의 일반적 특징을 살펴보면 다음과 같이 요약할 수 있다.

먼저, 교과서에 실려 있는 문학 작품 수가 제한되어 있고, 시(창가)나 설화, 속담 등을 제외한 여타의 장르는 찾아보기가 힘들다.

둘째로, 제한된 장르 속에서도 시대상을 반영하여 개화 사상의 앙양, 민족 정신의 고양이나 이와 관련한 내용을 다룬 작품이 다수를 차지하고 있다.

셋째로, 교과서에 소설이 한 편도 실려 있지 않은 점이 특이하다. 당시 신소설이 대단히 유행하였고, 그 내용에서도 교과서 편찬의 의도에 상당히 호응할 만한 작품들이 많았는데도 분량에 문제가 있어서인지는 몰라도 실린 작품이 한 편도 없다.

넷째로, 타 장르에 비해서 시(창가) 작품이 많이 실려 있고, 내용면에서도 호소력과 전달력이 구비된 것들이 다수 눈에 띈다.

다섯째로, '小學校校則大綱'(1895. 8. 12)이나 보통학교령 시행 규칙, 고등학교령 시행 규칙(1906. 8. 27) 등의 학과 과정에는 讀法, 書法, 作法, 會話, 習字 등의 과정만 보이고, 문학교육의 과정은 보이지 않는다. 이로 유추해 보면 당시에 문학 작품은 독립 교과 교육을 위한 것이라기보다는 읽기의 자료로 제공한 것 같다.

Ⅲ. 개화기 文學思想 교육의 실태와 방향

1. 교과서에 나타난 문학사상 교육의 실태

1) 시(唱歌)

개화기 서구 문화의 유입은 문학의 형태에도 변화를 가져왔는데 창가도 이때 모습을 드러냈다, 이론이 있기는 하나 대체로 개화가사 - 창가 -

신체시의 발전 구도로 창가의 위치를 설명할 수 있다. 그 형식의 장점에서 기인한 것인지는 몰라도 창가는 타 장르에 비해서 작품 수도 많고, 문면에 담겨진 사상도 매우 다양하다.

『新訂尋常小學』(學部編纂, 1896) <訓練이라>에서는

朝鮮國民 되는자는　　我軍我國 위홀지라
膽氣勇略 奮發ᄒ야　　敵兵萬若 있쓸쩌는
목숨슬기 不願하고　　一段忠義 힘뻐보세
飛雨갓튼 彈丸中에　　鬼神갓치 다니면서
鐵노몬든 성문을난　　일성포향에 씨치고
구룸갓치 뫼인敵兵　　바롬보듯 홋터보세

라고 하여, 부국강병의 의지와 함께 민족의 분발을 고양시키고 있어 동학 이후의 시대상을 잘 반영하였다고 보겠다.

1906년 이후에는 순수 서정시도 몇 편 보인다. <秋>(『初等小學』, 大韓民國 敎育會 編纂, 1906)라는 시에서는 한자어의 사용에서 완전히 탈피하지는 못했으나 순수한 우리말의 묘미를 십분 살려 가을의 정감이 시의 정형성을 벗어나 표백되고 있다.

(一) 서늘ᄒ게 부는바람　　陰樹속에 소래ᄒ네
　　 너푼너푼 나는입새　　梧桐나무 먼져안다
　　 못가운데 고운련꽂　　반씀굽어 물어젓네
　　 놉흔가지 우는맴이　　번차례로 매암매암

이밖에 <驟雨>, <蝶>, <雨>, <漂衣>(『國語讀本』, 學部編纂, 1906) 등에서도 서정적 자아가 자연의 目睹에서 발생하는 순수한 서정을 적나라하게 토로하였다. 반면에 인간 관계를 강조한 <善友>라는 시도 보인다.

물은 담는 그릇의 빗을 따라서　　이리도 변ᄒ며 뎌리도 변ᄒ고

<pre>
사룸은 사괴는 친구룰 짜라셔   善ᄒ게도 되며 惡ᄒ게도 되오
날보담 멋비나 優勝ᄒ 朋友룰   擇ᄒ고 求ᄒ야 써써 相從ᄒ고
過失을 고치고 善行을 본밧아   이니몸도 賢人君子 되고지고
</pre>

현인군자의 출발은 善友를 택하는 데 있다는 내용이다. 『幼兒必讀』(學部檢認定, 1907)에 실려 있는 <本分직힐일>(一)(二)에서는 당시 국권 상실의 통분을 짧은 언설에 얻고 있다. 시행의 배열에 잘못이 보인다. <血竹歌>(一)(二)에서도

<pre>
(一)슬푸도다 슬푸도다   우리國民 슬푸도다
   國恥民辱 至今生存   우리무리 무삼面目
   슬푸도다 슬푸도다   우리국민 슬푸도다
   한칼로 殉國ᄒ든   精忠大節 그靈魂
   슬푸도다 슬푸도다   우리국민 슬푸도다
   自由國權 썻기엿소   今日奴隸 이아닌가
   九原冥冥 져가온데   우리국민 구버보네(後略)
</pre>

라고, '슬푸도다'란 말의 반복적인 사용으로 통한의 교육적 성과를 높이려 하였고, <독립가>(一)(二)(三)에서도 같은 유형성을 보이고 있다. 兪吉濬 著 『勞動夜學讀本』(1908)의 <六條歌>, <愛國歌>에서도 이와 비슷한 내용을 담고 있으며, 특히 <六條歌>에서는 사람되는 도리, 권리, 의무, 자격, 직업, 福祿 등 여섯 가지 큰 근본의 不休精進을 주장하였고, <勞動歌>에서는 노동의 가치와 신성함을 고취하여 부국강병의 기틀이 무엇인지를 지적했다.

<pre>
(前略)산이라도 싸힐지온   어려운일 잇다말게
    바다라도 머힐지니   우적우적 나아가세
    힘들이고 쌈나이여   로동일세 로동일세
    우리나라 부강토록   우리샤회 문명ᄒ게
</pre>

효성으로 피는꽂을　　들이오자 부모님게
츙셩으로 매진열매　　밧치오자 부모님게
광명졍대 이럿타시　　대한남자 로동ᄒ세

이 밖에도 근면, 노력, 학업 정진을 嘔歌한 <短歌>(『初等小學』), 그리고 <鐵歌>, <時計>(『國語讀本』), <學問을　勸함>(『新纂初等小學』, 玄采　著, 1909) 등에서도 비유를 사용하여 배움의 고귀한 가치와 인간 형성의 근본적인 도리를 일깨우고 있다.

이 중 <鐵歌>의 비유는 호소력과 전달력이 겸비한 작품이다.

烈火에 달궈내고　　冷水에 담거니어
집긔로 꽉집어서　　마치로 두다리니
百番鍛鍊 이니놈　　强ᄒ기 긔지 업다
强ᄒ면 壽ᄒ올손가　　아니스면 못ᄒ리라
자조쓰면 빗치나고　　아니쓰면 록이는다
빗나면 시로롭고　　록슬면 썩ᄂ니라
말듯거라 청년들아　　逸居無敎 ᄒ올시면
黃미白복 가득ᄒ야　　草木同腐 슬플지라
學問을랑 힘써닥고　　寶劍을랑 자조갈게

『最新初等小學』(鄭寅琥 編述, 1908)에는 <運動歌>가 두 편이 실려있는데 신체 건강의 중요성을 강조하고 있어 주목된다.

大韓帝國의 富强하기난　　우리學徒가 擔當함내다
工夫할 ᄯᅢ에 工夫잘하고　　運動할ᄯᅢ에 運動잘하세
許多事業을 堪當하랴면　　身體健康이 第一福이오
一當百하난 競爭心으로　　太極旗下에 愉快運動을
千歲萬歲야 우리學徒지　　大韓帝國이 萬萬歲로다

이와 같이 당시 창가에 담겨진 사상은 주로 ① 富國强兵, ② 國權保存,

③ 愛國愛族, ④ 自主獨立, ⑤ 國民自由, ⑥ 身體健康 등이고, 勤勉, 學業精進을 비롯하여 忠節, 孝誠 등의 전통적 가치관도 문면에 담고 있다.

2) 說話

설화에는 민족의 정서가 배어 있을 뿐만 아니라 인간과 가장 근접한 이야기를 흥미성을 가지고 전달한다. 때문에 설화는 교과서에서 빠질 수 없는 학습의 자료로 이용되는 金科玉條요 보물이라 하겠다. 개화기 교과서에서도 설화를 교육의 주요한 자료로 삼고 있는데, 그러면서도 교과서에 실려있는 설화 편수는 매우 적다. 이야기 속에 담겨 있는 교육적 의도가 분명한 사상 유목으로 열거해 보면 다음과 같다.

① 報恩

<漁父와 龜>(『初等小學』)의 설화가 여기에 해당한다.

> 昔時에 一漁父가 海邊에서 낙시질을 ㅎ더니 한 兒孩가 大ㅎ 구를 잡어셔 가지고 가는디 그 龜를 잡너라고 一目을 멀녓는지라 그 龜가 어부를 見ㅎ고 淚를 흘녀셔 救흠을 請ㅎ는 듯ㅎ지라. 漁父가 측은히 녁여 그 兒孩다려 노흐라 ㅎ나 듯지 아니ㅎ거늘 漁父는 드듸여 其囊中에 잇는 錢을 내여 兒孩를 주고 龜를 買ㅎ야 海水에 느엇소. 그 後에 漁父가 낙시를 가지고 海邊에 가셔 魚를 낙더니 忽然히 海中에셔 大흔 龜가 口에 珊瑚와 眞珠를 물고 出來ㅎ는지라
>
> 漁父가 怪異히 녁여 仔細히 見ㅎ니 그 龜가 一目은 쓰고 一目은 멀엇소 此龜가 水中에셔 엉금엉금 긔여 漁父의 압헤 와셔 口에 물엇든 珊瑚와 眞珠를 노코 도로 드러 갓다ㅎ오

라고 싣고 있으며, 말미에 "龜는 一個 甲蟲이로디 오히려 恩惠를 잇지 아니ㅎ거늘 엇던 사람은 恩惠를 잇고 원수로 대졉ㅎ느니 엇지 此龜만 못ㅎ다 아니 ㅎ리오." 라고 부연, 설명한 것을 보면 이 부분의 교육적 의도

와 교과서에 실은 이유가 무엇인지를 확연하게 한다.

<犬墳曲>(『高等小學讀本』)도 동궤의 이야기다. 여기에서도 글의 말미에 "盖人의 食을 食ᄒ고 患難에 임ᄒ야 身으로써 救濟치 아니ᄒᄂᆫ 者ᄂᆫ 차견만 不若ᄒ도다."라고 하여 을사 이후의 국민의 감정을 고조시키고 있다. 즉, 국권 상실의 비운에 자기 몸만 보존하려는 당시의 일부 사람들에게 죽음으로써 주인을 지켜 준 개보다도 못하다고 하여 준엄하게 경종을 주려고 등재한 설화라고 하겠다.『最新高等小學』제십일 <義犬의 救人>에도 같은 내용이 실려 있으나 소략하게 윤색되어 있다. 이들은 모두 崔滋의『補閑集』이 원전임은 물론이다.

② 友愛

교과서에 실려 있는 <投金津>(『高等小學讀本』) 이야기는 다음과 같다.

> 高麗 恭愍王時에 民이 兄弟가 有ᄒ야 偕行ᄒ더니 黃金一錠을 得ᄒ지라 其半으로써 兄을 與ᄒ고 孔巖津(在今陽川)에 至ᄒ야 同舟共濟ᄒᆯ시 半渡에 及ᄒ야 弟가 忽金을 將ᄒ야 水에 投ᄒ거늘 兄이 怪問ᄒᆫ디 弟曰吾ㅣ平日에 兄을 愛ᄒᆷ이 甚篤ᄒ더니 今에 金을 分ᄒᆷ이 忽然히 兄을 猜忌할 心이 萌ᄒ니 此ᄂᆫ 不祥의 物이라 江에 投ᄒ야 忘ᄒᆷ만 不如ᄒ다 ᄒ니 兄曰汝言이 誠是라 ᄒ고 亦金을 水에 投ᄒᆷ으로 其津을 投金津이라 명ᄒ니

말미에 "世에 財利로 由ᄒ야 兄弟間에 友愛를 傷ᄒ고 反目ᄒᆷ에 至ᄒᄂᆫ 此를 鑑戒ᄒᆯ지니라."라고 하여, 이 설화를 교과서에 실은 이유를 분명히 하고 있다. 이 내용도 원래『新增東國輿地勝覽』제일권 陽川縣편에 수록되어 있음은 주지의 사실이다.

③ 孝誠

교과서에 실린 <木州曲>(『高等小學讀本』)의 유래는 다음과 같다.

> 高麗時에 木州(今木川)에 一孝女가 有ᄒ야 父와 及後母를 事ᄒ더 孝로

서 聞ᄒᆞ더니 父가 後母의 讒에 惑ᄒᆞ야 女를 逐ᄒᆞᆫ디 女ㅣ忍去치 못ᄒᆞ고 留ᄒᆞ야 父母를 養홈이 益勤不怠ᄒᆞ나 父母ㅣ 愈怒ᄒᆞ야 又逐ᄒᆞ거ᄂᆞᆯ 女ㅣ 不得已 辭去ᄒᆞ야 一山中에 至ᄒᆞ니 石窟中에 一老婆ㅣ 有ᄒᆞ거ᄂᆞᆯ 其情曲을 訴ᄒᆞ고 寄寓홈을 因請ᄒᆞᆫ디 老婆가 哀憐히 넉여 許ᄒᆞ거ᄂᆞᆯ 女ㅣ 父母를 事홈으로써 事ᄒᆞᆫ즉 老婆가 愛之ᄒᆞ야 其子로서 娶케홈이 夫婦가 協心ᄒᆞ야 勤儉致富ᄒᆞ얏ᄂᆞᆫ디 女ㅣ 其父母의 生計가 甚貧홈을 聞ᄒᆞ고 其家에 邀致ᄒᆞ야 奉養이 備至호디 父母ㅣ 猶不悅홈으로 孝女가 歌를 作ᄒᆞ야 써 自怨ᄒᆞ니 其聲이 哀切ᄒᆞᆫ지라 高麗樂府에 木州曲을 傳ᄒᆞ야 孝道를 勉勵ᄒᆞ나니라.

<木州曲>은『高麗史』樂誌 권25 木州條에 실려 있다.

④ 安貧樂道

百結 선생의 <碓樂>(高等小學讀本)에 관한 내용도 다음과 같이 실려 있다.

新羅 慈悲王時에 百結先生이 有ᄒᆞ니 家貧ᄒᆞ야 衣服을 百結홈으로 因ᄒᆞ야 號를 作ᄒᆞ니라 恒常 琴一張으로 自隨ᄒᆞ야 凡喜怒悲歌이 有ᄒᆞ면 皆琴으로써 宣ᄒᆞ더니 歲除日을 當ᄒᆞ야 隣里에셔 皆米穀을 春ᄒᆞᄂᆞᆫ지라 其妻ㅣ 杵聲을 聞ᄒᆞ고 泣ᄒᆞ야 曰他人은 皆穀을 春ᄒᆞ거ᄂᆞᆯ 我ᄂᆞᆫ 獨無ᄒᆞ니 何以歲를 卒홀고 ᄒᆞᆫ디 先生이 歎ᄒᆞ야 曰死生이 命이 有ᄒᆞ고 富貴가 天에 在ᄒᆞ니 君은 無傷ᄒᆞ라 ᄒᆞ고 乃琴을 鼓ᄒᆞ야 杵聲을 作ᄒᆞ며 써其妻를 慰ᄒᆞ니 世人이 此를 傳ᄒᆞ야 碓樂이라 謂ᄒᆞᄂᆞ니

라 하고, 말미에 "차ᄂᆞᆫ 貧을 安ᄒᆞ고 分을 守ᄒᆞᄂᆞᆫ 達士라 ᄒᆞ리로다."라 添言하고 있다. 우리민족은 예로부터 安貧樂道, 安分知足의 생활관을 견지하였다. 자연을 완상하고, 그 속에 동화만 되는 일차원의 것이 아니라, 오히려 자연을 한 차원 높은 데서 조감하여 자기화하는 문학적 발상은 우리 선현들의 자연관이었다. 일상에서의 생활관도 마찬가지다. 가난을 가난으로 여기지 않고 오히려 음악으로 차원을 달리하여 소화하려한 생활태도 같은 것이 당시에는 물론 필요했다.

<嘉俳日>(『高等小學讀本』)에서는 '會蘇曲'의 유래담을 번역체로 싣고

있으나 문학사상적 요소는 한미하다. 이상에서 살펴본 바와 같이 설화는
失傳 곡조명 중심으로 교훈성 있는 유래담을 채택하여 실었으나 시대정신
과의 연관은 미약하다.

3) 俗談

『國語讀本』 권육 제십일과 <俚語>에는

> 붓도막의 소곰도 집어 너어야 짜다.
> 三歲之習이 至于八十이라
> 急ᄒ면 바늘허리 미여 쓰나.
> 塵合泰山이라
> 百聞이 不如一見이라.
> 無虎洞中에 狸作虎라
> 人長之德이오 木長之害라
> 毒藥이 苦口ㅣ나 利於病이라
> 小貪大失이라.
> 人誰無過ㅣ리오 改之爲貴라.

등이 실렸고, 권팔 제팔과 <俚諺>에서도 다음과 같은 것이 보인다.

> 말일코 외양간 고친다.
> 臨渴掘井이라
> 자라 보고 놀는 가슴 솟잉 보고 놀는다.
> 欲速不達이라.
> 含血噴人이면 先汚其口ㅣ라.
> 防民之口는 甚於防川이라.
> 雙掌難鳴이라
> 農夫餓死種子爲枕이라
> 全痴는 誇妻ᄒ고 半痴는 誇子ㅣ라.
> 盜之逮捕에 厥足이 自麻ㅣ라

‘속담’의 어의처럼 형식과 내용에서 속담으로 볼 수 있는 순수한 것은 몇 개밖에 보이지 않고, 거개가 한문 명구에 속하는 것이다. 그리고 시대정신과 무관하게 다양한 교육적 의도가 편재되어 있음이 특이하다. ‘毒藥’은 ‘良藥’, ‘雙掌’은 ‘孤掌’의 잘못이다. 속담을 ‘俚語’, ‘俚諺’으로 명칭을 유지한 것에 주목이 간다.

『初等小學』 제이십오과에는 <蝙蝠>(박쥐) 이야기가 등재되어 있다.

> 蝙蝠은 晝伏夜出ᄒᆞᆫ데 貌樣이 鼠와 如ᄒᆞ며 又肉翅가 有ᄒᆞ야 能히 飛ᄒᆞᆷ은 鳥와 如ᄒᆞᆫ고로 그 飛ᄒᆞᆷ을 見ᄒᆞᆫ즉 鳥인지 獸인지 知키 難ᄒᆞᆷ이라. 古時에 鳥와 獸의 兩間에 一大戰爭이 起ᄒᆞ니 是時에 蝙蝠은 彼가 鳥도 아니오 獸도 아닌고로 何便에든지 석기지 못ᄒᆞᆯ줄을 知ᄒᆞ고 中立ᄒᆞ야 勝ᄒᆞᆫ 便으로 가고져 ᄒᆞ더라.
>
> 時에 獸의 便이 勝ᄒᆞ듯 ᄒᆞᆫ지라 蝙蝠이 獸에게 往言ᄒᆞ되 我ᄂᆞᆫ 獸로라. 汝等이 어느 鳥가 我쳐럼 齒가 有ᄒᆞᆷ을 見ᄒᆞ얏ᄂᆞ냐 ᄒᆞ더니.
>
> 意外에 一大鷲이 鳥를 來助ᄒᆞ야 形勢가 變ᄒᆞ야 鳥의 便이 勝ᄒᆞ게 되ᄂᆞᆫ지라 蝙蝠은 又鳥에게 往言ᄒᆞ되 鳥여 我의 翅룰 見ᄒᆞ라 我ᄂᆞᆫ 오직 鳥이로라 ᄒᆞ더니 兩間에 勝負ᄂᆞᆫ 決치 못ᄒᆞ고 鳥와 獸가 다 力이 盡ᄒᆞ야 平和가 된고로 蝙蝠은 鳥獸에게 다 미음을 밧어서 晝日에ᄂᆞᆫ 外에 出치 못ᄒᆞ고 오직 夜에만 出行ᄒᆞᆫ다 ᄒᆞ더라.

라 하고, 이어서 “此가 一俚言이로디 人이 自立ᄒᆞᄂᆞᆫ 氣가 無ᄒᆞ고 他人만 依賴ᄒᆞ면 其終에ᄂᆞᆫ 此蝙蝠의 行爲와 異ᄒᆞᆷ이 무엇이리오.”라고 저자의 해설을 첨부하였다. 이 이야기가 속담임을 밝히고, 동시에 남에게 의타하지 않는 자립정신을 강조하면서 편복과 같은 기회주의자를 배척해야 함을 분명히 하였다. 이 속담은 『最新初等小學』과 『國語讀本』에서도 이야기 형태를 취하여 싣고 있어 당시 교과서 편찬에 상호 교류를 확인하게 한다. 洪萬宗의 『旬五志』에서는 ‘蝙蝠之役’(박쥐구실)이라는 제목하에 鳳凰과 麒麟에 얽힌 비슷한 이야기를 담고 있다.

문학사상적 측면에서 본격적으로 다룰만한 분량은 되지 못하지만 개화기에 이미 교육적으로 속담에 관심을 가졌다는 데에는 그 가치를 높이 평가할 만하다.

4) 기타

개화기에는 번역 소설이 많이 등장하였다. 확실한 연대는 확인할 수 없으나 尹致昊가 이솝 이야기를 추려 번역하여 『伊素寓話』를 출판하였다. 1896년 학부편찬인 『新訂尋常小學』에 <부엉이와 비둘기>, <쥐와 이익기>, <貪心 잇는 개라>, <蠅과 飛蛾의 이익기>, <가마귀와 여호의 이익기라> 등 다소의 우화가 실린 것으로 봐서 이솝우화가 당시에 상당한 보급률을 갖고 있었음을 시사해 준다.

그리고 대다수의 교과서에 경쟁적으로 이러한 우화를 게재한 감마저 있을 정도로 많은 양을 실었으며, 또 어떤 것은 상당수가 중복되고 있다. 동물을 등장시켜 참신하고 이해하기 쉬운 비유를 통해 인간을 교화하거나 인성을 도야하는 데에는 우화처럼 그 효과를 발휘하는 것은 별로 없을 것이다. 여기에서 각 우화의 빈도나 각 교과의 이동에서 생기는 표현법의 차이를 고구해 볼 필요가 있다. 제목도 <개의 그림자>(『初等小學』), <貪心 만흔 개>(『最新初等小學』), <慾心이 만흔 犬>(『國語讀本』) 등과 같이 중복 없이 아주 다양하다.

『初等小學』 권칠 제십오 <蘭姬의 話>에서는 다음과 같은 수수께끼가 나온다.

> 一日은 蘭姬라 ᄒᄂᆞᆫ 女子가 其同生 文智信에게 左開ᄒᆞᆫ 事를 如何히 홀가 問ᄒᆞ야 其智慧를 試ᄒᆞ얏소. 蘭姬가 言ᄒᆞ되 '智信아 昔時에 一農夫가 狐를 生擒ᄒᆞ야 鷄와 밋 穀物을 홈끠 가지고 場市에 往買홀시 其中路에 一大川이 有ᄒᆞ니 오직 一條의 木橋가 잇실ᄯᆞ름이라 三箇物을 一次에 다가지고 渡홀 수가 업거늘 그 農夫가 ᄒᆞ나식 옴기려 ᄒᆞ나 만일 먼져 穀物을 옴긴즉 뒤에서 狐가 鷄를 먹을 터이오 ᄯᅩ 狐를 먼져 옴긴즉 鷄가 穀物을 먹을

터이라 將次 何物을 먼져 옴길는지 아모리 想覺ᄒ야도 다 良策이 무ᄒ지
라. 此時를 當ᄒ야 農夫는 엇지ᄒ면 此 三箇物을 조금도 傷치 아니ᄒ고 安
죤히 옴길는지 이윽히 想覺ᄒ다가 맛참내 其方法을 得ᄒ얏다 ᄒ니 智信아
너도 想覺ᄒ야 보아라.' 智信이 聽畢ᄒ 후에……

상기의 수수께끼는 지금도 膾炙되는 것으로 사고를 상당히 요하는 것은
아니다. 그러나 다양한 문학 장르가 교과서에 학습 자료로 이용된 것에 관
심을 가질 필요가 있다. 그런데 초등소학 교과서인데도 문장에서 한자어
를 많이 사용하고, 꽤 難澁한 내용을 학습 자료로 삼아 이해를 어렵게 하
였다. 이렇게 편찬시 학습자의 수준을 고려하지 않은 점은 교과서의 생명
력을 저하시킨 요인으로 작용한다.

Ⅳ. 개화기 문학교육의 시대적 의미

1. 문학사상 교육의 방향

1) 시대 정신과의 부응과 그 구현

문학사상은 그 개념의 층위가 역동적이다. 문학사상을 이루는 변인이
다양한데, 본고에서는 작품의 배경사상뿐만 아니라 작가가 작품에 수용하
여 의도적이건 비의도적이건 간에 독자에게 드러내어 전달하려고 하는 주
제의식까지를 포함하여 문학사상으로 간주하였다. 따라서 본고에서 다루
는 문학사상 교육의 폭은 그만큼 내용과 방법 측면에서 넓어질 수밖에 없다.

문학교육이 무엇이며, 이를 어떻게 수행해야 하는가는 문학을 바라보는
관점과 교육의 목적에 따라 달라질 수 있다. 그러나 문학을 교육하는 所以
는 문학이 인간 문제를 다룬다는 점과 문학교육은 이를 포함한 그 이상의

교육 내용과 방법을 취급한다는 점이다. 그리하여 문학은 언어교육은 물론 인간교육, 철학교육과 불가분의 관계가 있다는 말이 여기에서 나온다.

문학 작품에 녹아 있는 사상은 시대정신을 반영한다. 전술한 개화기 창가가 여기에 속하며 대부분 창작물이다. 서양의 문물이 怒濤처럼 밀려오고, 그와 더불어 외세의 힘은 당시 우리 국권을 무자비하게 압박하였다. 당시에는 이러한 세계 변화의 추세에 우리 민족으로서는 富國强兵과 국권 보존의 필요성이 절실했던 것이다. 때문에 백성들에게 애국애족심과 자주독립심을 고양하고, 국민 자유와 신체 건강 등의 실질적인 문제까지도 문학교육을 통하여 달성하려고 의도했던 것이라 믿어진다.

이렇다고 볼 때 개화기의 문학관이 무엇인가는 자명하다. 그래서 문학을 이용한 인간교육을 당시로서는 최선의 것으로 여겼으며, 이러한 문학관과 문학교육관은 문학교육의 방향 설정에 직·간접으로 영향을 주었던 것이다. 한마디로 당시는 문학을 교육한 것이 아니라 문학으로 교육한 것이다.

지금까지 문학관에 대한 통시적 흐름은 연구를 통하여 어느 정도 그 줄기를 가다듬을 수 있다. 앞으로는 문학교육관의 역사적 脈絡도 연구되어 그 구체적인 양상과 그 흐름을 밝힐 필요가 있다.

2) 순수한 人間敎育의 실현

개화기 당시에도 인간의 본성을 회복하고, 그를 위하여 어떤 학습 자료와 방법을 이용할 것인가도 상당히 관심을 두었다. 그리하여 개화기는 인간교육의 기본 자료로 문학 작품을 애용하였다. 설화나 속담을 통한 교육이 주로 이에 해당하며, 거개가 창작물이 아닌 것이 특징이다.

설화에는 인간 본연의 속성을 그대로 구현한 이야기가 많다. 이러한 인간의 본성을 찾아보고 이에로의 회복을 위한 교육에는 설화가 안성맞춤이다. 은혜를 잊지 않고 생활하는 자세를 가르치고, 부모에 대한 효성, 형제 간의 우애, 그리고 가난하면서도 그 속에 즐거움을 찾는 생활 태도 등을 강조하는 교육에 적당한 사례가 설화에는 처처에 많이 녹아 있다.

그런데 창가에서도 근면이나 충효정신의 앙양을 강조한 일부의 사설이 있음은 앞에서 살펴본 바와 같다. 시대정신의 구현이 주목적이란 점과는 어떤 면에서 괴리가 있지만, 전적으로 이러한 내용만을 주장한 창가는 없다. 또, 이러한 사상적 의도가 일부 사설에 부분적으로 녹아 있어 문제가 되지는 않는다. 이렇다고 보면 대체로 전해 오는 미풍양속의 昻揚에 대한 교육은 기존의 문학 장르를 이용하였고, 미래 지향적인 개화사상의 고양 은 새로운 장르에 교화의 언설을 실었다. 그렇다면 한국문학에서의 장르 의 발생은 새로운 사상의 구현과도 유관하다는 주장이 설득력을 갖기도 한다.

어떤 면에서 기존 장르는 시간과 공간을 초월하는 능력을 가졌다. 형식 과 내용이 눈에 익고 정감적이다. 그러므로 기존 질서를 유지하며 기존의 사상을 전달하는 데 무리가 없다. 그러나 새로운 사상은 새로운 틀에 담아 야 呼訴力이 증배한다. 형식의 참신성은 독자에게 새로운 인상을 刻印한 다. 당시 창가의 유행은 이러한 인간의 본성을 기묘하게 이용한 것이라 해 도 무방하다.

문학교육의 거시적 틀 안에서 개화기 문학 장르와 문학사상의 역동적 관계를 도식화해 보면 다음과 같다.

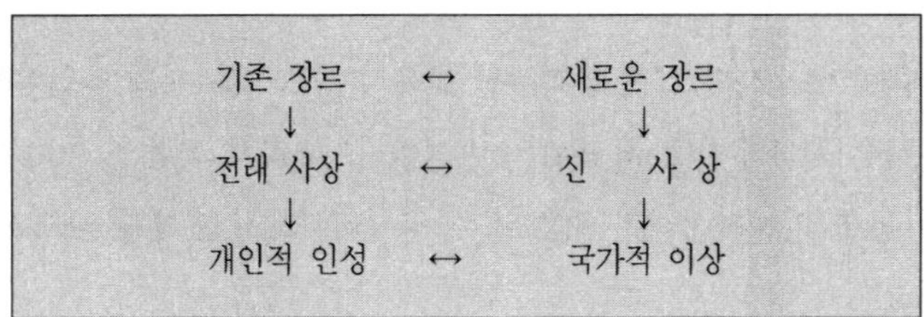

　그러나 이러한 교육의 두 방향, ① 시대적 조류에 부응하고 진취적 이상을 갖게 하는 교육 목적과 ② 전래하는 美風良俗 위주의 인간교육을 구분하는 것은 인위적인 방법적 구분이지 실제로는 그 경계가 확연하지가 않다. 반면에 이 모두는 문학의 교화적 기능을 십분 이용하려 한 의도에서 출발했다는 점에서는 공통적이다. 이렇게 문학은 교육을 통하여 가치가 증배된다.

2. 문학교육의 시대적 의미

　개화기는 교과서에 실린 문학 작품의 수가 적다고는 하지만 그 교육의 필요성을 인식한 문학교육의 胎動의 시기라 하겠다. 그러나 교과서에 실린 작품은 문학성이 짙은 본격적인 작품이 아니고, 그것을 어떻게 교육시키겠는가 하는 방법론도 당시에는 정립되지 못했다.

　이러한 여건과 상황에서도 문학사상의 교육은 전술한 바와 같이 그 교육을 수행한다는 자각을 가지고 실천되었던 것이다. 또한, 당시에 발표된 문학작품은 교과서에 실리지 않았어도 사상적으로 사회교육을 담당하거나 주도하였고, 문학적 가치와 존재의 의미를 거기에서 찾으려고 하였다. 교과서에 실린 작품보다도 그 밖의 것이 이러한 역할을 더욱 발휘했다는 데서 본고가 갖는 한계점도 자연히 드러난다.

　본고에서 다룬 교과서에 실린 작품이 얼마 되지는 않아도 다음과 같은 문학사상 교육의 시대적 의미를 찾아보는 것이 가능하다.

　① 문학의 중요성과 함께 문학사상 교육의 중요성을 새롭게 인식하였다.
　② 문학은 시대정신(Zeitgeist)을 반영한다. 따라서 작품을 통하여 사회적 통념을 전파시키려 하였고, 이의 창작도 같은 범주 내에서 이뤄졌다.

③ 문학을 예술로서 인식하거나 취급하지 못하고, 자기의 사상 표현이
나 대중 교화의 도구로 간주하였다.

④ 인격 형성 교육에도 문학사상 교육을 통한 교화와 문학 고유의 계몽
적 기능을 이용하였다.

⑤ 문학의 다양한 장르적 특성과 문학적 기능을 십분 살려 당시 시대적
상황을 극복하는 機制로 이용하려고 하였다.

그러나 개화기 문학사상의 형성은 독립적, 본격적인 것이 되지 못하였
고, 그 교육 또한 같은 맥락에서 한계를 가질 수밖에 없었다고 하겠다.

V. 결 론

인간이 있는 곳에 언어가 있고, 언어가 있는 곳에는 문학이 살아 숨쉬
는 것은 당연한 이치다. 그러므로 사회의 변화에 인간을 교화하고 심성을
훈련하는 수단으로 문학은 그 가치를 기대 이상으로 발휘하기도 한다.

그리하여 개화기 어둔한 백성을 일깨우는 최선의 방편으로 문학을 이
용하지 않을 수 없었던 것이다. 문학은 그 발생이 인간의 경험을 통한 심
성에서 비롯되었기 때문에 문학을 음미하는 인간은 같은 작용으로 감동과
깨달음이 자연적으로 이뤄진다. 그러므로 시대 상황에 몽매한 백성을 교
화하는 수단으로 교육을, 그 교육의 방법 중에서 문학적 행위와 문학 작품
을 이용하는 것이 필연적이 되었다.

개화기 교과서에서의 문학교육은 문학 자체를 음미하고, 문학적 감동과
이해를 먼저 요구한 것이 아니라 부차적인 기능 즉, 문학 작품에 내재한
사상 교육을 통하여 인성을 교화하고, 국가나 사회에 어떠한 역할을 해야
하는가를 가르치는 것을 주목적으로 삼았다. 문학은 인간 思惟 그 자체요

인간 주변에서 태동하는 언어적 창조물이기 때문에 인간을 교육하기 위하여 교육의 주요한 매재로 이렇게 다시 사용하였다.

문학은 문학으로서 존재해야 영원성을 발한다. 문학의 영원성은 문학적 순수성이 두드러질 때 배태된다는 말일 것이다. 그러나 문학이 순수 그 자체로 머물러 있기란 쉽지 않다. 時代精神(Zeitgeist)과의 야합에서 초연하기가 그리 간단하지 않기 때문이다. 개화기 문학교육도 이러한 관점에서 파악하면 그 방향에 대한 이해가 용이하다.

현재로서는 개화기 교과서의 개발 과정을 구체적으로 알 수는 없다. 교과서의 구조가 자료 중심의 나열에 불과하고, 그 편집도 매우 단순하여 본격적인 교과서로서의 기능을 발휘할 수 없었다고 여겨진다. 그러므로 개화기 교과서에 나타난 문학교육의 실태를 파악하는 것도 한계를 가질 수밖에 없다. 본고의 한계도 이에서 자연히 드러난다.

문학교육의 궁극적 목표의 하나는 인간의 본질을 해부하고, 존재를 해명하며, 우주적 존재로서의 의미를 찾아보는 데 있다. 개화기 문학교육은 이러한 문학의 본질적 문제 해부를 차선으로 돌렸다. 인간의 존재 의미를 反芻하는 본격적 교육을 소홀히 하고, 문학교육을 백성 교화의 방편으로 삼았던 것이다. 앞으로, 이러한 관점에서 신소설을 포함하여 이 시기 문학교육의 양상을 구체적으로 정리해 볼 필요가 있다.

제5부

문학교육의 실천

목 차

제 **1** 장

'龍飛御天歌' 문학사상의 발상과 교육

Ⅰ. 서 언

문학은 언어를 통한 사상의 함유물이다. 이러한 사상의 총합체인 문학은 그 사상이 어떻게 언어적 形象力을 가지고 구조화되느냐에 따라서 문학성의 증감이 좌우된다고 하겠다. 그러므로 문학작품에 시현된 사상의 구조와 그 언어적 형상력을 해부해 본다는 것은 작품의 이해와 해석은 물론, 그 교육적 적용에서도 다각적인 모색을 가능케 하는 선결 작업이라고 할 수 있을 것이다.

<龍飛御天歌>는 주지하다시피 그 창제의 동기를 국가의 肇基를 공고히 하고, 후왕과 백성들에게 鑑戒와 교화를 목적으로 하였기 때문에, 그 내용에서 상당히 의도적으로 고양한 사상이 자리잡게 되었던 것이다. 따라서 본고에서의 문학사상이란 의도적이고 목적성이 강한 문학으로 간주되는 <용비어천가>의 창작 동기와 필연적으로 연관을 갖게 되며, 이를 함축한 '주제의식'이라는 의미역을 지니는 확장된 것으로 생각하고자 한다.

그리하여 이 노래에 담겨진 사상이 어떤 원리에서 발상하였으며, 이러한 사상이 어떻게 층위되고, 이의 궁극적인 추향사상은 무엇인가 하는 문학사상의 구현 문제를 해부하고, 나아가 이를 교육적으로 어떻게, 어떠한 모습으로 활용할 수 있는가를 생각해 보고자 한다. 즉, 사상의 발상 방법과 교육에로의 적용 과정에 비중을 두고 기술의 방향을 잡아 보고자 한다.

　문학사상의 교육이란 그것이 하나의 바람직한 행동 변화를 요구하거나 가치의 가시적인 發顯을 추구하는 것이 그 본질은 아닐 것이다. 그리하여 본 연구에서도 대상에 대한 교육의 결과로 빚어진 변화의 모습을 탐지하는 교육의 형태를 제시하기보다는, 문학교육의 가능성을 모색해 보는 정도의 설명에 머물러 있음을 밝혀 둔다.

Ⅱ. 문학사상의 발상 양상과 층위 구조

1. 訓民正音과 龍飛御天歌

　문학의 형식은 언어요, 내용은 가치 있는 체험을 사상으로 전환한 것이라면, 문학에서의 내용 즉, 사상(경험)은 문학과 인간을 가깝게 하는 원천이요, 문학이 존재하는 중요한 소이가 되는 것이다. 그러므로 문학은 인간의 감정이나 사상을 상대에게 전달하려는 의도가 어느 경우에는 저변에 짙게 깔리게 마련인데, <용비어천가>는 이러한 성격을 대표하는 작품의 하나인 것이다.

　龍歌는 훈민정음의 실용성을 보이기 위하여 최초로 창작한 악장이다. 그렇다면 훈민정음의 창제 정신과 제자의 원리가 그대로 겸전되었으리라는 推量이 가능한 것이다.

　훈민정음 해례 制字解에서

　　하늘과 땅의 이치는 하나의 음양과 오행일 따름으로, 곤과 복의 사이가 태극이 되고 움직임과 고요함의 뒤가 음양이 된다. 무릇 삶이 있는 무리가 하늘과 땅의 사이에 있는 것이 음향을 두고 어이하랴. 그러므로 사람의 소리가 다 음양의 이치가 있으되, 돌아보면 사람이 살피지 않았을 뿐이다. 이제 정음의 만듦은 워낙 슬기로써 이룩하고 힘으로써 찾음이 아니라, 다만 그 소리를 따라 그 이치를 다할 따름으로, 이치가 이미 둘이 아니므로

어찌 하늘과 땅과 귀신이 함께 그 쓰임을 함께 하지 않으리오.[1]

라고 한 것을 보면, 制字의 원리가 천지 음양과 五行의 원리를 그 근본으로 하였음을 보여준다. 모음의 제자 원리는 이를 더욱 자세하게 설명하여 天地人 삼재의 운용으로 귀결하였고,

> 움직임은 하늘이요, 고요함은 땅이요, 움직임과 고요함을 겸한 것은 사람이다. 대개 오행이 하늘에 있어서는 정신의 움직임이요, 땅에 있어서는 바탕의 이룸이요, 사람에 있어서는 인의신지는 정신의 움직임이며, 간심비폐신은 바탕의 이룸이다. 초성은 발동의 뜻이 있으니 하늘의 일이요, 종성은 그치고 머무르는 뜻이 있으니 땅의 일이요, 중성은 초성의 생성을 이으며 종성의 이룸을 접속하니 사람의 일이다.[2]

라고 하여, 초성은 하늘, 종성은 땅, 중성은 사람과 결부시키고, 이들의 독립적인 속성과 조화로운 작용 관계를 설명하였다.

用字例에서는 "천지 자연의 소리가 있으면 곧 반드시 천지 자연의 글이 있다. 그러므로 옛사람이 소리를 따라 글자를 만들어서 만물의 뜻을 통하며, 삼재의 이치를 실어서 후세에 바꿀 수 없게 하였다."[3]라고 하여, 만물의 정서가 天地人의 이치에 실려 있음을 강조하고 이의 변개까지도 방지하려고 했던 것이다.

이렇게 제자와 용자가 삼재와 연관이 있다고 闡明하는 것은, 이것이 과학적인 발상에서 체계화한 것은 아니지만, 관념적인 표상으로 사유의 구

---

1) 天地之道 一陰陽五行而已 坤復之間爲太極 而動靜之後爲陰陽 凡有生類在天地之間者 捨陰陽而何之 故人之聲音 皆有陰陽之理 顧人不察耳 今正音之作 初非智營而力索 但 因其聲音而極其理而已 理旣不二 則何得不與天地鬼神同其用也

2) 動者天也 靜者地也 兼乎動靜者人也 盖五行在天則神之運也 在地則質之成也 在人則仁禮信義智神之運也 肝心脾肺腎質之成也 初聲有發動之義 天之事也 終聲有止定之義 地之事也 中聲承初之生 接終之成 人之事也

3) 有天地自然之聲 則必有天地自然之文 所以古人因聲制字 以通萬物之情 以載三才之道 而後世不能易也

조가 천지인의 범주 안에서 태동함을 암시하는 것이다.

그리고 姜信沆 교수에 의하면 <용비어천가> 補修 인사들이 훈민정음 및 운서 관계 제사업에 관계했던 인사와 일치한다는 점이 밝혀졌다.4) 그렇다면 훈민정음의 창제에 관여한 인물들의 손에 의해서, 위에서 예거한 모든 制字나 用字의 원리인 삼재의 사유 체계가 동시에 용가에 전이되었으리라는 가정은 무리가 아닐 것이다. 훈민정음에서 제자나 용자의 원리가 천지인 삼재에 있고, 또 문자의 실용성을 보이기 위해 용가를 지어 시험했다고 보면, 천지인 사상의 문학적 발상과 구현이 그대로 전이되었으리라는 추측이 가능한 것이다.

그렇다고 훈민정음 창제의 원리가 직접적으로 용가의 내재 사상으로 바뀐 것은 아니다. 여기에서의 창제 원리와 내재 사상 사이의 관계는 동가의 의미 전환이나 전이는 아니기 때문이다. 다만, 천지인이라는 거시적인 체재라는 영향하에 용가의 사상이 구축되었으리라는 가능성을 상정해 보는 것이다.

2. 사상의 발상 양상

문학작품은 독자를 의식하고 창작되는 것이 보통이며, 때문에 작자의 창작 의도사상(주제 의식)은 그대로 작품에 녹아드는 것이다. 문학의 영원한 생명력은 이러한 사상이 고도의 문학적인 技法을 통하여 발상될 때에 유지되는 것이다. 그러므로 문학작품에 어떠한 사상들이 어떻게 문학적 기교를 통하여 발상되었는가를 살펴보는 것은, 작품을 이해하고 분석하는 데 선결 과제의 하나임에는 틀림이 없다.

전술한 바와 같이 훈민정음의 창제 원리인 三才가 원리가 되는 사상이 그대로 용가에 반영되었다고 보고, 이러한 발상의 체계로 용가의 사상 구

---

4) 강신항, 『훈민정음연구』(성대출판부, 1989) pp.287~295 참조.

조를 분석해 보면 다음과 같다.

1) 天에 관계되는 사상

① 天命思想

용가에서 천명사상의 闡明은 다른 어느 사상에 비하여 그 강조와 빈도에서도 우위를 점한다. 1장의 시작에서 125장의 마무리까지 개국의 天命性을 강조하고 있는 것만 봐도 짐작이 간다. 천명사상은 어느 경우에는 유교사상과 연관이 된다.

> 말ᄊᆞ물 ᄉᆞᆯᄫᆞ리 하더 天命을 疑心ᄒᆞ실ᄊᆡ ᄭᅮ므로 뵈아시니
> 놀애롤 브르리 하더 天命을 모ᄅᆞ실ᄊᆡ ᄭᅮ므로 알외시니 (13장)

② 天佑神助

상기의 천명사상은 천우신조의 사상과 결부되어, 六祖가 崎嶇艱難의 처지에서 하늘의 도움으로 벗어나는 경우를 많은 장에서 예거하였다.

> 셔ᄫᅳᆯ 賊臣이 잇고 ᄒᆞᆫ부니 天命이실ᄊᆡ ᄢᅥ딘 ᄆᆞᄅᆞᆯ 하ᄂᆞᆯ히 내시니
> 나라해 忠臣이 업고 ᄒᆞᄫᅀᅡ 至誠이실ᄊᆡ 여린 ᄒᆞᄫᆞᆯ 하ᄂᆞᆯ히 구티시니 (37장)

2) 地에 관계되는 사상

① 國基의 鞏固와 발전

> 불휘 기픈 남ᄀᆞᆫ ᄇᆞᄅᆞ매 아니뮐ᄊᆡ 곶됴코 여름 하ᄂᆞ니
> ᄉᆡ미 기픈 므른 ᄀᆞᄆᆞ래 아니그츨ᄊᆡ 내히 이러 바ᄅᆞ래 가ᄂᆞ니 (2장)

② 風水와 圖讖

풍수와 도참은 도교사상과 연관되나 지리와 관계가 깊으므로 여기에 귀속시켜 본다.

揚子江南을 쩌리샤 使者를 보내신들 七代之主올 뉘 마ᄀ리잇가
公州 │ 江南올 저ᄒ샤 子孫올 ᄀᄅ치신들 九變之局이 사ᄅᆞᆷ뜨디리잇가
(15장)

逃亡애 命을 미드며 놀애예 일홈 미드니 英主△ 알ᄑᆡ 내내 붓그리리
올므려 님금 오시며 姓 フ르ᄒ야 貝이 오니 오ᄂᆞᆳ나래 내내 웃브리 (16장)

고려 태조가 요훈에 공주강 이남은 산형과 지세가 반역형이므로 인물
등용을 억제하라고 했는데, 조선 태조는 본시 조상이 전주에 터전하였으
니, 이는 천명에 의한 건국이며, 고려가 왕기를 억누르려고 이씨 성을 가진
자를 뽑아 한양부윤으로 보냈는데, 그렇지 못했으니 후대에 웃기는 일이
되었다는 내용이다. 85장도 같은 맥락에서 이해할 수 있다.

方面을 몰라 보시고 벼스를 도도시고 하ᄂᆞᆶ ᄆᆞᅀᆞᄆᆞᆯ 뉘 고티ᅀᆞᄫᆞ리
讖文을 몰라 보거늘 나랑 일홈 ᄀᄅ시니 天子△ ᄆᆞᅀᆞᄆᆞᆯ 뉘 달애ᅀᆞᄫᆞ리

'朝明'이란 말이 도참에 있어 그 뜻을 푸는 사람이 없었는데, 명 태조가
우리나라의 국호를 '朝鮮'이라고 고치도록 명하였다. 이에는 朝日鮮明의
뜻이 있으니 조명에 부합된다는 내용이다.

그리고 125장에서 "千世 우희 미리 定ᄒ샨 漢水北에"를 冒頭에 제시한
것을 보면 풍수·도참을 얼마나 중요시 했나를 확연하게 알 수 있게 한다.
결국, 漢陽에 이씨가 건국한 것은 이러한 예언이 실현된 결과이므로 이를
중요시 않을 수 없었던 것이다.

3) 人에 관계되는 사상

(1) 종교적 思想素[5]

먼저 유교사상의 시현 양상을 기술하고 도불사상이 한미하나마 어떻게 곁따르고, 여타의 사상이 어떻게 작품에 용해되었는가를 생각해 보고자 한다.

(가) 유교 사상소

유교는 종교로서의 성립 여부에 논란이 있으나 하나의 뚜렷한 동양의 사상으로 자리를 잡고 있음은 부정할 수 없고, 지금까지도 한국의 윤리 의식과 생활의 規矩가 된다는 점에서 종교사상 이상의 기능을 발휘한다고 하겠다. 용가에서는 이의 사상이 중심사상으로 자리 잡으며 집중적으로 토로되었다.

① 忠

아무리 易姓의 혁명이라는 기치 아래 새로운 왕조를 창건했다고는 하나 초기에는 만만치 않은 반발 세력에 대한 무마책이 필요로 하였고, 거기에다 봉건 왕조의 기본적인 인간 관계인 忠義사상을 최선으로 강조하지 않을 수 없을 것이다.

> 내 가리이다 말이나 宗廟 위ᄒᆞ야 가시니 紹興之命을 金人이 모ᄅᆞ니
> 네 가사 ᄒᆞ리라커시ᄂᆞᆯ 社稷 위ᄒᆞ야 가시니 忠國之誠을 天子ㅣ 아ᄅᆞ시니
>
> (94장)

明 태조가 조선 초기에 요동에서 사신의 길을 다섯 번이나 막고 왕자를

---

5) '思想素'란 개념과 문학작품의 분석에 이의 활용은 본서 "관동별곡의 '사상소' 분석과 의미구조"(pp.478~499)에서 자세히 설명하였다.

보내라고 요청하매, 태종이 자청하여 명의 서울 금릉에 이르러 물음에 밝게 대답하여, 요동 길을 트게 한 충국의 정성을 고양한 내용이다. 이러한 충의 사상은 등장 인물의 태도를 찬양한 것이지만, 다른 장에서도 至忠(11장), 忠誠(25장), 忠臣(37장, 106장), 忠心(79장) 등의 어휘로 직설적인 군신간의 기본적인 윤리관계를 명백히 하였다.

② 孝

자식은 항상 어버이를 위하여 효를 다해야 함은, 일상 그 자체가 생활 윤리가 된 당대로서는 중요한 덕목의 하나이다. 91장에서는 생모 神懿王后의 상을 당하여, 능 옆에 여막을 짓고 몸을 돌보지 않다가, 태조를 뵈면 문득 어머님 생각에 눈물로 통곡했다는 태종의 효성심을 노래하였다. 이어 92장에서는

> 至孝ㅣ 뎌려ᄒ실ᄊᆡ ᄂᆞᆷ 즐기ᄂᆞᆫ 나룰 아니 즐겨 聖經을 니르시니
> 大孝ㅣ 이러ᄒ실ᄊᆡ ᄂᆞᆷ 밧ᄂᆞᆫ 오ᄉᆞᆯ 아니 바사 禮經을 종ᄒ시니

라고 하여, 태조가 돌아갔을 때에도 단상을 하자는 신하들의 요청을 물리치고 斬衰 삼년상의 복을 입었다는 효성을, 당 태종의 至孝에 大孝라고 대응시키며 찬양하였다. 96장에서도

> 孝道ᄒᆞᆯ ᄯᆞ리 그를 어엿비 너겨 보샤 漢家仁風을 일우시니이다
> 孝道ᄒᆞᆯ 아ᄃᆞᆯ 우루믈 슬피 너겨 드르샤 聖祖仁政을 도ᄫ시니이다

라고 하여, 효도하는 딸과 아들의 갸륵한 효성을 들어 이를 '仁風', '仁政'까지 확대 해석하여 인간됨을 강조하였다.

③ 友愛

국가의 화평과 무궁한 발전은 가정의 화목에서 비롯된다. 때문에 兄友

弟恭의 덕목은 가정의 根基일 뿐만 아니라 국가의 기틀을 다지는 것도 되는 것이다.

> 宗室에 鴻恩이시며 모딘 相올 니즈실씨 千載 아래 盛德을 솔ᄫᅵ니
> 兄弟예 至情이시며 모딘 뫼롤 니즈실씨 오ᄂᆞᆳ나래 仁俗올 일우시니 (76장)

> 아즈미를 저ᄒᆞ샤 讓兄ㄱ 쁘들 내신둘 討敵之功올 눌 미르시니
> 朝臣을 거스르샤 讓兄ㄱ 쁜 일우신둘 定社之聖ㅅ긔 뉘 아니 오ᅀᆞᄫᅵ리
> (99장)

④ (婦)德

인간에게서 덕성을 인성의 첫째로 꼽는 경우가 많았다. 나라의 터를 연 동북면에 있을 때, 야인 추장 移闌豆漫이나 島倭가 와서 服事할 정도로 이 태조의 덕성이 洋洋했음을 찬양하였다.

> 聲敎ㅣ 너브실씨 窮髮이 編戶ㅣ러니 革命혼 後에 厚恩 그리ᅀᆞᄫᅵ니
> 威惠 너브실씨 被髮이 冠帶러니 오ᄂᆞᆳ나래 至德을 우습ᄂᆞ니　　(56장)

유교 경전에서는 여자의 德性이 남자에게 미치는 영향을 많이 강조하였다. 그리하여 여자가 지녀야 할 사덕 중에 婦德을 첫머리에 놓고 있는 것이다. 다음은 정도전의 난이나 芳幹의 난 때, 태종이 패한 줄 알고 태종과 함께 죽으려 한 元敬王后의 부덕을 강조한 내용이다.

> 므리 病이 기퍼 山脊에 몯오ᄅ거늘 君子롤 그리샤 金轝ㄹ브ᅀᆞ려 ᄒᆞ시니
> 므리 사롤 마자 馬廐에 드러오나눌 聖宗올 뫼셔 九泉에 가려 ᄒᆞ시니
> (109장)

⑤ 仁義

> 君位를 보비라 ᄒᆞᆯ씨 큰 命을 알외요리라 바롨 우희 金塔이 소ᄉᆞ니
> 자ᄒᆞ로 制度ㅣ 날씨 仁政을 맛됴리라 하눌 우흿 金尺이 ᄂᆞ리시니 (83장)

제 님금 背叛ᄒ야 내 모몰 救ᄒᅀᄫᅡᄂᆞᆯ 不賞私勞ᄒ샤 後世ᄅ ᄀᆞᄅ치시니
제 님금 아니 니저 내 命을 거스ᅀᄫᅡᄂᆞᆯ 不忘公義ᄒ샤 嗣王을 알외시니
(105장)

⑥ 聖

奉天討罪실ᄊᆡ 四方諸侯ㅣ 몯더니 聖化ㅣ 오라샤 西夷 ᄯᅩ 모ᄃᆞ니
唱義班師ㅣ실ᄊᆡ 千里人民이 몯더니 聖化ㅣ 기프샤 北狄이 ᄯᅩ 모ᄃᆞ니
(9장)

⑦ 其他

전기한 유교 사상소들은 대표적인 유교사상의 근간을 이루는 것들이었
다. 이 밖에도 포괄적으로 유교사상의 표출로 간주할 수 있는 것들이 있다.

禮義를 앗기샤 兵馬를 머추어시니 徼外南蠻인들 아니 오리잇가
才勇을 앗기샤 金刃을 ᄇᆞ려시니 塞外北狄인들 아니 오리잇가　(54장)

셔ᄫᅳᆯ 賊臣이 잇고 ᄒᆞᆫ부니 天命이실ᄊᆡ 쩌딘 ᄆᆞᆯ 하ᄂᆞᆯ히 내시니
나라해 忠臣이 업고 ᄒᆞᄫᅡᆺ 至誠이실ᄊᆡ 여린 흘ᄀᆞᆯ 하ᄂᆞᆯ히 구티시니
(37장)

예의나 재용, 지성같은 덕목도 유교사상에 귀속되는 것들이다. 그런데
이들은 다른 덕목과 습합되어 있음이 특이하다.

(나) 도·불 사상소

<용비어천가>에는 도불사상이 상당히 한미하게 나타난다. 21장에서는
우선적으로 표방하려 했던 사상이 무엇이며 더불어 그들 사상의 輕重이
어떠한가를 분명하게 제시해 준다.

하ᄂᆞᆯ히 일워시니 赤脚仙人 아닌들 天下蒼生을 니ᄌᆞ시리잇가
하ᄂᆞᆯ히 골히이시니 누비중 아닌들 海東黎民을 니ᄌᆞ시리잇가

전절은 송의 眞宗皇帝가 태자로 세울 후사가 없어 옥황상제에게 득자하기를 치성하였더니, 이에 천상의 상제가 여러 선인을 모아 놓고 어느 누군가가 지상으로 내려가기를 의논하였는데 아무도 선뜻 나서지 않았다. 이때 赤脚仙人이 홀로 웃고 있어, 상제가 그에게 명령하여 진종의 아들 仁宗으로 내려 왔다는 내용이다. 후절은 翼祖도 아들이 없어 정숙왕후와 함께 낙산 관음굴에서 후사가 있기는 기원했는데, 꿈에 한 누비중이 나타나 귀한 자식을 점지하고 '善來'라는 이름까지 지어 주었다는 이야기를 담은 것이다. 그러나 도교나 불교의 가호가 없었더라도 하늘(유교의)이 天下蒼生이나 東海黎民을 잊을 리가 없다는 것이다.

이와 같이 21장에서는 도불을 부정하지는 않았지만 貶下의 태도를 견지하였고, 여타 장에서는 이러한 면모는 貶斥의 태도로 발전 유지된다. 특히, 불교에 대한 貶視의 태도는 도교의 것보다는 우위를 점한다.

滿朝히 두쇼셔커늘 正臣을 올타 ᄒ시니 十萬僧徒를 일거에 罷ᄒ시니
滿國이 즐기거늘 聖性에 외다터시니 百年佛刹을 一朝애 혁ᄒ시니 (107장)

전절은 당 고종이 沙門과 道士를 싫어하여 사찰이나 道觀의 수를 줄이고 이를 탄합했다는 내용이고, 후절은 고려조에서의 불교의 타락을 익히 잘 아는 태종이, 書雲觀의 上言에 따라 中外 할 것 없이 密記가 있는 사찰을 빼고는 모두 혁파했다는 내용이다. 이러한 위업을 행한 태종을 주해에서는 '天資가 총명하여 시속을 따르지 않고 正道를 지키어 이단을 배척했다'고 평한 것을 보면, 불교에 대한 문맥에 담긴 뜻이 어떠한가는 짐작이 간다. 반면에 도교에 대한 것은 어느 정도 이를 인정하고 이용하는 면모도 보인다.

天下애 功이 크샤디 天子△위 다ᄅ거시늘 새벼리 나지 도ᄃ니
宗社애 功이 크샤디 世子△위 뷔어시늘 赤祲이 바ᄆᆡ 비취니 (101장)

도교에서는 도참, 占星術 등을 끌어 들여 體裁의 일부를 형성하였는데, 전절은 太伯星의 출현이 당 태종의 등극을 암시하는 것이며, 후절의 赤祲은 이방원이 왕이 될 것을 예시해 주는 자연 현상인 것이다. 도불을 貶斥하면서도 이처럼 도교에서 숭상하는 별이나 자연 현상은 그대로 원용하여 사건의 징후나 예시를 선뜻 받아들이고 있다.

(2) 여타 사상소

본격적인 유교사상이라고 하면 무리가 있으나 이와 근접한 사상을 들면 다음과 같다.

① 崇文思想

千金을 아니 앗기샤 글册을 구ᄒ시니 經世度量이 크시니이다
聖性을 아니 미드샤 學問이 기프시니 創業規模ㅣ 머르시니이다 (81장)

이태조가 무인 출신임을 고려하여 그의 豁達濟時, 仁厚好生하는 度量과 德을 찬양하고, 軍務 중에도 儒臣과 經書, 史籍 등을 보며 유학을 중히 여기는 태도를 고양한 장이다. 82장에서는 공민왕 때에 귀양에서 풀려 나오는 李穡을 맞이한 내용을 "늘근 션비를 보시고 禮貌로 쑤르시니 右文之德이 엇더ᄒ시니"라 하여, 태조의 仁德과 崇儒의 태도를 극찬하였다.

② 崇武思想

정도전이 지은 武功曲(窮獸奔曲, 納氏歌, 靖東方曲)과 연관되는 장들에서 이러한 사상이 짙게 갈려 있음은 주지의 사실이다. 이 밖에도 名騎, 名弓의 사적을 통하여 육조의 文武兼全을 내세우는 장이 많다.

전ᄆ리 현버늘 딘들 三十年 天子ㅣ어시니 모딘 꾀를 일우리잇가
石壁이 ᄒ잣 ᄉ싄들 數萬里△ 니미어시니 百仞虛空애 ᄂ리시리잇가
(31장)

天爲建國ᄒᆞ샤 天命을 ᄂᆞ리오시니 亭上 牌額올 세사롤 마치시니
天爲拯民ᄒᆞ샤 天才롤 ᄂᆞ리오시니 藪中 담뵈롤 스므살 마치시니 (32장)

③ 愛民思想

우왕 때 삼남에 배 오백 척으로 침입한 왜구를 몰아내기 위하여 남원으로 가는 도중에, 길가에 많은 僵尸를 보고 침식을 잊은 태조의 사적을 다음과 같이 칭송하였다.

道上에 僵尸롤 보샤 寢食을 그쳐시니 昊天之心에 긔 아니 쁜디시리
民瘼올 모ᄅ시면 하ᄂᆞᆯ히 ᄇᆞ리시ᄂᆞ니 이 ᄠᅳ들 닛디 마ᄅᆞ쇼셔   (116장)

애민 정신은 聖君이 되기 위한 첫 출발이면서 나라를 통치하는 근간인 것이다. 태조의 이러한 백성에 대한 사랑을 고양한 것은 후왕의 龜鑑을 염두에 둔 것이지만, 한편으로는 왕조 변경의 부작용을 최소화해 보려는 의도가 깔려 있다고 하겠다.

3. 사상의 층위구조와 示顯方法

1) 층위구조

<용비어천가>에는 육조라는 여섯 사람의 인물을 등장시켜서, 이들의 인간 됨됨이를 최고에 달하는 언어의 형상력을 동원하여 사상의 시현으로 전화시켰다. 많은 등장 인물과 이들의 인간됨을 여러 각도에서 찬양하려 한 목적성과, 다단한 환경에서 많은 사람의 두뇌에 의해 빚어진 것인지는 몰라도, 여러 사상이 복잡한 층위를 형성하여 표현의도와 문학적 발상을 최고의 수준으로 첨예화하였던 것이다.

그러므로 용가에는 어떠한 사상이 어떻게 계층을 이루고 있는가를 밝히기가 그렇게 용이한 것은 아니다. 따라서 본고에서는 조선 초의 정치적

인 상황과 이 노래에 담겨진 표현과 창제 의도 등을 고려하여 사상의 층위 구조를 다소나마 해명해 보고자 한다.

天地人 사상의 순차는 용가의 총체적 구조 천(1장)－지(2장)－인(3~125장)의 나열과 대비되어, 천에 관한 사상이 제일 우위로 강조되고, 다음으로 지와 인에 관한 사상이 차례를 서는 구조다. 그리고 125장에서는 '敬天勤民', '千世 우희', '累仁開國' 등 천지인 사상이 습합되어 이를 총괄하는 사상 구조로 마무리를 짓고 있다.

다음으로, 인에 관한 사상은 유 → 도 → 불의 순서로 그 강조의 정도가 달라진다. 태조는 조선의 건국 이념 중의 하나로 崇儒排佛을 표방했다. 정인지도 그 序에서 穆祖에 이르러 북방에 터를 잡고, 翼·度·桓祖가 서로 대를 이어서 효제충신으로 가법을 삼아서 북방의 백성들이 이에 귀심하였다고 칭송을 아끼지 않은 것을 보면6), 유교사상을 제일의 기저에 깔고 있음은 분명하다. 이는 총체적인 마무리 장인 125장 바로 전인 124장에서

> 洙泗正學이 聖性에 볼ㄱ실씨 異端을 排斥ᄒ시니
> 裔戎邪說이 罪福을 저히ᅀᆞ거든 이 ᄠᅳᆮ들 닛디 마ᄅᆞ쇼셔

라고 하여, 孔孟의 학문이 聖性에 밝아서 이단을 배척했다고 노골적으로 천명하면서, '裔戎邪說'이란 말을 사용한 것을 보면 익히 알 수 있는 일이다.

그리고 21장에서도 '赤脚仙人'의 도교사상이나 '누비중'의 불교사상은 '하늘', 즉 천명을 중시하는 유교사상의 하위에 놓임은 이를 증변하는 것이다. 적각선인의 하강이나 누비중의 안내가 없었어도 하늘은 이미 후사를 점지하여 끊이지 않도록 조처했다는 것이다. 그러므로 용가는 유교사상을 근간으로 하여 도·불 등 여타 사상을 포용한 층위를 형성한다. 앞에

---

6) 『朝鮮王朝實錄』5, 世宗 樂譜 樂章 卷二百四十七(국사편찬위원회, 탐구당, 1982) p.609. 至于穆祖 肇基朔方…三聖相承 以孝悌忠信爲家法 朔方之人 咸歸心焉.

서 설명했듯이 불교보다는 도교에 관용적이므로, 종교사상의 측면에서는 유-도-불의 순차로 그 비중의 층위 형성을 보여 준다고 하겠다.

유교사상 자체에서도 순차와 비중이 다르다. 이를 국가와 개인의 측면에서 비교해 보면 국가적 요청 사항이 개인윤리에 우선한다. 개인윤리와 사회윤리에서 사회윤리에 무게가 실린다는 것은 당시 제도나 국가 발전 단계로 봐서 당연한 것이다. 용가에서는 이들의 경중을 직접 언급하지는 않았어도, 사회윤리인 충이 효를 비롯한 여타 개인윤리 사상보다 강조됨은 물론이다.

2) 示顯 방법

<용비어천가>의 사상은 125장이라는 총체적인 틀 속에서의 사상의 구현 방법과 각 장에서의 사상의 전달 방법이 조화를 이루는 거시적 구조다. 먼저 용가의 전체적인 사상 표출의 방법은 그야말로 거시적인 안목에서의 천지인 조화를 표방한 바로 그것이라고 하겠다.

조선의 건국 이념인 '事大交隣'과 '崇儒排佛' 그리고 '農本民生'의 정신이 거개 이 작품에 녹아들었다. 사대의 의도는 간접적인 표현 방식을 취하였는데, 1장에서 '古聖이 同符ᄒᆞ시니'로 출발하여, 이어지는 거개의 장에서 전절은 중국 제왕의 사적을, 후절에서는 육조의 역사적 사실을 대비시키고, 125장에서 '님금하 아ᄅᆞ쇼셔 洛水예 山行 가이셔 하나빌 미드니잇가'로 대단원을 내리는 중국 지향적인 서술 태도에서 역력히 나타난다. 교린 정책은 53장과 54장에서의 '徼外南蠻인들 아니 오리잇가', '塞外北狄인들 아니 오리잇가'란 표현에서 그 실상을 감지할 수 있다.

그리고 이 노래는 그 전개가 천-지-인의 순차로 되어 있음은 전술한 바와 같다. 이을 사상적인 측면을 고려하면 天命思想-風水·圖讖思想-人倫思想으로 그 명칭을 전환시킬 수 있을 것이다. 또한, 그 전개 방법으로 하늘—땅—건국의 이동성을 중시한 동적, 순차적인 사상의 구조로 외면화했다. 1장에서 조선 건국의 천명성을 내세우고(天), 2장에서 국기가 공고해야만 內憂外患에 흔들리지 아니하고, 문화 발전을 영원하게 지속할 수 있다는 지당한 논리를 지핀 다음에(地) 3, 4, 5, 6장에서 목조, 익조가 全州에서 三陟, 덕원, 경흥, 적도 등으로 이동해야만 하는 經路를 천명성과 함께 제시하였던 것이다(天地人의 融合).

이들을 종합해 보면 다음과 같은 삼분법을 이용한 사상표출의 유형성을 발견하게 된다.

① 天 — 건국의 天命性(天佑神助)
② 地 — 國基의 鞏固(무궁한 발전)
③ 人 — 유교사상의 實踐(仁義 政治와 聖君)

즉, 용가의 전장에 걸쳐서 천지인 사상의 분리와 결합의 작용이 사상 구현의 기본을 이루고 있는 것이다.

다음으로 각 장에서의 사상의 시현 방법은 일반적으로 다음 몇 가지의 유형성을 지닌다.

① 중국 제왕의 사적을 배경으로 주장의 論據를 강화하였다.(전절, 후절의 대비)
② 주장하고자 하는 사상의 직접적인 표현보다는 인물의 역사적인 事績, 事象(價値 徵表)을 예거하였다.
③ 圈點으로는 4분되어 있으나, 내용으로 구분하면 "㉠ 역사적 事績(事象) + 의도 사상의 표현, ㉡ 원인 + 결과"라는 구조를 지닌다.(전단, 후단의 대비)

다음으로 사상이 별개로 시현되는 경우와 습합되어 있는 경우로 나눠

진다. 대부분의 많은 장에서 개별적으로 사상이 구현되나 125장은 습합되는 경우의 대표격이다. 습합의 양상은 다시 대립, 대등, 종속, 융합 등으로 세분된다.

> 千世 우희 미리 定ᄒᆞ샨 漢水北에 累仁開國ᄒᆞ샤 ᅡ年이 ㅈ업으시니
> 聖神이 니ᅀᅡ샤도 敬天勤民ᄒᆞ샤ᅀᅡ 더욱 구드시리이다
> 님금하 아ᄅᆞ쇼서 洛水예 山行 가이셔 하나빌 미드니잇가

이상의 것을 종합해 보면, 조선의 건국 이념은 창작 동기사상과 어우러져서 이것이 등장 인물의 인간됨을 고양하고, 다시 이것을 후왕과 백성들에게 감계와 교화의 자료로 삼아서 목적 문학의 진가를 발휘했다고 하겠다.

Ⅲ. 문학사상의 교육적 적용

1. 사상교육과 가치관 교육

엄밀히 말해서 문학사상의 교육은 가치관 교육은 아니다. 그러나 가치관 교육을 전혀 도외시할 수는 없고, 이와의 슬기로운 조화를 모색해 보아야 할 것이다.

고전문학의 경우 사회사상이 그대로 문학에 유입되고, 또 문학이 직업작가의 전유물이 아닌 여기와 교양으로 인식되었기 때문에, 문학과 사상이 아주 밀접한 관계를 유지하지 않을 수 없었다. 그리하여 도덕 교육의 주류로 여길 수 있는 충효 사상 등이 문학의 중심 제재가 됨은 물론, 이것이 도덕적 덕목으로서 자연스럽게 작품에 녹아들었던 것이다.

그러므로 고전문학에서 문학사상을 언급하는 경우 이들의 가치적 요소를 취급하게 되고, 이에서 문학교육이 가치관 교육으로 오해를 받는 결과

를 초래하게 되었다고 하겠다. 그러나 문학교육에서는 가치 요소를 작품 분석에서 필연적으로 취급하지만 가치관 교육이 문학교육이라는 등식은 성립될 수 없는 것이다.

문학사상 교육은 언어를 통한 문학적 思惟 내에서의 가치 판단 교육이어야 한다. 그러나 언어를 통한 모든 문학적 사유 형상이 가치가 될 수는 없다. 그러므로 문학사상 교육은 사상―주제―가치관의 역동적인 구조에서 문학교육적 적용을 의미하면서도, 일반적인 가치관 교육과는 구별되어야 하며, 어느 정도는 그것과 일정한 거리를 두어야 한다.

가치하고는 다르나 가치를 가지고 있다는 것을 암시해 주는 것, 가치에 근접한 어떤 표현들을 발견 할 수 있는데 이것을 價値徵表(value indicators)라고 부른다. 가치 징표에는 대략 ① 목적 또는 목표, ② 포부, ③ 태도, ④ 관심, ⑤ 감정, ⑥ 믿음과 신념, ⑦ 활동, ⑧ 근심 걱정, 문젯거리, 장애물 등을 들고 있다.7) <용비어천가>에서는 이러한 가치 징표를 많이 발견할 수가 있다.

용가에 시현된 문학사상의 교육은, 이것이 왕조 변화를 분명하게 반영한 목적 문학이기 때문에, 시대적 상황과 사회 구조의 변화를 고려해 보면 그것을 그대로 현금의 교육에 적용한다는 것은 무리가 따른다.

2. 사상의 교육적 受容과 방법

필자는 문학사상교육은 다음과 같이 네 가지 영역으로 나눌 수 있음을 주장한 바 있다.

---

7) Louis E. Raths, Merrill Harmin, Sidney B. Simon, 『Values and Teaching -Working with Values in the Classroom』(『가치를 어떻게 가르칠 것인가』 정선심 · 조성민 역, 철학과현실사) 1994, pp.49~52.

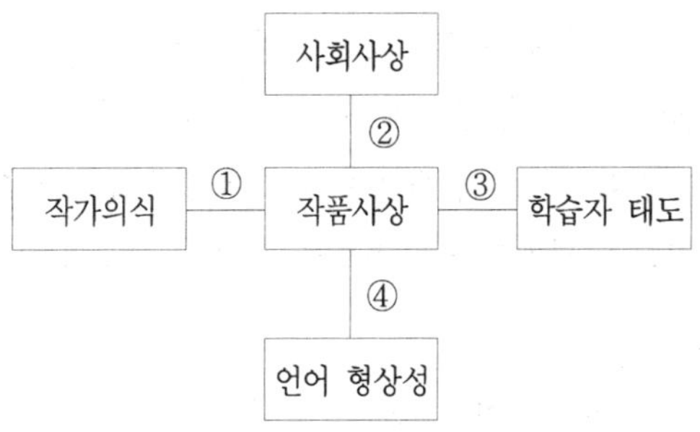

① 문학사상과 작가 의식[종교사상] 연관 이해 교육
② 문학사상과 사회사상[시대정신] 연관 파악 교육
③ 문학사상의 학습자[독자] 내면화교육
④ 문학사상 형상화[주제] 파악 교육8)

1) 작품의 사상으로만 인정하는 경우

상기 도식과 같은 문학사상교육의 역동적 구조에서 ① ② ④의 교육이 여기에 해당한다. 이는 앞에서도 일부 살펴 본 바와 같이 문학사상을 작가 의식, 사회사상이나 작품 자체의 언어적 形象性과 결부하여 교육하는 분야이다. 그러므로 교육의 성격상 학습의 내용을 전달받는 대상, 즉 학습자와 교수자의 직접적인 통로가 설정되지 않아도 된다. 그러나 학습자의 태도 변화를 요구하는 경우와 연관을 갖고 교육의 효과를 증대할 필요는 있다.

2) 학습자의 태도변화를 요구하는 경우

③ 문학사상의 학습자[독자] 내면화 교육이 이에 속하는 경우로, 이는

---

8) 이러한 영역의 구분과 이에 대한 자세한 설명은 본서 "'관동별곡'의 '사상소' 분석과 의미구조"(pp.487~489)를 참조.

문학교육 또는 국어교육의 본령과 상당한 역학 관계가 내재한 부분이다. 본고에서는 교육의 가능성을 염두에 두고 그 일단을 생각해 보고자 한다.

학습자의 태도 변화, 즉 가치 관계를 고려한 대표적인 수업 모형으로는 다음과 같은 가치화의 과정을 필연적으로 거치게 하는 수업 모델이 있다.

> ※ 선택하기 : (1) 자유로이
> (2) 여러 대안들로부터
> (3) 각 대안의 결과를 심사 숙고한 후에
> ※ 존중하기 : (4) 선택을 소중히 여기고 행복해 하고
> (5) 다른 사람들에게 선택한 것을 기꺼이 공언하고
> ※ 행동하기 : (6) 선택에 따라 행동하고
> (7) 반복 행동에 의해 자신의 생활 양식으로 굳힌다.[9]

이러한 과정은 교수·학습의 한 유형에 지나지 않는다. 용가의 문학사상의 구현 방법은 전술한 바와 같이 독특하므로, 사상의 내면화 교육도 이에 준하여 독립적으로 설계해야 할 것이다.

본고에서는 용가에 나타난 사상을 발견하는 방법과, 이를 내면화로 연결하는 과정을 살펴보는 정도에서 그 교육적 활용에 그치고자 한다. 다음과 같은 단계는 용가를 교육하는 데 가치화 과정의 한 모델로서 유용하다 할 것이다.

① 등장 인물에 얽힌 事象(事蹟, 事績, 史蹟)을 파악한다.
② 등장 인물의 사상을 가치 徵表(인간됨)로 이해한다.
③ 가치 징표를 통하여 나타내고자 하는 사상(표현 의도)을 감지한다.
④ 사상을 가치 德目(유목)으로 분류·종합한다.
⑤ 분류·종합한 가치 덕목으로 가치화 과정을 실행한다.

---

9) Louis E. Raths · Merrill Harmin · Sidney B. Simon, 같은 책, p.48.

이러한 일련의 과정은 하나의 교육과정의 모형으로 설정할 수 있을 것이다. ①~④는 순수 문학교육과 관련된 부면이고, ⑤는 순수 문학교육 분야가 아닌 일반적인 가치관 교육과 깊은 연관을 유지하는 부분이다. 그리고 이를 ①②와 ③④를 결합하여 "[1]가치 징표의 발견, [2] 가치 징표의 표현 사상으로의 전환과 분류, [3] 가치화 과정의 실행"으로 단축하여 교수·학습으로의 적용이 가능하다. 이를 91장을 중심으로 설명하면 다음과 같다.

① 사상파악 : (아바님 뵈슥뷩싫제 어마님 여희신) 눖므를 (左右ㅣ 슬쓰뱌 아바님 일코루시니)

② 가치징표의 발견 : 태도(감정)

③ 사상 : 孝

④ 분류·종합 : 孝, 忠…(용가 전체와 관련하여)

⑤ 가치화 과정의 실행

이러한 교수·학습 과정은 용가의 전체 사상을 추출하는 데에도 그대로 적용이 가능하다. 그리고 가치 징표를 우리가 일반적으로 인식하고 있는 사상(충, 효 등)으로의 전환 과정은, 이것이 도식적으로 이루어지는 확연한 것이 아니므로 상당히 신중을 기해야 한다.

이와 같은 가치 징표를 이용한 문학사상의 교육은 <춘향전>, <흥부전>, <심청전>, <토끼전> 등 판소리계 소설의 경우에도 그대로 적용할 수 있다. 이는 고전소설의 사회적 성격과 함께, 이에서 형성된 문학사상의 가치론을 규명해 보는 계기도 될 것이다.

Ⅳ. 결 론

<용비어천가>에는 다양한 사상이 역동의 역동작용으로 집합되어 있다.

이러한 사상 구조는 일련의 원칙을 가지고 사상의 정연한 표출 원리를 근간으로 하여 독자에게 전달된다. 그리고 용가는 그 창제 의도부터 감계와 교화를 담고 있으므로, 이의 교육은 이러한 표현의 원리를 고려하여 교육의 과정을 모색할 여지는 있는 것이다. 이와 같은 관점에서 본고는 용가의 사상이 어떻게 발상하여 어떤 체계로 표출되었으며, 이를 교육적으로 어떻게 적용이 가능한가를 밝혀 보고자 했다.

첫째로, 훈민정음의 창제 정신과 制字의 원리 체계 정신이 동시에 용가에 그대로 전이되었다. 따라서 훈민정음의 제자의 원리인 三才가 원리가 되는 天地人 사상은 용가의 사상 분류에 그대로 적용된다.

둘째로, 용가의 天思想은 天命思想과 天佑神助, 地思想은 國基의 鞏固와 발전, 풍수와 圖讖 사상 등으로 구분할 수 있다. 人思想은 유불도의 종교 사상소와 崇文·崇武·愛民 사상 등으로 나눌 수 있고, 유교사상은 다시 忠·孝·友愛·(婦)德·仁義·聖 등으로 분류할 수 있다.

셋째로, 사상의 층위 구조는 용가의 서술 전개와 대비하여 天 → 地 → 人의 순차로 중요성이 강조되었고, 인에 관계되는 종교사상은 유 → 불 → 도의 순차로, 유교사상은 다시 개인윤리보다는 사회윤리인 충사상이 우선한다고 하겠다.

넷째로, 사상의 시현 방법으로는 天地人 사상의 조화를 표방하였고, 주장하고자 하는 사상의 직접 표현보다는 가치 징표를 예거한 경우가 많다.

다섯째로, 용가의 사상교육(가치화 모델)의 교수·학습 모델로 ① 가치징표의 발견, ② 가치징표의 표현 사상으로의 전환과 분류, ③ 가치화 과정이라는 절차를 설정할 수 있다.

문학교육은 전적으로 가치관 교육은 아니다. 그러나 가치관 교육은 문학교육의 한 분야로 남을 수 있는 여지는 있다. 앞으로 가치교육과 문학교육의 위상을 교육이라는 공통 분모 속에서 새로운 각도로 정립해 보아야 할 것이다.

제 **2** 장

'춘향전'의 'PUN' 양상과 교육

I. 서 언

문학은 언어 예술이다. 이 언어 속에 가치 있는 인생의 체험을 기록하여 인간으로서의 자아를 성찰하게 하며, 인간 구원의 기제를 구축한다고 하겠다. 문학은 언어의 상관물로서 언어가 유기적인 구조체를 형성하고, 언어사용의 성격과 방법에 따라서 주제를 표상하는 국면이 달라지는 것이다. 때문에 문학에서 言表的 국면인 언어의 층위를 어떻게 형성하는가는 문학성을 고양하는 하나의 방법임에는 틀림없다.

이러한 언어 예술로서의 문학을 조망하는 관점에는, 문학교육은 언어사용 능력을 신장하는 것과도 긴밀하게 관계를 맺어야 한다는 주장이 내재한다. 따라서 문학작품을 읽고, 이해하고, 감상하는 차원에 문학교육을 안주시킬 것이 아니라 문학 언어의 특성을 분석·이해하고, 이를 일상의 언어사용의 맥락에까지 연장하여 언어적 인간으로서의 창작 능력을 자연스럽게 신장시키는 분야까지도 문학교육의 영역임을 자임할 필요가 있다.

그러므로 고전문학에서의 언어사용의 실태와 양상을 살펴보고, 이를 통하여 당시 선현들의 문장 표현에 대한 감각과 문학적 발상의 원리를 찾아보는 것은 문학을 이해하는 하나의 방법이 됨과 동시에, 문학의 언어와 일상의 언어가 어떻게 교접 관계를 이루는가를 과학적으로 해부하고, 이를 교육적으로 활용하여 실질적으로 언어생활을 풍부하게 하는 첩경도 된다.

고전소설 중에서 판소리계 소설은 이론이 없지 않으나 전승되는 사설이 정착되었다는 특수성을 가지고 있다. 말하기의 언어가 기록의 언어로 전환되었다는 특수성 때문에 이 두 속성을 모두 구유한 음성·문자 언어의 표현 특성을 고찰해 볼 수 있는 중요한 문학적 집적물이라고 하겠다. 그리하여 <춘향전>에 자주 등장하는 해학과 유모, 위트의 속성을 모두 포괄한다고 볼 수 있는 pun의 양상을 찾아보고, 이들의 문학적 기능을 해명해 보는 것은, 작가가 일상의 언어를 어떤 방식으로 활용하여 문학적 발상을 시도하였는가를 구명해 보는 새로운 계기를 마련하는 것이 된다.[1)]

본고에서 사용한 <춘향전>의 대본은 이가원이 주석한 <열여춘향슈절가>[2)]이며, 주석본에서는 한자를 자세하게 병기하여 이해를 돕고 있지만, 본고의 인용문에서는 문맥상 특이한 경우를 제외하고는 한자를 병기하지 않았음을 밝힌다.

Ⅱ. 'PUN'의 의미역

문학작품에서 어휘의 선택은 문학성과도 연결되는 것으로 작가의 창작 능력과도 유관한 문제다. 그러므로 문학의 언어를 선택할 때에는 그 의미뿐만 아니라 형태까지도 고려하게 된다. 왜냐하면 문학작품에서는 언어의 의미적 형상도 중요하지만, 외형적인 규칙성이나 시각성도 예술성과 문학

---

1) 우쾌제 교수는 지금까지의 춘향전에 대한 연구를 해설적 성격을 종합 연구, 이본 연구, 근원 설화 연구, 어학적 연구, 작품론적인 면에서 주제론, 인물론, 구성론 및 비교문학적 연구, 연구사 고찰 등으로 구분하고, 시대 구분에 따라 연구의 경향을 자세하게 설명하고 있다("춘향전 연구사 개관", 『춘향전의 종합적 고찰』 한국고전소설연구회편, 아세아문화사, 1991, pp.3~34). 춘향전에서 pun의 양상을 살펴보는 것은 새로운 연구 방법론을 이용한 작품성의 해명을 위한 시도로, 이를 교육과 결부시켜 본다는 데에 의의가 있다.

2) 이가원 주석 『춘향전』(정음사, 1972).

성을 높이는 하나의 요소이기 때문이다. 'pun'은 의미의 형상 방법과 외형적 표상성에서 모두 연구의 대상이 되는 중요한 문학적 자질이다. 그러므로 하나의 작품에서 이의 표상성과 형상성을 살펴보는 것은, 하나의 연구로 두 가지의 결과를 추구하여 一擧兩得의 효과를 누릴 수 있다고 하겠다.

'pun'을 우리말로는 대개 '언어유희'를 비롯하여 '말장난', '말놀이' 등으로 옮겨 사용한다. 언어유희란 "다른 의미를 암시하기 위한 말이나, 다른 의미를 가진 같은 소리의 말을 해학적으로 사용하는 것, 즉 '말장난'을 뜻한다."라고 사전은 설명하고 있다. 학자에 따라서는 pun 대하여 '유머의 저급한 형태', '말재롱'(paronomasia) 등으로 설명을 달리하기도 한다. 그런데 이들은 대개 다음과 같은 형태로 구현된다는 점에는 동일하다.

① 두 개의 뜻을 가진 단어의 사용
② 달리 표기되지만 같은 발음을 가진 두 단어의 뜻의 유사성
③ 꼭 같이 발음되고 표기되지만 다른 뜻을 가진 두 개의 단어[3]

『Dictionary of Literature』에서는 pun에 대하여 위트의 저급한 형태라고 정의하고, 그 다양한 형태를 세분하여 예를 들어 설명하였다. 이를 요약해 보면 다음과 같다.

① equivoque
② conundrum
③ play on one word in different senses
④ play on double meaning in one use
⑤ play on the one sound with different meaning
⑥ different words nearly alike

---

3) 이상 구인환·구창환 공저 『문학개론』(삼지원, 1987)을 참고하여 정리하였음(pp.281~282).

⑦ ablaut punning : by vowel change

⑧ by a slight change in a well-known saying[4]

이상에서 살펴본 바와 같이 언어유희는 위트나 유머와도 유관하다. 이것이 저급성과도 관련이 있고, 그 경계가 어떤 면에서는 모호하여 의미역을 획정하기가 어렵다. 그럼에도 언어유희와 여타 수사법과 관련되는 의미 접속 및 위계 양상, 여타 표현 기법과의 duplication을 후술할 '문학교육적 활용'을 설명하면서 언급해 보기로 하겠다.

반면에 광의로서의 pun은 수수께끼를 포함하여 말이나 글자를 소재로 하는 모든 놀이(유희)를 뜻하기도 한다. 한자를 가지고 글자를 풀이한다든지[解字], 借字로 웃음 거리를 짓는다거나 '말끝 잡기' 등 다음과 같은 여러 가지 유희의 형태가 모두 여기에 해당한다.

> 말 : ① 새말 만들기 ② 빠른 말·숨김말 ③ 두운·각운 ④ 말끝(말꼬리)
>   잡기 ⑤ 동음이의어 만들기
> 문자 : ⑥ 解字놀이 ⑦ 借字놀이[5]

본고에서는 이상의 모든 의미를 포괄하는 것으로 pun의 의미역을 확장적으로 생각하여 설명의 어려움을 다소 해소하고자 한다. 그리고 서양 언어의 구조와 쓰임은 우리말의 구조와 쓰임과는 사뭇 다르다. 그러므로 서양의 이론에 꼭 합치되는 언어의 유희 구조를 찾아 볼 수 있는 것도 있지만, 어떤 면에서는 그렇지 못한 것이 많다. 따라서 본고에서는 <춘향전>에 등장하는 pun의 양상을 나름대로 기준을 세우고 이를 구분하여 정리해 보고자 한다.

---

4) Joseph T. Shipley(Edited. Totowa, New Jersey, 1972) pp.329~339.

5) 『국어국문학사전』(서울대학교 동아문화연구소편, 1983), p.414.

Ⅲ. '춘향전'의 'PUN'의 양상

<춘향전>은 작품 전체가 pun의 문학이라고 해도 과언이 아니다. 글자 그대로 작품의 시작에서부터 그 마무리까지 하나 하나가 해학과 풍자, 위트를 포괄하는 장난기가 농후한 언설의 계속이다. 현학적 토로와 懸河의 구변이 이해를 어렵게 하기도 하지만, 이야기 전개가 인간의 본능을 적나라하게 표출하면서, 독자를 문장 속에 몰입하게만 하는 웃음과 재미가 총화를 이룬다. 때문에 이 소설에 등장하는 언어유희는 표현 기법을 총 망라한 만화경을 연출한 것이라고 하겠다. 위에서 언급한 언어유희의 의미역을 바탕으로 몇 가지 유형을 추출해 보면 다음과 같다.

① **애매한 말투(equivoque) 및 하나의 단어가 상이한 감각으로 사용된 유희** (play on one word in different senses)

> 춘향이 깜짝 놀닉 찍어보니 꿈이로다. 옥창잉도화 써러져 보이고, 거울 복판이 찌여져 뵈고, 문우의 허수이비 달여 보이거늘…

> 그 꿈이 장이 좃타. 화락한이 능셩실이요, 파경한이 기무셩가. 능이 열미가 여러야 쏘시 써러지고 거울이 기여질 쩨 소리가 업슬손가. 문상의 현우인한이 만인이 기앙시라. 문우의 허수이비 달여씨니면 사람마닥 우러려 볼거시오. 희갈흐이 용안견이요, 산붕헌이 지틱평이라. 바디가 말으면 용으 얼골을 능히 볼거시오, 산이 문어지면 평지가 될 거시라. 좃타, 쌍가미 탈 꿈이로셰. 걱정 마소. 머지 안네.

춘향이 꽃잎이 떨어지고, 거울이 깨지며 문에 허수아비가 달려 있는 꿈을 꾼 것에 대하여 점쟁이가 해몽한 부분이다. 成俔의 『慵齋叢話』에서도 이러한 해몽 이야기가 등재되어 있는데6), 일반 상식으로는 흉몽으로 간주

---

6) 昔有儒生三人 將赴試場 一夢鏡墜于地 一夢艾夫懸于門上 一夢風吹花落 俱詣占夢者之 家 占夢者不在 而其子獨在 三人就問之 其子占云 三者皆不祥之物 未諧所願 占夢者至 叱其子曰 艾夫人所望 鏡墜豈無聲 花落應有實 三者共成名 三人果皆登第

해 버릴 수 있는 것을, 풀이를 듣고 보면 길몽임을 알게 된다. 이러한 종류의 언어유희는 독자에게 긴장을 고조시키다가 쾌감과 이완으로 반전시키는 언어적 기법의 하나가 된다.

② **중의적으로 쓰인 유희**(play on double meaning in one use)

> 봉이 나미 황이 나고, 장군 나미 용마 나고. 남원의 춘향이 나미 이화 춘풍(李花春風) 꼿다웁다. 상단아 주반 등디 하엿난냐.

> …어사 낭군 조을시고 남원 읍니 추절 드러 쩌러지게 되야더니 긱사의 봄이드러 이화 춘풍 날 살인다.

여기에서의 이화 춘풍은 일차적 의미와 함께 이도령과 춘향을 의미하여 중의적으로 사용되었다. 앞절은 이도령과 춘향이 광한루에서 처음 만나서의, 후절은 어사출두 이후의 언설이다.

③ **하나의 소리가 중의적으로 쓰인 유희**(play on the one sound with different meaning)

> 허허 그 말 반갑도다. 네 연셰 드러하니 날과 동갑 이팔이라. 셩짜을 드러보니 천정일시 분명ᄒ다. 이셩지합 조흔 년분 평싱 동낙 하여보자. 네의 부모 구존하야.

> …뜻 박기 가막구가 옥 담의 와 안쩐이 까옥 까옥 울거늘 춘향이 손을 드러 후여 날이며, 방정마진 가막구야, 날을 자버 갈나거든 졸으기나 말여무나. 봉사가 이 말을 듯던이, 가만 잇소… 좃타 까옥 까옥. 가짜는 아름다울 가(嘉)짜요, 옥짜는 집 옥(屋)짜라. 알음답고 길겁고 조흔 일이 불원 간의 도라 와서 평싱으로 밋친 한을 풀거신이 조금도 걱정 마소.

이도령과 춘향이가 통성명을 한 직후의 이도령의 언설이다. 여기에서의 이성지합(李成之合, 二姓之合)은 중의적으로 사용되었다.

까마귀 울음소리 '까옥'을 嘉屋으로 해석하는 것은 무리가 있으나 일종
의 동음을 이용한 異語 형식을 빌린 언어유희라고 하겠다.

④ 새로운 말 만들기

> 이 자식 네 모른다. 쳔왕씨 일만 팔쳔 셰를 살던 양반이라 이가 단단ㅎ
> 여 목덕(木德)을 잘 자셔건이와 시속 션부더른 몷덕을 먹건는야. 공자임계
> 옵셔 후셩을 싱각하사 명륜당이 현몽ㅎ고 시속 션부른이가 보족하야 목쎡
> 을 못 먹기로 물신물신한 쑥쩍으로 하라 하야 삼빅 육십주 힝교의 통문ㅎ
> 고 쑥쩍으로 곳쳐난이라.

木德은 五德의 하나로 이를 受命의 운으로 삼은 것인데, 해학을 더하기
위하여 '쑥떡'이란 새로운 말을 만들었다. 목덕을 쑥떡으로 바꿔 새로운
말을 사용한 것은 본문에서 '시속'이란 말을 언급했듯이 <춘향전>의 소설
적 성격을 어느 정도 암시하는 언어유희의 일종이라고 하겠다.

⑤ 頭韻(alliteration)의 사용

수사상 글귀의 첫머리 음과 같은 음을 되풀이하여 사용하는 것을 두운
이라고 한다. 십장 애가는 두운을 가장 잘 살린 사설의 연속이다.

> 일편단심 구든 마음 일부종사 쓰시오니, 일기 형별 치옵신들 일연이 다
> 못가셔 일각인들 변하릿가.
> 　이부결을 아옵난듸 불경이부 이 니 마음 이 미 맞고 영 죽어도 이도령
> 은 못 잇것소
> 　삼종지예 지중한 법 삼강오륜 알어쓴이 삼치형문 정비을 갈지라도 삼
> 천동 우리 낭군 이도령은 못 잇것소
> 　사티부 사쏘임은 사면공사 살피잔코 우력공스 심을 쓰니 사십팔방 남
> 원 빅셩 원망하물 모르시오. 사지를 갈은듸도 사싱 동거 우리 낭군 사싱
> 간의 못 잇것소.
> 　　…

   팔자 조흔 춘향 몸이 팔도 방빅 수령 중의 졔일 명관 맛나구나. 팔도방
빅 수령임네 친민하려 나려왓졔 악형하려 나려왓소.
   …
   구곡 간장 구부 셕어 이 니 눈물 구년지수 되것구나. 구구 쳥산 장송
베여 졍강 션 무어 타고 한양셩 중 급피 가셔 구중궁궐 셩상젼의 구구원
졍 주달하고 구졍 쯸의 물너나와 삼쳔동을 차자가셔 우리 사랑 반기 만나
구비구비 및친 마음 져근 듯 풀연마는(十杖哀歌)

⑥ 脚韻(end rhyme)의 사용

원래, 라임은 동일한 음향의 반복을 통한 음악적인 통일미를 추구하는
압운법을 의미한다. 여기에서는 소설의 서사적 성격을 감안하여 연결이나
혹은 종결 형태가 일관성을 이루는 것을 각운으로 간주하였다.

   (너와 나와 유졍하니 어이 안이 다졍하리.) 담담 장강 슈 유유의 원긱
졍. 하교의 불상송 강슈 원함졍. 송군남포 불승졍. 무인불견 송하졍. 한틱
조 희우졍. 삼틱 육경 빅관 조졍… 네 마음은 일편 탁졍(졍짜타령)

   주역을 읽는 익난듸 원은 형코, 졍코. 춘향이 코 쌱 딘 코, 좋코 한이라.

   (여보 도련임 인졔 가시면 언졔나 오시랴오.) 사졀 소식 쯴어질 졀, 보
니난니 아조 영졀, 녹죽 창송 빅이 숙졔 만고 츙졀, 쳔산의 죠비 졀, 와병
의 인사졀, 죽졀, 송졀, 춘하추동 사시졀, 쯴어져 단졀, 분졀, 혜졀, 도련임
은 날 바리고 박졀리 가시니 속졀업난 니으 경졀, 독숙공방 슈졀할 졔 언
으 쌔에 파졀할고. 쳡의 원졍 실픈 고졀, 주야 싱각 미졀할졔 부듸 소식
돈졀 마오.

   조분 쳔지 기틱궁 뇌셩벽력 풍우 속의 셔기 삼광 풀여 잇난 염장하다
창합궁, 셩덕이 너부시사 조림이 어인일고 쥬지 긱 운셩하던 은왕의 디졍
궁, 진씨왕 아방궁 문 쳔하 드하실 격기 한틱조 할양궁…(宮字雜談)

⑦ **모음 교체**(ablaut punning : by vowel change)

> 안이요 그리할 말삼이 안이라 정승을 못하오면 장승이라도 되지요.

모음을 교체하여 만든 政丞과 長丞을 교묘히 대비하여 至高와 至賤의 양극을 넘나든 기발한 언어유희의 한 모습이다.

⑧ **잘 알려진 말하기에서의 약간의 교체**(by a slight change in a well-known saying)

> 디학지닌 지명명덕ᄒ며, 지신민ᄒ며, 지춘향이로다. 그 글도 못일것다.

> 맹자 견 양혜왕하신디 왕왈 쉬 불원 천리이 니 하신이 춘향이 보시려 오신잇가.

> 아무듸 사든지란이 눈콩알 귀꽁알리 업나. 지금 춘향이를 수청 아니 든다 하고 형장 맛고 갓쳐쓰니… 올나간 이도령인지 삼도령지 그 놈의 자식은 일거 후 무 소식하니

> 예 드르시오 놉고 놉픈 하날 천 집고 집푼 ᄯᅡ지 홰홰 친친 가물현 불타 젓다 누루 황
> 예 이놈 상놈은… 내 일글게 드러라 천긔 자시 싱쳔하니 티극이 광디 하날 천, 지벽어축시하니 오힝 팔패로 ᄯᅡ지, 삼십삼천 공부공의 인심지시 가물현

『大學』이나 『孟子』의 명구에 본심을 덧붙이거나, 언중이 잘 알고 있는 단어나 문장에 사설을 더하는 형식을 이의 범주에 넣었다.

⑨ **단어 轉置**

> 어 추워라 문 들어온다 바람 다더라, 물 마른다 목 듸려라.

바람과 문, 목과 물을 전치시킴으로써 본관 사또의 魂飛魄散하는 모습을 리얼하게 연상하도록 한 표현이다. 이러한 전치는 일반화된 언어사용의 방법이다.

⑩ 解字놀이

> …군자호귀 이 안니야. 춘향 입 니입을 한틔다 디고 쪽쪽 빤이 법중 여(呂)짜 이 아닌야. 이고 이고 보거지고."

> 너난 죽어 글자 되되 짜지자 그늘 음자 아니 쳐짜 계집 엿짜 변이 되고 나는 죽어 글짜 되되 하날 천쯔 하날 건 졔이비 부 사나 남 아들 자 몸이 되야 계집 여 변의다 짝 붓치면 조을 호(好)쯔로 만나 보자. 사랑 사랑 니 사랑

李夢龍이 춘향을 그리워하는 모습을 유희적 언어로 토로하고 있다. 한자 '呂', '好'의 자형이 에로틱한 본심을 형상하는 최적의 모양이다.

⑪ 암시적 誇示

> 금준미주(金樽美酒)는 천인혈(千人血)이요
> 옥반가효(玉盤佳肴)는 만성고(萬姓膏)라
> 촉누낙시(燭淚落時) 밀루낙(民淚落)이요
> 가성고쳐(歌聲高處) 원성고(怨聲高)라

이 시는 이도령이 변사또의 생일 잔치에 걸인 행색으로 참석하여, 民情과 본관 政體를 생각하여 지은 시로서 자신의 신분을 과시하고, 암행어사 출두를 암시하는 내용을 담고 있다. 이도령은 이 시를 하객들에게 공표하여 사또를 암묵적으로 희롱하는 것으로, 이것도 일종의 언어유희라고 하겠다. 그러나 이에 대하여 변사또는 물색을 모르는데, 운봉만이 內念으로 일이 벌어짐을 알고 '소피흐고 드러 오'라고 사또의 물음에 행처를 대답한다.

⑫ 笑謔的 묘사

다음은 暗行御史 출두 소리가 청천에 진동하니 좌수, 별감, 이방, 호장들이 실혼하여 분주히 움직이는 모습을 희학적으로 묘사한 부분이다.

> 모든 수령 도망할 제 거동 보소. 인궤 일코 과절 들고, 병부 일코 송편 들고, 탕근 일코 용수 쓰고, 갓 일코 소반 쓰고, 칼집 쥐고 오좀 뉘기. 부서진니 거문고요, 씨지나니 북 장고라. 본관이 똥을 싸고 멍석 궁기 시양 쥐 눈 쓰듯 ㅎ고…

이상에서 살펴보았듯이 상기의 분류 방법이 타당한가, 예시 내용이 정확한가는 차치하고라도, 어쨌든 춘향전에는 언어유희는 소설적 전개의 주류로 작용하고 있음을 확인하게 한다.

Ⅳ. 'PUN'의 교육적 활용과 방법

1. 'pun'의 존재 방식과 교육적 활용

위에서 살펴보았듯이 <춘향전>에서 사용한 언어의 유희는 다양한 형태로 존재한다. 그런데 '언어유희'이라는 개념은 상당히 넓어서 이를 교육적으로 활용하려 데에는 그 의미역과 층위를 분명하게 해야 하는 선결 과제가 있다.

실제, <춘향전>에 사용한 언어유희는 단순한 의미 차원과 역할에 머물고 있지 않다. 직유나 은유, 풍유, 아이러니 등을 함유한 유희요, 해학과 풍자 그리고 패로디와 위트를 포괄하는 고차원의 상승적 유기체로서의 유희라고 하겠다. 즉, <춘향전>에서의 pun은 직유와 은유, 풍유, 아이러니를 통합하여 소설 구조에서 감각적 요소로 작용하는 것이다. pun과 관련되는 수사적, 표현 기법에 대하여 약술하면 다음과 같다.

‘풍유’는 확대된 은유로 규정하기도 하는데, 원관념을 숨기고 보조 관념만으로 숨겨진 본래의 의미를 암시하는 표현 기법이다. 특히, <춘향전>에서는 성적 육담에서 이러한 면이 인상 깊게 드러나 있다.

> 너는 죽어 경쥬 인경 될나 말고 젼주 인경 될나 말고 …장안 종로 인경 되고 나는 죽어 인경 마치 되야
>
> 너는 죽어 방이 확이 되고 나는 죽어 방이 고가 되야
>
> 너는 죽어 독미 웃짝이 되고 나는 죽어 밋짝이 되야

‘아이러니’는 반대되는 말을 하여 독자로 하여금 관심을 갖도록 하는 것으로 완곡한 표현, 역설(paradox), 언어유희(재담 : pun), 위트(wit) 등에 의존하여 섞여서 나타나는 경우가 많다. 아이러니는 풍유, 은유와 같이 체험에 대한 표면상의 모순을 통일시켜 주는 방법을 제공하기도 한다. 그러나 세계의 다양성을 보여 줄 수 있는 것은 이의 유일한 기능이다.[7]

Coleridge의 정의에 의하면 ‘위트’는 ‘異種의 사물 속에 동일성을 발견할 때 생기는 것’이라고 하였다. 그리하여 단순한 말의 동일성 발견이 가장 간단한 위트이며, 이를 pun이라고 부르기도 한다. Brooks는 위트, 패러독스, 아이러니를 하나의 연속적인 계열로 보아 다음과 같이 그 관련성을 설명하고 있다.

① wit : 주어진 상황에 대해 취할 수 있는 사물에 대한 모든 가능한 태도의 복수성을 인지하는 것, 즉 어떤 상황에 대해 취한 태도가 가능한 유일한 태도가 아니라는 사실을 생생히 감득케 하는 능력

---

7) 김윤식 편, 『문학비평용어사전』(一志社, 1976) p.184. 이하 용어 설명은 여기에서 많이 참조하였음.

② paradox : 어떤 상황에 대한 인습적인 관점을 대비하는 장치, 혹은
그 상황을 실천적이고도 과학적인 논술에서 취해진 것과 같은 한정
되고 특수한, 그러나 이보다는 포괄적인 관점에서 보는 것
③ irony : 한정함으로써 여러 가지 사물을 보는 태도를 명백히 하는 하
나의 장치8)

'풍자'는 일종의 호전적인 아이러니로 환상적이거나 위트, 유머를 이용
하여 어떤 대상을 공격하기도 한다. Northrop Fry는 풍자와 아이러니의
관계를 다음과 같이 설명하였다.

> 아이러니는 내용상의 완벽한 사실주의, 또한 작가의 입장에서의 태도
> 의 은폐, 이 양면과 모두 일관성을 지니고 있다. 풍자는 최소한도 명목상
> 의 환상, 독자들이 기괴하게 받아들이는 내용을 요구하고 있으며, 또한 최
> 소한도 함축성 있는 도덕적 기준을 요구하고 있다.9)

Oxford 사전에는 '패로디'에 대하여 '남의 작품을 우스꽝스럽게 보이도
록 특히, 골계적으로 부적당한 주제에 적용함으로써 우스꽝스럽게 보이도
록 모방하는 한 작가의 어구 표현과 사고의 특징적 경향의 작법'이라고
설명하였다. 그리하여 패로디는 유머를 유발시킬 수 있으며, 독한 풍자적
공격으로 이용되기도 한다는 것이다.

pun은 해학과 풍자와도 의미역에서 유관하다. 때문에 <춘향전>에 등장
하는 웃음의 종류는 해학과 풍자중 어떤 웃음인지 분간하기가 어려운 것

---

8) 위의 책, pp.214~215. ① wit, as an awareness of the multiplicity of possible
attitudes to be taken toward a given situation ② paradox, as a device for
contrasting the conventoinal views of a situation, or the limited and special view
of it such as those taken in practical and scientific discourse, with a more inclusive
view ③ irony, as a device for definition of attitudes by qualification(The Well
Wrought Urn, Harvest Book, p.257).
9) 위의 책에서 재인용(p.295).

들이 많다. 웃음을 자아낸다는 공통점에서 출발하지만, 해학과 풍자 웃음
에는 엄밀한 의미에서는 차이가 있는 것이다.[10]

해 학(humour)	풍 자(satire)
눈물을 간직하고 있는 익살	가시가 돋혀있는 익살
情的인 웃음	知的인 웃음
평화적인 웃음	전투적인 웃음
인간성과 관련한 웃음	사회성과 관련한 웃음
무목적적, 무의식적	목적적, 의식적

이상에서 살펴보았듯이 pun은 모든 수사적 방법, 표현 기법 모두와 긴
밀하게 작용하는 역동적 관계를 형성하고 있다. 직유, 은유, 풍유, 아이러
니와는 물론 이들 수사 기법이 전제하는 의인, 상징, 성유, 寓意와도 유관
하다. 또한 해학, 풍자, 패러디, 위트와의 의미적 관계도 유기적임은 말할
것도 없지만, 이들 간의 의미 duplication을 통하여 상호 의존하며 존재한다.

그러므로 pun을 교육적으로 유의미하게 하기 위해서는 이들 상호 의미
역을 확연하게 하고, 이러한 의미역이 소설 구조에 어떻게 작용하고 있으
며, 이를 교육에 도입하는 것이 소설을 해부하는데 어떻게 유용한가도 밝
힐 필요가 있다. 때문에 <춘향전>에 등장하는 언어유희 교육은 소설 자체
를 해부하는 총합적 교육의 표본이라고 해도 과언이 아니다. 이를 표현과
이해 교육의 양면을 고려하여 도식해 보면 다음과 같다.

---

10) 정병욱, 『한국고전시가론』(신구문화사, 1978)에서 설명한 부분을 요약한 것임("고시
　　가를 통해 본 해학" pp.268~269).

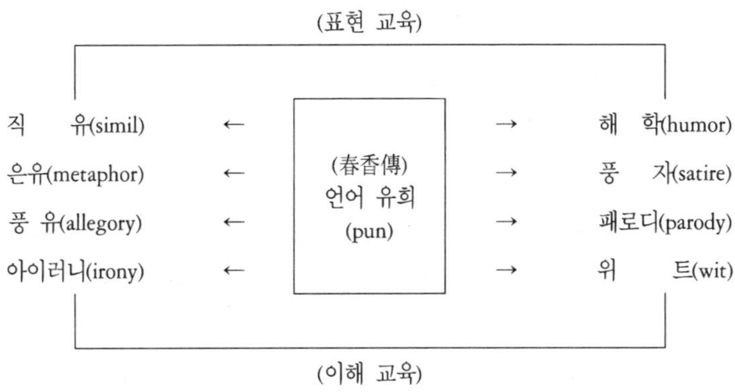

상기의 도식은 <춘향전>에서의 pun 교육과 유관한 역동적 상황을 평면에 가시화한 것에 지나지 않는다. 그리고 pun의 의미역을 형성하는 기본적인 사항만 예거하여 상호 관계를 제시했을 뿐이다. 그러므로 이들의 역동적 관계를 심층적으로 분석하고 음성과 문자, 표현과 이해라는 언어사용의 국면을 고려하여 교육적 상황으로 도입하는 데에는 해결되어야 하고 전제되어야 할 문제들이 많다.

이상에서 <춘향전>에 등장하는 유희의 양상을 개괄적으로 정리해 보고, 이의 의미망이 어떻게 충적되어 있는가를 살펴보았다. 앞으로는 <춘향전>에서 원용한 언어유희가 여타의 수사 및 표현 기법과 어떤 의미적 층위를 이루며 역동적으로 작용하고, 이들의 언표적 구조의 실체가 무엇인가를 구체적으로 밝혀야 할 것이다. 그렇게 하기 위해서는 상기 도식에서 제시한 항목은 물론 여타의 표현 기법들 간에 의미의 상호 작용을 구체화하고, 이를 해명할 새로운 방법론도 도입하는 것이 필요하다.

2. 'pun'의 작용 구조와 교육적 확장

'언어유희'는 모든 장르를 초월하여 문학적 표현의 효과를 넓혀 주고 재미를 증대시켜 준다. <춘향전>은 이러한 언어의 유희적 기법을 활용하여 등장 인물의 성격을 구체화하고, 주제 의식을 새로운 각도에서 구현한 작품이라고 할 수 있다. 이는 판소리계 소설의 공통적인 특징이기도 하는데, 이 또한 여타의 고전소설의 전형에 부합하는 소설과도 구별되는 특징이기도 하다.

따라서 언어유희 교육을 중심으로 하는 문학교육은 단순히 작품에서 흥미성이나 표현의 독특성을 가르치는 데 국한될 것이 아니라, 소설에 담겨진 문학성, 구조분석 등 소설을 해부하는 전반적인 부면에까지 발전시키는 것이 바람직하다. 이는 문학의 본질적, 비본질적 문제들이 객관성을 유지하는 계기가 될 수도 있다.

<춘향전>에서 사용한 언어유희 양상을 밝히는 작업은 다음과 같은 절차와 단계를 밟을 때 하나의 문학교육 패러다임으로 자리잡을 수 있을 것이다. 이러한 절차는 다만 연구를 위하여 계기적 단계로 인위적으로 구분한 것으로 어떤 경우에는 동시에 작업이 이루어질 수 있다.

① 언어유희의 양상을 분석적으로 파악한다.
② 소설 구조에서 언어유희의 기능을 찾아본다.
③ 언어유희의 기능을 종합하고 분류한다.
④ 언어유희의 기능을 표현·이해 교육과 결부해 본다.
⑤ 언어유희를 문학교육적 방법으로 일반화한다.

<춘향전>에서의 pun 양상을 파악하고 이를 교육적으로 활용하는 방법을 개략적으로 살펴봤다. <춘향전>에서의 이의 양상은 더욱 다양하고 광범위하며, 작품 전체의 구조를 염두에 두고 이의 작용 구조와 구현 방법을 밝혀 볼 필요가 있다. 즉, 내용 전개, 인물 상호 간의 관계, 주제 의식, 가치 평가 등 <춘향전>을 이해하고 감상하는 하나의 방법으로 이를 이용할 수 있는 일반화된 이론이 개발되어야 한다.

결론적으로, <춘향전>은 언어유희가 접합하여 존재하는 하나의 유기체라고 단정할 수 있다. 이는 교육의 측면에서 하나의 교육 방법의 마무리가 다른 교육 방법의 시작임을 뜻한다. 그러므로 이를 교육하는 효과도 어휘 차원에서부터 창작 능력의 신장까지 총체적으로 모색해야 한다.

문학교육에서의 '언어유희' 교육의 확장 방향을 다음과 같이 도식화할 수 있다.

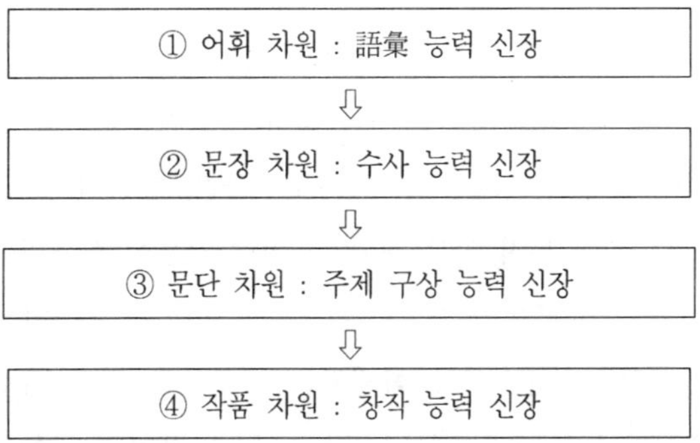

이와 같은 언어유희 교육의 확장은 <춘향전> 교육 방법에 국한되는 것은 아니다. 판소리계 소설 모두 이러한 방법으로 문학을 이해·감상하는 능력을 배양하고, 어휘를 확장하고, 수사 능력, 주제 구상 능력 등을 함양하여 결국 좋은 작품을 생산하는 능력에까지 표현 교육의 장을 넓힐 수 있다. 그러나 언어유희가 문학교육의 어떤 분야에 어떻게 유용한가는 앞으로 심도 깊게 천착해야 할 연구 과제다.

V. 결 론

언어사용의 실태를 정리하여 문학성을 해명하는 작업은 문학작품의 예술성 확보라는 차원에서 바람직하다고 본다. 본 연구는 <춘향전>에 구조화된 언어유희의 양상을 통하여 문학교육적 가치와 방법을 밝히려고 시도한 것이다.

문학교육의 근본 목적이 무엇인가 하는 합의를 도출하는 것은 일면 용이하지만, 구체적인 사항에 이르러서는 그렇지 못하다. 그러나 문학 연구의 효율적인 방법을 이용하면 문학교육의 본질적 목표가 자연스럽게 드러나기도 한다. 그리하여 춘향전은, 방법을 달리하여 여러 문학적 자질을 구명하려 한 연구의 주된 대상이 되었던 것이다.

문학을 연구하는 방법에는 여러 가지가 있음은 주지의 사실이다. 이러한 각양의 연구 방법으로 <춘향전>은 그 어느 고전소설보다 문학적 해명이 심화되었다고 하겠다. 장르, 서지, 비교문학적, 해석적, 본질적 연구를 비롯하여 사상적 배경, 등장 인물 연구 등 여러 각도에서 조명이 이루어져 괄목할 만한 성과를 거두었다. 그런데 '언어유희' 양상을 통하여 <춘향전>을 본질적으로 접근하는 것도 이를 이해하는 새로운 방법의 시도이다.

<춘향전>에서의 '언어유희'의 역할을 다음과 같이 요약할 수 있다.

첫째로, 등장 인물의 신분적 격차를 자연스럽게 해소해 준다. 이도령과 춘향, 이도령과 방자, 이도령과 월매 사이의 현실적인 감각 언어는 신분적 거리를 좁혀 주는 구실을 한다.

둘째로, 주제 의식을 리얼하게 구상해 준다. 고전소설 구조의 전형을 이루는 소설과는 달리 현실적인 주제를 감각적이고 해학적인 언어로 부각시키고 있다. 곧, 신분 격차의 해소를 유희적 언어를 통하여 민중적 미학으로 승화시키고 있다.

셋째로, 인물의 성격을 리얼하게 그릴 수 있도록 한다. 이도령과 춘향이의 대화에는 물론 월매, 방자의 언설에는 성격이 그대로 노정되어 있다. 이들의 언설에서 언어유희적 요소는 위엄과 권위적 요소를 제거하고, 잠재한 민중 의식을 적나라하게 발산시키는 기제이기도 하다.

넷째로, 이야기 전개에 사실적 감각을 증대시킨다. 암행어사 출두 장면은 하나의 사진을 보여 주는 것처럼 장면을 생생하게 현실적 언어로 묘사하였다. 이도령과 춘향의 초야에 주고받는 대화는 사실성의 증대와 함께 관능적이면서도 감각적이다.

본고는 <춘향전>을 중심으로 pun의 의미 양상과 존재 방식을 구체적으로 천착하고, 이를 바탕으로 교육적 활용 방법을 거시적 관점에서 고구해 보았다. 어떤 면에서는 논지의 근거를 충분하게 제시하지 못하고 선언적 표명에 그친 느낌을 준다. 문학을 해부하는 연구는 논리적 합리성과 타당성을 지녀야 한다. 그러나 결론을 앞세워 투명하지 못한 논리를 입론으로 제시하지 않았나 한다. 앞으로 이를 보완하여 <춘향전>을 본격적으로 해부해 볼 필요가 있다.

이로써 고전문학 작품도 언어사용 측면에서 평가가 이루어져야 한다는 명제가 성립될 수 있을 것이다.

제 3 장

'전우치전'의 '敎育素' 발견과 그 의미

Ⅰ. 서 언

한국 고전소설 중에서 <전우치전>은 그 소설의 성격과 작품성을 차치하고서라도, 고전 소설사에서 실존 인물을 소설화했다는 점에서 연구의 가치가 있다고 하겠다. 한국에서의 소설의 발생과 그 발전의 穿鑿은 역사에 실재했던 인물을 기사형식으로 서술한 초창기의 실태에서, 무한한 상상력을 십분 발휘한 본격적인 창작 소설에 이르기까지의 과정을 고려해야 한다고 할 때에, <전우치전>의 위치 규명은 그 배경사상의 실증적 해명으로부터 시작하여, 이러한 소설화의 구체적 양상을 규지해 볼 수 있는 좋은 작품의 하나가 된다.

이러한 <전우치전>에 대한 지금까지의 연구는 김태준이 先鞭을 잡은 이후1) <洪吉童傳>과의 비교연구, 그리고 이 소설과 전우치 설화의 연관성의 논구, 이 소설이 갖는 사회 인식문제, 세계관 등을 비롯하여 그 분석이 각자의 연구 방법론에 입각하여 심화되었다고 하겠다.2) 그리하여 전우

---

1) 김태준, 『증보조선소설사』(학예사, 1939) pp.87~89.
2) 대표적인 논저로 다음 몇 편을 들 수 있다.
　　김일렬, "홍길동전과 전우치전의 비교연구"(『어문학』30, 한국어문학회) 1974.
　　윤재근, "전우치전설과 전우치전"(고려대 석사논문) 1982.
　　박일용, "전우치전과 전우치 설화"(『국어국문학』92, 국어국문학회) 1984.
　　조동일, 『전우치전』 시인사, 1983.
　　　"전우치전의 정치의식"(『국문학연구의 방향과 과제』 새문사) 1983.

치 설화와의 대비는 물론, 전우치전의 성립, 異本연구, 이 소설의 성립과
정에 이르기까지 총체적으로 논급한 연구도 나오게 되었던 것이다.3)

　그러나 <전우치전>을 교육적 견지에서 살펴본 것은 전무한 편으로, 이
러한 각도에서의 鳥瞰은 이 소설이 갖는 소설적인 묘미를 새로운 시각에
서 규지하고 의미를 부여할 수 있는 기회가 될 것이다. 그런데 한국의 고
전소설을 교육적 측면에서 음미하고, 이를 교육의 현장에서 어떻게 적용
해야 하는가를 살펴본다는 것은 생각처럼 그리 용이한 일은 아니다. 본고
는 지금까지의 문학론적 관점에서의 연구를 바탕으로, 이 소설의 특징을
고려하여 이를 교육적으로 어떻게 수용해야 하는가, 무엇을 어떻게 가르
칠 것인가를 중심으로 그 일단을 피력해 보고자 한다.

Ⅱ. 敎育素의 개념과 교육적 활용

　교육을 실천하는 데 필요한 수많은 요소들을 한 마디의 말로 一蔽하기
는 어려우나 교육의 내용과 방법으로 대분할 수는 있을 것이다. 교육의 내
용은 '무엇을 가르칠 것인가'란 교육의 내적 구성체를 이름하는 것이요,
교육의 방법은 '어떻게 가르칠 것인가'란 교육의 기교적·기술적 측면을
가리키는 말이다.

　여기에서 교육을 체계적이고 실증적으로 실천하고, 뚜렷한 목표를 향하
여 괄목할 만한 성과를 가시적으로 제시하는 방법을 모색할 필요가 있는
데, 어느 면에서는 生硬하지만 '敎育素'란 개념을 도입하고자 한다. 敎育
素(educateme)란 '교육의 내용과 방법을 이루는 모든 교육적 요소'를 의

---

3) 최삼룡, "전우치전"(『한국고전소설작품론』 김진세 편, 집문당, 1990, pp.259~283.
　　"전우치전의 도선사상 연구"(『한국고전소설의 조명』아세아문화사, 1992)
　　pp.97~133.

미하는 것으로, 의도적이건 비의도적이건 간에 가르치고자 하는 내용과 방법은 전부 여기에 해당되는 것이다.4) 때문에 교육소는 항상 고정되거나 한정되는 것이 아니며, 교육하고자 하는 매개물이나 방법이 무엇이냐에 따라 달라질 수 있다.

교육소란 용어의 도입은 교육의 내용을 세분화하고 그것이 무엇인지를 확연히 획정시켜 줄뿐만 아니라, 교육을 계획적이고 체계적으로 실현시켜 주는 계기를 마련해 준다. 막연하게 무엇을 어떻게 가르칠 것인가 하는 蓋然性을 구체화하여 뚜렷한 교육목표를 제시할 수 있도록 한다. 교육이란 여러 요소들이 상호 긴밀하게 연접되는 포괄적 기능을 유지하지만, 이것을 실천의 장으로 끌어냈을 때는 단계적으로 분할하여 유목화되어야 하는데, 이러한 기능을 교육소가 대신하게 되는 것이다.

뿐만 아니라, 교육소란 용어의 도입은 교육 내용의 세분화와 체계화를 바탕으로 교육의 타당성 있는 방법론을 제시해 주고, 관념적으로 허구화되는 교육의 과정을 구체적, 논리적인 형상으로 구현시켜 준다. 다시 말하면, 교육의 실천에는 바람직한 가치를 구현하기 위하여 역동적인 교육의 형태를 모색하게 되고, 이의 효율적인 운용을 강구하는 작업이 뒤따르기 마련인데, 교육소의 설정은 이러한 것을 십분 충족시킬 수 있는 방법론의 출발이 된다. 문학교육의 역동적 상황에 질서를 부여하고, 객관적이고 실증적인 교육의 量을 조정할 수 있는 기본적인 개념의 도입인 것이다.

그리고 교육소는 추구하고 도달하려는 목표에 따라 학습의 현장에서는 달라진다. 교육의 내용과 방법, 교육의 결과가 어떻게 나타나는가 등 여러 기준에 따라 다음과 같이 분화된 그 개념의 종류를 상정하는 것이 가능하다.

---

4) '敎育素'란 필자가 창안한 용어로(영자 포함), 그 의미의 영역(개념 규정)이나 활용은 앞으로 많은 연구를 바탕으로 다듬을 필요가 있을 것이다.

① 내용적 교육소와 방법적 교육소

전술한 바와 같이 교육을 수행하는 데는 반드시 교육의 내용과 그것을 교육하는 방법론이 있어야 한다. 즉, 교육의 내용이 되는 것을 내용적 교육소로, 그 내용을 대상을 두고 효율적이고 체계적으로 효과를 거두는 방법을 모색·실천하는 것을 방법적인 교육소라 일컬을 수 있을 것이다.

국어교육의 개념이 무엇이냐를 밝히기 위해서 지금까지 많은 논의가 있었다. 이를 교육의 내용과 방법으로 구분하여 정의를 시도하면 상당히 설득력 있는 개념 규정이 도출될 것이다.5) 이러한 방법론에 입각하면 문학교육에서의 주된 교육소도 교육의 내용과 그것을 가르치는 방법론이 될 것이다.

내용적 교육소는 문학을 이루는 모든 내용을 다 포함한다. 때문에, 이러한 광범위한 교육소를 소기의 교육목표를 달성하기 위하여 일정한 교육의 장으로 어떻게 이끌어 내어 가르칠 수 있는가 하는 방법도 모색해야 한다. 이러한 방법적 교육소는 내용적 교육소와 밀접한 연관이 있을 수밖에 없다. 내용의 교육소가 무엇이냐에 따라 그 방법론이 달라지는 것이다.

② 表面的 교육소와 裏面的 교육소

교육을 수행할 때에 교육하고자 하는 내용을 외면적으로 표방하여 겉으로 드러나는 것을 표면적 교육소라 하고, 이러한 표면적 교육소를 교육의 환경으로 도입하여 실현할 때, 부수적으로 태동하는 교육의 효과나 실천을 이면적 교육소라 할 수 있을 것이다.

---

5) 이용주 교수는 국어교육학의 하위 영역을 교재로 사용된 문장의 내용이나 장르를 분류하여 말하기, 듣기, 쓰기, 읽기, 발음, 문법, 시, 소설, 수필, 논문, 일상 회화, 신문 사설, 서간문 교육론 등 국어교육학 直下位 부문을 가정하고(a 부문), 또 이의 직하위나 차차 계층에서의 부문인 교육과정, 교재, 교수법, 평가, 교사 양성 등으로 가정하여(b 부문), a의 각 항목 하나하나에 b의 모든 항목이 하위 부문으로 설정되는 것을 보여, 되도록 모순을 극소하게 체계화하여 설명하였다(『국어교육학연구』 제3집, 국어교육학회, 1993, pp.1~8).

교육을 직접 목표를 수립하여 수행할 때, 이러한 목표가 모두 소기의 성과나 정도로 실현되는 것은 아니다. 반면에 목표 설정의 항목에는 遺漏되었지만 부수적으로 취득되는 교육의 효과가 생겨나기 마련인 것이다. <春香傳>에 등장하는 인물들의 유형을 살펴보면서 당시에 전형을 이루는 이들 인물들의 群像을 숙지할 뿐만 아니라, 현대적 인물과의 비교를 통하여 학습목표에는 제시되지 않은 또 다른 교육의 효과를 기대할 수 있는 것이다.

표면적 교육소는 글자 그대로 드러난 교육의 목표가 되는 것으로 학습자 자신이나 교육의 주체자도 이를 의식하고 교수·학습에 임하게 된다. 이면적 교육소는 교육의 진행 과정에서 무의식적으로 부수되기 때문에, 교육의 실행 과정에서 의도적으로 강조할 필요는 없다고 하겠다.

③ 거시적 교육소와 미시적 교육소

교육의 내용을 한 덩어리로 응결시킬 수 있는 보다 커다란 교육소를 거시적 교육소라 할 수 있으며, 그 거시적 교육소를 이루는 하나의 단편적인 교육의 구성체가 되는 것을 미시적 교육소라 지칭할 수 있을 것이다.

거시적인 교육소는 단위가 큰 교육소이다. '문학의 정의'라는 항목을 교육하고자 할 때, 이의 정의에 필요한 항목들, 즉 언어적 요소, 인간의 경험 문제, 예술의 의미 등을 언급해야 하고, 언어 요소는 다시 문학의 언어만이 갖는 기능 등 더욱 세세한 교육소로 나누게 되고, 인간의 경험 문제나 예술의 의미 한계도 마찬가지로 하위 구조로 나눌 수 있다. 여기에서 문학의 정의라는 항목은 거시적 교육소가 되는 것이고, 그 이하는 미시적 교육소가 되는 것이다.

거시적 교육소와 미시적 교육소는 절대적인 고정을 유지하는 것은 아니다. 거시적 교육소는 그보다 높은 상위 개념하에서는 미시적 교육소가 되며, 미시적 교육소는 그보다의 하위 개념의 집단에서는 다시 거시적 교육소가 되는 것이다. '소설의 구성 요소' 라는 교육소에서 인물은 미시적이지만 '주동 인물'이란 교육소 측면에서는 거시적이다. 이처럼 양자의 교육소 출입이 가능한 것을 力動的 교육소로, 단일 교육소의 기능만으로 존재하여 양자의 출입이 불가능한 것을 평면적 교육소라는 명칭으로 대신할 수 있을 것이다.

④ 긍정적 교육소와 부정적 교육소

어떠한 교육의 목표를 설정하고 이를 수행하는 데 교육의 효과를 기대하는 방향으로, 즉 긍정적으로 작용할 수 있는 교육소를 긍정적 교육소라 하고, 이러한 기대 효과를 반감하거나 역행적으로 작용하는 것을 부정적 교육소라 분류할 수 있을 것이다.

긍정적 교육소의 존재는 필연적으로 부정적 교육소의 출현을 의미하는 것은 아니다. 그리고 긍정적 교육소와 부정적 교육소는 항상 상반되는 개념으로 공존하는 것은 더욱 아니다. 다만, 교육을 수행하는 주체의 의도와 상당히 연관이 깊다고 하겠다. 이러한 두 가지 교육소는 인간의 인식 문제나 가치관, 스키마와도 연결되는 것으로, 문학교육에서는 이의 실천에서 상당히 신중을 요할 필요가 있다고 하겠다.

이상과 같은 교육소의 분류와 구분은 모든 교육소를 포괄하는 개념은 아니다. 이 밖에도 교육을 바라보는 여러 입장이나 방법에 따라 교육소의 다른 명칭은 붙여질 수 있는 것이다. 여기에서는 몇 개의 예를 들어 命名의 가능성을 제시했을 따름이다.

Ⅲ. '전우치전'의 敎育素 설정

이상에서 '교육소'의 의미와 그 종류를 상정해 봤다. 교육소란 개념은 언뜻 보면, 그 의미의 영역 설정이 모호해서 교육의 현장에서 무의미하거나 필요 가치가 없는 것처럼 보일지 모르나, 교육의 역동성이나 유기적 상호 연관을 고려한다면 그렇지만은 않은 것이다.

교육은 학습자, 작가, 작품의 필연적 연관 속에서 이루어진다. 그리고 이들 각각을 형성하는 세부적 구성체인 미시적인 요소들도 긴밀한 관련 속에서 상보하며 존재한다. 더불어 이들 구성요소는 문학이론과 교수·학습에도 동등한 관계가 유지됨을 공표한다. 이들의 관계는 역동의 역동작용으로 존재하는데, 이를 문학이론과 연관하면 다음과 같은 관계 구분이 가능하다.

① 작가의 정신과 생애 강조 : 낭만주의 이론 중심　　－(생산이론)
② 작품 자체의 특성 강조　 : 형식주의 구조주의 이론－(구조이론)
③ 독자의 경험에 중점　　　: 독자 지향적 비평　　 －(수용이론)
④ 사회·현실문제 관심　　 : 마르크스 비평　　　　－(반영이론)[6]

이상의 구분은 문학 교수·학습의 역동성을 문학이론과의 관련 측면에서 구조화한 것에 지나지 않는다. 그리고 문학이론의 획정이 상기와 같은 것만은 아니다. 교육이라는 측면에서는 ④의 반영이론은 여타의 것과는 달리 역동성에서 관계가 약하다.

어쨌든, 문학을 文學現象으로 보면 문학교육에서의 교수·학습은 역동의 역동이 된다. 그리고 학습자의 내면화도 이들의 역동적인 작용과 동시에 이루어짐은 물론이다. 문학교육의 이러한 유기적인 현상은 교육의 내용과 방법을 체계화하거나, 일정한 목표 달성을 위한 도식화가 요청된다고 하겠다. 그리하여 위에서 언급한 문학이론들을 고려하고 그 역동적 상

---

6) Raman Selden, 『A Reader's Guide to Contemporary Literary Theory』(『현대문학이론』 현대문학연구회 역, 1987, p.16)을 참조하여 정리한 것임.

황을 참작하여, <전우치전>의 존재의 위치를, 즉 그 관계상을 작품을 중심으로 다음과 같은 도식으로 가시화할 수 있다.

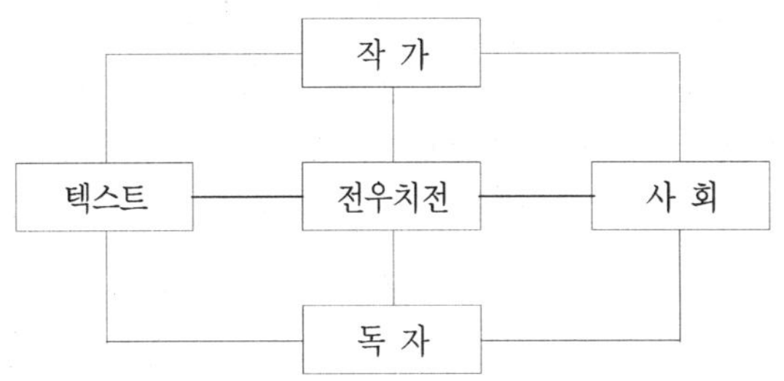

상기의 도식은 이 소설의 교육소 설정에 기본 틀이 될 수 있을 것이다. 이러한 구조를 중심으로 거시적 관점에서 다음과 같은 일반적인 문학교육소의 설정이 가능하다.

① 작가를 중심으로 하는 교육소 : 작가정신 연구, 전기적 연구, 창조성 연구, 사회성 연구, 작가 사회학, 생산미학(시학, 수사학) 등
② 텍스트를 중심으로 하는 교육소 : 민담의 소설화 과정 연구, 전기성(도술등)의 연구, 서술미학, 서사구조, 보급에 관한 연구, 세계관 등
③ 독자를 중심으로 하는 교육소 : 독서 과정 연구, 독자 경험 연구, 수용미학, 독서 대중 사회학, 기대 지평 연구, 해석론, 독서 현상학 등
④ 사회를 중심으로 하는 교육소 : 작품 환경 연구, 현실 반영 연구, 상동성 연구 등7)

보편적인 관점에서 <전우치전>의 교육소는 위에서 제시한 모든 것을 포괄한다. 각 항목에 '<전우치전>에 대한(의)'이란 말만 붙이면 <전우치

---

7) 구인환 외 『문학교육론』(삼지원, 1988, pp.123~188)과 D.Harth & D.Gebh -ardt(Hg), 『Erkenntnis der Literatur』(『현대문예학의 이해』 허창운 편저, 창작과 비평사, 1989, p.39)를 참고하여 재구성한 것임.

전>의 교육소 명칭이 된다. 이들은 거시적 교육소의 성격을 띠므로 여기에 보다 작은 미시적 교육소를 하위 항목으로 설정할 수 있다. 이를테면 '서사구조'의 교육소는 각 단계로 다시 세분화한 구성요소나 話素, 즉 영웅의 일생, 탄생 모티브 등을 교육소로 설정할 수 있는 것이다.

그리고 이들의 각 항목은 동등한 가치를 가지고 유목화된 것은 아니다. 내용과 방법 등 混淆된 기준에서 분류했을 뿐이다. 또한, 이 소설은 작가가 미상인 작품이므로 상기 교육소를 총체적으로 다룰 수는 없다. 이처럼 소설의 특성을 비롯해서 학습의 대상이나 목표에 따라서 교육소의 종류나 이의 심화 정도가 변개되는 것이다. 그리고 이들 교육소는 독립하여 개별적으로 존재하는 것이 아니라, 전술한 바와 같이 상호 역동적으로 연관을 유지하면서 교육의 요소로 작용하는 것이다. 따라서 교육소를 다루는 교수·학습의 활동도 같은 맥락에서 이뤄져야 함은 물론이다.

상기에서 텍스트를 중심으로 하는 교육소 중, 고전소설이 일반적으로 지니는 전기성 연구에서 <전우치전>은 道術 부분이 중심을 이룬다. '도술'이라는 교육소 설정을 위하여 소설의 전개에 따라 이것을 추출해 보면 다음과 같다.8)

　　(1) 황금들보로 빈민구제

　　① 몸을 변하여 선관이 되어 ② 구름을 타고 안개를 멍에하여 바로 대궐 위에 이르러 공중에 머물러 ③ 상운이 궐내에 자욱하고, 향취 옹비하며 오운 가운데 선관이 청의 동자를 좌우에 세우고 구름에 싸였으니 ④ 두 편으로 쌍동자가 학을 타고 내려와 요구에 황금들보를 걸어 올려, 채운에 싸여 남 땅으로 행하니, 무지개 하늘에 뻗치고, 풍우 소리 진동하며, 오색 채운이 각각 동서로 흩어지거늘 ⑤ 나졸이 일시에 달려들어 철삭으

---

8) <전우치전>에도 많은 이본이 존재하는데, 본고에서 도술 부분을 추출한 작품은 신문관 출간본으로 조동일 교수가 주해한 것을 그대로 전재했다. 따라서 철자법에 약간의 출입이 있다.

로 동여매고…낱 장나무를 매었거늘 ⑥ 그 병 속으로 들어가거늘, 나졸
이 병을 잡아드니 무겁기 천근 같고 ⑦ 가마에 기름을 끓이고 병을 넣으
니 '신의 집이 빈한하여 추워 견딜 수 없사옵더니, 천은이 망극하사 떨던
몸을 녹여 주시니 황감하여이다'하거늘

(2) 백발노인의 아들을 구출

① 구름을 타고 사처로 다니며 ② 몸을 흔들어 변하여 일진청풍이 되
어 그 집에 이르니 ③ 우치 변하여 왕가가 되어 면경 앞에 앉았거늘

(3) 관리와 돼지머리

① 우치 구름에 나려 ② 진언을 염하니 그 저두가 입을 벌리고 달려들
어 관리의 등을 물려 하거늘

(4) 잔치에서 교만한 자를 놀림

① 꽃 한 떨기를 흩어 진언을 염하니, 개개이 변하여 실과가 되거늘,
인하여 소매에 넣고 돌아와 좌상에 던지니 향기 촉비하며, 승도, 포도, 수
박이 낱낱이 헤어지거늘 ② 운생이 마침 소피하려 하고 옷을 끄르고 본
즉 하문이 편편하여 아무 것도 없거늘 ③ 설생이 도한 자기의 하문을 만
져 보니 역시 그러한지라 ④ 창기 중 제일 고운 계집의 소문이 간 데 없
고 문득 배위에 굵이 났거늘 ⑤ 진언을 염하더니, 문득 하늘로서 실 한
끝이 내려와 따에 드리거늘 ⑥ (청의동자)줄을 타고 공중에 오르니…도
엽이 분분히 떨어지며 사발만한 붉은 천도 열 개 내려지되 상치 아니하
였거늘…제생 창기 하나씩 먹은 후 만져 보니 여전한지라

(5) 호조 고직이 장세창을 구함

① 구름에 올라 동으로 가다가 ② 즉시 몸을 흔들어 일진청풍이 되어
장세창과 여자를 거두어 가지고 하늘로 올라가거늘 ③ 양인의 기색이 엄
엄하거늘 급히 약을 흘려 넣는데, 이윽고 깨어나 정신이 황홀하여 진정치
못하는지라

(6) 한자경과 족자

① 이 족자를 집에 걸고 '고직아' 부르면 대답할 것이니, '은자 백량만 내라' 하면 그 족자 소리를 응하여 즉시 줄 것이니 ② 각고를 조사할새 은궤를 열고 본즉 은은 없고 청개구리 가득하고, 또 돈고를 연즉 돈은 없고 누른 배암이 가득하거늘 ③ 고의 군기가 변하여 나무가 되었나이다 ④ 내전에 범이 들어와 궁인을 해하나이다 ⑤ 궁녀마다 범 하나식을 탔는지라 ⑥ 궁노수가 하교를 듣고 일시에 쏘니, 흑운이 일며 범 탄 궁녀 구름에 싸이어 하늘에 올라 호호탕탕이 헤어지는지라 ⑦ 한가를 행형할새, 문득 광풍이 대작하며 한자경이 간 데 없으니

(7) 선전관의 부인을 수청들게 함

① 선전이 태질을 차례로 할새, 우치 조사례를 당하매 가만히 망두석을 빼어다가 태를 맞치니, 선전이 손바닥이 맞치어 아파 능히 치지 못하고 그치더라 ② 차례로 하나씩 불러 앉히는데(수청), 제인이 각각 계집을 앉히고 보니, 다 제 아내더라 ③ 부인이 의복을 마르시더니 관격되어 기세하였더니, 지금 회생하였나이다.

(8) 가달산의 엄준 토벌

① 나뭇잎을 흩어 신병을 만들어 창검을 들리고 기치를 벌여 진을 이루고, 머리에 상봉 투구를 쓰고, 몸에 황금쇄자갑에 황라전포를 껴입고, 천리 오추마를 타고, 손에 청사양인도를 들고 ② 문 열리는 진언을 염하니 문이 절로 열리는지라 ③ 이윽히 보다가 몸을 변하여 솔개 되어 날아들어가 보니 ④ 진언을 염하니, 무수한 수리 나려와 모든 장수의 상을 거두쳐 가지고 중천에 높이 떠오르며, 광풍이 대작하여 눈을 뜨지 못하고, 그러한 운문 차일과 수놓은 병풍이 무너져 공중으로 날아가니 ⑤ 이에 바람을 거두며 앗아온 음식을 가지고 산하에 나려와 창졸을 나눠 먹이고 ⑥ 무예로 이기지 못할 줄 알고 흔들어 변하여 제몸은 공중에 오르고 ⑦ 한 떼 구름속에 우치의 검광이 번개같거늘…앞으로 우치 칼을 들어 길을 막고, 또 뒤로 우치 따르고, 좌우로 우치 칼을 들어 짓쳐오고, 또 머리 위으로 우치 말을 타고 춤추며

⑼ 선전관을 혼냄

① 일일은 월색이 조요함을 타, 오운을 타고, 황건 역사와 이매망량을 다 모으고, 신장을 명하여 모든 선전관을 잡아오라 하니 ② 구름 교의에 높이 앉고 좌우에 신장이 벌여 서서 ③ 선전관이 다 깨달으니 한 꿈이라.…선전관이 모두 다 전일 몽사를 말하니, 다 한결같은지라

⑽ 호조의 은을 원상회복

① 은이 예와 같거늘…살이 여전하고, 창검 기계 다 여전하여

⑾ 호서 땅의 찬역에 몰려 그림속으로 도망

① 닭을 그리면 닭이 점점 자라고, 짐승을 그리면 짐승이 걸어가고, 산을 그리면 초목이 나서 자라오매 ② 지필을 받자와 산수를 그리니, 천봉만학과 만장폭포가 산상으로부터 흐르게 그리고, 시냇가에 버들을 그려 가지가지 늘어지게 그리고, 그 밑에 안장 지은 나귀를 그리고…나귀등에 올라 산 동구에 들어가더니 이윽고 간 데 없거늘

⑿ 왕연희를 구미호가 되게 함

① 몸을 변하여 왕연희 되어 추종을 거느리고 ② 연회를 향하여 한 번 뿜고 진언을 염하니, 왕연희 문뜩 변하여 꼬리 아홉 가진 여우 되는지라 ③ 진언을 염하니 왕연희에 구한지라 ④ 구름에 올라 남 땅으로 가니라

⒀ 오생의 부인을 구렁이로 변하게 함

① 문득 족자 속의 미인이 대답하고 벽옥배에 청주를 가득 부어 드리니…주선랑이 동자를 다리고 상과 술병을 거두어 가지고 족자 그림이 도로 되니 ② 문뜩 선랑이 술병을 들고 나오고, 동자는 상을 들고 나오니, 제인이 자세히 보니 그림이 화하여 사람이 되어 병을 기울여 잔에 가득 부어 드리거늘 받아 마신즉 입에 향기 가득하고 맛이 기이한지라 ③ 진언을 염하니, 문뜩 민씨 변하여 대망이 되어 방에 가득하게 하고 ④ 즉시 거짓 민씨를 하나를 만들어 내당에 두고 돌아 가니라 ⑤ 진언을 염하니 금사망이 절로 벗어지거늘

(14) 양봉환과 강림도령

① 구름을 타고 날아 가니라 ② 구름속으로 일위 선관이 나려와 낭성을 불러 ③ 소매로써 호로를 내어 향온을 가득 부어 동자로 하여금 권하니, 정씨 받아 마시매 정신이 혼미하여 인사를 모르거늘 ④ (강림도령)한번 구름을 가리키니, 운문이 열리며 미인이 땅에 떨어지거늘 ⑤ (강림도령)우치 대로하여 보검을 빼어 치려 하거늘, 우치 몸을 피코자 하더니, 문득 발이 땅에 붙어 움직이지 못할지라 ⑥ 소매로서 향온을 내어 정씨의 입에 넣으니, 이윽고 깨어 정신을 차리거늘 ⑦ 환형단을 먹인 후 진언을 염하니, 정과부의 모양과 일호 차착이 없이 되는지라 ⑧ 즉시 보를 씌워 구름을 타고 양생의 집에 이르니

(15) 서화담과의 도술 경쟁

① 진언을 염하니, 용담의 쓴 관이 변하여 쇠머리 되거늘 ② (용담)이 노하여 진언을 염하니, 우치의 쓴 관이 변하여 범의 머리 되는지라 ③ 진언을 염하니, 용담의 관이 변하여 백룡이 공중에 올라 안개를 피우거늘 ④ (용담이) 진언을 외니, 우치 관이 변하여 청룡이 되어 구름을 헤치고 안개를 발하여 ⑤ (화담이) 책상에 얹은 연적을 한번 공중에 던지니, 연적이 변하여 일도 금광이 되어 하늘에 퍼지니, 양룡이 문득 본관이 되어 땅에 떨어지는지라 ⑥ 우치 즉시 받아 가지고 해동청 보라매 되어 공중에 올라 화산으로 가더니 ⑦ (서화담)해중에 이르러 난데없는 그물이 앞을 가리웠거늘, 우치 높이 뛰어넘고자 하더니, 그물이 따라 높이 막았는지라 또 넘으려 한데 그물이 하늘에 닿았고, 아래로 해중을 연하여 좌우로 하늘을 펴 있으니 ⑧ 우치 착급하여 해동청이 되어 달아나니 ⑨ 화담이 수리 되어 따르매 ⑩ 우치 또 갈범이 되어 닫더니 ⑪ 화담이 변하여 청사자 되어 물어 엎지르고

이상은 중첩되는 몇 개를 제외하고는 전편에 나타난 道術의 敎育素를 순서대로 나열 한 것이다. <전우치전>에서의 도술은 이처럼 소설의 전개에서 이야기의 中樞를 형성하면서, 주제를 위시하여 등장 인물의 성격을 확연하게 해 준다.

Ⅳ. '전우치전'의 도술과 상상력 교육

1. 문학교육과 상상력

문학교육의 목적의 하나로 상상력의 세련과 신장을 들 수 있다. 다시 말해서 문학교육의 교수·학습에서 '상상력'은 중요한 위치를 점유하는 문학교육의 본령인 것이다. 이러한 상상력의 속성과 본체가 무엇인지는 그리 간단하게 설명될 성질의 것은 아니지만, 문학에서의 상상력은 한마디로 언어적 상상력으로 규정할 수 있다.9)

상상력의 본질에 대하여 모든 분야에서 광범위하게 언급한 J.Bernis는 '상상력은 일반적으로 이미지를 산출해 내는 심적 능력을 가진 기능'이라 하고, 이의 두 가지 형태를 '우리의 지각 작용과 직접적인 관계를 맺고 있는 것'과 '그 본질이 감각 세계에서 해방되는 데 있다는 것'으로 나누기도 하였다. 그는 에피쿠로스에서 精神分析 학자들에 이르기까지 상상력에 대한 역사적 전개를 개요화 하고,

> 시인에게 있어서의 창조의 분석은 영혼의 삶과 현실의 삶이 뒤섞이는 '이중 비전(une double vision)'에 이르기 위한 인간의 모든 정신적 작품에 상상력을 보여 준다.10)

라고 하여, 시적 창조와 상상력과의 관계를 간파하였다. 소설 속에서의 상상력에 대하여는 발작, 플로베르, 프루스트 등의 현대소설을 직접 예거하여 ① 구성 능력을 지닌 상상력, ② 극도로 감동적이고 전신 감각적인 상상력, ③ 의식적 혹은 무의식적인 모든 가능성을 예견하는 상기자인 동시에 예술로 설명되고, 또 어떤 자연적인 양상이 내포되어 있는 정신력의

---

9) 구인환 외, 『문학교육론』(삼지원, 1988) p.66을 참고하기 바람.
10) J.Bernis, L'Imaination(『상상력』 이재희 역, 탐구당, 1983) p.74.

直觀인 상상력, ④ 어떤 분위기를 만들어 내기를 갈망하며, 우주에서 인간의 상황에 숨겨진 의미를 밝혀 내기를 바라는 상상력 등 여러 각도에서 이를 설명하였다.[11] Bernis의 상상력에 대한 개념 범위는 문학 외적인 것 즉, 음악, 그림, 영화 등을 모두 포괄하는 것이지만, 결론적으로 그는 "상상력은 전체 속에서 가능성을 향한 정신적 기능이다."[12]라고 단언하였다.

인생의 근본적인 문제를 작가의 상상력과 결부시켜서 해명하려고 했던 C.Wilson은, "상상력이라 하는 것은 통례적으로 눈앞에 존재하지 않는 것의 이미지를 창조할 수 있는 힘"이라고 규정하고, 미래를 예견하고 현재의 의식을 확대하는 것이 상상력의 작용이라고 하였다. 그는 이어서 "상상력에 대한 기본적인, 그리고 부정할 수 없는 사실은 상상력의 목적이 인간의 生을 강렬하게 하는 한 가지 사실이다."라고 하여, 상상력 그 자체가 삶의 원동력임을 강조하였다. 또, 그는 상상력은 '逃避'라고 보는 것보다 3차원적인 의식이라고 정의하는 것이 폭이 더 넓어 보인다고 하면서, "상상력은 추리 능력과 마찬가지로 생존을 위한 모든 능력의 '延長'이다."라고 역설하였다. 여기에서의 추리 능력은 이성을 뜻하는데, 그리하여 그는 "상상력은 이성과 마찬가지로 인간 정신이 가지고 있는 또 하나의 도구에 지나지 않는 것이며, 그 목적은 이성과 협력하여 경험의 모든 사실을 연장시키는 것이다."라고까지 하였다. 여기에서, 그는 문학의 모든 작품에는 '인생에 관한 어떤 종류의 가치 판단이 암암리에 포함되어 있다.'고 하여, 아무리 인간의 운명이라는 것에 구애받지 않는 작가도 작품의 저변에는 부정할 수 없는 수용의 태도가 흐르고 있다고 하였다. 그래서 "이와 같은 가치 판단이야 말로 상상력이 원동력인 것이다."라 하였고, 상상력과 가치 판단을 같은 뜻으로 간주하였다. 이처럼 그가 인정하고 있는 상상력은 '현실로부터 도피하는 공상이 아니며, 또한 단순한 창의력도 아닌, 현실과의

---

11) 앞의 책, pp.78~85.
12) 앞의책, p.121.

대결을 통한 현실적 인생을 초월한 꿈과 이상을 뇌리에 그리고, 그것을 믿는 힘을 말한다.'라고 정리할 수 있다.[13)

N.Frye가 『Developing Imagination』(1963)에서 피력한 상상력에 대한 그의 이론은 문학을 이해하는 데 독특한 示唆點을 던져 주었다. 『The educated Imagination』(1964)에서는 그는 응용과학이나 순수과학에서도 상상력은 분명히 있어야 할 요소로 간주하였고, "문학의 세계는 인간의 상상력밖엔 현실이란 것이 있을 수 없는 세계인 것이다."[14)라 하여, 문학은 상상력의 소산임을 단정하고, 이어서

> 우리가 생활을 하는 동안에 아무리 많은 경험을 한다 할지라도, 상상력이 우리의 경험에 주는 분량에는 인생을 두고도 미치지 못할 것이다. 다만 예술과 과학만이 그것을 할 수 있는데, 그 가운데에서도 문학만이 인간의 상상력이 포용할 수 있는 모든 것을 제공해 준다.[15)

라고 하였다. 지금 셰익스피어의 극작이 그의 작품이 아니라고 하는 사람이 많은데, 문학이 경험의 소산이라면 그가 그와 같은 많은 경험을 못했으리라고 느꼈기 때문이라는 것이다. 그러나 작품이 상상력에 의하여 나타난 것이라면 의심은 쉽게 해소됨을 증명으로 들었다. 그리하여 그는 "전체로서의 문학(Literature as a whole)을 고양이의 쇼오와 같이 가지각색의 리본을 한 전시품의 집합체가 아니라, 상상하는 天國의 높이에서 상상하는 地獄의 깊이에 이르는 질서 정연한 상상력의 영역인 것이다."[16)라 하여 상상력이 문학 고유의 세계임을 천명하였다.

---

13) C.Wilson, 『The Strength to Dream』(『문학과 상상력』 이경식 역, 범우사, 1978) pp.319~341 참조.

14) N.Frye, 『The Educated Imagination』(『신화문학론』 김상일 역, 을유문화사, 1971) p.100.

15) 앞의 책, p.104.

16) 앞의 책, p.108.

그런데 문학에서의 상상력과 空想(fancy)은 다르다는 데 유의할 필요가 있다. Coleridge는 '공상은 연상의 과정인 것이며 상상은 창조의 과정이다.'라 하여 "마치 인식에 있어서 상상력이 감각의 자료에다 형태와 질서를 부여하고, 그가 지각한 바를 적절히 창조하듯이, 예술에 있어서의 상상력은 가공되기 전의 체험의 자료에 형태와 모습을 부여함으로써 그 작업을 수행해 나간다는 것"17)으로 파악하였다. 그는 공상을 '시간과 공간의 질서에 해방되어 나온 기억의 한 형태에 불과할 뿐 실상 아무 것도 아닌 것'이고, 이는 다만 '聯想의 법칙으로부터 이미 준비된 모든 자료'를 받아들일 뿐이라 하였다. 상상력에는 일차적인 것과 이차적인 것이 있는데 모두 다 창조적인 과정으로 여기고, '감각과 지각의 중개물로서 뿐만 아니라 지각과 상상의 중개물'로 생각하였다. 이와는 달리 공상은 "시적 상상력과는 정반대로 고정된 것과 한정된 것 외에는 그 어떤 대응물도 갖고 있지 못한 것"18)으로 간주하였다.

이상의 상상력에 대한 논지는 작가가 인생의 체험을 어떻게 언어를 통하여 작품에 담았느냐와 관련된 논의이다. 문학교육에 援用되는 상상력이란 의미는 일반적인 상상력의 뜻과 공유하는 부면도 있으면서, 독특한 영역을 지니고 있는 면도 다분하다. 그런데 이것을 문학교육에서는 교육적으로 어떻게 취급하느냐 하는 문제가 중요하다. Coleridge는 창작의 행위뿐만 아니라 감상의 행위에도 상상력이 필요함을 역설하였다.19) 즉, 작가의 상상력은 독자의 상상력에 의하여 감상되고 재구성될 때에 작품으로서의 본질적인 가치 요소가 배가되고, 문학성을 具有한 영원한 생명력을 지

---

17) R.L.Brett, 『Fancy and Imagination』(『공상과 상상력』 심명호 역, 서울대, 1979) p.59.

18) 앞의 책, p.62.

19) "예술 작품이란 자연의 세계와 사상의 세계를 중개하는 상징인 것이다. 한편 예술적 창작 행위와 마찬가지로 미학적 감상 행위도 상상력이라는 힘을 통해 성취된 상징화인 것이다."(앞의 책, p.76)

속하게 된다는 의도일 것이다.

상상력은 작가에게는 제약이 불가능한 창조 작업의 원천이면서, 독자의 입장에서는 무한하게 뻗어 가려고만 하는 사고 작용을 작품으로 모이게 하는 통제장치이기도 하다. 결국, 문학교육에서의 상상력이란 작가와 독자를 교육적으로 만나게 해 주는 역할을 하고, 또 이들의 만남을 통하여 문학 작품을 해명하는 작업의 한 과정인 것이다. 이렇게 상상력은 작품 속의 다양한 인간과 만나는 基底인 동시에, 모든 체험을 자기화해 주는 인간만이 갖는 특권인 것이다. 때문에 상상력의 교육은 우주 만물의 내면을 투시할 수 있도록 작자와 독자의 만남을 주선하는 이론적인 체계로 발전시켜야 한다.

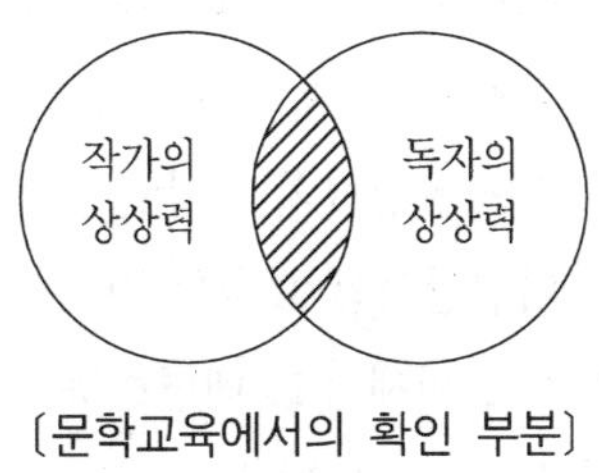

〔문학교육에서의 확인 부분〕

문학교육은 상상력의 통로를 거치지 않고는 성취될 수 없다. 그런데 이론적으로는 상상력의 세련과 신장을 강조하면서도 수업 과정(모형)에서는 이에 대한 언급이 없거나 너무 간략한 설명에 머물러 있다. 앞으로는 이를 위한 교수·학습 방법의 연구가 심화되고, 이것을 모델화할 수 있는 이론의 정립이 뒤따라야 함은 물론이다.

2. 도술과 상상력 교육의 의미

문학작품은 다양한 교육소의 복합체이며 응결체다. 그리고 이들 교육소는 역동적 상황으로 존재한다. 따라서 어느 한 방향이나 부분만을 교육할 수는 없다. 이렇게 문학 작품은 有機的인 구조의 총합체로, 이를 교육한다는 것은 벼리와 벼리를 효율적으로 연결해 주는 작업이기도 한 것이다. 그러므로 이러한 교육의 역동적인 특수성을 인식하는 것이 문학교육의 지위를 확보하는 기본적인 출발이다.

특히, 소설교육에서는 여타의 문학 장르에 비해서 유념해야 할 것이 많다. 그 소설의 독특한 형식과 성격을 고려하여 교육의 내용과 방법을 생각해야 하는 것이다. 왜냐하면 하나의 소설은 그 소설로서의 特長을 잘 살려서 세부적인 교육의 실천을 모색할 때에, 교육의 일반적인 소통에 종요로운 의미와 가치가 파생되기 때문이다.

이로 볼진대, <전우치전>에서의 전술한 바와 같은 교육소의 설정에서 교육의 중심은 도술적인 요소이다. 이러한 도술적인 요소는 상상력과 결부되는 것으로, 이는 소설교육의 중핵적 요소의 하나이다. 그러므로 <전우치전>의 핵심적인 교육소는 상상력의 신장에 두어야 한다. 이는 고전소설이 지니는 인간 초월의 비현실적인 요소를 염두에 둔 교육의 중점 사항으로, 고전소설을 현대적으로 이해하고 내면화하는 첩경도 된다.

<전우치전>에서 등장하는 도술을 교육하는 데에는 다음과 같은 과정(방법적 교육소)을 다룰 필요가 있다. 그리고 이러한 순차는 도술을 교육하는 교수·학습의 한 유형으로 모델화가 가능하다.

① 소설에 시현된 도술을 모두 추출한다.
② 도술의 종류를 분류한다.
③ 현실인식과 도술의 관계를 파악한다.
④ 도술과 상상력의 역동적 작용을 안다.
⑤ 이 소설에서의 도술의 궁극적 의미를 찾는다.

1) 모든 도술의 抽出

앞에서 분석한 바와 같이 <전우치전>에서의 揷話는 열 다섯 개로 되어 있고, 이들 삽화를 이루는 주된 요소는 도술인 것이다. 이들 삽화는 상호 사건 전개에 긴밀한 연관성을 유지하기보다는 독립성이 매우 강한 대비적·병립적 성격을 띤다.

2) 도술의 종류

도술은 道家의 方術이란 말로, 인간의 능력을 초월하려는 욕망의 소산이며 동시에 상상으로 이를 실현할 수 있는 하나의 환술인 것이다. 이 소설에 시현된 도술의 종류는 眞言(呪文), 乘雲, 遁甲(變身), 變物, 分身, 縮地, 呪術, 神通力 등이다. 이러한 도술은 상당히 다양한 방법으로 이야기 전개에 흥미를 고양시킬 뿐만 아니라, 한편으로는 고전소설의 일반적인 통속성에서 탈피하여 여러 가지의 신비 체험을 滿喫하도록 한다.

3) 도술과 현실인식

이 소설은 여러 이본에서도 동일한 패턴으로 현실에 대한 투철한 인식과 신념을 주인공 전우치를 통하여 마음껏 발산하였다. 이러한 현실 인식의 태도가 도술을 매개로 하여 나타나는 것이다. 그런데 이러한 도술 출현의 분명한 이유를 신문관본에서는 소설 冒頭에서부터 다음과 같이 구체적으로 피력하였다.

> 이째 남방 히변 여러 고을이 여러 해 바다 도적의 노략을 입은 놈아지에, 업친 디 덥쳐 무서운 흉년을 맛나니, 그 곳 빅셩의 참혹흔 형상은 이로 붓으로 그리지 못홀지라. 그러나 조뎡에 벼술ᄒᆞᆫᄂᆞᆫ 이들은 권세롤 닷호기에만 눈이 붉고 가슴이 탈뿐이오, 빅셩의 질고는 모ᄅᆞᄂᆞᆫ 듯키 브려두니, 쓸잇ᄂᆞᆫ 이의 팡을 뽐내여 통분홈이 닐을 길 업더니, 우치 쏘흔 참다 못ᄒ

여 그윽히 쯛을 결단ᄒ고 집을 ᄇ리며, 세간을 헷치고, 텬하로써 집을 삼
고, 빅셩으로써 몸을 삼으려 ᄒ더라.

이상의 내용으로 미루어 <전우치전>에서의 도술은 현실 타개의 한 방
편으로 이용된 것으로 보인다. 전우치는 15개의 삽화중 대부분이 善意의
피해를 보거나 塗炭에 빠진 가난한 백성을 위하여 도술을 사용하는 것이
다. 소설의 전개가 독립된 삽화의 단순한 나열에 불과 한 것 같지만, 그의
도술적 행위는 간악한 貪官汚吏는 가차없이 징벌하고, 착한 백성은 艱難
에서 구출해 주는 양면성을 지닌다.

그러면서도 지배 계층과의 대립이라는 전체적인 흐름과는 반하여, 가달
산에 웅거하는 도적 엄준을 토벌하여 진충보국할 수 있는 길을 열어 주기
도 해, 소설의 일관된 의미 맥락을 희석하기도 한다. 황금들보를 팔아 빈
민을 구제하고, 살인의 누명을 쓴 백발 노인의 아들을 구출하며, 돼지 머
리를 빼앗으려는 관리를 저두가 입을 벌리고 달려들게 하여 魂飛魄散케
하는 등, 지배층에 대해 토죄하는 입장과는 상반되게 도술을 사용하는 것
이다.

거기에 친우 양봉환을 상사병에 걸리게 한 絶色의 수절 과부 정씨와 인
연을 맺여 주려다, 강림도령의 제지를 받고 다른 여자를 데려다 주는 것은
그의 도술에 한계를 노정하는 것이다. 그는 도술을 통하여 無所不爲의 능
력을 발휘하지만, 이렇게 挫折의 순간도 있는 것이다. 더구나, 소설의 결
말에서 서화담과의 도술 경쟁은 참패로 끝난다. 서화담의 동생 용담과 전
우치는 도술 경쟁을 하다 용이 되었는데, 화담은 책상 위의 硯滴을 공중에
던져 양룡을 본관이 되어 땅에 떨어지게 한다. 이에 우치는 해동청 보라매
가 되어 화산으로 가려고 하나 화담은 그물로 앞을 가로막아 못 가게 한
다. 우치가 착급하여 다시 달아나려다 화담이 수리가 되어 따르고, 우치가
갈범이 되니 화담은 청사자가 되어 물어 엎지른다. 결국, 우치는 도술 경

쟁에서 패배를 자인하고, 태백산에 화담을 따라 들어가 도를 닦는 것으로 결말을 맺고 있다.[20]

이러한 결말은 도술을 이용한 현실 타개의 비중을 약화시킬 뿐만 아니라, 확고한 역사 의식의 표출을 흐리게 한다. 전우치가 도술을 통하여 앞에서 이뤄 놓은, 인간을 초월하여 부조리를 개선하고 약자를 보살피려는 旗幟의 의지가 여기에 이르러서는 제한을 받는 것이다. 이는 도술의 사용에 전체의 맥락을 고려하지 않고, 거기에 삽화의 연결에 일관성이 결여된 데서 결과된 것이다.

그래서 이 소설은 "당대의 현실을 보여주고 주인공의 성격을 창조하는 데서 일련의 제한성이 있다."는 주장에 공감이 간다. 오직 도술을 통하여 문제가 해결되는 것처럼 주인공의 성격도 이을 통하여 묘사함으로써 주인공 자체의 형상은 물론 당대 민중의 반봉건적인 투쟁도 논리와는 거리가 멀게 보여줬다는 것이다.[21] 이러한 의견은 편향된 관점에서 결과된 것이라고 여겨지지만, 소설의 일반적인 준거를 고려하면 일면 일리가 있기도 하다.

이렇게 <전우치전>에서는 傳奇的 교육소인 도술을 통하여 현실 문제를 해결하고 이상의 세계를 구축하려 하지만, 그것이 어디까지나 이상의 경지에만 머무는 한계성을 노출하기도 한다. 그리고 이러한 소설적 구성은 고전소설이 공통으로 갖는 일반적인 한계이기도 하다.

---

20) <전우치전>의 몇가지 이본 가운데 신문관본이 가장 주목할 만하다고 주장한 조동일 교수는 "이러한 결말은 행동이 지나치면 화를 자초하게 되니, 행동을 삼가고 재주를 숨기면서 때를 기다리는 것이 마땅하다는 주장을 나타낸 것이다"라고 하였다("전우치전의 정치 의식" 『국문학연구의 방향과 과제』 새문사, 1989, p.261).

21) 김춘택, 『우리나라 고전소설사』(한길사, 1993) pp.262~263.

4) 도술과 想像力

"상상력의 결여는 잔인함의 원인이 된다."(L.D.Brandeis)는 말이 있다. 상상력은 인간만이 갖는 사고 작용이면서 인간의 존재를 존재답게 하는 이유가 된다는 뜻일 것이다. 상상력은 인간을 인간으로서 머물게도 하며, 나아가 인간 존재의 테두리에서 탈피하려는 우주적 존재의 욕망을 마련하기도 한다. 이렇게 상상력은 체험을 가치 있는 것으로 전화시키고, 또 체험 저쪽의 세계 탐방을 가능케 하며, 자신 이외의 초월적 존재를 접하고 확인하는 수단도 된다.

인간이 만물의 靈長이 될 수 있는 이유의 하나는 부단한 사고 작용을 하는 데 있다. 이러한 사고 작용은 동시에 상상력이 부수된다. 보통, 지식이란 객관적 상태의 지식, 즉 합리적 사고만을 지칭한다. 그러나 "지식을 구조의 차원에서뿐만 아니라 그것을 초월한 인간의 추상적이고 정서적인 복합성의 소산인 또다른 차원"22)에서 볼 때, 상상력도 이에서 출현한다는 것을 인정하게 된다.

상상력은 객관적 지식에서 유래하는 이론적 상상력과, 정서적 마음에서 유래하는 심상적 상상력으로 나눌 수 있는데, 이렇다면 후자인 "비객관적이고 추상적이고 정서적인 복합성의 소산도 지식에 포함된다."23)는 주장이 가능한 것이다. 지식을 ① 表象, ② 構造, ③ 觀念의 세 가지의 총체라고 볼 때에, 관념을 표상과 구조로 전부 설명하는 것이 불가능하고, 심상적 상상력에 의해 완벽하게 지식에 속함을 보여 줄 수 있다는 것이다. 그러므로 "지식은 합리적인 것과 비합리적인 것으로 동시에 이뤄지며"24), 여기에서 진정한 의미의 상상력을 논의할 수 있다는 것이다.

---

22) 김용선, 『상상력을 위한 교육학』-바슐라르를 중심으로-(인간사랑, 1991) p.23 이하 여기에서 많이 참조함.
23) 앞의 책, p.29.
24) 앞의 책, p.29.

이러한 論旨를 인정한다면 도술을 통한 상상력의 교육은 어떤 정서적·추상적인 교육에 국한되는 것은 아니다. 작품의 주제나 인물의 유형, 소설적 특성, 전기적 요소가 지니는 효과 등을 도술을 통하여 교육하게 되고, 이것이 곧 상상력을 교육하면서 동시에 이뤄지는 역동적인 상황인 것이다. 그리고 이 소설의 전신이라 할 수 있는 民譚의 소설화 과정도 상상력을 중심으로 규명해 볼 수가 있다. 민담과 소설은 그 성격이 판이하게 다르므로, 도술을 중심으로 상상력을 어떻게 발전시키고 변형하였는가의 과정을 살펴보는 것은 소설 형성 규명의 한 방법이 되는 것이다.

결국, 이 소설에서 도술을 통한 상상력 교육은 문학교육의 모든 지적, 정서적 요소를 총괄하는 소설교육의 총화인 셈이다.

5) 도술의 교육적 적용과 의미

합리적 사고가 일상 생활의 규범이 되고, 과학적인 발상이 학문의 기초가 되어야 하는 요즈음에는, 구름에 올라 하늘을 縱橫無盡하고, 꽃을 실과로, 은이나 돈을 청개구리나 뱀으로 변하게 하는 등의 도술은 글자 그대로 幻想에 지나지 않는 것이다. 그러므로 고전소설에 많이 등장하는 이러한 환술은 합리적인 사고만으로는 해결할 수 없는 교육적 적용을 요구한다.

앞에서 언급한 바와 같이 도술을 교육적으로 활용하고 거기에 생산적인 의미를 부여하려면, 작가가 전우치라는 인물을 창조하면서 상상해 낸 도술의 소설적 전개와, 이를 읽으면서 독자가 상상할 수 있는 소설적 흥미를 교육적으로 접합시키는 것이 우선 과제일 것이다. 그러나 이러한 접점의 劃定이 매우 애매하며, 이를 끌어내는 장치와 어떻게 교육할 것인가 하는 방법론도 학적으로 정립하기가 상당히 어렵다. 그렇지만 이러한 난제를 해결할 수 있는 방법의 하나가 또다른 상상력 교육이 되는 것이다.

도술은 독자에게 환상 이상의 그 무엇을 던져 준다. 작품을 읽을 때, 독자가 갖는 도술의 의미에 대하여 조동일 교수는 다음과 같이 피력하였다.

> 작품을 읽는 사람이 전우치와 자기를 동일시하는 것은 즐거운 일이 아닐 수 없다. 전우치처럼 도술을 부릴 수 있다면 무엇을 할 것인가 생각해 본다면 들뜨게 된다. 그러나 도술에 무의미한 것이 있고 의미 있는 것이 있다. 전우치의 행적을 스스로 실행한다고 가정하면서 그 의미를 찾도록 하는 것이 이 작품이다. 그래서 얻을 수 있는 흥미와 각성은 시대가 다르고 상황이 바뀐 오늘날에 있어서도 관심을 끌 수 있음은 물론이다.[25]

문학은 독자에게 흥미를 제공해야 한다. 이러한 흥미를 만족시켜 주는 요소의 하나가 도술인 것이다. 그러나 문학교육에서 도술이 주는 흥미를 단순히 강조하다 보면 통속화를 자아내게 되므로, 이를 교육적으로 다룰 때에는 미적 구조의 해명과 함께 철학적·예술적인 의미 구조를 부각시킬 필요가 있다. 인간의 정신 작용에서 인식 기능과 심미 기능은 독립하여 작용하는 것이 아님을 고려해서이다.

그러므로 도술의 교육소를 단지 흥미를 돋구는 단순한 요소로만 여길 것이 아니라, 고전소설 전체를 다룰 때 요청되는 총합적인 교육의 실천을 강구해야 한다. 특히, 상상력의 신장 교육은 軍談類라 불려지는 고전소설을 교육할 때에는 필수적인 것으로, 다음과 같은 확장된 상상력의 의미와 적용을 교육의 장으로 흡인해야 한다.

첫째, 현실체험의 한 방법으로 발전시켜서

---

25) 조동일, 『전우치전』 (시인사, 1983) p.10.

둘째, 소설의 창작 技法과 연관을 지어 보고

셋째, 무한한 幻想과 꿈의 세계를 이상적으로 제시하여

넷째, 창조성 신장에 기여하는 방향을 모색하고

다섯째, 흥미 있는 생활과 존재에 대한 妙味를 찾도록 한다.

더불어, 이러한 상상력 교육의 목표와 그 과정은 그것 자체에서만 아우르는 狹域에서 탈피하여, 소설교육의 기본적인 목표 달성에 일익이 되도록 해야 한다. 그리고 문학은 인간의 救援 문제와 존재에 대한 해명 작업이므로, 상상력의 교육도 이에서 일탈할 수는 없다. 이러한 일련의 과정을 통하여, 우주적 존재로서의 삶의 지표와 인간이 추구할 수 있는 무한한 가능성을 제시하고, 인간 문제를 종교적으로 승화시키는 작업도 병행해야 할 것이다.

어쨌든, 상상력의 교육이 글자 그대로 상상에 머물러서는 안될 것이다. 이미 밝힌 바와 같이 상상력은 창작과 감상 등 모든 문학적 행위를 통괄하는 주요한 요소로서, 교수·학습에서는 상상 그 자체에만 그쳐 있을 때에는 교육의 대상이나 주체로서의 문학교육의 존립은 흔들리고 말기 때문이다.

V. 결 론

이상에서 교육소의 의미와 이의 도입이 가져오는 효과를 살펴보았다. 그리고 이를 바탕으로 하여 <전우치전>의 교육소에는 어떤 것들을 상정할 수 있으며, 특히 이들 중 도술의 교육소를 중심으로 이것을 교육하는 일단의 과정을 제시하였다. 그리하여 이의 의미를 어떻게 확대하며, 교육의 환경으로 어떻게 불러들여야 하는가에 대하여 그 가능성을 생각해 봤다.

'교육소'란 개념의 도입은 교육의 내용을 보다 분명하게 세분화하고,

교육을 체계적인 형태로 계획하여 실행할 수 있는 계기를 마련해 준다. 더 나아가 교육소의 설정은 교육의 효율적인 방법론을 모색케 하고, 관념적인 교육과정을 논리적 형상으로 바꿔 준다. 그리고 문학교육의 역동적 상황에 질서를 부여하고, 주어진 시간 안에 수행할 수 있는 적당한 교육의 률을 객관적으로 제시하는 실증적 방편이다.

<전우치전>의 교육소는 작가, 텍스트, 독자를 고려하고, 여기에 작품이 형성된 환경, 즉 생성의 배경이 되는 사회라는 거시적인 항목을 중심으로 유목화할 수 있다. 나아가 이들은 다시 보다 작은 미시적 교육소로 세분화가 가능하다. 그리고 이들 교육소는 독립하여 존재하는 것이 아니라 상호 유기적 관련하에 역동적으로 작용하며 존재한다. 따라서 교육도 이러한 역동성을 염두에 두고 실천해야 한다.

<전우치전>에서의 중심 되는 교육소는 도술이다. 이러한 도술을 교수·학습에서는 傳奇的 요소로만 한정할 것이 아니라, 소설 전체를 감상할 수 있는 상상력의 교육으로 확대해야 한다. 이러한 상상력의 교육은 또한 이 소설을 해부하는 전반의 과정과 연결되며, 소설의 문예학적 분석의 근간이 됨을 유념해야 한다. 그러므로 이의 교육을 통하여 문학의 본질을 해명하고, 인간이 영위할 수 있는 문학적 혜택을 최대한으로 발휘해야 할 것이다.

이처럼 교육의 현장에서 교육소의 설정은 교육을 체계적으로 수행하고 소기의 성과를 어느 정도 객관적으로 기대할 수 있는 적합한 방법이다. 그러면서도 이러한 개념의 도입은 자유와 개방이라는 교육의 포용력에서 벗어나 형식적이거나 규격화될 우려도 있다. 그러므로 문학교육에서는 교육소란 개념을 통하여 객관적, 실증적인 논리와 사고의 자율이라는 두 가지 전제 조건을 충족시킬 수 있는 교수·학습의 조화가 요청된다.

교육소란 개념은 앞으로 그 의미의 영역이나 깊이가 학문적으로 다듬어져야 한다. 그리고 교육적 활용의 방법도 새로운 각도에서 모색되어야 한다. 이러한 모든 것들이 심화·완성될 때, 문학교육은 보다 많은 객관성을 유지하고 이론적 체계화가 완성될 것이다. 새로운 용어의 創出과 이의 사용은 많은 오류와 부작용이 따르기 마련이다. 그러나 학문의 합리적인 체계화나 새로운 측면에서의 결과 도출을 위해 어느 면에서는 받아들여질 만하다. 본고도 이러한 목적하에서 시도되었음을 밝힌다.

제 **4** 장
●●●———

'관동별곡'의 '思想素' 분석과 의미 구조[1]

Ⅰ. 서 언

문학작품을 이해하고 감상하는 방법에는 여러 가지가 있다. 이러한 여러 가지 방법 중에서 접근하는 절차에 따라 작품이 지니고 있는 의미망이 새롭게 파악되기도 한다. 이처럼 문학작품을 이해하고 감상하는 데에는 작품의 내적 의미를 정교하게 분석할 수 있는 최적의 방법을 이용하여 그 구조를 해부하고, 작가 정신에 가장 가깝게 다가가는 것이 필요하다.

그러나 이미 일반화된 방법으로는 작품에 구현된 사상이나 의미 구도를 분석하고 밝혀내는 것이 그리 용이하지 않을 수가 있다. 특히, 우리나라 고전문학 작품에 시현된 사상은 亂麻처럼 얽혀 있기 때문에 작품에 내재한 본래의 정신을 정확하게 추출할 수 있는 새로운 방법론의 도입이 요구되기도 한다.

그런데 문학작품을 좀더 정확하게 이해·감상하는 방법이 무엇인가는 뚜렷하지가 않다. 문학사상은 작자가 사용하는 문학적 기법에 의하여 다양한 방법으로 언어 구조물 속에 녹아들어 그것이 규칙적으로 배열, 표출되어 있는 것은 아니다. 그러므로 작품이 나타내고자 하는 사상에 더욱 가

---

1) 본 글은 졸저 『한국의 도교사상과 문학교육 연구』(국학자료원, 1996)에 수록된 '사상소' 개념 설명과 이를 바탕으로 <관동별곡>을 분석한 부분을 종합하여 제시한 것이다. 이는 문학작품을 분석하고 이해·감상하는 하나의 방법을 모색하여 문학교육 실천에 참고가 되도록 하기 위해서다.

깝게 접근하려면 다양한 분석 방법을 개발하여 이용하는 것이 필수적이다.

본고에서는 지금까지 알려진 작품 분석 방법에서 탈피하여 '사상소'란 개념을 도입하였고, 이를 통하여 작품을 이해·감상하는 절차를 새롭게 제시해 보고자 하였다. 사상소의 개념은 어떻게 보면 구조주의 작품 분석의 일환일 수도 있지만, 이러한 분석 방법의 시도는 우리 고전문학 작품에서 混淆와 錯綜으로 존재하는 의미 구조를 일면 확연하게 할 수 있을 것이다.

II. 사상소의 개념과 존재 방식

1. 사상소의 의미역

한국의 문학사상은 하나만의 단순 사상으로 소설 장르를 위시한 여러 작품에서 일관되게 시현되는 경우가 대단히 드물다. <상춘곡>, <關東別曲> 등에서도 유·도사상이 교체됨을 발견할 수 있고, 특히 <金鰲新話>, <홍길동전>, <九雲夢> 등을 비롯한 고전소설에서는 이러한 면목의 정도가 심화되어 나타난다.

> 옥황상졔꼐옵셔 감동ㅎ사 죄를 특사ㅎ시와 날노ㅎ야금 그디와 부인을
> 다례오라 ㅎ시기로…부모 싱각ㅎ되 별도리 업는줄 알고 여러 쟈녀를 불너
> 충효절의밧게 힝위를 ㅎ지 말라 잠간 경계ㅎ야 말를 맛치미 옥겨쇼리 다
> 시 나니 더 부모 여러 부인으로 더부러 션관을 짜라 샴청세계에 오른이라
>
> (金喜慶傳)

이는 소설 결말의 仙去장면을 묘사한 것이다. 玉皇上帝께 득죄하여 謫降한 주인공이 입신양명을 통한 영웅의 일생을 답습한 다음, 다시 선계에 복귀하기 직전에도 충의절의를 강조하는 말을 하고 있다. 문학은 사회상

의 반영으로, 작가 의식의 문학적 형상화 과정에 시대정신을 전혀 도외시
할 수 없음을 보여주는 한 단면이라 하겠다. 심봉사가 심청을 얻은 후에
첫국밥을 지어 三神床에 올려놓고 맹인의 뚝성으로 다음과 같이 빈다.

> 三十三天 兜率天王 二十八宿 列位聖君 神佛帝釋 三神帝王 下懷動心하
> 여 다 굽어 보옵소서 前生에 罪 重하여 病身되고 子息 없어 晝夜 恨歎하
> 옵더니 天神이 感動하고 부처님이 指示하사 四十넘어 얻은 딸이 열 아들
> 과 같사오니 東方朔의 긴긴命과 石崇의 갖은 福을 다 점지하옵시고 大舜
> 曾子의 孝誠이며 太任 太姒 聖德이며 烈行才質 具備하여 외 붙듯 가지 붙
> 듯 잔病 없이 쉬이 크게 점지하여 주옵소서   (沈晴歌)

三教와 무속사상까지 혼류하여 만화경을 이룬다. 문학 작품에는 이렇게
여러 사상이 습합, 시현되어 있는데, 하나의 작품을 중심으로 이들의 층위
를 다음과 같은 구도로 가시화할 수 있다.

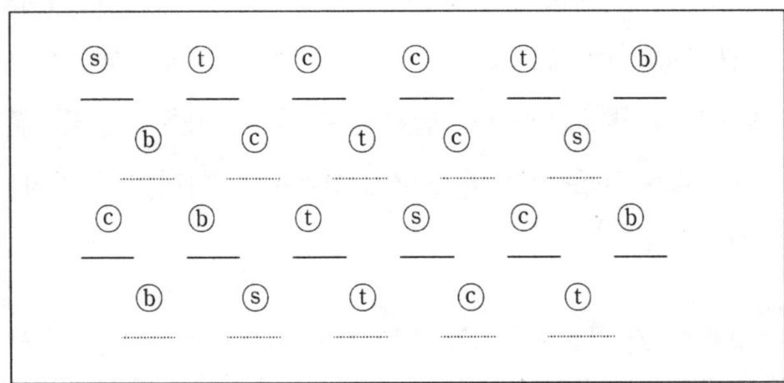

ⓑ ~ ⓣ : 사상의 구성인자 ⓑ 불교(Buddhism) ⓒ 유교(Confucianism)
ⓢ 무속(Shamanism) ⓣ 도교(Taoism)

상기의 도식이 보여 주는 것과 같이 ⓑ~ⓣ는 사상을 이루는 구성요소
들이다. 이들은 개별적으로 존재하며, 각개가 종교사상의 유의미적 기본
단위가 되는 것이다. 따라서 본고에서는 이들을 思想單位 또는 思想因子
라 부르기로 하겠다.

사상인자는 단독으로 존재하기도 하지만 이러한 경우는 매우 드물다. 사상인자의 중복되는 결합의 형태를 취하든지, 아니면 문장을 이루는 여러 구성 분자와 결합하여 하나의 집결된 생각을 형성하기도 한다. 또, 이것이 확대되어 완결된 하나의 문장이 되고, 이들 문장의 연속이 단락을 형성하여 그 결과로 하나의 총합적인 思想場을 형성하는 것이다. 이를 일반적인 용어를 차용하여 思想句, 思想節, 思想段落, 思想場이라 칭할 수도 있을 것이다.

> ① 성진이 여덟 ⓣ 仙女를 본 연후에 정신이 자못 황홀하여 마음에 생각하되, ⓒ '나면 將帥되고 들면 政丞이 되어' 비단옷을 입고 玉帶를 띠고 玉闕에 조회하고 눈에 고운 빛을 보고 귀에 좋은 소리를 듣고 恩澤이 백성에게 및고 功名이 후세에 드리움이 또한 大丈夫의 일이라. 우리 ⓑ 부처의 法門은 한 바리 밥과 한 병 물과 두어 권 經文과 일백 여덟 날 念珠뿐이라 도덕이 비록 높고 아름다우나 寂寞하기 심하도다.
>
> ② 생각을 이리하고 저리하여 밤이 이미 깊었더니 문득 눈 앞에 ⓣ 八仙女 섰거는 놀라 고쳐 보니 이미 간 곳이 없더라. 性眞이 마음에 뉘우쳐 생각하되 '부쳐 工夫의 類로 뜻을 바르게 함이 으뜸 行實이라. 내 ⓑ 出家한지 십년에 일찍 반점 어기고 苟且한 마음을 먹지 아녔더니 이제 이렇듯이 염려를 그릇하면 어찌 나의 전정에 해롭지 아니하리오'

윗 글에서 ⓣ는 도교사상의 사상인자이고 ⓑ는 불교사상의 사상구요, ⓒ는 유교사상의 사상절이라 하겠다. 또, ①과 ②는 각각이 사상단락이 되며, 이 둘이 합쳐져서 하나의 사상장을 이룬다. 그리고 이들 모두는 <九雲夢>의 사상을 구성하는 思想素(thought factor, thoughteme)[2]가 되는 것이다. 본고에서 이름하는 사상소란 '문학작품의 사상을 이루는 구성 요소(의

---

2) 필자가 작품을 분석하기 위하여 창안한 용어로, 사상단위에서 사상장까지의 범위를 모두 통괄하는 의미이다. 口碑文學에서 '이야기를 이루는 독립된 요소'를 話素라 하는데, 이러한 개념과는 發想과 의미역에서 거리가 멀다. 사상장은 하나의 작품 전체가 되는 경우도 있다.

총합)'을 의미한다.

이와 같은 용어의 설정과 분석 방법의 援用은 사상의 분석, 특히 종교 사상의 분석과 이해에 편리함을 제공한다. 뿐만 아니라 작품 전체의 사상 구조를 해부하는데 기초적인 출발점이 되기도 하고, 지금까지의 일반적인 해석에서 탈피하여 세부적으로 사상 표출 형식의 분해를 가능하도록 한다. 이러한 분석의 일반적인 유형은 후술하기로 하겠다.

2. 思想素의 존재 방식

1) 사상소의 정적 존재방식

반면에 이들은 하나의 사상소를 중심으로 표현의 방법에 따라 여러 갈래로의 구분이 가능하다. 사상의 기본 단위인 思想因子는 사상구에서 사상장까지 그 의미가 연장되면서 갖춰지는 형태와 구조가 달라진다.

$$\boxed{思想因子} \; + \; \boxed{A}$$

즉, A 가 어떤 내용과 형식을 가지고 상접하느냐에 따라 사상소도 여러 내용과 형태로 무수한 확대와 변용이 가능한 것이다. 이처럼 사상소는 단독으로 존재하는 경우는 매우 드물다고 하겠다.

$$\boxed{不死藥} \; + \; \begin{cases} ① \text{서술어: } -\text{이(있다 · 없다 · 아니다), } -\text{을 먹었다.} \\ ② \text{구: } -\text{을 탐익한 (진시황은)} \\ ③ \text{절: } -\text{은 인간에게 환상과 희망을 제공했다.} \end{cases}$$

사상인자와 조합할 수 있는 방법은 일반적인 서술어는 물론 이들을 연장하여 구절이나 문장, 단락을 형성하는 형태를 지니기도 한다. 이들은 표현의 의미 내용으로 긍정과 부정으로, 표현의 형식에 따라 비유·직설 등 수없이 많은 형태의 관계상으로 구분할 수 있을 것이다. 대표적인 유형의 예를 찾아보면 다음과 같다.

① 肯定·否定

㉠ 긍정

꿈에 謫仙을 만나 岳陽樓에 올나간이 古朋이 滿座ᄒ디 杜牧 蘇子瞻과 魯眞君 呂洞賓과 劉伯伶 百樂天과 崔孤雲 賈壽富에 一隊群仙 모닷ᄂᆞᆫ디 美酒는 盈樽ᄒ고 肴核는 滿盤이라.

女班을 도라보니 月宮姮娥 洛浦仙과 李夫人 趙飛燕과 絶對佳人 다 왓ᄂᆞᆫ디 香臭는 擁鼻ᄒ고 珮玉이 鳴浪이라 徐氏의 韻和瑟과 王子 晉의 風簫聲과 宋玉의 玉洞簫요 石蓮子의 거문고에 郭處士의 竹杖鼓와 楊太眞의 羽衣舞요 蔡文姬의 胡歌聲과 張定元의 採蓮曲과 秦靑의 긴노리로다 酒半에 醉興을 못이긔여 不知何處弔湘君을 太白이 읇허ᄂᆞ니 吳楚東南日夜浮는 杜甫의 和答이요 朗吟飛過洞庭湖는 呂洞賓의 仙語로다 洞庭月落孤雲歸는 崔孤雲의 絶作이로다

우리의 仙分이 엇던튼지 꿈에 求景ᄒ괘라　　　　　　　　　(金壽長)

㉡ 부정

神仙이 잇닷 말이 암아도 虛浪ᄒ다
秦皇 漢武는 씨ᄃᆞ롔줄 모로던고
암아도 心淸身閑ᄒ면 眞仙인가 ᄒ노라　　　　　　　　　　(金振泰)

② 直說·比喩

㉠ 직설

나 본시 上界人으로 黃庭經 一字 誤讀ᄒ고
塵寰에 謫下하여 五福을 누리다가
乘彼白雲ᄒ고 帝鄕에 올나가셔 녜노던 群仙을 다시 만나
八極에 周遊ᄒ여 長生不死 ᄒ리라　　　　　　　　　　　(未詳)

ⓛ 비유
어화 네여이고 반갑쏘도 놀라왜라
雲雨陽臺예 巫山仙女 다시 본듯
암아도 相思一念이 병이 될까ᄒ노라   (李鼎輔)

하나의 문학작품을 이루는 사상소들은 독립된 존재로 남아 있지 않고, 상호 역동적인 작용을 하여 또 다른 思想場을 형성한다. 새로운 사상장을 형성할 때에 이들의 역학 관계는 여러 가지 형태로 나타난다. 여기에서의 역학 관계란 사상인자에서부터 사상장까지 질서 정연한 관계 양상을 의미하지는 않는다. <九雲夢>이 삼교의 융합과 대립의 습합으로 불교의 궁극적 경지를 심화시키려 한 작품 구조에서, 종교사상의 이러한 역동적 관계를 잘 알 수 있다. 이러한 제사상 결합의 작용, 즉 '습합 양상'은 어떤 공식적인 작용태로 존재하는 것은 아니다. 그러나 몇 가지 유형으로 분류해 보면 다음과 같다.

2) 사상소의 동적 작용방식

종교사상의 문학 작품에서의 동적 존재 방식(ⓑ~ⓣ의 관계 양상, 습합 양상)은 ① 대등, ② 종속, ③ 대립의 형태나 ④ 대응, ⑤ 조화, ⑥ 혼합 등 몇 개의 관계 구조로 존재한다.

① 대등

사상소들의 관계가 동등한 가치를 지니고 있는 형태이다. 여기에서의 동등한 가치란 여타의 종교사상과 종속이나 대립의 관계하고는 거리가 있음을 말한다. 즉, 드러내고자 하는 의도가 사상소를 등가로 취급하는 경우이다.

極樂世界 가랴느냐   蓮花臺로 가랴느냐
神仙弟子 되려느냐   長生不死 하랴느냐

> 玉帝앞에 信任하야　頒道所任 하려느냐
> 釋迦如來 弟子되야　仙官所任 하려느냐　　　　　　　　　(回心曲)

<回心曲> 전체의 거시적 구도에서는 이들 사상소의 관계도 달라질 수가 있다. 대등 관계 이외에 여러 사상이 혼재함은 주지의 사실이다.

② 종속

사상소들의 관계가 대등과 대립의 관계가 아닌 어느 한 사상에 귀속되어 있는 상태를 말한다. 여타의 사상소들은 중심 사상소의 의미 강화를 위하여 보족의 역할만 한다. 판소리계 소설에서의 표면적, 이면적 주제의 구분도 여기에 포괄할 수 있을 것이다.

> 靑城도사 鶴이 되어　꿈에 와서 이른 말이
> 자네들 前生몸이　　天上의 仙官으로
> 玉皇 香案前에　　　黃庭經 그릇 읽고
> 人間에 적하하여　　風塵世界 겪어 내니
> 名區에 迭蕩하여　　仙樂이 즐거운가
> 欣然히 酬酌하고　　놀라 깨어 일어 보니
> 江天이 寥廓하고　　星月이 蒼茫이라
> 두어라 우리 三生이　仙分인가 하노라　　　　　　　　　(仙樓別曲)

'三生'이란 불교사상이 도교사상에 예속되어 있는 사상구조를 보인다. 문학적 표현 구조에서 종속 관계는 다시 하위 여러 관계로 구분하는 것이 가능하다.

③ 대립

이 경우는 사상소의 관계가 부정의 위치에 있는 경우를 말한다. 서로 조화를 이루어 상승 작용을 하는 대응관계하고는 거리가 멀다.

　　神仙이 긔 무엇시라 못닉 불어 ㅎ돗든고
　　無君에 不忠이요 無父에 不孝로다
　　어즙어 秦漢方士를 虛妄ㅎ다 ㅎ노라　　　　　　　　　　　(金壽長)

　그러나 이리한 존재의 구도는 상호 역동적인 교접 작용으로 형성되기 때문에, 하나의 형태로 존재하는 경우는 대단히 드물다. 이들은 다시 대응이나 조화, 혼합 등의 방식으로 서로 의미역을 긴장시키는 것이다. 사상소의 정적 존재 방식과 동적 작용 방식이 혼재하여 포괄적인 관계망을 형성함도 마찬가지다. 그리고 이러한 사상소 간의 관계 구조는 思想因子에서 思想場까지 동일한 양상을 형성하여 작용하는 것이다.

　　하눌히 일워시니 赤脚仙人 아닌들 天下蒼生을 니즈시리잇가
　　하눌히 골희이시니 누비즁 아닌들 海東黎民을 니즈시리잇가
　　　　　　　　　　　　　　　　　　　　　　(龍飛御天歌 제21장)

　하눌(유교), 赤脚仙人(도교), 누비즁(불교)이 주요 思想因子이다. 宋의 眞宗이 후사가 없어 옥황상제에게 祈子致誠하였다. 천상의 상제는 여러 仙人을 모아 놓고 의논하였는데 지상으로 아무도 내려가려고 나서지 않았다. 이 때 赤脚仙人이 홀로 웃고 있어, 상제가 이에 명령하여 진종의 아들로 내려 왔다는 고사다. 후절은 翼祖와 貞淑王后가 洛山 觀音窟에서 후사가 있기를 빌었는데, 꿈에 한 누비즁이 나타나 귀자를 점지하고 '善來'라는 이름까지 지어 주었다는 이야기다. 그러나 하늘[天命]은 적각선인의 하강이나 누비즁이 안내를 하지 않았어도 이미 후사를 끊이지 않도록 했다는 내용이다. 도교와 불교사상은 대등적으로 작용하지만, 천명을 중시하는 유교사상에 종속되어 이 두 사상을 부정하는 역동적 관계 구조를 형성한다. 문학작품에서 사상소들을 이렇게 작용의 작용 형태로 존재하는 것이다.

Ⅲ. 문학사상 교육의 범위 · 방식과 사상소 분석 절차

하나의 문학작품은 개개의 사상을 지니고 독립된 형태로 존재하는 것은 아니다. 그것을 둘러쌓고 있는 時代精神(사회사상)과의 작용을 거쳐 생성된 것임을 물론, 작가 의식이 언어를 매개로 하여 형상화되었다는 점도 간과할 수 없을 것이다. 또, 문학작품은 교육의 현장에서는 학습자와의 상호 관계에서 교육의 가치를 발휘하는 것으로, 이러한 관계망 속에서 문학사상은 역동적 작용으로 존재하는 것이다.

이렇게 문학교육에서 작품이 지니고 있는 사상(주제 · 중심사상)의 위치는 다음과 같은 역동적인 유기체로 파악할 수 있다. 이는 사상교육의 절차도 그 목적에 따라서 여러 형태를 구안할 수 있는 가능성을 암시하는 것이다.

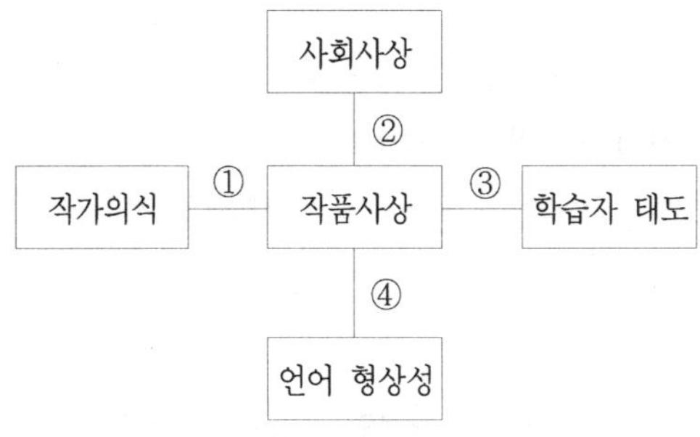

① 문학사상과 작가 의식[종교사상] 연관 이해 교육

② 문학사상과 사회사상[시대정신] 연관 파악 교육

③ 문학사상의 학습자[독자] 내면화교육

④ 문학사상 형상화[주제] 파악 교육

본고에서는 도교사상에 대한 작가의 인식태도와 그것이 어떻게 문학작품에 전이되었는가를 중심으로 기술의 방향을 잡았으며, 그리고 사회사상

과의 관계를 간략하게 기술하였다. 문학사상의 교육은 문학사상과 학습자
와의 교접 관계가 핵심적인 분야가 될 것이다. 그리하여 이러한 관계 즉,
① ② ③ ④의 역동의 관계 속에서 교육의 가능성을 모색해 보고자 했다.[3]

이와 같이 네 가지 영역의 교육을 고려할 때, 사상교육의 교수·학습의
형태는 일정한 틀을 유지하는 것이 아니다. 어떠한 것을 중점적으로 추구
하느냐에 따라 그 과정이 모두 달라질 수가 있는 것이다.

① 문학사상과 작가의식 연관 이해 교육

한 작품에 형상화된 문학사상은 첫째로 작가 의식의 소산인 것이다. 작
가는 자신의 체험과 想像을 작품에 구상화하여 문학으로서의 가치와 보편
성을 부여한다. 따라서 작가의 사상과 창작 과정의 이해는 작품사상 이해
의 첩경이 되며, 특히 교육의 場으로 이끌려 나왔을 때에는 더욱 그렇다
할 것이다.[4]

② 문학사상과 사회사상 연관 파악 교육

문학은 사회적 산물이요 시대정신의 구현이다. 작품의 사상은 시대 사
상과 괴리하여 존재할 수는 없는 것이고, 사회의 모든 현상과 변화를 滋養
으로 반영하는 것이다. 그러므로 문학 작품의 이해와 분석에서 사회사상
과의 연관을 몰각하고는 이의 교육적인 적용이 옅어질 수밖에 없는 것이다.

---

3) 이는 작용태로서의 문학현상과 관련되는 것으로, ① 생산이론, ② 구조이론, ③ 수용
   이론, ④ 반영이론의 교육적 함의를 교수·학습과정에서 구체화하는 작업도 될 것이
   다(구인환 외『문학교육론』pp.123~188 참조).

4) James Gribble은 작가가 창작할 때에 '마음에 품고 있는 의도'인 '발생적 의
   도'(generative intention)와 작품이 완성되었을 때 나타나는 '효과적 의도'(effective
   intention)에는 차이가 있다고 하였다. 그리하여 그는 "문학교육에서 작가의 의도의
   개념을 부당하게 강조하게 되면, 얻는 것은 별로 없고 잠재적으로 많은 손실을 가져
   올 우려가 있는 것이다."라고 강조하였다(『문학교육론』 나병철 역, 문예출판사,
   1987, pp.228~257).

③ 문학사상의 학습자 내면화 교육

　문학사상교육이 오로지 가치관교육으로 오인 받을 수 있는 사상교육의 분야이다. 그러므로 이 분야는 사상교육의 주요 부분으로서 여타의 분야보다 수업모형의 모색에서 다양하고 학습자 중심의 절차 과정이 될 것이다. 그러나 문학사상의 교육은 학습자에게 교육적인 변화를 반드시 요구하는 것은 아니다. 교육적으로 가치 있는 사상을 주지시키는 데만 그 목적을 두고, 그 변용은 각자의 판단에 맡겨야 할 것이다.

④ 문학사상 形象化 파악 교육

　이 부분은 사상교육의 본령이라 할 수 있듯이 ③과 함께 문학사상의 교육에서 중요한 위치를 점유하고 있는 분야이다. 작품에서 사상의 구조를 해부하여 그 층위를 설명하는 것은 직관적인 사유만으로는 적확한 분석이 될 수 없다. 어떠한 객관적인 분석의 과정과 방법이 요청되고 이를 일반화할 필요가 있는 것이다. 본고에서의 '思想素'라는 개념의 도입은 이러한 관점에서 시작된 것이다.

　본고에서는 ④ 문학사상 형상화 파악 교육, 즉 작품에서 사상이 어떻게 언어 형상을 통하여 구현되었는가를 파악하는 교수·학습의 절차 단계를 생각해 보기로 하겠다. 문학교육에서의 절차모형은 계획－진단－지도－평가－내면화 단계로 통상 구분하고 있다. 이들 과정 중 지도 단계에서의 사상소 분석의 절차 과정을 예시하면 다음과 같다.

　① 작품에 표현되어 있는 사상소를 모두 발견한다.
　② 사상소의 의미를 정확히 파악한다.
　③ 사상소를 체계적으로 분류한다.
　④ 사상소의 정신적 가치(종교적 의미와 가치)를 파악·이해한다.

⑤ 사상소의 정신적 가치를 종합한다.

⑥ 다른 사상과(사상 상호간)의 관계를 이해한다.

⑦ 작품의 중심사상[주제]을 추출한다.

이러한 절차의 과정은 일반적으로 문학교육에서 적용하고 있는 수업의 과정(개괄적, 분석적, 종합적)을 고려하여, 사상의 形象化가 어떻게 되었는가를 파악하기 위하여 창안해 본 것이다. 그리고 모든 작품에 이러한 절차가 정확하게 적용되는 것은 아니다. 일반적인 준칙으로서의 모델로 제시한 것으로 작품이 주는 여러 변인에 따라 변용이 가능하다. ②와 ③, ④와 ⑤를 결합하여 5단계로 분석의 과정을 축약할 수도 있다.

Ⅳ. '관동별곡' 사상소 분석과 의미 파악

1. 거시적 사상 褶合 분석

전술한 바와 같이 사상소를 구성하는 요소는 思想因子에서부터 思想場에까지 연장된다. 이러한 사상소들이 작품에서 사상을 형상화하는 작용태는 역동의 역동인 것으로, 따라서 이를 채취하고 분류한다는 것은 그리 단순한 작업은 아니다. 그러므로 사상 추출을 위한 작품의 분석에서는 어떤 기본적인 법칙을 적용하되 작품의 성격과 장단에 따라 달라질 수 있는 것이다. 시조에서 적용되는 방법이 소설의 해부에 그대로 모두 이용되는 것은 아니기 때문이다. 본고에서는 앞에서 제시한 분석의 과정을 준용한 몇 가지 형태를 제시해 보고자 한다.

咳唾의 가사라고 칭송되는 <關東別曲>은 玄奧한 언어의 나열 속에 작자의 사상이 정서와 조화를 이루는 출중한 작품이다. 이 가사의 사상의 교직을 선명한 것을 중심으로 나열해 보면 다음과 같다.

ⓣ 강호애 병이 깁퍼 듁님의 누엇더니
　ⓒ 관동 팔빅니에 방면을 맛디시니, 어와 셩은이야 가디록 망극ㅎ다.
　ⓒ 쇼양강 ᄂᆞ린 믈이 어드러로 든단 말고. 고신 거국에 빅발도 하도
　　할샤.
　ⓒ 삼각산 뎨일봉이 ᄒᆞ마면 뵈리로다.
　ⓒ 회양 녜 일홈이 마초아 ᄀᆞᇀ틀시고. 급댱유 풍치를 고텨 아니 볼
　　게이고

ⓣ 금강디 민 우층의 션학이 샷기 치니…셔호 녯 쥬인을 반겨서 넘노
　ᄂᆞ 듯
　ⓒ 하늘의 추미러 ᄆᆞ스일을 ᄉᆞ로리라 쳔만겁 디나ᄃᆞ록 구필줄 모ᄅᆞ
　　ᄂᆞ다.
　ⓒ 뎌 긔운 흐터 내야 인걸을 ᄆᆞᆫ돌고쟈.
　ⓒ 동산 태산이이 어ᄂᆞ야 놉돗던고
　ⓒ 풍운을 언제 어더 삼일우를 디런ᄂᆞ다. 음애에 이온풀을 다 살와
　　내여ᄉᆞ라.
ⓣ 이뎍션 이제 이셔 고텨 의논ᄒᆞ게 되면

ⓣ 명사길 니근 믈이 췌션을 빗기 시러
ⓣ 빅옥누 남은 기동 다만 네히 셔 잇고야
ⓣ 단셔는 완연ᄒᆞ되 ᄉᆞ션은 어디 가니…션유담 영낭호 거긔나 가 잇는가.
ⓣ 시션은 어디 가고 희타만 나맛ᄂᆞ니
　ⓒ 아마도 녈구름 근쳐의 머믈셰라
ⓣ 우개지륜이 경포로 ᄂᆞ려가니
　ⓒ 졀효졍문이 골골이 버러시니 비옥가봉이 이제도 잇다 ᄒᆞᆯ다.
　ⓒ 진쥬관 듁셔루 오십쳔 ᄂᆞ린 믈이 태빅산 그림재를 동ᄒᆡ로 다마
　　가니, 출하리 한강의 목멱의 다히고져
ⓣ 션사를 ᄯᅴ워 내여 두우로 향ᄒᆞᆯ살가, 션인을 ᄎᆞ즈려 단혈의 머므살가
　ⓒ 일이 됴흔 세계 ᄂᆞᆷ대되 다 뵈고져

ⓣ 뉴하쥬 ᄀᆞᄃᆞᆨ 부어 ᄃᆞᆯᄃᆞ려 무론 말이, 영웅은 어디 가며, 사션은 긔
　뉘러니…션산 동ᄒᆡ예 갈 길히 머도 멀샤.
ⓣ ᄭᅮ매 ᄒᆞᆫ 사ᄅᆞᆷ이 날ᄃᆞ려 닐온 말이, 그ᄃᆡ를 내 모ᄅᆞᆳ랴 상계예 진 션이라.

> 황뎡경 일ㅈ롤 엇디 그릇 닐거 두고, 인간의 내려와셔 우리롤 쫄오 는다.
> ⓣ 화풍이 습습ㅎ야 냥익을 추혀 드니, 구만리 쟝공애 져기면 놀리로다.
> ⓒ 이 술 가져다가 ㅅ히예 고로 논화, 억만창싱을 다 취케 밍근 후
> 의, 그제야 고텨 맛나 쏘 흔 잔 ㅎ쟛고야
> ⓣ 말 디쟈 학을 타고 구공의 올나가니, 공듕 옥쇼 소리 어제런가 그제런가.
> ⓒ 명월이 천산만낙의 아니 비쵠 디 업다.
>
> (ⓣ : 도교사상   ⓒ : 유교사상)

 이상의 순차 구조에서 보면 <관동별곡>은 불교사상을 유루하고 유교와 도교사상이 교차하면서, 서정적 자아의 두 갈래의 지향 의지를 토로한, 현실과 초월이 앰비배런스의 전형을 이룬 작품이다. 이 가사는 동적인 상황 즉, 시간의 흐름에 따라 유교, 도교 양사상이 상승, 하강의 상응 작용으로 나타난다.

구분	출발	내 금 강	외금강과 동해	종 착
유교 사상	성은·우국 연군	선정·우국 애민	선정·연군	애민·선정 성은찬사
도교 사상	은일·취락	신선지향	신선의 가정	선향복귀 우화등선

 산의 유람으로 내금강인 비로봉 정상까지(전반부)와 그 이후의 여정(후반부)에서, 抒情的 자아의 사상 표출 논리는 다른 형상성을 띤다. 전반부에서 정철은 현실 윤리의 고양 상태가 외면으로 가시화되는 반면에 초월적인 도선 취향은 심리 내면 세계로 내장시키고 있다. 그리고 이러한 사상의 觸發은 자연의 대상물을 접할 때에 객관화되는 양상이 기행문의 서사 정신과 조화를 이룬다고 하겠다.

 그는 聖恩을 부르짖고, 소양강, 삼각산, 회양 등의 지명과 '어드러로 든

단 말고', '흐마면 뵈리로다', '마초아 フ툴시고'란 말의 호응은 그의 내심의 의지를 더욱 선명하게 한다. 일만 이천봉의 수려함에서 빼어난 인재를 만들고자 용심하였으며, 毗盧峯 정상에서 '동산 태산이 어느야 놉돗던고'라 톤이 높아지며 공자의 호연지기를 생각하는 것이다. 이렇게 비로봉 정상까지의 상승의 이미지는 유교사상의 그것과 상응한다.

이에 비해 泉石膏肓으로 굳어 있다는 竹林七賢과 같은 은일 생활은 모두에서 지나가는 말로 되뇌인다. 금강대 맨위에 서식하는 선학은 그저 '샷기치니'의 대상으로서의 학이다. 梅妻鶴子의 신선적 생활을 한 林逋를 자임하는 정도이다. 이렇게 도선사상은 성은, 우국, 연군, 애민 등(忠·孝·淸·直)의 유교적 관념에 내포되어 있을 뿐이다. 孔子의 지고의 정신적 경지를 추구한 그의 眼孔에는 선적 정취란 흩어지는 희미한 안개에 불과한 것이다.

그러나 그는 '어와 뎌 디위를 어이흐면 알거이고. 오르디 못흐거니 나려가미 고이홀가'라 하며, 毗盧峰 정상에서 유교적 경지에 대한 한계를 절감하게 되는 것이다.5) 그리하여 그는 동해로 방향을 전환하면서 곧 바로 '醉仙을 빗기 시러 바다홀 겻틴 두고 海棠花로 드러가니'라 하여, 자신을 취선이라 자임한다. 이렇게 시작되는 후반부는 도교사상의 상승적 지향 속에 유교사상은 이에 자연히 내포되는 하강의 모습으로 전환한다. 四仙의 전적을 유람하면서 이러한 감흥은 더욱 고조되고, '仙槎를 씌워 내여 두우로 향흐살가'라고 하여 승천의 욕망으로 발전한다. 결국은 그는 몽중에서 신선의 말을 빌려 상계의 진선임을 확인까지 하는 것이다. 이에 비해 善政이나 연군의 지향 의지는 도교사상의 테두리 안에서 하강적 요소로

---

5) 『孟子』盡心章句 (上)에서 "孟子曰 孔子登東山而小魯 登泰山而小天下 故觀於海者 難爲水 遊於聖人之門者 難爲言"라 한 구절의 인용이다. 후구의 '그러므로 바다를 보는 사람은 물 이야기 하기를 어려워하고, 성인의 문에 노는 사람은 말하기를 어려워 한다'는 정철이 다음 여정을 동해로 잡은 것과 유관하다고 하겠다.

잠재하고 있는 것이다.

이를 다시 정적인 상황에서의 공존·대립의 양상을 생각해 볼 수 있다. 정철은 유교적 윤리를 항상 대상을 두고 토로한다. 임금을 향하여는 성은·연군·우국, 백성에 대하여는 선정등이 그것이다. 이것은 당시 임금과 사회에 대한 공언이며 신하와 牧民者로서의 의무 정신인 것이다. 때문에 그는 외면으로 이를 공표하고 자신의 위치를 알려야 하는 것이다. 이러한 외재적 상황은 그의 정치에 대한 야망이며 내면에 늘 갖고 있는 욕망의 가시화인 것이다. 이에 반해 내재적 욕구 즉, 신선이 되고자 하는 욕망은 그 대상이 밖에 있는 것이 아니라 바로 자신(주체)이고, 이를 문학적으로 발상하고 표현하는 것이다.

$$\frac{\text{유교사상:}}{\text{도교사상:}} = \frac{\text{대상(임금·백성)}}{\text{주체(나)}} = \frac{\text{외재적 상황}}{\text{내재적 욕망}} = \frac{\text{외면적 지향사상}}{\text{내면적 지향사상}} = \frac{\text{정치}}{\text{문학}}$$

이러한 외재적 상황과 내재적 욕구는 갈등과 대립의 관계로 존재하는 것이 아니라 상응과 보완의 작용으로 관계를 형성한다. 이는 "王程이 有限 ᄒ고 風景이 못 슬믜니, 幽懷도 하도할샤, 客愁도 둘 듸 업다. 仙槎를 씌워 내여 두우로 향ᄒ살가, 선인을 ᄎᄌ려 단혈의 머무살가"에서 단적으로 나타나 있다. 그의 임금과 백성에 대한 의무감, 得仙의 욕망이라는 양사상은 대척·대립의 관계가 아닌 조화의 관계인 것이다. 현실에서 동떨어진 지향의지의 토로가 아니라 현실에 기반한 成仙 욕망의 표출로, 이는 현실 의지의 확장 내지 강화인 것이다.

그렇기 때문에 정철은 꿈을 가정하고, 제삼자의 언설을 통하여 자신이 상계의 진선임을 확인하고, 羽化登仙의 궁극적 도달점을 강한 어조로 피력하는 것이다. "和風이 習習ᄒ야 兩腋을 추혀 드니, 九萬里 長空에 져기면 놀리로다"라고 표백하지만, "이술 가져다가 四海에 고로 ᄂ화, 億萬蒼生을 다 醉케 밍근 후의, 그제야 고텨 맛나 ᄯ 흔 잔 ᄒ쟛고야"라고 하여,

애민과 선정의 포부가 곁따른다. 그리하여 "明月이 千山萬落의 아니 비쵠
디 업다"로 성은의 망극함을 고조시켜, 여정의 대단원을 마무리함으로써
두 사상의 조화를 잃지 않고 있다. 개인적이고 내적인 천상선계로의 지향
의지와 외재로서의 지상낙원의 구도가 한쪽으로 편향되지 않고 均齊美를
이루고 있는 것이다. 이러한 사상구조는 <관동별곡>이 그가 지니고 있는
사상의 문학적 토로라는 단적인 증명이 되는 것이다.6)

그리고 두 사상의 조화와 상승이라는 구조에 비하여 兩美人曲은 하나의
표현 형식과 전개에 유교, 도교사상이 동시에 혼합하여 존재하고 있음이
다르다. 인물과 공간 설정은 도교사상을 배경으로 했지만 정신 세계는 유
교사상으로, 이것이 동시에 하나의 생각으로 묶여서 전달되는 것이다. 이
들 작품도 사상소를 중심으로 습합의 구도를 해명할 필요가 있다.

<관동별곡>에서는 서정적 자아가 접하는 사물의 대상에서 유교나 도
교사상이 환기되는데, 이러한 관점에서 思想因子를 추출하고, 이들의 작
품에서의 역할과 작품 사상과의 관계가 전술한 바와 같은 사상의 구조로
되어 있는지를 해명하는 정도에서 그 절차을 제시해 보고자 한다.

작품에 나타나는 모든 사상소를 발견하여 정리하기란 매우 복잡하고
용이하지가 않다. 어느 경우에는 사상소의 의미 영역이 분명하지 못한 것
은 차치하고라도, 이를 분류하는 규준이 아직은 설정되지 않았기 때문이
다. 그러므로 사상소가 어느 부류에 귀속하느냐는 통상의 관행에 근거하
거나, 직관에 의한 보편적인 판단에 의지할 수밖에 없는 경우가 있다.

---

6) 김병국 교수는 <관동별곡>을 "시적 체험의 한 예술양식으로서, 보다 보편적인 인간
  생명과정이 구현되어 있다."고 생각하여, 關東山水의 여정을 인간생애의 목적(제 일
  단), 추구(제 이단), 방황(제 삼단), 회귀(제 사단)로 구분, '보편적 의미에서의 인간
  생명 체험의 역정'으로 파악하였다("가면 혹은 진실"-송강가사 관동별곡 평설-,
  『기헌 손낙범선생 회갑기념론문집』 1972, pp.43~63).

2. 사상소 분석의 실제

1) 작품에 표현되어 있는 모든 思想因子의 발견

이 작품은 시적 자아가 旅程의 변화에 따라 접하게 되는 대상에서 촉발하는 인간적인 감흥이 사상으로 변전하는 모습을 보인다. 이러한 개인 감정이 보편적인 사상으로 전화되는 문학적 발상은 <관동별곡>만이 갖는 독특한 표현 기법이라고 하겠다.

> 江湖·竹林, 關東八百里, 昭陽江, 白髮, 三角山, 淮陽·汲長孺, 仙鶴, 西湖, 北極, 하늘, 萬二千峰, 毗盧峰, 風雲·三日雨, 陰崖풀, 열두구비(十二瀑布), (鳴沙길 익은)말, 叢石亭, 三日浦, 仙遊潭·永郎湖, 널구름, 羽蓋之輪, 節孝旌門, 比屋可封, 太白山(그림자), 仙槎·斗牛, 仙人·丹穴, 流霞酒, 四仙, 仙山·東海, 上界眞仙, 黃庭經, 和風, 술·四海, 鶴, 空中玉簫 소리, 明月.

2) 사상인자의 의미를 정확히 파악

접하게 되는 대상물은 신하로서, 또는 목민자로서의 윤리적 감정을 유발케 한다. 더불어 개인적으로 느끼는 순수한 지향 의지를 그 대상물에 투사하기도 한다. 이들의 의미를 분석해 보면 다음과 같다.

> 강호·죽림—은둔, 관동팔백리—성은, 소양강—연군, 백발—우국, 삼각산—연군, 회양·급장유—선정, 선학—신선, 서호(임포)—신선, 북극—연군, 하늘—연군, 만이천봉—우국, 비로봉—선정·덕치, 풍운·삼일우—선정, 음애풀—선정, 열두구비—신선(이적선), (명사길 익은)말—취선, 총석정—선향(백옥루), 삼일포—신선(단서·사선), 선유담·영랑호—신선(사선), 널구름—우국·신선(시선), 우개지륜—신선, 절효정문—선정, 비료봉—선정, 태백산(그림자)·한강—연군, 선사·두우—선향, 선인·단혈—신선, 유하주—신선, 사선—신선, 선산·동해—선향, 상계진선—신선·선향, 황정경—신선, 화풍—신선·선향, 술·사해—선정, 학—신선·선향, 공중옥소 소리—신선·선향, 명월—성은

3) 사상인자의 체계적 분류

대상물에서 촉발하거나 이에로 투사되는 인간적인 감흥은 두 종류로 대분된다. 하나는 정치가로서의 당위적인 것이요, 또다른 하나는 순수하게 개인적으로 내재되어 있는 순수한 문학적 感發이다.

① 유교사상을 촉발하는 대상

소양강, 백발, 삼각산, 회양·급장유, 북극, 하늘, 만이천봉, 비로봉, 풍운·삼일우, 음애풀, 절효정문, 비옥가봉, 태백산(그림자)·한강, 술·사해, 명월

② 도교사상을 촉발하는 대상

강호·죽림, 선학, 서호(임포), 열두구비, (명사길 익은)말, 총석정(백옥루), 삼일포, 선유담·영랑호, 우개지륜, 선사·두우, 선인·단혈, 유하주, 사선, 선산·동해, 상계진선, 황정경, 화풍, 학, 공중옥소 소리

③ 유교, 도교사상을 동시 촉발하는 대상
널구름

4) 사상인자의 정신적 가치(종교적 의미와 가치)의 파악과 이해

현실적인 외면적 욕구와 내면적인 지향의지는 다시 여러 형태로 나뉜다. 이들의 구분은 인위적인 것이지 하나의 덩어리로 작품에 녹아 있다.

    ㉮ 유교사상 : 聖恩, 戀君, 憂國, 善政(德治)
    ㉯ 도교사상 : 隱遁, 神仙, 仙鄕

5) 사상인자의 정신적 가치 종합

개별화된 사상을 궁극적인 지향 의지로 총합해 보면 다음과 같다.

㉮ 유교사상 : 爲國安民을 통한 忠義思想의 구현
㉯ 도교사상 : 得仙의 추구와 선향 복귀의 渴望

6) 다른 사상과(사상 상호간)의 관계 이해

유교사상과 도교사상은 대립·대척이 아니라 상응과 조화를 이룬다. 임금과 백성을 대상으로는 유교사상이, 자신을 주체로 하는 도교사상이 정연한 순차를 이루며 여정에 따라 표백되고 있다. 이러한 상응과 조화를 단적으로 전달해 주는 말이 "아마도 녈구름 근쳐의 머믈셰라. 詩仙은 어디 가고 咳唾만 나맛ᄂ니"라 할 수 있을 것이다. 외면에 나타난 유교적 당위감은 시적 자아를 압박하는 요소로 작용한다고 볼 수 있다. 이러한 중압감에서 탈출하는 방편이 도선에로의 편향이고, 이러한 두 사상의 조화와 대응은 균형을 이루어 심적 평화를 가져오게 하는 것이다.

7) 작품의 중심사상[주제] 추출

유교, 도교 양사상의 상응과 조화를 고려한다면 유교적 충의사상만으로 중심사상을 일폐할 수는 없다. 이러한 유교적인 임무는 작가 자신을 압박하는 요소로 작용하기 때문에, 이의 해소를 위하여 도선적인 공상을 균형을 이루며 차용하였던 것이다. 이렇게 松江은 현실에서의 낙원지향과 개인적인 선향지향의 상합을 문학적으로 교묘히 교직하였던 것이다. 이렇다면 <關東別曲>에서 송강이 추구한 사상, 즉 주제의식은 '儒·道 사상이 합일한 樂園志向'으로 아울러야 할 것이다.

V. 결 론

문학작품을 이해하고 감상하는 데는 여러 방법이 있다. 그런데 문학작품을 어떻게 이해·감상하는가는 문학교육의 본령을 찾아보는 하나의 방편이 되므로 이의 적절한 방법의 선택은 매우 중요하다.

본고에서는 문학작품을 이해하고 감상하는 전제로 '사상소'라는 개념을 설정하고 이를 이용하여 작품을 분석해 보았다. 본고에서 제시한 사상소라는 개념이 합리적이고 문학적 이론에 근거하여 설정되었는가는 차치하더라도, 문학작품을 분석하는 하나의 방법론임에는 틀림없다고 하겠다.

사상소를 이용한 분석은 작품의 장르 유형이나 길이에 따라 思想因子에서 思想場까지 모두 활용할 수 있다. 이는 작품에 녹아 있는 사상의 구조를 극명하게 밝혀서, 작품을 바라보는 시각에 따라 각양으로 해석할 수 있었던 오류를 불식하고, 사상 층위를 분명하게 규명해 주는 수단이 된다. 그리고 이는 작품에 혼재하는 사상을 막연하게 추출해 보는 것이 아니라 체계적으로 작품의 의미 구조를 해명할 수 있게 하는 바탕을 마련해 주기도 한다.

그리하여 사상소의 존재 방식을 살펴보고, 이를 이용한 분석단계를 설정하여 정철의 대표적인 가사 <관동별곡>의 의미 존재 방식을 해명해 보았다. 지금까지 <관동별곡>의 사상을 추출해 내는 접근 방식을 탈피해서 작품에 내재한 사상 구조를 새롭게 규명해 보고자 한 것이다. 그리하여 유교와 도교 사상이 정교하게 교직하여 문학적으로 작품에 습합되어 있음을 밝히고, 작품의 궁극적 지향 사상을 '儒·道 사상이 합일한 樂園志向'으로 규정해 보았다.

이처럼 사상소의 개념 도입은 문학작품을 새로운 각도에서 이해·감상할 수 있는 계기를 마련하기도 한다. 그러나 이러한 소론이 학문적으로 합리적인가는 현재로서는 단정하기가 어렵다. 앞으로, 사상소의 개념을 교육적 차원에서 다시 검토해 보고, 이의 존재 방식을 더욱 상세화하여 이를 이론적으로 체계를 세워 교육현장에서 활용할 수 있도록 발전시키는 것이 필요하다.

제**6**부

문학교육과 철학

제**1**장

한국문학의 전통과 그 變容

I. 서 언

문학은 인간정신의 發顯으로 인간의 본질을 탐구하고, 존재에 의미와 가치를 부여하는 독특한 언어 예술이다. 때문에 문학에서 다루는 문제는 인간을 중심으로 하는 다양한 삶의 독특한 양식이며, 이는 시대정신과 유기적 상관 속에서 총화되는 창조적 가치의 구현인 것이다. 그러므로 인간이 살아가는 곳에는 문학이 필연적으로 존재하고, 그 문학 세계에는 인간의 공통된 삶의 정수가 전통의 요소로 정립되는 것이다.

지금까지 한국문학의 전통에 대한 논의는 전통의 의미역의 설정에서부터 시작하여, 문학에 실현된 전통의 실체는 무엇이며, 또 이것이 어떻게 역사적으로 계승되었는가에 초점이 맞춰져 있다.1) 그러면서도 전통의 실체가 극명하게 밝혀져 국민적인 동의와 공감으로 뚜렷하게 우리에게 다가오기에는 아직도 거리가 있는 것 같고, 이의 통시적인 전개의 모습을 澄徹하게 밝히는 작업도 그 결과 또한 마찬가지의 실정이다.2)

---

1) 한국문학에서의 전통 계승에 대한 논의는 성기조 교수가 『한국문학과 전통론의』(신원문화사, 1989)에서 사적으로 자세하게 정리한 바 있다.

2) 전통을 중심으로 한 연구, 논저는 대단히 많다. 김대행 교수의 『한국시의 전통연구』(새문사, 1980)는 이의 본격적인 연구의 결산이고, 『우리 詩의 틀』(문학과 비평사, 1989)등 후속되는 저서에서 이를 더욱 발전시켰다. 김열규 외 『한국문학의 전통과 변혁』(서강대 인문과학연구소, 1976), 이경선 교수의 『한국문학과 전통문화』(신구문화사, 1988), 김열규 교수의 『우리의 傳統과 우리의 문학』(문예출판사, 1987) 등이

이러한 결과는 연구의 방법이나 그 주장의 근거가 나름대로의 이론적
합리성과 논리성을 지니면서도, 한국문학을 통시적·총체적으로 다루지
못한 데서 기인한 것이다. 거기에다 다양한 문학적 유산에 내재한 萬華鏡
의 양상을 그대로 반영하는 선에서 그치고, '전통'의 개념에 탄력성이 있
어, 확대되는 부분이 달라지면 작품에 녹아 계승되는 민족적 정서나 사상
이 달리 추출되는 여지가 생겨서이다.

그리하여 본고에서는 선학들의 연구를 바탕으로 하여 전통의 개념이
무엇이며, 이것이 문학 작품에 어떻게 시대정신과 상합하여 계승되었는가
를 다소나마 해명해 보고자 한다. 아울러, 그 동안의 업적을 먼저 개괄하
고 나름대로의 체계로 정리한 측면도 있어, 앞으로의 논의에 기반을 제공
하는 수준에 머물렀음도 밝혀 둔다.

Ⅱ. 전통의 개념과 문학의 特質

1. 전통의 力動的 의미

한국문학을 전통이란 측면에서 접근하는 것은 쉬운 듯하면서도 어느
면에서는 그렇지 못하다. 한국문학에 담겨진 전통사상을 추출하려면 민족
의 동질적 사고와 함께 개별 작가나 작품에 외따로 존재하는 개별성과 창
조적 변용을 동시에 취급하는 어려움이 따른다. 그리하여 그 동안의 연구
결과를 살펴보면, 전통의 의미역 설정을 비롯하여 그 변용과 계승 등 많은
논의에서 자의적인 해석이 가능했던 것은 사실이다.

이러한 의미역의 유동성과 확대를 拂拭한다는 의도에서 한국의 전통사

대표적으로 전통의 문제를 다룬 저서인데, 전통의 의미역이나 통시적 전개의 양상을
가시화하는데 부분적으로 참고가 된다.

상에 대한 연구의 방향에 대하여 趙芝薫은 "전통과 인습은 구별되어야 한다. 전통과 모방은 구별되어야 한다. 전통은 역사적 가치적 개념이다. 전통은 집단적이요 주체적 개념이다."3) 라고 하여, 전통의 개념 규정에서 선결해야 할 기본 방향을 뚜렷하게 제시하였다. 전통의 계승자를 염두에 둔 통시적 맥락에서의 논의를 역설하면서, 시간성 · 가치성을 고려한 개념 설정의 개략을 제시한 것이라 하겠다.

한국문학의 전통은 한국사상의 전통에 기반하고 있다. 그러므로 한국의 '전통사상은 무엇인가'란 실체 파악이 한국문학의 전통을 이해하는데 첩경이 됨은 물론이다. 한국의 전통사상이란 일반적으로 "오랜 시기 동안에 국가적으로 공인된 正統思想으로서, 혹은 민중들 속에서 비공식적으로 행해지는 민간신앙으로서, 신봉하고 수용하고 발전시키면서 현대에 이르기까지 전승해 온 사상들"4) 이라 정의하는 데 어느 정도 수긍이 간다. 그런데 이러한 의미역의 설정은 전통사상에는 전승된 여러 사상이 복합적으로 존재하는데, 巫覡思想을 위시하여 儒佛道등 일부 종교사상의 논의에 국한되는 방향을 제시한 것으로 받아들이기가 쉽다. 이들 사상이 시대정신과 결합하여 融和와 習合을 거듭하면서 한국 정신의 새로운 지평을 제시하고, 문학에로 유입되어 문학적 전통의 형성을 촉진하였음에는 틀림없지만, 종교사상의 외적인 여러 요소들도 오롯한 전통사상으로 민족의 혈맥에 요동치고 있음도 간과해서는 안 된다.

이와 같이 전통사상이 다양한 내용과 형태를 유지할 수 있는 것처럼, 전통이란 개념은 어느 한 가지로 정체되지 않는 속성을 지닌다. 그것을 지키고 계승하는 주체자가 시간의 흐름 속에서 부단히 교체되며, 더불어 계승자는 그것을 창조적으로 변용하거나, 시대정신과의 부단한 교호작용에

---

3) 조지훈, 『한국문화사서설』(탐구당, 1975) p.221.
4) 이종후 · 윤명노, "전통사상에 나타난 융화정신"(『한국 철학사상 연구』 한국정신문화연구원, 1982) p.159.

의하여 새로운 형태로 전승하는 자세를 취하기 때문이다.

여기에서, 한국문학의 전통의 면목을 정확히 하려면 '전통'이란 의미를 좀더 明澄하게 규정하거나 이해할 필요가 생긴다. 이는 전통개념의 유동성에 따라 역사적 전개에서의 그 변용의 구체성이 달라지는 것을 방지하기 위해서다. 일반적으로 전통이란 "쉽사리 변할 줄 모르는 원질을 지니고 있으면서 필요한 자양을 받아들이며 성장하고 발전하는 생명체 같은 것"5)이라고 말한다. 이러한 규정은 전통에는 변하지 않는 부면과 변하는 부면이 공존하는 역동적 실체임을 지적한 말이다. 이를 다시 그 형성의 배경과 모체를 중시하여 "오랜 과거가 현재에 물려 준 신념, 관습, 방법 등 오랜 역사를 통해서 형성된 한 집단의 문화를 현재 그 집단에 속한 사람과의 관련성 속에서 바라 본 것"6)이라 정의할 수 있다. 이러한 개념화는 그 계승의 내용이 무엇이며 어떠한 속성을 지녀야 하는가의 보편적인 의미역의 제시이다.

이상의 논의가 가지는 공통점은 '전통'의 개념 규정에서 전통을 이어가는 주체자가 반드시 있어야 하고, 더불어 그 주체자가 공통으로 지니며 이어온 속성이나 정신, 즉 공통 특질이 되는 내용이 언급되어야 한다는 것이다. 전통의 계승은 그 共質을 胚胎한 주체자에 의해서 이뤄지며, 이들이 없으면 그 자체가 몰각되는 것은 주지의 사실이다. 그러므로 전통의 의미 규정에서 그것을 계승하는 주체자와 내용 특질과의 상호 관계를 언급해야 할 필요가 생긴다.

여기에서 또 하나 고려할 사항은 편협한 전통의 시각에서 탈피하여 창조적인 안목으로 그 개념을 확대할 필요가 있다는 것이다. 한국 시가의 율격을 중심으로 전통의 형태적, 내용적 특질과 속성을 꾸준히 탐색해 온 김대행 교수는, 통시성·지속성·획일성으로 명명되는 요소들을 보편성으

---

5) 정한모, 『한국 현대시의 정수』(서울대학교 출판부, 1981) p.29.
6) 이상섭, 『문학비평용어사전』(민음사, 1976) p.253.

로서의 전통적 요소로, 공시성·가변성·다양성으로 설명되는 요소를 특수성으로 세분하여 그 개념을 설명하고, 여기에 '전통적 요소로 설명하고 규정되는 어떤 것의 성질에 관련된 요소'로 구상성과 추상성을 덧붙여서, 전통 논의의 확대된 시각을 적용할 수 있는 기반을 마련해 주었다.[7] 그리하여 김교수는 치우친 전통 논의를 풍부히 하고 문화를 문화로서 설명하는 길로 전통이 갖는 양면성이 조화롭게 추구되어야 한다고 하며, "전통적 요소의 탐색으로서나 혹은 그 검정의 과정으로서나 그 논의의 대상 영역을 확대하는 것이 바람직한 일이다."[8] 라하고, 국문학의 범위에 넣는 일이 늦어 있었던 한문학이나 口碑文學에까지 전통 요소적 관련의 폭을 넓혀야 한다고 역설하였다.

그리고 전통론은 한국문학의 특질론과도 관계가 깊다. 결과적으로 그 계승의 본질면에서는 문학의 특질이 전통과 거리가 있는 것은 아니며, 이것에 역사적 관점을 개입하면 전통적 실체가 되는 것이다. 이러한 소론들을 고려하여 한국문학의 전통을 발견하고 이들의 실체와 통시적인 전개에서 그 변용을 살펴보는 것은, '옛 것에서 새로움을, 아니면 새로움에서 옛 것'을 발견해 보려는 의미 색출 작업의 하나이며, 이 양자가 상보적으로 이뤄져야 할 것이다.

또한, 정신적 유산의 한 형태인 문학은 사회 정신을 도외시하여 존재할 수는 없다. 사회사상과 시대정신을 반영하는 것이 바로 문학의 속성이며, 그래서 문학 작품에 내재한 정신은 이 역시 사회정신의 한 양상으로 상동성을 띤다. 때문에 당시에 태동하여 존재한 문학 작품은 시대정신의 언어적 창조이면서, 가치관의 실현이며 문화 현상의 한 단면인 것이다. 그러므로 문학 작품은 당대 삶의 모습을 여실하게 드러낸 徵表인 동시에 문화 변용의 언어적 구현이다. 이러한 문학적 事象들에 내재하는 공통점을 찾

---

7) 김대행, 「우리 詩의 틀」문학과 비평사, 1989) pp.207~209 참조.
8) 김대행, 앞의 책, p.210.

아내고 이것이 시간선상에서 동질의 체계로 규정되고 발전하면 전통이 되는 것이다.

그리하여 문학은 전통이라는 너울과 함께 문학적 문화의 고유의 영역을 확충하고, 한국정신의 영원한 계승의 精華로서, 민족정신의 지주로서 항상 생명력을 유지하며 우리의 주변에서 맴돈다. 여기에서, 문학에 존재하는 전통의 가시적인 형태를 다각적으로 모색해 볼 필요가 생기는 것이다. "문학은 인식 구조와 미적 구조에 의한 형상"9) 이라 규정할 수 있기 때문에, 전통의 문학적 형태와 범주도 이러한 관점에서 다음과 같이 거시적인 틀 속에서 鳥瞰해야 한다.

<table>
<tr><td rowspan="4">전통의 문학적 형태와 범주</td><td rowspan="2">내 용</td><td>주제의식 : 의식구조 · 서정성 등</td></tr>
<tr><td>종교사상 : 무속 · 유 · 불 · 도교 등</td></tr>
<tr><td rowspan="2">형 식</td><td>미시구조 : 운율 · 어법 · 수사 등</td></tr>
<tr><td>거시구조 : 가면극 · 시조 · 판소리 등10)</td></tr>
</table>

이처럼 한국문학에서의 전통논의 대상은 상당히 광범위하다. 그런데 지금까지의 한국문학에서의 전통연구는 많은 업적을 쌓았지만, 그 실체를 명료하게 밝히거나 역사적 전개에서의 그 변용을 다각적으로 모색하고 穿鑿한 실적은 미흡한 상태이다. 앞으로는 전통의 창조적 변형과 그것의 문학적 표현 원리를 규명하는 작업이 이뤄져야 할 것이다. 거기에 개별적인 연구의 결과를 종합하여 포괄적, 거시적인 시각으로 이에로의 접근을 시도할 필요가 있다. 그러한 결과로 이러한 업적들이 두터운 층을 이룰 때, 한국문학에서의 전통 실체는 더욱 명확해지며, 나아가 세계문학을 지향하는 하나의 디딤돌이 될 것이다.

이상에서 살펴본 바와 같이 전통의 의미를 명쾌하게 몇 개의 단어로 규

---

9) 구인환 외, 『한국문학신강』(개문사, 1979) p.26.
10) 졸저, 『한국의 도교사상과 문학교육 연구』 (국학자료원, 1996) p.45.

정한다는 것은 매우 어려운 일이다. 따라서 본고에서의 전통에 대한 개념 규정도 정의식 설명의 방법을 止揚하고, 그 개념에 연관되는 상기의 도식에서 내용 부분을 위주로 하여, 그 실체와 역사적 전개에서의 변용의 모습을 다소나마 밝혀 보고자 한다. 즉, ① 삶에 대한 태도, ② 자연에 대한 태도(자연관)를 중심으로 전통의 통시적 실체를 밝히고자 한다. 이는 전통의 원심적 개념을 구심적 개념으로 전환하는 방편이고, 의미 규정의 거시적 접근도 될 것이다.

2. 문학의 특질과 전통

전술한 바와 같이 전통이라는 의미를 규정하는 데에는 많은 복합적인 요소가 개재하고 그렇게 간단하게 취급될 성질의 것은 아니다. 그리하여 한국문학에 내재한 전통의 본질과 계승의 문제를 해결하려는 많은 노력을 했음에도 불구하고, 논자에 따라서 그 개념의 차용이 달라서 논점이 다르게 나타남은 주지의 사실이다. 이들의 연구 결과는 한국문학에 대한 포괄적 언급에서부터 전통적 요소를 단편적으로 선별하여 이의 계승의 자취를 더듬어 보는 작업에 이르기까지 각양을 보이는 것이다.

거기에 이러한 작업이 통시적으로 이뤄지지 못하여 우리 문학의 특질을 규명한 업적이 단순한 피력에 머문 듯한 인상이다. 전통은 시대적 연속성을 전제로 하기 때문에, 사회상의 변혁에 따라 이들의 계승의 차원이 어떻게 달라졌는가 하는 해명도 뒤따라야 하는데, 연구의 결과가 이에 미치지 못하는 것이 사실이다. 이는 문학의 전통을 통시적으로 기술하는 작업이 그만큼 용이하지 못하다는 증거이다.

한국문학의 특질은 전승적 차원에서 언급하면 전통이 된다. 이러한 특질은 많은 선학들에 의하여 다각도로 지적되어 왔다. 이들 중 대표적인 주장을 소개하고, 이를 참고로 하여 전통의 본질를 비롯하여 그 문학사적인 계승과 변용의 실태를 나름대로 체계화하고자 한다.

먼저, 趙潤濟는 한국문학의 특질을 ① 은근과 끈기, ② 애처럼과 가냘픔, ③ 두어라와 노세 등으로 열거하였다.[11] 민족의 생활이 은근하고 끈기가 있어 자연히 문학에도 이러한 표현이 내재되었다는 것이다. 그리고 애처럼과 가냘픈 문학이란 "현실에 跼蹐하지 않고 영원을 동경하며, 현실에 만족하지 않고 내세를 사모하는 문학"이라 규정하고, 애처럼은 슬픈 것이 아닌 애처러운 것이라 하여 의미 구분도 시도하였다. '두어라 노세'는 일종의 데카단인데, 이것은 인생무상을 느낄 때의 특별한 救援策이라는 것이다.

주로 장르 중심으로 국문학사를 기술·정리하려고 노력했던 장덕순은 국문학에 나타난 민족성으로 ① 사대사상의 풍요와 독창성의 빈곤, ② 적극성의 결여, ③ 요행을 갈망한다, ④ 약자에겐 강했다 등으로 구분하여 소론을 전개하였다.[12] 이는 국문학에 얽혀져 있는 공통적인 결함, 곧 부정적인 면을 지적한 것으로 우리 문학의 본격적인 특질로 인정하기에는 좀 무리가 있다. 그러면서도 우수성의 과찬에 반성의 자료로서 참고가 되는 지적임에는 틀림없다.

시가를 중심으로 한 논의이지만 정병욱은 형태적인 면에서의 특질로 3장 6절을 들고, 이것은 중국이나 일본시의 형태와도 구별되고, 신라의 향가에서 조선의 시조에 이르기까지 '변화 속의 통일'로 이어왔다고 하였다. 그리고 '전통 이해의 시각'을 다른 각도에서 간파하여 피력한 다음, 내용적인 면에서의 특징을 ① 인간 위주의 문학사상, ② 인간에 봉사하는 자연, ③ 여성위주의 문학, ④ 부정을 통한 미의식 등으로 분류하고 구체적인 작품을 들어 설명하였다.[13] 그러면서도 그는 "이른바 '멋'이 한국인의

11) 조윤제, 『국문학개설』(탐구당, 1984) pp.468~499.
12) 장덕순, 『국문학통론』(신구문화사, 1976) pp.418~428.
13) 정병욱, 『한국고전시가론』(신구문화사, 1983) pp.291~303.

생활 감정을 규제해 온 미적 범주라면, 이 '한'은 한국인의 예술 감정을 규제해 온 미적 범주로서 그 성격은 부정적인 데 있다."14) 라고 결론하여 조윤제, 조지훈의 주장에 동감하였다.

구인환 교수 외의『한국문학 신강』에서는 ① 觀照의 미학, ② 변형의 미학, ③ 소극적 인간상, ④ 수식의 다양 등으로 들었다.15) 이러한 주장은 형식과 내용을 아울러 그 특질을 전통성과 유관하여 해명하려 한 시도로서, 고대와 현대를 망라한 구체적인 작품을 실례로 들어서 전통의 계승적인 문제도 함께 설명하려 한 입론이다.

위에서 열거한 특질론은 그 동안 蘊蓄되어 온 한국문학의 유산에서 서정적 자아의 생활 태도나 주위 환경 즉, 인간에 부딪치는 자연에 대한 삶의 모습에서 추출한 것이거나, 아니면 문학 형식을 통시적 관점에서 규범화한 것으로 나름대로의 설득력을 지니는 것만은 사실이다. 그러면서도 문학이 인간을 주인공으로 하는 인간론의 언어적 형상화라 여길 때, 이러한 주장들은 문학적 발상의 일반적인 범주화나 이의 보편적인 抽象化의 반복인 듯한 인상을 지울 수가 없다.

그래서 본고에서는 이들을 다시 새로운 관점으로 종합해 본다는 의의를 살리고, 상기와 같은 각색의 주장들을 그 표출과 변용의 원리 규명 차원에서 다른 시각으로 종합·정리해 보고자 한다. 그리고 한국문학의 전통적인 율격이나 형태는 어느 정도 이미 밝혀졌으므로 본고에서는 제외하고자 한다.

---

14) 정병욱, 앞의 책, p.303.
15) 구인환 외,『한국문학신강』(개문사, 1978) pp.29~32. 이 책에서는 "그 문학이 지닌 특질은 바로 한국문학의 역사적인 변형 속에서 형성된 한국문학만이 갖는 특성이 될 것이다."라고 하면서 학자들의 제설을 예거하고 '다양성'으로 규정하였다.

Ⅲ. 전통 계승의 실체와 창조적 변용

1. 전통의 실체와 변용

1) 인본주의 변용과 그 계승

한국문학의 특질은 역사적 관점에서 보면 전통 바로 그것이다. 전술한 바와 같은 여러 특질들을 내용의 측면에서 종합해 보면 인간중심의 사상이라 하겠다.[16]

<檀君>신화를 비롯하여 건국신화의 인간관계가 그러하고, 『삼국유사』나 『삼국사기』에 등재된 설화의 전개가 모두 이러한 범주에서 벗어나지 못한다.[17] <공무도하가>나 <황조가>에 나타난 별리의 인간적인 감정, <청산별곡>, <서경별곡>, <가시리> 등을 위시해서 고려속요에 적나라하게 표백된 인간의 진솔하고도 애절한 정서도 결국 인간중심의 사상을 외면화한 것이다.

시적 정서가 비교적 자연과 조화를 이루며 인간의 내면을 정화시키려 했던 조선 초창기의 시조에서, 본능적인 욕구를 시대상과 사회사상을 포용하려 했던 후기의 사설시조에 이르기까지, 그 문학적 발상은 인간을 우주의 중심에 세우려고 했던 것이다. 고도의 상징적인 비유, 그리고 諧謔과 諷刺등이 모두 인간다운 삶을 영위하기 위한 문학적인 기법으로 시조에서는 사용된다.

김시습의 <금오신화>는 인간중심 사상의 대표적인 표백이다. <만복사저포기>에서 신적 존재인 부처와 양생이 저포놀이를 하고, 여타 작품에서

---

16) 한국문학에 나타난 인간위주의 사고방식, 즉 인본주의는 정병욱 교수가 주장한 것으로 『한국고전시가론』 제4편 '전통론'(pp.291~324)을 참조하기 바람.

17) 조동일 교수의 『삼국시대 설화의 뜻풀이』(집문당, 1991)에서는 이러한 인본주의적 관점에서의 해석이 많다.

도 귀신과 인간이 雲雨之樂의 환락을 滿喫하는 구상은, 인간 저편의 세계가 도달할 수 없는 미지의 그곳이 아니라 인간 세계의 연장으로 여긴 것이다. 이 작품에 등장하는 부처와 염왕, 귀신은 그야말로 인격체로 인간과 같이 울고 웃는다.

<홍길동전>, <구운몽>을 비롯하여 군담소설류 등의 고전소설 대부분에서는 초월의 세계를 묘사하고 주인공이 인간 능력 이상의 시공을 넘나든다. 그러나 이것은 어디까지나 인간적 삶을 추구하려 한 인간 세계의 연장인 것이다. 주인공의 이상은 유불도적 낙원의 건설이나 이에로의 복귀를 지상 목표로 한다. 주인공은 선계에서 적강한 인물이면서도, 인세에서 영웅적 일생을 노정하며, 현실을 중시하는 유교적 윤리를 표방하는 인물로 전화되고, 다시 白日昇天할 때에도 자식들에게 忠義節義를 강조한다. 이러한 모든 것들이 인간을 중시하는 사상의 문학적 전형인 것이다.

박지원의 한문단편에 제시된 문학의 세계는 인간을 중심으로 한 사고의 結晶이다. <양반전>이나 <호질>에 등장하는 인물들은 비판과 풍자의 대상도 되지만, 인간 본래의 모습을 구가하려 한 문학적 기교로 희화된 인물이다. <광문자전>, <예덕선생전>에서는 하층민의 인간적인 모습을 강조하여 이에서 變色·逸脫하는 인간의 군상들에게 경종을 울린다. <김신선전>이나 <민옹전>에는 인간화된 신선의 모습을 그렸고, 심지어 仙藥을 일상에서 먹는 밥이라고 지칭하기도 한다. 이렇게 燕岩은 현실에 뿌리를 둔 사유 체계로 모든 인간을 묘사하여 인간존중 사상을 그의 소설에서 역설했던 것이다.

시대와 사회상을 너무 지나치게 반영하고, 문학을 사회를 교화하는 도구로 인식하여 문학성의 저급화를 초래했다고는 하지만, <血의 淚>을 위시한 <자유종>, <금수회의록> 등 신소설에서의 갈등의 구조도 결국 인간다운 인간의 모습을 찾아보려 한 시도인 것이다.

본격적인 문학의 태동을 주도했던 이광수의 작품, 김동인, 현진건, 나도

향 등의 소설, 그리고 채만식의 諷刺나 김유정의 諧謔的인 소설에서 등장하는 인물들도 인간다운 삶을 영위하려 한 인간중심 사고의 변형인 것이다. 소설의 인물들이 사회상에 반하거나 무력한 행동력을 보인다고 하지만, 이러한 인물의 유형을 통해서 가면이 아닌 인간의 진정한 모습을 찾아보려 했던 것이다.

이상과 같이 전통의 맥으로 연면한 흐름을 유지했던 인본주의 사상은, 시대 환경과 서정적 자아의 자연관 그리고 삶의 태도에 따라서 다음과 같은 분화의 양상을 보인다.

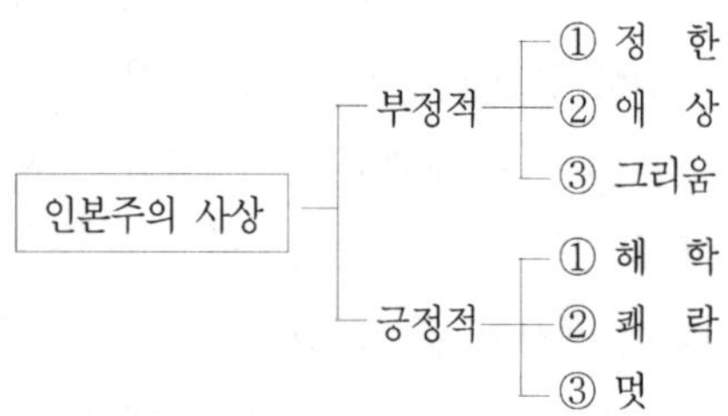

여기에서 부정적인 삶의 태도는 울음, 긍정적인 삶의 태도는 웃음으로 포괄하여 양자를 대립적 구조로 볼 수 있고, ① ~ ⑥은 이의 창조적 변형이라 하겠다. 상기의 도식은 지금까지 주장해 온 한국문학의 특질, 즉 전통의 실체를 단순히 체계화한 것처럼 보인다. 그러나 계승과 변용이라는 관점에서 衆口難防으로 흩어지는 전통의 흐름을, 그리고 인간과 자연을 응시하는 삶의 태도에서 정서와 사상이 통시적으로 어떻게 분화되었는가를 극명하게 보여 준다.

2) 사상의 융합과 유토피아

한국문학에 내재한 주된 종교사상은 무속, 도교, 불교, 유교이다. 이러한 종교사상이 문학적으로 작품에 승화될 때에는 단독으로 시현되는 경우는 그리 많지가 않고, 여러 사상이 습합되어서 새로운 의미를 창출한다.[18] 그리고 문학에 흡인된 이들 사상은 시대정신과의 상호 작용에 의하여, 그 시대가 어떤 사상으로 무장되었느냐에 따라 작품에 이끌리는 추향의 종류와 정도가 달라진다.

본고에서는 이들의 역동적인 상호 작용을 유념하면서 제사상의 褶合 양상을 통시적으로 개괄해 보려고 한다. 그런데 문학사상의 전개는 질서 정연한 흐름이 아니므로, 제사상의 습합을 통시적으로 기술한다는 것은 상당한 어려움이 뒤따른다. 따라서 본고에서도 한국문학에서 전통의 일부를 형성하는 종교사상의 면맥을 어느 정도 살펴볼 수 있는 수준에서 설명할 수밖에 없다.

문학의 출발은 설화에서부터 시작된다. 한국의 개국신화는 그 정착의 과정에서 다소의 출입과 차이로 본래의 모습이 변질되었다고는 하지만 巫佛道 습합의 면모를 보인다. <단군>, <동명왕>신화는 물론이고, 대표적 향가인 <처용가>의 배경설화와 <거타지>설화도 동일한 습합 양상에서 벗어나지 못한다.

이러한 무불도 사상의 결합은 고려조의 문학에서도 지속되지만, 유교사상이 본격적으로 자리잡기 시작한 조선조에 들어오면서 유불도 사상의 습합으로 전환되는 양상을 보인다. 시대적 격변의 渦中에서 김시습은 <금오신화>에서 이러한 제사상의 습합을 통하여 초월적 인간관을 구사했다. 정철의 <관동별곡>을 위시한 여러 가사, 허균의 <홍길동전>을 비롯한 그의 한문단편에도 이러한 제사상이 성층을 이뤄 문학적 가치를 더한다.

<춘향전>등 판소리계 소설에서도 유불도 삼교사상의 혼용은 마찬가지다. 열녀를 자청한 춘향은 월매가 名山大川에 祈子致誠하여 낳은 仙女의

---

18) 이종후 · 윤명노 교수의 "전통사상에 나타난 융화정신"(『한국 철학사상 연구』 한국 정신문화연구원, 1982)에서는 불교와 유학 및 실학사상을 중심으로 이들의 융화정신의 思惟를 통시적으로 고찰하였다.

하강이고, 이몽룡의 立身出世는 월매가 寺刹에 기도한 결과인 것이다. 특히, <심청전>은 청이의 효성을 큰 줄기로 삼아 '孝'라는 말을 반복 사용하여 고양하고 있지만, 龍王, 玉皇의 도움으로 인간계로 복귀하는 것은 도교적이요, 寺刹에 시주한다든지 환생하는 모티브는 불교적이다. 이들의 충위 구조와 작품에서의 경중은 밝혀져야 하지만, 이러한 복합적인 사상의 결합은 한국적 전통의 한 양상인 것이다.[19]

시조나 가사에서도 이러한 사상의 융화는 예외가 아니다. 유교적 가치를 嘔唱하면서도 도선적인 환상을 표방하거나 불교적인 내세로 귀환하기를 갈구하여, 인간이 추구하는 궁극적 이상을 지피려 했다. 현실원리를 중시하는 유교사상은 어느 국면에서는 인간구제의 기능을 발휘하지 못하기 때문이다.

결국, 이러한 사상의 결합으로 추구하고 달성하려는 목표는 인간적 포용과 유토피아에 대한 끊임없는 지향인 것이다. 이러한 樂園에의 향수는 조선조에서도 "천상 낙원을 추구하여 추방된 낙원으로 회귀하려는 경향과 지상낙원을 추구하여 새로운 이상향을 건설하여 인간의 행복의 의미를 추구하려는 두 경향"[20]으로 나타난다. 천상낙원은 도불의 사상이 기저를 이루고, 지상낙원은 유교적 현실주의가 바탕이 됨은 旣知의 사실이다.

고전소설에서도 율도국이나 無人空島와 같은 현실적 낙원을 추구하기

---

19) 이종후·윤명노 교수의 앞의 논문에서는 융화정신의 思惟 세 가지 유형으로 ① 자기가 신봉하는 어떤 사상을 바탕으로 하여 다른 사상들을 하나로 융합시키려 하거나, 또는 여러 사상들 사이의 경계를 넘나들면서 사상들간의 차이성을 도외시하고 일치성이나 상통성을 강조함으로써 여러 사상들을 융화시키려고 하는 혼합적 사유방식(syncretism), ② 일체의 서로 모순대립하고 논쟁하는 입장이나 주장들을 超出한 절대적 진리의 입장에서 無碍自在롭게 저 모든 입장들을 동시에 부정(破)도 하고 긍정(立)도 함으로서 그것들로 하여금 서로 融和·會通시키고자 하는 일종의 변증법적 사유방식, ③ 대화적 사유방식으로서 즉, 서로 사상적 입장이나 신앙을 달리하는 두 진리 탐구자가 대화를 통하여 공동으로 진리를 탐구하는 방법을 들었다(pp.162~163).

20) 구인환, "한국소설의 낙원의식"(『선청어문』 제8집, 서울사대 국어교육과, 1977) p.13.

도 하는데, 이러한 현실적 낙원에로의 향수는 현대소설에까지 연장된다. 채만식의 <태평천하>에서는 일제치하가 그로테스크한 인물이 추구하는 변형된 낙원이다. 이청준의 <이어도>에서는 "낙원의식의 천상에서 지상에의 복귀요, 인간본연에 의한 낙원의 추구"21) 를 숙명적 비극의 구조로 형상화했다. 구인환 교수의 <산정의 신화>도 낙원은 저쪽이 아닌 바로 이쪽이라는 지상낙원의 발견에 희열을 던져 준 구조를 지닌다. 장용학의 <요한시집>, 최인훈의 <광장> 등에서도 끊임없는 낙원에로의 열정 때문에, 하나밖에 없는 목숨까지도 초개처럼 내던지는 인간적 본능을 묘파하였다.

이렇게 모든 종교사상을 하나의 영역으로 습합하여 새로운 지향 사상을 창출하고 포용하려는 화합과 융화 정신, 그리고 이러한 화합을 부단하게 유토피아에로의 복귀로 전화시키는 의식 세계가 한국문학의 전통의 맥락인 것이다.

2. 自然과 인간의 의미작용

문학은 인간 체험의 언어적 발현이다. 이러한 체험은 주위 환경과의 교접에서 배태되는데, 환경의 주된 구성 요인은 자연이다. 그러므로 문학에서 주로 취급하는 것은 인간의 문제와 자연에 대한 서정적 自我의 태도다. 이를 달리 말하면, 한국 문학사상의 전통인 '인본주의'의 문학적 구현은, 인간이 대상으로서의 자연을 작품에 흡인·차용하여 고도의 표현 형식을 취하는 문학적 변용과 기교인 것이다.

동양의 문학은 자연이 주된 시적 대상으로 존재한다. 이러한 대상으로서의 자연을 주로 ① 우리 삶의 지배 원리로서의 자연, ② 지배원리로서의

---

21) 구인환, 앞의 논문, p.19. 최혜실 교수의 "<이어도>에 나타나는 유토피아의 공간성과 시간성"(『국어교육』 83·84 합병호, 한국국어교육연구회, 1994, pp.309~322)에서는 새로운 시각에서 이를 해석하였다.

자연이 극대화되어 노장사상이 얘기하는 無爲自然으로서의 자연, ③ 미적 대상으로서의 순수 자연, ④ 극복 대상으로서의 자연으로 분류하여 보기도 한다.22) 그러나 세심하게 관찰해 보면 한국문학에 登攬하는 자연의 문학적 구상은 약간 다른 양상을 보인다. 자연은 인간 생활의 한 부분이요, 하나의 극복의 대상이 아닌 모방 대상으로서의 자연인 것이다. 즉, 인간존중 사상을 구현하기 위한 매체로서의 자연인 것이다. 따라서 자연은 한국인에게는 征服의 대상이 아니라 조화와 공존의 동반자이다. 이렇게 인간의 여러 문제와 자연에 대한 문학적 발상이 전통의 맥으로 발전하여 왔던 것이다.

자연을 대하는 태도와 인간의 문제를 문학화하는 양자 사이에는 다음과 같은 세 가지 유형으로 의미표상을 이루면서 한국문학의 전통으로서 자리를 잡았다. 여기에서의 '인간'이란 '문학작품에서 인간(서정적 자아를 포함하여)을 중심으로 형성되는 의미의 모든 표상'을 뜻하며, 따라서 자연이란 개념도 상대적으로 확대된 것이다. 그러므로 일반적으로 동양의 시가에 주로 감지되는 인간과 자연과의 조화 즉, 物我一體, 物心一如란 성어에서 '物我', '物心'이라는 상대적으로서의 인간과 자연의 개념만은 아니다.

1) 자연에 봉사하는 인간

한국의 문학에 등장하는 자연은 단순히 관념화된 순수한 자연은 아닌 것이다. 인간의 존재를 존재답게 하며 삶의 의미와 결부된 가치실현의 자연인 것이다. 자연과의 문학적 交感에서 서정의 詩心이 유발하고, 그래서 인간은 그 자연 속에 자신을 묻어 버리는 감동의 세계로 몰아치기도 한다. 자연은 인간보다는 위대하며 이에서 배태되는 詩想은 감동적 근거의 원천

---

22) '한국시에 있어서의 자연'이란 좌담 기획에서 권두환 교수가 주장한 논지다(『心象』 90년 6월호 p.22).

인 것이다. 때문에 인간은 자연 앞에서는 小我가 되며 자연의 일부가 되는 것에 인색하지 않는다. 그야말로 인간적 삶의 의미화 작업은 자연에 순종할 때 부수되는 결과인 것이다.

> 낙대를 빗기 쥐고 釣月灘 ᄇ라 ᄂ려
> 불근 역귀을 헤혀 니고 달 알이 안즈시니
> 아모려 桐江興味 ᆫ돌 불을 주리 이시랴(朴仁老)

흰 꽃이 핀다는 여뀌 풀을 헤치고 달 아래 앉아서, 嚴子陵이 낚시하며 즐겼다는 桐江의 흥취를 부러워하지 않는 자연 속의 자신은 그야말로 또 하나의 자연인 것이다. 그렇기 때문에 부귀와 명예는 浮雲에 지나지 않으며, 그저 자신은 자연의 일부로 그것과 대화하는 것으로 족하다.

윤선도의 <漁父四時詞>에서 등장하는 자연도 동궤의 것이다.

> 芳草롤 볼와보며 蘭芷도 뜨더보쟈/ 비 세여라, 비 세여라/ 一葉片舟에 시른 거시 므스것고/ 지국총 지국총 어사와/ 갈제는 니뿐이오, 올제는 둘 이로다.

江湖閑靜의 경지를 추구하는 漁父에게는 자연은 우주로 작용한다. 안개가 채 가시지 않은 새벽에 출발하여 방초와 난지도 뜯어먹고, 하루를 즐기다 돌아올 때에는 쏟아지는 달빛이 배에 가득하다. 세속의 번거러움이나 名利를 탐하는 野心은 어느 곳에도 없다. 고기를 잡는 시적 자아는 황홀한 자연에 묻혀 사는 그대로의 자연인 것이다.

이러한 자연관은 박목월의 <청노루>에서도 마찬가지다.

> 머언산 靑雲寺/ 낡은 기와집/ 산은 자하산 봄눈 녹으면/ 느릅나무/ 속잎 피어 가는 열두 구비를/ 靑노루 맑은 눈에 도는 구름

한국적인 공간과 色彩語를 동원하여, 그 속에서 태동하는 정서 속에 잠

재한 인간은 자연에 봉사하는 소극적인 인간이다. 자아는 어떤 형태로든 자연 속에 몰입하거나 묻혀 있다. 자신도 청노루의 맑은 눈에 녹아 도는 구름처럼 그 눈에 묻혀 버린 것이다. 이러한 시적 화자의 태도는 자연에 대한 讚頌과 함께 인간이 그대로 자연이 되는, '자연>인간'의 역학관계인 것이다.

2) 자연과 인간의 조화(공존)

자연에 대한 시적 자아의 태도는 그냥 자연의 예찬에만 그치지는 않는다. 인간이 자연을 대하며 조작하는 인간적 의미화를 종속적 관계에서 대등한 위치로 격상시킨다. 인간으로서의 욕망(작품에서 이뤄지는 의미 생성의 모든 것)이 자연물의 작용과 대등하게 조화를 이루면서 동시에 문학적 의미표출을 하는 것이다.

> 天雲臺 도라드러 玩樂齊 瀟灑ᄒ디
> 萬卷 生涯로 樂事ㅣ 無窮ᄒ애라
> 이 듕에 往來 風流를 닐어 므슴ᄒ고(陶山十二曲)

완락제는 천운대가 돌아드니까 아름답다. 그러므로 만 권이나 되는 책에 휩싸여 독서하는 마음이 즐겁다. 학문의 즐거움은 자연과 더불어 있고, 그리하여 이 양자를 왕래하는 風流가 뜻 있는 것이다. 인생의 가치를 배가하는 것은 '자연 = 인간'의 대등한 공존에서 활성화된다. 그러므로 자연은 극복의 대상도 아니며 그렇다고 畏敬의 그것도 또한 아니다.

> 五曲은 어드미고 隱屛이 보기 죠희
> 水邊 精舍는 瀟灑홈도 ᄀ이 업다
> 이 中에 講學도 홀연이와 詠月吟風 ᄒ올이라(高山九曲歌)

은병의 자연 경치에 물소리가 산뜻한 精舍는 학구열을 태우는 搖籃이다. 이 시조에서 講學과 吟風弄月의 경지는 雙翼과 兩輪의 관계로 인간과 자연을 조화시킨 문학적 발상이다. 강학은 자연이 있으므로 가능하고, 자연 또한 배움의 원천인 것이다.

윤선도의 <五友歌>에서도 水石松竹月의 대표적인 자연물을 시상 전개에 끌어 들여 이에 대한 애정과 관조의 세계를 읊었지만, 인간에게 어떤 메시지를 전달하려는 의도를 동반하여 인간과 자연과의 조화를 모색하였다.

김소월의 <진달래꽃>, 정지용의 <백록담> 등에서도 자연을 통한 인간 정서의 표백으로 같은 시상의 전개를 차용하였다. 김수영의 <풀>에서는 자연에 고도의 상징성을 부여하여 같은 논법으로 그 관계를 유지한다.

> 풀이 눕는다/ 비가 몰아오는 동풍에 나부껴/ 풀은 눕고/ 드디어 울었다/ 날이 흐려서 더 울다가/ 다시 누웠다.
> 풀이 눕는다/ 바람보다도 더 빨리 눕는다/ 바람보다도 더 빨리 울고/ 바람보다도 먼저 일어난다.
> 날이 흐리고 풀이 눕는다/ 발목까지/ 발밑까지 눕는다/ 바람보다도 늦게 누워도/ 바람보다 먼저 일어나고/ 바람보다 늦게 울어도/ 바람보다 먼저 웃는다/ 날이 흐리고 풀뿌리가 눕는다.

이 시에서의 풀과 바람은 자연 그대로의 품위와 속성을 지닌다. 바람이 불면 풀은 흔들리고 땅에 눕는 것은 森羅萬象의 이치인 것이다.[23] 그러나 풀과 바람은 대립적인 이미지의 창출로 인간에게 咆哮하는 함축적인 의미를 띤다. 이는 자연 속에서의 자아의 沒却이 아니라, 자연을 동반한 의미 전달의 조화인 것이다. 자연의 존재를 어느 정도 인정하면서도 그러나 그 자연의 현상 속에 시적 자아의 욕망과 의도(자연으로 비유되는 모든 의미 작용)가 대등하게 공존하는 것이다.

---

23) 『孟子』<滕公文章>에는 "上有好者 下必有甚焉者矣 君子之德風也 小人之德草也 草尙之風 匹偃"란 말이 나오는데 전체적인 의미와 이미지에서 이 시의 것과 동일하다.

3) 인간에 봉사하는 자연

인간은 자연에 헌신만 하는 그런 존재는 아니다. 강호에 悠悠自適하는 생활 속에서도 인간은 자연을 인간적 가치구현의 매개로만 여길 뿐이다. 사연은 어디까지나 자신을 보호해 주거나 정복의 내상이 아닌, 이미 인간에게 예속된 존재다. 이때는 인간의 존재 의미와 크기가 자연의 그것보다 선행한다.

> 江湖에 봄이 드니 미친 興이 절노 난다
> 濁醪 溪邊에 金鱗魚 安酒 ㅣ로다
> 이 몸이 閑暇히옴도 亦君恩이샷다(江湖四時歌)

따뜻한 봄날에 孟思誠이 시냇가에서 막걸리를 마시며, 싱싱한 고기를 안주로 하여 강호생활을 즐기는 것은 모두 임금의 은혜다. 여기에서 자연의 위대성은 추호도 없다. 다만 관습적인 자연의 이미지가 '亦君恩이샷다'의 의미 표출에 계절적인 배경이나 玩賞의 대상으로 남아 있을 뿐이다. 인간과 자연의 조화와 균형을 깨고, 忠義를 표백하는 인간의 정서가 자연의 경관을 압도하는 시심을 형상화했을 따름이다.

조선 후기에는 인본사상이 기승하였는데 대부분의 사설시조는 이러한 범주 내에서 자연과 인간의 관계를 설정한다.

> 靑개고리 腹疾ㅎ여 주근 날의 밤의/ 金두텁 花郞이 즌호고 새남 갈쇠
> 靑묍독 겨대는 杖鼓 던더러쿵 ㅎ는듸 黑묍돈 典樂이 져 힐니리 흔다./ 어
> 듸셔 돌진 가재는 舞鼓를 둥둥 치느니

개구리, 두꺼비, 메뚜기, 가재라는 동물은 희극적 분위기를 조성하는 단순한 존재다. 즉, 이들은 행동을 통하여 喜劇美를 창조하는 상황 메이커일 뿐이다. 이들에게 어떤 敦篤한 의미나 인간을 압도하는 임무를 부여하지

않은, 단순한 자연으로서의 존재일 따름이다.

鄭澈의 <사미인곡>에서 원용되는 사계절의 자연의 변화는 강렬한 애정이라는 표피로 가장하여, 절대적인 戀君의 情을 토로하기 위한 방편이고, <관동별곡>에서의 여정에 目睹되는 자연의 風光도 유교적 이상과 도교적 환상을 구현하려는 인간에 봉사하는 자연의 모습인 것이다. 許楚姬의 <閨怨歌>에서는

> 玉窓에 심근 梅花 몃 번이나 픠여진고. 겨을 밤 차고찬 제 자최 눈 섯거 치고, 여름날 길고 길 제 구준 비는 므스 일고. 三春花柳 好時節의 景物이 시름업다. 가을 둘 방에 들고 蟋蟀이 床에 울제, 긴 한숨 디는 눈물 속절업시 혬만 만타. 아마도 모진 목숨 죽기도 어려울사.

라고 하여, 애달프고 처절한 임에 대한 원망의 심정을 외면화하였다. 인간적인 감정을 여러 가지의 자연물을 이용하여 부각한 시적 발상이다. 여기에 차용된 자연은 다만 忍苦의 세월 속에 아무도 모르게 눈물을 묻어 버려야 했던 아녀자들의 심회를 상승시키는 補助物에 지나지 않는다.

조선조 인간의 윤리 규범을 강조한 문학에 차용된 자연은 모두 이러한 범주에 속한다. 忠義節義를 토로한 다수의 시조에서는 인간 속에 녹아드는 자연을 매개로 하여 이러한 의미 전달을 상승시키려 했던 것이다.

이육사의 <절정>에 등장하는 자연도 동질의 기법으로 차용된다.

> 매운 계절의 채쬑에 갈겨/ 마침내 북방으로 휩쓸려 오다
> 하늘도 그만 지쳐 끝난 고원/ 서릿발 칼날진 그 위에 서다.
> 어데다 무릎을 꿇어야 하나/ 한 발 재겨 디딜 곳조차 없다
> 이러매 눈감아 생각해 볼밖에/ 겨울은 강철로 된 무지갠가 보다.

이 시에 이용한 자연은 우리가 일상에서 느끼는 보편적인 자연의 그것이 아니다. 암울한 현실을 강렬한 의지로 초극하려는 인간에 봉사하는 자

연이다. 인간 의지의 表象을 다만 도와만 주는 그런 자연인 것이다. 자연은 인간의 의미 형성에 자족하는 위치 즉, '인간＞자연'이라는 역학관계의 문학적 기법을 보족하는 존재다. 따라서 이때의 자연은 인간 속에 내재하여 욕구 분출을 촉진시켜 주는 그런 자연인 것이다.

Ⅳ. 결 론

우리는 같은 언어를 사용하고 혈통이 동일한 선택된 민족이다. 그리하여 문학에 담겨진 사상이나 정서가 커다란 줄기를 형성하면서 무리 없이 전통의 맥으로 발전해 왔다. 그런데 전통이란 停滯되어 있는 개념이 아니라, 역사의 흐름에 따라 창조성을 동대하는 변용과 계승의 차원에서 다뤄지는 역동적 의미구조다. 때문에 한국문학에서의 특질론과 함께 이에 대한 논의의 결과는 다양성을 띠지 않을 수 없었다.

본고는 이런 다양한 주장들을 수렴하여 체계를 세우고, 다시 이를 종합하여 새로운 각도에서 전통의 실체와 계승의 현상을 가시적으로 밝히고 정리해 보려 하였다. 우리 민족의 삶에 대한 태도와 자연에 대한 문학적 수용을 중심으로 전통의 역사적인 실체를 규명해 보고자 한 것이다.

(1) 전통의 개념은 역동적 작용태로 그 계승의 주체자와 변용이라는 의미까지도 포함되어야 하고, 따라서 한국문학의 전통을 정확하게 밝히려면 전통의 개념을 먼저 明澄하게 규정해야 한다.

(2) 한국문학의 특질을 전승적 차원에서 언급하면 전통이 되는데, 이는 여러 측면에서 다양하게 지적되었다. 그러나 이들은 표출과 변용의 원리를 고려하여 다른 각도에서 정리되어야 한다.

(3) 한국문학의 전통은 인간중심 사상의 구현인데, 시대 환경과 서정적 자아의 삶의 태도에 따라 긍정적일 때에는 ① 정한, ② 애상, ③ 그리움으

로, 부정적일 때에는 ④ 해학, ⑤ 쾌락, ⑥ 멋으로 창조적 변용을 했다.

(4) 한국문학은 제종교 사상을 習合하여 새로운 지향사상을 창출하였고, 이러한 화합과 融和精神은 강렬한 유토피아의 추구로까지 발전하여 전통사상의 맥을 형성했다.

(5) 한국문학에 나타난 자연과 인간의 의미 작용은 ① 자연에 봉사하는 인간, ② 자연과 인간의 조화, ③ 인간에 봉사하는 자연 등으로 나눌 수 있다. 여기에서의 인간과 자연은 일반적 의미에서 보다 확장된 개념이다.

한국의 진정한 문학사의 기술은 전통의 올바른 개념과 그 파악에서 출발해야 함은 물론이다. 그러므로 전통에 대한 시각은 國粹主義的이어서도 안되며, 그렇다고 역사의식을 전혀 배제해서도 안 된다. 그러므로 문학사의 기술에서 양자의 조화와 裨補는 절대적으로 필요한 것이다. 그러면서도 문학사 기술의 단순한 보조적 의미에만 국한하는 전통관에서는 탈피해야 한다.

현대문학에서 다시 재생된 전통의 요소를 추출하는 작업은, 지금부터라도 개별 작가나 작품군의 논의에서 벗어나 이를 총체적으로 다뤄서 그 流脈의 실체를 정확하게 밝혀야 한다. 일부 작가를 중심으로 전통성의 유지와 계승의 발견 차원에 머무는 연구는, 전통의 연속성의 문제에 일조를 더해 줄 수는 있어도 본질적인 大流를 간과하기가 쉽다.

본고에서 시도해 본 인간과 자연의 관계는 세 가지의 의미 작용태로만 존재하는 것은 아니다. 의미론이나 담화론적 관점에서 더욱 세분·체계화하고 심화시킬 필요가 있을 것이다. 이러한 모든 것들이 성취될 때 한국문학의 전통의 실체는 더욱 분명해지고 영원히 계승될 것이다.

제2장

四溟大師와 도교사상

I. 서 언

한국문학에 관류하고 있는 도교사상을 통시적으로 고찰해 보는 것은 한국 사상의 형성과 흐름의 측면에서 민족의 정체성을 찾아보는 중요한 접근 방법의 하나이다. 그 형성 과정에 이론이 있지만『삼국유사』소재 개국신화를 비롯하여 여러 설화에는 도교사상이 習合되어 있고, 崔致遠, 李奎報, 金時習, 鄭澈, 許筠, 金萬重, 朴趾源 등에 이르기까지 도교사상에 대하여 많은 관심을 가지고 이를 문학적으로 승화시키고 있음을 발견하게 된다.[1]

시대정신(Zeitgeist)을 흡인하거나 아니면 시대정신과는 무관하게 개인적인 종교 사상에 대한 태도 표명은, 어느 면에서는 문학적으로 고차원의 정신 세계를 독특하게 구가할 수 있는 발상적 好機라고 할 수 있다. 유교 사상이 사회 사상으로서 굳건히 자리 잡은 조선시대에, 당대 고명한 스님으로서 국가적 위기를 헤쳐 가는 데 일조를 한 四溟大師가 도교에 관심을 갖고 이를 시문에 문학적으로 흡인, 표출하였다는 것은, 그가 다름 아닌 불교계의 인물이었다는 점에서 한국 문학사상의 맥락이 무엇인가를 이해하는 데 시사하는 바가 크다.

본고는 조선조 중기 중종, 선조 연간에 한국 불교사에서 출중하게 획을

---

1) 졸저,『한국문학과 도교사상』(국학자료원, 1998)을 참조하기 바람.

그은 四溟大師의 시문에 나타난 도교사상을 중심으로 그의 문학적 발상을 생각해 보고, 문학 사상적 측면에서 한국문학에 통시적으로 混淆하고 있는 삼교사상에 대한 상호 작용을 다소나마 해부해 보고자 하였다. 대사가 남긴 여러 文籍을 심층적으로 섭렵하고, 그 내용을 비교하여 대사의 사상을 충분히 이해한 다음 논지를 전개하는 것이 합당하지만, 한국문학에 통시적으로 저변을 이루는 유·불·도 삼교사상의 습합 양상을 미진하나마 포괄적으로 찾아본다는 관점을 가지고 접근을 시도하였다.

본고는 필자의 한문 해득의 한계를 극복하고, 博覽하지 못한 典故를 다소나마 보완하기 위하여 『四溟堂大師集』2)에 수록되어 있는 번역본을 이용하였으며, 번역에 수반되는 견해도 전적으로 참조하고 따랐다. 그리고 원본과 대조하지 못하고 번역본의 한문을 그대로 옮긴 데서 오는 오자의 출입을 점검하지 못한 不備함과, 역자의 주관이 개입되었을지도 모르는 문맥 해석상의 문제를 제대로 해결하지 못한 미흡함이 내재함을 밝힌다.

Ⅱ. 문학사상 형성의 배경

1. 사상 형성의 배경

四溟大師는 1544년 中宗 39년에 豊川任氏 守城의 아들로 태어났다. 대사의 자는 離幻이며, 법호는 惟政이다. 그리고 호는 松雲, 鍾峰이고 四溟은 그의 별호이다.

門弟子 方丈山人 海眼이 쓴 <有明朝鮮國慈通廣濟尊者四溟堂松雲大師行蹟>에서 그의 학문적 배경과 사상 형성의 일단을 알 수 있다. 여기에 소개된 출생담은 신선이 등장하는 등 도교사상적 성격이 다분하다.

---

2) 한국명저대전집 『사명당대사집』(이민수 역. 대양서적, 1973)

서씨가 어느 날 저녁에 방에서 졸고 있는데, 꿈에 누런 수건을 쓴 황금 빛 사람이 흰 구름을 타고 높은 누대에 올라 늙은 신선에게 허리를 굽혀 절했다. 그 신선 노인은 미소를 지으면서 말하기를 "이 사람은 고해 위의 나이 많은 三老이거니 어찌해서 내게 와서 절을 하는가." 이 소리가 귀에 들렸을 때 갑자기 놀라 깨니 마치 오랫동안 굶다가 한 번 배불리 먹은 것 같고, 마치 잃었던 물건을 도로 찾은 것같이 무섭도록 소름이 끼쳤다. 이 로부터 웃음을 웃어도 잇몸이 드러나지 않고, 감히 트림이나 탄식이나 하 품이나 기지개를 하지 않기 일년이 지났다.[3)]

懷妊夢의 상황이 고전소설에 등장하는 주인공의 그것과 흡사하다. 이러 한 대사의 회임과 결부된 이야기는 어려서부터 그에게 들려주었을 것이 다. 따라서 신선과 관련된 출생은 도교사상에 그가 몰입하게 되는 모티브 도 되었지만, 스님으로서의 대사가 도교에 관심을 가졌다는 비난에 대한 해명도 되었으리라고 본다.

대사는 나면서부터 재능이 뛰어나 일반 아이와는 아주 달랐고 불심이 있었던 모양이다. 어린 시절 모래를 모으고, 벽에 그림을 그려 불상과 불 탑 모양을 만들어 놓고서, 꽃을 꺾어 공양하고 합장하며 가부좌로 앉기도 했다고 한다. 그리고 길에서 자라를 잡은 사람을 보고, 주운 밤과 바꾸어 깊은 못에 놓아주니 보는 사람이 모두 이상히 여겼다고 한다.

7세 때 조부가 庭訓을 가르치자 정밀하게 그 뜻을 터득하여 일년만에 九流의 뜻이 좁다고 하여, "儒道의 경전들이 어찌 연구할 법이 되겠는가." 라고 하며 黃嶽山 直指寺에 들어갔다고 한다. 이렇게 대사는 일찍부터 타 고난 풍채와 거동으로 젊은 나이에 스님이 되었으며, 내면에 금강석처럼 응축된 기본적인 정신 세계는 불교사상이었다고 하겠다.

---

3) 같은 책, p.173. 이하 여기에서 많이 참조함.
徐氏忽一夕在中饋 因假寐 夢見黃幘金人 乘白雲上高臺 磬折於老仙翁 仙翁微笑曰 此 是苦海上 長年三老 胡爲乎來禮 入耳之頃 蘧蘧然驚覺 若久飢而一飽 如有失而還得瞿 瞿如也 寒粟生體 自爾笑不至矧 未敢嚔噫欠伸者 過朞

그런데 그의 학문적 형성 과정과 행적을 종합해 보면 불교사상에만 심취한 것은 아닌 것 같다. 대사는 어려서부터 黃柳村 汝獻에게『孟子』를 배우는 등 학문적 소양을 넓혀 갔다. 그리고『노자』,『장자』,『열자』,『문자』등 四子와 李白과 杜甫의 시문를 蘇齋 盧守愼 등에게서 배웠다.[4] 후술하겠지만 대사가 도교에 관심을 갖고 그의 문장에 이의 사상이 녹아들어 간 것은 이렇게 성장 초기부터 도교 계통의 서적을 搏覽했기 때문으로 여겨진다.

우의정을 지낸 宋寅明이 쓴 <舊忠紆難錄跋>에서는 儒者들이 佛者를 헐뜯는 이유는 임금과 부모를 버리고 倫常을 등져서인데, 松雲은 나라가 위태로울 때 창졸간에 소매를 걷고 의병을 일으켜 임금에게 충성하고 인륜을 도탑게 했다고 하여, "비록 진정한 如來라고도 해도 옳을 것이며, 우리 儒道 중의 사람이라고 해도 옳을 것이다."[5]라고 하였다. 다름 아닌 스님의 몸으로 스승인 休靜과 함께 승병을 이끌고 구국의 대열에 적극적으로 참여했으니, 당시 벼슬자리에 있었던 사람들은 대사를 긍정적으로 평가하지 않을 수 없었을 것이다.

이조참판 尹鳳朝는 같은 跋에서 "간혹 탁월하게 뛰어난 雄俊이 있어, 우리 대사와 같이 속으로는 유도를 하고 겉으로는 불도를 믿는 자가 있어서, 능히 그 차이점을 스스로 깨달았어도 그 교의 말에 구애되어 능히 돌아오지 못하는 것이다."[6]라고 하고, "대사를 가리켜 불교에 순수하지 못하다고 하는 것은 우리 유도에 가깝다고 해서 하는 말이다."[7]라고 단정하였다. 대사가 불교 아닌 다른 교리에도 관심이 있었음을 시사하는 말이다.

---

4) 이에 대하여 海眼은 "도인으로서 가외의 일로, 이것은 후학들을 놀라 깨우칠 일이 되지 못하므로 그런 때문에 대사의 행적에 기록을 다하지 않는다"고 하였다(같은 책, p.177). 여기에서 道家系 서적의 섭렵에도 대사가 남달리 노력하였음을 알 수 있다.

5) 같은 책, p.305. 然則如松雲者雖謂之眞如來 可也 又雖謂之吾道中人 亦可也

6) 같은 책, p.306. 間或有卓異雄俊 內儒而外禪如吾師者 已能自覽其差 而拘其說而不能返

7) 같은 책, p.307. 惟其不純於彼敎 所以有近於吾道

그는 '內儒, 外佛, 彼敎, 吾道'라는 말을 사용하여 儒家者의 입장에서 대사가 유교 교리에도 관심이 있었다고 강조하였다.

삼교사상에 통달하여, 시문에서 자유자재로 이의 典籍을 넘나들 수 있는 사상 형성은 스승인 休靜의 영향도 자못 컸으리라고 생각된다. 휴정은 仙家龜鑑, 儒家龜鑑, 道家龜鑑 등 三家龜鑑의 문장을 남기는 등 유·불·도 삼교에 지대한 관심을 가졌다. 그리고 그의 시문에는 삼교사상을 나타내는 낱말이 즐비하며, 특히 儒·道를 찬양하는 시를 지을 정도로[8] 사상의 출입이 그가 스님이라는 신분의 제약을 초탈하고 있다. 이러한 스승 휴정의 사상 傾向을 대사는 이어 받지 않을 수가 없었을 것이다.

2. 道家·道敎 典籍의 博覽

이상에서 살펴본 바와 같이 大師는 학문적으로도 사람들과의 교우에 있어서도 불교사상에만 전력하지는 않았다는 느낌을 주게 한다. 老莊에 관계되는 서적을 많이 읽었음은 물론, 이에 대한 학문적 조예를 의도적으로 넓혀 갔던 것 같다. 다음 <贈松庵>이라는 시에서는 이러한 그의 면모를 여실히 보여 준다.

浮生營營大夢中　　부생들 큰 꿈 이루기 바빠
年去年來走塵陌　　가고 오는 세월 티끌 속에 분주하네
我師拂衣入西山　　우리 스승 옷 떨치고 서산에 들어 가
身心練得生虛白　　몸과 마음 단련하니 허백이 나네
雲松爲伍鹿爲羣　　구름과 소나무로 짝을 삼고, 사슴을 벗삼아
百歲甘爲天地客　　백년토록 달갑게 천지간의 손이 되리라[9]

---

8) <讚儒道> (『서산대사집』 동국역경원, 1970), p.290.
　　仲尼旣非始　중니가 이미 처음이 아니거든
　　伯陽安得終　백양이 어찌 마침이 되겠는가
　　寥寥天地外　고요히 천지 밖에서
　　乘化入無窮　화를 타고 무궁에 들어가네

인간 세상의 일을 꿈에 비유하는 것은 유불도사상에 모두 존재한다. 그러나 '胡蝶夢'을 비롯하여 도가·도교적 夢은 우리 인생을 자연 속에 유전하는 순간적 일 면상으로 인식하게 하고, 그래서 인간을 塵世에 유거하는 浮生으로 간주하게 된다. 이 시에서 사용한 '虛白'은 『장자』의 <人間世>에 나오는 말로, 방안을 열면 스스로 광선이 들어와서 밝아지는 것처럼 사람의 마음도 無念無想의 상태를 유지하면 스스로 진리에 도달할 수 있다는 비유를 위하여 차용한 것이다. 大師는 스승이 서산에 듦을 이에 비유하고, 그리하여 雲松을 짝을 삼고 사슴을 벗을 삼아 천지간의 손이 되겠다고 다짐해 보게 된다. 일면, 그가 호를 松雲으로 삼은 까닭을 밝혀주는 대목이라고 하겠다.

<和眞珠刺史>에서는 대사의 도가적 인생관이 극에 달하고 있다.

青海眞珠府	청해 당 진주부에
文章趙使君	문장 좋은 조사군일세
乘閑觀物化	한가로운 틈타서 물화를 보고
暇日玩江雲	틈 있는 날에 강 구름 구경하네
桂子吟邊落	계수나무 열매 시 읊는 자리에 떨어지고
歌謠巷外聞	가요는 거리 밖에서 들려 오네
坐忘無我我	앉아 모든 것 잊어 내가 없어지니
唯與白鷗羣	오직 백구와 함께 짝지어 노네[10]

우리가 현세에 유지하고 있는 영화로운 인생은 찰라적 夢幻에 지나지 않는다. 莊子 자신이 꿈에 나비가 되었을 때 장자와 나비 어느 것이 진짓인지 알 수가 없고, 이러한 것이 한 자연의 현상에 불과한 物化라는 것이다. 대사는 이 시에서 刺史가 정치를 잘하여 명성이 자자하지만, 坐忘하면 나 자신도 없어지는 것처럼 오직 白鷗와 짝지어 노니는 것만 못하다는 것

---

9) 같은 책, p.112.
10) 같은 책, p.46.

을 은근히 토로한 시적 발상을 보이고 있다.

가만히 앉아서 총명과 형체, 아는 것 등 모든 것을 버리고 자연과 함께 더부는 삶이 진실하게 인생을 구가하는 것일 지도 모른다. 이는 대사가 진정 문장을 잘하는 趙使君에게 훈계하며 역설하는 삶의 방식이라 할 수 있다.

이밖에도 사명대사는 기회가 닿으면 老莊 및 도교의 전적에 나오는 용어를 많이 시문에서 인용하고 있다. 특히,『莊子』에 나오는 '붕새'는 자신의 雄志를 시적 포부로 전환하거나 인간의 심지를 설명하는 데 많이 원용하고 있다. 그리고 후술하겠지만『雲笈七籤』을 비롯하여 각종 道藏과 神仙傳 등 도교 서적에 대한 지적 축적도 대단하여, 시문에 노정된 고사나 전적의 인용은 불교의 것보다 도교 계통이 더 많을 정도로 사상을 표명하는 데 품격을 높여 주었다고 하겠다.

Ⅲ. 도교사상의 문학적 昇華

1. 長命意識 志向의 辨證法

인간은 본능적으로 오래 살고 싶은 욕망을 지니고 있다. 그리하여 대부분의 문장가들은 宦海에서 각골의 艱難이 거듭되거나, 만년 죽음을 앞두고 萬端情懷를 表露할 때에는 시문에서 長命에 대한 욕망을 문학적으로 언어화하였다. 대사는 <題信敬軸>에서는 이에 대하여 부정적인 면모를 엿보였다.

> 曾事茅君三十年　일찍이 모군 섬긴지 삼십 년에
> 丹砂虛服更茫然　단사를 헛먹었으니 다시 망연해라
> 問如何是安心法　묻나니 어떤 것이 이 안심하는 법인가
> 若有所聞能盡傳　만일 들은 바 있거든 모두 내게 전해 주오[11]

漢 나라 茅盈, 茅衷, 茅固는 신선으로 일컬어지는 사람이다. 이들 신선을 추구한지 삼십년, 복용하면 오래 살 수 있고 나아가 신선이 된다는 丹砂를 헛되이 먹어 망연하다고 하였다. 그리하여 어떠한 도가 안심할 수 있느냐고 묻는다. 이렇게 대사는 丹藥을 포함하여 神仙術에 대하여 믿지 않는 태도를 표명하였다. 詩軸에 써 준 시로 다분히 문학적 상상의 소산이라고 하지만, 도교사상에 대한 그의 태도를 분명히 하고 있다.

그러나 <過邙山>의 시에서는 이와는 반대의 사상을 전개하였다. 무덤을 지나면서 일찍 塵土로 돌아간 사람들에 대하여 長生術을 배우지 않은 데 대하여 동정을 토로하고 있다. 그리하여 소나무 아래 티끌이 되어 죽어야만 하는 인간의 유한적 존재를 부질없다고 외치는 것이다.

太華山前多少塚　태화산 앞에 많고 적은 무덤들
洛陽城裏古今人　낙양성 안에 있던 고금 사람들이라네
可憐不學長生術　가엾다 오래 사는 법 배우지 않고서
杳杳空成松下塵　쓸쓸히 부질없이 소나무 아래 티끌이 되었던가[12]

<十玉洞>에서는 자연은 무한한데 인간은 그러하지 못함을 간접적으로 토로하면서 삶의 문제를 생각하고 있다.

王子何年築此城　왕자 어느 해에 이 성을 쌓았던가
玉峯依舊老蓂靈　옥봉은 옛날과 같은데 명령은 늙었네
鳳凰一去無消息　봉황 한번 가고 소식 없는데
金井千秋瑤草生　금정 천 년에 요초가 나네[13]

인간의 부귀 영화는 일시의 泡沫에 지나지 않는다. 인간의 존재는 어디

---

11) 같은 책, p.105.
12) 같은 책, p.82.
13) 같은 책, p.85.

까지나 유한하며, 언젠가는 한줌의 腐土로 돌아가야 한다. 그리하여 인간은 영생을 위하여 不老草와 仙藥을 구하고, 장생법을 부단히 연마하기도 하였다. 대사의 延命意識을 이 시에서는 정확하게 파악할 수 없다. 다만, 자신이 우물가에 자라나는 仙草를 보고, 王子나 鳳凰이 한번 가고 소식이 없음을 한탄하고 있는 것만은 확실하다 하겠다.

2. 爲仙의 욕망과 현실적 距離

도교에서는 오래 사는 방법 중의 하나가 신선이 되는 것이다. 그런데 신선이 되는 방법에는 수련을 하거나 丹藥을 服餌하는 등 여러 가지가 있다. 그러나 사명대사는 신선이 되고 싶은 욕망을 특이한 방법으로 시상에 얹고 있다. 七言律詩 <鳳翼奉達城刺史>에서는

洞庭遙折碧琅玕　　동정호에서 멀리 푸른 대나무 꺾어다가
閑製緱山鳳羽翰　　한가로이 후산의 봉 날개 만들었네
邑似寒空雲細細　　빛은 찬 하늘의 구름처럼 가늘고
形如秋漢月團團　　모양은 가을 은하수에 걸린 달인 양 둥그렀네
不宜鶩子眠丘壑　　추자가 구렁에 잠자기에는 마땅치 않고
正合仙郞倚玉欄　　선랑이 옥난간에 의지하기에 적합하네
宣室他時蒙下詔　　선실에서 뒷날에 조서 내려 부르시면
却遮西日上長安　　서쪽 햇빛 가리고서 서울로 올라가오[14]

라고 하여, 달성 자사에게 신선이 사는 緱山의 鳳翼 모양의 부채를 만들어 선물하면서 그를 仙郞이라 지칭하였다. 현실을 초월하기 위하여 신선이 되고 싶은 욕망을 갖는 것은 일종의 존재를 확인하는 행위라고 하겠다. 그런데 大師는 직접적인 언설로 이러한 욕망을 표출하고 있지는 않다. 다만, 상대를 신선에 견주어서 이들과 교유하는 자신도 신선이 되기를 갈

---

14) 같은 책, p.55.

망하는 시적 발상을 이용한다고 유추할 수 있을 뿐이다.

이와 같은 문학적 발상법은 <哭崔鐘城孤竹>에서도 마찬가지이다.

孤竹遺蹤玉籍仙　고죽의 끼친 자취 옥적의 신선인데
一時才士最稱賢　한 때의 재사들 중 가장 어질다 일컬었네
謝家詩法神傳隨　사가의 시 짓는 법 정신이 골수에 전해졌고
薛氏彎絃夢受天　설씨의 줄 당기는 법 꿈에 하늘에서 받았네
東寺每同看夜月　동쪽 절에선 매양 밤 달을 함께 보았고
西湖幾共泛秋舡　서쪽 호수에선 몇 번이나 가을 배 함께 탔던가
文星忽墮盧龍塞　문성이 갑자기 노룡 변방에 떨어지니
哭望蒼蒼倍黯然　울면서 하늘 바라보니 마음 더욱 쓸쓸해라15)

고죽 최종성이 永眠하였을 때 쓴 시로 여겨진다. 최고죽의 遺蹟을 신선
의 호적이라는 옥적의 자취로 여기고, 그의 시작법과 음악 연주 재능을 謝
家와 薛氏에 비견하였다. 그리하여 그의 죽음을 도교에서 文運을 관장하
는 文曲星16)이 떨어지는 것으로 비유하였다. 이렇게 四溟大師는 가깝게
지내는 사람을 신선으로 간주하여 시적 감흥을 고조시키는데, 이러한 문
학적 발상은 자신의 욕망과 지향 의식을 간접적으로 토로한 것이라고 해
도 무방할 것이다.

<次鄭子韻> 시에서는 임진왜란 때 피폐해진 민가의 풍경을 리얼하게
묘사하면서 난리가 끝나자 쇠잔하여 돌아 온 손자를 華表柱에 천년만에
돌아 온 신선인 丁令威에 견주고 있다.

兵後殘孫今始歸　난리 지난 뒤의 쇠잔한 손자 이제 비로소 돌아오니
荒山斜日塚纍纍　거친 산 저녁나절에 무덤만 널려 있네

---

15) 같은 책, pp.73~74.

16) 도교에서 숭상하는 별은 北斗七星을 비롯하여 많다. 『道敎大事典』에서는 文曲星에
　대하여 "北斗第四宮曰文曲 亦曰文昌 其神道稱…天權玄明文曲星君"라고 설명하였다
　(李叔還 編著, 巨流圖書公司 p.345).

舊時閭井塡荒草　옛날의 민가들은 모두 거친 풀뿐인데
華表千年丁令威　화표에 천년만에 돌아온 정령위 같아라[17]

정령위는 한나라 신선으로 그가 학을 타고 돌아와 보니 요동의 성곽은 옛날과 같은데 인민은 그렇지 않았고, 그가 머물렀던 곳을 華表柱라고 전해진다.[18] 어쨌든, 대사는 이렇게 인간을 종종 신선에 비견하였다.[19] 이와 같이 시적 감흥이 어떤 면에서는 그의 사상적 편향이 무엇인가를 확연하게 해 줄 정도로 어느 한쪽으로 경도된 인상을 많은 시에서 보여 준다.

사명은 鄭汝立의 반역 사건에 연루되었다는 의심을 받아 스승 休靜과 함께 己丑年에 투옥되었다. 그 때 쓴 五言絶句 <己丑橫罹役獄>에서는

蛾媚山頂鹿　아미산 머리의 사슴 한 마리
擒下就轅門　사로 잡혀 원문에 내려왔네
解網放還去　그물이 풀려 돌려보내니
千山萬樹雲　천 산 만 나무에 구름일세[20]

라고 하여, 자신을 신선이 모여 사는 아미산의 사슴 한 마리로 비유하고, 無辜가 증명되어 풀려날 때의 심정을 '天山萬樹雲'으로 요약하였다.

---

17) 같은 책, p.99.
18)『雲笈七籤』洞仙傳에서는 다음과 같이 丁令威에 대하여 記錄하고 있다((下) 中國, 自由出版社, pp.1519~1520).
丁令威者遼東人也　少隨師學得仙道　分身任意所欲　嘗暫歸化爲白鶴　集郡城門華表柱頭 言曰　我是丁令威　去家千歲　今來歸　城郭如舊　人民非　何不學仙　離塚纍　夫左元放爲羊 令威爲鶴　斯竝一時跡耳　非永爲羊鶴也　遼東諸丁譜　載令威漢初學道得仙矣
19) 오언절구 <淸平寺西東> 시에서는 화표주 학을 자신에 견주는 시상을 보여 준다(같은 책, p.87).
華表鶴廻天路遠　화표에 학이 돌아오니 하늘 길 먼데
靑山如昨客初歸　푸른 산 예와 같고 나그네 처음 돌아오네
淸流白石照明月　맑은 물 흰돌에 밝은 달 비치니
一夜空攀靑桂枝　하룻밤에 부질없이 푸른 계수나무 가지 휘어잡네
20) 같은 책, p.77.

인간에게서 投獄은 삶의 뿌리를 흔드는 극한 상황이라고 하겠다. 이러한 비참한 상황을 극복하는 방법은 인간이 아닌 다른 세계로의 탈출이 가장 이상적일 수 있다. 그리하여 대사는 초월의 세계를 시문에서 이렇게 구가했다고 하겠다.

<圓寂庵>에서는 자신이 신선의 세계에서 신선이 되어 麻姑 신선과 和樂함을 시어로 정리하고 있다.

琪樹瓊林白玉山	기수와 경림 그리고 백옥산이
萬峯高出大羅間	만 봉우리나 높다랗게 대라천 사이에 솟아 있네
自憐紫府道遙樂	자부에서 노니는 것 스스로 어여뻐라
翻笑黃塵道路艱	티끌 세상의 어려운 길 한편 우습구나
松桂影中僧入定	소나무와 계수나무 그림자 속에 중은 입정했고
鳳簫聲裡月臨關	봉 퉁소 소리 속에 달은 문에 걸려 있네
碧桃花落無人見	벽도화 떨어져도 보는 사람 없으니
時與麻姑一跛顏	때때로 마고와 함께 한 번 크게 웃노라[21]

기수, 경림, 백옥산은 仙界인 大羅天의 세계를 한 폭의 그림으로 완성시켜 준다. 그리고 신선이 사는 紫府에서 노니는 것을 자랑하며 진세의 어려운 길을 우습다고 하였다. 그리하여 벽도화가 떨어지는 인적 없는 선경에서 麻姑 신선과 함께 破顏大笑한다고 하여, 자신이 이미 신선이 되어 선계에 와 있다는 시상을 전개하고 있다.

사명대사는 당대의 지고한 명성을 지닌 僧侶이다. 그의 시 세계의 전부는 아니지만, 이러한 문학적 발상은 그의 사상 체계를 이해하는 데 난맥상을 제공한다고 하겠다. 그러나 이러한 문학적 言表는 신선이 되고 싶어하는 심정의 간접적 토로라고 해도 무방하다.

---

21) 같은 책, pp.63~64.

3. 仙鄕에 대한 동경

인간이 오래 살고자 하여 신선이 되고 싶어하는 욕망은 궁극적으로 仙鄕으로의 복귀를 목적으로 한다. 李奎報나 許筠 등은 시문을 통하여 자신이 전생에는 상계의 신선이었는데 어떤 일로 잠시 謫降한 인물로 신선 인연을 강조하였다. 그래서 기한이 차면 선계에로의 복귀는 자연적인 사실이라고 시문에서 토로하였다. 그러나 대사에게서는 이러한 시적 발상은 찾아보기가 어렵다.

古詩 <丙子秋游伽耶山>에서는 가야산의 경관을 신선계로 간주하면서 선향에 대한 희구를 존재 해명의 차원에서 직·간접적으로 형상화하였다.

吾生於世何似者	나는 이 세상에 나서 어떤 사람인가
嶔奇歷落無的當	우뚝하고 기이해서 알맞은 곳 없네
人皆呼我是狂客	사람들 날 불러 미친 손이라고 하지만
而我自謂誠非狂	나는 스스로 생각하기에 진실로 미친 사람 아니네
衷情浩浩誰與說	깊은 뜻 넓고 넓은데 누구에게 말하리
咄咄空成雙鬢霜	어찌타 부질없이 귀밑 터럭만 희었는가
[⋯中略⋯]	
時維九月白露下	때 마침 구월이라 흰 이슬 내리는데
處處黃菊當重陽	여기저기 누른 국화 중양을 당했네
武陵橋下水淸淺	무릉 다리 아래 맑고 얕은 물
手掬一獻猶瓊漿	손으로 움켜 한번 마시니 마치 경장과도 같아라
紅流石刻如昨日	홍류동 돌에 새긴 글 마치 어제와 같건만
幾見楚存而凡亡	몇 번이나 초의 존함과 범의 망함 보았었나
[⋯中略⋯]	
據梧抱膝暫瞑目	오동나무 의지하여 무릎 안고 잠깐 눈을 감으니
一眠萬事俱亡羊	한 졸음에 만 가지 일 모두 망양과 같네
夢謁孤雲舊學士	꿈속에 옛 학사 고운을 뵈우니
宛在巖下開琴箱	완연히 바위 밑에 거문고 상자였네
殷勤食余百練液	은근히 나에게 신선술 전해 먹이고
錯說商周幷漢唐	상·주와 한·당의 일 뒤섞어 말해 주네

冷冷風度散胡蝶　싸늘한 바람이 나비를 흩어버리니
悅若簫鳴騎鳳凰　마치 퉁소 불고 봉황을 탄 것 같네
[…中略…]
平明更陟最高頂　날이 새자 가장 높은 봉우리에 오르니
依依羽化朝玉皇　어렴풋이 날개 돋아 옥황께 뵈옵는 듯
東瞻北望無天閼　동쪽으로 보고 북쪽으로 바라봐도 막히는 것 없는데
仰觀俯察齋彭殤　위아래로 살펴봐도 팽상이 한 가지일세
蓬萊方丈指顧內　봉래 방장은 바로 저기 뵈는 곳이요
弱水扶桑如在傍　약수와 부상도 마치 곁에 있는 듯[22]

이 시에서는 자신의 삶의 문제를 相同意識을 통하여 차원을 높이고 해명하려는 시적 전개 방법을 차용하고 있다. 이 시를 지을 즈음에 대사는 嶔奇歷落해서 세사에 적응하기가 어려웠던 모양이다. 그래서 자신이 어떤 사람인가를 반성해 보고, 세상 사람들이 모두 자기를 狂客이라고 하지만, 그 자신은 진실로 미치지 아니했다고 강변한다. 그리하여 넓고 넓은 깊은 뜻을 누구에게 말할 것인가라고 하며 늙어 감을 한탄하였다. 때문에 중양절을 맞이하여 무릉교 아래 맑은 물은 신선이 마시는 瓊漿으로 여겨졌고, 凡이 亡하고 楚가 存했다는 物化의 경지를 다시 한번 터득하고 있다.

그리고 눈을 감고 한 졸음에 만 가지 일이 亡羊과 같다고 하고, 신선이 되어 가끔 가야산에 내려온다는 최치원을 꿈속에서 만났다고 하였다. 그리하여 은근히 服餌하면 신선이 된다는 練液을 자신에게 먹게 하고, 商·周, 漢·唐의 역사를 뒤섞어 말해 주었다고 하였다. 이어서 싸늘한 바람에 胡蝶이 흩어지니 퉁소 소리와 함께 봉황을 탄 것 같다고 하였다. 夢中의 일이라고 하지만 분위기 묘사가 선향의 신비로움 그대이다.

날이 새자 가야산 제일 높은 봉우리에 오르니 羽化登仙하여 玉皇을 뵈옵는 듯하고, 오래 살았다는 彭祖와 일찍 죽은 殤子가 한 가지 일이며, 삼

---

22) 같은 책, pp.42~44.

신산인 봉래, 방장이 바로 여기라고 외친다. 대사는 이렇게 가람 경계 속에 있으면서도 仙鄕의 시어를 남발하였다. 이러한 시적 세계는 다름 아닌 선향에 대한 동경의 욕구가 시어로 귀착된 것이며, 평소에 그가 지향한 사상이 자연스럽게 문학적 발상으로 표백된 것이라고 하겠다.

오언율시 <次鄭生貝韻>에서는 선향 동경의 세계가 좀더 구체화되어 나타난다. 자신을 선계인 峨嵋山에 살고 있는 푸른 사슴 한 마리로 여기고, 길 잃고 危艱에 어려움이 막혔다고 하였다. 그리고 만사의 일이 부질없어 외롭게 도교의 제단인 紫壇을 꿈꾸게 된다고 하였다. 그리하여 삼신산의 하나인 봉래산을 휘어잡고 싶다고 하여 仙鄕 동경으로 시상을 귀결시키고 있다.

峨嵋一蒼鹿　아미산에 있는 푸른 사슴 한 마리
失路滯危艱　길 잃은 위험함과 어려움에 막혔어라
萬事空黃髮　만 가지 일 부질없이 터럭만 희었고
孤懷夢紫壇　외로운 회포 자단을 꿈꾸었네
水流幽澗下　물은 그윽한 시내 밑으로 흐르고
雲濕古松間　구름은 옛 소나무 사이에 젖어 있어라
願與洛峯子　원컨대 낙봉자와 함께
扶搖蓬海山　봉래산을 휘어잡고 싶네[23]

여기에서의 '蓬海'는 금강산을 뜻하는 중의적인 면이 강하지만 그의 사상적 취향으로 봐서 해상에 떠 있다는 삼신산의 하나인 蓬萊山을 의미하는 것이 확실하다. 이렇게 봉래산에로의 동경의 정은 그가 어느 시기에 이름이 동일한 금강산에서 머물렀던 경험적 요소가 작용했다고도 볼 수 있다. 그리하여 그는 蓬島, 蓬壺(<又贈應祥禪子>), 蓬海 등의 시어와 함께 봉래산을 가장 많이 시문에서 구가하였다. 그리고 이밖에도 그의 시문에

---

23) 같은 책, p.50.

등장하는 선향은 方丈, 武陵, 瑤臺(<贈雄上人>, <宿佛頂庵>24)), 紫府, 三淸(<次許舍人韻>, <贈雪峯長老>), 峨嵋山, 三山, 帝鄕25), 大羅天 등으로 다양하며, 이에로의 추구는 강한 의지적 표현으로 나타난다.

『四溟堂大師集』第七卷에는 생령을 구제하기 위하여 명을 받고 바다를 건너 일본에 갈 때에 기록한 잡체시(爲因普濟生靈承命渡海時所記雜體詩)를 수록하고 있는데, 그 중 <釜山洋中留別太然長老(一)> 두 번째 시에서는

> 關山月冷鬉如雪　관산의 달은 싸늘하고 머리 밑 터럭은 눈처럼 흰데
> 世事艱危惜暮年　세사 일 위태로우니 해 저무는 것 애석해라
> 海外三山如可到　바다 밖의 삼산에 만일 갈 수가 있다면
> 此生行止問羣仙　이 인생의 행지 신선에게 물어 볼 것을26)

라고 하여, 선향 희구를 노골화하였다. 세상이 평화시는 아니어서 일본으로 떠나기 직전 부산 앞 바다에서 맞는 밤이라 해가 저무는 것이 그리 달갑지는 않았던 모양이다. 그러나 바다 밖의 三神山에 갈 수만 있다면 인생의 궁극적인 목적지가 어디인지를 羣仙에게 물어볼 것을 그랬다고 아쉬워하였다.

바다 건너 그것도 적국으로 떠날 그 당시에는 老軀의 몸으로서 이러한 이상향에 대한 추구가 시상에 토로되는 것이 당연하다고 하겠다. <夜懷>

---

24) 같은 책, p.85.
　　琪樹瑤臺桂影秋　기수와 요대 계수나무 그늘진 가을에
　　蓬山宿客思悠悠　봉래산 자는 나그네 생각이 길고 기네
　　西風一夜露華冷　서풍이 하룻밤에 이슬이 싸늘한데
　　玉磬數聲人倚樓　풍경소리 두어 마디에 사람이 누에 의지했다.
25) 『登香爐峯』(같은 책, p.83)
　　山接白頭天杳杳　산은 백두산에 닿았는데 하늘이 아득하고
　　水連靑海路茫茫　물은 청해에 연했는데 길이 멀고 멀어라
　　大鵬飛盡西南闊　대붕이 날아가 버리니 서남쪽이 넓은데
　　何處山河是帝鄕　어느 곳 산하가 이 제향이던가
26) 같은 책, p.149.

두 번째 시에서는 봄이 돌아와도 일이 제대로 풀리지 않고, 蓬萊 仙洞인 중향성에는 부용 천 떨기와 옥이 만 겹인데 길이 몽중에 있어 언제 도달할지를 모르겠다고 표백하였다.

蓬萊仙洞衆香城　봉래산 신선 고을 중향성에
千朶芙蓉玉萬重　천떨기 부용이요 옥은 만겹일세
長在夢中何日到　길이 꿈속에 있으니 어느 날에나 돌아갈까
春來依舊對羣凶　봄이 와도 예와 같이 모든 흉한 것들만 대하누나[27]

<舟中夜坐> 4수 중 두 번째 시는 선계에 대한 희구가 정점에 이른다. 일본으로 가는 배 가운데서, 그것도 깊은 밤에 笙歌가 들려오는데 대사는 玉淸, 上淸, 太淸 등 신선이 산다는 三淸[28]이 가깝다고 느끼지 않을 수 없었을 것이다. 그리하여 그 자신은 응당 玉京[29]에 있으리라고 자부까지 한다.

獨倚瓊樓海月明　구슬 누각에 홀로 의지하니 바다 달 밝은데
一聲笙鶴九天情　한 마디 생학 구천의 정일세
白楡露冷三淸近　백유에 이슬 차고 삼청이 가까우니
應是松雲在玉京　응당 이 송운이 옥경에 있으리[30]

이렇게 四溟大師는 현실에서 어려움에 봉착하면 선향을 그리면서 이에의 복귀를 희망하는 문학적 감흥을 발산하였다. 현실적 艱難은 이상향을 추구하도록 내면에서 충동하고 고무함은 물론이다. 그러면서도 선계에로 복귀하겠다는 직접적인 언설을 시문에서 구사하지 않은 점이 특이하다. 이러한 것은 고명한 스님으로서의 위치를 고려한 시 세계의 구축임은 물론이다.

---

27) 같은 책, 167.
28) 卽元始天王所化法身…玉淸元始天尊　上淸靈寶天尊　太淸道德天尊　世稱三淸也(『도교대사전』 이숙환 편저, 거류도서공사 p.15).
29) 道家言…天上有黃金闕　白玉京　爲天帝所居(『도교대사전』 p.450).
30) 같은 책, pp.156~157.

Ⅳ. 三敎思想의 習合 양상과 원리

1. 삼교사상의 습합 양상

이상에서 살펴본 바와 같이 대사는 그 어느 사상보다도 문학적으로는 도교사상에 몰입·심취했다는 느낌을 준다. 그러면서도 거시적 관점에서 대사의 시문에 示顯된 사상은 불교, 유교, 도교사상이 함께 어우러져 독특한 사상 구조를 이루는 문학 세계를 창출하였다고 하겠다. <別昰大師西歸>에서는 이러한 면모가 확연하다.

曾向金仙聽講時　일찍이 금선 향해 강을 들을 때
滿堂龍象左居誰　당에 가득한 용상 그 누가 왼편에 앉았던가
五天心法神傳隨　오천의 심법은 정신이 골수에 전했고
三聖宗綱夢受師　삼성의 종강은 꿈에 스승에게 받았어라
杖鉆獨行千嶺路　석장 짚고 홀로 천 고갯길 넘었고
袈裟更拂萬年枝　가사 자락 다시 만년지를 스쳤네
休公久別如相間　휴공과 오래 이별했으니 만일 서로 묻거든
靑海松雲鬂已絲　청해의 송운이 귀 밑 터럭 이미 세었다 하게[31]

사명은 부처를 대부분의 시문에서 '金仙'이라고 지칭하였다. 엄연히 불교의 용어가 있는데도 이러한 말을 의도적으로 사용하는 것은 그의 사상적 취향과 구조가 어떠한 것인가를 이해하는 데 도움을 준다. <贈默山人>, <贈一珠禪子>, <出峽憩江花石>[32] 등의 시에서도 금선이란 말을 사용하여 시적 분위기를 불교적인 것으로만 매료되지 않도록 하고 있다.

---

31) 같은 책, p.67.

32) 이 시는 사상적 混淆를 보이는 대표적인 시상 전개를 보인다(같은 책, pp.86~87).
横塘石路日初斜　횡당 돌길에 해가 처음 비꼈는데
春水微茫生綠派　봄물은 아득히 푸른 물결을 이네
回指金仙是何處　돌이켜 가리키는 곳 금선이 어느 곳에 있는가
碧峯千疊五雲多　푸른 봉우리 천겹에 오색 구름 많고녀

이 시에서 그는 불교의 心法은 정신이 골수에 전했는데 孔子, 釋迦, 老子의 宗講은 꿈에 스승에게서 받았다고 하여 그의 정신 세계의 구축에서 사상의 영향 관계를 본인 스스로 밝히고 있다. 이를 뒤집어 말하면 삼교사상이 그의 시문에 나타난 것은 스승의 영향으로 세간의 비방 대상이 될 수 없음을 강변하는 것이라 여겨진다.

<奉觀察使柳西厓>에서는 전술한 바와 같이 交遊하는 사람을 신선에 비유하고, 이를 시적 감흥으로 더욱 발전시키고 있다.

詞林重望屬儒宗	사림의 중한 명망 유종에 붙였는데
曾躡銀臺補袞龍	일찍 은대에 올라 임금을 도왔네
嶺海又承分陝寵	영해에는 또 분섬의 사랑 받았고
麒麟堪畵濟時容	기린각엔 장차 나라 건질 얼굴 그리리
棠陰暫住天南節	감당 그늘에 잠깐 남쪽에 절을 머물렀고
夢裡還聞江北鐘	꿈속엔 돌이켜 강북의 종소리 듣네
蓬島水雲思一接	봉도의 물과 구름에 한번 만나고 싶지만
可憐仙馭杳難從	불쌍하게도 신선의 행차 아득하여 좇기 어려우리[33]

유서애의 인품을 儒宗으로서 나라의 중임을 맡아 승정원에서 임금을 보좌한 일의 공덕을 麒麟閣에 장차 초상을 그려서 걸린 인물로 평하고, 시경의 甘棠 편명을 들어 어진 정치를 편 김伯의 고사를 柳西厓의 업적과 견주고 있다. 이어서 蓬島의 물과 구름에서 한번 만나고 싶지만, 신선의 행차가 이미 떠나 만날 수 없음을 애처럼게 생각한다고 하여, 유교사상과 도교사상을 시상에 교묘하게 교접하여 인물됨을 그렸다고 하겠다.

칠언율시 <贈無畏長老>에서는 삼교에 얽힌 중국 고사를 인용하여 자신의 사상적 구조를 은연히 밝히고 있다.

---

33) 같은 책, p.73.

荷衣不下九華岑　하의가 구화잠에서 내려오지 않으니
門掩多年已伏心　문 닫은 지 여러 해 되어 이미 마음 도사려졌는데
無夢暫遊塵世路　꿈속에도 잠시 세상엔 노닐지 않고
有懷頻入桂花陰　회포 있어 자주 계화 그늘에 가네
雲霞一任籠庭樹　구름과 안개는 숫제 뜰에 얽힌 나무에 맡겨 두고
風雨遙看過遠林　바람과 비는 멀리 숲 속으로 지나는 것 보네
偶出虎溪還舊隱　우연히 호계에 나왔다가 옛 절로 다시 돌아가니
碧峯何處可追尋　푸른 봉우리 어느 곳에 가서 찾을 것인가[34]

여기에서 荷衣는 無畏長老를 가리킨다. 그가 신선이 산다는 구화산에서 내려오지 않으니 문닫고 출입을 하지 않은지가 여러 해 되었던 모양이다. 그런데 無畏長老를 모처럼 배웅하러 나갔다가 멀리까지 나간 것을 晉 나라 慧圓法師의 고사에 의탁하고 있다.

혜원법사가 夏安居에 들어 가 있는 동안에 유교 사상에 경도된 시인 陶淵明과 도교 사상에 젖어 있는 도인 陸修靜이 찾아 왔다. 그는 너무 반가운 나머지 安居禁足의 규율을 잊고, 배웅하러 나갔다가 廬山 東林寺 사찰 입구에 있는 다리를 건넜다고 한다. 이때 혜원의 破戒를 알았다는 듯 맹호의 咆哮가 들려, 그 소리에 놀라 정신을 차려 사정을 알아차리고 서로 마주보며 껄껄 웃었다고 한다. 이를 '虎蹊三笑'라고 하는데, 유·불·도 삼교의 융화적 관계를 상징하는 고사이다. 대사는 이러한 고사를 인용하여 무외장로에게 시를 써 주었는데, 그의 사상의 습합 구조가 무엇인지를 단적으로 알려 주는 시상의 표현이라고 하겠다.

이상으로 대사의 시문을 통하여 삼교사상의 습합 양상을 살펴보았는데, 삼교의 사상과 교리를 넘나들며 이들 사상들을 문학적 상상력으로 융화하였다고 하겠다. 앞으로는 이들의 미시적 구조가 더욱 해명되어야 함은 물론이다.

---

34) 같은 책, p.54.

2. 三敎思想의 습합 원리

이상에서 살펴본 바와 같이 사명의 시문에는 삼교사상이 混淆하여 나타난다. 그런데 이러한 사상의 습합이 어떤 유형을 이루는가를 밝혀 볼 필요가 있다.

<贈應祥禪子>에서는 禪子의 행적과 학문적 배경을 유교와 불교 용어와 전적을 들어 설명하고 있다.

> 선자는 황해도 사람이다. 나이 팔 세에 소학을 읽어 쇄소응대하는 것을 익혔다. 15세에 대학을 읽어 밝은 덕을 밝히는 것을 배웠다. 하지만 그것이 모두 오묘한 이치가 아닌 것을 알고 드디어 천도를 벗고 스님의 옷을 입었다. 육근의 세상 번뇌를 끊고, 항상 자기 몸을 비게 하여 이로써 삼매의 법을 깨달았다. 다시 싱싱한 내 마음을 가지고 동서로 유람하여 마음을 놓아 보내고, 거두고 오게 하는 데에 스스로 구애되는 것이 없었다. …이렇게 하고 법왕자를 이룰 수가 있다. 내 이것을 가상히 여겨 노래를 짓는 바이다. "이런 사람이 선산에 있으니 이야말로 생철로 만들었네. 칠통을 깨트리고 겹겹의 관문도 쳐부쉈네. 육창의 원숭이를 베고 저 하늘의 밝은 달 드러냈네. 저 밝은 달이여! 밝은 달을 한가로이 구경하네. 한가로이 구경하는 것은 오직 나와 그대뿐일레."[35]

應祥禪子가 8세에는 소학에서 '灑掃應對'를 15세에는 대학에서 '明明德'을 배웠으나, 이들이 모두 오묘한 이치가 아니기 때문에 天弢를 벗고 스님이 되었다고 한 점에서 대사의 정신 세계와 사상구조의 시사점을 얻을 수 있다. 선자는 '眼耳鼻舌身意'의 六根의 번뇌를 끊고 자기 몸을 비워서 삼매의 법을 깨닫고 法王子를 이룰 수가 있었다고 하였다. 그리고 지은

---

35) 같은 책, pp.36~37.
禪子 海西人也 生八歲 入小學 習灑掃應對 年三五入大學 明明德 知非緼奧 遂脫天弢 服天竺 緼斷六根之塵 常以空空我身 悟三昧之法 更以活活我心 水草東西 放去收來 無自滯得…可成法王子 余嘉而歌之 歌曰 若有人兮 仙山 乃生鐵兮 鑄就 漆桶兮 曝破 重開兮 擊碎 斬六窓之獼猴 露一天之明月 明月兮 明月 翫兮 閑兮 翫兮閉兮 我兮君兮

노래에서 불교에서 말하는 六窓의 원숭이를 베고 하늘의 밝은 달을 드러 냈다고 하면서, 한가로이 밝은 달을 드러내는 것을 완상하는 것은 나와 그 대뿐이라고 하였다. 앞서 설명한 스님이 되기까지의 학문 형성 과정과 행 적이 사명대사 자신의 그것과 흡사할 수도 있음을 암시한다.

결국, 대사의 정신 세계에 주축을 이루는 중심 사상은 불교이고, 전술한 바와 같이 대사의 행적을 '속으로는 유도를 하고 겉으로는 불도를 믿는(內 儒而外禪)'는 사상 구조를 지녔다고 한 것은 儒家인이 유도를 강조하여 내 린 평가라 할 수 있다. 그러나 대사는 도교사상에도 남달리 심취했음은 앞 에서 밝힌 바와 같다. 그러므로 도교사상까지도 고려하여 종합적으로 대 사의 사상 세계를 해부하고, 사상 구조가 무엇인가를 논의하는 것이 바람 직하다.

대사의 시문에는 불교와 유교 사상이 계층 구조를 이루는 것보다는 도 교사상과 함께 어우러진 문학적 발상을 발견하기가 쉽다. <東海辭>에서 는 동해의 맑은 물을 보고 이를 사상적 용어를 사용하여 시화하였다.

<blockquote>

廣兮無涯 沖兮無底　넓어 가없고 깊이 밑이 없네

九萬里之鵬兮 飛而不盡羌　구만리 붕새도 다 날아갈 수 없으리

百尺之綆兮 沒而莫測　백자나 되는 두레박 끈으로 길어봐도 헤아릴 수
　　　　　　　　　　 없으리

澄之兮不淸　아무리 밝게 하려 해도 더 밝아지지 않고

揚之兮不濁　흙탕물 쳐봐도 흐려지지 않으리

七年之旱 而不減　칠 년을 가물어도 줄어들지 않고

九年之水 而不增　구 년 동안 큰비가 와도 더 많아지지 않네

不減不增兮　줄어들지도 않고 많아지지도 않는 것

君子之量乎　바로 이것이 군자의 도량이네[36]

</blockquote>

동해의 넓고 깊음을 구만리 장천을 난다는 鵬새도 다 날아 갈 수 없다

---

36) 같은 책, p.38.

고 하고, 無涯無底, 不盡莫測, 不淸不濁, 不減不增하는 자태를 군자의 도량에 비유하고 있다. 유교적 군자의 모습을 그리고 있다고는 하지만, 내면적으로는 불교나 도교에서 많이 사용하는 용어로 이를 드러냈다는 점에서 삼교사상 융합의 한 양상이 무엇인가를 보여 준다고 하겠다.

이상에서 살펴본 바와 같이 대사는 이렇게 마음속으로는 도교사상에 심취하면서도 삼교를 융화하는 문학세계를 구축하였다고 하겠다. 도교나 유교를 이단이라 貶下하거나 불교사상적인 면으로 흡인하려고 하지 않았다. 대사에게서 삼교사상은 궁극적으로 그 교리에서 상통하는 것으로 인식하는 문학적 발상을 보여 주었다고 하겠다. 즉, '道通爲一'의 경지를 문학적으로 발산하였다고 하겠다. 그러므로 그의 삼교사상 구조를 '內儒外禪心道(仙)'로 규정할 수 있지 않을까 한다.

문학작품에 나타난 작자의 정신 세계를 해부하고, 존재론적 입장에서 이를 해석하는 작업은 쉽지가 않다. 특히, 대사가 남긴 한정된 시문을 가지고 이를 규명한다는 것은 더욱 어려운 작업이 아닐 수 없다. 따라서 이상에서 이끌어 낸 사명대사의 삼교사상의 習合構圖는 도교사상에 관심을 가졌다는 데 초점을 두고 분석을 시도해 보았다는 한계가 따른다. 앞으로, 심도 있는 연구로 대사의 종교사상 구조를 더욱 구체화할 필요가 있다

V. 결 론

사명대사는 조선 중기 유교사상이 사회 체제를 굳건하게 유지하고 있는 시대에 유가적 선비나 벼슬아치들과 교육하며 활동한 스님이다. 18세에 승과에 급제하여 문장가들 사이에 이름을 날렸으며, 임진왜란이 일어나자 승병을 이끌고 구국의 활동에도 앞장을 섰다. 이러한 시대적 상황과 행적을 참고하여 스님의 신분인 그의 시문에 나타난 도교사상의 문학적

양상을 살펴보고, 삼교사상에 대한 태도나 습합의 구조를 해부해 보는 것은 의미가 있다고 하겠다.

문학적 발상과 표출은 현실 세계에서 자아를 확립하는 방편도 되지만, 나아가 현실을 초극하고, 이상향을 추구할 수 있는 좋은 機制도 된다. 따라서 본고는 사명대사가 도교사상을 통하여 자신의 존재를 어떻게 확인하려고 했으며, 이것이 시문에 어떻게 문학적으로 승화, 전이되었는가를 찾아보고자 하였다.

(1) 사명대사는 어려서부터 유·불·도 三敎의 전적을 폭 넓게 涉獵하여 이들 사상에 대한 궁극적 논리를 터득하고 있었다. 그리하여 그의 시문에는 유교와 도교에 대한 부정적 태도가 명확하게 나타나 있지 않다.

(2) 특히, 도가·도교 계통의 서적을 博覽하여 도교사상이 여러 시문에 문학적 발상으로 자리잡고 있다. 신분을 초월한 이러한 대사의 독특한 문학사상의 구축은 당시 시대적 상황과도 무관하지가 않다.

(3) 長生術의 여러 방법을 언급하지 않았지만, 이에 관심을 가지고 인간의 유한적 존재에 대한 회의를 문학적으로 흡인하였다.

(4) 交遊한 인물을 신선으로 간주하고, 어느 경우에는 자신이 신선계에 노닐었다는 발상 등을 사용하여 爲仙에 대한 욕망을 극대화하였다.

(5) 주로 '蓬萊山'의 시어를 많이 사용하여 선향 복귀의 열망을 간접적으로 토로하였다. 그리고 武陵, 峨嵋山, 紫付, 瑤臺, 三淸, 三山, 帝鄕 등의 선계를 희구하여 현실에서의 도피를 의도하였다.

(6) 부처를 金仙이라 칭하는 등 삼교사상이 계층적 구조를 이루기보다는 자연스럽게 混淆하여 융화 형태로 시문에 녹아 있다. 그리하여 삼교사상에 대한 습합 구조를 '內儒外禪心道로' 규정하는 것이 가능하다.

국난의 시대를 風靡하다 간 사명대사는 불교사상은 물론 유교와 도교사상에 관심을 갖고 이를 문학적으로 흡인하려고 했음은 이상에서 밝힌 바와 같다.

앞으로는 儒佛道思想의 상호 작용 관계 및 심층구조가 단순한 시어 차용의 측면에서가 아니라 구체적인 미시구조 해부를 통하여 규명될 때, 사상사적 위치에서 대사의 진가를 여실하게 파악될 수 있고, 더불어 본고가 갖는 의의도 더욱 커지게 될 것이다.

논지의 전개가 특정 사상의 표출 원리를 강조하고 해부하려는 의도성 때문에 숭고한 대사의 정신 세계를 잘못 이해하고, 혹시 왜곡하지 않았나 두려울 뿐이다.

제 **3** 장

한국 戰後 단편소설에 나타난 애정관

I. 서 언

어느 한 시대의 문학의 성격이나, 특징, 양상을 기술하고 규정짓는 방법에는 여러 가지가 있고, 또 이러한 방법을 어떻게 이용하느냐에 따라 어프로우치되는 국면이 달라진다.

본고에서는 소설 작품에 나오는 인물들을 대표하는 주인공을 중심으로 작품에 나타난 애정관을 고찰함으로써 전후 문학 작품이 지니는 성격, 특징, 양상을 개괄적으로나마 설명해 보려고 한다.[1] 그러나 이러한 고찰에 문제가 되는 것은 작중인물에 어떻게 독자가 접근하여 동화할 수 있느냐이고, 또 주인공의 심리나 작품 중에서의 활동을 해부하기 위해서 심리학이나 사회학 등을 어떠한 방법으로 도입하느냐의 문제이다.

그렇다고 심리학이나 사회학 등의 해박한 섭렵이 문학연구에서 전적으로 의존되는 방법은 아니라고 생각한다. 그러므로 본고에서는 작품에 묘사되는 대화나 행동성을 고찰하고, 주인공이 어떠한 환경과 시대에 자기의 의지를 어떻게 구사하였고, 애정에 대한 표현을 문장의 맥락에서 어떻

---

[1] 필자는 전후 대표 단편의 주인공 연구를 시도해 본 바 있다. 즉, 주인공의 ① 성격 형태, ② 연륜 및 성별 분포, ③ 성격 유형, ④ 직업, ⑤ 신체 조건, ⑥ 시대 배경, ⑦ 행동성, ⑧ 주인공과 주제와의 관계, ⑨ 이성 관계 등을 고찰해 보았다. 이 글은 소설의 내용 중심으로 주인공의 이성 관계를 더 확대시켜서 연구한 것으로 단순한 애정에 대한 양상 기술임을 밝힌다.

게 표출했는가를 분석·종합하여, 전후 문학 작품이 지니는 애정관을 찾아보고자 한다.

　본고에서의 '전후 문학'이란 6·25이후에서 4·19혁명까지의 기간에 발표된 문학작품으로 한정하였다. 이 기간 동안 대다수 많은 단편소설들이 쏟아져 나와 이들 모두의 작품을 다룰 수가 없어 그 대표적 작품만을 취급했다. 편의상 그 주제 및 내용이 애정과 관계가 없는 작품이라 할지라도, 전후문학의 양상을 대변해 주는 것도 참고로 분석 대상으로 삼았다. 조사한 작품 및 작가는 다음과 같다.

구분	작 품 명	작 자	이 성 관 계		비 고
			남	여	
1	제삼인간형	안수길	석		
2	창포필 무렵	손소희	경 호	동수누나	
3	화산댁이	오영수		화산댁	
4	龍淵揷話	〃	보 영	춘 례	
5	갯 마 을	〃	상 수	해 순	
6	메 아 리	〃	양동욱	아 내	
7	장씨일가	유주현	장정표	경 심	김윤수
8	돌	한무숙	신승균	영 란	
9	감정이 있는 深淵	〃	나	전 아	
10	젊은 느티나무	강신재	현 규	숙 회	
11	洋 館	〃	수도수리공	유 진	
12	血 書	손창섭	준 석	창 애	달수, 규홍
13	미해결의 장	〃	志 尙	광 순	

14	剩餘人間	〃	서만기	아 내	홍인숙, 은주, 봉우처
15	流失夢	〃	철 수	춘 자	
16	假父女	〃	강노인	종 숙	
17	師弟恨	〃	진 수	순 례	관계 無
18	稚 夢	〃	상 균	강을미	태중, 기수
19	泡沫의 의지	〃	종 배	강영실	
20	神의 戱作	〃	지즈꼬		
21	요한시집	장용학	동 호		
22	現代의 野	〃	현 우	미 숙	성희
23	證 人	박연희	준	아 내	
24	輪 舞	〃	병 규	강설량	권, 뚱뚱보
25	獨木橋	곽학송	덕 호		영수
26	幻想曲	김광식	나	성 희	
27	이일삼호주택	〃	김명학	아 내	
28	田黃堂印譜記	정한숙	강명신	산 홍	
29	해 녀	〃	성 균	효 순	
30	학마을 사람들	이범선	이 장		박훈장
31	오발탄	〃	송철호	아 내	
32	영 1234	전광용	민현철	룸바아주머니	
33	蟲媒花	〃	충	타부인	선희
34	소 문	오유권		나주댁	
35	破裂口	이호철	갈 표	계 영	

36	생명관리	〃	나	아 내	
37	불신시대	박경리	진 영		
38	暗射地圖	서기원	박상덕	최윤주	김형남
39	딸라이야기	〃	金又男	정 애	
40	달빛과 飢餓	〃	두 영	석 희	
41	포인트	최상규	나	아 내	
42	테로리스트	선우휘	걸		
43	불 꽃	〃	현		
44	受難二代	하근찬	박만도		
45	나룻배 이야기	〃	삼바우		
46	쇼리킴	송병수	쇼 리	따링누나	
47	神話의 斷崖	한말숙	경 일	진 영	준섭
48	紅家火宅	이문희	진 철	재 숙	
49	猶 豫	오상원	나		
50	謀 反	〃	민		

Ⅱ. 문학과 인간교육

1. 애정 양상과 문학연구

René Wellek은 『문학의 이론』의 첫 장에서 문학과 문학연구에 대하여 다음과 같이 설명하고 있다.

우선 우리들은 문학과 문학연구와를 구별하지 않으면 아니 된다. 이 두

가지는 별개의 활동이다. 말하자면 전자는 창조적인 것, 즉 하나의 예술이
며, 후자는 엄밀한 의미에서 하나의 과학은 아니지만 일종의 지식, 즉 일
종의 학문이다.2)

그는 문학과 문학연구의 근본적 차이를 '예술'과 '학문'이라는 언어로
구분하여 밝히고, 예술과 학문의 개별성의 인식이 문학연구의 첫 걸음임
을 천명하였다. 여기에서 문학연구는 어떠한 방법이 최선의 것이며, 연구
자가 취할 수 있는 자세는 어떠한 것들이 있는가를 생각해 보지 않을 수
없다. Wellek은 같은 책에서 다음과 같이 문학연구에 대하여 설명하고 있다.

　문학의 학문적 연구에 있어서 자연스럽고 현명한 출발점은 문학작품
그 자체의 해석과 분석이다. 결국, 작가의 생애와 작가의 사회 환경과 문
학이 산출되는 전 과정에 우리들이 가지고 있는 관심은, 그 작품 그 자체
로 해서 비로소 올바른 의미가 부여되는 것이다.3)

이러한 그의 표명은 문학의 예술적 분석에서 문학외적 조건-정치적, 사
회적, 경제적 조건에 얽매인 지엽적 연구방법에서, 또한 문학의 역사적 환
경만의 연구에서 탈피한 문학의 본질적 연구를 강조한 것이라고 보인다.
따라서 본고에서 기술하려는 한국 전후 대표단편 소설에 나타난 애정관도
작품의 문맥에 명시된 내용을 중심으로 한 사랑의 문제를 의미하고, 현대
사회에 필연적으로 이끌려나온 애정의 제형태와 등장 인물 각자가 어떻게
그것을 수용했는가를 재구해 보고자 한다.

문학연구에는 통시적인 방법과 공시적인 방법이 있음은 주지의 사실이
다. 김현 교수는 이 두 연구의 중요성과 상호 관련을 다음과 같이 설명하
고 있다.

---

2) René Wellek, 『Theory of Literature』(『문학의 이론』 백철 · 김병철 공역, 신구문화사,
　1961). p.15.
3) 같은 책, p.185.

　　과거에서 지금까지 면면히 이어 내려온 모든 문학적 유산의 무게와, 지
금 우리 눈앞에 전개하고 있는 현상에 우리가 참여해야 된다는 이 두 개
념중의 어느 하나를 포기할 때, 문학연구는 시험 준비용 교과서 편찬으로
떨어지거나 과거의 전통에 입각하지 않은 자기의 만용으로 귀착되고 만다.4)

　그리하여 문학사의 한 단면을 지나치게 중요시하여, 모든 것이 그것을
형성시켜 주기 위해서 모여든다는 類의 응고된 절대주의(absolutism)와,
모든 디테일에 같은 양의 가치를 부여함으로써 사건의 배후에 흐르고 있
는 진실을 무시하는, 그래서 과거를 단순한 디테일의 나열로 파악하는 상
대주의(relativism)의 강점을 피해서 그 연구는 행해져야 한다5)고 덧붙여
강조하였다.

　박철희 교수는 이러한 작품을 고찰하는 방법을 편의상 아가페적 문학
관(통시적 문학연구)과 에로스적 문학관(공시적 문학연구)이라 이름하면
서, 문학이 가진 근본적 기능의 이대 구별이라 설명하기도 한다.

　　그러므로 아가페와 에로스라는 말이 암시하듯이 전자에 있어서는 교류
(역사적 상황)가 그 핵심이 되고, 후자의 경우에 있어서는 그 정열(개성)이
그 생명이 될 것이다.6)

---

4) 김현은『현대 한국문학의 이론』(민음사, 1972)에서 이 두 연구를 문학을 전체적으로
　　파악하려는 사람들은 받아들이지 않으면 안 된다고 강조하고 있다(p.31).
5)　René Wellek, 앞의 책, p.32.
　　The unsound thesis of absolutism and the equally unsound antithesis of
　　relativism must be superseded and harmonized in a new synthesis which makes the
　　scale of values itself dynamic, but does not surrender it as such. 'Perspectivism',
　　as we have termed such a conception, does not mean an anarchy of values, a
　　glorification of individual caprice, but a progress of getting to know the object
　　from different points of view which may be defined and criticized in their turn,
　　structure, sigh, and value form three aspects of the very same problem and cannot
　　be artificially isolated.(p.156.)
6)　박철희, 현대문학(통권 78호) p.78.

또한, 그는 아가페적 문학관과 에로스적 문학관의 상호 조화 속에 문학 연구는 이루어져야 한다고 다음과 같이 강조하고 있다.

> 결론적으로 문학적 교류체 속에서 작품을 고찰하는 방법은 아가페적 문학관, 즉 역사 상황 판단에 의하여 미연에 작가의 고집이나 분열을 방지하면서, 동시에 에로스적 문학관을 주장하는 데서 생명력을 인정하는 과정을 가리키는 것이다. 그래서 그것은 과학적 태도와 근저에 있어서 일치하는 것이리라.
>
> 작품을 형성하는 한 단원으로 종적으로 아가페적 문학관과 관계를 맺고, 횡적으로 에로스적 문학관과 결합해서 한 전일체를 이룬다. 정당한 의미에서 문예지평은 아가페와 에로스의 조화 안에서만 이루어 질 수 있다.[7]

그리하여 여기에서도 전후 대표 단편에 나타난 애정관을, 첫째로 전후 대표 단편 작품 속에서만의 애정과 性 또는 거기에서 유추되는 사회적 재현상을 고찰하는 공시적 입장, 둘째로 아가페적 문학관의 입장에서 신라 향가나 식민지 시대의 문학, 전후 문학 등과 통시적으로 연관을 지어 고찰하는 양면을 다 수용하여 애정관을 기술해 보고자 한다. 그리고 전후 문학은 성을 애정과 동등시했다고 보아 性觀을 중심으로 고찰해 보고자 한다.

그러면 이 시대의 대표 단편에서 노정된 애정관이 이 시대의 애정관을 표징할 수 있는가의 대표성 문제다. 전적으로 그렇다고 단정할 수는 없을 것이다. 다만, 작품 자체에서만 제시된 애정의 형태나 양상을 통하여 전후 시대의 애정관이 어떠했는가를 유추해 볼 수 있을 것이다. 그리고 작품 속에 나오는 애정의 분석과 서술의 복잡성을 다소나마 덜기 위해서 몇 개의 대표 단편만을 대상으로 하였고, 중·장편을 다수 포함 못 하는 애석함이 있음을 밝혀 둔다.

---

7) 같은 책, p.89.

2. 애정, 도덕, 문학의 관계

애정, 도덕, 문학의 삼각관계를 총칭해서 '문학에 있어서의 성모랄'이라 말할 수 있을 것이다. 현대의 애정은 성과 직결되는 것으로 생각되며, 어떤 작가는 성=애정이라고 단언까지도 한다. 이러한 사실은 현대문명의 이기와 변화에 조화를 이루지 못하는 자아손실의 表象이라 할 수 있거나, 아니면 가치관의 타락, 현대인이 감수해야만 되는 비극이라 개탄할 수도 있으며, 반대로 인간이 자연인으로 되돌아가는 바람직한 현상이라 극단적으로 인정할 수도 있는 문제다.

장백일 교수는 "모럴이란 한 마디로 말해서 도덕, 윤리, 습속을 뜻하는 말이다. 그것은 곧 어떻게 살 것인가에 대한 진지한 반성이요, 나아가 외적 권위로서의 세속적, 객관적 도덕에의 맹종이 아니라, 인간성의 진실과 인간의 참된 당위를 탐구하여 이에 알맞게 그리고 올바르게 살려고 힘쓰는 정신 태도다."8)라고 말하였다. 이러한 도덕의 의미역에서 문학은 이것을 어떠한 입장에서 받아들이고, 어떠한 각도에서 수용해야만 하겠는가? 일반적으로 문학기능을 강조하는 측면에서 문학의 목적이나 효용 기능이 도덕률을 지키고, 독자에게 교훈적인 의미를 주어야 한다는 문학에서의 도덕성의 비중은 대단히 크다9)고 아니할 수 없다

또한, 문학의 두 가지의 의미, 즉 첫째, 인간의 현실적인 욕망과 타협함으로써 얻게 되는 위안으로서의 문학과, 둘째, 현실의 부조리에 대결하여 사상적이며 윤리적인 가치관을 추구하는 문학10)으로 구분하는 것을 인정

---

8) 장백일, 월간문학(1972. 2). p.233.

9) 구인환 · 구창환, 『문학의 원리』(법문사, 1972) p.50.

10) 고삼규, "사회와 역사의 의미 구조에 의한 문학의 전형성"(『청량원』87, 서울사대), p.7. P.H. Simon의 <인간의 증인>에 나오는 인성에 대한 문학작품의 영향 및 기능의 세 가지와, Andre Marlaux의 예술 철학에서 검토한 예술가의 판이한 두 가지 태도를 종합하여 이와 같이 설정하였다.

할 때, 문학에 있어서의 도덕의 개념은 논외의 것이라 하지 않을 수 없다. 그리하여 홍효민은 "윤리는 도덕이요 인격이다. 도덕과 인간을 등지고 작품 행동이 있을 수 없다."11)라 하여 문학에 있어서의 도덕의 중요성을 역설하였다.

그러나 이러한 명제는 문학이 반드시 기성 도덕이나 모럴을 옹호해야 한다는 것은 아니다. 도덕의 카테고리에 얽매인 문학작품은 그 가치가 타락되기 쉽기 때문이다. 따라서 작가는 구시대의 도덕성을 비판하고 새로운 모럴을 창조해야만 하는 것이다.12) 그리하여 변화하는 사회에 새로운 가치체계를 정립하고, 영구적 질서유지를 위한 규범을 형성하는 선구자가 되어야 한다.

그리고 문학은 수신 책이 아니다. 문학작품을 사회적 효용 내지 공리성이란 측면에서만 평가하는 일은 배제되어야 할 것이다.13) 여기에 대해 김기석은 다음과 같이 말하고 있다.

> 문학은 그 자신이 도덕이 될 수도 있고, 또 도덕을 이끌어 오는 嚮導者가 될 수도 있다. 그러나 문학의 품격을 도덕의 측면에서만 저울질하는 것은 문학이나 도덕에 대한 정당한 이해가 못된다. 문학이 도덕에 사로잡혀 몸종이 되어도 안 되고, 그렇다고 하여 사사건건 도덕과 마주서서 스스로를 반도덕 전선으로 형성해도 안 될 것이다.14)

여기에서 애정 ─ 현대적 의미로서 애정은 性이라 말할 수 있을까? 즉, 성이란 개념을 문학에서 어떻게 받아들이고, 표현 과정에서 어떻게 다루어야 할 것인가? 그리고 문학에 있어서의 외설의 한계를 어떻게 규정할 것인가의 문제에 부닥치게 된다.

---

11) 홍효민, 자유문학(통권 34호) p.153.
12) 구인환·구창환, 앞의 책. p.51.
13) 김병걸, 월간문학(1971. 2). p.252.
14) 김기석, 현대문학(통권 제126호) p.217.

이무영은 문학의 본질이 진실하게 하는 그리고 살려는 한 인간의 생활 기록이라 전제하고, 性文學에 편승하려는 문학의 통속성을 비난하여, "성행위가 문학의 대상이 되지 않는다는 말이 아니라 성행위에 있어서도 인간의 진실성, 진실하게 살려고 몸부림치는 인간의 자세가 그려져야 한다는 의미이다.15)"라고 역설하였다. 그리고 장백일은 "性 모랄의 기준은 추상적이다. 이것은 작가의 의도와 양심에 맡길 수밖에 없다. 쉽게 말해서 모랄이란 곧 양심이다. 성의 경우 성을 어떻게 다루어야 하는 작가 자신의 양심의 문제이다. 그 양심의 소리는 표현의 문제와도 밀접한 관계를 맺어야 할 것이다."16)라고 주장하고 있다. 또한, 김병걸은 "문학작품을 두고 외설죄를 논할 수 있는 한계는 예술적인 생명을 조금도 건드리지 않는 그 선까지다."17)라 하여, 작품의 예술성을 강조하여 그 기준을 잠정적으로나마 설정하였다.

결론적으로 말해서, 가치관의 변이로 인하여 애정의 개념이 약간 변질되어 육체적인 것과 연관되었다. 즉, 애정=육체성으로까지 비약되어 문학작품에 많은 외설적인 요소가 나타나게 되었다. 이러한 문학에 있어서의 Eroticism의 과도한 등장은 도덕이라는 사회윤리를 생각하지 않을 수 없게 되었고, 나아가 도덕과 문학은 상대적이어서 관능적·본능적 사실을 추구한 작품의 가치평가 기준이 달라지게 되었다.

문학에 있어서의 성 모럴은 작가 자신의 작품에 대한 태도와 독자들의 그 수용능력에 그 기준이 설정된다고도 볼 수 있다. 작품의 내용이 외설적이고 인간의 관능과 말초 신경을 자극하는 상황을 묘사했다고 해서 그것이 통속소설의 부류에 휩쓸리지는 않을 것이다. 그러나 문학의 예술성의 문제를 감안할 때, 문학에 있어서의 성 모럴은 앞으로의 크나큰 연구 과제

---

15) 이무영, "문학의 순수성과 통속성"(동아일보, 1957. 7. 5.)
16) 장백일, 앞의 책, p.238.
17) 김병걸, 앞의 책, p.255.

가 아닐 수 없다. 문학은 인간 존재의 한 양식을 다루는데, 성 또한 인간 존재의 한 양상을 단적으로 나타내는 방법이 되기 때문이다.

Ⅲ. Eroticism의 제양상

전후 대표 단편에 제시된 Eroticism은 여러 가지 양상과 면모를 보여준다. 이것은 전후의 황량한 풍토에서 1954~5년쯤 들어온 실존주의[18]의 영향과 융합해서 좌절된 감정을 발산하기 위한 필연적 산물이라 생각할 수 있다. 당시 실존주의는 문학에서는 물론 우리 사회에 지대한 영향을 끼쳤다.

> Eroticism이란 예술작품에서 암시나 상징, 또는 언급으로 성적 감정을 喚起시키는 것, 원래 그리스 신화의 사랑의 신 Eros에서 나온 말이다. 특히, 성애를 관능적으로 그린 문학을 일반적으로 Erotic한 문학이라 부르나 넓은 의미에선 사랑을 주제로 한 것이 모두 이에 포함된다.[19]

이러한 Eroticism은 두 가지 형태로 나타나는데 파괴를 가하느냐 파괴를 당하느냐의 그 어느 한 가지다.[20] 이것은 사람들에게 예정된 낙원을 되찾기 위한 투쟁의 두 가지 방법과 결부시킬 수 있다. "잃어버린 낙원을 되찾기 위하여 욕망을 불태우는 저주받은 자의 반항이 있고, 민속적 현실에 동조함으로써 야성적 폭력을 부인하는 安樂과 질서에의 타협"[21] 두 종

---

18) 한국에서의 실존주의에 대한 시비는 ① 1959년 이어령과 김동리의 '실존성'이란 용어 해석에 대한 시비, ② 1963년 정명환과 조연현 간의 '때늦은 소개'의 오류의 여부에 대한 시비가 있었다. 김윤식은 한국에서는 본질적 실존주의에 대한 논쟁은 없었다고 말하고 있다(『한국문학 대사전』 문원각, 1973).
19) 『한국문학 대사전』, p.984.
20) 김우정, 문학춘추(제7권), p.61.
21) 같은 책, p.60.

류인 것이다.

바따이으는 성을 공용주의적 성적 활동과 Eroticism의 두 가지 성질로 구분하였다. 전자는 공용성을 바탕으로 생식, 자손 번영을 목적으로 하는 생물학적 성적 활동(자연 목적의 추구)으로서 Freud類의 말을 빌리면 현실원칙(reality principle)에 입각한 성적 활동이다. 후자는 쾌락원칙(pleasure principle)에 입각한 성적 활동으로서 바따이으는 Eroticism을 '죽음에까지 높아 가려는 삶에의 昻揚'이라 규정짓고 있다.22) 다시, 양자의 성질을 요약한다면 전자가 Humanistic한 연대, 합리적인 진보성, 착실성, 안정성을 특징으로 한 데 대하여, 후자는 전자와는 無緣한 나르시스적 고독, 우발성, 유희성 등의 특질을 활동의 근저에 두고 있다.23)

1. Sadism

전후 문학작품은 애정의 변태적 장면을 많이 취급하여 새로운 소설적 세계를 구축한 신국면을 보여준다. 성욕 발정의 밑바닥에는 자아의 고립성을 부정하는 강한 잠재 의식이 깔려 있는데24), 존재의 고독이 소멸하는 극한점에서의 쾌감을 이들 작가는 추구했던 것이다.

애정 관계는 근본적으로 남녀 관계에서 이루러지는 감정 표현이다. 즉, 상대가 없이는 성립할 수 없는 감정적 상황을 의미한다. 따라서 주체와 상대의 행동과 감정의 관계가 어떻게 이루어지는가에 따라 사랑의 양상을 구분해 보는 것이 가능하다. 『한국문학 대사전』에서는 Sadism을 다음과 같이 설명하였다.

> 虐待淫亂症, 성적 만족감을 얻기 위하여 자기가 사랑하는 자에게 고통

---

22) 장백일, 앞의 책, p.304.
23) 같은 책, p.236.
24) 김우정, 앞의 책, p.61.

을 주는 변태적 경향, 성적 도착의 한 타입으로 그러한 테마를 쓴 프랑스
의 작가 '마르키 드싸드'로부터 유래하였다. 단순히 '잔인한 것을 좋아한
다.'는 뜻으로 쓰인다.[25]

실제, 전후 단편소설에서는 작품 속에 이 Sadism을 다양하게 문학적으
로 수용하고 있음을 찾아보기가 쉽다. 손창섭의 <신의 희작>은 그의 자화
상적 작품으로 주인공 S는 어머니와 정부의 정사 장면을 보고 성에 대한
도착 심리를 유발한다. 여기엔 그의 정신 박약의 징조로 보이는 夜尿症도
모티브가 된다. 그리하여 '난 부모도 형제도 집도 없는 사람'이란 막다른
골목에 이른 절박한 청년의 분노로 점철되어[26] 비정상적 삶을 추구한다.
그의 분노는 껭까도리란 별명을 들을 만큼 열렬한 싸움과 복수심으로 오
르가즘에 이르는 새디즘적[27] 강간으로 해서 행동으로 옮겨진다. 그리하여
복수의 쾌감이 곧 섹스의 어필과 통했다.

주인공 S는 해방된 후 일본에서 돌아와 직장도 없는 유랑의 생활을 하
면서, 자기 몸에 기생하는 삼 백 마리 이상의 이를 잡으면서 다음과 같은
도착심리를 갖는다.

> 한 놈 한 놈 아껴가며 천천히 툭툭 터지는 것이다. 가벼운 흥분에 나른
> 히 취하면서 그 흥분은 맹렬하게도 성욕에 통하는, 또는 성욕을 도발하는
> 감정과 합류하기도 했다. 그런 때는 발기한 자기의 X를 발견하고 신선한
> 경이에 당황하다가 고독해지기 쉬웠다.[28]

이리하여 S는 이러한 쾌감을 얻기 위하여 이를 일부러 길러서 일 주일
에 한 번 정도 이 사냥을 하는 것이다. <신의 희작>은 Sadism의 대표적

---

25) 『한국문학 대사전』, p.974.
26) 김병익 외, 『현대 한국문학의 이론』(민음사, 1972) p.341.
27) 김병익은 Masochist적이란 말을 사용하고 있으나 Sadism이라 하는 것이 옳을 것이다.
28) 손창섭 대표작 전집(예문관, 1970) p.171.

표본이라 할 수 있다. 인페리어티 콤플렉스에 중점을 두어 가며 그려낸 젊은 세대의 내면의 처절한 풍향도인[29] 이호철의 <파열구>에서는 다음과 같은 장면이 나온다.

> 갈표는 와락 다가가 그녀의 두 어깨를 끌어 잡으며 허벅다리 위에 털썩 타고 앉았다. 그리곤 한 눈을 살짝 감았다.[30]

친구 석후의 아내였던 계영을 아내로 맞이한 갈표라는 청년의 계영이에 대한 행동이다. 계영은 아내이기 전에 여자였다. 사랑하기 전에 몸을 먼저 석후에게 맡긴 그런 류의 여자였다. 이러한 삼각관계에서의 계영에 대한 갈표의 진한 사랑의 장면이다. 이러한 사랑의 표현도 일종의 Sadism이다. 이러한 장면은 최상규의 <포인트>에서도 나온다.

> 그는 자꾸 조른다. 아내가 드디어 대노하였다. 성난 얼굴로 성난 주먹으로 막 그를 때리기 시작한다. 코나 입이나, 볼이나 이마나 사정없이 마구. 그는 깜짝 놀랐다. 그러나 얼마나 재미있는 일이냐. 그는 아내를 자빠뜨리고 깔고 앉았다. 그리고 두 손을 꼭 잡고 허리를 구부렸다.[31]

장모의 반대에도 불구하고 사랑하는 여인을 아내로 맞아 살아간다. 그러나 그는 영장을 받았다. 군에 갈 몸이다. 며칠 후면 헤어지는 이들 사이에 다시 연애를 시작하기 위하여 밖으로 나가려는 데에 있어서의 남과 여의 사랑의 장면이다. 서기원의 <달빛과 기아>에서는 다음과 같은 장면이 나온다.

> 나는 그녀의 어깨를 당장에 짓눌렀다. 나는 해쑥하게 뻗은 그녀의 목을 졸라매고 싶은 충동을 누르면서 대신 어깨를 함부로 흔들었다.[32]

---

29) 한국 단편문학 전집Ⅴ(백수사, 1974) p.206.
30) 같은 책, p.212.
31) 같은 책, p.309.

9·28 수복 전 서울에 은거하여 목숨을 연명하는 청년 두영은, 사랑하는 여인 여성동맹위원 석희에게 자기를 당에 밀고하라면서 이렇게 그녀를 취급하는 것이다. 그러나 이러한 방법은 그녀에 대한 사랑의 표현이다. 이러한 가학적인 사랑, Sadism적 애정 표현은 변태적이긴 하지만 사랑을 상대에게 전하려는 일종의 방법인 것이다.

한말숙의 <신화의 단애>에서 자기 집을 찾아온 애인 진영의 등을 경일이가 두들겨 주는 장면이라든지, 형하고 형수가 될지도 모르는 동수 누나가 나란히 앉아 있는 것을 질투하여 뒤에서 돌을 집어 던져서, 그로 인하여 죽음에 이르게까지 하는 손소희의 <창포필 무렵>에 나오는 소년 경호의 사랑의 표현은 다 Sadism인 것이다.

2. Masochism

전후 단편소설에서 Masochism이란 말이 나오는 작품은 손창섭의 <신의 희작>이다.

> 그것은 변태적인 인간에서만 찾아 볼 수 있는 현저한 정신적 매저키즘이었다.[33]

손창섭이 작품에 등장시킨 주인공들은 대부분 비정상적인 癡人들의 행각이다. 이들은 과도한 무능과 육체적, 정신적인 어떤 불구자로서의 결함을 다 지니고 있다. 때문에 이들 사랑의 태도는 자기를 학대하고 억누르는 Masochism의 사랑인 것이 많다. Masoshism의 뜻을 『한국 문학사전』에서는 다음과 같이 설명하였다.

---

32) 한국 중단편 문학전집(어문각, 1970)
33) 손창섭 대표작 전집, p.170.

> 피학대 음란증. 정신분석 용어로서 오스트리아의 작가 '사샤매리코'가
> 이러한 변태 성욕을 다룬 소설을 쓴 데서 유래한 Sadism에 대립된 말이다.[34]

이러한 사랑의 태도는 전후 대표 단편에서 대단히 많이 표출되어 있다. 손창섭의 <미해결의 장>에서 다음과 같은 장면이 나온다.

> 그러나 나는 정신을 잃지 않았다. 턱과 손에 끈적거리는 선혈을 의식하
> 면서 무의식중에 나는 '광순이, 광순이!' 하고 신음 소리처럼 불러 보는
> 것이다.[35]

미국 유학만을 최고로 아는 남매들에게 싸인 지상이라는 청년이 매음하는 광순이라는 여대생의 오피스에 찾아갔다가 다른 남자에게 뭇매를 맞는다. 피를 흘리면서 이렇게 광순이의 이름을 울부짖는다. 이러한 그의 자학적 행위가 사랑으로 나타나는 것이다.

그리고 <稚夢>에서도 Masochism을 보여주고 있다. 어머니의 죽음으로 고아가 된 강을미라는 소녀를 둘러싸고 이층에 하숙하던 상균, 태갑, 기수의 인정 많은 소년들이 위로를 한다. 그녀와 그들은 곧장 화투놀이를 한다. 그리하여 상균이가 올미의 손목을 때리는데,

> 어머나 이게 뭐야. 좀더 시게 때려

라고 올미가 말한다. 그녀는 아직은 어리지만 상균의 매운 손매에서 자기 스스로를 위로할 수 있었고, 더 나아가서는 여자로서의 만족감을 느꼈던 것이다. 손소희의 <창포필 무렵>에서도 다음과 같은 장면이 나온다.

> 돌은 부서져 가루도 되고 콩알만큼도 되고 쌀알만큼도 되었습니다. 나

---

34) 『한국문학 대사전』, p.968.
35) 한국 단편문학 전집Ⅵ, p.389.

는 그것을 다시 두둘겨 댔습니다. 드디어 나의 왼편 무명지가 터지면서 뚝
뚝 피가 듣었습니다. 그리고 밑에 깔았던 돌도 위에서 때리는 돌도 마구
부서져 나갔습니다. 나는 피가 듣는 무명지를 바라보면서 좀 더 팔팔 피가
쏟아져 나왔으면 하고 원했습니다.[36]

자기가 던진 돌로 인하여 죽은 사랑하는 사람을 그리며, 또 그러한 짓
을 했던 자기를 원망하며 그 돌을 깨뜨리며 자학하는 장면이다. 경호의 이
러한 자기학대는 무명지에서 피를 흘리게 하고, 그리하여 이 정열의 피 속
에 자기의 숭고한 사랑을 승화시키려 했던 것이다. 경호의 이러한
Masochism적 사랑은 도착 심리에서 유발된 것만은 아닐 것이다.

사랑하는 사람 앞에서는 어린애가 된다. 이것은 아마 사랑이라는 것은
순수에서 시작된다는 진리의 증명이 될 것이다. 김광식의 <환상곡>에서
는 이같이 애정을 다른 양상으로 나타내고 있다.

이때부터 성희는 나를 어린애처럼 대해주는 것이다. 어쩐지 나는 어린
애 달래듯 그렇게 애무해 주는 것이 좋다. 사람은 육체가 약해지면 안기고
싶은 마음이 솟는 것인가? 안기고 싶은 내가 외롭다.[37]

사랑하는 사람이 자기를 어린애로 대해 주는 것은 하나의 굴욕이다. 그
러나 사랑하는 사람이기에 그 굴욕을 사랑으로 느껴지는 것일지도 모른
다. 이것도 피학대를 받아들이는 일종의 Masochism의 표현인 것이다.

그제야 갈표는 계영의 허벅다리에서 내려앉았다. 언제나 계영의 이런
투 앞에선 지극히 어린애가 되는 자신을 어쩔 수 없는 것이다.[38]

이렇게 <파열구>에서의 갈표가 어린애가 되는 것도 계영을 사랑하기

---

36) 같은 책, p.84.
37) 같은 책, p.18.
38) 같은 책, p.213.

때문이다. 손창섭의 <잉여인간>에서 서만기의 처제가 언니가 있는 앞에서 형부를 사랑한다고 말한다든지, 강신재의 <젊은 느티나무>에서 숙희가 의남매인 오빠 현규를 사랑한다든지, 이문희의 <홍가화댁>에서 동철이 의동기간인 재숙에 대한 태도, 또 장차 형수가 될 지도 모르는 여인을 사랑하는 손소희 <창포필 무렵>의 경호의 모든 행동은 자기자신을 학대하는 광의의 Masochism이라 할 수 있다.

이러한 광의의 Masochism은 한무숙의 <돌>에서도 나타난다. 이 소설에서 신승균은 작은누나의 전실 딸 영란을 사랑한다. 가족 관계에서의 자기 위치와 윤리적 인간으로서의 자세를 망각하고, 근친 애정이라는 자기 학대를 자초하여 주위의 강압적 도덕률에서 탈출하려고 했던 것이다.

3. Freudism

이상에서 살펴본 바와 같이 전후 한국소설이 다루고 있는 애정 문제는 성 문제와 직결된다. 이러한 애정에 대한 개념의 변화와 더불어 신성시하고 금기로 되었던 성문학에 대한 논란은 로렌스의 적나라한 외설문학으로부터 발단하여 그 시비가 오늘날까지 이어져 내려 왔다.

Freud는 그의 정신분석학에서 본능을 조정하는 에너지라 하는 Libido란 단어를 사용하였다.39) 그리하여 인간의 본능을 자기 보존 본능(self-preservation)인 자아 본능(ego instincts)과 성욕 본능(sexual love or libidinal instincts)으로 분류하였다.40) 그리고 Freud는 Libido란 개념을

---

39) Jung은 "Symbols of transformation"에서 Cicero의 말을 빌려 "Here Libido means a 'want' or a 'wish'" and also, in contradistinction to the 'will' of the Stoics, 'unbridled desire'라고 Iibido 개념을 광의로 설명하고 있다(pp.129~130).

40) 후에 Freud는 이 설명의 미흡을 다음과 같이 보족하고 있다.

We have to distinguish two dasses of instincts, one of which, Eros or the sexual instincts, is by far the more conspicuous and accessible to study. It comprises not merely the uninhibited sexual instincts proper and the impulses of a sublimated or personality 형성의 결정적 요인으로 보고, 이 personality 형성의 요인을 자아(Ego), 이드(Id), 초자아(Super-Ego)로 삼분하여 인간의 심적 활동을 설명하였다.[41] 그리고 그는 인간의 잠재의식에 착안하여 환자의 꿈을 이용해서 모든 것을 해석하고 결론을 내리려 하였다.[42] 그리하여 Freud는 모든 인간의 행동은 억압된 형태의 Libido가 무의식의 의식에서 나타나려는 것이라 여겼다.

Freud의 이론을 Jung은 더욱 확대 발전시켜 문학 등 예술 전반에 걸쳐 많은 영향을 끼쳤다. 여기에서 기술하려는 Freudism이란 전후 대표 단편의 애정 양상이 여기에 다 부합된다는 일괄적 서술이 아니라, 어느 작품에서 어떻게 이론이 顯現되어 있는가를 살펴보는 설명 방법을 택했다.

그러면 전후 대표단편을 어떻게 Freud의 정신분석과 결부시킬 수 있을까? 본고에서는 작품에 나오는 내용을 객관적으로 간단히 설명해 보고자 한다. 한무숙의 <감정이 있는 심연>에서 다음과 같은 장면이 나온다.

---

aiminhibited nature derived from it, but also the selfpreservative instinct, which must we had good reason for setting in opposition to the sexual object instinct. The second class of instincts was not so easy to define; in the end we came to recognize Sadism as its representative. As a result of theoretical considerations supported by biology, we assumed the existence of death-instinct, the task of which is to lead organic matter back into the inorganic state; on the other hand we supposed that Eros aims at complicating life by bringing about a more and more for-reaching coalescence of the particles into which living matter has been dispersed, thus, of course, aiming at the maintenance of life("The Ego and the Id"(London, 1927, p.55).

41) 자세한 것은 C. G Jung의 『Freud and psychoanalysis』(translated by R. F. C. Hull, London 1970)를 참조.

42) Freud는 『The Interpretation of Dreams』에서 꿈의 이론을 전개하여 광범위한 해석과 결론을 내리고 있다. 그리고 꿈에 상징으로서 나타나는 것에는 다음과 같은 것들이 있다고 하였다.

① the human body, especially the sexual organs ② bodily excretions ③ members of the family especially the father and mother. ④ and certain processes like birth and death (『Symbols, signs and their meaning』 Arnold Whittick, Massachusetts. 1961. p.305.)

> 안경이 번쩍했다. 약간 외면을 한 것이다. 나는 가슴이 확 달았다. 그것
> 들이 정신 분석상으로 보면 성기를 상징하는 것이고, 여자 환자는 다소 음
> 해진다는…43)

사랑하는 여인 전아는 정신병 환자다. 그녀는 무심코 남성 성기를 상징
하는 칼을 캔버스 위에 그린 것이다. 진지하게 자신을 정시하려고 애쓰는
전아는 무의식의 심연에서 이러한 그림을 그린 것이다. 이것은 전위 작용
(displacement)으로 설명할 수 있다.

> 어느 날 밤, 나는 춘자의 가느다란 몸을 힘껏 끌어안는 꿈을 꾸었다. 꿈
> 속에서 나는 춘자를 껴안은 채 자꾸만 울었다. 이제는 하는 수 없다고 중
> 얼거리며 나는 공연히 서러워 울었던 것이다.44)

군을 제대한지 얼마 안 되는 철수는 누이의 딸 재순이를 돌봐 주고 집
을 지키는 실의의 청년, 옆방에 세들은 강 노인의 딸 춘자를 흠모한 것이
은연히 춘자를 끌어 않는 꿈으로 나타난다. Freud의 정신분석에 의하면
철수의 춘자에 대한 사랑의 잠재 의식이 꿈으로 나타난 것이다. 그리고 이
미 앞에서 설명했듯이 아내 앞에서는 공연스러이 어린애가 되고, 어린애
취급을 해주는 것이 좋게 느껴지는 것도 정신분석학적으로 설명이 가능하다.
김광식의 <환상곡>의 주인공은 폐결핵 환자로서, 말라빠진 육체와 남
성적 기질의 부진으로 아내를 행복하게 하여 주거나 성적으로 만족시켜
줄 수 없다. 즉, 여기에서 neurotic anxiety가 생겨 나게된다. 그리하여 그
는 이 불안을 해소하기 위해서 퇴행(regression)한다. 어린애의 감정으로
돌아가는 것이다. 따라서 그는 아내가 어린애 취급을 해 주는 것에 만족해
하고 스스로 불안을 해소하는 것이다.

---

43) 한국 단편문학 전집Ⅳ, p.226.
44) 같은 책, p.438.

이상 Freud의 정신분석과 결부시켜 소설을 분석, 해석해 보았다. 그러나 여기에서 특기할 만한 사실은 성과 죄악감의 문제다. 죄악감은 정신분석에 의하면 인간의 본능적 충동을 규제하는 역할을 하는 심리 기제로서, 사회적으로 용납되지 않는 생각을 가졌을 적에 죄악감이 발동하는 것이다.[45] 이것은 곧 moral anxiety와 결부시켜 다시 설명할 수 있다.

특히, 성관계는 죄악감을 유발시키는데, 결국 고행이나 자살을 하는 행동 등으로 나타난다. 우리나라 고전소설의 대부분이 이러한 면모를 보여준다. 예로 <운영전>에 나오는 운영은 자기가 모시고 있는 안평대군 이외의 남자 김진사와 내통한 것을 자책하여 자살을 하고, <숙영낭자전>에서 숙영은 외간 남자와 내통했다는 누명을 벗기 위하여 비수로 자살을 하는 것 등이 그 예이다.

그러나 현대 전후 단편에서는 이러한 성에 대한 죄악감의 기본 논리를 완전히 부정하고 있다. 성을 승화시키고 異性의 미학마저 강조하고 있는 것이다.[46] 한말숙의 <신화의 단애>에서 진영은 돈을 벌기 위하여 이 남자 저 남자 사이를 전전하며 왕래한다. 윤리적 문제와는 아무런 관련도 없다. 성행위는 그 사람을 꼭 사랑해서가 아니라 성적 욕구의 해결이나 돈을 받는 재미로 한다. 육체를 즐기고 정신의 부담을 느끼지 않는 것이 성행위이다.[47] 아무런 죄책감도 가지지 않는 것이다. 박연희 <輪舞>에서의 강설량도 먹고살기 위하여 남자의 품을 바꾸면서도 아무런 죄악감이나 정신적 부담을 느끼지 않는다. <암사지도>에서 윤주, <유실몽>에서 철수의 누나, <잉여인간>에서 천봉우의 아내, <미해결의 장>에서 광순, <洋館>에서의 유진, <장씨일가>에서의 장 정표의 아내 경심, <갯마을>의 해순 등은 성의 분배 원칙을 완전히 부정하고[48] 이성의 교체에 대한 추호의 죄악감도 가지지 않는다.

---

45) 백상창, 문학사상(통권 20호) p.300.

46) 같은 책, p.300.

47) 정태용, "20년의 정신사"(현대문학, 통권 124호) p.18.

48) 김윤식 · 김현, 『한국문학사』(민음사, 1974)에서 이 말을 사용하고 있다(p.254).

4. Animality

Lawrence는 다음과 같이 말하고 있다.

> 우리는 불가사의하고 지각할 수 없는 신성(divinity)을 우리의 육체에서
> 우리의 여인 속에서 찾아냅시다. 그리고 여인은 우리가 출입하는 문입니다.[49]

여인의 육체 속에서 신성을 찾아보려는 그의 애정관은 어느 의미에서 성에 대한 Freud의 태도와는 좀 다르다고 볼 수 있다. Freud의 성에 대한 태도는 부정적이다. 성을 강조해야 하는 것은 질병을 제거하기 위한 방편이고, 성적 동기야말로 모든 인간 활동의 발원이라고 하였다. 그리하여 성적 동기의 해방을 역설했다. 이처럼 Freud의 견해는 어디까지나 의사의 Ego를 환자의 그것에 직결시키고 있다.[50]

그러나 Lawerence는 성의 체험은 건강과 행복에 이를 제일의적 기조라 생각했으며, 그의 작중 인물 대다수는 이러한 체험을 통해서 가장 생생한 행복, 가장 가혹한 환멸을 발견하고 있다. 말하자면 성이야말로 인간 개성의 궁극적 표현이라고 믿는 것이다[51] 그리하여 사람 중에서도 남녀간의 육체를 통한 사랑을 가장 높은 사랑이라고 본 것이다.

본고에서는 남녀간의 육체적 사랑을 대단히 소중하게 여기는 Lawrence적 사랑을 Animality라 정의하고, 전후 문학의 이 Animality를 소설작품을 통하여 고찰해 보고자 한다. 이러한 Animality는 주지하다시피 현대문학 특징의 하나이다. 이에 대해 장문평은 다음과 같이 말하고 있다.

> 곧 현대의 사상적 작품에서 등장된 인간, 성행위에 미치는[狂] 인간, 죽
> 음에 직면하면서 짐승처럼 외치는 인간, 광기 어린 폭력으로 날치는 인간,

---

49) 장문평, 현대문학(통권 117호) p.83.
50) 김병철, 자유문학(제60호) p.189.
51) 같은 책, p.189.

그들에게 공통된 것으로서의 Animality는 곧 현대문학이 갖는 다 주요한 특징이다.[52)]

그리하여 오늘의 諸想像的 작품에서 노골화된 숙명적 인간의 Animality는 곧 Humanity와 Divinity 및 과학에서의 철저한 거부임을 암시하고 있다. 바꾸어 말해서 현대문학은 그 어느 때보다 인간을 해명한다는 뚜렷한 목적을 갖고 있음을 부인하고 있는 것이다.

그러면 이러한 Animality가 전후문학에 어떻게 등장되고 독자를 의식했는가를 살펴보겠다. 서기원의 <암사지도>에서는 최윤주라는 한 처녀의 육체를 상덕과 형남이가 공동 소유하여 쾌락을 음미한다.

임마 춘천서 교대로 놀던 일 잊었니[53)]

라고 윤주 공유를 제의하는 상덕, 그렇다고 윤주를 범하는 형남, 이 두 사나이 사이에 끼어 '여자는 사는 본능밖에 없다.'라는 명제를 증명해 주는 윤주는 다 이 Animality의 속성을 보여 주고 있다. <신화의 단애>에서의 진영, <輪舞>에서의 강설량도 남자의 품속을 전전하는데,

진영은 진저리를 치며 몸을 흔들어 본다. 불퉁한 젖가슴이 육중하게 흔들린다. 진영은 다만 그의 실존을 재확인할 따름이다.[54)]

이렇게 진영은 실존을 확인할 방편으로 또한 돈을 벌 목적으로 동물적 행동을 자행하는 것이다. <잉여인간>에서의 천봉우의 아내, <洋舘>에서의 유진, <장씨일가>에서의 장정표의 아내 경심이가 다만 성적으로 쾌감을 만끽하려고 육체를 희롱하는 것을 일삼는 것도 다 이 Animality의 속

---

52) 장문평, 앞의 책, p.83.
53) 한국 단편문학 전집V, p.271.
54) 같은 책, p.400.

에서 기인한 것이다.

전후문학에 있어서의 Animality의 발현은 육체적 교합의 분위기 선택에서도 그 면모를 찾아 볼 수가 있다. 손창섭의 <신의 희작>에서는 白晝에 주인공 S의 어머니는 외간 남자와 이런 행위를 하여 자식에게 추태를 보여 주고, 이문희의 <홍가화댁>에서는 딸 재숙이가 옆에서 자는데 아버지와 계모가, <유실몽>에서는 동생 철수가 옆에 자는데 매형과 누나가 동물적 행위를 자행하여, 好色 심성의 모티브를 유발하게 하는 것 모두 Animality와 직결시켜 말할 수 있을 것이다.

또, 포도 넝쿨 밑의 벤치(洋館), 해변의 바위 위(갯마을) 등에서의 행위는 다 사랑을 먼저 앞세우기보다 육감에 사로잡힌 인간들의 동물성이 이들을 지배했기 때문에 나타난 것이다. 그리고 전후문학에서의 이러한 Animality는 여자가 남자의 품속에 안겼을 때의 심적 변화나 행동으로도 파악할 수가 있다.

> 진철의 손이 허리께로 내려갔다. 이미 미운 사람도 고운 사람도 없었다. 의남매라는 거추장스러움은 애당초 없었거니와 그녀는 다만, 그리고 비로소 어떤 남자의 품에 안긴 어떤 여자에 불과했다.　　　　(홍가화댁)

의남매인 진철의 품에 안긴 재숙의 심적 변화다. 섹스의 본질이 순수한 갈망과 그 기쁨이라는 생각을 갖는 것은 지극히 당연하다. 그러나 인간의 섹스야말로 견고한 질서를 유지 못할 때, 인간도 동물도 되지 못하는 어정쩡한 사태에 직면할 것이다. 아들과 어미, 아비와 딸이 성교를 하지 않는다는 것은 적어도 인간이기 때문에 가능하다.[55] 그러나 의남매인 진철의 품에서 재숙은 이러한 심적 변화를 일으키는 것이다. 정한숙 <해녀>에서의 효순, 강신재 <양관>에서의 유진, 손창섭 <假父女>에서의 종숙 등은 다 남자의 품속에서 Animality의 속성을 보여 주는 자들이다.

---

55) 홍기삼, 월간문학(1972. 2.) p.222.

5. 작품에 나타난 애정 양상

1) 애정관

6·25전쟁은 우리 사회에 많은 변화를 초래했다. 신분상의 변동은 물론 그 중에서도 여성들의 성윤리관을 일변시켜 주었다. 이러한 사회상을 반영하여 전후의 문학작품에는 애정과 성에 대한 인식의 변화 양상을 반영하고 있다. 특히, 성에 대한 인식의 변화는 유구한 역사의 흐름에서 비견할 데가 없을 정도로 그 진폭이 크다 아니 할 수 없다. 정태용은 다음과 같이 말한다.

> 성행위도 사무적이요 결혼도 사무적이다. 사무적이라기보다는 심심할 때, 친구와 만나서 바둑을 한판 두고 헤어지는 것과 기분이 다를 바 없다. 묘하게도 그들에게는 연애 감정도, 질투도, 정조 개념도 일어나지 않는다.[56]

이러한 사랑과 성에 대한 개념의 추이가 이 시대의 애정관을 대변하는 것은 아니다. 따라서 여기에서는 사랑에 대한 작품에서의 정의는 어떠하며 여성에 대한 태도는 어떠했는가를 조사 기록하는 것으로 애정 양상을 서술해 보고자 한다. 김광식의 <환상곡>에서는,

> 애정은 사라졌어도 그 인정이라는 것은 아직 남아 있다.

라고 하여, 다방 '황혼'의 주인 마담이자 아내인 성희한테서 느끼는 주인공의 심리를 이렇게 표현했다. 아내에 대하여 남편의 구실을 다 못하는 그는 사랑의 정의를 나름대로 내려보는 것이다. 이것은 또한 나 이외의 다른 사람을 사랑할 수 있다는 성희를 대하는 생활 자세와 연결된다. 사랑과 인정이 분리된다는 얘기다. 서기원의 <암사지도>에서 윤주는 다음과 같이 말한다.

---

56) 정태용, 앞의 책.

사랑은 영화 속에나 있는 거예요

상덕과 형남이의 체취를 다 경험한 최윤주는 둘 다 사랑하지 않는다는 말을 내뱉으며 이러한 말을 하는 것이다. 실제 사랑은 허구요 장난으로 하는 것일까? 결국, 윤주는 상덕과 형남이 둘을 다 버리고, 누구의 자식인지도 모르는 애를 뱃속에 간직한 채 떠나버린다. 윤주에게는 실제 사랑은 허구요 영화 속에서나 하는 것처럼 이들 삼각의 사랑도 영화처럼 끝을 맺는 것이다. 한말숙의 <신화의 단애>에서 진영은 연애를 유희로 보고 있다.

누가 당신하고 무슨 연애 유희라도 하고 싶어 온 줄 아세요.

미술 대학생인 진영은 남자의 품을 전전하는데 하숙을 쫓겨 나와 하룻밤 신세를 지러 준섭이를 찾아가서 한 말이다. 진영에게는 사랑과 육체는 분리되어, 사랑하는 사람도 따로 있고 육체적 관계를 맺는 사람도 따로 있다. 한말숙의 <돌>에서 신승균은 다음과 같이 말한다.

사랑을 체험했다는 것은 목숨을 체험한 것이고, 주체스러운 '나'를 모아 완벽한 '나'를 갖추는 것이기도 하였던 것이다.
사랑한다는 것은 또 하나의 '나'를 가지는 것이다.

신승균은 사랑이란 남녀의 일체감에서 나타나고, 거기에서 사랑의 희열을 느낄 수 있는 것으로 생각했다. 그래서 그는 누나의 전실 딸 영란이가 외우는 애절한 음성의 염불 소리를 자기 것으로 알았던 것이다. 이호철의 <생명관리>에서는 나와 아내 사이의 미묘한 관계를 묘파하면서 다음과 같이 사랑에 대한 정의를 내린다.

모든 위대한 사랑도 다 이 허술한 광태로부터 출발했지 않은가.

사람은 반드시 돌아오는 것을 위하여 사랑을 하는 것도 아니며, 돌아오는 것이 없어도 자신 안에서 헤아릴 수 없이 큰 것을 창조하고, 거기 또 환희가 오게 되는 사랑을 하기도 한다.

현대에서는 사랑의 정의도 많지만 이호철은 이렇게 사랑을 순수한 감정에서 고찰하고 있다. 즉, 사랑은 자기 자신이 만드는 것이고, 그것을 어떻게 창조하느냐에 따라 거기에서 유발되는 환희 정도도 달라진다는 것이다. 최상규의 <포인트>에서는 연애를 다음과 같이 규정하고 있다.

> 연애를 하는 데는 남자와 여자가 있어야 하고, 또 애정은 있으나 없으나 마찬가지이지만 있으면 없는 것보다 낫고, 그담엔 돈이 있어야 하고, 그담엔 하루치를 살아도 좋고 그만큼 못 살아도 좋지만, 이왕이면 사흘치 나흘치를 사는데 더 좋고—하는 게 연애 아냐?

이러한 말은 연애→애정→돈을 연관시킨 생활에 쪼달리는 각박한 세상에서의 연애관이다. 그러나 연애에 있어서 애정은 있는 것이 없는 것보다 나은 것이라고 말하기보다는 애정이 없는 연애는 연애가 아니라고 하는 것이 좋을 것이다.

2) 여성관

인간들은 유사이래 여성을 찬미하고, 여성에 대한 많은 정의와 서술을 이끌어 내었다. 그러면 전후문학에서는 여성을 어떻게 보았는가? '여자란 무엇이다'라고 단언한 작품은 없지만 문면에 노정된 여성관을 간추려 보면 다음과 같다. <환상곡>에서 주인공 나는 다음과 같이 뇌까린다.

> 여자는 유혹에 이끌리는 약한 인간이라고.[57]

---

57) 정태용, 앞의 책, p.18.

폐결핵 환자인 주인공이 다방 마담을 하는 아내 성희가 뭇 남자와 접촉하는 것을 보고 우려의 마음으로 내뱉는 여성관이다. 확실히 여자는 유혹에 약한 갈대다. 이러한 정의는 古今東西를 막론하고 여실히 증명되는 것으로 보아 어제오늘의 여성을 바라보는 말은 아닌 것 같다. <포인트>에서는 다음과 같이 여성에 대하여 정의를 내린다.

역시 계집애는 가장 현실적이야.

영장을 받은 남편이 무책임하게 조잘거리는 말을 듣고 아내는 운다. 훌쩍훌쩍 소리내어 우는 것이다. 이별이 서러워서 또는 다음부터의 생활에 대한 곤욕을 감지해서 그런지는 몰라도 아내는 소리내어 우는 것이다. 여자가 현실적이 되는 원인은 유혹에 약하기 때문이다. 그 유혹은 남성과 부부 관계로 맺어질 때에 껍질을 벗게 되는데, 그렇지 못할 때 현실적이 되어 눈물이 많아지는 불운을 알게 되는 지도 모른다. <암사지도>에서 상덕은 다음과 같이 형남에게 말한다.

여자란 사는 본능밖에 없다.

상덕이 윤주 공유설을 주장하면서 형남이에게 설득하는 말이다. 니이체는 여자는 시장바구니나 들고 시장을 왔다 갔다나 하는 존재의 인간이고, 남성과 동등하게 대립하는 여성이 아니라 했다. 그리하여 여성은 그 목적이 아기를 갖는 것이며, 남자 보기를 아기 갖기 위한 수단에 지나지 않는다고 말하고 있다. 상덕은 이렇게 니이체적 여성관을 가지고 있다. 윤주는 사랑을 하고 받을 수 있는 능력의 소지자가 아니라 사는 본능밖에 없는 여자로서의 동물적 인간이다. 그리하여 상덕은 자기가 데리고 자는 윤주를 공유하자고 형남에게 제의한다.

서기원의 <딸라 이야기>에서는 김우남이 다음과 같이 여성이란 존재를 믿고 있다.

여자란 돈 냄새에 예민해서 사냥개처럼 뒤따라온다.

이는 돈을 추구하여 몸을 파는 여인들로 만연해서, 또는 여성을 인격적 존재로서가 아닌 동물적 속성을 강조한 당시 세태에 이끌려진 여성관이다. 전후 문학작품에서는 구차한 생활에서 탈피하기 위하여 돈 때문에 몸을 파는 여성들이 대거 등장한다. 여기에서 참고로 남녀의 交合에 대한 작품에 나오는 말을 몇 개 적어 보면 다음과 같다.

> 애정이 따르지 않는 단순한 육체적 희롱이라는 것은 여성 전부에 대해서 뿐만 아니라, 인간으로서의 자기 자신에 대한 모독이기도 한 것 같이 느껴지기 때문이다.　　　　　　　　　　　　<師弟恨>
> 성의 교합이란 서로 사랑하는 부부사이에 있어서까지 어떤 처참한 감정이 따르는 것인지 모르겠다.　　　　　　　　<감정이 있는 심연>
> 남녀의 결합이라는 것은 한쪽이 남자이고 다른 한쪽이 여자란 원시적이고 동물적 조건만으로도 이루어지는 것인 모양으로……58)　　<돌>

애정과 육체의 관계는 인간이 존재한다는 사실을 증명하기 위하여 바라보는 각도에 따라 인식을 달리할 수는 있다. 그러나 영장류라는 인간적 존재는 단순히 육체적 쾌락에서만이 증명될 수 있는 것이 아니라고 할 때, 상기 남녀 관계에 대한 피력은 당시 사회상을 반영한 문학적 발상의 일면이라고 하겠다.

---

58) 이하 여기에서 인용되는 소설의 문구는 한국 단편문학 전집(백수사, 1974)에 의거한 것이다.

Ⅳ. 愛情의 통시적 양상

전술했듯이 문학연구에는 두 가지 방법이 있다. 즉, 아가페적 문학관과 에로스적 문학관이 그것이다. 문학연구는 이 두 문학관이 조화를 이룰 때 올바른 비평의 자세가 정립되고, 정확하고도 의미 있는 가치 평가가 이루어질 것이다. 이상에서 전후 대표 단편을 중심으로 애정관을 살펴보았는데, 이러한 애정관을 확연하게 음미하기 위해서는 통시적으로 애정의 맥락과 변천을 규지해 볼 필요가 있다.

> '존재란 관계되어 있는 것(To be is to be related)'이라고 Keyser가 지적한 것처럼 사물 현상의 존재의 의미는 고립적으로 파악될 수 없다. 존재란 그 존재가 있기까지의 종횡간의 관계식을 통하여 의미화되어지는 것이다.[59]

본고에서는 문학의 전통 수수 관계를 파악하기 위하여 종적 연구방법을 택하여 문학작품의 주제적 연관성을 시도해 보고자 한다. 전통 수수 관계에 대하여 윤홍노는 다음과 같이 말하였다.

> 한국 현대문학 작품을 논할 경우 외국 문학작품의 횡적인 비교관계 이전에 선행되어야 할 것은 한국 현대 문학작품과의 종적인 연결 관계, 말하자면 의식적이든 무의식적이든 계승되어진 유전 인자를 추출해 보는 작업이어야 한다.[60]

이러한 연구 방법은 애정에 대한 정신적 변이의 양상을 추적하여, 전대의 작품과 후대 작품의 연결 관계를 구명하고 종적 좌표를 설정해 보는 것이 된다. 따라서 본고는 영향 관계의 연구와 고찰이 아님을 밝혀 둔다.

---

59) 윤홍노, 문학사상(통권 34호) p.363. 여기에서 윤홍노는 '<날개>와 <처용가>의 거리'를 논하고 있다. 대부분의 설을 여기에서 참조하였다.
60) 같은 책, p.336.

<처용가> → <날개> → <암사지도>

금세의 도덕률이나 상식의 테두리를 탈피하여 파격적 사건을 노래한 <
처용가>나 <날개>, <암사지도>는 그 시대적 상거에도 불구하고 문학적
발상과 흐름에서 공통점을 찾아낼 수가 있다.

1. 인간 관계

불교 설화류에서 신과 인간과의 동류의식으로부터 출발한 <處容歌>와
1930년대의 주지주의에서 연역된 이상의 <날개>와 1950년대 전후 실존
의 돌파구를 모색했던 <암사지도>는 그 인간 관계에서 비슷한 면모를 보
여 주고 있다. 이들의 인간 관계를 다음과 같이 정리할 수 있다.

작 품 구 분	처 용 가	날 개	암사지도
주 체 자	처 용	나	박 상 덕
상 대 자	처 용 처	蓮心(아내)	최 윤 주
객 체 자	역 신	남자 손님	김 형 남

이들 작품에 나오는 인물들은 다 여자를 매개로 하는 삼각관계로 존재
론적인 미묘한 인간 관계를 형성하고 있다.

인간은 타인과의 상호 관계 속에서 존재를 확인하고, 존재론적 가치를
고양한다고 한다. 그러나 이러한 역학 작용은 삶의 본질에 접근하기 위한
시도가 되기도 하지만, 어떤 경우에는 인간이라는 본연의 자신을 망각하
는 경우도 있다. 이러한 인간 관계를 문학적 발상 속에서도 통시적으로 찾
아보는 것이 가능하다.

2. 행동성

<처용가>, <날개>, <암사지도>에 등장하는 인물들의 행동에서 공통점을 발견할 수 있다. 특히, 犯妻, 姦夫의 현장을 목격한 데 대한 행동성에서 공통의 면모가 엿보인다. 다음은 <처용가>에서 범처를 하는 역신을 대하는 처용의 행동이다.

> 동경 밝은 달에 밤드리 노닐다가/ 들어와 자리를 보니 가라리 네히어라
> / 둘은 내해이고 둘은 뉘해언고

처용은 범처의 현장을 보고 위와 같이 노래를 부르며 춤을 추고 물러갔다.(見寢有二人 乃唱歌舞而退). 이때에 처용은 자기 처에게 배신을 당했다는 감정이나 아니면 범처를 한 역신에게 보복하겠다는 복수심을 추호도 갖지 않는다. 그의 고민은 지상적인 질서를 천상의 질서로 끌어올리려는 데 있는 것이다.61) 그리하여 처용은 아내를 내어주는 비극적 상황에서 가무의 교화로 역신을 무릎 꿇게 만들었다. <날개>에서의 '나'의 행동도 마찬가지다.

> 나는 내 눈으로 절대로 보아서 안 될 것을 그만 딱 보아 버리고 만 것이다. 나는 얼떨결에 그만 냉큼 미닫이를 닫고, 그리고 현기증이 나는 것을 진정시키느라고 잠깐 고개를 숙이고 눈을 감고 기둥을 짚고 섰자니까 일초 여유도 없이 홱 미닫이가 다시 열리더니, 매무새를 풀어헤친 아내가 불쑥 내밀면서 내 멱살을 잡는 것이다. […중략…] 뒤이어 남자가 나오는 것 같더니, 아내를 한 아름에 덥석 안아 가지고 방으로 들어가는 것이다. 아내가 다소곳이 그렇게 안겨 들어가는 것이 내 눈에 여간 미운 것이 아니다. 밉다.62)

---

61) 같은 책. p.371.
62) 한국 단편문학 전집Ⅱ, p.406.

이렇게 <날개>에서의 '나'도 즉시 간부를 보는 순간에도 어떤 행동을 보이지 않고 오히려 죄책감을 느끼거나 모멸을 당하는 것이다. 그리하여 '꽥' 질러 보고 싶은 소리도 지르지 못하고, 차라리 억울하지만 잠자코 있는 것이 우선 상책이라고 생각하여 밖으로 줄달음쳐 나간다. 이에 대해 윤홍노는 N. Frye가 지적한 소설에의 인물 유형 변천 '초인-지도자-졸인'의 주인공 지위의 변모를 설명하는 것이라고 하고 있다.63)

<암사지도>에서는 좀더 현대적 상황을 반영한 행동을 취하고 있다. 형남이가 윤주를 범했다는 말을 듣고 상덕은 오히려 기뻐한다.

> "머? 그래, 그거 잘 됐군! 그래야지 사내 대장부가!"
> 상덕은 형남이가 기대했던 바와 같은 그런 불쾌한 얼굴은 도무지 아니었다. 도리어 진심으로 일의 성공을 기뻐하는 눈치인 것이다.64)

도덕적 관념이 고정된 사람에게는 용납할 수 없는 상황인데도 상덕은 이렇다 할 一言半句의 어색한 말을 형남이에게 하지 않는다. 오히려 윤주 공유설을 내세워 그녀를 범하기를 강요했던 그로서는 하기야 당연한 일인지도 모르겠다.

이와 같이 세 작품이 내포하고 있는 인간 관계식은 근원적으로 동질의 것이라 하지 않을 수 없다. 또한, 통시적 관계에서 애정 양상의 어떤 맥락이 연결되어 있음을 시사하는 것이다. 즉, 남을 완전히 소유할 수도 이해할 수도 절대로 믿을 수도 없는 비극을 내포한 것이 이 인간 관계식이라고 할 수 있겠다.

그리고 이들의 행동성을 액면 그대로 받아들일 수 있는가 하는 가치문제를 생각해 보지 않을 수 없다. 이들은 범처하는 장면이나 범처했다는 말을 듣고서도 아무런 노여움이나 분개나 보복을 생각하지 않는다. 모든 피

---

63) 윤홍노, 앞의 책, p.370.
64) 한국 단편문학 전집Ⅴ, p.278.

조물의 가치는 그것이 위치한 시간과 공간에 따라 달라질 수 있는 소지가 있기 때문에 개인적 상황이나 가치관에 그 판단을 맡길 수밖에 없다. 그럴 수 있다는 인정과 함께 이에 대한 가치 판단도 마찬가지다.

3. 애정의 위상

<처용가>에서 처용은 범처의 현장을 보고 歌舞의 교화로 역신을 굴복시켰다. 그는 가라리가 네 개인 것을 보고 인간적인 粗雜에 갈등을 느낀다. 그러나 '둘은 내해이고' 하며 초탈적 상황으로 심정을 전환하며, 결국 '둘은 뉘해언고'란 지향 의식으로 승화된다. 가장 비극적인 인간의 상황을 겪고서도 龍子인 처용은 인간 외적이면서도 인간적인 용서를 베풀 줄 아는 슬기와 아량을 가졌다. 여기에서 신라인다운 넓은 도량을 터득할 수 있고, 형식과 관습에 구속되어 항상 초조한 생활을 하는 좁은 세계에서 초탈한 또 다른 정조 개념을 찾아볼 수 있는 것이다.65) 처용은 성보다 차원 높은 인간애를 생활의 철학으로 삼았다. 영원한 정신적 사랑이 내재해 있을 때에는 애정과 육체를 별개의 것으로 인식했던 것이다.

<날개>에서는 나오는 '나'는 剝製가 되어버린 천재다. 그는 속물적인 아내가 화대를 받고 내객들과 수작하는 것을 여러 번 목격했지만 그런 것에 무관심한 사람이다. 내객이 많은 날은 온종일 방에서 이불을 뒤집어쓰고 누워 있어야만 했다. 거기에서 그는 아내의 내객들이 아내에게 돈을 놓고 나가는 이유에 대하여 의문을 품기 시작한다. 그리하여 그는 다음과 같이 중얼거린다.

> 우리 부부는 숙명적으로 발이 맞지 않는 절름발이인 것이다. 내나 아내가 제거동에 '로직'을 붙일 필요도 없다. 변해야할 필요도 없다. 사실은 사실대로 오해는 오해대로 그저 끝없이 발을 절뚝거리며 세상을 걸어가면 되는 것이다.66)

---

65) 장덕순, "소설문학의 계승문제"(『대학국어』 1969) p.140.

그리고 "날개야 다시 돋아라, 날자. 날자. 날자. 한번만 더 날자꾸나. 한번만 더 날자꾸나." 소리치며, 그의 고민을 천사의 날개 위에 잠재워 永劫의 나래를 지펴 보려고 노력한다. 이것은 <처용가>와 원관념(tenor)에서 같은 것이다. 그리하여 절망과 허무 속에서 행동을 포기한 <날개>에서의 '나'는 웅덩이 속에 고인 물처럼 권태만이 소용돌이 쳐서, 아내가 무슨 짓을 하더라도 분노를 발산하지 않는 것이다. 다만, 아내가 내객의 품에 안겨 있는 것을 보았을 때 미워할 따름이다. 즉, 여인의 원초적 본질만을 소유할 따름인 것이다. 그리하여 다음과 같이 뇌까린다.

> 나는 또 여인과 생활을 설계하오. 연애 기법에마저 서먹서먹해진, 지성의 극치를 홀깃 들여다 본 일이 있는, 말하자면 일종의 精神奔逸者 말이요. 이런 여인의 반─그것은 온갖 것의 반이요-만을 영수하는 생활을 설계한다는 말이요.67)

이러한 그의 생활태도로 인하여 아내의 매춘 행위를 용납하고, 의도적으로 아내의 반만을 차지하려고 한다. 이에서 유발된 아내를 다 차지하지 못하는 공허를 메우기 위하여 그는 애틋한 사랑을 찾아서 천상으로 비상하려고 힘쓰는 것이다.

이상에서 고찰한 바와 같이 <처용가>와 <날개> 두 작품의 원관념(tenor)에서의 공통점은 인간 관계식에서의 타자 소유 가능성과 현세의 절망을 극복하려는 전세의 천상 이미지 동경이다.68) 따라서 '처용'과 '나'는 완전히 소유할 수도 애무할 수도 없는 아내의 육체와 사랑을 인간화 이전의 세계로 끌어올리려는 것이다.

이러한 인간 관계식 속에서 성과 애정의 측면에서 <암사지도>에서는

---

66) 한국 단편문학 전집Ⅱ, p.408.
67) 같은 책, p.389.
68) 윤홍노, 앞의 책, p.369.

이를 다른 방도에서 수용하고 승화시키고 있음을 찾아보는 것이 가능하다. 범처의 현장이나 범처를 했다는 말을 듣고 아무런 감정 표출을 하지 않는다는 보조관념(vehicle)은 동일하다고 할 수 있으나, 그러나 새로운 국면을 시사하고 있다. <처용가>나 <날개>에서 아내는 자기 자신의 본의에 의해서 곤욕을 치르는 것이 아니었다. <처용가>에서는 아름다움을 시기한 '역신' 자신이 처용 처를 범한 것이고, <날개>에서는 주인공 '나'와는 상관이 없는 자연적 매춘인데 비하여 <암사지도>의 상덕은 친구 형남에게 아내 윤주를 범하라고 자진해서 간청한다. 상덕은 누구한테 얻어 맞아서 유발된 정신병 환자도, 만삭 이전에 이 세상에 나동그라진 전형적인 기형아도 아니다. 그런데 그는 윤주 공유를 제의하는 것이다.

A. J. Toynbee는 인류사의 오랜 시대부터 사람은 성생활을 인간화할 필요를 느껴왔다고 했다. 그리하여 그 인간화의 방법을 다음과 같이 제시하고 있다.

> 우선 처음에 사람은 남성과 여성과의 사이에 성적 관계를 규율 짓는 사회적 법칙을 만들었습니다. 여기에서 내가 말하고자 하는 바른 결혼 제도에 대해서입니다. 이 제도는 말하자면 외면적, 형식적, 법적인 성질서 유지의 방법입니다. 다음에 사람은 또 성적 관계를 가진 남성과 여성이 영원한 사랑의 결합이 없이, 또 서로의 의무감도 없이 성욕의 만족만을 위하여 성행위에 빠지는 일에 반대하여 왔습니다. 이 점이 결혼 제도의 일부이기도 하지만 내 생각으로는 극히 논리적, 도덕적, 정신 부분이라고 느껴집니다. 서로간의 사랑, 서로간의 책임, 서로간의 배려는 법적, 제도적인 면보다 더욱 중요한 것입니다.[69]

이와 같이 결혼 제도라는 것이 성생활의 규제를 위한 것이라는 Toynbee의 말을 따른다면 <암사지도>에서의 상덕, 윤주, 형남의 삼각 관계는 가족제도의 붕괴를 의미하는 것이다.[70] 또한, 철칙으로 여겨 왔던 성

---

69) Toynbee, 『대화』(홍사중 역, 『삼성문화문고』3, 1972) pp.116~117.

의 분배 원칙을 완전히 무시하는 세태의 변화를 단적으로 대변해 주는 것이라 할 수 있다.

윤주는 교대로 찾아오는 남성의 품에서 사랑을 느끼지 못했다. 다만, 동물적 존재로서의 여자의 위치이기에 모든 것을 그냥 그대로 받아들인 것이다. 결국, 그녀는 "난 두 분 다 사랑하지 않죠"라고 발작을 일으키듯 웃으며 뇌까린다. 그리하여 누가 아버지인지도 모르는 애를 뱃속에 간직한 채 가정이라는 형식적, 제도적 카테고리에서 벗어나 훌쩍 떠나 버린다. 뱃속의 애가 자기 것이라는 것만 확실히 의식하면서 말이다.

V. 결 어

이상으로 전후 대표 단편에 등장한 Eroticism의 제 양상과 향가 및 일제 강점시 대표 문학, 전후문학 작품과 통시적으로 비교하여 애정관을 기술해 보았다. 여기에서 주목해야 할 사실은 전후의 와중과 참상을 겪은 이후 애정에 대한 인식과 사고 방식이 많이 변했다는 사실이다. 즉, 실존주의의 도래와 더불어 애정 문제를 존재와 결부시켜서 생각하게 되었고, 또 性이라는 신성하게 여겨온 금기의 대상과 밀접하게 연관지어 사랑을 설명

---

70) 『한국문학사』에서 김현은 한국에서의 가족제도의 붕괴는 임란 이후부터라고 하면서 다음과 같이 언급하고 있다.
  "한 사회가 안정되어 그 나름의 사상이나 윤리 의식을 드러낼 수 있게 되기 위해서는 그 사회가 요구하는 여러 금기가 풍속의 측면에 폭넓게 정착되어야 한다. 풍속과 굳게 결합하지 아니한 사상이나 윤리는, 그 사회 구성원의 지적 호기심을 만족시켜 줄 수 있을지는 모르지만 창조적 노력의 토대가 될 수는 없다. 풍속과 사상이 조우하는 최초의 장소는 가정이다. 가정을 통해 한 사회의 구성인자들은 그 사회가 요구하고 지시하는 여러 금기와 맞부딪쳐 가며 자신의 에고 콤플렉스(Ego-Complex)를 형성시킨다. 가정과 가족은 한 사회가 그 자체로 존속하는 것을 지키는 최소 단위이다. 그 가정의 파괴나 혼란은 즉각적으로 전 사회의 혼란을 불러일으키며, 그것은 형이상학적인 모든 것으로 파급되어 간다."(pp.30~31)

하지 않을 수 없게 되었다는 것이다.

본고에서 찾아본 전후문학에 示顯된 애정 양상을 정리해 보면 다음과 같다. 이는 작품에 나오는 주인공들의 이성 관계를 자세히 분석한 결과에 따른 성에 대한 사고방식과 그것을 접하는 인식의 변천 양상임을 밝혀 둔다.

첫째로, 성의 멸시를 인간의 멸시에까지 발전시키고 있다.

전광용의 <蟲媒花>에서 이러한 면모를 인간을 바라보는 고정된 렌즈의 확대를 통해 역력히 엿볼 수 있다.

> '아무 불순한 동기도 없어요. 기실은 좀더 정확하게 애기를 가지고 싶
> 었을 뿐…….'
> 충의 가슴속에서는 새로운 감정이 이글거리고 있었다. '애정도 유혹도
> 아닌 생산체로서의……, 말하자면 종모우(種牡牛)같은'

인간은 존재하는 그 자체로서도 지대한 가치를 지닌다. 그 가치의 정도는 타의 어느 것에 의해서도 강화되거나 강제로 이끌려 내려질 수도 없다. 그러나 전후 문학작품에서는 전쟁의 소산인 시대의 변혁으로 인해서 그런지는 몰라도 인간을 생산체로서의 물체로까지 卑下하고 있다. 이러한 인식은 아마도 메커니즘의 만연과 피해 의식에 기인한 것인지도 모른다.

둘째로, 성의 분배 원칙을 완전히 부정하고 있다.

전쟁은 인간 논리의 형태와 가치 체계를 전도시킨다. 서기원은 <암사지도>에서 이러한 것을 여실히 보여 주고 있다. 상덕은 친구인 형남에게 윤주를 공유하자고 제의한다. 여기에서도 형남과 윤주의 정신적 갈등의 片鱗을 보여 주지만, 결국 형남은 윤주를 범하고, 그리하여 윤주는 누구의 것인지도 모르는 애를 뱃속에 간직한 채 훌쩍 떠나 버린다. <破裂口>에서 갈표가 친구인 석후의 아내 계영을 데리고 사는 것도 다 이러한 면모를 설명해 준다. 이렇게 전후 문학작품에서는 남자의 품을 전전하는 여자들을 대거 등장시키고 있다.

셋째로, 성의 신성 관념을 왜곡하고 있다.

이러한 성과 애정에 대한 인식의 변화는 전쟁의 비극성에서 유추된 정신 변혁의 한 양상이라 할 수 있다. 전후 문학작품에서는 인간 본능의 자태를 과중히 여긴 나머지 성의 정신 관념을 격하시키고 있다. <갯마을>에서 해순이는 술집 노총각 상수와 정혼을 하지 않는 상태에서 유희를 한다. <쑈리킴>에서의 따링 누나의 매춘행위, <미해결의 장>에서 광순이가 그 신성을 헌 신짝처럼 팔아 버리는 행동에서 이러한 점을 엿볼 수 있다.

넷째로, 성과 사랑[愛]의 분리를 시사하고 있다.

일반적으로 '사랑=성'이란 관계는 현대 윤리관에서는 기정 사실로 받아들이는 철칙이다. 그러나 이것은 인간 각자의 가치관, 인생관에 의해서 받아들이는 정도와 해석이 달라질 수 있는 여지는 있다. 본고에서는 전후 문학작품에서 나타난 애정관이 애정=성이라고 말하는 것보다 반대로 이들의 분리가 아닌가 생각해 본다. 왜냐하면 사랑하는 사람과 육체적 관계를 맺는 사람은 따로 있기 때문이다.

<돌>에서 신승균은 작은 누님의 전실 딸 영란이를 사랑하고, <젊은 느티나무>에서 숙희는 의붓아버지의 아들 현규를, <창포필 무렵>의 소년 경호는 형수가 될지도 모르는 연상의 여인 동수 누나를 사랑하고 있다는 점을 봐서도 성과 사랑의 분리를 찾아보는 것이 가능하다.

다섯째로, 성도덕의 紊亂과 윤리관의 약화를 보여 주고 있다.

<장씨일가>에서 장정표의 아내가 불구자인 남편에게서 생활의 만족을 찾지 못하고 시아버지 비서 김윤수와 놀아나는 행동에서 이를 찾아볼 수 있다. 또한, <유실몽>에서의 철수의 누나, <잉여인간>에서 천봉우의 아내, <오발탄>에서 철호의 동생 명숙, <신화의 단애>에서의 진영, <輪舞>에서의 강설량 등의 행동에서도 성도덕의 문란과 윤리관 약화의 일면을 보여 준다고 하겠다. 이러한 것은 하나의 세태 현상으로 그냥 간과할 성질의 문제만은 아니라고 본다.

여섯째로, 근친 상간의 면모를 보여 주고 있다.

인간 윤리의 기저는 그 시대의 가치관과 사회 현상에 달렸다고 말할 수 있다. 그런데 이러한 近親相姦의 면모는 전후 우리 현실이 어떠했는가를, 또한 형용할 수 없는 가치 타락의 진상이 무엇인가를 역력히 증변해 준다. 장용학의 장편소설 <원형의 전설>에서 오빠 택부는 동생 기미를 강간하는 奇想天外의 일을 범하고 만다. 이와 같이 현대의 전쟁이 야기한 윤리 체계의 변혁에 대응하여 새로운 가치 체계로서의 윤리관을 확립하고, 보다 차원 높은 인간 관계의 설정과 정립에 勉力하는 것이 현대인의 책무라 생각한다.

이상, 미흡한 내적 지식 체계와 학문적 배경을 가지고 전후 문학작품에 나타난 애정관을 살펴보았다. 많은 억측과 논지의 전개에 미흡함이 있음을 부인할 수는 없지만, 전후 문학작품에 나타난 애정관이 무엇이라고 천착해 보려는 시도 그 자체에 비중을 두고 이해했으면 한다.

한 연구는 다음 다른 연구의 기반이요 모티브가 된다. 6·25전쟁은 많은 작가의 이동을 초래하였고, 더불어 문학사의 정립에 선행, 보완되어야 할 많은 문제들을 제기하였다. 앞으로, 이러한 문제들이 더욱 연구·천착되어 그 성격이 확연하게 밝혀져야 할 것이다. 그리고 1960년대에로의 문학으로 어떻게 전이·전환되었는가를 규명하는 것도 현대 비평가들이 해결해야 할 커다란 과제라 생각한다.

제 4 장

'삶'을 창조하는 독서와 국어교육

Ⅰ. 서 언

어떤 면에서 인간은 태어나면서부터 아리스토텔레스가 말한 '알려고 하는 욕구'와 '자기 표현의 욕구'를 충족시키기 위하여 언어를 사용하게 되었다고 할 수 있다. 그리하여 역사상에서 인간은 수많은 기록을 남겼고, 그 기록의 내용을 알기 위하여 자연스럽게 독서를 하게 된 것이다. 그러므로 독서는 근본적으로 인간의 본능적 욕구를 충족시키기 위한 고도의 심리적 행위라고 해도 과언이 아니다.

이렇게 독서가 인간의 근본적인 욕구 충족에서 기인한 행위라면, 독서를 인간의 삶의 문제와 결부시키는 것이 무리는 아니다. 즉, '우리는 왜 여기에 존재하게 되었으며, 어떻게 살아야 하는가'란 소박한 물음에 답을 얻기 위하여 독서를 한다고 하겠다. 그러나 여기에는 관여되는 변인(이를 '독서 변인'이라고 할 수 있음.)이 너무 많기 때문에 독서를 통하여 이러한 물음에 대한 정확한 답변을 얻기란 그리 쉬운 일은 아니다.

독서 행위의 본질을 해명하려면 먼저 '독서의 참뜻이 무엇인가'를 밝히는 작업이 선행되어야 한다. 독서는 단순히 사전적으로 '책을 읽는다.'는 의미에 국한되지는 않는다. 일반적으로 독서는 시공을 초월하여 이루어져야 한다고 강조한다. 그런데 시공을 초월하는 방법이 그리 쉽지가 않다. 그렇지만 현재와 같은 지식·정보 사회에서는 '독서'란 정의도 시간과 공간을 극복할 수 있는 방법론이 개입된 의미 범주의 설정이 시도되어야 한다고 본다.

이러한 관점에서 인간의 창조적 삶의 문제와 결부하여 '독서의 의미'를 넓혀 보고, 독서의 목표와 범주, 방법의 확충을 모색하여 국어교육에서의 독서교육의 방향을 생각해 보고자 한다. 이는 독서의 개념을 시간과 공간을 초월하는 의미로 확장해 보는 시도이며, 인간이 일생동안 독서와 어떤 관계를 형성하며 살아야 하는가의 일단을 제공하는 것도 될 것이다.

Ⅱ. 독서와 인간 존재

독서는 단순히 읽어서 습득할 수 있는 경험의 보충에 불과한 것이 아니다. 의미 있는 독서는 읽는 활동을 통하여 스스로 이루어지는 경험 그 자체라고 말할 수 있다. 책은 남다른 통찰력과 진실을 가지고 쓴 내용, 주위의 세계에 대하여 저자가 이해하고 생각한 것을 독자가 인식(이해)할 수 있는 일부로 제공해 줄 수가 있다. 책을 통해서 우리 자신의 시대와 지나간 시대에 살았던 수많은 훌륭한 지성인들의 경험 세계와 누구나 흥미를 갖는 소재에 대해서 이야기하는 것을 들을 수 있다.

'인간이 무엇 때문에 존재하는가'는 영원히 해결하려고 생각해 보아야 할 문제이기도 하다. 존재의 문제는 삶의 방식과도 직결되는 것으로, 이에 대한 해답을 인간은 문학적으로 철학적으로 해결하려고 부단히 노력하기도 하였다. 그러나 우리는 실제 경험해 보지는 못했지만, 책을 통하여 인생 역정에서 대처해야할 많은 문제에 대한 해답을 얻을 수 있다. 고통과 시련에 대한 자기화의 원리를 만들 수 있는 계기도 결국은 책을 통해서였다.

'언어'는 소유 지향성을 강화시키는 중요한 요소라고 말한 Erich Fromm은,『소유냐 존재냐』에서 '인간 변혁의 조건과 새로운 인간의 특징'을 설파하면서, 소유 양식의 우위로부터 존재 양식의 우위에로 인간의 성격을 근본적으로 바꾸는 것만이 심리적, 경제적 파국으로부터 인간을 구해줄 수 있다고 가정하고, 다음 조건들이 있다면 인간 성격이 변화할 수 있다고 하였다.

① 우리는 고통받고 있으며, 우리가 그 사실을 알 것
② 우리가 우리 불행의 원인을 인식할 것
③ 우리가 우리 불행을 극복할 수 있는 방법이 있음을 인식할 것
④ 우리의 불행을 극복하기 위해서는 특정한 생활 규범을 지켜야 하며, 현재의 우리 생활 습관을 바꾸어야 한다는 사실을 받아들일 것[1]

그리고 이런 네 가지 항목은 인간 생활의 보편적 상태는 비록 특수한 개인 또는 사회적 환경에 기인한 인간 불행의 경우에 관한 것은 아니지만, 부타[佛陀]의 가르침의 기초를 이루는 四聖諦(苦, 集, 滅, 道)[2]와 일치한다

---

1) Erich Fromm, 『To Have or to Be』(『소유냐 존재냐』, 시사영어사, 1998) p.157.
2) 이기영 역해『般若心經』(한국불교연구원, 1979)에서는 '四聖諦'를 다음과 같이 풀이하고 있다.

　　苦(duhkha)는 현실의 괴로움을 나타낸 것이다. 태어나는 것도 괴로움이며, 늙는 것도 괴로움이다. 병드는 것도 괴로움이며, 죽는 것도 괴로움이다. 원한 있는 자와 만나지 않으면 안 되는 것도, 사랑하는 사람과 헤어지지 않으면 안 되는 것도 괴로움이다. 구하나 얻어지지 않음도 괴로움이니, 요컨대 번뇌의 수풀 위에 뿌리 박고 있는 이 몸이 존재하는 것도 괴로움이다. 이렇게 괴로울 수밖에 없는 인간 존재의 원인을 밝힌 것이 集(samudaya)이다. 괴로움의 원인은 執着이다. 불이 타듯 이글거리는 욕망의 수령은 걷잡을 수 없는 번뇌를 불러일으킨다. 탐내고[貪] 시기하고[瞋] 어리석[癡]은 인간의 번뇌는 이러한 渴愛의 속박에서 비롯된 것이다. 따라서 이 고와 집은 덧없이 流轉하는 현상 세계의 인과를 설명한 것이다.
　　滅(nirodha)은 깨달을 목표, 곧 이상향인 涅槃의 세계를 가리킨다. 즉 애욕의 속박에서 벗어나 淸淨無垢한 해탈을 얻음을 말한다. 道(mārga)는 이러한 멸을 얻기 위한 방법이며, 실천 수단이기도 하다. 도는 흔히 팔정도라고 불리는 여덟 가지 수행 덕목이다. 바르게 보고[正見], 바르게 생각하고[正思], 바르게 말하고[正言], 바르게 행동하고[正業], 바른 수단으로 목숨을 유지하고[正命], 바르게 노력하고[正精進], 바르게 외우고[正念], 바르게 마음을 안정시키는[正定] 수행법이다. 그것은 有에도 無에도 집

고 하였다. 비슷한 맥락에서 맹자도 다음과 같이 말한다.

> ……그러므로 하늘에서 그러한 사람들에게 큰 일을 맡기는 명을 내리면 반드시 먼저 그들의 心志를 괴롭히고, 그들의 筋骨을 수고롭게 하고, 육체를 굶주리게 하고, 그들 자신에게 아무 것도 없게 하여 그들이 하는 것이 그들이 해야 할 일과는 어긋나게 만드는데, 그것은 마음을 움직이고 자기의 성질을 참아서 그들의 해내지 못하는 일을 더 많이 할 수 있게 해주기 위해서이다. 사람들은 언제나 과오를 저지르고 난 후에야 고칠 수 있고, 마음속으로 번민하고 생각으로 달아보고 난 후에야 하고, 안색으로 타내고, 음성으로 발하고 난 후에야 안다. 들어가면 법도 있는 세가와 보필하는 선비가 없고, 나가면 적국과 외부에서의 우환이 없다면 그런 나라는 언제나 멸망한다. 그렇게 되고 난 후에야 憂患 속에서는 살고 安樂 속에서는 망한다는 것을 알게 된다.[3]

접근 방식은 다르지만 상기의 지론에서 우리는 존재의 이유와 방법을 다소나마 터득할 수 있다. 살아가는 데 있어 인간에게는 어려움이 따르고, 이러한 어려움을 극복하는 능력을 지닌 것이 인간이라는 말과도 일맥 통한다. 그런데 이러한 능력은 선천적으로 가지고 태어나는 것이 아니다. 독서란 방편을 통하여 길러지는 것이다.[4]

착하지 않는 中道의 수행법으로서 원시 불교의 근본 교의를 이루고 있다.

　사제 중의 苦는 生死果이고, 集은 生死因이며, 滅은 涅槃果이고, 道는 涅槃因이다. 그러나 후대에 대승불교가 흥기한 이래 이 사제 법문을 비롯해 십이인연, 팔정도 등의 법문은 小乘 법문으로 취급되었다(pp.67~68).

3) 『孟子』 告子章句 下(차주환 역, 명문당, 1976) 이하 여기에서 인용함.

4) 독서를 이러한 관점에서 정의한 면모가 보인다. "독서는 높은 수준의 스킬을 요구한다. 그리고 복잡한 생각을, 여러 각도에서 해결할 수 있는 생각을 요구한다."(Reading is a high oder of skill and it requires thinking that is complex, that yields multiple solutions./ Lauren Resnick), "독서란 생각을 위한 언어의 사용이고, 문제 해결이며, 의사소통이다."(Reading is the use of language for thinking, problem solving, and communication./ Lobert Calfee)(전정제, "청소년 독서와 독서교육의 지향"(『청소년 독서문화와 독서교육의 지향』 한국독서학회 제11회 학술발표대회 자료집. 2003. p.5)에서 재인용.

이렇게 우리는 직접 경험을 통하지 않고서도 독서를 통하여 인간으로서의 삶의 변화 방법을 이해하게 된다. 독서는 어떤 면에서 인간 존재의 도구이며, 나아가 의미 있는 존재를 위해서는 독서를 해야한다는 명제 속의 존재인 것이다. 자양분의 공급 없이는 살아갈 수 없는 것처럼, 독서의 영양분을 섭취하지 않고서는 존재할 수 없다는 논리적 관계를 성립시킬 수 있다.

그리하여 독서라는 활동을 중심으로 인생의 歷程, 즉 '독서 활동의 단계'를 다음과 같이 구분하여 독서 체계를 구축하고, 이에 상응하는 독서의 목표와 범주, 방법을 이론적으로 제시하는 것이 필요하다. 이는 '태어나면서부터 책과 함께 인생을 시작하고 책과 함께 인생을 정리한다.'는 명제 성립과도 유관하다.

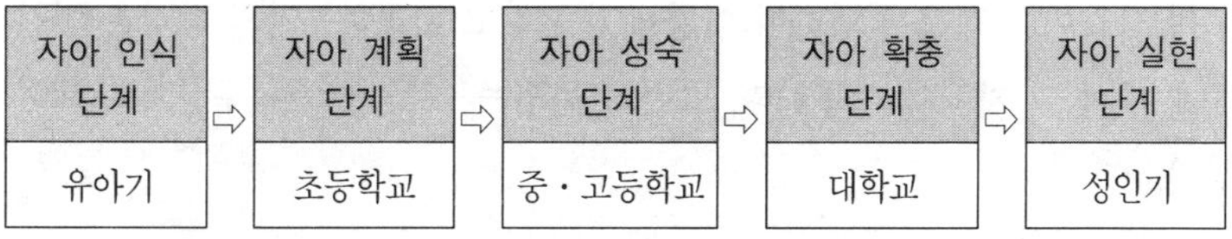

상기의 단계 구분은 인간은 일생동안 중단 없이 독서를 해야 한다는 의무감을 던져 준다. 그리고 독서가 일생동안 계획적으로, 체계적으로 이루어져야 하고, 각 단계마다 읽어야 할 필독 도서가 적성과 수준에 맞게 제공되어야 함을 시사하기도 한다.

현재의 독서 현실에서 제일 취약한 시기가 정신적으로나 육체적으로 가장 성장이 왕성한 중·고등학교의 자아 성숙 단계이다. 그 원인이 어디에 있는지 뚜렷하지는 않지만, 이 시기에는 '어떤 목표로 무엇을 어떻게 독서할 것인가'를 구체적으로 제시하지 못하고 있다. 학습 참고서는 넘쳐나도 독서 자료는 수준을 고려하여 체계적으로 제공하지 못하고 있는 실정이 사실이다.

그리고 앞으로는 어느 한 단계만 강조되는 독서가 아니고, 태어나면서부터 생을 마칠 때가지 계속되는 독서 체계에 대하여 학문적으로 이론을 정립하고 독서 목록을 제공하는 등 장기적인 연구와 교육계획 수립이 필요하다.

Ⅲ. 삶의 창조와 독서 효과

1. 발상의 전환과 독서

의미 있는 삶의 영위는 창조적으로 만들어 가는 인식의 태도와 연관된다. 그런데 다음 사례는 이러한 사실을 가시적으로 보여 주는 것들이다. 주위 사물이나 현상에 대하여 어떻게 대처하고 처리하는가의 방식은 인간 존재 방식 그 자체와 상통한다. 그런데 독서는 이들 방식을 무상으로 제공한다.

1) 孔子와 어린이

공자가 동쪽으로 유람을 다니다가 말다툼을 하는 것을 보고서 그 까닭을 물었다. 한 아이가 대답하였다. "저는 해가 처음 떠오를 때가 사람들로부터 가깝고 해가 중천에 올 때에는 멀어진다고 했습니다." 다른 아이가 말하였다. "저는 해가 처음 떠오를 적에는 멀고, 해가 중천에 왔을 때에는 가깝다고 했습니다." 한 아이가 말하였다. "해가 처음 떠오를 때에는 크기가 수레 덮개와 같은데 해가 중천에 오면 곧 대접과 같아집니다. 이것은 먼 것은 작게 보이고, 가까운 것은 크게 보이기 때문이 아니겠습니까?" 한 아이가 말하였다. "해가 처음 떠오를 적에는 싸늘하고, 해가 중천에 오게 되면 끓는 국에 손을 넣는 것처럼 뜨겁습니다. 이것은 가까운 것은 뜨겁고, 멀리 있는 것은 서늘한 때문이 아니겠습니까?" 공자도 결단을 내리는 수가 없었다. 그러자 두 아이가 웃으면서 말하였다. "누가 선생님이 아는 게 많다고 하였던가?"5)

2) 男女授受不親

순우곤이 "남녀가 직접 주고받지 않는 것이 예입니까?"라고 말하자 맹자가 말씀하시기를 "예요" "형수가 물에 빠지면 손으로 끌어 당겨 줍니까?" "형수가 물에 빠졌는데 끌어 당겨 주지 않는다면 그것은 이리요. 남자와 여자가 주고받는데 직접하지 않는 것은 예이고, 형수가 물에 빠진 것을 끌어 당겨주는 것은 임시 방편[權]이요." "지금은 천하가 물에 빠졌는데 선생께서 끌어 당겨 주지 않는 것은 무슨 까닭입니까?" "온 천하가 물에 빠지다시피 되면 道로써 구원해 주고, 형수가 물에 빠지면 손으로 끌어 당겨 주는 거요. 당신은 천하를 손으로 끌어 당겨 주려는 거요?"(『孟子』 離婁章句 上)

3) 깃발의 흔들림

(혜능이) 하루는 생각하되 "법을 펼 때가 되었다. 이제는 피하지 못하겠구나." 하고 드디어 광주 법성사에 이르렀는데, 인종 법사가 涅槃經을 강의하고 있었다. 그때 마침 바람이 불어 깃발이 펄럭이고 있었다. 그것을 보고 한 스님이 말하기를 "바람이 움직인다." 하였고, 또 한 스님은 "깃발이 움직인다." 하여 서로 토론이 그치지 않았다. 이때 혜능이 말하기를 "그것은 바람이 움직이는 것도 아니오, 깃발이 움직이는 것도 아니며, 당신들의 마음이 움직이는 것입니다." 하였다. 이에 온 대중이 놀라고, 인종 법사는 혜능을 윗자리로 청하여 깊은 뜻을 물었다.6)

4) Goliath과 David

골리앗이 이스라엘 사람에게 대항하기 위해서 도착하자, 모든 이스라엘 병사가 "키가 너무 커서 우리는 그를 결코 죽일 수 없을 것이다."라고 말했다. 다비드는 똑같은 거인을 바라보고 "그가 너무 크니 나는 그를 놓칠 수 없다.(결코 실수할 수 없다.)"라고 생각했다.

5) 宋有富人

송 나라에 한 부자가 있었다. 비가 내려 그 집의 담장이 무너졌다. 때에

---

5) 『列子』, 湯問篇(김학주 역해, 명문당, 1977) 이하 여기에서 인용함.
6) 『六朝壇經』(정병조 역해, 한국불교연구원, 1998) p.53.

그의 아들이 "다시 쌓지 않으면 도적이 들어 올 것입니다."라고 말하였다. 그 이웃집 주인도 같은 말을 했다. 해가 저물고 나서 과연 도적이 들어와 크게 재물을 잃었다. 그 부자는 그 아들을 선견지명이 있다고 칭찬했지만, 이웃집 주인에 대해서는 저놈이 훔친 것이 아닌가 하고 의심했다.

또, 옛날에 정 나라 武公이 胡라는 오랑캐를 치려고 생각했다. 그래서 우선 자기 딸을 호의 군주에게 시집 보내고 나서 신하에게 물었다. "내가 전쟁을 일으키고 싶은데 어느 나라를 치면 좋을까?" 대부인 關其思가 "호를 치셔야 합니다."라고 대답했다. 그러자 무공은 "호는 형제 국인데 그대는 어째서 이것을 치라고 하는가" 하고 관기사를 사형에 처했다. 호의 군주는 이것을 듣고 정 나라가 자기 나라와 친근한 줄로 알고, 정에 대한 방비를 하지 않았다. 그러자 정군이 호를 덮쳐서 그 나라를 빼앗았다.

이웃집 주인의 의견이나 관기사의 의견도 다 같이 정당한 의견이었지만 심한 자는 처형되고, 가벼운 자는 의심을 받았다. 이것은 곧 지혜로서 한 사물의 진상을 안다는 건 어려운 것이 아니나 안 것을 어떻게 처리할 것인가가 어렵다는 말이다.[7]

이상의 일화는 우리들 모두가 일상생활에서 겪을 수 있는 事象에서 발상을 전환하면 새로운 가치체계를 발견할 수 있다는 내용을 담은 것들이다. 인간은 보편적인 현상에 아무런 생각 없이 안주하기 쉽다. 그러나 사물과 현상을 다른 각도에서 바라보면 새로운 삶을 창조할 수 있는 길을 발견하는 것이 가능한 것이다.

인간이 존재하는 所以는 인간다운 삶을 영위하고 인간으로서의 역할을 다하기 위해서다. 그런데 이를 성취하고 실천하기란 그리 용이한 것이 아니다. 그런데 바라보는 각도와 관점에 변화를 주면 인식의 방향이 달라지고, 이에 따라 삶의 영위 방식도 차원을 달리하게 된다.

이러한 관점의 변화를 독서를 통하여 이룩할 수 있다. 독서는 발상의 전환을 야기하며, 일상적이고 평범한 事象과 현상에서 삶의 교훈을 터득하는 것을 가능하게 한다. 독서는 삶의 창조를 이루는 첩경이다.

---

7) 『史記列傳』(홍석보 역, 삼성출판사, 1977) p.49.

2. 삶의 태도와 독서

처칠은 햄릿을 줄줄 외웠다고 한다. 2차 대전 위기의 영국을 구할 수 있는 그의 지략도 독서의 힘에서 연유한지도 모른다. 고전에 나타난 몇 가지 삶의 유형을 찾아 제시해 보면 다음과 같다. 상황에 대한 인식과 이에 대처하는 방식이 모두 다르다.

1) 先卽制人

① 시황이 죽고 2世가 등극하자 陳勝이 일으킨 반란을 신호로 각처에서 소란이 일어나 천하는 크게 어지러워질 조짐을 보였다. 이때 會稽太守 殷通이 항량에게 말했다. "江西에서는 모두 반란을 일으키고 있으니 이는 바로 하늘이 秦을 멸망시키는 시기라고 생각한다. 나는 '앞서 손을 쓰면 남을 제압하고 뒤지면 남에게 제압 받는다.'고 들었다. 나는 군대를 일으켜 그대와 桓楚를 장군으로 임명코자 하는데 의향이 어떤가?" 이때 환초는 다른 지방으로 도피하고 있는 중이어서 항량은 말했다. "아무도 환초의 거처를 모릅니다. 항우만은 아는 눈치이니 잠시 기다려 주시기 바랍니다." 항량은 방에서 나가자 항우에게 무어라 귓속말은 하고 돌아와 말했다. "항우는 안다고 하오니 그에게 불러오도록 분부하십시오." 이리하여 항우를 불러 들였다. 방에 들어선 항우는 한 칼에 은통의 목을 쳐죽였다. 이리하여 항량은 인을 빼앗아 스스로 회계 태수를 자처하면서 그 병력을 손아귀에 넣어 반군을 일으키기에 이르렀다.[8]

② 여백사는 오래도록 돌아오지 않았다. 진궁도 은근히 걱정이 되는지 얼굴이 흐려지고 조조는 더욱 의심이 났다. 그래서 더욱 귀를 모아 바깥의 동정에 마음을 쓰고 있는데, 문득 집 뒤에서 칼 가는 소리가 들렸다. "여백사는 아무래도 제 친 아비는 아니오. 조금 전에 떠나는 모습에 자못 의심스러운 데가 있었으니, 한번 가만히 엿들어 봅시다." 조조가 그렇게 말하자 진궁도 조용히 고개를 끄덕였다. 두 사람은 몰래 草堂 뒤로 숨어들어 귀를 기울였다. "묶어서 죽일까 그냥 죽일까." 누군가가 굵은 목소리로 물었다. "혹

---

8) 독서신문사 편, 『세계의 故事·名言』(1976) pp.129~130. 이하 고사는 여기에서 많이 참조함.

시라도 놓치면 큰 일이네. 묶어서 죽이세.” 또 다른 목소리가 대답했다. 조조도 진궁도 그런 그들의 대화를 엿듣자 낯빛이 변했다. “어떻게 하시겠습니까.” 진궁이 소리를 낮추어 물었다. 조조가 칼자루에 손을 대며 분연히 말했다. “역시 그랬군. 만약 지금 먼저 손을 쓰지 않으면, 반드시 우리가 저들에게 사로잡혀 죽게 될 것이오.” 그러자 진궁도 할 수 없다는 듯 칼을 빼들고 조조를 따랐다. 두 사람은 똑 바로 후원으로 뛰어 들어 남녀를 가리지 않고 눈에 띄는 사람은 모조리 말 한 마디 할 틈조차 주지 않고 죽여버렸다. 죽여 놓고 보니 여백사의 처자와 비복을 합쳐 여덟이나 되었다.

…그런데 그들이 어리둥절한 눈으로 자기들을 바라보고 있는 여백사를 지나칠 무렵이었다. 조조가 갑자기 고삐를 당겨 말을 세우더니 채찍을 들어 여백사의 뒤쪽을 가리키며 소리쳐 물었다. “백부님, 저기 오는 저 사람이 누굽니까?” 그 말에 여백사는 무심코 뒤를 돌아보았다. 그 순간이었다. 조조가 재빨리 칼을 뽑아 여백사를 내리찍었다. 비명 소리 한번 없이 여백사의 목이 나귀등에서 떨어졌다. “아니 맹덕 이게 무슨 짓이오?” 저만치서 급히 말을 세운 진궁이 놀라 소리쳤다. … 진궁이 한층 꾸짖는 듯한 목소리로 조조를 반박했다. 조조는 가만히 그를 보다가 낮고 조용하게 대답했다. “차라리 내가 세상을 저버릴지언정, 세상 사람들로 하여금 나를 저버리게 하지는 않을 것이오(寧敎我負天下人 休敎天下人我負)”   (이문열의 『三國志』)

2) 殺身成仁

(소크라테스) 그는 일어나 크리톤과 함께 욕실로 갔다. 크리톤은 우리들에게 기다리라고 말했다. 그래서 우리들은… 우리의 큰 슬픔에 대해 말하거나 이를 생각하며 기다렸다. 그는 아버지와 같았는데 이제 우리는 그를 여의고 여생을 고아처럼 지내야 하는 것이다.… 이제 해가 질 때가 가까워졌다. 그가 안으로 들어간 다음 상당한 시간이 흘렀던 것이다. 그는 밖으로 나와 다시 우리와 함께 앉았다. 곧 간수가… 들어와 그의 옆에 서서 말했다. “소크라테스, 나는 당신이 지금까지 이곳에 들어온 사람들 중에서 가장 고상하고 가장 너그럽고 가장 훌륭한 분임을 알고 있습니다. 다른 사람들은 내가 상부의 명령으로 독약을 마시라고 명령할 때, 나에게 화를 내고 저주를 합니다만 당신은 나에게 화를 내지 않으리라고 정녕 확신하고 있습니다. 아시다시피 죄는 나에게 있지 않고 다른 사람에게 있습니다. 그러므로 당신

이 편안한 마음으로 운명의 짐을 가볍게 지기를 바랍니다. 당신은 내가 온 용건을 아실 테죠." 이렇게 말하고는 그는 눈물을 흘리며 돌아서서 나갔다.

소크라테스는 그를 바라보며 말했다. "자네도 잘 있게. 자네가 하라는 대로 하겠네." 그리고 우리를 바라보며 말했다. "얼마나 좋은 사람인가. 내가 감옥에 들어온 후, 그는 언제나 나를 보러 왔네. 그리고 보다시피 지금도 그는 진심으로 슬퍼하고 있네. 따라서 크리톤, 우리는 그가 시키는 대로 해야 하네. 독약이 준비되었거든 잔을 갖고 오라고 하게. 아직 준비되지 않았거든 담당자에게 준비하라고 하게."

크리톤은 말했다. "그러나 해는 아직도 언덕 위에 있고 밤 늦게야 약을 마신 사람도 많다네. 이 사람들은 통고를 받고 난 다음에도 먹고 마시는 등 감각적 즐거움을 즐겼다네. 서두르지 말게. 아직 시간은 있네."

소크라테스는 말했다. "크리톤, 자네가 방금 말한 사람들이 그렇게 한 것은 당연하네. 그들은 잠시라도 죽음을 지연시키면 그만큼 이롭다고 생각하거든. 그러나 나는 독약을 조금 늦게 마신다고 해서 소득이 있으리라고 생각하지 않으므로 그렇게 하지 않는 것이 옳은 일일세. 내가 이미 죽은목숨을 아끼고 아쉬워한다면 그것은 내가 생각해도 우스운 일일세. 제발 내가 하라는 대로 해 주고 내 말을 거절하지 말게."

크리톤은 이 말을 듣고 하인에게 신호를 했다. 하인은 안으로 들어가 잠시 있다가 독이 든 잔을 가진 간수와 함께 돌아왔다. "여보게, 자네는 이 일에 밝을 테니 어떻게 하면 되는지 가르쳐 주게." 간수는 대답했다. "다리가 무거워질 때가지 걸으십시오. 다음에는 누우십시오. 그러면 독이 퍼지기 시작합니다." 이렇게 말하고 그는 잔을 소크라테스에게 건네주었다. 소크라테스는 가장 태평하고 가장 온화한 태도로 조금도 두려워하지 않고 안색이 변하거나 자세를 흐트러뜨리는 일도 없이 평상시와 조금도 다름없는 태도로 눈을 크게 뜨고 간수를 바라보며 잔을 받아들고 말했다. "이 잔에 든 것으로 신에게 獻酒하고 싶은데 어떨까? 괜찮을까? 안 될까?" 간수는 대답했다. "소크라테스, 우리는 꼭 필요한 만큼만 준비했습니다." 소크라테스는 말했다. "알았네. 그러나 이 세상에서 저 세상으로 가는 나의 여행이 편안하도록 기도드릴 수는 있을 것이고 기도 드리지 않으면 안 되지. 이것이 나의 기도이니 내 뜻을 받아 주소서." 이렇게 말하고 그는 잔을 입술에 대고 태연하고 쾌활하게 독을 마셨다.

이때가지는 우리들 대부분 간신히 슬픔을 참고 있었다. 그러나 이제 그가 독을 마시기 시작하고, 또 독약을 다 마신 것을 보자 우리는 이 이상 참을 수 없었다. 나 역시 더 참을 수가 없어서 눈물이 줄줄 흘러내렸다. 그래서 나는 얼굴을 가리고 나 자신을 위해 울었다. 확실히 나는 소크라테스를 생각하고 운 것이 아니라 이러한 벗을 잃게 된 나 자신의 불행을 생각하고 울었다. 내가 처음으로 울기 시작한 것은 아니었다. 크리톤은 눈물을 억제할 수 없으니까 일어서서 나가버렸다. 나는 그의 뒤를 따랐다. 그러자 이 순간 지금까지 줄곧 눈물을 흘리고 있던 아폴로도로스가 통곡하기 시작했다. 그의 통곡은 우리들 모두의 마음을 약하게 만들었다. 소크라테스만이 침착했다. 그는 말했다. "무슨 괴상한 울음소린가? 나는 이런 꼴을 보일까 두려워 부녀자들을 내보냈던 거야. 사람은 조용히 죽어야 한다는 말을 들었네. 제발 조용히 참도록 하게." 우리는 이 말을 듣고 부끄러워 눈물을 참았다. 소크라테스는 걸어다니다가 다리가 무거워지기 시작했다고 말하고 간수의 지시대로 반듯이 누웠다. 그에게 독을 준 간수는 가끔 그의 발과 다리를 살펴보았다. 잠시 후 간수는 그의 발을 세게 누르면서 감각이 있느냐고 물었다. 소크라테스는 "없다"고 대답했다. 다음에 간수는 다리를 눌러 보고 차츰 위쪽으로 손을 옮기다가 소크라테스의 몸이 차가워지고 굳어진다고 우리들에게 눈짓을 했다. 소크라테스도 이것을 느끼고 말했다. "독이 심장에 미치면 마지막일세." 하반신이 뻣뻣해지자 그는 얼굴을 덮었던 것(그는 몸을 덮고 있었다.)을 젖히고 말했다. 이것이 그의 마지막 말이었다. "크리톤, 나는 아스클레피오스에게 닭 한 마리를 빚졌네. 자네가 잊지 않고 이 빚을 갚아 주겠나?" 크리톤은 말했다. "빚은 꼭 갚겠네. 다른 말은 없나?" 이 물음에는 대답이 없었다. 그러나 1, 2분 동안은 몸을 꿈틀거렸다. 그러자 간수가 몸을 가렸던 것을 벗겨 냈다. 그의 눈은 움직이지 않았고 크리톤은 눈을 감기고 입을 다물게 했다.

이것이 내가 알고 있는 사람들 중에서 가장 현명하고 가장 올바르고 가장 훌륭한 사람이라고 진심으로 말할 수 있는 우리들의 벗의 최후였다.

(플라톤, 『파이돈』)9)

---

9) Will Durant, 『The Story of Philosophy』(황문수 역, 『철학 이야기』, 문예출판사, 1996) pp.27~27.

3) 掩耳盗鈴

범씨가 망할 때의 사건인데, 혼란을 틈타서 범씨의 성으로부터 종을 훔친 자가 있었다. 그 자는 종을 지고 도망치려 했으나 워낙 무거워 질 도리가 없었다. 그래서 깨뜨린 다음에 가지고 갈 생각으로 망치로 쳤더니 너무나 큰 소리가 울려 퍼졌다. "큰 일이다. 이 소리가 들리면 남에게 뺏길지도 모른다." 이런 생각이 머리를 스치자 그 사람은 얼른 제 귀를 막아버리더라는 것이다.　　　　　　　　　　　　　　　　　　(『呂氏春秋』不苟論 自知篇)

4) 執着·偏見

어느 사람이 도끼를 잃어버리고는 그 이웃집 아들을 의심했다. 그의 걸음거리로 보아도 도끼를 훔친 것 같고, 안색을 보아도 도끼를 훔친 자 같고, 말씨를 들어도 도끼를 훔친 자 같았다. 모든 동작과 태도가 하나도 도끼를 훔친 자 아닌 것 같은 것은 없었다. 얼마 안 있다가 골짜기를 파다가 그 잃었던 도끼를 찾았다. 다음날 다시 그 이웃집 아들을 보니 동작과 태도가 도끼를 훔친 자 같지가 않았다.　　　　　　　　　　　　　　　　(『列子』, 說符篇)

5) 群盲評象

어떤 곳에 왕이 있었다. 하루는 코끼리를 끌어내어 소경들에게 보이라고 명령했다. 대신은 소경을 모아 놓고 코끼리를 끌어 내오게 했다. 소경들은 손으로 코끼리를 만져 보았다. 왕이 물었다. "너희들은 코끼리의 모양을 알았느냐?" "알았습니다." 소경들은 일제히 대답했다. "그래 그러면 어디 말해 보아라. 코끼리는 무엇 같으냐?" 이를 만졌던 소경이 말했다. "코끼리는 무처럼 길쭉합니다." 귀를 만진 소경은 말했다. "코끼리는 키(箕) 같습니다." 머리를 만진 자가 대답했다. "코끼리는 돌 같습니다." 코를 만진 자가 대답했다. "코끼리는 절구 공이 같습니다." 발을 만진 자가 말했다. "코끼리는 절구 같습니다." 등을 만진 자가 말했다. "코끼리는 平床 같습니다." 배를 만진 자가 말했다. "코끼리는 독 같습니다." 꼬리를 만진 자가 말했다. "코끼리는 새끼줄 같습니다." 이 이야기를 말하고 나서 부처님은 이 같은 결론을 지었다. "이 소경들은 코끼리를 몸에 대해 말하고 있지 못 하지만 그렇다고 말하고 있지 않은 것도 아니다. 그들이 말한 코끼리의 갖가지 양상이

코끼리 자체는 아니거니와 그것들을 떠나 따로 코끼리가 있는 것도 아니리
다.”   (『北本涅槃經』‘獅子吼菩薩品’)

이상은 삶의 태도가 바르고 그른가를 떠나서 그 사람에게 어떤 결과를
가져왔는가를 보여주는 몇 가지 예이다. 이와 같이 인간은 어떤 삶의 태도
를 지니느냐에 따라 의미 있는 삶을 영위하고 역사적 존재가 되느냐가 판
가름난다고 해도 과언이 아니다. 인간의 浮沈이 어떤 삶의 태도를 가졌는
가와 밀접하게 연결된다는 사례를 역사에서 우리는 많이 발견할 수 있다.
  독서는 다양한 삶의 형태를 접할 수 있게 한다. 그리하여 세상을 슬기
롭게 바라보는 눈을 뜨게 하고 자신의 삶을 풍요롭게 영위하도록 한다. 사
고력을 신장시키고 창의성을 진작시켜 올바른 삶의 태도를 견지하게 하는
것이 독서이다. 그러나 인간이 올바른 삶의 태도를 견지하는 것은 그리 쉽
지가 않다. 인간 내부의 의지가 외부로부터의 힘의 작용을 모두 배제할 수
없을 때가 있기 때문이다. 그러므로 가치 있는 삶의 창조는 독서를 통하여
삶에 대한 올바른 의지력을 키우는 것도 포함된다.

Ⅳ. 삶의 창조와 독서 방법

1. 무엇을 읽을 것인가.

  인간은 원래 미완성의 동물이다. 그러므로 프란시스 베이컨이 말한 것
처럼 ‘독서는 완전한 인간을 만드는 방편’이 된다. 이는 독서가 독서로서
의 기능과 역할을 다할 때 마음놓고 할 수 있는 말이다.
  독서를 통하여 옛 성현과의 대화가 가능해지고, 사고력이 신장되며, 지
식이 확대되어 인격 형성에 지대한 영향을 미친다는 것은 주지의 사실이

다. 따라서 '무엇을 읽을 것인가'라고 하는 '독서의 범주' 설정은 삶을 창조하는 원천으로서 작용한다. 이에 대한 연구의 주된 방향(원리)은 ① 인지의 발달이나 성장 단계에 의한 독서 체계의 구축(위계화, 단계화), ② 다양한 삶의 형태를 체득하도록 하는 영역의 다양화로 대부분 귀착시키고 있다. 그리하여 독서 범주에 대한 이론도 분분하지만 많은 연구가 시도되었고, 단계별로 독서 목록이 제시되기에 이르렀다.

그런데 이러한 독서의 범주를 합리적이고 체계적인 방법으로 제시하기란 그리 간단하지가 않다. 어떤 교육적 목적을 가지고 의도적으로 독서를 행하는 경우와 자연스럽게 이루어지는 교양으로서의 독서 경우 그 범주는 마땅히 달라져야 한다. 개인적인 독서의 교육 집단으로 묶여 있을 때의 독서의 범위도 같아질 수는 없다. 이처럼 목적과 상황 등에 따라 어떤 책을 읽을 것인가가 결정되므로 독서 범주의 제시는 어려울 수밖에 없다고 하겠다.

독서를 원만하게 하기 위한 편의상의 분류라고 전제하면서 교양 독서를 다음과 같이 분류하기도 한다.

[생활 교육을 위한 독서]
① 인간의 의식주에 관한 책, ② 예술에 관한 책, ③ 건강과 위생에 관한 책, ④ 건전한 놀이에 관한 책, ⑤ 자연 보존과 생명 존중에 관한 책, ⑥ 알기 쉽고 응용하기 쉬운 생활 과학에 대한 책

[고전 교양 독서]
① 철학·종교·과학사·역사·기상에 관한 책, ② 위인 전기, ③ 여러 나라의 풍속에 관한 책, ④ 청소년의 심리 상태를 알기 쉽게 소개한 책, ⑤ 사회 생활을 하는 데 알아두어야 할 법과 경제 등의 이론을 알기 쉽게 소개한 책[10]

---

10) 진교훈, "독서 범주의 구상 : 무엇을 독서할 것인가"(『청소년 독서 체계 연구』 서울대 국어교육연구소 학술대회 자료집, 1994)에서 제시한 것을 요학한 것임(pp.54~55).

이상의 제시 내용은 완벽한 분류 체계를 반영한 것은 아니다. 다만, 개인적인 어떤 분류 원칙에 의하여 하나의 방법론으로 제시했다고 볼 수 있다. 그러므로 독서 목표에 따라 독서 범주도 달라지기 때문에, 상기와 같은 분류는 고정된 유형으로 자리잡을 수는 없으나 하나의 방법론으로는 유용하다고 할 것이다.

"독서 목록은 자의적이고 변덕스러운 것임에도 불구하고 대다수 사람들은 독서 목록을 좋아한다."[11]고 하여, 제시된 목록에서 책을 고르는 것도 하나의 방법이다. 그런데 독서 목록의 제시가 어떤 면에서 상업성과 결부되어 독서 본래의 목적을 위한 제시가 되지 않는 경우가 있기도 하다. 앞으로는 이를 극복하고 독서가 인간의 삶을 창조하는 데 도움을 주는 방향으로 교육적 입장에서 독서 목표와 성장 단계에 따라 목록이 제공되어야 한다.

어쨌든, 유의미한 독서가 이루어지려면 독서의 목표에 따라 독서의 범주를 어떻게 설정할 것인가의 기본적인 설계가 우선되어야 함은 물론이다.

2. 어떻게 읽을 것인가

'어떻게 읽을 것인가'는 독서의 목적, 범주와도 무관하지가 않다. 그런데 독서의 목적과 범주, 방법은 개인, 시대에 따라 다를 수 있다. 문제는 개인이 독서 효용을 충분히 깨닫고 이를 습관화하여 책을 통해 세상을 배회하려는 의욕이 무엇보다도 필요하다. 책에 의하여 우리의 인생은 바뀌거나 창조적 삶을 영위할 수 있기 때문이다. 하나의 독서 방법으로 다음의 글은 시사하는 바가 크다.

나는 어린 시절 여행을 꿈꾸었던 방식대로 오늘날 여행을 한다. 그런데

---

11) Anna Quindlen, 『How Reading, Changed My Life』(『독서가 어떻게 나의 인생을 바꾸었나』, 임옥희 옮김, 에코리브르, 2002) p.116.

> 그런 여행을 더 이상 좋아하지 않는다는 것은 아이러니다. 나는 가족과 친구와 친숙함과 책에 둘러싸여 집 안에 머물기를 더 좋아하는 그런 유형의 사람이다. 이것이 바로 내가 여행에 관해 좋아하는 점이다. 비행기 안에서 혼자 행복하게 책 읽는 것, 그런 것이 내가 좋아하는 유형의 여행이다. 어린 시절의 내 자아가 날개를 가질 수 있다면 오직 그녀의 영혼만이 높이 솟구쳐 오르게 하고 싶다. 책은 비행기이며 기차이며 길이다. 책은 행선지이며 여정이다. 책은 집이다.[12]

그런데 책을 읽는다는 것은 그 자체에 많은 장애물이 내재해 있다. 이는 독자 외부적인 것도 있고 아니면 내부적인 것도 있다. 글의 전개가 매우 현학적이지만, 독서를 원만하게 성취하려면 먼저 자기 내부로부터의 적을 물리쳐야 한다고 하는 다음과 같은 주장에도 일리가 있다.

> 내가 말하는 독서의 적이란 잘 읽는 것, 유용하고 유익하며 유쾌하게 읽는 것을 방해하는 경향 및 습관들인 것이다. 이렇게 볼 때 독서의 중요한 것은 자존심·겁(怯)·격정(激情) 및 비평심 등일 것이다. 뿐만 아니라 읽는 것 혹은 읽으며 향수하는 것을 방해하는 자아애(自我愛)나 질투도 독서의 적이 된다. …책이 우리의 최후의 벗이며, 우리는 배반함이 없는 또 우리가 늙어 가는 것을 비판하는 일이 없는 벗이기 때문에 삭막한 노후 생활을 원치 않는 사람이라면 이러한 적에 대하여 경계하지 않으면 안 되리라.　　　　　　　　　　　　　　(에밀 파아게의 '讀書術'에서)

가장 범박하게 독서 방법을 제시한 것이지만 다음의 '독서론 6장'은 일상에서의 독서 습관 형성에 참고가 된다.

> ① 독서는 사랑의 행위다. ② 책은 사서 읽어라. ③ 서점에 자주 들러라. ④ 아무 데서나 읽어라. ⑤ 가장 편안한 자세로 읽어라. ⑥ 싫증나면 덮어라.[13]

---

12) Anna Quindlen, 같은 책, pp.114~115.
13) 독서신문, 제296호(1976.10.3.)

일본의 저널리스트 다치바나 다카시는 독서의 14계명을 다음과 같이 제시하였다.

> ① 책을 사는 데 돈을 아끼지 마라. ② 같은 주제의 책을 여러 권 찾아 읽어라. ③ 책 선택에 대한 실패를 두려워 마라. ④ 자신의 수준에 맞지 않는 책은 무리해서 읽지 마라. ⑤ 읽다가 그만 둔 책이라도 일단 끝까지 넘겨라. ⑥ 속독법을 몸에 읽혀라. ⑦ 책을 읽는 도중에 메모하지 마라. ⑧ 남의 의견이나 가이드북에 현혹되지 마라. ⑨ 주석을 빠뜨리지 말고 읽어라. ⑩ 책을 읽을 때는 끊임없이 의심하라. ⑪ 새로운 정보는 꼼꼼히 체크하라. ⑫ 의문이 생기면 원본 자료를 확인하라. ⑬ 난해한 번역서는 오역을 의심하라. ⑭ 대학에서 얻은 지식은 대단한 것이 아니다.[14]

이상은 거시적 관점에서의 독서 방법이다. 이는 다시 ① 문제 해결의 과정, ② 의미 파악의 과정, ③ 일반적 사고의 과정, ④ 추론의 과정, ⑤ 독자와 읽고자 하는 글과의 상호 작용[15] 등 미시적인 독서 방법으로 보완하여 이어져야 함은 물론이다.

독서를 인게이지드 독서(Engaged Reading)와 언인게이지드 독서(Unengaged Reading)로 나누기도 한다. 전자는 자기만의 감정적인 필요에 의하여 읽는 것이고, 후자는 반드시 읽고 싶어서가 아니고 개인의 선택의 자유가 없이 반드시 읽어야 할 의무로 읽는 것을 의미한다. 인게이지도 독서는 다시 사실, 지식, 배움이 목적인 핵심 독서(Efferent Reading)와 감정을 나누고 경험을 같이 하는 경험 독서(Esthetic Reading)로 구분하기도 한다.[16]

---

14) 『한겨레21』, 제377호(2001.9.27.) p.77.

15) 한철우, "교양도서의 방법"(『청소년 독서체계 연구』, 서울대 국어교육연구소 학술대회 자료집, 1994), p.83~85. 한 교수는 "인간의 삶을 직접적으로 그리고 구체적으로 다루는 문학의 독서는 독자의 감동을 자극하거나 그런 결과로 독자를 어떤 방향으로 유도한다. 이에 비하여 비문학적 독서는 격동적인 감동보다 고요한 '이해'를 가져온다."라고 하여 독서의 형태를 둘로 크게 나누어 설명하고 있다.

그러나 무엇보다도 읽어야 한다는 당위감에서 벗어난 독서 방법을 취해야 한다. 내면에서 자연스럽게 우러나오는 자율적이고 의욕적인 독서 모티브가 생겨나야 하며, 궁극적으로 이것이 평생 독서로서 자연스럽게 습관화되는 것으로 발전시키는 것이 필요하다. 이렇게 한 가지 습관을 만들기 위한 원칙으로 다음과 같은 비유를 들기도 한다.

> 읽는 것은 스키를 타는 것과 같다. 스키는 노련한 사람이 잘 타면 우아하고 조화로운 스포츠다. 하지만 초보자가 타면 잘못 타고 엉성하고 느리다. 글을 읽는 것도 마찬가지다. …중요한 것은 부드럽게 턴(turn)을 하거나 연속적으로 턴을 할 때, 필요한 동작들을 하나씩 다로 떼어서 생각해서는 안 된다는 것이다. 그저 산 아래를 보면서, 다른 사람과 부딪히지 않도록 조심하고, 빰을 스치는 차가운 바람을 만끽하며, 몸이 유연하게 아래로 미끌어져 내려가는 것을 즐기기만 하면 된다. 다시 말해, 따로 떨어진 동작 하나하나에 신경을 쓰지 않고도 모든 동작을 잘할 수 있는 법을 터득해야 한다. 하지만, "개별적인 동작들이라는 것을 잊어버리기 위해서는, 일단 하나씩 따로 배워야 한다." 그래야 그 동작들을 하나로 연결시켜 스키를 잘 타게 되는 것이다.[17]

각각의 활동을 집중적으로 개별적으로 연습하고 나면, 그 하나하나를 훨씬 더 수월하게 할 수 있을 뿐만 아니라 전체를 한꺼번에 익숙하게 잘할 수 있게 된다는 말이다. 이와 같이 스키를 타는 것처럼, 서로 다른 활동들을 하나의 활동으로 조화롭게 잘 융합시킬 수 있어야 훌륭하게 책을 읽

---

16) 진정제 교수가 앞의 논문에서 제시한 것을 요약한 것이다(pp.8~11). 진 교수는 학교에서는 주로 '생각하는 능력'을 가르쳐야 한다고 주장하고, 독서교육의 방법을 ① Sustained Silent Reading(S.S.R), ② Daily Oral Language(DOL), ③ Drop Everything And Read(DEAR) ④ Project 등을 들고 설명하였다(p.12).

17) Mortimer J. Adler and Charles Van Doren, 『How to read a book』(독고앤 역, 『생각을 넓혀주는 독서법』 멘토 2002) pp.64~65. 이 책에서는 독서의 단계를 ① 기초적인 읽기(제1수준), ② 살펴보기(제2수준), ③ 분석하며 읽기(제3수준), ④ 통합적인 읽기(제4수준) 등 4단계로 구분하여 자세히 설명하고 있다.

을 수 있게 된다는 논리이다. 그런데 습관을 가지려면 반복해서 자꾸 해보는 것보다 더 좋은 방법이 없다는 것이다.

이상에서 어떻게 읽을 것인가의 문제를 범박하게 생각해 보았다. 삶을 창조하는 독서는 읽는 목표, 범위가 이와 밀접하게 계통을 이루어 연결되어 있어야 한다. 이렇게 될 경우 '무엇을 읽을 것인가'의 문제는 은연중에 해결될 수도 있다.

V. 독서교육과 국어교육

가치 있는 삶의 창조는 독서교육에 의해서 이루어질 수 있다. 미국의 부시 대통령은 교육개혁의 기본 방향을 'No Child Left Behind'로 잡고, 이에 따라 ① 성취 수준의 상향 조정과 교육의 수월성 추구, ② 읽기를 최우선으로 하는 문식성(Literacy) 향상'에 두었다. 이는 교육개혁에서 독서교육을 가장 중요하게 보고 있음을 말해 준다. 이렇게 독서교육은 가치관을 정립하고 의미 있는 삶을 창조하기 위하여 그 어느 교육보다도 중요하다고 하겠다.

국어과 교육과정에서는 내용 체계에서 '읽기' 영역이 있고, 독서 과목이 설정되어 있다. 국어교육 범주 안에서의 독서교육은 여타 교육적 기능과 마찬가지로 중핵적 역할로서의 교육적 위치가 확고하다. 그리고 7차 교육과정에서는 독서교육의 중요성을 어느 때보다도 더욱 강조하여, 독서 목록을 학교나 교육청에서 의무적으로 제시하도록 하는 등 제도적으로 교육적 효과와 중요성을 뒷받침하려고 하였다.

그러나 무엇보다도 중요한 것은 학교라는 장소가 하나의 독서 교육의 유기적인 시스템으로 조직되어 학생의 삶이 창조적으로 성취될 수 있도록 해야 한다. 학교 도서관은 지식·정보의 보관이나 중계의 중심으로 자리

잡아야 하고, 그 기능 확충이 무엇보다도 시급하다. 그리하여 앞으로 그 시스템 내에서 국어교육은 다음과 같은 분야에서 독서교육을 이론적, 실제적 측면에서 확보하여 그 효과를 배가하는 것이 중요하다고 하겠다.

① 교과서와 독서교육
② 교수·학습과 독서교육[18]
③ 교양과 평생학습으로서의 독서교육
④ 도서관 이용(활용) 교육
⑤ 紙冊과 電子冊이 조화를 이룬 독서교육
⑥ 인터넷 시대의 독서교육
⑦ 독서 목표와 독서목록 활용교육
⑧ 국제간 독서 정보 활용교육

'독서활동을 통한 인간교육'을 '독서교육'이라고 한다면 상기와 같은 국어교육에서의 독서교육의 효과적인 실천과 의미 있는 결실은 교사들의 효과적인 독서 지도에 달렸다고 할 수 있다.

그런데 '말은 강에까지 끌고 갈 수는 있어도 억지로 물을 먹일 수는 없다.'는 독일 속담처럼, 책을 학생의 손에 쥐게 할 수는 있어도 읽어 자기화하는 행위나 경지까지 이어지게 하는 지도는 그리 용이하지가 않다. 따라서 국어교육에서는 학생이 책과 접할 수 있는 기회를 자주 만들어 주고, 독서할 수 있는 최상급의 환경을 조성하여 독서를 스스로 습관화, 생활화하는 데까지 발전시키도록 하는 지속적인 노력이 필요하다. 교사의 계획적이고 의욕적인 지도는 삶을 창조적으로 영위하도록 하여, 학생의 장래를 바꿀 수가 있기 때문이다.

---

18) 국어 교과서를 중심으로 초등 저·고학년, 중학교, 고등학교 등으로 구분하여, 학교 급별로 교과서의 개발 기본 체제와 방향을 중심으로 교과서와 독서교육 문제를 본격적으로 연구 모색해 보기도 하였다(『독서연구』 제7호, 한국독서학회, 2002).

21세기 지식·정보 사회에서는 체계적인 독서 지도가 민족과 국가의 융성과도 유관하는 중요한 교육 분야라 하겠다. 독서는 정보를 획득하는 첩경이며, 이로써 개인적으로는 인격을 완성함은 물론 이것이 국가 발전의 원동력으로 작용할 수 있다. 이처럼 독서교육은 인간 개인뿐만 아니라 국가적으로도 중요한 위치를 점하고 있다고 해도 과언이 아니다. 따라서 독서교육은 미래 지향적으로 국가적 차원에서 계획되고 실천할 수 있는 장·단기 계획이 수립되어야 한다고 본다.

VI. 결 어

독서는 의미를 재구성해 보고 가치를 창조하는 사고 과정이다. 그렇기 때문에 인간의 정신적 집적과 소산은 독서활동을 통해서 이루어진다고 해도 과언이 아니다. 독서교육은 독서 활동을 통한 인간교육이며, 이러한 인간교육을 구체적으로 실천하는 것이 독서 지도인 것이다.

독서 지도의 궁극적 목표는 인간을 인간답게 하는 데 있다. 이를 다시 말하면 창조적인 삶을 영위하도록 독서의 목적과 범주, 방법을 알려 주는 데 있다. 인격을 고양하고, 체계적인 사고력을 증진시키며, 정확한 비판력을 갖도록 하고, 또한 원만한 사회생활을 영위할 수 있게 하는 등 간접경험을 통하여 인간됨을 형성하게 하는 전인교육이 독서 지도인 것이다.

일상적인 삶	⇨	의미 있는 독서	⇨	창조적인 삶

인간이 음식물을 섭취하지 못하면 육체적으로 지탱하기가 어렵듯이, 독서를 하지 않으면 정신적 결핍으로 이의 조화와 질서가 깨뜨려져 가치 있는 삶을 유지할 수 없게 된다. 그러므로 독서를 한낱 취미로 간주하거나

여가를 선용하는 방편이라고 할 수만은 없다. 효율적이고 체계적이며 실천이 가능한 방법을 선택하여 독서를 생활화·습관화하는 독서 지도가 계획되고 실천되어야 한다. 교육의 주체인 국어 교사의 역할이 그 어느 때보다도 중요하다고 강조하는 것은 그 자체가 贅言이다.

영국에서는 '독서에 빠져라'(Get Caught Reading)는 운동이 전개되고, 미국에서는 '독서에 열광하자'(Get Wild About Reading) 캠페인이 시작되었다. 우리도 이에 상응하는 운동이 지금부터라도 시작되어야 한다고 본다.

부 록

〔부록 1〕

〈龍飛御天歌〉

제 1 장

海東 六龍이 ᄂᆞᄅᆞ샤 일마다 天福이시니 古聖이 同符ᄒ시니

　　海東六龍飛 莫非天所扶 古聖同符

제 2 장

불휘 기픈 남ᄀᆞᆫ ᄇᆞᄅᆞ매 아니뮐씨 곶됴코 여름 하ᄂᆞ니

시미 기픈 므른 ᄀᆞᄆᆞ래 아니그츨씨 내히 이러 바ᄅᆞ래 가ᄂᆞ니

　　根深之木 風亦不扤 有灼其華 有蕡其實

　　源遠之水 旱亦不竭 流斯爲川 于海必達

제 3 장

周國 大王이 豳谷에 사ᄅᆞ샤 帝業을 여르시니

우리 始祖 ㅣ 慶興에 사ᄅᆞ샤 王業을 여르시니

　　昔周大王 于豳斯依 于豳斯依 肇造丕基

　　今我始祖 慶興是宅 慶興是宅 肇開鴻業

제 4 장

狄人ㅅ 서리예 가샤 狄人이 ᄀᆞᆯ외어늘 岐山 올ᄆᆞ샴도 하ᄂᆞᆳ뜨디시니

野人ㅅ 서리예 가샤 野人이 ᄀᆞᆯ외어늘 德源 올ᄆᆞ샴도 하ᄂᆞᆳ뜨디시니

狄人與處 狄人于侵 岐山之遷 實維天心
野人與處 野人不禮 德源之徙 實是天啓

제 5 장

漆沮 ᄀ생 움흘 後聖이 니르시니 帝業憂勤이 뎌러ᄒ시니
赤島 안햇 움흘 至今에 보ᅀᆞᆫ니 王業艱難이 이러ᄒ시니
　　漆沮陶穴 後聖以失 帝業憂勤 允也如彼
　　赤島陶穴 今人猶是 王業艱難 允也如此

제 6 장

商德이 衰ᄒ거든 天下를 맛ᄃ시릴ᄊ 西水ㅅ ᄀᅀᅵ 져재 ᄀᆞᄒ니
麗運이 衰ᄒ거든 나라홀 맛ᄃ시릴ᄊ 東海ㅅ ᄀᅀᅵ 져재 ᄀᆞᄒ니
　　商德之衰 將受九圍 西水之滸 如市之歸
　　麗運之衰 將受大東 東海之濱 如市之從

제 7 장

블근새 그를 므러 寢室 이페 안ᄌ니 聖子革命에 帝祜를 뵈ᅀᆞᄫ니
ᄇ야미 가칠 므러 즘겟가재 연ᄌ니 聖孫將興에 嘉祥이 몬졔시니
　　赤爵啣書 止室之戶 聖子革命 爰示帝祜
　　大蛇啣鵲 寘樹之揚 聖孫將興 爰先嘉祥

제 8 장

太子를 하늘히 ᄀᆞᆯ히샤 몃ㄱ쁘디 일어신늘 聖孫을 내시니이다
世子를 하늘히 ᄀᆞᆯ히샤 帝命이 ᄂᆞ리어시늘 聖子를 내시니이다
　　維周太子 維天擇兮 兄讓旣遂 聖孫出兮
　　維我世子 維天簡兮 帝命旣降 聖子誕兮

제 9 장

奉天討罪실씨 四方諸侯ㅣ 몯더니 聖化ㅣ 오라샤 西夷 또 모드니
唱義班師ㅣ실씨 千里人民이 몯더니 聖化ㅣ 기프샤 北狄이 또 모드니

奉天討罪 諸侯四合 聖化旣久 西夷亦集
唱義班師 遠人競會 聖化旣深 北狄亦集

제 10 장

一夫ㅣ 流毒홀씨 我后롤 기드리ᅀᆞ바 玄黃筐篚로 길헤 ᄇᆞ라ᅀᆞᄫᆞ니
狂夫ㅣ 肆虐홀씨 의기를 기드리ᅀᆞ바 簞食壺漿ᄋᆞ로 길헤 ᄇᆞ라ᅀᆞᄫᆞ니

一夫流毒 爰徯我后 玄黃筐篚 于路迎俟
狂夫肆虐 爰徯義旗 簞食壺漿 于路望來

제 11 장

虞芮質成ᄒᆞᄂᆞ로 方國이 해 모ᄃᆞ나 至德이실씨 獨夫受ㄹ 셤기시니
威化振旅ᄒᆞ시ᄂᆞ로 輿望이 다 몯ᄌᆞᄫᆞ나 至忠이실씨 中興主를 셰시니

虞芮質成 方國多臻 維其至德 事獨夫辛
威化振旅 輿望咸聚 維其至忠 入中興主

제 12 장

五年을 改過 몯ᄒᆞ야 虐政이 날로 더을씨 倒戈之日에 先考ㆆ뜯 몯일우시니
쳥나래 讒訴롤 드러 凶謀ㅣ 날로 더을씨 勸進之日에 平生ㄱ뜯 몯일우시니

五年罔悛 虐政日深 倒戈之日 莫遂考心
始日聽讒 兇謀日熾 勸進之日 莫遂素志

제 13 장

말ᄊᆞᄆᆞᆯ 솔ᄫᆞ리 하ᄃᆡ 天命을 疑心ᄒᆞ실씨 ᄭᅮ므로 뵈아시니

놀애롤 브르리 하더 天命을 모르실씨 꾸므로 알외시니
    獻言雖衆 天命尙疑 昭玆吉夢 帝迺趣而
    謳歌雖衆 天命靡知 昭玆吉夢 帝迺報之

제 14 장

聖孫이 一怒ᄒ시니 六百年 天下ㅣ 洛陽에 올ᄆ니이다
聖子ㅣ 三讓이시나 五百年 나라히 漢陽애 올ᄆ니이다
    維周聖孫 一怒而起 六百年業 洛陽是徙
    維我聖子 三讓雖堅 五百年邦 漢陽是遷

제 15 장

揚子江南을 ᄭ리샤 使者롤 보내신들 七代之主올 뉘 마ᄀ리잇가
公州ㅣ 江南올 저ᄒ샤 子孫올 ᄀ르치신들 九變之局이 사ᄅᆞᆷ ᄠᅳ디리잇가
    揚子江南 忌且遣使 七代之王 誰能禦止
    公州江南 畏且訓嗣 九變之局 豈是人意

제 16 장

逃亡애 命을 미드며 놀애예 일홈 미드니 英主△ 알ᄑᆡ 내내 붓그리리
올ᄆ려 님금 오시며 姓 ᄀᆯ히야 員이 오니 오ᄂᆞᆳ나래 내내 웃ᄇ리
    恃命於逃 信名於謳 英主之前 曷勝其羞
    欲遷以幸 擇姓以尹 當今之日 曷勝其哂

제 17 장

宮女로 놀라샤미 宮監이 다시언마른 問罪江都롤 느치리잇가
官妓로 怒ᄒ샤미 官吏의 다시언마른 肇基朔方올 뵈아시니이다
    宮娥以驚 宮監之尤 問罪江都 其敢留止

官妓以怒 官吏之失 肇基朔方 實維趣只

제 18 장

驪山 役徒를 일ᄒᆞ샤 지브로 도라오싫제 열희 ᄆᆞᅀᆞ몰 하ᄂᆞᆯ히 달애시니

셔ᄫᅳᆯ 使者를 ᄶᅥ리샤 바ᄅᆞᆯ 건너싫제 二百戶를 어느 뉘 請ᄒᆞ니

　　失驪役徒 言歸于家 維十人心 天實誘他

　　憚京使者 爰涉于海 維二百戶 誰其請爾

제 19 장

구든 城을 모ᄅᆞ샤 갏 길히 입더시니 셴 하나비를 하ᄂᆞᆯ히 브리시니

뫼 한 도ᄌᆞᆨ굴 모ᄅᆞ샤 보리라 기드리시니 셴 할미를 하ᄂᆞᆯ히 보내시니

　　不識堅城 則迷于行 皤皤老父 天之命兮

　　靡知黠賊 欲見以竢 皤皤老嫗 天之使兮

제 20 장

四海를 년글 주리여 ᄀᆞᄅᆞ매 비 업거늘 얼우시고 ᄯᅩ 노기시니

三韓ᄋᆞᆯ ᄂᆞ물 주리여 바ᄅᆞ래 비 업거늘 녀토시고 ᄯᅩ 기피시니

　　維彼四海 肯他人錫 河無舟矣 旣氷又釋

　　維此三韓 肯他人任 海無舟矣 旣淺又深

제 21 장

하ᄂᆞᆯ히 일워시니 赤脚仙人 아닌ᄃᆞᆯ 天下蒼生ᄋᆞᆯ 니ᄌᆞ시리잇가

하ᄂᆞᆯ히 ᄀᆞᆯ히이시니 누비즁 아닌ᄃᆞᆯ 海東黎民을 니ᄌᆞ시리잇가

　　天旣成之 匪赤脚仙 天下蒼生 其肯忘焉

　　天方擇矣 匪百衲師 海東黎民 其肯忘斯

제 22 장

赤帝 니러나시릴쎄 白帝 혼 갈해 주그니 火德之王올 神婆 ㅣ 알외ᅀᆞᄫᅵ니

黑龍이 혼 사래 주거 白龍올 살아내시니 子孫之慶올 神物이 슬ᄫᅵ니

赤帝將興 白帝劒戮 火德之王 神婆告止

黑龍卽殪 白龍使活 子孫之慶 神物復止

제 23 장

雙鵰 ㅣ 혼 사래 뻬니 絶世 英才롤 邊人이 拜伏ᄒᆞᅀᆞᄫᅵ니

雙鵲이 혼 사래 디니 曠世 奇事롤 北人이 稱頌ᄒᆞᅀᆞᄫᅵ니

維彼雙鵰 貫於一發 絶世英才 邊人拜伏

維彼雙鵲 墮於一縱 曠世奇事 北人稱頌

제 24 장

ᄂᆞ민 뜯 다ᄅᆞ거늘 님그믈 救ᄒᆞ시고 六合애도 精卒올 자ᄇᆞ시니

앗ᄋᆞᆫ 뜯 다ᄅᆞ거늘 나라해 도라오시고 雙城에도 逆徒롤 평ᄒᆞ시니

他則意異 我救厥辟 于彼六合 于殲精卒

弟則意異 我還厥國 于彼雙城 于平逆賊

제 25 장

德望이 뎌러ᄒᆞ실쎄 가다가 도라옳 軍士 ㅣ ᄌᆞ갓긔 黃袍 니피ᅀᆞᄫᅵ니

忠誠이 이러ᄒᆞ실쎄 죽다가 살언 百姓이 아ᄃᆞ넚긔 衰服 니피ᅀᆞᄫᅵ니

德望如彼 言旋軍士 迺於厥躬 黃袍用被

忠誠若此 其蘇黎民 迺於厥嗣 衰服以御

제 26 장

東道애 보내어시ᄂᆞᆯ 하리로 말이ᅀᆞᄫᆞᆫ들 이곧 뎌고대 後ᅀ 날 다ᄅᆞ리잇가

北道애 보내어시눌 글발로 말이〭〭〭〭봔둘 가샴 겨샤매 오놀 다〭리리잇가
　　遣彼東都　沮以讒說　於此於彼　寧殊後日
　　遣彼北都　尼以巧詞　載去載留　豈異今時

제 27 장

큰 화리 常例 아니샤 언즈〭바 〭초〭〭봐 濟世才를 後人이 보〭〭붕니
큰 사리 常例 아니샤 보시고 더디시나 命世才를 卽日에 깃그시니
　　大弧匪常　得言臧之　濟世之才　後人相之
　　大箭匪常　見焉擲之　命世之才　卽日懌之

제 28 장

員의 지븨 가샤 避仇〭 소니 마리 兩漢古事애 엇더〭니잇고
아바닚 뒤헤 셔샤 赴京〭 소니 마리 三韓今日에 엇더〭니잇고
　　適彼令舍　避仇客辭　兩漢故事　果何如其
　　入在父後　赴京客辭　三韓今日　果何如其

제 29 장

漢德이 비록 衰〭나 帝冑ㅣ 中興〭시릴씨 大耳兒를 臥龍이 돕〭〭붕니
世亂을 救호려 나샤 天姿ㅣ 奇偉〭실씨 大耳相을 詔使ㅣ 일쿨즈〭붕니
　　漢德雖衰　帝冑中興　大耳之兒　臥龍丞之
　　世亂將救　天姿奇偉　大耳之相　詔使美之

제 30 장

뒤헤는 모딘 도죽 알〭는 어드〭본 길헤 업던 번게를 하늘히 볼기시니
뒤헤는 모딘 즁싱 알〭는 기픈 모새 어르믈 하늘히 구티시니
　　後有猾賊　前有暗程　有煇之電　天爲之明

後有猛獸　前有深淵　有薄之氷　天爲之堅

제 31 장

젼ᄆ리 현버늘 딘ᄃᆞᆯ 三十年 天子ㅣ어시니 모딘 꾀ᄅᆞᆯ 일우리잇가

石壁이 ᄒᆞᆫ잣 ᄉᆞ신ᄃᆞᆯ 數萬里△ 니미어시니 百仞虛空애 ᄂᆞ리시리잇가

　　爰有駿馬　雖則屢蹶　三十年皇　悍謀何濟

　　爰有石壁　間不容尺　數萬里主　懸崖其跌

제 32 장

天爲建國ᄒᆞ샤 天命을 ᄂᆞ리오시니 亭上 牌額ᄋᆞᆯ 세사ᄅᆞᆯ 마치시니

天爲拯民ᄒᆞ샤 天才ᄅᆞᆯ ᄂᆞ리오시니 藪中 담뵈ᄅᆞᆯ 스ᄆᆞᆯ 마치시니

　　天爲建國　天命斯集　亭上牌額　三中不錯

　　天爲拯民　天才是出　藪中蜜狗　廿發盡獲

제 33 장

行宮에 도ᄌᆞ기 둘어 님그미 울어시ᄂᆞᆯ 赴援設疑ᄒᆞ샤 도ᄌᆞ기 도라가니

京都애 도ᄌᆞ기 드러 님그미 避커시ᄂᆞᆯ 先登獻捷ᄒᆞ샤 님김 도라오시니

　　賊圍行宮　天子泣涕　赴援設疑　寇虜解退

　　賊入京都　君王出避　先登獻捷　車駕旋至

제 34 장

믈 깊고 ᄇᆡ 업건마ᄅᆞᆫ 하ᄂᆞ히 命ᄒᆞ실ᄊᆡ 물톤자히 건너시니이다

城 높고 ᄃᆞ리 업건마ᄅᆞᆫ 하ᄂᆞ히 도ᄫᆞ실ᄊᆡ 말톤자히 ᄂᆞ리시니이다

　　江之深矣　雖無舟矣　天地命矣　乘馬截流

　　城之高矣　雖無梯矣　天之佑矣　躍馬下馳

제 35 장

셔ᄫᅳᆳ 긔벼를 알ᄊᆡ ᄒᆞᄫᆞᅀᅡ 나ᅀᅡ가샤 모딘 도ᄌᆞᄀᆞᆯ 믈리시니이다
ᄉᆞᄀᆞᄫᆞᆳ 軍馬ᄅᆞᆯ 이길ᄊᆡ ᄒᆞᄫᆞᅀᅡ 믈리조치샤 모딘 도ᄌᆞᄀᆞᆯ 자ᄇᆞ시니이다

詗此京耗 輕騎獨詣 維彼勍敵 遂能退之
克彼鄉兵 挺身陽北 維此兇賊 遂能獲之

제 36 장

兄이 디여 뵈니 衆賊이 좇거늘 재 ᄂᆞ려 티샤 두 갈히 것그니
ᄆᆞᄅᆞᆯ 채텨 뵈시니 三賊이 좇ᄌᆞᆸ거늘 길버서 쏘샤 세 사래 다 디니

兄墜而示 衆賊薄之 下阪而擊 兩刀皆缺
策馬以示 三賊逐勳 避道而射 三箭皆踣

제 37 장

셔ᄫᅳᆯ 賊臣이 잇고 ᄒᆞᆫ부니 天命이실ᄊᆡ 써딘 ᄆᆞᄅᆞᆯ 하ᄂᆞᆯ히 내시니
나라해 忠臣이 업고 ᄒᆞᄫᆞᅀᅡ 至誠이실ᄊᆡ 여린 ᄒᆞᄀᆞᆯ 하ᄂᆞᆯ히 구티시니

朝有賊臣 一人有命 墮溺之馬 天使之迸
國無忠臣 獨我至誠 泥淖之地 天爲之凝

제 38 장

四征無敵ᄒᆞ샤 오샤ᅀᅡ 사ᄅᆞ시릴ᄊᆡ 東ᄋᆡ 니거시든 西夷 ᄇᆞ라ᅀᆞᄫᆞ니
用兵如神ᄒᆞ샤 가샤ᅀᅡ 이기시릴ᄊᆡ 西예 오나시든 東鄙 ᄇᆞ라ᅀᆞᄫᆞ니

四征無敵 來則活已 我東曰徂 西夷苦徯
用兵如神 往則莫抗 我西曰來 東鄙竚望

제 39 장

楚國엣 天子氣를 行幸ᄋᆞ로 마ᄀᆞ시니 님긊 ᄆᆞᅀᆞ미 긔 아니 어리시니

鴨江앳 將軍氣를 아모 爲ㅎ다 ㅎ시니 님금 말쓰미 긔 아니 올ㅎ시니
    楚國王氣 游幸壓之 維君之心 不其爲癡
    鴨江將氣 曰爲謀焉 維王之言 不其爲然

제 40 장

城 아래 닐흔 살 쏘샤 닐흐늬 모미 맛거늘 京觀알 밍ᄀᆞᄅ시니
城 우희 닐흔 살 쏘샤 닐흐늬 ᄂᆞ치 맛거늘 凱歌로 도라오시니
    維城之下 矢七十發 中七十人 京觀以築
    維城之上 矢七十射 中七十面 凱歌以復

제 41 장

東征에 功이 몯 이나 所掠을 다 노ㅎ샤 歡呼之聲이 道上애 ᄀᆞ둑ㅎ니
西征에 功이 일어늘 所獲을 다 도로 주샤 仁義之兵을 遼左ㅣ 깃ᄉᆞᆸ니
    東征無功 盡放所掠 歡呼之聲 道上洋溢
    西征建功 盡還所獲 仁義之兵 遼左悅服

제 42 장

西幸이 ㅎ마 오라샤 角端이 말ㅎ야날 術士ᄅᆞᆯ 從ㅎ시니
東寧을 ㅎ마 아ᅀᆞ샤 구루미 비취여늘 日官ᄋᆞᆯ 從ㅎ시니
    西幸旣久 角端有語 術士之請 于以許之
    東寧旣取 赤氣照營 日官之占 于以聽之

제 43 장

玄武門 두 도티 혼 사래 마ᄌᆞ니 希世之事ᄅᆞᆯ 그려 뵈시니이다
졸애山 두 놀이 혼 사래 ᄢᅦ니 天縱之才ᄅᆞᆯ 그려ᅀᅡ 아ᅀᆞᆯ까
    玄武兩犯 一箭俱中 希世之事 寫以示衆

照浦二讎 一箭俱徹 天縱之才 豈待書識

제 44 장

노ᄅᆞ샛 바오리실씨 ᄆᆞᆯ 우희 니ᅀᅥ 티시나 二軍 鞠手ᄲᅮᆫ 깃그니이다
君命엣 바오리어늘 ᄆᆞᆯ 겨틔 엇마ᄀᆞ시니 九逵 都ᄉᆞᆯ니 다 놀라ᅀᆞᄫᆞ니

嬉戲之毬 馬上連擊 二軍鞠手 獨自悅懌
君命之毬 馬外橫防 九逵都人 悉驚讚揚

제 45 장

가리라 ᄒᆞ리 이시나 장자를 브리시니 長者ㅣ실씨 秦民ᄋᆞᆯ 깃기시니
활 쏘리 하건마ᄅᆞᆫ 武德을 아ᄅᆞ시니 武德으로 百姓을 구ᄒᆞ시니

欲往者在 長者是使 維是長者 悅秦民士
射侯者多 武德是知 維是武德 救我群黎

제 46 장

賢君을 내요리라 하ᄂᆞᆯ히 駙馬 달애샤 두 孔雀일 그리시니이다
聖武를 뵈요리라 하ᄂᆞᆯ히 님금 달애샤 열 銀鏡을 노ᄒᆞ시니이다

將降賢君 天誘駙馬 維二孔雀 用以圖寫
欲彰聖武 天誘厥辟 維十銀鏡 用爲侯的

제 47 장

大箭 ᄒᆞᆫ나태 突厥이 놀라ᅀᆞᄫᆞ니 어듸 머러 威不及ᄒᆞ리잇고
片箭 ᄒᆞᆫ나태 島夷 놀라ᅀᆞᄫᆞ니 어늬 구더 兵不碎ᄒᆞ리잇고

大箭一發 突厥驚懾 何地之逖 而威不及
片箭一發 島夷驚畏 何敵之堅 而兵不碎

제 48 장

굴허에 ᄆᆞᄅᆞᆯ 디내샤 도ᄌᆞ기 다 도라가니 ᄲᅡ길 노ᄑᆡᆫ들 넌기 디나리잇가
石壁에 ᄆᆞᄅᆞᆯ 올이샤 도ᄌᆞᄀᆞᆯ 다 자ᄇᆞ시니 현번 ᄠᅱ운들 ᄂᆞ미 오ᄅᆞ리잇가

    深巷過馬　賊皆回去　雖半身高　誰得能度

    絶壁躍馬　賊以悉獲　雖百騰奮　誰得能陟

제 49 장

셔ᄫᆞᆯ 도ᄌᆞ기 드러 님그미 나갯더시니 諸將之功애 獨眼이 노ᄑᆞ시니
님그미 나가려 ᄒᆞ샤 도ᄌᆞ기 셔ᄫᆞᆯ 드더니 二將之功ᄋᆞᆯ 一人이 일우시니

    寇賊入京　天子出外　諸將之功　獨眼最大

    君王欲去　寇敵入京　二將之功　一人克成

제 50 장

내 님금 그리샤 後宮에 드르싫제 하ᄂᆞᆳ 벼리 눈 ᄀᆞᆮ 디니이다
내 百姓 어엿비 너기샤 長湍ᄋᆞᆯ 건너싫제 힌 므지게 히예 ᄢᅦ니이다

    我思我君　後宮是入　維時天星　散落如雪

    我愛我民　長湍是涉　維時白虹　橫貫于日

제 51 장

軍容이 녜와 다ᄅᆞ샤 아ᅀᆞᆸ고 믈러가니 나ᅀᅡ오던덴 목숨 기트리잇가
置陣이 ᄂᆞᆷ과 다ᄅᆞ샤 아ᅀᆞᄫᅩᄃᆡ 나ᅀᅡ오니 믈러가던덴 목숨 ᄆᆞ추리잇가

    軍容異昔　識斯退歸　如其進犯　性命奚遺

    置陣異他　知亦進當　如其退避　性命奚戕

제 52 장

請드른 다대와 노니샤 바ᄂᆞᆯ 아니 마치시면 어비 아ᄃᆞ리 사ᄅᆞ시리잇가

請으로 온 예와 싸호샤 투구 아니 밧기시면 나랏 小民을 사르시리잇가
　　　受賂之胡 與之遊行 若不中針 父子其生
　　　見請之倭 與之戰鬪 若不脫冑 國民焉救

제 53 장

四海랄 平定ㅎ샤 길 우희 糧食 니저니 塞外北狄인들 아니 오리잇가
四境을 開拓ㅎ샤 섬 안해 도작 니저니 徼外南蠻인들 아니오리잇가
　　　平定四海 路不齎糧 塞外北狄 寧不來往
　　　開拓四境 島不警賊 徼外南蠻 寧不來格

제 54 장

禮義를 앗기샤 兵馬를 머추어시니 徼外南蠻인들 아니 오리잇가
才勇올 앗기샤 金刃을 브려시니 塞外北狄인들 아니 오리잇가
　　　惜其禮義 載弛兵威 徼外南蠻 曷不來歸
　　　愛其才勇 載捨金刃 徼外北狄 曷不來順

제 55 장

逐鹿未捿예 燕人이 向慕ㅎ᷎바 梟騎 보내야 戰陣올 돕᷎바니
潛龍未飛예 北人이 服事ㅎ᷎바 弓劍 츠숩고 左右에 좇ᄌᄫ니
　　　逐鹿未捿 燕人向慕 遠致梟騎 戰陣來助
　　　潛龍未飛 北人服事 常佩弓劍 在右昵侍

제 56 장

聲敎ㅣ 너브실씨 窮髮이 編戶ㅣ러니 革命흔 後에 厚恩 그리᷎바니
威惠 너브실씨 被髮이 冠帶러니 오늜나래 至德을 우숩ᄂᆞ니
　　　聲敎普及 窮髮編戶 革命之後 厚恩思憮

威惠普及 被髮冠帶 于今之日 至德感涕

제 57 장

세 살로 세 샐 쏘시니 府中엣 遼使ㅣ 奇才를 과ᄒᆞᅀᄫᅵ니

ᄒᆞᆫ 살로 두 샐 쏘시니 긼 ᄀᆞ앳 百姓이 큰 功올 일우ᅀᄫᅵ니

爰發三箭 爰中三雀 府中遼使 奇才是服

酒射一矢 酒落二鴿 路傍田叟 大功斯立

제 58 장

말이ᅀᆸ거늘 가샤 긼 ᄀᆞ애 軍馬 두시고 네 사ᄅᆞᆷ 드리샤 셕슬 치자바시니

내 니거지이다 가샤 山 미틔 軍馬 두시고 온 사ᄅᆞᆷ 드리샤 기ᄅᆞ말 밧기시니

止之亦進 路畔留兵 遂率四人 按轡而行

請而自往 山下設伏 遂率百人 解鞍而息

제 59 장

東都앳 도즈기 威武를 니기 아ᅀᄫᅡ 二隊玄甲올 보ᅀᆸ고 저ᄒᆞ니

東海옛 도즈기 智勇올 니기 아ᅀᄫᅡ 一聲白螺를 듣줍고 놀라니

東都之賊 熟知威武 二隊玄甲 見而驚愚

東海之賊 熟知智勇 一聲白螺 聽而驚悚

제 60 장

出奇 無端ᄒᆞ실ᄊᆡ 도즉기 알ᄑᆞᆯ 디나샤 도즈기 ᄠᅳᆮ 몰라 몯 나니

變化ㅣ 無窮ᄒᆞ실ᄊᆡ 도즉기 ᄉᆞ실 디나샤 도즈기 ᄠᅳᆮ 몰라 모ᄃᆞ니

出奇無端 賊前是歷 彼寇賊兮 莫測不出

變化無窮 賊間是度 彼寇賊兮 莫測相聚

제 61 장

일후믈 놀라ᄌᆞ바ᄂᆞᆯ ᄒᆞᄫᅡ 뒤헤 셔샤 手射數人ᄒᆞ샤 五千賊 이기시니

일후믈 저쏩바ᄂᆞᆯ ᄒᆞᄫᅡ 나샤 手驗無筭하샤 百艘적 자ᄇᆞ시니

    旣驚名號 于後獨立 手射數人 克五千敵

    旣畏名號 于後獨出 手驗無筭 擒百艘賊

제 62 장

도ᄌᆞᆨ굴 나ᅀᅡ가 보샤 일후믈 알외시니 聖武ㅣ어시니 나아오리잇가

도ᄌᆞᆨ이 겨신ᄃᆡᆯ 무러 일후믈 저쏩ᄇᆞ니 天威어시니 드러오리잇가

    馳詣虜陳 名號自說 維其聖武 彼何敢出

    賊問牙帳 名聲是慴 維其天威 彼何敢入

제 63 장

百步앳 몰채 쏘샤 群豪ᄅᆞᆯ 뵈여시늘 陰謀를 나ᄌᆞ니이다

百步앳 여름 쏘샤 衆賓을 뵈여시늘 慶爵올 받ᄌᆞᄫᅵ이다

    射鞭百步 示彼豪帥 維彼豪帥 亶亡陰計

    射果百步 示我諸客 維此諸客 共獻慶爵

제 64 장

天下 英雄이 度量애 다 드ᅀᅮᆯ씨 叛ᄒᆞᄂᆞᆫ 노믈 부러 노ᄒᆞ시니

世上 豪傑이 範圍예 몯 나ᅀᆞᆯ씨 이기싫 算올 짐즛 업게ᄒᆞ시니

    天下英雄 盡入度量 謀亂之徒 迺故放之

    世上豪傑 不出範圍 勝耦之籌 迺故齊之

제 65 장

苑囿엣 도톨 티샤 長史 듣ᄌᆞᄫᆞᆫ 마리 挺世氣象이 엇더ᄒᆞ시니

峻阪반앵 놀올 쏘샤 麾下 듣ㅈ텻 마리 盖世氣象이 엇더ᄒ시니
　　斬豕苑囿 長吏所聞 挺世氣象 固如何云
　　殪兕峻阪 麾下所聞 盖世氣象 固如何云

제 66 장

大義를 불기실씨 侯國이 오ᅀᆞ더니 輕士善罵ᄒ샤 侯國이 背叛ᄒ니
大勳이 이ᄅ실씨 人心이 몯줍더니 禮士溫言ᄒ샤 人心이 굳ㅈ텼니
　　大義克明 侯國斯來 輕士善罵 侯國斯離
　　大勳將成 人心斯聚 禮士溫言 人心斯固

제 67 장

ᄀᆞᄅᆞᆷ ᄀᆞᅀᅢ 자거늘 밀믈이 사ᅀᆞ리로ᄃᆡ 나거ᅀᅡ ᄌᆞᄆᆞ니이다
셤 안해 자싫 제 한비 사ᅀᆞ리로ᄃᆡ 뷔어ᅀᅡ ᄌᆞᄆᆞ니이다
　　宿于江沙 不潮三日 迨其出矣 江沙迺没
　　宿于島嶼 大雨三日 迨其空矣 島嶼迺没

제 68 장

ᄀᆞᄅᆞᆷ ᄀᆞᆯ 아니 말이샤 밀므를 마ᄀᆞ시니 하날히 부러 ᄂᆞ믈 뵈시니
한비를 아니 그치샤 날므를 외오시니 하늘히 부러 우릴 뵈시니
　　不禁江沙 迺防潮濤 彼蒼者天 示人孔昭
　　不止霖雨 迺回潢洋 彼蒼者天 示我孔彰

제 69 장

드르헤 龍이 싸호아 四七將이 일우려니 오라 흔들 오시리잇가
城 밧긔 브리 비취여 十八子ㅣ 救ᄒ시려니 가라 흔들 가시리잇가
　　龍鬪野中 四七將濟 縱曰來思 噬肯來詣

火照城外 十八子救 縱命往近 噬肯往就

제 70 장

天挺英奇ᄒ샤 安民을 爲ᄒ실씨 六駿이 應期ᄒ야 나니
天錫勇智ᄒ샤 靖國을 爲ᄒ실씨 八駿이 應時ᄒ야 나니

天挺英奇 爲安民斯 駃駃六駿 生應其兮

天錫勇智 爲靖國猗 蹻蹻八駿 生應時兮

제 71 장

元良을 무우리라 垂象ᄋ로 하ᅀᄫ니 庸君이신ᄃᆞᆯ 天性은 ᄇᆞᆯᄀ시니
僞姓을 구튜리라 親朝ᄅᆞᆯ 請ᄒᅀᆞᄫ니 聖主ㅣ실씨 帝命을 아ᄅᆞ시니

欲搖元良 讚用妖星 雖是庸君 天性則明

謀固僞姓 請朝京師 自是聖主 帝命已知

제 72 장

獨夫를 하ᄂᆞᆯ히 니ᄌᆞ샤 功德을 國人도 솗거니 漢人 ᄆᆞᅀ미 엇더ᄒ리잇고
하ᄂᆞᆯ히 獨夫를 ᄇᆞ리샤 功德을 漢人도 솗거니 國人 ᄆᆞᅀ미 엇더ᄒ리잇고

天絶獨夫 維彼功勳 東人稱美 矧伊漢民

天棄獨夫 維我功德 漢人嘆服 矧伊東國

제 73 장

生靈이 凋喪ᄒᆞᆯ씨 田租ᄅᆞᆯ 고티시니 七姓亂後에 致治ᄅᆞᆯ 爲ᄒ시니
寇攘이 毒痛ㅣ어늘 田制를 고티시니 僞氏黜後에 中興을 爲ᄒ시니

生靈凋喪 均定田租 七姓亂後 致治是圖

寇攘毒痛 大正田制 僞氏黜後 中興斯爲

제 74 장

天倫을 姦臣이 하ᅀᆞᄫᅡ 中土心得다 흔들 賢弟를 매 니즈시리
天意를 小人이 거스러 親王兵을 請흔들 忠臣을 매 모르시리
　　姦臣間親 曰得民望 維此賢弟 寧或有忘
　　小人逆天 請動王師 維此忠臣 寧或不知

제 75 장

突厥이 入寇ᄒᆞ나 위명일 저쓰바 戰鬪之計를 아니 드르니
威靈이 머르실씨 女直이 來庭ᄒᆞ야 爭長之言을 아니 거스니
　　突厥入寇 威名畏服 戰鬪之計 不敢請諾
　　威靈遠振 女直來庭 爭長之言 不自抗衡

제 76 장

宗室에 鴻恩이시며 모딘 相올 니즈실씨 千載 아래 盛德을 술ᄫᅵ니
兄弟예 至情이시며 모딘 꾀롤 니즈실씨 오ᄂᆞᆯ나래 仁俗올 일우시니
　　宗室鴻恩 且忘反相 故維千載 盛德稱仰
　　兄弟至情 不念舊惡 故維今日 仁厚成俗

제 77 장

ᄂᆞ민 仇讎ㅣ라커늘 日月之明이실씨 다시 쓰샤 富庶를 보시니
ᄂᆞ민 주규려커늘 天地之量이실씨 다시 사르샤 爵祿올 주시니
　　人謂讎也 日月明顯 迺復用之 富庶斯見
　　人欲誅矣 天地量廓 迺復生之 爵祿是錫

제 78 장

嚴威로 처ᅀᅥᆷ 보샤 迺終애 殊恩이시니 뉘 아니 좆ᄌᆞᆸ고져 ᄒᆞ리

赤心ᄋ로 처엄 보샤 遒終내 赤心이시니 뉘 아니 ᄉ랑ᄒᅀᆞᄫᆞ리
維是嚴威 始相見之 終以殊恩 孰不願隨
維是赤心 始相見斯 終亦赤心 孰不思懷

제 79 장

始終이 다ᄅ실ᄊᆡ 功臣이 疑心ᄒ니 定鼎無幾에 功이 그츠니이다
始終이 ᄀᆮ실ᄊᆡ 功臣이 忠心이니 傳祚萬世에 功이 그츠리잇가
始終有異 功臣疑惑 定鼎無幾 遂絶其績
始終如一 功臣忠勤 傳祚萬世 豈絶其勳

제 80 장

武功ᄲᆞᆫ 아니 위ᄒ샤 션비를 아ᄅ실ᄊᆡ 鼎峙之業을 셰시니이다
討賊이 겨를 업스샤디 션비를 ᄃᅀᆞ실ᄊᆡ 太平之業이 빛나시니이다
匪直爲武 且識儒生 鼎峙之業 肆克樹成
不遑討賊 且愛儒士 太平之業 肆其光輝

제 81 장

千金을 아니 앗기샤 글册올 구ᄒ시니 經世度量이 크시니이다
聖性을 아니 미드샤 學問이 기프시니 創業規模ㅣ 머르시니이다
不吝千金 典籍是索 經世度量 是用恢廓
不矜聖性 學問是邃 創業規模 是用遠大

제 82 장

혀근 션비를 보시고 御座애 니르시니 敬儒之心이 엇더ᄒ시니
늘근 션비를 보시고 禮貌로 ᄭᅮ르시니 右文之德이 엇더ᄒ시니
引見小儒 御座遽起 敬儒之心 云如何已

接見老儒 禮貌以跪 右文之德 云如何已

제 83 장

君位를 보배라 홀씨 큰 命을 알외요리라 바릀 우희 金塔이 소소니
자호로 制度ㅣ 날씨 仁政을 맛됴리라 하늘 우흿 金尺이 느리시니
　　位曰大寶 大命將告 肆維海上 迺湧金塔
　　尺生制度 仁政將託 肆維天上 迺降金尺

제 84 장

님그미 賢커신마론 太子를 몯 어드실씨 누본 남기 니러셔니이다
나라히 오라건마론 天命이 다아갈씨 이본 남기 새 닢 나니이다
　　維帝雖賢 靡有太子 時維僵柳 忽焉自起
　　維邦雖舊 將失天命 時維枯樹 茷焉復盛

제 85 장

方面을 몰라 보시고 벼스를 도도시고 하뇺 ᄆᅀᆞᄆᆞᆯ 뉘 고티ᅀᆞᄫᆞ리
讖文을 몰라 보거늘 나랏 일훔 ᄀᆞᄅᆞ시니 天子ㅿ ᄆᅀᆞᄆᆞᆯ 뉘 달애ᅀᆞᄫᆞ리
　　不覺方面 聿陞官爵 維天之心 誰改誰易
　　未曉讖文 聿改國號 維帝之衷 誰誘誰導

제 86 장

여슷 놀이 디며 다ᄉᆞᆺ 가마괴 디고 빗근 남ᄀᆞᆯ ᄂᆞᆯ아 나마시니
석벽에 수멧던 네닛글 아니라도 하뇺 ᄠᅳ들 뉘 모ᄅᆞᅀᆞᄫᆞ리
　　六麞斃兮 五鵲落兮 于彼橫木 于飛越兮
　　岩石所匿 古書縱微 維天之意 孰不之知

제 87 장

ᄆᆞᆯ 우흿 대범믈 ᄒᆞᆫ소ᄂᆞ로 티시며 싸호ᄂᆞᆫ 한쇼ᄅᆞᆯ 두 소내 자ᄇᆞ시며
ᄃᆞ리에 뼈딜 ᄆᆞᄅᆞᆯ 넌즈시 치倩시니 聖人神力을 어느 다 ᄉᆞᆯᄫᆞ리

馬上大虎 一手格之 方鬪巨牛 兩手執之
橋外隕馬 薄言挈之 聖人神力 兮罄說之

제 88 장

마ᄉᆞᆫ 사ᄉᆞ미 등과 도ᄌᆞ기 입과 눈과 遮陽ㄱ 세 쥐 네도 잇더신가
ᄀᆞᆺ븐 ᄭᅯ을 모ᄃᆡ 놀이시니 聖人神武ㅣ 엇더ᄒᆞ시니

麋背四十 與賊口目 遮陽三鼠 其在于昔
維伏之雉 必令驚飛 聖人神武 固如何其

제 89 장

솘바ᄋᆞᆯ 닐굽과 이본 나모와 투구 세사리 네도 ᄯᅩ 잇더신가
東門 밧긔 독소리 것그니 聖人神功이 ᄯᅩ 엇더ᄒᆞ시니

松子維七 與彼枯木 兜牟三箭 于在于昔
東門之外 矮松立折 聖人神功 其又何若

제 90 장

두 兄弟 ᄭᅬ 하건마ᄅᆞᆫ 藥이 하ᄂᆞᆯ 계우니 아바님 지ᄒᆞ신 일훔 엇더ᄒᆞ시니
두 버디 ᄇᆡ 배얀마ᄅᆞᆫ ᄇᆞᄅᆞ미 하ᄂᆞᆯ 계우니 어마님 드르신 말 엇더ᄒᆞ시니

兄弟謀多 藥不勝天 厥考所名 果如何焉
兩朋舟覆 風靡勝天 維母所聞 果如何焉

제 91 장

아바님 이받ᄌᆞᄫᆞᇙ제 어마님 그리신 ᄂᆞᇇ므를 左右ㅣ 하ᅀᆞ바 아바님 怒ᄒᆞ시니

아바님 뫼ᅀᆞᆸ싫제 어마님 여희신 눖므를 左右ㅣ 슬쓰바 아바님 일ᄏᆞ시니
    侍宴父皇 憶母悲涕 左右訴止 父皇則懠
    來見父王 戀母悲淚 左右傷之 父王稱謂

제 92 장

至孝ㅣ 뎌려ᄒᆞ실ᄊᆡ ᄂᆞᄆᆞᆫ 즐기는 나를 아니 즐겨 聖經을 니르시니
大孝ㅣ 이러ᄒᆞ실ᄊᆡ ᄂᆞᄆᆞᆫ 밧는 오ᄉᆞᆯ 아니 바사 禮經을 종ᄒᆞ시니
    至孝如彼 人樂之日 我獨不樂 聖經是說
    大孝如此 人脫之衣 我獨不脫 禮經是依

제 93 장

아바닚 梓宮을 ᄃᆞᅀᆞ샤 高平 아니 가시면 配天之業이 구드시리잇가
어마닚 山陵을 ᄃᆞᅀᆞ샤 粟村애 도라오시면 建國之功ᄋᆞᆯ 일우시리잇가
    守考梓宮 高平不赴 配天之業 其何能固
    戀妣山陵 粟村旋行 建國之功 其何能成

제 94 장

내 가리이다 말이나 宗廟 위ᄒᆞ야 가시니 紹興之命을 金人이 모ᄅᆞ니
네 가ᅀᅡ ᄒᆞ리라커시ᄂᆞᆯ 社稷 위ᄒᆞ야 가시니 忠國之誠을 天子ㅣ 아ᄅᆞ시니
    人請去矣 去爲宗廟 紹興之命 金人莫料
    汝必往哉 往爲社稷 忠國之誠 天子迺識

제 95 장

처엄 와 傲色 잇더니 濟世英主ㅣ 실ᄊᆡ 마쯔비예 ᄆᆞᅀᆞ믈 놀라니
간 고대 禮貌 업더니 盖天英氣실ᄊᆡ 이바디예 머리ᄅᆞᆯ 좃ᄉᆞᄫᆞ니
    初附之時 尙有傲色 濟世英主 迎見驚服

所至之處 靡不蔵視 盖天英氣 當宴敬禮

제 96 장

孝道홀 ᄯ리 그를 어엿비 너겨 보샤 漢家仁風을 일우시니이다

孝道홀 아ᄃᆞᆯ 우루믈 슬피 너겨 드르샤 聖祖仁政을 도ᄫᆞ시니이다

　　孝女之書 覽之哀矜 漢家仁風 酒克成之

　　孝子之哭 聽之傷歎 聖祖仁政 斯能贊之

제 97 장

將軍도 하건마른 豁達大略이실ᄊᆡ 狂生이 듣ᄌᆞᄫᅡ 同里ᄅᆞᆯ 브터 오니

宗親도 하건마른 隆準龍顔이실ᄊᆡ 書生이 보ᅀᆞᄫᅡ 同志ᄅᆞᆯ 브터 오니

　　將軍雖多 豁達大略 狂生亦聞 依人以謁

　　宗親雖多 隆準龍顔 書生載瞻 因友以攀

제 98 장

臣下ㅣ 말 아니 드러 正統애 有心홀ᄊᆡ 山이 草木이 軍馬ㅣ ᄃᆞᄫᆡ니이다

님금 말 아니 듣ᄌᆞᄫᅡ 嫡子ㅅ 긔 無禮홀ᄊᆡ 셔ᄫᅳᆯ 빈 길헤 軍馬ㅣ 뵈니이다

　　弗聽臣言 有心正統 山上草木 化爲兵衆

　　佛順君命 無禮嫡子 城中街陌 若塡騎士

제 99 장

아ᄌᆞ미를 저ᄒᆞ샤 讓兄ㄱ ᄠᅳ들 내신ᄃᆞᆯ 討敵之功을 눌 미르시니

朝臣을 거스르샤 讓兄ㄱ ᄠᅳᆮ 일우신ᄃᆞᆯ 定社之聖ㅅ 긔 뉘 아니 오ᅀᆞᄫᆞ리

　　載畏嬌氏 讓兄意懷 討賊之功 伊誰云推

　　載拒朝臣 讓兄意遂 定社之聖 孰不來至

제 100 장

믈 우횟 龍이 江亭을 向ᄒᆞᄇᆞ니 天下ㅣ 定홀 느지르샷다

집 우횟 龍이 御床ᄋᆞᆯ 向ᄒᆞᄇᆞ니 寶位 ᄐᆞ실 느지르샷다

　　水上之龍 向彼江亭 迺是天下 始定之徵

　　殿上之龍 向我御上 迺是寶位 將登之上

제 101 장

天下애 功이 크샤ᄃᆡ 天子△ 위 다ᄅᆞ거시늘 새벼리 나ᄌᆡ 도ᄃᆞ니

宗社애 功이 크샤ᄃᆡ 世子△ 위 뷔어시늘 赤祲이 바ᄆᆡ 비취니

　　功高天下 儲位則異 煌煌太白 當晝垂示

　　功大宗社 儲位則虛 明明赤祲 方夜炳如

제 102 장

시름 ᄆᆞᅀᆞᆷ 업스샤ᄃᆡ 이 지븨 자려ᄒᆞ시니 하ᄂᆞᆯ히 ᄆᆞᅀᆞᄆᆞᆯ 뮈우시니

모맷 病 업스샤ᄃᆡ 뎌 지븨 가려ᄒᆞ시니 하ᄂᆞᆯ히 病을 ᄂᆞ리오시니

　　心無憂矣 將宿是屋 維皇上帝 動我心曲

　　身無恙矣 欲往彼室 維皇上帝 降我身疾

제 103 장

앗이 모딜오도 無相猶矣실ᄊᆡ 二百年 基業을 여르시니이다

兄이 모딜오도 不宿怨焉이실ᄊᆡ 千萬世 厚俗ᄋᆞᆯ 일우시니이다

　　弟雖傲矣 無相猶矣 維二百年 其業啓止

　　兄雖悖焉 不宿怨焉 於千萬世 厚俗成旃

제 104 장

建義臣을 할어늘 救호ᄃᆡ 몯 사ᄅᆞ시니 모매 브튼 일로 仁心 몯 일우시니

開國臣을 할어늘 救ㅎ야 사ᄅ시니 社稷功을 혜샤 聖心을 일우시니
    訴建義臣 救而莫活 勢關嫌疑 仁心未集
    讒開國臣 救而獲生 功念社稷 聖心是成

제 105 장

제 님금 背叛ㅎ야 내 모몰 救ㅎᅀᄫᅡ늘 不賞私勞ㅎ샤 後世ᄅ ᄀᄅ치시니
제 님금 아니 니저 내 命을 거스ᅀᄫᅡ늘 不忘公義ㅎ샤 嗣王을 알외시니
    不爲其主 以救我身 不賞私勞 以敎後人
    不遺其君 以拒我命 不忘公義 以詔嗣聖

제 106 장

忠臣을 외오 주겨늘 惡惡 ᄆᅀᄆ미 크샤 節鉞으 아니 주시니
義士ᄅ 올타 과ㅎ샤 好賢 ᄆᅀᄆ미 크샤 官爵을 아니 앗기시니
    擅殺忠臣 惡惡之極 所以節鉞 終焉不錫
    深獎義士 好賢之篤 所以官爵 曾是不惜

제 107 장

滿朝히 두쇼셔커늘 正臣을 올타 ㅎ시니 十萬僧徒ᄅ 일거에 罷ㅎ시니
滿國이 즐기거늘 聖性에 외다터시니 百年佛刹을 一朝애 혁ㅎ시니
    滿朝請置 正臣是許 十萬僧徒 一擧去之
    滿國酷好 聖性獨闢 百千佛刹 一朝革之

제 108 장

수메셔 드르시고 民望을 일우오리라 戎衣를 니피시니이다
病으로 請ㅎ시고 天心을 일우오리라 兵仗ᄋ로 도ᄫ시니이다
    潛身以請 欲遂民望 載提戎衣 于以尙之

托疾以請 欲遂天意 載備兵仗 于以遲之

제 109 장

ᄆᆞ리 病이 기퍼 山脊에 몯오ᄅᆞ거늘 君子ᄅᆞᆯ 그리샤 金罍ㄹ 브수려 ᄒᆞ시니
ᄆᆞ리 사ᄅᆞᆯ 마자 馬廐에 드러오나ᄂᆞᆯ 聖宗ᄋᆞᆯ 뫼셔 九泉에 가려 ᄒᆞ시니

我馬孔瘏 于岡靡陟 言念君子 金罍欲酌
我馬帶矢 于廐猝來 願陪聖宗 九泉同歸

제 110 장

四祖ㅣ 便安히 몯겨샤 현 고ᄃᆞᆯ 올마시ᄂᆎ 몃間ㄷ 지븨 사ᄅᆞ시리잇고
九重에 드르샤 太平을 누리싫 제 이 ᄠᅳ들 닛디 마ᄅᆞ쇼셔

四祖莫寧息 幾處徙厥宅 幾間以爲屋
入此九重闕 享此太平日 此意願毋忘

제 111 장

豺狼이 構禍ㅣ어늘 一間 茅屋도 업사 움 무더 사ᄅᆞ시니이다
廣廈애 細氈펴고 黼座애 안ᄌᆞ샤 이 ᄠᅳ들 닛디 마ᄅᆞ쇼셔

豺狼構禍患 茅屋無一間 陶穴經艱難
細氈鋪廣廈 黼座洒登坐 此意願毋忘

제 112 장

王事ᄅᆞᆯ 爲커시니 行陣ᄋᆞᆯ 조ᄎᆞ샤 不解甲이 현나리신ᄃᆞᆯ 알리
莽龍衣 袞龍袍애 寶玉帶 ᄯᅴ샤 이 ᄠᅳ들 닛디 마ᄅᆞ쇼셔

祗爲王事棘 行陣日隨逐 幾日不解甲
龍衣與袞袍 寶玉且橫腰 此意願毋忘

제 113 장

拯民을 爲커시니 攻戰에 듣니샤 不進饍이 현삐신둘 알리

南北珍羞와 流霞玉食 바드샤 이 뜨들 닛디 마르쇼셔

> 祇爲拯群黎　攻戰日奔馳　絶饍知幾時
>
> 南北珍羞列　流霞對玉食　此意願毋忘

제 114 장

大業을 느리오리라 筋骨을 몬져 ヌ고샤 玉體創瘢이 흔두 곧 아니시니

兵衛 儼然커든 垂拱臨朝ᄒ샤 이 뜨들 닛디 마르쇼셔

> 天欲降大業　迺先勞筋骨　玉體創不一
>
> 儼然兵衛陳　垂拱臨朝臣　此意願毋忘

제 115 장

날 거슳 도즉글 好生之德이실씨 부러 저히샤 살아 자ᄫ니

頤指如意ᄒ샤 罰人刑人ᄒ싫 제 이 뜨들 닛디 마르쇼셔

> 拒我慓悍賊　我自好生德　故脇以生執
>
> 頤指卽如意　罰人刑人際　此意願毋忘

제 116 장

道上에 僵尸를 보샤 寢食을 그쳐시니 昊天之心에 긔 아니 쁜디시리

民瘼을 모르시면 하늘히 브리시ᄂ니 이 뜨들 닛디 마르쇼셔

> 僵尸道上見　爲之廢寢饌　昊天寧不眷
>
> 民瘼苟不識　天心便棄絶　此意願毋忘

제 117 장

敵王所愾ᄒ샤 功盖一世ᄒ시나 勞謙之德이 功을 모르시니

佞臣이 善諛ㅎ야 驕心이 나거시든 이 ᄠᅳᆮ들 닛디 마ᄅᆞ쇼셔
　　既敵王所愾　神功盖一世　勞謙不自大
　　佞臣善諛說　驕心不可遏　此意願毋忘

제 118 장

多助之至실ᄊᆡ 野人도 一誠이어니 國人 ᄠᅳᆮ들 어느 다 슬ᄫᅳ리
님금 德 일ᄒᆞ시면 親戚도 叛ᄒᆞᄂᆞ니 이 ᄠᅳᆮ들 닛디 마ᄅᆞ쇼셔
　　維其多助至　野人亦入侍　何論國人意
　　君德如或失　親戚亦離絶　此意願毋忘

제 119 장

兄弟變이 이시나 因心則友ㅣ실ᄊᆡ 허므를 모ᄅᆞ더시니
易隙之情을 브터 姦人이 離間커든 이 ᄠᅳᆮ들 닛디 마ᄅᆞ쇼셔
　　兄弟縱相瘉　因心則友于　竟莫知其辜
　　易隙情是乘　姦人讒間興　此意願毋忘

제 120 장

百姓이 하ᄂᆞᆯ히어늘 시졍이 不恤ᄒᆞᆯᄊᆡ 力排群議ᄒᆞ샤 私田을 고티시니
征斂이 無藝ᄒᆞ면 邦本이 곧 여리ᄂᆞ니 이 ᄠᅳᆮ들 닛디 마ᄅᆞ쇼셔
　　民者王所天　時政不曾憐　排議革私田
　　征斂若無節　邦本即杌陧　此意願毋忘

제 121 장

내그에 모딜언마ᄅᆞᆫ 제 님금 爲타 ᄒᆞ실ᄊᆡ 罪를 니저 다시 브려시니
ᄒᆞ몰며 袞職 돕ᄉᆞᄫᅳ려 面折廷爭커든 이 ᄠᅳᆮ들 닛디 마ᄅᆞ쇼셔
　　於我雖不軌　謂爲其主耳　忘咎復任使

況思補袞職　廷爭或面折　此意願毋忘

제 122 장

性與天合ᄒᆞ샤ᄃᆡ　思不如學이라 ᄒᆞ샤　儒生ᄋᆞᆯ　親近ᄒᆞ시니이다

小人이　固寵호리라　不可令閑이라커든　이 ᄠᅳᆯ 닛디 마ᄅᆞ쇼셔

性雖與天合　謂捨不如學　儒生更親昵

小人固寵權　曰不可令閑　此意願毋忘

제 123 장

讒口ㅣ 만ᄒᆞ야　罪 ᄒᆞ마 일리러니　功臣ᄋᆞᆯ　살아 구ᄒᆞ니

工巧ᄒᆞᆫ 하리　甚ᄒᆞ야　貝錦을 일우려커든　이 ᄠᅳᆯ 닛디 마ᄅᆞ쇼셔

讒口既噂沓　垂將及罪戮　功臣迺救活

簧巧讒譖甚　謀欲成貝錦　此意願毋忘

제 124 장

洙泗正學이　聖性에 볼ᄀᆞ실ᄊᆡ　異端ᄋᆞᆯ　排斥ᄒᆞ시니

裔戎邪說이　罪福ᄋᆞᆯ　저히ᅀᆞᆸ거든　이 ᄠᅳᆯ 닛디 마ᄅᆞ쇼셔

洙泗之正學　聖性自昭晰　異端獨能斥

裔戎之邪說　怵誘以罪福　此意願毋忘

제 125 장

千世 우희 미리 定ᄒᆞ산　漢水北에　累仁開國ᄒᆞ샤　卜年이 ᄀᆞᆺ업스시니

聖神이 니ᅀᆞ샤도　敬天勤民ᄒᆞ샤ᅀᅡ　더욱 구드시리이다

님금하 아ᄅᆞ쇼셔　洛水예 山行 가이셔 하나빌 미드니잇가

千世默定漢水北　累仁開國卜年無彊　子子孫孫聖神雖繼

敬天勤民迺益永世　嗚呼　嗣王監此　洛表遊畋皇祖其恃

〔부록 2〕

〈俗談 속의 동물〉

소

1) 가을 물은 소 발자국에 고인 물로 먹인다.
2) 개나 쇠 발괄 누가 알고(발괄: 관아에 대하여 억울한 일을 말이나 글로 하소하는 것)
3) 개천에 든 소(도랑에 든 소)
4) 관에 들어가는 소(관에 들어가는 소의 걸음)
5) 기운이 세면 소가 왕 노릇할까(기운이 세면 장수 노릇 하나)
6) 길마 무거워 소 드러누울까
7) 남의 소 들고 뛰는 건 구경거리
8) 남이 놓은 것은 소도 못 찾는다.
9) 놓아 먹인 소(놓아 먹인 말)
10) 누운 소 똥 누듯 한다.(누워 떡 먹기)
11) 누운 소 타기(언청이 콩가루 쥐어 먹기)
12) 누워서 찌르는 소
13) 눈 큰 황소, 발 큰 도둑 놈
14) 늙은 소 콩 밭으로 간다.
15) 늙은 소 흥정하듯(소 탄 양반의 訟事 결정이라)
16) 닭 벼슬이 될망정 쇠 꼬리는 되지 마라
17) 더위 먹은 소 달만 보아도 허덕인다.(吳牛喘月. 자라보고 놀란 가슴 소댕 보고 놀란다.)
18) 도둑놈 소 몰 듯한다.
19) 두렁에 누운 소
20) 두렁에 든 소(개천에 든 소)
21) 똥구멍 찔린 소 모양

22) 뜬 소 울 넘는다.

23) 말 가는 데 소도 간다.

24) 말 갈 데 소 간다.(아니 갈 데를 간다.)

25) 말 갈 데 소 갈 데 다 다녔다.

26) 말 삼은 소 짚신이라.

27) 먹는 소가 똥을 누지(소금 먹은 소가 물을 켜지)

28) 바늘 도둑이 소 도둑 된다.(바늘 상자에서 도둑이 난다.)

29) 방둥이 부러진 소 사돈 아니면 못 팔아먹는다.

30) 벙어리 소를 몰고 가듯

31) 벼락 맞은 소 뜯어먹듯

32) 보지 못하는 소 멍에가 아홉

33) 불 난 강변에 덴 소 날 뛰듯 한다.

34) 빈 외양간에 소 들어간다.

35) 뿔 뺀 쇠 相(꽁지 빠진 새 같다.)

36) 삶은 소가 웃다가 꾸러미 깨지겠다.

37) 새끼 많이 둔 소 길마 벗을 날 없다.(가지 많은 나무 바람 잘 날이 없다.)

38) 새 잡아 잔치 할 것을 소 잡아 잔치한다.(닭 잡아 겪을 나그네 소 잡아 겪는다.

39) 서편에 무지개 서면 개울 너머 소 매지 마라.

40) 섬 속에서 소 잡아먹겠다.(부시통에 연풍대 하겠다. 독 안에서 푸념)

41) 소가 웃다가 꾸러미 째지겠다.

42) 소가 크면 왕 노릇 하나.

43) 소같이 벌어서 쥐같이 먹어라.

44) 소같이 일하고 쥐같이 먹어라.

45) 소 궁둥이에다 꼴을 던진다.

46) 소금 먹은 소가 물을 켜지.

47) 소금 먹은 소 굴 우물 들여다보듯.(목마른 송아지 우물 들여다보듯)

48) 소 꼬리보다 닭 대가리가 낫다.

49) 소 눈 말 눈 크다해도 의눈보다 큰 것 없다.

50) 소는 농가의 조상

51) 소 닭 보듯, 닭 소 보듯(봉사 둠벙 쳐다보듯)

52) 소더러 한 말은 안 나도 처더러 한 말은 난다.

53) 소더러 한 말은 없어도 처더러 한 말은 난다.

54) 소도 언덕이 있어야 비빈다.(도깨비도 수풀이 있어야 모인다.)

55) 소띠는 일이 되다.

56) 소 먹이가 힘들지만 괭이질이야 어찌할까.

57) 소 밭에 쥐 잡기(황소 뒷걸음치다가)

58) 소 앞에서 한 말은 안 나도 어미 귀에 한 말은 난다.

59) 소 잃고 외양간 고친다.(말 잃고 외양간 고친다.)

60) 소 잡아먹겠다.(호랑이 잡을 칼로 개를 잡는 것 같다.)

61) 소 잡은 터전은 없어도 밤 벗긴 자리는 있다.

62) 소 탄 양반의 송사 결정이라.(늙은 소 흥정하듯)

63) 소한테 물렸다.

64) 쇠가 쇠를 먹고 살이 살을 먹는다.(갖에서 좀 난다.)

65) 쇠가죽 무릅쓴다.(낯가죽이 두껍다.)

66) 쇠 갖 한 놈 같다.

67) 쇠고기 열 점보다 새고기 한 점이 낫다.

68) 쇠 고집과 닭 고집이라.(평양 황 고집이라.)

69) 쇠 귀신 같다.

70) 쇠 귀에 경 읽기

71) 쇠 똥에 미끄러져 개 동에 코 박은 셈이다.

72) 쇠 똥에 미끄러져 코 박을 일이다.

73) 쇠 똥에 지짐떡 같으냐.(말 똥이 밥 알 같으냐.)

74) 쇠 말 뚝도 꾸미기 마련이다.

75) 쇠 멱미례 같다.(멱미례 : 소의 턱 밑엣 고기로서 매우 질김.)

76) 쇠 목에 방울 단다.(개 대가리에 冠)

77) 쇠불알 떨어지면 구워 먹기

78) 쇠불알 떨어질까 하고 장작 지고 다닌다.

79) 쇠 뼈다귀 우려 먹듯

80) 쇠뿔도 각각 염주도 몫몫

81) 쇠뿔도 손대었을 때 뽑아 버려라.

82) 쇠뿔에 계란을 세우랴.

83) 쇠뿔은 단 김에 빼라.

84) 쇠뿔은 단 김이요, 호박떡은 더운 김이라.

85) 쇠 살에 말 뼈

86) 쇠 옹두리를 우리듯(노루 친 몽둥이 삼 년 우린다.)

87) 쇠 죽 가마에 달걀 삶아 먹을라.

88) 쇠 코에 경 읽기(쇠 귀에 경 읽기)

89) 쇠 털같이 많다.

90) 쇠 털같이 허구헌 날

91) 쇠 털 뽑아 제 구멍에 박는다.

92) 쇠 힘도 힘이요, 새 힘도 힘이다.

93) 쇠 힘은 쇠 힘이요, 새 힘은 새 힘이다.

94) 쇠 힘줄 같다.

95) 술 담배 참아 소 샀더니 호랑이가 물어 간다.

96) 아침 아저씨 저녁 소 아들

97) 어린 때 굽은 남이 쇠 길맞가지 된다.

98) 어미한테 한 말은 나고 소한테 한 말은 안 난다.

99) 여물 많이 먹은 소 똥 눌 때 알아본다.

100) 오복 간신이 농우 팔아먹는다.

101) 외눈통이 쇠뿔에 받혔다.

102) 외상이면 당나귀 소도 잡아먹는다.

103) 牛耳를 잡는다.

104) 의붓아비 소 팔러 보낸 것 같다.

105) 일은 송곳으로 매운 재 긁어내듯 하고 먹기는 도지 소 먹듯 한다.

106) 쟁기질 못하는 놈이 소 탓한다.

107) 종년 간통은 누운 소 타기.

108) 쥐 구멍으로 소 몰려 한다.

109) 쥐 새끼 쇠 새끼 보고 작다 한다.

110) 큰 소만큼 벌면 큰 소만큼 쓴다.

111) 큰 소 잃고 송아지 뗑겼네.

112) 큰 소 큰 소하며 꼴 아니 준다.

113) 푸줏간에 든 소.(물밖에 난 고기)

114) 푸줏간에 들어가는 소 걸음.

115) 홍두깨로 소를 몬다.

116) 힘 많은 소가 왕 노릇 하나.

돼지

1) 감정 강아지로 돼지 만든다
2) 검정 개 돼지 편이라.
3) 그슬린 돼지가 달아맨 돼지 타령한다.
4) 누운 돼지가 앉은 돼지 나무란다. (가랑잎이 솔잎더러 바스락거린다고 한다)
5) 돼지가 깃을 물어 들이면 비가 온다.
6) 돼지 값은 칠푼이요, 나무 값은 서돈이라.
7) 돼지 그려 붙일라.
8) 돼지는 흐린 물을 좋아한다.
9) 돼지 떡 같다.
10) 돼지 띠는 잘 산다.
11) 돼지 밥을 잇는 것이 네 옷을 대기보다 낫다.
12) 돼지 오줌통 몰아 놓은 이 같다.
13) 돼지 왼 발톱.
14) 돼지 우리에 주석 좌물쇠.
15) 마파람에 돼지 불알 놀듯.
16) 모주 먹은 돼지 껄때청. (뜨물 먹은 당나귀 청)
17) 양반의 새끼는 고양이 새끼요, 상놈의 새끼는 돼지 새끼라.
18) 언덕에 자빠진 돼지가 평지에 자빠진 돼지를 나무란다. (그슬린 돼지가 달아맨 돼지 타령한다)
19) 업혀 가는 돼지 눈.
20) 염천교 밑에서 돼지 홀레를 붙이는 것이 낫다.
21) 죽은 석숭보다 산 돼지가 낫다. (석숭; 중국 진나라 때의 대부호, 죽은 정승이 산 개만 못하다)
22) 큰 집 잔치에 작은 집 돼지 잡는다.
23) 파리한 돼지 두부 앗은 날.
24) 관가 돼지 배 앓는다. (관 돌 배 앓기)
25) 돌 잠에 개 꿈. (노루 잠에 개 꿈. 쇠 살에 말 뼈)
26) 타는 닭이 꼬꼬하고 그슬린 돌이 달음질 한다.
27) 중놈 돌 고기 값 치른다.

개

1) 개가 개를 낳지.

2) 개가 겨를 먹다가 말경 쌀을 먹는다.

3) 개가 똥을 마다 한다.

4) 개가 약과 먹은 것 같다. (개 머루 먹듯)

5) 개가 콩엿 사 먹고 버드나무에 올라 가게.

6) 개같이 벌어서 정승같이 먹는다.

7) 개게 호비

8) 개고기는 언제나 제 맛이다. (제 버릇 개 줄까)

9) 개구멍 서방.

10) 개구멍에 망건 치기.

11) 개구멍으로 동량갓을 굴려 낼 놈. (쥐구멍으로 동량갓을 굴려 낼 놈)

12) 개 귀에 방울. (개 대가리에 관)

13) 개 귀에 비루를 털어 먹어라. (비루; 짐승의 피부병)

14) 개 그림 떡 바라듯. (중 무 상직하듯)

15) 개 꼬라지 미워서 낙지 산다.

16) 개 꼬리 삼년 두어도 황모 못된다. (되지 않는다)

17) 개 눈에는 똥만 보인다.

18) 개 대가리에 관.

19) 개도 나갈 구멍을 보고 쫓아라.

20) 개도 닷새가 되면 주인을 안다.

21) 개도 무는 개를 돌아 본다.

22) 개도 부지런해야 더운 똥을 얻어 먹는다.

23) 개도 사나운 개를 돌아 본다.

24) 개도 손 들 날 있다.

25) 개도 제 털을 아낀다.

26) 개도 주인을 알아 본다.

27) 개도 텃새 한다. (닭 쌈에도 텃새 한다.)

28) 개 등의 등겨를 털어 먹는다.

29) 개 떼 모이듯.

30) 개똥도 약에 쓰려면 없다.

31) 개똥 밭에 굴러도 이승이 좋다. (말똥에 굴러도 이승이 좋다)

32) 개똥 밭에 이승 내릴 때가 있다.

33) 개똥 밭에 인물 난다. (개천에서 용 난다)

34) 개똥이 무서워 피하나, 더러워 피하지.

35) 개를 기르다 다리를 물렸다.

36) 개를 따라가면 칙간으로 간다.

37) 개를 친하면 옷에 흙칠을 한다.

38) 개 머루 먹듯.

39) 개 목에 방울이라.

40) 개 못 된 것은 들에 가서 짖는다.

41) 개 바위 지나 가는 격.

42) 개 발에 놋 대갈.

43) 개 발에 주석 편자. (개 발에 편자)

44) 개 발에 진드기 끼듯 하였다.

45) 개 발에 진드기 떼어 내치듯.

46) 개 밥 도둑.

47) 개 밥에 도토리.

48) 개 방귀 같다. (쥐 밑살 같다)

49) 개 보름 쉬듯.

50) 개 뼈다귀 은 올린다.

51) 개 새끼도 주인을 보면 꼬리를 친다.

52) 개 쇠 발괄 누가 알고.

53) 개 싸움에는 모래가 제일이라.

54) 개 싸움에 물 끼얹는다.

55) 개 ?에 덧개비.

56) 개 ?에 보리알 끼이듯.

57) 개에게 된장 덩어리 지키게 하는 격. (강아지 메주 멍석 맡긴 것 같다)

58) 개에게 매스껌.

59) 개 입에 벼룩 씹듯.

60) 개 잡듯.

61) 개 잡아먹고 동네 인심 잃고, 닭 잡아먹고 이웃 인심 잃는다.

62) 개 장수도 올가미가 있어야 한다.

63) 개 ?같은 의관.

64) 개 창자 같다.

65) 개 창자에 보위 시킨다.

66) 개처럼 벌어서 정승같이 산다.

67) 개판.

68) 개 팔아 두 냥반.

69) 개 팔자.

70) 개 팔자가 상팔자라.

71) 개하고 똥 다투랴.

72) 개 핥은 죽 사발 같다.

73) 개 호랑이가 물어 간 것만큼 시원하다.

74) 겨 묻은 개 똥 묻은 개 나무란다. (샛바리 짚바리 나무란다)

75) 고양이 개 보듯.

76) 고양이와 개다.

77) 기르던 개에게 다리를 물렸다.

78) 기름 먹어 본 개같이.

79) 꼬리 먼저 친 개 밥은 나중 먹는다.

80) 꿀 먹은 개 욱대기듯.

81) 나 먹자니 싫고 개 주자니 아깝다.

82) 나물 밭에 똥 한번 눈 개는 장 저 개 저 개 한다.

83) 날 궂은 날 개 사귄 이 같다.

84) 내 밥 먹은 개가 발 뒤축을 문다. (내 밥 준 개 내 발등 문다)

85) 너하고 말하느니 개하고 말하겠다.

86) 눈 먼 개 젖 탐한다.

87) 늙은 개가 문 지키기 괴롭다.

88) 늙은 우세하고 사람 치고, 병 우세하고 개 잡아먹는다.

89) 다 삭은 바자 틈에 노랑 개 주둥이 같다. (사돈 집 잔치에 감 놓아라 배 놓아라
한다)

90) 달 보고 짖는 개.

91) 닭 쫓던 개의 상.

92) 닭 쫓던 개 지붕만 쳐다 본다.

93) 도둑놈 개 꾸짖듯.

94) 도둑놈 개에게 물린 셈.

95) 도둑을 맞으려면 개도 안 짖는다.

96) 독서달 개가 맹자왈 한다.

97) 돈만 있으면 개도 멍첨지라.
98) 동네 개 짖는 소리만 못하게 여긴다.
99) 돝 잠에 개 꿈
100) 돝 팔아 한냥 개 팔아 닷돈하니 양반인가.
101) 두 절 개 같다.
102) 드나드는 개가 꿩을 문다.
103) 등겨 먹던 개가 말경에는 쌀을 먹는다.
104) 등겨 먹던 개는 들키고 쌀 먹던 개는 안 들킨다.
105) 미운 개가 주걱을 물고 주왕에 오른다.
106) 똥 묻은 개가 겨 묻은 개 나무란다.
107) 똥 묻은 개 쫓듯.
108) 뚝배기로 개 때리듯이.
109) 뚝비 맞은 개 새끼 같다.
110) 마음 잡아 개 장사.
111) 말하는 것을 개 방귀로 안다.
112) 매달린 개가 누워 있는 개를 웃는다.
113) 먹는 개도 아니 때린다.
114) 먼저 꼬리 친 개 나중 먹는다. (먼저 배 탄 놈 나중 내린다)
115) 멸치 한 마리는 어쭙잖아도 개 버릇이 사납다.
116) 명주 잘게 개똥 들었다. (전대에)
117) 목 메인 개 겨 탐하듯.
118) 무는 개 짖지 않는다.
119) 미친 개가 천연한 체 한다.
120) 미친 개가 호랑이 잡는다.
121) 미친 개 고기 나눠 먹듯.
122) 미친 개 눈에는 몽둥이만 보인다.
123) 미친 개다리 틀리듯.
124) 미친 개 범 물어 간 것 같다.
125) 미친 개 친 몽둥이 삼 년 우린다.
126) 미친 개 풀 먹듯.
127) 바닷가 개는 호랑이 무서운 줄 모른다.
128) 반찬 먹은 개.
129) 밥 먹는 것은 개도 안 때린다.

130) 백정이 양반 행세를 해도 개가 짓는다.

131) 뱃놈의 개(부잣집 가운데 자식)

132) 범에게 개를 빌린 격(고양이 보고 반찬 가게 지켜 달란다.)

133) 복날 개 맞듯)

134) 복날 개 패듯

135) 불에 탄 개 가죽 오그라들 듯(불 탄 개 가죽 같다.)

136) 빗자루론 개도 안 때린다.

137) 사나운 개 입 성할 날 없다.

138) 사나운 암캐 같이 앙앙하지 마라.

139) 사냥개 언 동 들어 먹듯

140) 사위가 무던하면 개 구유를 씻는다.

141) 사흘 굶은 개는 몽둥이를 맞아도 좋다고 한다.

142) 삭은 바자 구멍에 노란 개 주둥이

143) 산 개가 죽은 政丞보다 낫다.

144) 산골 부자가 해변 개보다 못하다.

145) 삼년 먹여 기른 개가 주인 발등 문다.

146) 삼 밭에 한 번 똥 싼 개는 늘 싼 줄 안다.

147) 上元의 개 같다.

148) 상치 밭에 똥 싼 개는 늘 저 개 저 개 한다.

149) 새끼 낳은 암캐같이 앙앙 말라

150) 새벽 호랑이가 중이나 개를 헤아리지 않는다.

151) 새벽 호랑이 쥐나 개나 모기나 하루살이나 하는 판

152) 서당 개 삼 년에 풍월한다.

153) 솥에 개 누었다.

154) 수캐 배되었다.

155) 술 먹은 개

156) 시모에게 역정나서 개 옆구리 찬다.(시어머니에게 역정나서 개 배대기 찬다.)

157) 시집살이 못하면 동리 개가 업신여긴다.

158) 식전 개가 똥을 참지

159) 神主 개 물어 간다.

160) 쌀 먹은 개 욱대기듯

161) 앞에서 꼬리치는 개가 후에 발 뒤꿈치 문다.

162) 어리친 개 새끼 하나 없다.

163) 어린 아이와 개는 괴는 데로 간다.

164) 오뉴월 감기는 개도 아니 앓는다.

165) 오뉴월 개 가죽 문인가.

166) 올가미 없는 개 장사

167) 용가미에 삶은 개가 멍멍 짖거든

168) 운수가 사나우면 짖던 개도 안 짖는다.

169) 울바자가 헐어지니 이웃집 개가 드나든다.

170) 음식 싫은 건 개나 주지 사람 싫은 건 할 수 없지

171) 음지의 개 팔자(싸리 밭에 개 팔자)

172) 이 빠진 개 벌통시 만났다.

173) 이웃집 개도 부르면 온다.

174) 일가 싸움은 개 싸움

175) 입 빠진 개 벌통시 만났다.

176) 점잖은 개 부뚜막에 오른다.

177) 제가 기른 개에게 발 꿈치 물린다.

178) 제 밑 핥는 개

179) 제 밥 먹은 개가 제 발등 문다.

180) 제 버릇 개 줄까.

181) 제 팔자 개 못 준다.

182) 주린 개가 뒷간을 바라보고 기뻐한다.

183) 주인 기다리는 개가 지리산만 바라본다.

184) 주제에 수캐라고 다리 들고 오줌 눈다.

185) 죽 쑤어 개 바라지 하였다.

186) 죽 쑤어 개 좋은 일 하였다.

187) 죽은 정승이 산 개만 못하다.

188) 중도 개도 아니다.(중도 소도 아니다.)

189) 쥐나 개나

190) 진날 개 사귄 이 같다.

191) 짖는 개는 여위고 먹는 개는 살찐다.

192) 천둥에 개 뛰어 들듯

193) 초상 난 집 개(喪家之狗)

194) 초상 집의 주인 없는 개

195) 초학 훈장의 똥은 개도 안 먹는다.

196) 치장 차리다가 神主 개 물려 보낸다.
197) 코 맞은 개 싸 쥐듯
198) 턱 떨어진 개 지리산 쳐다보듯
199) 한번 똥 눈 개가 일생 눈다고
200) 해변 개가 산골 부자보다 낫다.
201) 헌 바자 개다리 나오듯
202) 호랑이 개 물어 간 이 만하다.
203) 호랑이 개 어르듯
204) 호랑이에게 개 꿔어 준 셈
205) 호랑이 잡을 칼로 개를 잡는 것 같다.
206) 확 깊은 집에 주둥이 긴 개가 들어온다.
207) 흰 개 꼬리 굴뚝에 삼 년 두어도 흰 개 꼬리다.

말

1) 가는 말에 채찍질
2) 강한 말은 매 놓은 기둥에 상한다.
3) 거지가 말 얻은 것(비렁뱅이 비단 얻은 것)
4) 게으른 말 짐 탓한다.
5) 고삐 놓은 말(없는)
6) 고추밭에 말달리기(초상난 데 춤추기)
7) 곽란에 죽은 말 상판대기 같다.
8) 금승 말 갈기 외로 질지 바로 질지 모른다.
9) 꼴 같지 않은 말은 이도 들쳐보지 않는다.
10) 나 많은 말이 콩 마다할까.
11) 남의 말에 안장 지인다.
12) 내 말이 좋으니 네 말이 좋으니 하여도 달려 보아야 한다.
13) 놓아 먹인 말(놓아 먹인 소)
14) 눈 먼 말 워낭 소리 따라 간다.(고馬聞鈴)
15) 늙은 말 콩 더 달란다고(늙은 소 콩 밭으로 간다.)
16) 늙은 말 콩 마다듯

17) 닫는 말도 채를 치랬다.

18) 대감 죽은 데는 안 가도 말 죽은 데는 간다.(호장 댁네 죽은 데는 가도 호장 죽은 데는 가지 않는다.)

19) 馬契 말

20) 마른 말은 꼬리가 길다.

21) 마방 집이 망하려면 당나귀만 들어 온다.

22) 말 가는 데 소도 간다.

23) 말 갈 데 소 간다.

24) 말고기를 다 먹고 무슨 냄새가 난다 한다.

25) 말 고기 자반

26) 말 귀에 염불(쇠귀에 경 읽기)

27) 말 꼬리에 파리가 천리 간다.(천리마 꼬리에 쉬파리 따라 가듯)

28) 말도 사촌까지 相避본다.(말도 상필르 본다.)

29) 말 똥도 모르고 馬醫 노릇한다.

30) 말 똥에 굴러도 이승이 좋다.

31) 말 똥을 놓아도 손맛이더라

32) 말 똥이 밤알 같으랴(공 간 날이 장날 같으랴.)

33) 말 머리에 태기가 있다.

34) 말 발이 젖어야 잘 산다.

35) 말 삼은 소 짚신이라.

36) 말 약 먹듯 하다.

37) 말은 낳거든 시골로 보내고, 아이를 낳거든 孔子의 門으로 보내라.

38) 말 잃고 외양간 고친다.(도둑 맞고 사립 고친다.)

39) 말 잡은 집에 소금이 해자라(해자 : 공으로 한턱을 먹는 일)

40) 말 죽은 데 체 장수 모이듯

41) 말 죽은 밭에 까마귀 같이

42) 말 죽은 집에 소금 삭는다.

43) 말 타면 경마 잡히고 싶다.

44) 말 타면 종 두고 싶다.

45) 말 한 마리 다 먹고 말고기 냄새 난다고 한다.

46) 먹기는 撥長이 먹고 뛰기는 말더러 뛰란다.

47) 먹기는 배디가 먹고, 뛰기는 파발 말이 뛴다.

48) 먹기는 把撥이 먹고 뛰기는 역마가 뛴다.

49) 무는 말 있는데 차는 말 있다.

50) 빌어 온 말이 삼경이 되었다.

51) 사나운 말에는 특별한 길마 지운다.

52) 삼 년 묵은 말 가죽도 오롱조롱 소리한다.

53) 상전은 말은 믿고 살아도 종은 믿고 못 산다.

54) 새끼 많은 거지 말 많은 장자

55) 센 말 볼기짝 같다.

56) 싸리 말을 태워라.

57) 야윈 말이 짐 탓한다.

58) 양천 원님 죽은 말 지키듯

59) 어느 말은 물 말 다하고 여물 말 다하랴.

60) 언치 뜯는 말(제 언치 뜯는 말이라.)

61) 여물 안 먹고 잘 걷는 말

62) 오뉴월 소나기 말 등을 두고 다툰다.(소 등)

63) 오뉴월 소나긴 닫는 말 한 쪽 귀는 젖고 한 쪽 귄 안 젖는다.

64) 잦힌 밥이 멀랴 말 탄 서방이 멀랴

65) 재갈 먹인 말 같다.

66) 잰 말이 성내 가면 뜬 말도 도그내 간다.

67) 제주 말 갈기 서로 뜯어먹는다.(제주 말 제 갈기 뜯어먹기)

68) 제주 말 갈기 외로 질지 바로 질지

69) 제주에 말 사 놓은 듯

70) 큰 말이 나가면 작은 말이 큰 말 노릇 한다.

71) 한 말 등에 길마를 지울까.(두 안장)

72) 한 말에 두 안장이 없다.

73) 흰 말 불알 같다.

74) 말 태우고 버선 깁는다.

국어교육과 생활·문화·철학

인쇄일 초판 1쇄 2003년 09월 17일
        2쇄 2013년 10월 07일
발행일 초판 1쇄 2003년 10월 10일
        2쇄 2013년 10월 24일

지은이 박 삼 서
발행인 정 찬 용
발행처 **국학자료원**
등록일 1987.12.21, 제17-270호

서울시 강동구 성내동 447-11 현영빌딩 2층
Tel : 442-4623~4 Fax : 442-4625
www. kookhak.co.kr
E- mail : kookhak2001@hanmail.net
ISBN 978-89-8206-658-0 93710
가 격 37,000원